秋野淳一◉著

神田祭の都市祝祭論

戦後地域社会の変容と都市祭り

岩田書院

はじめに

　近年、都市の祭りが大きな賑わいをみせている。特に大都市の伝統的な神社祭礼である京都の祇園祭、大阪の天神祭、浅草の三社祭、神田・日本橋の神田祭などが、多くの観客と参加者を動員して盛んに行なわれている。

　しかしながら、現代の都市祭りについて、そこに人々のどのような意味や役割が託されているのかを社会との関係から実証的な手続きを経て、明らかにした研究は少ない。

「神なき祭りの時代」、あるいは「日常を脱することのできない祭り」になっていることが指摘される現代社会において、盛んに行なわれている都市祭りには、どのような宗教性があるのであろうか。

　そこで、本書では、戦後地域社会の変容と神田祭の視点から、都市祝祭としての神田祭を考察することで、現代日本人の伝統的な宗教に対する新しい意味や役割を浮き彫りにして、社会変動と宗教の関係を考える一助としたい。

　都市祭りを対象とするのは、都市とは、社会変動とそれに対応した人間行動が集中的に、しかもその偏差がきわめて強調された形で出現する場（R・E・パーク、E・W・バージェス、R・D・マッケンジー、大道宏次郎・倉田和四生訳『都市―人間生態学とコミュニティ論―』鹿島出版、昭和四七年）だからである。

　本書は、次のように分析を展開する。

　序章では、戦後の神田祭研究の意義を明らかにする。第一節では、戦後の都市祭りの研究史を整理し、その課題を提示する。第二節では、神田祭の発祥から現代までの神田祭の変遷を概観し、変遷からみえる研究の課題を浮き彫りにする。

本論では、戦後地域社会の変容と神田祭の関係について、町内共同の形や個人の役割を踏まえて考察を行なう。

第一章では、戦後地域社会の変容と神田祭の経年的変化について、実態調査に基づき考察する。まず、昭和四三(一九六八)年に実施した薗田稔の調査、平成四(一九九二)年に実施した松平誠の調査結果のその後を分析すべく、平成二五年と平成二七年の神田祭について実態調査に基づき考察を行なう(第一章第一節・第二節)。次に、神田祭の経年的変化の背景にある地域社会の変容について、コミュニティ調査や空間変容などに着目しながら、考察を行なう(第一章第三節)。

第二章では、新たな町内共同の形と神田祭の関係を考察する。具体的には、観客をほとんどみることができないが、新たな社会的な役割がみえる現代の神田祭・蔭祭について解明し(第二章第一節)、町会の年中行事の変容と神田祭の関係から、町会にとって神田祭が最大の行事になっている背景を考察する(第二章第二節)。また、女性の参加と町内共同の形に着目し、町会の神輿を単独で女神輿にして連合渡御や宮入を果たす「元祖女みこし」の街の神田祭について考察する(第二章第三節)。

第三章では、個人と神田祭の関係を考察する。これまでの都市祭りの研究において、ほとんど注目されることがなかった神職(宗教者)と都市祭りとの関係に着目する(第三章第一節)。また、町会の特定の個人と神田祭の関係に注目し、神輿などの祭礼の象徴が誕生・復活する事例を中心に、都市祝祭の場が形成される背景を探る(第三章第二節)。そして、不特定多数の個人が集う「元祖女みこし」の参加者の実態を明らかにするとともに、高円寺阿波おどりやよさこい祭りなどの新しい都市祝祭との共通点と差異を明らかにする(第三章第三節)。

終章では、本論の考察を整理した上で、戦後地域社会の変容の中で、現代の神田祭が多数の参加者と観客を動員し賑わいを形成している原因として考えられる五つの特徴（要素）を挙げ、都市祝祭としての神田祭について明らかにする。そして、そこからみえる都市祭りの宗教性について言及したい。

なお、本書では、「都市祭礼」とせずに「都市祭り」とするのは、一つの神田祭の中に、多数の観客で賑わう「都市祝祭」の要素と、観客をほとんどみることができない祭りの要素とが併存していて、そこにも新たな役割や意味があることから、両者を包括する意味で「都市祭り」という語を採用した。

神田祭の都市祝祭論　目次

序章　戦後の神田祭研究の意義

第一節　都市祭りの研究史と課題

近年、大都市の都市祭りが盛んに行なわれている。

例えば、東京・浅草の三社祭は、平成二四(二〇一二)年は五月一五日～一八日の日程で行なわれたが、東京スカイツリー目当てで訪れた観光客も含まれるものの、祭りの三日間で一八四万人の人出を記録した。浅草神社によると「過去最高の人出」であったという(1)。

また、平成二七年の東京の神田祭では、神社境内に出されたアニメ「ラブライブ!」の模擬店に並ぶ若者の列と神田神社に宮入をする町会神輿の行列と祭りをみる観客とで賑わい、神輿の宮入が大幅に遅れるほどの事態となった。この神田祭は二〇～三〇万人の観客を動員するといわれている。

京都の祇園祭は一〇〇万人、大阪の天神祭は一五〇万人の観客を動員するといわれている。神戸まつりにおいても、観客が一〇〇万人を超えた時期があり、札幌のYOSAKOIソーラン祭りは観客が二〇〇万人を超したこともあったといわれている。

こうした事例からは、戦後、大都市の都市祭り、とりわけ伝統的な神社祭礼が非常に多くの人たちを動員して盛んに行なわれていることがわかる。戦後、社会が大きく変動する中で、ともすれば伝統的な祭りは衰退するのではないかと考えがちであるが、大都市の伝統的な神社祭礼が盛んに行なわれて、都市祝祭の場を形成している。この事実をどのように捉えるべきであろうか。

これまで、戦後の都市祭りを対象とした研究は、宗教学・宗教社会学、社会人類学・文化人類学、社会学、民俗学などの複数の学問領域において数多くの蓄積がなされてきた。こうした先行研究においては、都市祭りが盛んに行なわれている実態をどのように捉えてきたのであろうか。

そこで、本節では、最初に、戦後を対象とした都市祭り研究に影響を与えた、都市祭りの理論的な研究について簡単に紹介する。

その上で、戦後の都市祭りを対象とした先行研究を学問領域や論点別にではなく、都市祭りごとに整理をしていきたい。

都市祭りごとに整理を行なうのは、次の二つの理由からである。一つは、都市祭りごとの特徴を把握し、他の都市祭りとの共通項と差異を読み解くための材料にすることにある。もう一つは、個別の都市祭りが盛んになっている要因を探るために、同一の都市祭りの変化を、その都市祭りを対象とした複数の研究から読み解くためである。そのため、なるべく明らかにされた事実や具体的な指摘内容を確認しながら、研究史をみていきたい。

そして、最後に研究史からみえる課題について指摘したい。

一　都市祭りに関わる理論的研究

1　欧米における主な祭り・祝祭の理論的研究

まず、祭りを社会の統合機能として読み解く研究を挙げておきたい。

宗教社会学のエミール・デュルケムは、『宗教生活の原初形態』(2)の中で、オーストラリアの原住民は雨季に集まり集中的な祭りを行ない、次第に興奮状態になることを明らかにし、これを「集団的沸騰」(集合的沸騰)と呼んでいる。宗教的観念が生まれたと思われるのは、この沸騰した社会環境における沸騰そのものからであると考え、神は興奮した祭りの中から生まれたことを指摘している。

また、宗教を「聖」と「俗」の二分法で捉え、「宗教とは、神聖すなわち分離され禁止された事物と関連する信念と行事との連帯的な体系、教会と呼ばれる道徳的共同社会に、これに帰依するすべてのものを統合させる信念と行事である」と指摘している。

次に、祭りを構造的に理解しようとする研究を挙げておきたい。

宗教学のミルチャ・エリアーデは、『永遠回帰の神話』(3)において、祭りを神話的な始源の再現として捉えている。

民族学のファン・ヘネップは、『通過儀礼』(4)において、通過儀礼には、分離・過渡・統合の三つの段階があることを明らかにしている。

人類学のエドマンド・リーチは、「時間の象徴的表象に関する二つのエッセイ」(5)の中で、儀礼には形式性、乱痴気騒ぎ、役割転倒の三つの局面があることを明らかにしている。そして、形式性から始まって、役割転倒、乱痴気騒ぎの順に展開するものと、乱痴気騒ぎから始まって役割転倒、形式性へ展開するものの二種類があると指摘している。

人類学のヴィクター・ターナーは、巡礼の分析において、ファン・ヘネップが明らかにした儀礼の三段階のうち、「過渡」(移行)に注目し、世俗の構造とは異なった反構造的な融即状況があることを明らかにし、これをコミュニタス(communitas)と呼んでいる。(6)ターナーは祭りの中に矛盾する原理が存在することを明らかにしている。

ハーヴィー・コックスは『愚者の饗宴』(7)において、祭りを形式性と乱痴気騒ぎの対立と捉える見方を打ち出している。

神話学のカール・ケレーニイは、『神話と古代宗教』[8]において、古代社会のギリシア・ローマには「祝祭性」としかいいようのない特殊な位相があり、西欧の近代社会では既に失われていて、理解ができなくなっていることを明らかにしている。

文化社会学のダンカンは、祭りは宗教と社会の接点に生まれる劇的交流(doramatic communication)と位置付けている。[9]

ヨハン・ホイジンガは『ホモ・ルーデンス』[10]において、祭りを「遊び」の概念として捉えようとした。

ロジェ・カイヨワは、『遊びと人間』[11]において、ホイジンガの後を受け継ぎ、遊びの体系的な分類を試み、「アゴン」(競争)、「アレア」(偶然)、「ミミクリ」(模擬)、「イリンクス」(眩暈)の四つの遊びの領域を明らかにしている。このカイヨワの分類を参照しながら、日本においては、主に、中村孚美や米山俊直、和崎春日らの人類学の研究者が都市祭りの分析を行なっている。

文芸史家のミハイール・バフチーンは、『フランソワ・ラブレーの作品と中世ルネッサンスの民衆文化』[12]において、中世民衆のカーニバル的な笑いの文化を明らかにして、「儀式的・見世物的形式」などの笑いの祝祭が人類文化のきわめて重要な第一次的な形式と位置付けている。

2　日本における主な祭礼・祝祭の理論的研究

日本においては、民俗学の柳田國男の研究が著名である。

柳田は、昭和一七(一九四二)年刊行の『日本の祭』[13]の中で、「日本の祭の最も重要な一つ目の変り目は何だったのか。一言でいうと見物と称する群の発生、すなわち祭の参加者の中に、信仰を共にせざる人々、言わばただ審美的の立場から、この行事を観望する者の現れたことであろう」として、見物人という「群」の発生が「見られる祭」への変化、すなわち「祭礼」に変化する重要な画期となったことを指摘している。

また、祭と都市文化の関係をみると、冬祭が寒い山間の村で盛んであることとは反対に、夏祭は平地の方が多く、都会地などの水辺に近いところはどこも盛んであるとしている。そして、「たとえ起源は農民と共通の信仰にあるにしても、特に夏の祭をこの通り盛んにし、また多くの土地の祭を「祭礼」にしてしまったのは、全体としては中世以来の都市文化の力であったと言い得るのである」として、中世以来の都市文化の力が「祭」を「祭礼」に変化させていったことを明らかにしている。

柳田の見物人という群の発生によって祭りが祭礼に変化したという指摘は、その後の都市祭りを対象とした研究が観客の存在に注目する契機となった。

また、民俗芸能研究の立場から観客に注目する早川孝太郎の研究がある。早川は、愛知県の奥三河地方に伝わる花祭を対象とした『花祭』を昭和五年に刊行したが、その中で「花祭においては、見物もまた祭りを遂行する上に重要な分子である」として、「せいと」の客に注目している。早川は、花祭の客には、神座の客と「せいと」の客に分類され、神座の客が一般部落内の婦女子と祭事に直接関わりを持たない有力者（旦那衆）、特別の招待客であるのに対し、「せいと」の客は、「大部分がいわゆるよそもので、祭りになんら交渉を持たないただの見物である」と指摘している。

神座の客は静粛に見物しているが、「せいと」（庭燎）の周りに夜通し立ち通しで見物している「せいと」の客は、何の制約や統制もない群集であり、舞子のみならず、神座の客や楽の座にあらん限りの悪態を浴びせ、「せいと」同士でも悪態をつき合うという。この「せいと」が賑わうか寂しいかで祭りの景気が左右され、「せいと」の客が賑やかなほど、祭りの景気は引き立ったと指摘している。(14)

宗教社会学・民俗学の原田敏明は、昭和四五年に國學院大學日本文化研究所で行なった講演の中で、「夜の祭から昼の祭に発展してくると、この昼の祭の行事には宮相撲があり、御輿や山車などが出る。場合によっては近郷近在の人が集まって見物にくると、御輿や屋台などは従来の当番では出来なくなる。長老ではなおさらのこと、そうなってくると、そこに若衆というのが発展してくるのである」(15)と指摘している。

原田は、夜の祭から昼の祭への変化によって行事が拡大し、従来の長老を中心とした当番ではなく、若衆という祭祀組織が発展したと位置付け、見物人を伴う「祭礼」に変化することによって、祭りの担い手が変化したことを明らかにしている。原田の分析の背景には、デュルケムの影響が窺われ、宗教を社会の集団表象として捉えている。

宗教学の薗田稔は、エリアーデ、リーチ、ターナー、ダンカンなどを参照しながら、「祭りとは―、劇的構成のもとに祭儀（リチュアル）と祝祭（フェスティビティ）とが相乗的に現出する非日常的な集団の融即状況（コミュニタス）の位相において、集団の依拠する世界観が実在的に表象するものである。そして、その表象された世界像のなかで、集団はその存続の根源的意味を再確認し、成員のエトスが補強される。要すれば、祭は集団の象徴的な再生の現象である」(16)と定義している。

また、薗田は、祭りとイベントについて、「マツリが本来的に神話的過去の再現を目指すのにたいして、イベントはつねに陳腐さを嫌い、現状の変化を求めるところに本質的な違いがある」としている。そして、マツリには社会や人間の生命秩序の再生に深く関わってその始源的カオスを象徴的に再現する意味があるが、イベントには本来宗教的なカオス性を許容する余地はないと位置付けている。(17)

社会学の松平誠は、祝祭を、「日常世界の反転、それらからの脱却と変身によって、日常的な現実を客観化・対象化し、それによって感性の世界を復活させ、社会的な共感を生み出す共同行為[18]」と定義している。

次に、いよいよ都市祭りごとの研究史をみていきたい。

二　戦後の秩父祭・川越祭を対象とした研究

戦後の都市祭りを対象とした調査研究を、比較的早い時期に行なったのは宗教学・宗教社会学である。秩父祭の分析を皮切りに、柳川啓一、薗田稔といった東京大学宗教学研究室の人たちによって調査研究が進められた。

1　戦後の秩父祭を対象とした柳川啓一・薗田稔・赤池憲昭による研究

秩父祭を対象とした研究には、昭和四一（一九六六）年の薗田稔「祭り参加の諸相と階層[19]」、昭和四二年の柳川啓一「祭と近代化[20]」、昭和四五年の柳川啓一「祭りと現代[21]」、昭和四六年の赤池憲昭「祭りと町会[22]」、昭和四七年の柳川啓一「親和と対抗の祭——秩父神社夜祭——[23]」などがある。

柳川啓一は、昭和三五年に東京大学文学部に着任し、この頃、安保条約改定のデモが行なわれ、祭りに興味を持ったという。

最後のデモが終わり銀座で飲んだ際に、ある学生が、「さあ、これで終った。明日から勉強だ」といった言葉が印象に残り、政治現象・社会運動と宗教を重ねてみることができる貴重な体験をしたと感じた。祭り研究をすれば日本人の一つの生き方の解明になるのではないかという希望を持ち、祭り調査に入っていった。そして、昭和四三年の大学紛争を体験し、大学紛争は安保とは異なり、運動を行なっている当時者が運動をまつりと規定していることに注目し、まつりに対する人々の意識が何年かの間で変化したとして指摘している。(24)

柳川は昭和四一年から六年に亘って秩父夏祭と冬祭(夜祭)の調査を行なった。

薗田稔は、秩父祭の調査結果を昭和四一年の「祭り参加の諸相と階層」にまとめている。

この論文では、町内会・観光協会・神社の三者の関係性に注目し、町内会と観光協会は祭りの準備の段階でしばしば対立を繰り返すが、祭りになると祭りを立派に済ませるべく、両者の力を結集しようとする。

神社の神事は、町内会と観光協会の対立を含めた、様々な対立を宗教的な象徴の次元で止揚し統一すべく、慎重に執行される。そして秩父夜祭の御神幸における山車の供奉、斎場祭執行後の深夜の仕掛花火の打ち上げにみられるように、一種オルギー的な興奮の盛り上がりの中で、対立のくすぶりがある程度昇華されていくのであるとしている。(25)

薗田は、昭和四一年から六年に亘って行なった秩父祭の調査の結果、昭和四七年の「祭」において、「祭りとは―、劇的構成のもとに祭儀(リチュアル)と祝祭(フェスティビティ)とが相乗的に現出する非日常的な集団の融即状況(コミュニタス)の位相において、集団の依拠する世界観が実在的に表象するものである。そして、その表象された世界像のなかで、集団はその存続の根源的意味を再確認し、成員のエトスが補強される。要すれば、祭は集団の象徴的な再生の現象である」(26)との定義に至る。

こうした「祭儀」と「祝祭」という相反する行動志向を持つ両面から祭りを捉える視点は、昭和五〇年の「祝祭と聖犯」(27)に受け継がれている。

薗田は、この論文の最後で、結論的に、「本来の具象的な神話的筋立てに即した構成から既に遥かに遠ざかって、いわば勝手に一人歩きしているかに見える現代の祭りも、そこに改めて、秩序の自己放棄による混沌への回帰、表象的には秩序の強調を前提とした聖犯現象の自己実現、を原理として挿入してみると、過去の神話と現在の祭りが一種の宗教的次元で共鳴し合っていることが理解できるように思えてならないのである[28]」と指摘している。

赤池憲昭は、「祭りと町会―秩父市上町会の事例報告―」において、地域社会と祭りの問題を主眼に、秩父市上町会を対象にして、夏祭りと冬祭り、秋葉神社の祭りの三つの祭りと町の関係を考察している。

赤池は、主として祭りと町会との組織上の関連から抽出される相関関係に注目し、上町会における三つの祭典は、町会 Status の Symbol 的意味を持ち、祭りの執行を契機に将来の町会指導層を選別し、Status の上昇過程を媒介に祭りと町との対応関係を構造化しているとする。

また、祭りにおける序列と担い手に照明をあてることで輪郭を得られる祭りの原理と町の原理との緊張関係に注目し、祭りは町会の平常時における序列と並行関係を有しながら、同時にそれを転倒する構造的矛盾を抱えているとする。祭りがいわゆる「お祭り騒ぎ」に尽きず、一種の緊張感を漂わせ、それによって参加者を魅了するものであるとすれば、その理由の一つに祭りの担い手が獲得する矛盾性を挙げることができると指摘している[29]。

社会変動と祭りに関わる研究

柳川啓一は、昭和四二(一九六七)年の「祭と近代化」において、日本の近代化をみる見方には、変化(discontinuity)の面を強調する見方と、「新しいものは手段として利用するが、根本的な考え方は大きな変化をしていない」「まつりの形態が変わっても、それが与える集団との同一化という機能は必要とされる」という持続(continuity)の面を強調する見方の二つの見方があることを指摘している。

その上で、「埼玉県秩父郡では、農村部では、ほとんど祭に山車をひくことが絶え、一方、秩父市ではさかんにおこなわれている」ことから、「都市的環境がいつも祭に対してマイナスの要素とばかりはならない」としながらも、自然に伝統が保たれているのではなく、担い手にはかなり大きな変化があることに注意を促している。

つまり、「変化と持続の関係はたえず両面がはたらいている」ことを指摘している。柳川のこれらの研究からは、「近代化と祭り」「社会変動と祭り」を考える上で、変化と持続の両面、あるいは変化によって縮小していく側面と変化に対する一つのリアクションとして拡大していく側面の両面をみる視点が必要であることがわかる。

こうした視点は、初出が昭和五二年の「伝統社会の崩壊と宗教」という論文の中にもみられる。

柳川はこの論文において、宗教社会学は宗教と社会との関係をみようという学問であるが、「宗教の育って来た、あるいは宗教の置かれている社会というのが非常に違った状況であるとすれば、宗教もそれに影響される」という面と、「社会が非常な変化を迎えようというときに、宗教がむしろ先頭になってその社会を新しい方向に引っ張っていく、社会の変動を促していく」という面があり、宗教社会学という学問はこの両面をみようとするものであると位置付けている(30)。

また、昭和四四年一〇月二五日に國學院大學日本文化研究所で開催された「祭りと現代」という講演の中で、近代化と祭り(広義には、近代化と宗教、社会変動と宗教)について捉える場合、①祭りが解体し、崩壊するプロセスとして近代化と祭りを捉える視点(社会学的に外側の状況や環境によって祭りがどういうふうに変ってくるかという面)と、②近代化に対する一つのリアクション・反応、あるいは反発とか挑戦として捉える視点(環境の変化に対して祭りというものが反発し、あるいは超克するという運動になる面)の二つの視点があることを指摘している。

柳川は、フィールド調査を行なった秩父神社の祭りが、「近代化、都市化、工業化というふうな社会の変動の激しい現象というのが、激しくなってくる程その時代に祭りというものは盛んになっている」ことを指摘している。

ここで柳川がいう「盛ん」とは「非常に大規模な祭りになってくる」ことを意味し、秩父夜祭は特に昭和三〇年前後に盛んになったという。

そのため、柳川は、祭りの宗教性として、①一つのドラマ構造を持ったもの、②聖と俗をつなぐ仲介者を必要としていること、③過去の再現である、という三つの特徴を挙げるとともに、近代化に伴って祭りがかえって拡大してくることを「宗教運動としての祭り」として捉え、これをもう一つの特徴として挙げている。そして、この「宗教運動としての祭り」の側面は、観光化や世俗化という位置付けだけでは捉えられないとしている。

つまり、柳川は、社会変動と祭りを考える上で、変化の側面のみならず、変化に対する一つのリアクション・反応として祭りが盛んになる（拡大する）側面にも注目する必要性を説いている。

初出が昭和四七年の「親和と対抗の祭―秩父神社夜祭―」[31]において、秩父市上町会を対象とした赤池憲昭の「祭りと町会」と、神社・町内会・観光協会の三者の関係性に注目した薗田稔の「祭り参加の諸相と階層」を参照しながら、祭りの組織原理を「親和」と「対抗」という一見矛盾した状態の同時達成をねらうものとして位置付けている。

具体的には、「表立った指導者のいない、しかもその進行について、たえず緊張しなければならない祭の組織原理は何であるか」、「分業と統合によって成立する近代化、官僚化、あるいは世俗化した社会から遠望すれば、一見無構造であり、自然的状態における一体化とみえるものが、接近すれば、何か特定の原理がみえる」かどうかを明らかにしようとしたという。

昭和三〇年に観光協会ができ、観光協会が企てる行事が昔から行なわれていた祭りの周りに新しい行事を組み込んでいくことを指摘している。それによって、祭りの主催は町内会と観光協会に二分されているが、両者が分業し、それが統合されるという意味での二分ではなく、「角突きあわせた形」で対抗しているとしている。つまり、町会は優位、観光協会は劣位という形で分かれた二分組織、すなわち「不均等分割」であると位置付けている。

そして、それは両者を統合する指導者はいないが、対抗を通して窮極的には、ともに祭りを盛んにして「秩父」の名前を高くしなければならないという「親和」あるいは団結を目指しているという認識によって支えられているとしている。このことから、祭りの組織原理となっているものを、「親和と対抗という一見矛盾した状態の同時達成をねらうもの」と規定している。

この親和と対抗の関係は、象徴の次元の男女にもみられ、観光協会が新しい行事を思い付こうとするとき、再び男性に対する女性の役割が強調されるなど、女性が祭りにおいて構造としては劣位にあるとみられながら、男女が対になることによって祭りの全体にとけ込んでいくとしている。

なお、柳川啓一の「親和と対抗の祭り」で明らかにした視点は、例えば、人類学の次の研究に受け継がれていることが窺える。

文化人類学の谷部真吾は、「祭りにおける対抗関係の意味―遠州森町「森の祭り」の事例を通して―」(32)の中で、静岡県周智郡森町の「森の祭り」を対象として、祭りにみられる町会内の対抗関係に注目し、それが祭りの中でいかなる意味を持っているかを考察している。その結果、祭りに参加する集団間の対抗関係を背景に、「新しい様式」（民俗学でいう「風流」）が付加されていくことを明らかにしている。

また、観光人類学の安藤直子は、「地方都市における観光化に伴う「祭礼群」の再編成―盛岡市の六つの祭礼の意味付けをめぐる葛藤とその解消―」(33)の中で、平成八年～一四年の調査をもとに、岩手県盛岡市の「盛岡さんさ踊り」と「チャグチャグ馬コ」といった事例から盛岡市地域全体の複数の祭りを対象として、祭りに関与する諸集団間の対立と葛藤を分析している。その結果、行政によって文化財保護及び観光化の二つの異なる目的を同時に要請されたことで生じた対立と葛藤は、祭りに関与する人々が、観光化に対応し祭りを活性化する原動力となっていることを明らかにしている。

祭りの本質論に関わる研究

一方で、祭りの本質論に関わる研究も同時期になされている。

柳川啓一は昭和四六（一九七一）年の「祭の神学と科学―会津田島祇園祭―」で宗教現象としての祭一般の原型の探求を目的として、祭り研究の進展を図るために祭の神学（＝「実験・観察・証明の不可能な要素に究極的な原因を見出す学問」）の認識と、祭の神学と科学（＝「直接に観察できる諸事実の間に存在する関係を研究する学問」）の分業を説き、会津田島祇園祭を事例としながら、「つながりとしての祭」「聖なる劇としての祭」「矛盾の併存としての祭」の三つの祭の神学を提示している。

柳川は、宗教現象の客観的・科学的理解を目指してきた宗教学には相容れない語感を含む神学という言葉をわざと使って祭の科学的研究は多くは無意識的に何かの神学を根底としていて、研究の進展には神学を完全に排除した徹底的な科学的研究を目指すのではなく、神学と科学の区分を常に意識し自覚する必要があると考えたとする。[34]

同様な視点は、昭和四八年の「祭にひそむ二つの原理」にもみられ、昭和四一年から六年間の秩父夏祭・冬祭（夜祭）を対象とした調査成果を踏まえて引き出された薗田稔の「祭とは―、劇的構成のもとに祭儀（リチュアル）と祝祭（フェスティビティ）とが相乗的に現出する非日常的な集団の融即状況（コミュニタス）の位相において、集団の依拠する世界観が実在的に表象するものである」という定義に対して、「相反する原理を取り出してみるのはよいとしても、時間に沿った進行という点からのみ見ると、全体としては枠にはまった劇的構成、ドラマとしての祭という面しか浮かび上ってこないのである」と指摘し、非ドラマ的要素にも注目する必要性を指摘している。[35]

つまり、祭り研究を進展させるためには、「ドラマとしての祭り」という一つの特徴だけでみる視点（＝「神学」）だけでなく、「ドラマとしての祭り」では捉えられない特徴（＝「科学」）にも注目すべきことを指摘している。

さらに、柳川は、昭和五一年の「まつりの感覚」[36]において、「つながりとしての祭」（機能論）と「聖なる劇としての祭」「矛盾の併存としての祭」（構造論）の祭の神学だけでは解き明かせない、色（視覚）、音（聴覚）、神輿を担ぐ痛さ（触覚）、御馳走（味覚）、アセチレンガスの匂い（臭覚）といった「感覚」の問題を取り上げている。私たちがまつりを捉えるときに、信仰よりもむしろ感覚を以って記憶されている点を重視し、象徴として捉えるだけでなく、「感覚としてのまつり」の調査の必要性を説いている。柳川は、「つながりとしての祭」「聖なる劇としての祭」「矛盾の併存としての祭」といった三つの神学（特徴）のほかに、「感覚としてのまつり」という四つ目の神学（特徴）を提示したといえるのではなかろうか。

しかしながら、柳川は「まつりの感覚」の論文を境に祭りの研究から遠ざかっていった。

こうした宗教学・宗教社会学における祭り研究は、石井研士が『戦後の社会変動と神社神道』の中で指摘するように、その後、祭りの本質論や景観論へ向かい、祭りと社会変動に関しては、人類学や社会学からの研究が進展した[37]。

2　川越祭・秩父祭を対象とした中村孚美の研究

社会人類学・都市人類学の中村孚美は、埼玉県川越市の川越祭を対象とした「都市と祭り―川越祭りをめぐって―」[38]と同県の秩父祭を対象とした「秩父祭り―都市の祭りの社会人類学―」[39]をまとめている。いずれも昭和四七（一九七二）年に刊行された論文である。

中村は「都市と祭り」の中で、歴史的な関心ではなく、都市と祭りの関係性に注目している。詳細なモノグラフを提示した上で、川越祭の特徴として、鳶の活躍、華やかな祭りの衣裳、パレードとしての山車の曳き廻し、町内の重立ちの重要性と若衆の補助的役割を挙げている。そして、川越祭を支えているものは、都市の旦那衆の経済力と経済力から生まれるゆとりや文化で、市民にとっての祭りは一種の遊びとして位置付けられ、都市祭りの特質として遊び・ゲームとしての性格を持つことと指摘している。

つまり、川越祭の背景には、近世以来、商業の中心地として発達した川越の町の歴史が自ずから表れているとして、川越祭の特色は、関東風ないし江戸風の好みや気風を伝えていることにあると指摘している。

また、中村は、「秩父祭り」においても、詳細なモノグラフを提示した上で都市と祭りの関係性に注目している。リーダーシップ、時の割りふり、屋台・笠鉾の配置の問題、屋台・笠鉾の運行技術の問題、祭りにおける係の細分化と専門化、ページェント、在郷町としての性格、祭りと人をキーワードとして秩父祭の特徴を捉えている。そして、秩父祭は、それを支える町の人々のそれぞれの人生と深く結び付いていると指摘している。

3　川越祭・秩父祭を対象とした松平誠の研究

川越祭

社会学の松平誠は、昭和五八(一九八三)年刊行の『祭の文化　都市がつくる生活文化のかたち(40)』において、関東の伝統的都市に根づく「町内」と呼ばれる生活集団に着目して、この集団の文化的な意味を川越祭や府中の大國魂神社の祭礼などの分析を通して探っている。

川越祭では、川越市旧高沢町に焦点を当て、昭和五〇年一〇月一四日・一五日の調査をもとに、高沢町の生活集団に注目している。旧大店の当主のみならず、「全日制」住民と「定時制」住民の存在を指摘し、これらの生活集団と祭礼との関わりを考察している。

ここで松平が「全日制」住民と命名したのは、古くから町に密着して生活を営んでいる自営業の青年男女・家事従事者・老人・生徒・児童及び幼児であり、「定時制」住民と命名したのは、町外に職場を持つサラリーマンや町外の学校へ通う学生などのいわば町内に寝に帰ってくる人たちのことである。

この「定時制」住民が町内との縁を太く結び直そうとする機会が年に一度だけあり、それが神社祭礼の付祭で、会社仲間を呼んで祭見物の賑わいを作り、学生仲間を連れてきて日頃は姿をみせない若者の活気を作り出す。つまり、「定時制」住民は、自分の縁のネットワークを町内にひき入れることによって、町内をより開放し、それによって、町内と自分との接点を作っていくと指摘する。

では、こうした「全日制」住民と「定時制」住民がどのように祭りに関わっているのかについて、松平は、「昼の祭」と「夜の祭」の視点から両者の祭礼への関わりを位置付けている。

昼の祭に表されているのは現実の町内の社会構成であり、「全日制」住民が祭の主役になっている。昭和五〇年一〇月一四日午前の古式に則った山車行列は、現在の「全日制」住民の構成を表している。一方で、夜の祭（山車の曳っかわせ）は、現在の「定時制」住民がこれを独占している。これが祭りのメインイベントであるが、「定時制」の男たちは主役にはなれず、夜の祭を演じる人足役であると位置付けている。

つまり、旦那衆の実権が消え町内の社会構成も変った古い町では、生活のカタチは変っても、人々を町内へ結び付けていく祭の文化は、奇妙なほどに、今の町内に息づいているようにみえるとする。そして、「全日制」で生活している人々が生活している限り、確実に核は形成され、生活の文化はカタチを表すとしている。[41]

松平は町内社会を、町内には強固な伝統ができあがりにくい性質があり、「変化こそ町内の本質である。環境インパクトによって絶えず動揺し、移りかわっていくからこそ、町内は存続してきたのである」[42]と捉えているのである。

秩父祭

松平誠は、昭和五九(一九八四)年には、秩父祭を対象とした「秩父の町内―近代における伝統的都市の祭りと生活集団の変容―」(43)を刊行し、翌・昭和六〇年に「都市の社会集団(5)―秩父の祭りと生活集団―」(44)を公にしている。この二つの論考は、のちに『都市祝祭の社会学』の「第一章　伝統的都市祝祭(1)―秩父本町の生活共同―」(45)へ発展した。

「第一章　伝統的都市祝祭(1)―秩父本町の生活共同―」において、秩父本町は古い在郷町の性格をいまだに多く残している伝統的な都市の一つであるが、現在では、都市の伝統的神社祭礼をシンボルとする生活共同の実態はほとんど失われ、その経済と威信との階層支配を基盤とする統合の意味も減じている。それにもかかわらず、秩父神社祭礼と秩父本町という社会単位が存続しているのは、過去の生活共同の実態はほとんど失われたが、神社祭礼は都市祝祭の一つの類型として存続し、秩父本町構成員の感性の世界において、その観念的な生活共同のきずなとして役立っているからであると位置付けている。

松平は、秩父本町の伝統的な共同社会の中核を構成してきたのは、そこに住む住民のうち一部の人たちであり、町の経済と威信の階層における上層と中層の家々で構成されたことを強調している。

第二次世界大戦以後に成立した秩父本町町会では、その幹部に選ばれるのは戦前期以来の自営業の世帯主であり、現在でも町内会費の金額上の上位層を占めていて、彼らを中心に成立している。ここには、意識の上では、過去の町内社会がいまだに生きており、彼らを町内の中心として町内会の総意が形成される精神構造が反映されているとしている。つまり、秩父本町では、共同の基礎の上に特定の家々の階層的な結合があり、町内の連帯はその範囲内で成立する。

ただし、町内の連帯は、同じ土地に居住しながら町内社会から排除される層を持つことから、基本的には排除的な性格を持っている。そして、祭礼の中で確認される構成員の階層性は、毎年度更新されながら継承され、外部との障壁を構成したと指摘する。

秩父本町の秩父祭は、祭礼の中に町内とその外部とをはっきり区別し、町内のカミによる結合を、外部に対して誇示することによって、構成員の間に社会的求心力を増大させる性質のものであると分析している。

三　戦後の祇園祭・天神祭・左大文字行事を対象とした研究

戦後の京都の祇園祭、大阪の天神祭を対象とした研究についてみておきたい。文化人類学の米山俊直は、昭和四九(一九七四)年発刊の『祇園祭』(46)、昭和五四年発刊の『天神祭』(47)において京都・大阪という大都市の都市祭りの研究を行なっている。米山の祇園祭研究の端緒は、中村孚美の秩父祭研究に触発されたとしている(48)。

1　祇園祭

米山は『祇園祭』の中で、祭りの参加者に注目し、立場や見方のちがう多様な参加者それぞれが祇園祭を自分のこととして考えているため、多様な参加者をつなぎ、祭りを実現させるのであると指摘している。そして、多様な参加者が祭りに参加する理由の一つは、祭りが人々にとって社会的に許された大きい遊びの機会であることを挙げ、祇園祭が〝めまい〟と〝生きがい〟を与える場になっているとする。

また、歴史的経緯を踏まえた上で、祇園祭に災厄を免れることを期待し、祭りが創造と表現の場になっていることを指摘している。その後、米山俊直は、編著で『ドキュメント祇園祭　都市と祭と民衆と』(49)を刊行している。

2　天神祭

米山は『天神祭』の中で、祇園祭と天神祭の比較を行なっている。

両者の共通点として、夏祭である点、町人・町衆の祭りである点、複合的・重層的で立体的な構成を持っている点、御霊信仰に起源が求められる点、人々の都市的集住と情報の集積の結果として成立し盛大になった点、土地の古い神祠の上に力のあるものを勧請して生まれた神祠である点、商人を主要な担い手としている点、などを挙げている。

一方、相違点として、祭礼を支える組織が祇園祭は地縁的な町組に基盤を持っているのに対し、天神祭は、全体としては講社組織(＝社縁)を基盤にしていることが最も大きな違いであると指摘している。

また、祇園祭には、地方自治体といった地縁原理の延長線上にある組織が実質的に保護しているが、天神祭は、天満市場の中央市場などへの拡散もあって、地元の地縁組織の弱体化をまねいたまま、あとは同業者団体などの講社へ大きく依存してきたとしている。そして、この基盤の差が、祭礼の持続性にも反映し、祇園祭は戦争による中断などがあっても年々盛んになっているといわれるのに対し、天神祭は船渡御中止というような事態があったりするとしている。

米山は、昭和六一(一九八六)年発刊の『都市と祭りの人類学』(50)においても、祇園祭の特徴や祇園祭・天神祭の比較、都市と祭りの関係などの分析を行なっている。

同書に所収された「祇園祭―その七つの驚異―」では、祇園祭の特徴を「町がそのままハレの舞台に変わること」

「神々が巷にあらわれること」「人々も変身すること」「風流の工夫が見られること」「見物衆の興奮が見られること」「二階祭りの伝統が残っていること」「厄除けの霊験あらたかなること」の七点を挙げている。米山は考察の中で、「祭りは、人々を疲れさせるためにある―はげしく大きい発散のためのイベントという性格を、本来もっているものではないか。それは、ただ祭りをやる人たちだけでなく、見る人たちについてもあてはまる」（一五八〜一五九頁）と指摘している。

「祇園祭と天神祭―伝統の祭礼をどうみるか―」では、祇園祭と天神祭との対比から、二つの祭りとも見物人が非常に重要な役割を果たしていて、「まことに祭礼は、神ないしそれに代わる象徴と、神事の当事者と、見物人の三つの要素が不可欠であること」（一七八頁）を明らかにしている。そして、祇園祭における一番祭礼らしい部分は巡行を終えた山や鉾がそれぞれ町へ帰ってゆくところであり、天神祭においては船渡御を終えた神輿や太鼓が上陸して、最後に天満宮に還る「宮入り」だといった人の話を踏まえ、「祭礼をやる人たちと、見物人がひとつになるオーシーがそこに現出することはたしかだ」（一七八頁）と指摘している。

3　左大文字行事

文化人類学・都市人類学の和崎春日は、京都の盆行事である左大文字行事を都市祭礼として分析を行なっている。昭和五一（一九七六）年発行の「都市の祭礼の社会人類学―左大文字をめぐって―」[51]、昭和五六年発行の「左大文字地域におけるシンルイ意識―シンルイ構造・呼称・伝統行事との関連―」[52]、昭和五七年発行の「左大文字における伝統と変化―その儀礼様式と祭祀集団をめぐって―」[53]などがある。これらの研究は、のちに昭和六二年刊行の『左大文字の都市人類学』[54]にまとめられた。

和崎は、『左大文字の都市人類学』において、都市祭礼には、宗教行事・伝統行事・観光行事という三つの行事性があり、それは、都市祭礼における自然性・閉鎖性・開放性という三属性で説明できるとする。この三つのレベルを自己認知やアイデンティティの側面で捉えると、第一が自己客体化以前の自分、第二が自他の相互主観の中の自分、第三が自他の主観超越による共通地平にいる自分、という三つの自己認知に照応させることができるとしている。

つまり、和崎は、左大文字の分析から都市祭礼が持つ三つのレベルの複合的性格を明らかにしている。

左大文字や大文字五山送り火の都市祭礼には、地元に閉じた伝統行事というアーバン・エスニティのレベルと、市民に開放された市民的宗教行事・観光行事という祝祭のコミュニタスのレベルとが、二律背反的にまた表裏一体をなして併存していることが大きな特色であると位置付けている。

みんながみているからこそ、市民の敬心が集まっているからこそ、観光旅行者がこれをみて美しいと感嘆してくれるからこそ、テレビ・ニュースやドキュメントで全国に流され多くの国民が見知りその壮大さにうたれるからこそ、その視線集中の逆ベクトルにのって、地元文化の固有のエスニティが主張できる。市民にも旅行者にも、そしてマスコミによって全国の人々にわたって「みる者」がいるから、自文化を「みせる」シンボル性が確保される。祭礼は自己文化主張のシンボルなのであると指摘する。

そして、左大文字行事を重層構造として捉えている和崎は、様々な操作概念を使って分析を行なっている。左大文字にはダイナミックで壮大な山焼き行事という大スペクタクルがあり、人々は眩暈＝イリンクスという物理的「落差」を覚える。もう一つは閉鎖性から開放性への人間存在の長い距離を埋め、個から共同存在に帰する存在論的「落差」のイリンクスがあるとする。

この「落差」を糸口として、都市祭礼とイベントの違いに言及し、イベントには、もしあるとしても物理的「落差」しかなく、存在論的「落差」はないと位置付ける。一方、祭りには、核や儀礼があり、祝祭のレベルを備えているが、イベントには儀礼的核はないし、また宗教的核を備えているわけではないと位置付けている。

ここでいう核とは、市民のコードであり、人々の共通了解なのであるとしている。

和崎は、考察の最後で、人々は都市祭礼の弁証法で、自己存在をぶつけあいエスニティを主張しあい、その強い自己肯定の相克と超克のうちに、一段止揚した超構造の次元で、上昇的一体化を果たし、「市民」となった。市民の全ての「生き様」の燃焼が左大文字に投影され、実現され、生かされ、個が都市の総和を作っていったのであるとする。そして、都市祭礼は都市理念の爆発であり、市民は、左大文字の「大」の火のうちに「愛のシステム」（個人が自分自身の欲求を他人の欲求と一体視するに至るようなシステム）の復権に成功したのであると結論付けている。

なお、和崎は、平成八（一九九六）年に『大文字の都市人類学的研究』[55]を刊行している。

このほか、京都の時代祭を分析した、昭和六一年発行の阿南透の「「歴史を再現する」祭礼」[56]がある。この論文の中で、阿南は、時代祭の戦後の大きな変化は、女性の参加と、歴史上著名な人物が数多く個人名を持って登場するようになったことにあることを明らかにしている。

四　戦後の神田祭を対象とした研究

1　薗田稔の研究

当時、國學院大學日本文化研究所の研究員であった宗教学の薗田稔は、昭和四三（一九六八）年五月に神田神社の神田祭、同年六月に日枝神社の山王祭を調査し、中間報告を兼ねて「大都市の祭り[57]」、「大都市の祭り(二)―都市における祭りの理念型―[58]」をまとめ、続いて「祭と都市社会―「天下祭」(神田祭・山王祭)調査報告(一)―[59]」を成果報告として公にしている。

「祭りと都市社会―「天下祭」(神田祭・山王祭)調査報告(一)―」の中で、明治維新百年を迎えた昭和四三年に、「都市社会における宗教的な文化現象の一つとして祭りの実態を多面的に資料化しておき、将来、祭り構造の比較分析と、都市住民の宗教生活に関する考究とに役立てたいとの狙い」から、明治百年記念の奉祝行事として「本祭」が揃って行なわれた神田祭・山王祭をはじめ、佃島住吉祭・川越祭・秩父夜祭の合計五つの祭りの調査を実施した。

その結果、いくつかの問題関心が浮かび上がったが、とりあえずそのうちの一つとして、祭りに関わる社会集団の問題を神田祭と山王祭の調査から報告している。

具体的には、「現在における「祭り」という宗教現象それ自体の分析結果ではなく、祭りに参加してその担い手となる人びとの参与機構に視点をおき、地域住民が、どのような機構を通じて祭り行動に参加しているのか、という社会学的関心に属する報告」であるとしている。

薗田は、第一に「祭りの構造」について、神田祭・山王祭を中心に、現象的変化に耐えて持続してきた構造的特色として、①神幸祭、町内祭礼のいずれを問わず、御神霊のシンボルの移動が、巡回区域の宗教的浄化という象徴的効果を果たしていること、②各氏子町内の神輿や鬼太鼓などによる「練り」の行動には、自町内だけを練る「町内練り」、隣接町内と連合して十数基がともに練り合う「地区練り(連合渡御)」、やはり地区単位で数ヶ町の神輿が神社に練り込んで宮詣りをし、お祓いを受ける「連合宮入り」があり、多数の観衆を引きつけた上で成立する集団的興奮、あるいは日常性を突き破るべきオルギー状況を現出させることが期待されていること、③祭りで行なわれる諸行事をになう基礎集団の単位が、町内集団、すなわち町内会であることを、指摘している。

第二に「祭りと町内会」について、神田祭の場合、氏子町の一〇八のうち七五の町会（全町会数の六八・四％）が神酒所を設置し、ここを中心として神輿の巡幸などが行なわれることから、氏子としての一般住民の祭り参加は、経済、労力ともに町内会を単位として行なわれることを確認している。その一方で、「日常時（昭和四二年一二月中旬）に配布された神札を受納した氏子家庭の分布状況は、必ずしも、祭り時の町内行事の実施状況に現われる分布状態と一致しない点」が指摘されている。

つまり、一般に氏子は、町内または町内会という集団単位を通して祭りに参加する傾向を示し、参詣行動を含めた個人的、家的な次元で動機づけられる宗教的行動は、祭りにおいては減少する傾向を示していることを指摘している。

第三に「町内会と祭り」について、「町会とは別に祭典委員会または氏子総代等の団体を設けて運営していても、両者の団体はほとんど一体であることが多く、町会の役員が大部分この氏子団体の役員を兼ねていたり、事実上別の団体が祭礼を行なう形をとっていても、みこし、太鼓等の祭礼具は町会が所有し、これを使用させているものであったり、あるいは祭礼執行団体に対し、町会から相当の補助金を出したり、舞台やみき所を作ってやるとか、町会の祭礼行事に対する地位は非常に高い者がある」ことを指摘している。

最後に、「所見―祭りと地域社会―」として、祭りの構造を持続させている主な担い手は町内会であり、住民が氏子として動員され、神社活動に直結する象徴行動に参与するメカニズムには中間的媒介機構として町内会という地域団体が介在していることを指摘し、祭りを通して顕在化する氏神―氏子の関係は、町内会のレベルで成り立っていることを確認している。

以上のように、薗田の研究についてみてきたが、鳳輦や町内神輿といった御神霊のシンボルの移動に伴う巡回区域の宗教的浄化や、町内会を媒介とした地域社会と神社（氏子と氏神）の関係の維持など、持続の側面が強調されている。

薗田稔は、秩父祭を対象とした昭和四一年の「祭り参加の諸相と階層」を皮切りに、神社と氏子が祝祭の場を通してどのようにつながっているかに関心を持っていたことが窺える。

それも厳粛な「祭儀」だけでなく、オルギー状態を迎えるような「祝祭」がどのように連動しながら、祭りが形成されているかを解き明かしたいという問題関心があったことが窺える。

昭和四三年の薗田の神田祭調査も、そうした問題関心の上に調査研究が行なわれたことに留意する必要がある。

2　松平誠の研究
二〇年後の変化

薗田稔の調査から二四年が経過した平成四（一九九二）年、社会学の松平誠によって薗田の調査項目に沿う形で、神田祭の調査が行なわれた。調査結果は、平成五年発行の「都市祝祭伝統の持続と変容—神田祭による試論—」(60)にまとめられている。

松平は、まず、薗田の研究を概観した上で、薗田の調査段階では脱地域化の起こりにくい社会的性格を持つとした神田一帯は、一九七〇年代を通じて加速度的に人口流出が続き、一九八〇年代には高層ビル化が進んで人口流出が止まらず、平成二年までの四半世紀の間に人口の半数強が地域から流出し、脱地域化が進んだことを明らかにしている。そして、こうした社会変動によって町内会そのものの性格がビル化した町の中で変わらざるを得なかった点を指摘している。

次に、昭和四三(一九六八)年と平成四年の神田祭の構成について比較を行なっている。その結果、氏子町内会の集団規模や氏子町内の祭礼行事参加状況といった祭りの際の町内会編成には大きな変化はみられず、連合渡御と並んで町内の神輿練りも依然として盛んであり、全体としては町会の神酒所も健在で、神酒所の分布状況にも大きな違いがみられないとしている。

ただし、例大祭への町内会代表参列は存続しているものの、神幸祭に際しての町内への鳳輦出迎え・見送りを町内行事として実施したのは四四町内会にとどまっている。神輿の蔵入れ・蔵出しを実施したのは三四町内会で、このうちどちらか片方だけしか実施していない町内会が七つある。同様に、神酒所での御霊入れ式(町内の神輿に神の分霊を入れる儀礼)は七六町内会で持続しているものの、御霊返しを行なったのは三五町内会にとどまるとする。

つまり、昭和四三年の段階では、氏子と神の連携が神の巡回という神事の持つ意味は理解されていたが、平成四年の段階では儀礼の持つ本来の意味が既に理解されにくくなっていることを指摘している。

また、祭りの町内組織についてみてみると、ほとんど全ての町内会が町内に祭典委員会を作り、これに青年部・婦人部・老人会などが加わり、役割動員を形成する形に変化はなく、町内会が依然として地域における儀礼の実施機関であり、祭礼経済に町会費を充てる町内会の割合も大きな変化がないとしている。

しかしながら、一般動員に問題があり、既に昭和四三年の段階でも、一般動員が「子どもと母親」という町内会が五つあり、「商店従業員の動員」「中小企業従業員」「学生アルバイト」などを挙げる町内会もあることから、大人連・若衆・子若といった男子居住集団による神輿担ぎが崩れていたことが窺えるとしている。

そして、平成四年の段階の一般動員の大きな変化として、①動員される人々の中に、半数ないし三分の一の女性が登場してきたこと、②かなりの部分を様々なネットワークから集めた町内会員外の人々で補っていること、③一九七〇年代以来の新顔として神輿同好会のメンバー（松平誠の表記「御輿同好会のメムバー」）が加わったことを挙げている。

さらに、松平は、神輿同好会の参加に注目している。神輿同好会は地域の組織とは無関係に神輿担ぎの愛好者が集まって作った同好会組織であり、一九七〇年代以降、都心の主要な祭礼で同好会が目立ってきた。平成四年の神田祭において、氏子神輿の連合宮入参拝（連合渡御）に参入した神輿同好会の総数は五七で、総計一九の町内会に参入して連合渡御に参加し、参入した神輿同好会は関東一円から集まっていることを明らかにしている。

ただし、同好会の活動は必ずしも全員の集合行動ではなく、構成員の希望によってその都度グループを構成し、祭りに参入するというゆるい組織になっていることが窺われるとしている。そして、こうした神輿同好会の存在が平成四年の段階では神田祭の欠くことのできない一要素になっていることを指摘している。

以上のように、松平の研究についてみてきたが、昭和四三年の薗田の研究と比較して、氏子と神の連携が神の巡回であるという神事の持つ意味は薄れ、また薗田の調査時点では、祭りを通して顕在化する氏神と氏子の関係は町内会のレベルで成立しているとしていたが、平成四年の松平の調査の時点では、町内会が依然として地域における儀礼の実施機関であるなど役割動員を形成する形においては持続の側面が指摘されているものの、一般動員、すなわち祭りの担い手には、女性や町内会員以外、神輿同好会の参加が目立つなど変化の側面が強調されている。

この松平の研究で特筆すべきは、昭和四三年の薗田稔の調査と調査項目を揃える形で実態調査を行なった点にある。そのため、同一の都市祭りの経年的変化を実証的なデータに基づいて明らかにした貴重な研究となっている。

須田町中部町会の女神輿を対象とした研究

松平誠は、神田祭に女神輿(ギャル神輿)を登場させた須田町中部町会に注目し、平成三(一九九一)年発行の「現代神田祭仄聞」[61]、平成四年発行の「神田の地上げと生活集団」[62]「神田と祭りに生きる人々―神田祭女御輿町内の古老談―」[63]といった複数の論考を公にしている。平成五年には、先に挙げた「都市祝祭伝統の持続と変容―神田祭による試論―」が発表された。

以上の研究成果をベースとしながら、平成六年に小学館から刊行された『現代ニッポン祭り考―都市祭りの伝統を創る人びと―』[64]所収の「第二章　娘御輿の登場―神田祭の新たな神賑わし―」「第三章　ミル人とスル人の逆転―神田の祭りの主役交替―」「第六章　氏子はいったい誰なのか―虫食いになった町内―」「第七章　ビル住民・通い住民・企業住民―氏子町内会の構成員―」が著された。

ここでは、複数の論考において内容が重複するところがあるため、松平の研究で神田祭を対象とした最初の論考で、女神輿渡御の詳細なモノグラフを明らかにしている「現代神田祭仄聞」をみておきたい。

松平は、「現代神田祭仄聞」の中で、昭和六〇(一九八五)年から立教大学社会学部松平研究室の学生とともに、神田祭の調査を始めたのは須田町中部町会であったとしている。

この町内会を対象としたのは、①徳川時代から江戸の台所として有名な青物市場だったという古い歴史の町であること、②過去一〇年間に人口流出とビル化が激しく進んだ場所であり、一九八〇年代半ばには自力で男手による町内神輿の渡御の実施が困難になったが、女神輿をギャルの一般募集という想像もできなかった方法で実現したことを挙げている。そして、①と②という二つの相反する顔が二重写しになっている状況の中に、現代日本の都市的な時間軸と空間軸との接点を典型的な形で理解し、都市生活文化の実態について、具体的な探求があるいは可能なのではないかと考えたからだとしている。

松平は、第一に、女神輿について分析をしている。

須田町中部町会で女神輿が始められたのは、昭和六〇年として、この年の四月に初めての女神輿募集のチラシが貼り出された。この年の応募者は約一〇〇人であったが、核になる町内の女性も神輿担ぎにはまだ慣れていなかったとしている。

貼り出されたチラシ（松平「現代神田祭仄聞」の註(2)に記載）から、この年は五月一一日(土)に神輿の町内渡御が男女混合で行なわれ、翌一二日(日)には神輿の連合渡御が女性のみで行なわれたことがわかる。

そして、二年後の昭和六二年になると、応募者一二〇人に若干増加し、男女混合の担ぎ手による神輿の町内渡御は行なわれず、町内神輿の町内渡御と連合渡御への参加は女神輿に変化したことを明らかにしている。この段階では女性による神輿担ぎも慣れてきて、祭衣裳も一部変更され、見栄えのする祭衣裳に年々工夫されていったとしている。担ぎ手の募集のチラシ（松平「現代神田祭仄聞」の註(3)に記載）には、「当町会の御輿は、前回のマスコミの話題を一手にさらった女御輿、『伊達政宗』よりも人気のある元祖『女御輿』です」とあり、誰でも参加可能な「オープン参加方式」であることが書かれている。

また、二年前の昭和六〇年にはマスコミに須田町中部町会の女神輿が取り上げられたことがわかり、『伊達政宗』（おそらくＮＨＫの大河ドラマ）より人気がある「元祖」の女神輿であることが強調されている。「元祖」が強調されるのは、他の町内会でも女神輿が始められたことが窺われる。

平成二年になると、昭和六二年と祭衣裳には大きな変化はないが、鉢巻の手拭として「ピンクの模様を散りばめた女性向きの派手な品」が作られ、この手拭が「この町の参加者を他の町内とはっきりと区分けするようになった」としている。この年に入り、「(須田町中部町会の)女神輿の盛況にあやかろうと、二、三の町内が同様な試みを始めた」という情報があり、前回以上に盛り上げようと、町内会祭典委員会が作られ、町内の企業(特に女性従業員が多い金融機関)に勧誘を行ない、町内会婦人部は親戚縁者を頼んで大々的に娘探しを行なったとしている。

他町会の女神輿と差別化し、祭りを盛り上げようとする意志は、担ぎ手募集のチラシ(松平「現代神田祭仄聞」の註(4)に記載)にもみられ、チラシには「元祖　女みこし」であることが書かれ、「オープン参加方式」で女性ならば誰でも参加できることが強調されている。

そして、参加関係諸団体の責任者やリーダーを集めた会合が開催されたが、松平はこの会合を、「祭の説明をし、その成功にむかって協力を依頼するのは町内会の祭礼委員たちであり、それを受けて協力を誓い、モリアガッタのは、参加グループである町外の余所者たち、という構図」がかつての祭りではみられない「不思議のあつまり」であったとして、伝統的なかつての祭りでは、「祭は町内がスるものであり、観客はそれをミるものだった」が、今は「町内会は準備し、下支えをするものであり、それに乗って繰りだすのはほとんどが余所者という構図」に変化したことを指摘している。

また、平成二年から、町内会祭礼委員会に婦人部としての役割(神酒所係・食料係・衣裳係・お土産係)が与えられ、婦人部の役割が拡大している。

こうした中で、平成二年五月一三日に町内神輿の連合渡御が行なわれたが、女神輿の巡幸には、町内七人(うち婦人部神輿リーダー二人)、町内関連法人六一人、町内地縁・血縁者及び友人五八人、立教大学社会学部松平研究室二二人の総勢一四八人の女性が神輿を担いだ。ただし、応援として銀行から男子二〇人が参加している。そして、町内会神酒所前から神田神社へ宮入をする町内神輿の連合渡御のあと、町内に還御し町内巡幸を行ない、お土産をもらって解散するまでの流れが時間を追って記録されている。ここからわかることは、婦人部が中心となって女神輿の巡幸を支えていることであり、神輿の休憩には婦人部食料係が運んだ、握飯・寿司・沢庵・麦茶・コーヒー牛乳・ビール・ジュース・ゼリー・マドレーヌ・もなかなどが配られている。

第二に、女神輿が登場した須田町中部町会の町の変化について分析している。松平の調査によれば、一九八〇年代の初めには二五〇世帯以上を数えた町の住民は、平成元年には実際に住んでいる世帯数が六七戸（住民台帳記載の世帯数が七六戸）に減少していることを明らかにしている。

神輿の担ぎ手となる年齢層は一六歳（高校生）〜四〇歳で、男性に限定してみると最大で三三人（四一〜六〇歳の二三人を加えても五六人）しかいないことから、一九八〇年代半ばには町内だけでは神輿の巡幸が困難になっていたことを指摘している。

第三に、女神輿を生んだことによって町内を結束させ、連合渡御を実施させた活力はどこから生まれてきたのかという問題について触れ、その要因として、①地域社会や地域住民といった既成の伝統的な結びつきの糸が切れつつあることから否応なしに生まれた「地縁の拡大」とでもいうべき発想の転換がなされたこと（「通いの住民」が市民権を得たこと）、②ビル化の中で町内観念が変化したこと、③町内会と会社・一般店舗との関係（「会社世帯の住民」の増加）、④旧来の町内にも、こうした外部からの変化に即応した住い方の変化が起こり、それが町内社会の衰退に対する支えになっていること、⑤町内における女性の役割の変化とそれによる町内構成の変化、の五点を挙げている。

第四に、町内会組織の変化について分析している。

神田祭の神輿連合渡御への参加を中止せざるを得ない状況の中、昭和六三年に町内会役員を四〇代中心に若返らせ、事業（防災・防犯・青年会・福祉）と環境整備（保健・清掃）という二つの柱ができ、祭祀部と婦人部とが活動の目玉として浮き彫りになったとしている。そして、日常の社会共同が改めて見直され、年末の夜警が自主的に復活し、環境整備を巡って町内の法人企業と居住者との話し合いが生まれるなど、町内会活動は変化し始めたとしている。

以上、松平の「現代神田祭仄聞」についてみたきたが、町内の男性の担ぎ手が減少し、町内神輿の巡幸が困難になるという危機的な状況を迎えたとき、女神輿という発想の転換が起こり、町内会組織を変化させ、社会共同が再認識されたという事実は興味深い。まさに、変化に対する一つのリアクションとして祭りが盛んになっているといえるのではないだろうか。

なお、須田町中部町会の女御輿を対象とした松平の研究以後の変化については、筆者による拙稿「「元祖女みこし」の変遷にみる地域社会の変容と神田祭」(65)（本書・第二章第三節に所収）、「「元祖女みこし」にみる参加者の実態と神田祭―「伝統型」都市祝祭の中の「合衆型」―」(66)（本書・第三章第三節に所収）などにおいて明らかにしている。

3　清水純の研究

清水純は、「神田祭―担ぎ手の動員をめぐる町会と神輿同好会の関係―」(67)において、平成二一（二〇〇九）年の神田祭（本祭）の調査、平成二〇年と平成二二年の蔭祭、その前後の時期に行なった調査をもとに、松平誠と同様に、一般動員の変化に注目し、神輿の担ぎ手の動員を巡る町会と神輿同好会の関わりに焦点を当てながら、神田祭を対象とした昭和四三（一九六八）年の薗田稔と、平成四年の松平誠の調査時点からの変化を分析している。

松平誠の調査で明らかにされた、神輿同好会が特定の祭りや町会に拘束されないとの指摘に注目し、神輿同好会を対象とした北村敏の研究(68)を参照しながら、神輿同好会が次第に特定の町会と結び付いていくプロセスがみて取れるとし、清水の調査からも神田祭で類似の状況がみられたとしている。

しかしながら、神輿同好会の協力なしに神輿巡幸が行なえなくなる半面で、神輿同好会と町会との間で揉め事や喧嘩などのトラブルが発生し、鎌倉町では地元青年による神輿同好会が成立した。

こうした動きは、北村敏が神輿愛好会の示す熱気が、神輿を持つ地元の青年たちに刺激を与えたというだけではなく、「多くは同好会の参入によるトラブル発生や伝統的な祭りの雰囲気の変貌が、地元の人々に危機感を抱かせ、地域を地盤とした睦会や同好会の成立を促したと考えられる」と分析している。

また、清水が調査した地域においては、たいてい二〇～三〇年、時には四〇年もの付き合いが続く神輿同好会が特定の町会に毎回担ぎに来る関係が成立しているが、神輿同好会と町会との関係は長年続いたとしても、祭り以外の日常的な領域に拡大深化することはほとんどないことを明らかにしている。

清水は、こうした町会と神輿同好会の結び付きを「祭縁」と呼び、祭礼の主催組織である町会と神輿同好会との間に目的の限定された二者関係が結ばれ、神輿渡御を果たすのに必要とされる程度の、相互の距離が維持されることを指摘している。

そして、清水は「結論」において、「神田祭を主催する各町会は外部からの参加者を招来し、常にそれらとの力のバランスに腐心しながら、町会の主体性を保持することのできる新しい関係性を構築しようと努めてきた。町会役員たちの意識に共通するものは、町会神輿は自分たちの神聖な財産であり、神田祭は自分たちが主催する地域の祭りであるという強い自覚である。そこに外部から担ぎ手が入ってきたときに、町会側の運営上の主導権を維持しようとする意志が働いてきたのである」と分析している。

以上、清水の研究についてみてきたが、町会の一般動員、すなわち、祭りの担い手が松平の調査時点よりも、地元企業の社員や女性、神輿同好会の参加が当たり前になるという変化が進む反面で、薗田の調査時点と同様に町会神輿は神聖なものであり、地域の祭りは自分たちのものであるという意識が持続されていることが窺える。

また、神輿同好会とのトラブルや祭りの雰囲気が変化する中で、地元青年たちによって睦会や神輿同好会が結成されるなど、変化に対する一つのリアクションとして祭りが盛んになる側面がみられることがわかる。

ただし、清水の研究においては、神輿同好会を受容していった背景をみる上で必要な各町会の個別具体的な社会変化についての詳細なデータが示されていない。

このように、戦後の神田祭に関しては、実証的なデータに基づいた同一の都市祭りを継続的に調査した先行研究が複数存在し、研究間の比較分析もなされている。

なお、松平誠、清水純の研究以後の変化については、筆者による拙稿「都市祭りの経年的変化―戦後の地域社会の変容と神田祭五〇年の盛衰―」(69)（本書・第一章第一節所収）、「神田祭調査報告―平成27年　神田神社・御遷座400年奉祝大祭の分析―」(70)（本書・第一章第二節所収）で明らかにしている。

このほか、戦後の神田祭を対象とした研究には、建築学の立場から、伊藤裕久の研究(71)がある。

五　戦後の山王祭・三社祭・佃祭を対象とした研究

1　戦後の日枝神社の山王祭を対象とした研究

戦後の日枝神社の山王祭については、先に紹介した昭和四三（一九六八）年の調査をもとにした薗田稔の研究(72)があるが、神田祭のように町会別の詳細なデータが示されていない。また、その後の変化を追跡した調査はなされていないが、神田祭と同様に担い手の変化がみられるはずである。

筆者が観察した平成二四(二〇一二)年六月一〇日(日)の山王祭では、日本橋や茅場町の氏子町会の神輿が日本橋まで連合渡御する「下町連合渡御」が行なわれた。この連合渡御では、「野村證券」や「高島屋」などの企業名の入った半纏を着て神輿を担ぐ人たちが多数みられた。日本橋の橋の中ほど、神田神社と日枝神社の氏子区域の境には、神田神社の氏子町会である室町一丁目会と本町一丁目町会の人たちが半纏姿で高張提灯を持って陣取り、連合渡御をする日枝神社の氏子町会の神輿を神田神社の氏子区域内に入れないようにするパフォーマンスがみられた(73)。

この下町連合渡御において、平成二四年から茅場町にある摂社日枝神社からの宮出しが始められた。この下町連合渡御は、山王祭を盛り上げようと、一〇年前(平成一八年)より始められたという。背景には少子高齢化で町内の担ぎ手が減り、このままでは子どもの世代は祭りへの関心を失ってしまうといった危機感があったようだ(74)。

しかしながら、詳細なデータに基づく実証的な研究はなされていない。

2　戦後の三社祭を対象とした研究

戦後の浅草神社の三社祭についての継続的な研究はほとんどなされていない。宮御輿の渡御が復興される前の状況を松平斎光が記述した研究(75)、川上周三の研究(76)、越智恵の研究(77)、牧野圭子の研究(78)などにとどまる。

これらの研究は、神田祭のように、先行研究の研究成果をまとめ、その上に新しい研究がなされていないため、研究間の相互関係は不明である。そのため、本節の冒頭に述べたように、平成二四(二〇一二)年の三社祭において、祭りの三日間で一八四万人の人出を記録(「うねり　頂点　浅草・三社祭」『朝日新聞』朝刊、平成二四年五月二一日付)するような状況がなぜ生まれているのかといったと通時的な理解が現状の研究では困難である。

また、平成二四年の三月一八日(日)には五〇年振りに「船渡御」が復活している。なぜ、船渡御が復活したのかについての背景も検討されていない。今後の本格的な調査研究が必要である。

一方で、同じ浅草で実施される「浅草サンバカーニバル」は現在でも盛んに行なわれている。三社祭と浅草サンバカーニバルの比較によって、祭りとイベント、地域社会と宗教の関係をみていく方向も残されている。

3　戦後の佃祭を対象とした研究

社会学の有末賢は、昭和五八(一九八三)年の「都市祭礼の重層的構造—佃・月島の祭礼組織の事例研究—」(79)において、東京都中央区佃・月島の住吉神社大祭(佃祭)を対象として、祭祀組織の重層性に注目しながら都市祭礼の過程と構造を分析している。

考察に当って、住吉神社の氏子地区の地域特性を佃島(佃一丁目)と月島に分け、佃島の祭りを「内部構造」、月島の祭りを「外部構造」として位置付けている。内部構造では祭祀組織の住吉講に、外部構造では町内会を基礎とする祭祀組織に注目すると、祭礼が内部と外部という関係を持った重層的構造になっていることを明らかにしている。つまり、地域住民組織の一つである祭祀組織は、祭礼という場を通じて内部と外部という構造の一断面を表し、一方では区別されながらも一体感を味わう動態的なものであり、内部の祭祀組織は戦後における大都市の社会変動の過程で対応が迫られている点を指摘している。

のちにこの論文は、平成一一(一九九九)年刊行の『現代大都市の重層的構造』(80)に所収された。そして、同書には、「ウォーターフロント再開発と佃祭りの変貌」といった昭和五八年の分析以後に再開発に曝された佃祭の経年的変化を考察した論考も所収されている。

有末は、この「ウォーターフロント再開発と佃祭りの変貌」において、佃・月島の社会変動との関わりから、佃祭りの転換点を指摘している。

明治三四(一九〇一)年頃、月島御旅所ができたことを契機として月島地区に氏子圏が拡大した。

昭和二三年、佃島の祭祀組織として住吉講が誕生した。

昭和三九年、防潮堤の完成に伴い、神輿が隅田川に入れなくなり、海中渡御と船渡御を中断した。このことによって、祭りの儀礼的意味が変化した。

昭和四六年、佃一丁目の人口減少などにより住吉講の規約が一部修正され、佃一丁目出身者以外でも若衆に入れるように変化した。これによって地縁性が変化していく契機となった。

昭和五七年、勝どき四丁目にあった月島御旅所の土地を売却した。

昭和五九年、佃・住吉神社を外側は木造、内部は鉄筋コンクリート造りで再建した。

昭和六二年、売却した土地にリクルート社のビルが建ち、その裏に町内神輿を入れる神輿庫を新造した。

平成元年、大川端リバーシティ21への入居が始まり、佃公園がオープンした。

平成二年、船渡御(船に神輿を載せて隅田川を渡御)を二八年振りに復活した。

平成七年、リバーシティ21の住民の住吉講への門戸が開かれ、同時に女性が講員に入れるように変化した。

以上のように、有末の研究は、同一の都市祭りを継続して調査し、社会変動との関わりの中で変化の画期を明らかにした点で学ぶべき点が多い。ただし、平成二年になぜ船渡御が復活したのかについては明らかにされていない。

六　戦後の銀座・新宿・渋谷の都市祭りを対象とした研究

1　戦後の銀座の都市祭り

民俗学の松崎憲三は、昭和四三（一九六八）年に地盤沈下傾向の強い銀座の再生を目的として始められた「大銀座まつり」に注目し、『現代社会と民俗』所収の「三「地域おこし」としての「大銀座まつり」」において分析を行なっている。

大銀座まつりは、一〇月第二日曜日を中心に一週間近く行なわれる音と光のパレードがメインの行事である。音と光のパレードは、大企業が経費をつぎ込んだ花自動車に混ざって、ブラスバンド、ミス銀座、郷土芸能などがパレードするものである。このほか、昭和五〇年から大銀座まつりの一環として、銀座八丁神社めぐりが開始された。

松崎は、銀座に関わる人々を第一類型：夜間人口（銀座を居住地とする四五〇〇人余）、第二類型：地縁的昼間人口（他地域に住みつつも商店経営者という地縁性の中で生活し、居住地と職場との両面で捉えている人）、第三類型：銀座を職場とする昼間人口、第四類型：盛り場として利用する人の四つに分類し、第一・二類型の人々の間には近隣集団としての町内会や任意団体の成立がみられるとしている。

ただし、これらの近隣集団は伝統的なものと異なり、地縁性と任意性が共存した新しいスタイルの性格と機能をそなえている。こうした団体を支えるのが旦那衆であり、かれらの創作物が大銀座まつりであると指摘している。

昭和六二年一〇月一七日の音と光のパレードには、第三・四類型の人々を中心とする見物客が例年並みの七〇万人であったが、このパレードは割と整然として進行し、参加者と見物客との交流は全く断たれているかにみえるとしている。松崎は、個人またはグループが主体となり、銀座八丁という同一空間の中で、しかも同一時間帯に並行的に行なわれる様々な催しを選択して見ル（あるいはスル）といった行為を通して、「一時的な解放感と連帯感を得、再生する、これが現代都市市民にとっての祝祭であろう」と位置付けている。

一方で、銀座を根城にする第一・二類型の人々にとっては、相互に共通性の高い一元的価値観を見出しにくく、祭りの意味付けやその実施方法を巡って苦闘している状況が窺えるとしている。

さらに、松崎は、大銀座まつりの一環として行なわれる銀座八丁神社めぐりについて、二、三年後に七福神めぐりが設定されたことを踏まえ、「大銀座まつりも神無まつりとして始められたものだが、結局知らず知らずのうちに神仏が紛れ込む結果となってしまったようである。現代人の非合理的なものに対する潜在的志向の強さを物語る現象といえよう」と指摘し、「不時に際して、もしくは不安にさいなまれた時や精神的空洞を埋めようとする時、さり気なく手をさしのべてくれる存在を必要としているのだし、いわば保険料として常日頃からそういう存在を身近に侍らせているのである」と解釈している。そして、「こうした現代人の心意を汲み取って、銀座八丁神社めぐりを大銀座まつりのイベントの一つに組み入れた企画者にこそ敬意を払わなければならない」としている。

しかしながら、銀座八丁神社めぐりや音と光のパレードを中心とする大銀座まつりの開設は、それなりに銀座の再生に貢献したと思われるが、第一・二類型の人々にとってはアイデンティティの形成には至らず、不充分なものになっていると指摘している(81)。

宗教社会学の石井研士は、『銀座の神々―都市に溶け込む宗教―』の中で、銀座八丁神社めぐりについて詳細な調査を行ない、銀座八丁神社めぐりはマツリなのかイベントなのかという問いを立てて考察を行なっている。

石井は、銀座八丁神社めぐりのように、近年意図的に設けられた都市祭がイベントであるのかマツリであるのか、イベントを行なう側でも混同していて容易に二分できない。双方の性格を併せ持ち、条件の変化によって相互に移行し変化するため、「マツリのイベント化」と「イベントのマツリ化」は絶えず一つの現象の中で共存している。そして、イベントも容易に都市の装置に組み込まれてしまうようなものではなく、カオス化する力を秘めながらその機会を待っていて、イベントは、マツリの母体となる共同体を生み出しさえするかもしれないと指摘する。

なぜそう考えるかといえば、「銀座の小祠が、祀られる母体を換え、災害や都市化の波に洗われながら、それでも現在まで存続してきた経緯にはこうしたことを物語っているように思える。日本の都市はそうした宗教を包摂しながら存在しているのである」としている。(82)

2　戦後の新宿の都市祭り

民俗学の八木橋伸浩は、平成二七(二〇一五)年刊行の『はじめての民俗学』に所収された「マチのつきあい」において、東京都新宿区高田馬場地区と西早稲田地区を対比し、前者は都会的と評され、ムラ的な人間関係が密でない印象が強いが、後者はまるで一昔前の田舎(ムラ)のようで、都会の中にムラのような人間関係が確認できるとしている。

こうした地域社会の特徴は、高田馬場地区と西早稲田地区の氏神である天祖神社の祭礼にも反映されていることを明らかにしている。祭礼運営の核となる役員が町会や商店会といった地縁集団から選抜される構造、地元以外の人が多数を占める状況は両地区とも同様だが、神輿の担ぎ手たちの状況に違いがみられ、それが端的に示されるのが袢纏だと指摘している。

すなわち、高田馬場地区では、町会神輿・宮神輿の別を問わず、参加する各神輿同好会の袢纏着用で神輿渡御が行なわれるが、西早稲田地区では、いずれの神輿の場合も神輿を担ぐ際には町会袢纏の着用が義務付けられ、町会の袢纏で担ぎ手は統一されるという違いがある。

このことは、西早稲田地区にみられる仲間意識、神輿場のあり方は、個人の意見を発端とするものであっても、都会の中にもムラのような緊密な人間関係が存在することを雄弁に物語っていて、高田馬場地区にみられる神輿同好会の優位性と個人性の高さは、都市的な人間関係をそのまま具現化しているとしている。

そして、西早稲田地区の神輿担ぎ手グループの構成から、いわば地縁に基づくネットワークの基盤の上に、神輿という趣味によってもたらされた縁が加わり、地元のキーパーソンとなる人物を介して地縁を超えた人間関係が重層的に結ばれて、それぞれの行事が機能する構造になっているとしている(83)。

なお、多数の参拝客で賑わう新宿・花園神社の祭礼については調査研究が手付かずのまま残されている。

3　戦後の渋谷の祭り

宗教学の黒﨑浩行は、平成二五(二〇一三)年刊行の『渋谷学叢書3　渋谷の神々』に所収された「第二章　渋谷の住宅地と神社祭礼」において、都市の住宅地での祭礼がどのような面で新たな支え合い、社会包摂をもたらしうるかという問題意識のもと、渋谷の氷川神社の氏子である若羽町会と代官山町会の祭礼、渋谷の金王八幡宮の氏子である松濤町会の祭礼を調査し、考察を行なっている。

その結果、これらの祭礼には「ケアをする関係」が幾重にも組み込まれていることが垣間見えることを明らかにしている。新たな担ぎ手や子どもたちを迎え入れる役員、神輿や山車が来るのを接待する地域住民や施設、さらには初心者に神輿の担ぎ方を手ほどきする神輿会のメンバーたち、とりわけ子どもたちの祭礼参加は、その記憶が次の世代

へのケアにつながっていくという点で重要であることを指摘している。(84)

また、民俗学の高久舞は、『渋谷学叢書3　渋谷の神々』に所収された「第八章　渋谷の《祝祭》—スクランブル交差点につどう人々—」において、渋谷のスクランブル交差点で行なう年越しのカウントダウンを対象として分析を行なっている。

高久は、渋谷の宗教文化を大きな枠組みで捉えたとき、渋谷の氏神である金王八幡宮や氷川神社の祭礼と、渋谷のスクランブル交差点で行なう年越しのカウントダウンやサッカー(ワールドカップ)の勝利時の行為を比較し、「祭儀」と「祝祭」の二項対立で考えた場合、「祭儀」に当る部分が前者で、「祝祭」に当るのが後者であると指摘している。(85)

筆者も、『渋谷学叢書3　渋谷の神々』に所収された拙稿「第三章　祭りからみえてくる「渋谷」—SHIBUYA109前に集う神輿　金王八幡宮の祭り—」において、金王八幡宮の祭礼の概要、金王八幡宮の氏子である渋谷中央街の祭礼、SHIBUYA109前に神輿が集合するようになった経緯を明らかにした上で、SHIBUYA109前に神輿が集合する意味について論じている。(86)

また、『共存学3　復興・地域の創生　リスク世界のゆくえ』に所収された拙稿「渋谷・道玄坂の祭礼からみえる「共存」への課題」において、SHIBUYA109の地元・道玄坂町会の金王八幡宮の祭礼に焦点を当て、町会の居住者の実態と町内に通う人の存在、祭礼において地域社会の外側から通う人たちに注目し、人口減少社会における祭礼を通じた地域間交流の役割について考察を行なっている。(87)

七　戦後の東京近郊の都市祭りを対象とした研究

1　府中・大國魂神社の祭り

社会学の松平誠は、『都市祝祭の社会学』の「第二章　伝統的都市祝祭(2)─府中における祝祭共同の内包と外延─」において、伝統的な都市祝祭の変容過程に注目して考察を行なっている。

松平は、「第一章　伝統的都市祝祭(1)─秩父本町の生活共同─」において秩父本町の秩父祭の分析から、伝統的祝祭における共同認知の方法と、共属の原理に焦点をあわせ、その一般的な類型を提示している。そして、この類型が日本の重化学工業化とともに伸展していく産業社会の中で性格を変容させていく過程に注目し、特に、その共同の内包と外延に焦点をあてて府中・大國魂神社の祭りの分析を行なっている。

松平は、明治以来の府中四ヶ町では、相互認知の社会的境界が幾度も動揺しているが、その最も大きなものは一九二〇年代に始まり、一九三〇年代に本格化した共同の内包・外延の大変化であったと指摘する。この時期には、一つの共同主体が小単位に細胞分裂し、結合の多重化をすすめる動きが目立ったとしている。すなわち、数個の町内会への分化と、町内会を単位とし、それを統合する連合町内会を構成することによって二重の共同が作り出された。

一九三〇年代の変化は、在来の共同を要として、旧四ヶ町が主体的に対応できる変化の過程であったとしている。しかし、昭和二九(一九五四)年に府中市が誕生し、一九六〇年代に町名・地番改正が実施される頃になると、環境条件が大きく変化し、府中の旧四ヶ町は府中市域の世帯・人口の一〇分の一を持つに過ぎなくなった。つまり、府中の伝統にもその歴史にも全く無縁な人々が府中の大部分を占めるように変化した。

この時期の府中には、孤立した伝統的な共同が外部からの浸透と反発の中で変化し、その外延と内包とが変質していく過程がみられると指摘する。

具体的には、例大祭の補助町内の新設（新町内会を取り込みながらも補助的な役割にとどまる）、町内会内部での選別認知（新来住者群を原則的に包み込みながら最小限のところで選別）、町内会組織と例大祭組織・町内会財政と祭礼財政との間にみられるような二重性の論理がみられるとしている。そして、伝統的共同の基盤が変質していくのと並行して、府中の旧四ヶ町の共同は急速に観念化し、大國魂神社の例大祭において年に一度、その姿を表す共同組織として、結合の再確認を続けていくことになるとしている。

松平は、「生活上での実体的な共同がうしなわれていくなかで、逆に祭礼はいっそう華麗になり、観念的な一体感が強化される。祝祭の賑わいをいっそう多彩なものにすることによって、観念の共同を存続させようとするのである」（二二四頁）と位置付けている。

以上の分析のまとめとして、松平は、都市共同の内包と外延とは、都市化の伸展する中でつねに変化し、社会的な変化を繰り返してきたが、現代では、伝統的共同はそうした変化の中で観念化しつつ生き続けていると指摘する。そして現代においても、伝統的な神社祭礼は、そうした共同認知の表出の場として、都市祝祭の重要な類型を構成しているのであるとしている。(88)

松平の研究以後、現代の大國魂神社の祭礼を分析したものに中里亮平の研究がある。

平成二二（二〇一〇）年発行の「変更からみる祭礼の現代的状況―東京都府中市大國魂神社くらやみ祭の事例から―」(89)では、祭礼の動態的理解を目的として、祭礼の現代的状況の変更について論じている。中里は、祭礼の動態的理解について祭礼の参加者同士、そして祭礼の「外部」が「自らの望む祭礼」をぶつけ合い、競う場として祭礼を理解することを目指すものであると位置付けている。

2 高円寺阿波おどり

松平誠は、『都市祝祭の社会学』の「第三章　非伝統的都市祝祭―高円寺阿波おどり―」において、昭和三二（一九五七）年に杉並区の駅前商店街行事として始まった高円寺阿波おどりを対象として、昭和六〇年の調査から、現代都市生活文化をこの新たな祝祭を通して類型化することを目的に考察を行なっている。

松平は、秩父祭と大國魂神社の祭礼を「伝統的都市祝祭」、この高円寺阿波おどりを「非伝統的都市祝祭」と位置付けている。

そもそも高円寺の阿波おどりは、隣駅の阿佐ヶ谷の商店街が行なう「阿佐ヶ谷七夕まつり」への対抗イベントとして高円寺の駅前商店街、俗称「パル商店街」の青年部によって編み出された。それも、地元の氏神・氷川神社祭礼に当って、商店街の振興策と地域住民の健全なレクリエーションを考えて発案された。

松平は、「今日でも夜の阿波おどりと昼の御輿担ぎとは、祭の一対の行事になってい」ることに注目し、「この催しが、商店街のイベント以外に、地元の地域住民・企業をまきこんで成立したこと、それが伝統的な祭礼と結びついてはじまっていることは、たいへん興味深い事実であるといえよう」（二四四頁）と指摘している。

阿波おどりのグループである「連」には、町内会・商店街・企業から直接援助を受けずに運営する独立の連（自立連）が一七あり、中核をなしている。このほか、自治体を母体とする連、金融機関の連、公務員の地域活動としての連、印刷会社の職場連、身体障害者の連、自由参加者に開放する連（江戸浮連・びっくり連）、スナック常連客の連があることを明らかにしている。

この中で、自立連は、主たる収入を外部出演と幹部の寄付に頼っていて、商店街との友好的な関係を保ちながらも、商店街ひいては地域の拘束は基本的には存在しないと指摘している。

松平は、高円寺阿波おどりの祝祭に集まった人々の結合形式は、ひとたび祝祭空間を離れるやいなや、この人々の間には、持続的で日常的な結合がほとんど存在しないという際立った特徴があると指摘している。

それぞれの連だけに着目すれば、外部出演や年間練習、連単位の年間行事など、かなりの日常的な結び付きを持っているものもないわけではないが、「高円寺阿波おどりを構成する人びとの全体集合は、祝祭の終了とともに雲散霧消してしまい、それをもとにした強固な生活共同が生まれたり、生活組織が形づくられたりすることはない」（三〇九頁）ため、「ここには伝統的な閉鎖システムをもつ祝祭類型とは異なる開放的なネットワークからなる現代祝祭の類型の一典型がみられる」（三一〇頁）と位置付けている。(90)

3　池上本門寺・雑司ヶ谷の御会式

松平誠は、池上本門寺と雑司ヶ谷の鬼子母神における日蓮宗御会式の万燈講に注目し、実態調査を行ない、平成二（一九九〇）年発行の「日蓮宗御会式と万燈講の社会文化的研究（前）」(91)、平成三年発行の「日蓮宗御会式と万燈講の社会文化的研究（後）」(92)に調査結果をまとめ、考察を行なっている。

池上本門寺万灯練り供養は、池上本門寺と日蓮宗信徒にとって支えられている土台の上に、それ以外の人々を多数抱き込んだ一般的な講社が載った形の二重構造になっていて、それは現代都市祝祭の一形式とみえると指摘する。それは、万灯同好講社をはじめとした講社一般の実態は、高円寺阿波おどりと類似し、「合衆型」都市祝祭の性質を持っているからであると位置付ける。

つまり、池上本門寺万灯練り供養は、日蓮宗独特の宗教性にしっかりと裏打ちされながら、同時にそれを現代都市文化の中にうまく取り込んだ全く現代都市的な生活文化様式の一つの典型であると結論付けている。[93]

4　品川猟師町の祭礼

松平誠は、かつて南品川全体の鎮守である荏原神社と猟師町の守り神・寄木神社の二つの神社への信仰を持つ品川の漁師町と祭礼（「かっぱ祭り」）の関係について、昭和六一（一九八六）年発行の「都市の社会集団（6）—元南品川猟師町の生成構成（その1）—」[94]と「品川猟師町の形成と展開—東京漁民の生活史—」[95]、昭和六二年発行の「都市の社会集団（7）—元南品川猟師町の生活構成（その2）—」[96]において、口述の生活史をもとに分析を行なっている。

かつては漁師町であったが、東京内湾から漁業が消え去り、一人の漁師もいなくなったが、品川荏原神社の南の天王祭では、洲崎（元猟師町の海上渡御）がメイン・イベントである。それが元漁師たちの何物にも代えがたいプライドの源になっていることを明らかにしている。

漁師たちが海から上がったときから、とっくの昔に消えていいはずの伝統の流れが今に生きているその要因は、祭礼に際して作り出される洲崎の祭礼集団の構成や町内の生活組織の中に映し出されているに違いないとする。

かつての猟師町は、昭和三七年の漁業権放棄までは漁師を核とするほとんど閉じられた地域生活集団であった。漁師が活躍した時代の町内は、①南品川猟師町の伝統を受け継いできた漁師、②漁業に直接関連する商売（魚問屋・舟大工・建具職人など）、③漁業者の雇用人（町に住み日常的に漁業者と生活をともにしてきた「乗り子」と一時の臨時の助っ人である「出稼ぎ」）、④猟師町に住みながら漁業とは無関係な商業についていた「陸人」、の四つの階層があり、「出稼ぎ」と「陸人」にはほとんど発言権を与えられなかった。

昭和五九年九月の段階では、町内にアパート、マンション、事業所が立ち並び、元漁師は少数派になった。町会の主要役員の多くは元漁業者であるが、陸人の中からも副会長や主要役員の幾人かを出せるように変化した。

この変化は、漁業権放棄後に町内の共同生活のエネルギーが枯渇し、栄光ある歴史の町が崩壊の危機に曝されたとき、元漁師主導型の町会改革が進み、新旧混合の役員構成が元漁師側多数のもとでできあがったことを明らかにしている。

祭礼集団の担い手においては、祭礼委員は元漁業者の二代目・三代目で、海中渡御へのマンションの勤め人の参加はあまりなく、子ども神輿を担ぐのにも漁師の子が威勢がいいとしている。ただし、寄木神社の世話人には、責任役員は元漁業者だが、漁業関係者以外の役員もみられ、ここにも町の変化が入り込んできていると指摘している。

そして、松平は、この町は古い漁師の守り神であるご神面をシンボルにして先祖の漁師たちが作り出したかっぱ祭りの伝統のもとで、常に新たな挑戦を続けていくに違いないと結論付けている(97)。

なお、松平は、同時期の昭和六二年には、「都市解体期の祝祭文化―日本人の回帰性を問題として―」(98)、翌昭和六三年には「都市祝祭の構成原理序説」(99)と、東京・高円寺の阿波おどりを対象とした「現代都市祝祭の構成―高円寺阿波おどり―」(100)を公にしている。

松平誠の研究は、伝統的都市における町内の生活変容と神社祭礼の関係から、昭和六二年頃を境に、都市祝祭の構成原理へと問題関心が移り、新しい祭りである高円寺の阿波おどりを研究対象としている。そして、平成二(一九九〇)年に秩父祭、大國魂神社の暗闇祭、高円寺の阿波おどりなどを対象とした論文集としてまとめ、『都市祝祭の社会学』(101)を刊行した。

松平は、『都市祝祭の社会学』の冒頭で、「祝祭」を「日常の反転、それからの脱却と変身によって、日常的な現実を客観化し、それによって感性の世界を復活させ、社会的な共感を生み出す共同行為」[102]と位置付けている。そして、日本都市の主要な祝祭類型として、「近世の伝統のうえに開花しながら、産業化のなかでその基本的性格を体現してきた都市祝祭」である「伝統型(伝統的都市祝祭)」と、「伝統とは無縁で、不特定多数の個人が自分たちの意思で選択した、さまざまな縁につながって一時的に結びつき、個人が「合」して「衆」をなし、あるいは「党」「連」「講」などを形成してつくりだす祝祭」である「合衆型」との二つの類型に分類している[103]。

また、松平は昭和六二年頃、既に述べたように、神田祭の調査に入っている。その結果を、神田祭に参加する須田町中部町会の女神輿に注目した平成三年の「現代神田祭仄聞」[104]、平成四年発行の「神田と祭りに生きる人々―神田祭女御輿町内の古老談―」[105]と「神田の地上げと生活集団」[106]、神田祭全体を対象した平成五年発行の「都市祝祭伝統の持続と変容―神田祭による試論―」[107]にまとめている。そして、品川の漁師町の祭り、高円寺阿波おどり、日蓮宗御会式、神田祭の論考は、平成六年刊行の『現代ニッポン祭り考―都市祭りの伝統を創る人びと―』[108]に結実した。

5　小山両社祭

社会学の玉野和志は、平成一〇(一九九八)年発行の「地域の世代的再生産と都市祭礼の復興―「小山両社祭」調査報告―」[109]において、東京都品川区武蔵小山駅から西小山駅にかけての地域で、一九八〇年代に生まれた新しい祭りである「小山両社祭」を対象として、昭和六三(一九八八)年~平成元年にかけて実施した調査をもとに考察を行なっている。

玉野は、両社祭という独自の地域文化が形成されてくる背景には、都市化のタイミングに基づく人口統計学的な条件と東京という大都市における産業形成上の位置による社会経済的な条件が、具体的なローカル・コミュニティのレベルで微妙に絡み合いながら作用し、そこには地域の世代的再生産が、文化的「伝統」の創造と継承を伴いながら、具体的に展開していくダイナミズムがみて取れるとしている。つまり、ローカル・コミュニティのレベルと都市のレベルとのダイナミズムに留意する必要性を指摘している。

同様に、両社祭が自生的に成立し定着してきた背景には、新造された神輿が連合の渡御だけでなく、各町内での渡御や祭りの盛り上がりにつながっていった点が重要であったと指摘している。(110)

玉野は、翌平成一一年には「都市祭礼の復興とその担い手層―「小山両社祭」を事例として―」(111)を公にしている。そして、これらの成果は、平成一七年発刊の『東京のローカル・コミュニティ　ある町の物語一九〇〇―八〇』(112)にまとめられた。

八　神戸まつり・浜松まつりを対象とした研究

1　神戸まつり

昭和五二(一九七七)年に、宗教学の薗田稔は神戸まつりを対象とした「神戸まつり調査偶感」(113)をまとめている。同年、薗田稔は宇野正人とともに沖縄県名護市の奄美まつりを扱った「奄美諸島調査」(114)といった調査報告をまとめ、昭和五三年に宇野正人は「都市の祭への視角―名瀬市〔奄美まつり〕をとおして―」(115)で分析を行なっている。

そして、昭和五五年には、宇野正人が神戸まつりを対象として、「都市祭における伝統への指向―神戸まつり―」(116)にまとめている。

宇野は、神戸まつりの構成の中に、伝統的行事がモザイク細工のように組みあわされているのみならず、中央行事と区行事の対立があり、九年前の時点では中央行事中心の祭構成であったが、現在はそれとは異なり、中央行事と区行事とが相互補完的であり、またせめぎあっている祭構成をとっているとみることができる。それは、祭の構成が緊張関係をはらみ、それゆえに祭がダイナミックに組みあわさっているということを意味していると考えられると指摘している。

この宇野の論文の註には、柳川啓一の「親和と対抗の祭り」が挙げられていることから、柳川の分析を踏まえた考察であることがわかる。

米山俊直は、昭和六一年刊行の『都市と祭りの人類学』に所収された「現代社会と祭り―神戸まつり一九八四―」(117)において、昭和五九年の神戸まつりの調査から考察を行なっている。

この中で、米山は、神戸まつりは本質的に世俗化した現代社会のイベントであって、神仏などの宗教に基礎をおいた伝統的な祭礼と異なっている。いわゆる聖・俗の二分論でみれば、神戸まつりは聖の部分が少なく、ほとんどが俗の領域が占める行事ということになろうと指摘している。

また、米山は、『都市と祭りの人類学』に所収された「都市と祭り」(118)において、祇園祭や天神祭、行政主導型の神戸まつりなどを踏まえ、都市の祭りの特色として、①〝見られる祭り〟を前提としていること、②見られる祭り(祭礼)であるがゆえにたえず様々な工夫がこらされ、趣向が付け加えられていること(たえず風流に工夫があること)、③風流の工夫の中に大きい創造性が認められること、の三点を挙げている。

そして、都市の祭りについて考える場合の項目として、祭礼に五つの要素、四つの必要、三つの社会関係、二つの時間区分、一つの目標があることを提示している。すなわち、①五つの要素：決まった時と場所・シンボル・変貌した空間・祭壇と儀式・参加者、②四つの必要：老若男女全階層の参加・資金・演出・伝統、③三つの社会関係：地縁・血縁・社縁、④二つの時間区分：日常（ケ）と非日常（ハレ）、⑤一つの目標：ふだんのつきあいを超えた人々の心の連帯の回復―コムニクスの出現、を挙げている。

なお、昭和五五年には、高取正男・松平誠・中村孚美・森田三郎・米山俊直による「座談会　日本の都市の祭り」[119]が行なわれ、この中でも神戸まつりについて言及されている。

また、昭和五八年には、阿南透・宇野正人・酒井直広・永井良和・林智良・森田三郎・吉田由佳子・米山俊直によって「座談会　大都市の祝祭行事―「神戸まつり」の調査から―」[120]が行なわれた。

このほか、神戸の近隣では、同じ兵庫県西宮市の事例である西宮神社の十日戎開門神事福男選びを対象として、通時的・共時的な視点から考察を行なっている人類学の荒川裕紀の研究[121]がある。

2　浜松まつり

宇野正人は、昭和五六（一九八一）年の「年中行事から都市祭へ―浜松まつり―」[122]において、昭和五五年に行なわれた浜松まつりの分析から旧行事（浜松まつり以前から存在し伝統的な行事の要素を持つ行事群）と新行事（浜松まつりになってから新しく登場してきた行事群）を対比した上で、祭全体をみるならば、行事の運営や金銭的なものを含めて、旧行事は新行事に比べ、その吸引力には目を見張らせるものがあると指摘している。

また、宇野とともに浜松まつりの調査に参与した民俗学の茂木栄は、平成元（一九八九）年の「都市とイベント」[123]の中で行政政策と都市の祭り・イベントとの関連を指摘している。その上で、①国土総合開発法の制定された翌年の昭和二六年前後、②全国総合開発計画の昭和三八年前後、③新全国総合開発計画の昭和四五年前後、④第三次全国総合開発計画の昭和五三年前後、の四つの画期を提示している。そして、浜松まつりにおいて、昭和二五年、昭和三八年、昭和四五年、昭和五四年の四つの展開期を明らかにしている。

その後、浜松まつりに関しては、静岡大学の荒川章二・笹原恵・山道太郎・山道佳子による平成一八(二〇〇六)年刊行の『浜松まつり―学際的分析と比較の視点から―』[124]がある。ただし、宇野正人と茂木栄による浜松まつりに関する先行研究との比較検討はなされていない。

3　戦後の祭りの変化の時期

茂木栄の「都市とイベント」に関連して、民俗学の阿南透は平成九(一九九七)年の「伝統的祭りの変貌と新たな祭りの創造」[125]の冒頭で、前述の茂木論文を参照しながら、戦後五〇年における祭りの変化の時期を大きく三つの時期に分けて捉えている。

具体的には、①昭和二〇(一九四五)年～昭和三〇年：戦争で中断した祭りが復興する時期(神田祭・山王祭は昭和二七年に復活)、後半になると観光客誘致の新しい祭りが創生(よさこい祭りなど)、②昭和四五年の大阪での万博開催から昭和四八年の第一次石油ショックの時期：この後、昭和五二年の第三次全国総合開発計画、③昭和六二年～平成元年辺り：昭和六二年に第四次全国総合開発計画、昭和六三年の「ふるさと創生」施策：この後、平成四年の「おまつり法」(地域伝統芸能等を活用した行事の実施による観光及び特定地域商工業の振興に関する法律)の成立を挙げている。

さらに、民俗学の福原敏男は、平成一一年の「山車を失った都市祭礼―津八幡宮祭礼の戦後―」[126]の中で、対象とする津八幡宮祭礼が復活した昭和二五年について、前述の阿南論文を引きながら、東京の神田祭や山王祭などと同様に戦争で中断した祭りが徐々に復興する時期と呼応するものとして位置付けている。また、津八幡宮の宮司(神職の)側の葛藤も示し、行政主導の「津まつり」の中に津八幡宮祭礼が取り込まれていく過程を明らかにしている。

九　戦後の九州の都市祭りを対象とした研究

1　長崎くんち

米山俊直の研究助手を務め祇園祭の調査に参加した、文化人類学の森田三郎は、長崎くんちを取り上げ、祭りとその担い手に焦点を当て、祭りを支える人々の生活を考察することを最終目的として昭和五五（一九八〇）年発行の「長崎くんち考―都市祭礼の社会的機能について―」(127)にまとめている。

また、昭和六二年発行の「祭りとイベント―ウラまつりをめぐって―」(128)では、徹夜の暇つぶしが名前が付くほどのイベントに成長した「ウラくんち」に注目し、祭りから疎外された感じをいだく周辺的な祭り参与者はそれを昇華させるために自分たちの祭りを求める、それがウラ祭りであると分析している。

森田は、祭りとイベントの違いにも言及し、イベントはその参与者がそれを通して自己のアイデンティティを確認することができてはじめて祭りとなる。逆に、誰のアイデンティティの確認にも関わらないものは祭りと呼ぶに値しないとしている。森田は、アイデンティティの確認の有無が祭りとイベントの違いとして考えている。

この二つの論文は、のちに『祭りの文化人類学』(129)に所収された。

2　博多祇園山笠

社会人類学・都市人類学の中村孚美は、「博多祇園山笠―そのダイナミックスとアーバニズム―」において、博多の総鎮守・櫛田神社の祭礼である博多祇園山笠を昭和四九(一九七四)年と五〇年の二年間にわたって参与観察し、祭りへの参画の仕方を詳細に記録している。

中村は、博多祇園山笠の特徴として、豪気と細心、フレキシビリティー、都市的洗練を挙げ、ある人がいった「山笠は博多のすべてだ」という言葉のように、博多祇園山笠には博多の人たちの生活の美意識、行動の美学といったものが行事の隅々に至るまで反映していることは確かであると指摘している。そして、祭りは博多的なアーバニズム(都市的生活様式)、あるいはアーバニティーの集約的表現であるように思われると結論付けている。(130)

竹沢尚一郎は、「村の祭、都市の祭」において、九州地方の村の祭(銀鏡神社大祭・神楽)と都市の祭(博多祇園山笠)を比較し、都市の祭が村の核心であったコスモロジーや生業との関係を滑落させる一方で、都市固有の資源としての人間とその能力を最大限に活用するために、村の祭では欠けていた競覇的性格の強調と組織の洗練に向かっていったことは、ある意味当然といえようと指摘する。

しかし、村の祭と都市の祭の間には共通性も存在し、両者とも人間が生まれてから死ぬまでの一生を、地域が単位となって行なう祭の中に丸ごと取り込もうとしていることにあると指摘している。(131)

また、竹沢は「博多祇園山笠」において、博多という地域社会に対して祭りがいかなる機能を果たしてきたかを、地域社会の観点から捉えることを目的に考察を行なっている。その結果、博多の祭りとは、博多という都市が作り上げた、都市の自主管理と都市住民の能力の開発・向上のための独自のソフトにほかならなかったと指摘している。(132)

福岡市博物館の福間裕爾は、平成一二(二〇〇〇)年発行の「現代の祭りにおける「伝承」のありかた—北海道芦別市の健夏山笠を題材に—」(133)、平成一六年発行の「「ウツス」ということ—北海道芦別健夏山笠の博多祇園山笠受容の過程—」(134)において、博多とは無縁の北海道芦別市の人たちが一〇数年の歳月をかけて博多山笠を移し(写し)ていく過程を明らかにしている。

松平誠は、平成二〇年刊行の『祭りのゆくえ―都市祝祭新論―』[135]に所収された「第三章　模倣を拒む博多山笠」において、前述の福間裕爾の論文を参照しながら、日本を代表する都市マツリとして、「博多山笠」には、特殊な閉鎖性と、それと裏腹な開放性が並存することがわかったと指摘している。

3　小倉祇園太鼓

都市人類学・民俗学の中野紀和は、平成一九（二〇〇七）年刊行の『小倉祇（ママ）園太鼓の都市人類学　記憶・場所・身体』[136]において、福岡県小倉市八坂神社の夏季大祭に出される小倉祇園太鼓について個人のライフヒストリーに注目しながら考察を行なっている。

中野は分析に当って、祇園太鼓に表出されるメッセージは一つではないため、特定の集団をメッセージの送り手として固定するのではなく、祇園太鼓に中心的に関わる集団のそれぞれの立場から状況に応じた臨機応変な対応を明らかにする。その際、スル側とミル側のあり方が現代社会における祭礼のどのようなあり方を示唆しているのかを考えたいとしている。

中野は、松平誠の高円寺阿波おどりにおけるミル側とスル側の分析を踏まえ、小倉祇園太鼓を五層構造として捉えている。すなわち、ミル側を「見物人Ⅰ」（ミル側からスル側へ移行する可能性を秘めた層）、「見物人Ⅱ」（ミルことに徹する層）の二層構造、スル側を「参加することに意義」「楽しむ」「見せる」の三層構造である。

この見物人Ⅰの存在は、宗教行事や伝統行事としての特色を持っていた祇園太鼓が祝祭性を強めていったときに顕著になると指摘する。そして、都市祭礼における風流の側面の肥大化は宗教性を希薄にしている点も否めず、むしろ宗教性の希薄化が、見物人Ｉの層を生み出していると分析している。

見物人Ｉがミル側からスル側へ移行したときに、彼らを受け入れる器が祇園太鼓の有志チームであることを明らかにしている。

有志チームは個人的なつながりを基盤としながらも、完全に個人的ネットワークに依拠しているのではなく、集団の一員としての意識も強められることがわかるとする。祇園太鼓で演じられる太鼓のパフォーマンスは、創作という形をとることで抽象化されていくが、一方でそれを支える集団は、個人と所属が一致する具体的な場につながっているのである。

つまり、有志チームは、日常的なつながりの延長線上にあったグループが、範囲を広げることで自主的に参加する人々を取り込んでアソシエーションとして機能していることを明らかにしている。

中野は、小倉祇園太鼓の現状を「場所の空間化」と「空間の場所化」が同時進行で起きていると位置付ける。つまり、前者が祭礼の脱コンテクスト化（祭礼のイベント化）であり、後者がコンテクストの創造（多様な者の参加を促し、新たな試みを許容し、新たなストーリーが生まれる）であるとする。こうした動きを受けて、再度、町内が場所の持つ意味を見出そうとするのはコンテクストの再生といえるだろうと指摘する。

そして、「都市的なるもの」とは場所への欲求が生み出す動きの中に表れ、場所としての都市は、自らを内側の中に位置付けようとする重層的な動きの中に浮上する。それは、没場所性を乗り越える不断の営みでもあると結論付けている。

4　熊本市・藤崎八幡宮秋季例祭の神幸式（通称「ボシタ祭り」）・「火の国まつり」

社会学の芦田徹郎は、昭和五九（一九八四）年、当時在職していた熊本大学教養学部で開講していた社会調査実習のテーマとして、熊本市の藤崎八幡宮秋季例祭の神幸式（通称「ボシタ祭り」）を取り上げ、調査に入っていった。

芦田がこの祭りに注目したのは、昭和五七年に熊本市に赴任した際に何気なく見物したところ、祭りの参加者数の多さと、参加者の憑かれたような熱狂に仰天したことによる。「いったいこの祭りはなんだ」という不審と、「この祭りにはきっとなにかある！」という確信が同時に働いたという。[137] また、同じ熊本市の市民まつり「火の国まつり」の調査研究を行なっている。

芦田は、この二つの祭りの分析結果を、昭和六三年発行の「祭りと社会変動―熊本市『ボシタ祭り』をめぐって―」[138]、平成六年発行の「ある市民祭の生と死―熊本市・（旧）火の国まつりをめぐって―」[139] にまとめている。この二つの論文は、平成一三（二〇〇一）年刊行の『祭りと宗教の現代社会学』[140] の「第2章　祭りの盛衰と葛藤―熊本市・ボシタ祭りをめぐって―」と、「第3章　祭りの事実と祭りの精神のあいだ―熊本市・（旧）火の国まつりをめぐって―」に所収された。

芦田は、『祭りと宗教の現代社会学』の「第2章　祭りの盛衰と葛藤―熊本市・ボシタ祭りをめぐって―」において、祭りを通しての共同体の自己認識のメカニズムを探ることの意義は依然失われていないものの、共同体とその祭りにとっての外部環境との関わりを無視することはできないと指摘している。

現在の祭りの盛況を踏まえれば、祭りとその内部環境（としての共同体）との関係にも目くばりしつつ、主としてその外部環境との関わりに着目し、ボシタ祭りの考察を行なっている。

芦田は、戦前戦後を通じてのボシタ祭りの消長は、時代そのものが祝祭性を帯びているときにはこの祭りは衰退し、逆もまた真である。つまり、戦争という「お祭り」のときも、高度成長という「お祭り」のときも、ボシタ祭りは衰退せざるを得なかったことを明らかにしている。

しかし、時代そのものの本質的な「非祝祭性」が祭り一般にとっては好都合であるとしても、それだけでは必ずしも個々の具体的な祭りの盛況を保証するものではないと指摘する。

そして、ボシタ祭りの再活性化に当って力があったのは、旧来の個人団体や地域団体の退場と入れ替わりに参入してきた高校同窓会系や祭り愛好会系の団体であった。このことはマクロな時代性を背景としながらも、その時代にふさわしい新陳代謝があったことを示していると指摘している。

「第3章　祭りの事実と祭りの精神のあいだ―熊本市・(旧)火の国まつりをめぐって―」において、現代社会における祭りの衰退は、二重の意味で「祭りの日常化」が進んだ結果であるとする。

ここでいう二重とは、本来の祭りが「日常性」を充分に脱却できずにそれを引きずっているという意味と、特に都会には一種の祭りが日常的に用意されているという意味であるとする。そして、「火の国まつり」においては、祭りをする(作る・売る)側にとって魅力がなくなったことを指摘している。

つまり、「祭りの日常化」によって、祭りの日といえども、特別の消費と販売のときではなくなったことを明らかにしている。

なお、平成一〇年七月に九州大学において開催された「宗教と社会」学会第六回大会では、竹沢尚一郎・福間裕爾・南博文・小松秀雄・芦田徹郎・重信幸彦・関一敏による「都市祭礼研究の課題と可能性」[141]と題したワークショップが行なわれた。

ほかに、宮崎県都城市の「おかげ祭り」を分析した、平成二六年刊行の竹元秀樹の『祭りと地方都市―都市コミュニティ論の再考―』[142]がある。

竹元は、松平誠の都市祝祭類型を参照しながら、「おかげ祭り」は新しい祭りであるが、日本の伝統ある祭りを手本にして、厳格な秩序の中で本物の祭りを創造することを目指していることから「伝統型」の類型に入るが、運営母体が一般市民で構成され、祝祭の形態は「伝統型」でも「合衆型」の性格を持つものであると指摘している。

一〇　高知のよさこい祭り・札幌のYOSAKOIソーラン祭りを対象とした研究

平成に入った一九九〇年代の初めからよさこい祭りの研究が盛んに行なわれた。ここでは主な研究について概観しておきたい。

1　高知のよさこい祭り

地理学・民俗学の内田忠賢は、平成四(一九九二)年発行の「都市と祭り―高知「よさこい祭り」へのアプローチ(1)―」[143]において、高知のよさこい祭りを対象として考察を行なっている。

内田は、考察の結果、高知のよさこい祭りを社会的・文化的に位置付けるために、①地縁→社縁→選択縁と進化し、既に踊り隊は匿名を帯びた存在であること、②演者と観客が明確に区分される「演劇」になっていること、③鳴子踊りは正調及びそれをアレンジした曲で演じられること、④競演場の配置は都市構造の問題であること、⑤リオのカーニバルや阿波踊りと同じく、よさこい祭りは踊りによるパレードを基本としていること、の五つの視角を挙げている。そして、高知のよさこい祭りの研究によって、高知の地方都市ないし都市の本質に迫り得ることに間違いないとしている。

平成六年発行の「地域イベントの社会と空間―高知「よさこい祭り」へのアプローチ（2）―」[144]では、祭りの担い手となる社会集団と、祭りの舞台となる祝祭空間の二つの視点に注目して分析を行なっている。

一つ目の社会集団に関しては、平成四年の分析と共通し、踊り隊は一般募集を行ない、流動性・匿名性が高い集団であるとしている。二つ目の祝祭空間に関しては、競演場の設定には、地元の政治的・経済的判断が少なからず影響しているとしている。そして、よさこい祭りにおいて祝祭空間として重要なのは、地区競演場だけでなく、追手筋本部競演場と中央公園競演場であると指摘している。

このほか、平成六年発行の「地域イベントの展開―高知「よさこい祭り」を事例として」[145]、平成一一年発行の「都市の新しい祭りと民俗学―高知「よさこい祭り」を手掛かりに―」[146]などがある。

また、平成一八年発行の伊藤亞人の「よさこい祭りと市民社会」[147]などの研究がある。

2　札幌のYOSAKOIソーラン祭り

ＹＯＳＡＫＯＩソーラン祭りは、平成二(一九九〇)年に当時大学生であった長谷川岳が仕掛けた新しい祭りである。

森雅人は平成一一年発行の「たった一人が仕掛けた祭り―札幌「ＹＯＳＡＫＯＩソーラン祭り」―」[148]で、ＹＯＳＡＫＯＩソーラン祭りの成り立ちから、参加者の七割を女性が占める三石なるこ会、平岸天神チームなどＹＯＳＡＫＯＩソーランのネットワークについて触れた上で、みられること、観衆を楽しませることを貪欲に追求するからこそ、新たに創造されたパフォーマンスの中に、時代の変化に柔軟に対応する札幌の姿が映し出されるのであると指摘している。

3　全国のよさこい祭りを対象とした研究

矢島妙子の研究

文化人類学・民俗学の矢島妙子は、高知のよさこい祭りの伝播やＹＯＳＡＫＯＩソーラン祭りの分析を含め、全国のよさこい祭りを対象とした体系的な研究を行なっている。

矢島は、平成一二（二〇〇〇）年発行の「「よさこい祭り」の地域的展開―その予備的考察―」[149]、「祭り「よさこい」の誕生―「感動」した旅人たち―」[150]、「祝祭の受容と展開―「ＹＯＳＡＫＯＩソーラン祭り」―」[151]、平成一三年発行の「「よさこい」の祭りにみる地域性についての人類学的一考察」[152]、平成一四年発行の「札幌市北区新琴似の生活文化の創造過程―「ＹＯＳＡＫＯＩソーラン祭り」の地域密着型参加集団の歴史・社会背景―」[153]、「祝祭の組織編成にみる都市性と継承性―「ＹＯＳＡＫＯＩソーラン祭り」における参加集団の分類と特徴―」[154]、平成一五年発行の「「よさこい」系祭りの全国展開の分析―伝播をめぐる統合的枠組を基礎として―」[155]、「「よさこい」系祭りの全国展開にみる祝祭の正統性―祭りの本家に対する語りの分析―」[156]、「都市祝祭における「オーセンティシティ」再考―「ＹＯＳＡＫＯＩソーラン祭り」参加集団の地域表象のリアリティをめぐって―」[157]、平成一七年発行の「都市祝祭にみる「地域拡大・開放と地域再確立」―「よさこい」系祭りにみる都市の伝承母体をめぐって―」[158]などがある。これらの論考は、「祭り「よさこい」の誕生」を除き、平成二七年刊行の『「よさこい系」祭りの都市民俗学』[159]に所収された。

矢島は、『「よさこい系」祭りの都市民俗学』において、都市の現象を対象として現代社会に生きる人々の文化動態の解明と、祝祭を対象として都市に生きる人々の心性を探り、現代社会における人々のつながり方の解明を目的に、「現代社会における人々の集合性」と「地域文化の継承」について分析を行なっている。

矢島の研究は、祭りがどう支えられ、継承され、そして発展していくかを検証し、それによって、民俗学における「都市民俗学」及び「都市の伝承母体」を再考しようという意図を持つものである。

そして、よさこい祭りの分析から都市祝祭の原理として、①「ゆるやかなルール」、②「多様性、ゆえに選択性がある」、③「差異性と統一性、両方の性質がある」、④「『ウラ祭り』の要素が等価単位としてある」、⑤「協調的連帯と競争的連帯：全国ネットワークとそれによる競争」、⑥「オーセンティシティとリアリティ」、⑦「ユニットが支える全体：地域に細分化されたエネルギーが都市全体の祭りを支える」、⑧「新文化と地域民俗文化の相互動態」、⑨「都市の伝承母体」（ゆるやかな伝承母体・多様な受け皿の結合原理である伝承母体・動態的伝承母体・伝承母体単位〔単位母体〕の重要性・伝承母体の全国性・競い合うことによる伝承力の強化）、⑩「拡大（多様性）と凝集（内的エネルギーの充実）の両方が祭り全体を持続させる」、⑪「都市祝祭における〝地域〟は『再確立された〝地域〟』」（「ゆるやかな地縁」を形成）、の一一の特徴があることを明らかにしている。

これらの特徴のうち、③と⑤、⑥と⑧、⑦と⑩、⑨と⑪はリンクする。つまり、差異性と統一性があるから都市の伝承母体には全国のネットワークがあり、細分化されたユニットも伝承母体となる。また、都市祝祭は拡大と凝集の両方が必要で、その上で地域に戻る方向性、リアリティへの引き戻しも大事であると指摘している。

そして、矢島は、近代化・都市化は効率性追求のために、〝場所〟からの意味の剥奪を行なってきた。トポスの再実現化（再トポス化）が必要である。「よさこい系」の祭りの踊りは、トポス（場所性）の実現としての踊りであると結論付けている。

なお、先に挙げた森雅人の論文や矢島妙子の論文の一部は、平成一五年に刊行された内田忠賢編『よさこい／YOSAKOI学リーディングス』[160]に所収されている。

森田三郎の研究

森田三郎は、平成一二（二〇〇〇）年刊行の『祝祭の一〇〇年』に所収された「祭りの創造―よさこいネットワークを考える―」[161]において、よさこい祭りが全国的な広がりをみせるようになった社会的文化的な背景について、平成一一年に観察した第八回札幌YOSAKOIソーラン祭り・第六回高知よさこい祭り・第一回奈良バサラ祭りの事例検討を通じて考察を行なっている。

これらの新しい祭りには、演目内容や参加資格の自由度があり、その最大の特徴は、参加者自身の創意工夫を活かす余地があること、地域を超えた連帯感の創出という点にあるとする。また、企画力とボランティアの力も大きかったとする。

そして、YOSAKOIソーラン祭りの大きな特徴は、地域、性別などの様々な区分を取り払い、踊り子チームやスタッフとして仲間意識を醸成していることにあり、地域コミュニティ基盤の祭りから一八〇度、発想を転換したとしている。

しかし、参加資格をこれだけ自由化すると、全体をまとめて持続的に多様な人々をひきつけていくシンボル・装置・絶えざる工夫が一段と重要になってくる。そのために鳴子をシンボルとして育て、地域の民謡を取り入れると同時に、踊り子チーム自身にも祭りの健全な発展のためのアイディアと労力を求めると指摘している。

松平誠の研究

松平誠は、平成二〇（二〇〇八）年刊行の『祭りのゆくえ―都市祝祭新論―』[162]に所収された「第五章　進化する

ＹＯＳＡＫＯＩソーラン祭り」において、二一世紀初頭の都市マツリの中で、ＹＯＳＡＫＯＩソーラン祭りや高知の「本家」のよさこい祭りの果たしている役割について触れたいとして考察を行なっている。

松平は、大学生が一人で始め、大学生中心の「ＹＯＳＡＫＯＩソーラン祭り実行委員会」という運営組織から、行政や商工会議所が入った「ＹＯＳＡＫＯＩソーラン祭り組織委員会」に変化した以後の目立つ事柄として二つの点を挙げている。

一つは、ＹＯＳＡＫＯＩソーラン祭りの第一回から実施してきたマツリの終幕を飾るコンテストの変化である。

二つは、ＹＯＳＡＫＯＩソーラン祭りを札幌大通公園で行なわれる本戦を中心に眺めると、ここには初期にみられた自由さや開放感がいくぶん損なわれているように感じると指摘している。

そして、瞬く間に全国に増殖していったこのオドリも、札幌のマツリが一〇数回を重ねると伝播の勢いを鈍らせ、観光客が二〇〇万を超えたところで近年伸びがほとんど止まったかにみえると指摘している。

また、ＹＯＳＡＫＯＩソーラン祭りの創始には、中心となった当時、北海道大学の学生であった長谷川岳の特異な独創性と企画力の賜物であろうと指摘している。

この松平の指摘は、都市祭りと個人の活躍（人的要因）について触れた、貴重な指摘である。

一方、松平は、「本家」である高知のよさこい祭りについても分析を行なっている。

松平は、高知のよさこい祭りが受けたのは、鳴子を持って踊る「正調よさこい」が受けたのではなく、自由なオリジナル音楽と自由な振り付けによる鳴子オドリがそれを次第に凌駕する勢いをみせ、都市マツリの本領を発揮し始めたことにあるとしている。

昭和二九（一九五四）年から始められたよさこい祭りは、その初期においては、地縁団体がマツリの母体であったが、一九六〇年代になると、会社・学校などが組織する「社縁」団体中心に変化した。さらに、一九八〇年代になると、マツリで踊ることだけを目的とした「クラブチーム」（同好会組織）の参加が増加し、現在では半数近くが「クラブチーム」の踊りであることを明らかにしている。

また、出場する一チームの人数を一五〇人以上にするという提案が通って、少人数で踊りを組むことができなくなり、「一般募集」が始まったことを明らかにしている。

「本家」でも、都市のマツリは進化していると結論付けている。

二　戦後の青森ねぶた祭りを対象とした研究

1　阿南透の研究

青森ねぶたの現代的変容に関しては、民俗学の阿南透による研究蓄積がある。

阿南透は、平成一五（二〇〇三）年発行の「青森ねぶたの現代的変容」(163)において、青森ねぶた祭りが現在のように大規模な都市祭礼になっていった過程を考察している。

そして、戦後の変化の時期を、第一期が昭和二二（一九四七）年～昭和三六年の戦争による中断からの復興の時期、第二期が昭和三七年～昭和四二年の観光化の開始と大型化の時期、第三期が昭和四三年～昭和五四年の青森ねぶた祭りが確立し一つのピークを迎えた時期、昭和五五年～平成八年の若者の逸脱行為が目立ち始める転換期、第五期が平成九年～現在の逸脱行為への対応に追われる変容期の五つの時期に区分している。

また、阿南は、平成一二年刊行の『祝祭の一〇〇年』に所収された「青森ねぶたとカラスハネト」(164)において、青森のねぶた祭りを事例に、都市祭礼における「騒動」の実態と、それがなぜ発生し問題視されたかを考察している。阿南は、祝祭を宗教色の強い神社祭礼の意味で用いると、社会規範の否定こそが「祝祭」の重要な要素であるため、騒動が生じるのは当然であり、暴力の表出は祭礼の本質的要素となる。しかし、祝祭を娯楽性の強いイベントを包括する概念として用いると、祭礼の中の暴力沙汰や不祥事はあくまでも偶発的・派生的な出来事とされ、軽視されがちになると指摘する。

現代日本においては、参加者、特に若者は定められた祭礼のプロセスから逸脱し、自由で狂騒的に振る舞うことに快感を見出す者も多く、そうした逸脱行為は偶発的なものであるから、何が起こるかは主催者は予期しがたい。大多数の祭礼の主催者は、けが人や不祥事がなく、無事に行事が終わることに最大の関心ある。つまり、主催者にとって、騒動はもともとの祭りの趣旨とは異なる行為と認識されているのであると問題の所在を明らかにしている。

青森ねぶた祭りは、ハネトとして誰でも自由に参加できる特徴があり、ハネトの服装は浴衣を着て花笠をかぶるのが正装である。

ある時期から正装をせず、黒装束などの異様な風体で表れる若者集団、「カラスハネト」が大量に出現し、暴力沙汰にも発展し、祭りの雰囲気を壊すとして問題視されるようになった。カラスハネトが登場する以前から祭りにおいて深刻な問題はなかったわけではないが、カラスハネトが登場し、それが「カラスハネト」と命名されて、黒装束というユニホームが登場したことによって、ねぶた祭りの場で反抗的な態度をとって目立つための標準的なスタイルができあがり、参加者が拡大した。

またメスメディアによって全国に知れ渡った。しかし、観光客に対する傷害事件が発生したことを契機にカラスハネトは問題化した。さらに、青森ねぶた祭りには「ねぶた大賞」など七つの賞があるが、賞取りが過熱することによって、カラスハネトを入れない整然とした運行を行なうことが受賞のための重要なポイントとなり、カラスハネト敵視の一因を作ったことを明らかにしている。

このほか、阿南の研究には、『よさこい／YOSAKOI学リーディングス』に所収された、阿南透・内田忠賢・才津祐美子・矢島妙子の共著による「祭りの「旅」――「ねぶた」と「よさこい」の遠征・模倣・移植――」[165]、平成二〇年発行の「祭りの海外遠征―ロサンゼルスの青森ねぶた―」[166]、平成二三年の「青森ねぶた祭におけるねぶた題材の変遷」[167]などがある。

ねぶたは、よさこい祭りと同様に、海外を含めた他地域に遠征したり、移植されたりすることが指摘されている。なお、平成一二年には、宮田登・小松和彦監修の『青森ねぶた誌』[168]が刊行されている。

また、阿南透は、平成二一年発行の「都市祭礼「仙台七夕まつり」の成立と変容」[169]において、現代の仙台七夕に関しても分析を行なっている。

2　松平誠の研究

松平誠は、平成二〇（二〇〇八）年刊行の『祭りのゆくえ―都市祝祭新論―』[170]に所収された「第二章　伝播するネブタ」において、ネブタの伝播に関する考察を行なっている。

松平は、戦後のネブタは、青森のネブタが青森県の都市伝承行事の枠を超えて日本を代表する大イベントに変貌し、海外にまで遠征を繰り返す存在になったことが最も大きな出来事であると指摘する。そして、ネブタの伝播は、移植や模倣を媒介にした新たな行灯文化の創造とでも名付けたくなるような過程で、こうしたネブタの展開は青森ネブタという道具立てに負うところが大きかったと指摘する。

そのため、これまでの都市マツリが持つ制約を振り切って、新しい町のシンボルとしてマツリを生み出そうという人々がこの道具立てによってどれだけ荷を軽くしたか、ネブタの急展開が示すのはそうした町々の期待そのものであった。しかし、ネブタの魅力を支えに立ち上げたマツリは、どんな工夫をしてもネブタから離れることは難しいと指摘している。

一二　戦後の沖縄のエイサーを対象とした研究

松平誠は、平成二〇(二〇〇八)年刊行の『祭りのゆくえ—都市祝祭新論—』[171]に所収された「第四章　日立風流物とエイサー」の中で、沖縄のエイサーの戦後の展開について、平成一〇年刊行の『エイサー360度—歴史と現在—』[172]を参考にしながら考察を行なっている。

松平は、戦後の沖縄のエイサーの変化の一つとして、昭和三一(一九五六)年から始められたコザ市(現沖縄市)主催の「全島エイサーコンクール」を挙げている。

それまで地域行事として統一感が乏しかったエイサーが、この催しによって一つにつながり、その後の振興発展の大変大きな踏み台になったことを紹介している。

このコンクールは昭和五二年に「沖縄全島エイサーまつり」に衣替えされた。一九八〇年代からは沖縄市の後押しでできた「琉球國祭り太鼓」など、新たな芸能が入り込むようになり、沖縄のマツリは厚みと幅を加えることにもなった。そして、沖縄中部だけの芸能だった太鼓中心の「太鼓エイサー」が南部や北部にも広がり、沖縄全島に展開した。

さらには、奄美大島や海外にまで広がっているといわれる。ハワイやロサンジェルス、ブラジルへの遠征がなされている。

日本においては、沖縄県以外の広がりは、ほとんど県人会を土台としたもので、そこからの飛躍はほとんど実現していない。東京にもJR中野駅前を根城にエイサーを演じているグループはあるが、都内での活動はほとんど現状維持の範囲を出ていないと指摘している。

松平は、こうしたエイサーに魅力を感じられるのは、それが戦後、どこのマツリよりも急速に激しく展開してきたからであると結論付けている。

しかし、その後、エイサーは全国に知られるようになる。

森田真也は「地域を演出する」の中で、平成六年八月の第七六回夏の高校野球甲子園大会において、沖縄県代表校の応援に関西在住の沖縄県出身者がエイサーの衣裳で駆け付けたところ、「奇異」にして「華美」として日本高等学校野球連盟から自粛を求められたという事件があり、当時はまだエイサーは認知される途中にあったと思われると指摘している。

そして、一九九〇年代以降の「沖縄ブーム」を背景として、沖縄に対するマイナスイメージがプラスイメージに変化し、エイサーは最も沖縄らしく、明るく楽しい、独自の歴史と文化を持った沖縄をイメージさせるのにふさわしいパフォーマンスになっていったのであるとしている。(173)

東京・渋谷では、平成二五年から金王八幡宮の祭礼において渋谷中央街のイベントとしてエイサーが行なわれるようになった。

なお、松平誠は、高円寺阿波おどり、伝播するネブタ、博多山笠、日立風流物、エイサー、YOSAKOIソーラン祭りを事例として都市祭りのゆくえについて、平成二〇年刊行の『祭りのゆくえ―都市祝祭新論―』[174]にまとめている。

まとめ

このように、戦後の都市祭りを対象とした研究史を整理すると、デュルケム、リーチ、ターナー、カイヨワなどの欧米の研究成果や柳田國男が指摘した観客の存在に留意しながら、非常に多くの研究蓄積がなされてきたことがわかる。学問領域ごとに整理するとおおよそ以下のようにまとめられる。

宗教学・宗教社会学の研究は、戦後、いち早く都市祭りの研究に入り、柳川啓一・薗田稔・赤池憲昭らによる秩父祭の研究を皮切りに、大都市の神田祭・山王祭などの伝統的な神社祭礼の研究を経て、薗田稔・宇野正人らによって、神戸まつり・浜松まつりといった行政主導型の新しい祭りの研究へ展開した。

柳川啓一は、社会の変化によって祭りが解体していく側面と、社会の変化に対する一つのリアクションとして祭りが拡大し盛んになっていく側面があり、この両面をみていく必要性を指摘している。そして、後者の要因として「親和」と「対抗」という分析視点を提示し、都市祭りのダイナミズムに着目する研究の先駆けとなった。

社会変動と宗教をテーマとして始められた研究も、祭りの本質論・景観論へ移行した。柳川啓一は、宗教現象としての祭一般の原型を探求する目的から、祭りを「つながりとしての祭」「聖なる劇としての祭」「矛盾の併存としての祭」の三つの特徴を明らかにしている。さらに、柳川は、こうした祭りの機能論や構造論を超えるべき、「まつりの感覚」を通じて、生態的に祭りを理解する視点を提示した。また、薗田稔は祭りを「祭儀」と「祝祭」の両面から捉えている。しかし、その後の社会変動と祭りをテーマとする宗教学・宗教社会学の研究はあまり進展していない。わずかに、石井研士による大銀座まつりの銀座八丁神社めぐりの研究、黒﨑浩行による渋谷の住宅地の祭礼研究、筆者による神田祭と渋谷の祭礼の研究にとどまっている。

社会人類学・文化人類学・都市人類学の研究は、伝統的な都市祭りを中心に、中村孚美による川越祭・秩父祭・博多祇園山笠の研究、米山俊直による祇園祭・天神祭・神戸まつりの研究、和崎春日による左大文字行事の研究、森田三郎による長崎くんちの研究、竹沢尚一郎による博多祇園山笠の研究、中野紀和による小倉祇園太鼓の研究へ展開してきた。

中村・米山・竹沢の研究においては伝統的な側面のみならず、風流など新しい側面にも着目し、和崎・森田・中野の研究も祭りとイベントの関係に注意しながら、都市祭りを複合的・重層的に捉え、都市祭りのダイナミズムに着目している。これは、柳川啓一が指摘した「親和」と「対抗」という分析視点に近く、柳川の視点は、直接的には、谷部真吾・安藤直子の研究に受け継がれた。

人類学においては、どちらかといえば、社会変動の中での祭りの構造論（柳川啓一のいう「矛盾の併存としての祭り」や「聖なる劇としての祭り」）に力点があり、祭りの構造分析を通じて都市的生活様式を明らかにしようと試みている。

社会学の研究は、有末賢による佃祭の研究、松平誠による川越祭・秩父祭・大國魂神社の暗闇祭・高円寺阿波おどり・神田祭・池上本門寺と雑司ヶ谷の御会式・品川猟師町の祭礼・ネブタ・博多山笠・ＹＯＳＡＫＯＩソーラン祭り・エイサーの研究、玉野和志による小山両社祭の研究、芦田徹郎によるボシタ祭りと火の国まつりの研究、竹元秀樹による「おかげ祭り」の研究など、膨大な蓄積がなされている。

多くの研究において、地域社会の変容と都市祭りの関係が明らかにされている。伝統的な都市祭りのみならず、戦後始められた新しい祭りに対しても研究がなされている。

松平誠は、都市祝祭を「伝統型」と「合衆型」に分類し、秩父祭・大國魂神社の暗闇祭などの伝統的な都市祭りを前者に、高円寺阿波おどりのような地域を離陸して展開する新しい祭りを後者に位置付けている。松平は、「伝統型」と「合衆型」の中間のタイプ、すなわち、「伝統型」と「合衆型」の両方の側面を持つ都市祭りの研究も志向していたことが窺え、池上本門寺の御会式は、「伝統型」のタイプに分類されるが、御会式に出される万灯練りの一般の講社組織は、高円寺阿波おどりと類似することから「合衆型」と位置付けている。

竹元秀樹は、松平の分類をもとに、「おかげ祭り」は「伝統型」と「合衆型」の性格を併せ持つものであることを明らかしている。

社会学では、祭りを介して浮き彫りとなる町内共同や地縁性の変化、祭りを通じたネットワークなどについて考察がなされている。具体的には、内部構造と外部構造、内包と外延、伝統型と合衆型など、どちらかといえば、社会変動の中で祭りを介した人と人とのつながり方がどのように変わり、そこにどのような新たな役割が生じてきたかに分析の力点があったといってよい。社会変動の中での祭りの機能論(柳川啓一のいう「つながりとしての祭り」)が中心にあり、その分析をもとに現代の都市的な生活文化を明らかにしようと試みたといえる。

そうした中で、松平誠は秩父祭や大國魂神社の暗闇祭などの研究において、地域社会の変容によって、町内共同が観念的になり、その分、祭りが盛んに行なわれるようになったことを明らかにしている。松平の分析は、柳川啓一が指摘した、社会の変化に対する一つのリアクションとして祭りが盛んになっていく原因の一つの答えを導き出したと解することができる。

民俗学の研究は、松崎憲三による大銀座まつりの研究、茂木栄による浜松まつりの研究、福原敏男による津まつりの研究、阿南透による時代祭・青森ねぶた祭り・仙台七夕まつりの研究、内田忠賢による高知よさこい祭りの研究、八木橋伸浩による新宿区天祖神社の祭りの研究、矢島妙子によるよさこい祭り・YOSAKOIソーラン祭りの研究などの蓄積がある。矢島妙子は、文化人類学にも分類できるが、都市民俗学や伝承母体の再考を目的としていることから民俗学に分類した。戦後の都市祭りを対象とした研究では、どちらかといえば、伝統的な祭りよりも戦後に誕生もしくは発展した新しい祭りの分析が中心となっている。青森ねぶた祭りも仙台七夕まつりも民俗行事が都市祭りに発展したものである。また、個別の伝承を問題とするもののみならず、ねぶたやよさこい祭りに関してはその伝播についても研究の蓄積がある。

民俗学では、都市祭りの伝承論（歴史的な視点、変化の画期など）と変遷論（歴史的な伝播論）が展開し、通時的な関心に力点があったといえる。

一方で、阿南透や中里亮平などの研究のように、予定調和的な機能論や構造論を超えるべく、祭りの暴力性などの動態的変化に注目した研究も表れた。これは柳川啓一が指摘した「親和」と「対抗」という祭りの分析視点を括かし、都市祭りのダイナミズムを動態的に捉えようと試みた伝承論的な研究といえる。

これらの先行研究のうち、いずれの学問領域においても、伝統的な都市の神社祭礼を扱った研究では、祭りの担い手の変化が多くの研究で指摘されてきた。

祭りの担い手は、かつては町会などを単位とした地域社会に居住する人たちであったが、地域社会の変容によって地域に在勤の会社員や、女性、神輿同好会、有志チームなどの担い手へ変化していったことが共通して指摘されている。地縁や血縁から社縁、選択縁へ、「選べない縁」から「選べる縁」へ変化してきたことが明らかにされる。(175)

そして、祭りの担い手の変化が明らかにされる中で、多くの研究者が、個別の都市祭りを複合的・重層的な構造として捉え、都市祭りのダイナミズムについての分析がなされた。祭りに参加する人も、スル側・ミル側・支える側、ミル側からスル側への移行など、多様な人々の都市祭りへの参加の実態、あるいは参加の仕方が先行研究で指摘されている。

こうした多様な参加者が浮き彫りとなる中で、個人のまなざしも重視されるようになった。

社会学では、松平誠が秩父祭・（須田町中部町会の）神田祭・品川猟師町の祭礼などで口述の生活史の記録を実施し、それをもとに分析を行なっている。玉野和志も、小山両社祭の背景にある東京のローカル・コミュニティの把握に口述の生活史を基に分析を行なっている。文化人類学においても、中野紀和が小倉祇園太鼓の分析においてライフヒストリーを把握し、それをもとに考察を行なっている。森雅人が明らかにしているように、ＹＯＳＡＫＯＩソーラン祭りを始めたのは、長谷川岳という個人である。個人と都市祭りとの関係も重要な視点であることがわかる。

個人のまなざしが重視される中で、「神なき時代の祭り」といった祭りの世俗化とでもいうべき、状況も指摘されている。小松和彦は、「時代の潮流は、神のいる祭りから神なき時代への祭りへ、祭りからイベントへと、大きく変化している」[176]と指摘している。祭りとイベントとの関係も重要な論点の一つである。石井研士や森田三郎は、イベントから祭りへの変化、すなわち「イベントの祭り化」についても指摘している。

とすると、一度、イベント化した祭りが再び祭り化する流れも都市祭りの中に存在するのであろうか。こうした祭りとイベントの関係は、芦田徹郎の「祭りの日常化」の指摘とも連動する。脱日常化が難しくなった祭りが再び非日常化（聖化）する機会はあるのであろうか。イベントの祭り化、脱日常化した祭りの非日常化については、都市祭りの宗教性を考える上で重要な論点になっている。

以上が、戦後の都市祭りを対象とした研究史の整理から浮き彫りとなってきたおおよその流れと論点である。

そこで、次に、先行研究から浮き彫りとなった課題について、まとめておきたい。

先行研究の課題は、少なくとも次の七点を挙げることができる。

第一に、都市祭りを分析対象としながらも、大都市の都市祭りを対象とした研究が少ない点が挙げられる。神田祭・祇園祭・天神祭・佃祭などを対象とした研究にとどまり、多くが地方都市の祭りの分析が中心である。特に、東京の中心部の研究が少なく、三社祭・山王祭などの体系的な研究はほとんどなされていない。都市祭りといっても、地方都市の祭りをどこまで都市祭りとして捉えてよいのかという問題もある。

第二に、同一の都市祭りを継続的に調査研究し、先行研究の分析結果と比較検討を行ない、その経年的な変化を実証的に明らかにした研究が非常に少ない点が挙げられる。

唯一、東京の神田祭においては、昭和四三（一九六八）年の薗田稔の調査[177]、平成四（一九九二）年の松平誠の調査[178]と約二五年周期で、松平は薗田の調査項目の多くを踏襲して実証的な比較検討を行なっていて、研究間の相互関係も明確な稀有な事例である。また、東京の佃祭においては、有末賢がウォーターフロントの再開発前と再開発後の変化を明らかにしている[179]。

経年的変化を追う必要があるのは、都市祭りの盛衰を考える上で、経年的にデータを比較し、祭りのどの要素が拡大し、どの要素が縮小したかを知る必要があるからである。

柳川啓一が「祭りと現代[180]」で指摘した社会の変化に対する一つのリアクションとして祭りが拡大していくのは、個別の事例において、具体的にどのような契機に起こるのであろうか。また、それは柳川が指摘するように、「宗教運動としての祭り」として捉えることはできるのであろうか。あるいは、松平誠が指摘するように、「祝祭の賑わいをいっそう多彩なものにすることによって、観念の共同を存続させようとする」[181]のであろうか。

第三に、同一の都市祭りに限らず、他の都市祭りとの比較検討が充分になされない点が挙げられる。松平誠や森田三郎、中野紀和の研究などではこの点を意識的に行なっているが、特に、伝統的な神社祭礼と新しい祭りとの研究間の実証的な比較検討があまり進んでいない。松平誠の類型でいうと、「伝統型」は「伝統型」、「合衆型」は「合衆型」で、それぞれの領域で研究を行なっている傾向がある。そのため、「伝統型」と「合衆型」、「祭り」と「イベント」の相互関係についての検討は充分になされていない。

第四に、地域社会が変容していく中で、都市祭りが観念的な町内共同の確認の場になっていることが松平誠によって指摘されているが、都市祭りが地域の現状に則した形でどのような町内共同の場になっているのかといった視点を持つ研究は少ない。

もし都市祭りにおける新しい町内共同のあり方があるとすれば、町内の他の行事と比較してどのような役割があるのかも解明し、町内共同の実態に迫る必要がある。

第五に、個人と都市祭りとの関係を分析した研究が充分に進んでいない。

口述の生活史やライフヒストリーなどをもとに、具体的な都市祭りの盛衰につながるような契機や背景を浮き彫りにした研究は少なく、現代の神社祭礼や寺院の祭礼においては、神職や僧侶といった宗教者という個人と都市祭りとの関係も盲点となっている。また、祭りをスル側として地域社会の外側から参加する個人についての解明もあまり進んでいない。

第六に、「神なき祭りの時代」や「祭りの日常化」などが指摘され、祭りの非日常性が希薄化しているという指摘がある中で、祭りに参加する人たち(祭りをスル側・ミル側・支える側)は、非日常性を感じることがあるとすれば、それはどのような場において、非日常性を感じるのであろうか。

個別の都市祭りにおける非日常化する要素や場について具体的に明らかにするといった課題がある。

第七に、メディアへの取り上げられ方など、情報化と都市祭りとの関係について、ほとんど実証的な研究がなされていない。

以上、七点の研究史から浮き彫りとなった課題についてみてきた。

これらの課題を克服し、社会変動と都市祭りの関係を実証的な分析によって明らかにするためには、まずは第一と第二の課題を克服できる東京の神田祭が研究対象として浮上してくる。

神田祭であれば、大都市の祭りであり、秋葉原の中央通りの連合渡御や神田神社への神輿宮入参拝の場面に多くの観客が集い、盛んに行なわれている事例でもある。本書では、分析の主たる対象にはならないが、第七の課題である情報化の問題にもメディアに取り上げられる機会も多く有効であると考える。

そこで、本書では、戦後地域社会の変容と神田祭をテーマに、昭和四三年の薗田稔、平成四年の松平誠の調査時点から現在に至るまでの経年的変化を薗田の調査項目に沿う形で実証的に明らかにしたい。そして、現代の神田祭の分析から現代日本人の伝統的な宗教に対する新しい意味や役割を明らかにしたいと考える。

具体的には、続く第二節では、本題に入る前に、神田祭の変遷を概観し、変遷からみえる研究の課題をまとめておきたい。ここでは、過去の神田祭の盛衰に留意する。

第二の課題については第一章第一節〜第三節で考察を行なう。第四の課題については、第二章第一節で蔭祭、第二節で町会の年中行事、第三節では第二の課題を踏まえて、女性の一般募集を通じた新たな町内共同の形を明らかにする。

第五の課題については、第三章第一節で神田神社の神職、第二節で町会の特定の個人、第三節で一般募集で参加する個人を対象した分析を行なう。この第三節は、第三の課題につながる。

そして、終章においては、第一～五の課題を踏まえて第六の課題を考察しつつ、都市祝祭としての神田祭の宗教性について指摘したい。ここに、本書を「神田祭の都市祝祭論」と題した所以がある。

註

(1)「うねり　頂点　浅草・三社祭」『朝日新聞』朝刊、平成二四年五月二一日付。

(2) エミール・デュルケム著、古野清人訳『宗教生活の原初形態』下巻、岩波文庫、昭和一七年。

(3) ミルチャ・エリアーデ著、堀一郎訳『永遠回帰の神話』未来社、昭和三八年。

(4) ファン・ヘネップ著、綾部恒雄・綾部裕子訳『通過儀礼』岩波文庫、平成二四年。

(5) エドマンド・リーチ・青木保訳「時間の象徴的表象に関する二つのエッセイ」青木保ほか訳『人類学再考』思索社、昭和四九年。

(6) ヴィクター・ターナー著、富倉光雄訳『儀礼の過程』思索社、昭和五三年。

(7) ハーヴィー・コックス著、志茂望信訳『愚者の饗宴』新教出版社、昭和四六年。

(8) カール・ケレーニイ著、高橋英夫訳『神話と古代宗教』新潮社、昭和四七年。

(9) H．D．ダンカン著、中野秀一郎・柏岡富英訳『シンボルと社会』木鐸社、昭和四九年。

(10) ヨハン・ホイジンガ著、高橋英夫訳『ホモ・ルーデンス』中央公論社、昭和三八年。

(11) ロジェ・カイヨワ著、多田道太郎・塚崎幹夫訳『遊びと人間』講談社学術文庫、平成二年。
(12) ミハイール・バフチーン著、川端香男里訳『フランソワ・ラブレーの作品と中世ルネッサンスの民衆文化』せりか書房、昭和四九年。
(13) 『柳田國男全集』一三、ちくま文庫、平成二年。初出は、柳田國男『日本の祭』弘文堂、昭和一七年。
(14) 早川孝太郎『花祭』講談社学術文庫、平成二一年、三六七〜三六八頁。初出は、早川孝太郎『花祭』岡書院、昭和五年。
(15) 原田敏明「〈講演録〉宮座の祭：神主の変遷について」『國學院大學日本文化研究所紀要』二六輯、國學院大學日本文化研究所昭和四五年、七四頁。
(16) 薗田稔『祭りの現象学』弘文堂、平成二年、六四頁。初出は、薗田稔「祭」『儀礼の構造』佼成出版社、昭和四七年。
(17) 薗田稔「祭とマチ文化」井上忠治編『都市のフォークロア』ドメス出版、昭和六三年、一二〇〜一二一頁。
(18) 松平誠『都市祝祭の社会学』有斐閣、平成二年、二頁。
(19) 薗田稔「祭り参加の諸相と階層」『人類科学』第一九集、九学会連合、昭和四一年。
(20) 柳川啓一「祭と近代化」『第二回神道研究国際会議紀要』、國學院大學日本文化研究所、昭和四二年。
(21) 柳川啓一「祭りと現代」『國學院大學日本文化研究所紀要』第三四輯、國學院大學日本文化研究所、昭和四五年。
(22) 赤池憲昭「祭りと町会」『愛知学院大学文学部紀要』第一号、昭和四六年。
(23) 柳川啓一「親和と対抗の祭―秩父神社夜祭―」『思想』五八二号、岩波書店、昭和四七年。
(24) 柳川啓一「まつりの感覚」『宗教研究』第四九巻第三号、日本宗教学会、昭和五一年、一一〜三〇頁。
(25) 前掲薗田「祭り参加の諸相と階層」五七頁。
(26) 前掲薗田『祭りの現象学』六四頁。

(27) 薗田稔「祝祭と聖犯」『思想』六一七号、岩波書店、昭和五〇年、のちに『祭りの現象学』弘文堂、平成二年に所収。
(28) 前掲薗田『祭りの現象学』一一七頁。
(29) 赤池憲昭「祭りと町会―秩父市上町会の事例報告―」『日本祭祀研究集成』第二巻、名著出版、昭和五三年、二〇三～二四九頁。
(30) 柳川啓一『祭と儀礼の宗教学』筑摩書房、昭和六二年、一八～一九頁。初出は、柳川啓一「伝統社会の崩壊と宗教」『東洋学術研究』第一六巻第一号、財団法人東洋哲学研究所、昭和五二年。
(31) 前掲柳川『祭と儀礼の宗教学』一二三～一四三頁。初出は、柳川啓一「親和と対抗の祭―秩父神社夜祭―」『思想』五八二号、岩波書店、昭和四七年。
(32) 谷部真吾「祭りにおける対抗関係の意味―遠州森町「森の祭り」の事例を通して―」『日本民俗学』二二二号、日本民俗学会、平成一二年。
(33) 安藤直子「地方都市における観光化に伴う「祭礼群」の再編成―盛岡市の六つの祭礼の意味付けをめぐる葛藤とその解消―」『日本民俗学』二三一号、日本民俗学会、平成一四年。
(34) 柳川啓一「祭の神学と科学―会津田島祇園祭―」『思想』五六九号、岩波書店、昭和四六年。
(35) 前掲柳川『祭と儀礼の宗教学』九一頁。初出は柳川啓一「祭にひそむ二つの原理」『公評』第一〇巻第九号公評社、昭和四八年九月。
(36) 前掲柳川「まつりの感覚」一一～三〇頁。
(37) 石井研士『戦後の社会変動と神社神道』大明堂、平成一〇年、五〇頁。
(38) 中村孚美「都市と祭り―川越祭りをめぐって―」『現代諸民族の宗教と文化―社会人類学的研究―』社会思想社、昭和四七年。

(39) 中村孚美「秩父祭り―都市の祭りの社会人類学―」『季刊人類学』三―四、社会思想社、昭和四七年。
(40) 松平誠『祭の文化　都市がつくる生活文化のかたち』有斐閣選書有斐閣、昭和五八年。
(41) 前掲松平『祭の文化　都市がつくる生活文化のかたち』二五六～二九一頁。
(42) 前掲松平『祭の文化　都市がつくる生活文化のかたち』二五七頁。
(43) 松平誠「秩父の町内―近代における伝統的都市の祭りと生活集団の変容―」『生活学』第十冊、ドメス出版、昭和五九年。
(44) 松平誠「都市の社会集団(5)―秩父の祭りと生活集団―」『応用社会学研究』第二六集、立教大学社会学部研究室、昭和六〇年。
(45) 前掲松平『都市祝祭の社会学』七一～一六八頁。
(46) 米山俊直『祇園祭』中公新書、昭和四九年。
(47) 米山俊直『天神祭』中公新書、昭和五四年。
(48) 米山俊直『都市と祭りの人類学』河出書房新社、昭和六一年、一四頁。
(49) 米山俊直編著『ドキュメント祇園祭　都市と祭と民衆と』ＮＨＫブックス、日本放送出版協会、昭和六一年。
(50) 米山俊直『都市と祭りの人類学』河出書房新社、昭和六一年。
(51) 和崎春日「都市の祭礼の社会人類学―左大文字をめぐって―」『民族学研究』四一―一、日本民族学会、昭和五一年。
(52) 和崎春日「左大文字地域におけるシンルイ意識―シンルイ構造・呼称・伝統行事との関連―」『人文研究』第八〇集、神奈川大学人文学会、昭和五六年。
(53) 和崎春日「左大文字における伝統と変化―その儀礼様式と祭祀集団をめぐって―」『稲・舟・祭―松本信廣先生追悼論文集―』六興出版、昭和五七年。

(54) 和崎春日『左大文字の都市人類学』弘文堂、昭和六二年。
(55) 和崎春日『大文字の都市人類学的研究』刀水書房、平成八年。
(56) 阿南透「「歴史を再現する」祭礼」『慶応義塾大学大学院社会学研究科紀要』第二六号、慶応義塾大学大学院社会学研究科、昭和六一年。
(57) 薗田稔「大都市の祭り」『國學院大學日本文化研究所報』五-四、國學院大學日本文化研究所、昭和四三年。
(58) 薗田稔「大都市の祭り(二)―都市における祭りの理念型―」『國學院大學日本文化研究所報』五―五・六、昭和四三年。
(59) 薗田稔「祭と都市社会―「天下祭」(神田祭・山王祭)調査報告(一)―」『國學院大學日本文化研究所紀要』第二三輯、國學院大學日本文化研究所、昭和四四年。
(60) 松平誠「都市祝祭伝統の持続と変容―神田祭による試論―」『応用社会学研究』第三五号、立教大学社会学部研究室、平成五年。
(61) 松平誠「現代神田祭仄聞」『国立歴史民俗博物館研究報告』第三三集、国立歴史民俗博物館、平成三年。
(62) 松平誠「神田の地上げと生活集団」日本生活学会編『生活学　1992』ドメス出版、平成四年。
(63) 松平誠「神田と祭りに生きる人々―神田祭女御輿町内の古老談―」生活文化研究所編『遊びと日本人』、啓文社、平成四年。
(64) 松平誠『現代ニッポン祭り考―都市祭りの伝統を創る人々―』小学館、平成六年。
(65) 秋野淳一「「元祖女みこし」の変遷にみる地域社会の変容と神田祭」『國學院大學大学院紀要―文学研究科―』第四五輯、國學院大學大学院、平成二六年。
(66) 秋野淳一「「元祖女みこし」にみる参加者の実態と神田祭―都市祝祭の中の「合衆型」―」『國學院大學研究

開発推進センター研究紀要』第一〇号、國學院大學研究開発推進センター、平成二八年。
(67) 清水純「神田祭―担ぎ手の動員をめぐる町会と神輿同好会の関係―」『日本民俗学』二七一号、日本民俗学会、平成二四年。このほか、清水純の研究には、「神田祭―大都市の祭礼における現代的変容―」日本大学経済学部中国・アジア研究センター、Working Paper Series No. 24.
(68) 北村敏「東京近郊の神社と祭り―調布市を事例として―」岩本通弥・倉石忠彦・小林忠雄編『混沌と生成　都市民俗学へのいざないⅠ』雄山閣、平成元年。
(69) 秋野淳一「都市祭りの経年的変化―戦後の地域社会の変容と神田祭五〇年の盛衰―」『國學院雑誌』第一一六巻一一号、國學院大學、平成二七年。
(70) 秋野淳一「神田祭調査報告―平成27年　神田神社・御遷座400年奉祝大祭の分析―」『神道研究集録』第三〇輯、國學院大學大学院文学研究科神道学・宗教学院生会、平成二七年。
(71) 伊藤裕久「神田祭の変遷とコミュニティ」『都市問題』第一〇四巻第九号、後藤・安田記念東京都市研究所、平成二五年。
(72) 前掲薗田「祭と都市社会―「天下祭」(神田祭・山王祭)調査報告(一)」。
(73) 筆者による観察調査、平成二四年六月一〇日。
(74) 金丸裕子「皇居のお膝下を、十二基の神輿が練り歩く！「下町連合渡御」」『東京人』平成二四年六月号、都市出版、三八～四一頁。
(75) 松平齋光「浅草の三社祭」岩崎敏夫・三隅治雄編『日本祭祀研究集成』第三巻、名著出版、昭和五一年、三八二～三八八頁。
(76) 川上周三「浅草の宗教と社会―三社祭を中心にして―」『人文科学年報』第三二号、専修大学人文科学研究所、平成一

四年

(77)　越智恵「浅草三社祭に神輿を担いで35年―三社祭の変遷―」『民俗音楽研究』第三二号、日本民俗音楽学会、平成一九年。

(78)　牧野圭子「震災後の日本観光に関する感性論的考察―浅草三社祭の事例―」『成城文藝』二一六号、成城大学、平成二三年。

(79)　有末賢「都市祭礼の重層的構造―佃・月島の祭礼組織の事例研究―」『社会学評論』一三二号、日本社会学会、昭和五八年。

(80)　有末賢『現代大都市の重層的構造』ミネルヴァ書房、平成一一年。

(81)　松崎憲三『現代社会と民俗』名著出版、平成三年、八〇～一〇七頁。

(82)　石井研士『銀座の神々―都市に溶け込む宗教―』新曜社、平成六年、五四～五七頁。

(83)　八木橋伸浩「マチのつきあい」市川秀之・中野紀和・篠原徹・常光徹・福田アジオ編『はじめて学ぶ民俗学』ミネルヴァ書房、平成二七年、一九八～二〇七頁。

(84)　黒崎浩行「第二章　渋谷の住宅地と神社祭礼」石井研士編著『渋谷学叢書3　渋谷の神々』雄山閣、平成二五年、一一七～一四三頁。

(85)　高久舞「第八章　渋谷の《祝祭》―スクランブル交差点につどう人々―」石井研士編著『渋谷学叢書3　渋谷の神々』雄山閣、平成二五年、三〇三～三三七頁。

(86)　秋野淳一「第三章　祭りからみえてくる「渋谷」―SHIBUYA109前に集う神輿　金王八幡宮の祭り―」石井研士編著『渋谷学叢書3　渋谷の神々』雄山閣、平成二五年、一四五～一九五頁。

(87)　秋野淳一「渋谷・道玄坂の祭礼からみえる「共存」への課題」『共存学3　復興・地域の創生　リスク世界のゆくえ』

弘文堂、平成二七年、九一～一一〇頁。
(88) 前掲松平『都市祝祭の社会学』一七〇～二三九頁。
(89) 中里亮平「変更からみる祭礼の現代的状況—東京都府中市大國魂神社くらやみ祭の事例から—」『日本民俗学』二六一号、日本民俗学会、平成二二年。
(90) 前掲松平『都市祝祭の社会学』二四二～三二〇頁。
(91) 松平誠「日蓮宗御会式と万燈講の社会文化的研究(前)」『応用社会学研究』第三二集、立教大学社会学部研究室、平成二年。
(92) 松平誠「日蓮宗御会式と万燈講の社会文化的研究(後)」『応用社会学研究』第三三集、立教大学社会学部研究室、平成三年。
(93) 前掲松平「日蓮宗御会式と万燈講の社会文化的研究(後)」一六六～一七〇頁。
(94) 松平誠「都市の社会集団(6)—元南品川猟師町の生成構成(その1)—」『応用社会学研究』第二七集、立教大学社会学部研究室、昭和六一年。
(95) 松平誠「品川猟師町の形成と展開—東京漁民の生活史—」『生活学1987　第十二冊』ドメス出版、昭和六一年。
(96) 松平誠「都市の社会集団(7)—元南品川猟師町の生活構成(その2)—」『応用社会学研究』第二八集、立教大学社会学部研究室、昭和六二年。
(97) 前掲松平「都市の社会集団(7)—元南品川猟師町の生活構成(その2)—」三六八～三七三頁。
(98) 松平誠「都市解体期の祝祭文化—日本人の回帰性を問題として—」『生活学1988　第十三冊』ドメス出版、昭和六二年。
(99) 松平誠「都市祝祭の構成原理序説」『応用社会学研究』第二九集、立教大学社会学部研究室、昭和六三年。

(100) 松平誠「現代都市祝祭の構成―高円寺阿波おどり―」『季刊人類学』第一九巻第二号、社会思想社、昭和六三年。
(101) 松平誠『都市祝祭の社会学』有斐閣、平成二年。
(102) 前掲松平『都市祝祭の社会学』二頁。
(103) 前掲松平『都市祝祭の社会学』三～四頁。
(104) 前掲松平「現代神田祭仄聞」。
(105) 前掲松平「神田と祭りに生きる人々―神田祭女御輿町内の古老談―」。
(106) 前掲松平「神田の地上げと生活集団」。
(107) 前掲松平「都市祝祭伝統の持続と変容―神田祭による試論―」。
(108) 前掲松平『現代ニッポン祭り考―都市祭りの伝統を創る人びと―』。
(109) 玉野和志「地域の世代的再生産と都市祭礼の復興―「小山両社祭」調査報告―」『人文学報』第二九〇号、東京都立大学人文学部、平成一〇年。
(110) 前掲玉野「地域の世代的再生産と都市祭礼の復興」一一四～一一六頁。
(111) 玉野和志「都市祭礼の復興とその担い手層―「小山両社祭」を事例として」『都市問題』第九〇巻第八号、東京市政調査会、平成一一年。
(112) 玉野和志『東京のローカル・コミュニティ　ある町の物語一九〇〇―八〇』東京大学出版会、平成一七年。
(113) 薗田稔「神戸まつり調査偶感」『國學院大學日本文化研究所報』第一四巻第二号、國學院大學日本文化研究所、昭和五二年。
(114) 薗田稔・宇野正人「奄美諸島調査」『國學院大學日本文化研究所報』第一四巻第五号、國學院大學日本文化研究所、昭和五二年。

(115) 宇野正人「都市の祭への視角―名瀬市〔奄美まつり〕をとおして―」宗教社会学研究会編集委員会編『現代宗教への視角』雄山閣出版、昭和五三年。
(116) 宇野正人「都市祭における伝統への指向―神戸まつり―」『日本民俗学』第一二八号、日本民俗学会、昭和五五年。
(117) 米山俊直『都市と祭りの人類学』河出書房新社、昭和六一年。
(118) 前掲米山『都市と祭りの人類学』。
(119) 高取正男・松平誠・中村孚美・森田三郎・米山俊直「座談会　日本の都市の祭り」『季刊人類学』第一一巻第四号、京都大学人類学研究会、昭和五五年。
(120) 阿南透・宇野正人・酒井直広・永井良和・林智良・森田三郎・吉田由佳子・米山俊直「座談会　大都市の祝祭行事―「神戸まつり」の調査から―」『季刊人類学』第一四巻第二号、昭和五八年。
(121) 荒川裕紀は、研究の成果を平成二七年度に大阪大学大学院に提出した博士学位申請論文『西宮神社十日戎開門神事福男選びの人類学的研究』にまとめている。
(122) 宇野正人「年中行事から都市祭へ―浜松まつり―」『都市社会の宗教―浜松市における宗教変動の諸相―』東京大学宗教学研究室、昭和五六年。
(123) 茂木栄「都市とイベント」『情念と宇宙―都市民俗学へのいざないⅡ―』雄山閣出版、平成元年。
(124) 荒川章二・笹原恵・山道太郎・山道佳子『浜松まつり―学際的分析と比較の視点から―』岩田書院、平成一八年。
(125) 阿南透「伝統的祭りの変貌と新たな祭りの創造」小松和彦編『祭りとイベント』(現代の世相⑤)小学館、平成九年。
(126) 福原敏男「山車を失った都市祭礼―津八幡宮祭礼の戦後―」『民俗学の資料論』国立歴史民俗博物館編、吉川弘文館、平成一一年。
(127) 森田三郎「長崎くんち考―都市祭礼の社会的機能について―」『季刊人類学』第一一巻第一号、社会思想社、昭和五五年。

（128）森田三郎「祭りとイベント―ウラまつりをめぐって―」『甲南大学紀要文学編』六三、甲南大学、昭和六二年。

（129）森田三郎『祭りの文化人類学』世界思想社、平成二年。

（130）中村孚美「博多祇園山笠―そのダイナミックスとアーバニズム―」『社会人類学の諸問題　馬淵東一先生古希記念』第一書房、昭和六一年。

（131）竹沢尚一郎「村の祭、都市の祭」脇本平也・田丸徳善編『アジアの宗教と精神文化』新曜社、平成九年。

（132）竹沢尚一郎「博多祇園山笠」『季刊民族学』八四号、財団法人千里文化財団、平成一〇年。

（133）福間裕爾「現代の祭りにおける「伝承」のありかた―北海道芦別市の健夏山笠を題材に―」『福岡市博物館研究紀要』第一〇号、福岡市博物館、平成一二年。

（134）福間裕爾「「ウツス」ということ―北海道芦別健夏山笠の博多祇園山笠受容の過程―」『国立歴史民俗博物館研究報告』第一一四号、国立歴史民俗博物館、平成一六年。

（135）松平誠『祭りのゆくえ―都市祝祭新論―』中央公論新社、平成二〇年。

（136）中野紀和『小倉祇《(ママ)》園太鼓の都市人類学　記憶・場所・身体』古今書院、平成一九年。

（137）芦田徹郎『祭りと宗教の現代社会学』世界思想社、平成一三年、一〇四頁。

（138）芦田徹郎「祭りと社会変動―熊本市『ボシタ祭り』をめぐって―」『社会学雑誌』第五号、神戸大学社会学研究会、昭和六三年。

（139）芦田徹郎「ある市民祭の生と死―熊本市・(旧)火の国まつりをめぐって―」北原淳・大野道邦編『社会学　理論・比較・文化』晃洋書房、平成六年。

（140）芦田徹郎『祭りと宗教の現代社会学』世界思想社、平成一三年。

(141) 竹沢尚一郎・福間裕爾・南博文・小松秀雄・芦田徹郎・重信幸彦・関一敏「ワークショップ③都市祭礼研究の課題と可能性」『宗教と社会　別冊』、「宗教と社会」学会、平成一一年。
(142) 竹元秀樹『祭りと地方都市―都市コミュニティ論の再考―』新曜社、平成二六年。
(143) 内田忠賢「都市と祭り―高知「よさこい祭り」へのアプローチ(1)―」『高知大学教育学部研究報告』第二部第四五号、高知大学教育学部、平成四年。
(144) 内田忠賢「地域イベントの社会と空間―高知「よさこい祭り」へのアプローチ(2)―」『高知大学教育学部研究報告』第二部第四七号、高知大学教育学部、平成六年。
(145) 内田忠賢「地域イベントの展開―高知「よさこい祭り」を事例として―」『地理』三九-五、古今書院、平成六年。
(146) 内田忠賢「都市の新しい祭りと民俗学―高知「よさこい祭り」を手掛かりに―」『日本民俗学』第二二〇号、日本民俗学会、平成一一年。
(147) 伊藤亞人「よさこい祭りと市民社会」『東アジアからの人類学―国家・開発・市民―』風響社、平成一八年。
(148) 森雅人「たった一人が仕掛けた祭り―札幌「YOSAKOIソーラン祭り」―」『都市問題』第九〇巻第八号、東京市政調査会、平成一一年。
(149) 矢島妙子「「よさこい祭り」の地域的展開―その予備的考察―」『常民文化』第二三号、成城大学常民文化研究会、平成一二年。
(150) 矢島妙子「祭り「よさこい」の誕生―「感動」した旅人たち―」『現代風俗学研究』六号、現代風俗学研究会、平成一二年。
(151) 矢島妙子「祝祭の受容と展開―「YOSAKOIソーラン祭り」―」日本生活学会編『祝祭の一〇〇年』ドメス出版、平成一二年。

(152) 矢島妙子「「よさこい」の祭りにみる地域性についての人類学的一考察」『常民文化』第二四号、成城大学常民文化研究会、平成一三年。
(153) 矢島妙子「札幌市北区新琴似の生活文化の創造過程―「YOSAKOIソーラン祭り」の地域密着型参加集団の歴史・社会背景―」『生活学論叢』七号、日本生活学会、平成一四年。
(154) 矢島妙子「祝祭の組織編成にみる都市性と継承性―「YOSAKOIソーラン祭り」における参加集団の分類と特徴―」『人文科学研究』第三一号、名古屋大学大学院文学研究科、平成一四年。
(155) 矢島妙子「「よさこい」系祭りの全国展開の分析―伝播をめぐる統合的枠組を基礎として―」『現代風俗学研究』九号、現代風俗学研究会、平成一五年。
(156) 矢島妙子「「よさこい」系祭りの全国展開にみる祝祭の正統性―祭りの本家に対する語りの分析―」『名古屋大学比較人文学研究年報2003』、名古屋大学文学研究科・比較人文学研究室、平成一五年。
(157) 矢島妙子「都市祝祭における「オーセンティシティ」再考―「YOSAKOIソーラン祭り」参加集団の地域表象のリアリティをめぐって―」『人文科学研究』第三二号、名古屋大学大学院文学研究科、平成一五年。
(158) 矢島妙子「都市祝祭にみる「地域拡大・開放と地域再確立」―「よさこい」系祭りにみる都市の伝承母体をめぐって―」現代都市伝承研究会編『現代都市伝承論―民俗の再発見』岩田書院、平成一七年。
(159) 矢島妙子『「よさこい系」祭りの都市民俗学』岩田書院、平成二七年。
(160) 内田忠賢編『よさこいYOSAKOI学リーディングス』開成出版、平成一五年。
(161) 森田三郎「祭りの創造―よさこいネットワークを考える―」日本生活学会編『祝祭の一〇〇年』ドメス出版、平成一二年。
(162) 前掲松平『祭りのゆくえ―都市祝祭新論―』。

(163) 阿南透「青森ねぶたの現代的変容」『国立歴史民俗博物館研究報告』第一〇三集、国立歴史民俗博物館、平成一五年。
(164) 阿南透「青森ねぶたとカラスハネト」日本生活学会編『祝祭の一〇〇年』ドメス出版、平成一二年。
(165) 阿南透・内田忠賢・才津祐美子・矢島妙子「祭りの「旅」―「ねぶた」と「よさこい」の遠征・模倣・移植―」『よさこい／YOSAKOI学リーディングス』開成出版、平成一五年。
(166) 阿南透「祭りの海外遠征―ロサンゼルスの青森ねぶた―」『情報と社会』第一八号、江戸川大学、平成二〇年。
(167) 阿南透「青森ねぶた祭におけるねぶた題材の変遷」『情報と社会』第二一号、江戸川大学、平成二三年。
(168) 宮田登・小松和彦監修『青森ねぶた誌』青森市、平成一二年。
(169) 阿南透「都市祭礼「仙台七夕まつり」の成立と変容」『情報と社会』第一九号、江戸川大学、平成二一年。
(170) 前掲松平『祭りのゆくえ―都市祝祭新論―』。
(171) 前掲松平『祭りのゆくえ―都市祝祭新論―』。
(172) 沖縄市企画部平和文化振興課編『エイサー360度―歴史と現在―』沖縄全島エイサーまつり実行委員会、平成一〇年。
(173) 森田真也「地域を演出する」市川秀之・中野紀和・篠原徹・常光徹・福田アジオ編『はじめて学ぶ民俗学』ミネルヴァ書房、平成二七年、六八～六九頁。
(174) 前掲松平『祭りのゆくえ―都市祝祭新論―』。
(175) 上野千鶴子「祭りと共同体」井上俊編『地域文化の社会学』世界思想社、昭和五九年。上野千鶴子「選べる縁・選べない縁」『日本人の人間関係』(現代日本文化における伝統と変容3)、ドメス出版、昭和六二年。
(176) 小松和彦「神なき時代の祝祭空間」小松和彦編『祭りとイベント　現代の世相⑤』小学館、平成九年、三八頁。
(177) 前掲薗田「祭りと都市社会―「天下祭」(神田祭・山王祭)調査報告(一)―」。

（178）前掲松平「都市祝祭伝統の持続と変容―神田祭による試論―」。
（179）前掲有末『現代大都市の重層的構造』。
（180）前掲柳川「祭りと現代」。
（181）前掲松平『都市祝祭の社会学』二二四頁。

第二節　神田祭の変遷と研究の課題

本節では、まず、『神田明神史考』(1)を中心に、『新編千代田区史　通史編』(2)、岸川雅範「神田明神祭年表」(3)、『神田明神誌』(4)、新聞記事等で補足しながら、神田祭の発祥から平成の初めまでの神田祭の変遷について、神田神社の変遷を踏まえながらみていきたい。

その上で、神田祭の変遷から浮き彫りになってきた社会変動と祭りとの関係を示す事実を確認し、戦後の神田祭研究の課題を指摘する。そして、本論への導入としたい。

一　神田祭の発祥

1　神田明神の創建

神田明神(神田神社)は、天平二(七三〇)年に眞神田臣氏によって武蔵國豊島郡芝崎(現在の千代田区大手町・将門塚付近)に創建されたと伝わる。その後、江戸城拡張のため、慶長八(一六〇三)年に一時、駿河台に遷り、元和二(一六一六)年に湯島台(千代田区外神田の現在地)へ鎮座したとされる。

『御府内備考続編』巻之九には、「神田明神社」の記載があり、「当社往古神田橋御門内(今神田橋御館之場所)に有之、其後年代不知駿河台（今鈴木町辺）へ遷座有之候処、元和二丙辰年当湯島之地所へ替地拝領仕遷座有之候」として、「祭神二座　一宮大己貴命　但、神躰往古より秘封、於神主も拝見不仕候。二宮平親王将門公霊　但、神躰往古より秘封之儘に而、於神主も拝見不仕候。天慶年中之頃蒙勅許相殿に相成候由申伝、委細之儀相知兼申候」(5)と記されている。祭神に一の宮・大己貴命、二の宮・平親王将門公霊を祀っていることがわかる。ただし、創建年代については記載がない。

2　江戸開府以前の神田明神の御祭禮

神田明神では、天平二（七三〇）年の創建以来、定期的に祭りは行なわれてきたものと思われるが、古い時代の記録は残されていない。

戦国時代に入ると、わずかに神事能に関する記録がみえる。小田原の北条氏（後北条氏）の記録である『北条五代記』巻四では、神田明神の神事能について触れている。毎年、九月一六日に神事能の興行があったが、大永四（一五二四）年には北条氏綱が上杉朝興のいた江戸城を攻め落としたため、神事能ができず、次の年に開催した。北条氏綱は神事能がこの年に欠けたことを吉例にしようとし、それ以来三年目ごとに神事能を行なうようになった。京都の石清水八幡宮に暮松太夫という名手がいて、この人物が江戸に来て三年に一度の神事能を務めたとされる(6)。当時は、神事能が神田明神の御祭禮の中心であったことが考えられる。

徳川家康が関東に入国した頃（一六〇三年頃）の神田明神の御祭禮について記したものがある。寛永（一六二四～一六四四）の頃に小木曾某の話を書き留めた『落穂集追加』の記事によれば、「只今の酒井讃岐守殿の上屋敷は古来より明神の仕地にて、御入国の節は地内に大木ども生い茂り、其の中に宮居有之。毎年九月祭禮の節は、件の木立の中に幟を立てならべ、近在町方より栗・柿を初め種々の売買物持ち出し、人たちの多く賑やかに有之由、小木曾など物語り仕り候」(7)とある。

『武江披砂』外編巻一に所収された記事によれば、「御祭禮の儀、権現様御入国の比までは毎年舟祭りにて、竹橋より御船にて、小船町神田屋庄右衛門と申す者の宅前より神輿御揚り、陸地通行にて御座候」とある。『神田明神史考』では、「権現様御入国の比」とは、神田明神が芝崎村を離れ神田山(駿河台)に仮遷座したのが慶長八年(一六〇三)頃であることを踏まえると、慶長八(一六〇三)年以前であることは確実であるとしている。また、舟祭りが行なわれていたのは、文禄(一五九二〜一五九六)の頃ないし慶長の初年頃までと推定している。(8)

二　近世の神田祭

1　近世の神田明神

徳川家康による江戸開府に伴い、江戸城の普請と城下町の造成工事のため、元和二(一六一六)年に神田明神は湯島の地に遷された。このとき、幕府から社地一万坪が与えられた。二代将軍・徳川秀忠の命により、江戸の総鎮守として壮麗な桃山風の社殿が建築され、元和三年九月に竣工した。そして、葵の御紋の使用が許可された。秀忠が湯島の地に神田明神を遷座したのは、湯島の地が江戸城からみて丑寅に当り、鬼門を鎮めるためであったと伝わる。しかしながら、明暦三(一六五七)年の振袖火事によって神田明神の殿舎は全て類焼した。

元和二年、この頃、神田祭が舟渡御から陸渡御に改められる。(9)

元和三年九月、神輿二基・榊台・獅子頭などが幕府より寄進される。以後、祭礼道具が幕府により新調・修復され

るようになる。(10)

万治三(一六六〇)年、四代将軍・徳川家綱は神田明神の再建を命じ、寛文元(一六六一)年八月に竣工し、同年九月六日に遷座した。再建の費用は金二千両といわれている。寛文一一年、幕府の要請により、霊元天皇の勅命をもって、従一位左大臣大炊御門経孝が「神田大明神」の五字を染筆し、勅額として社殿に掲げられた。

延宝七(一六七九)年に修復工事、翌延宝八年に烈風により破損したため再度修復工事を行なったが、天和二(一六八二)年一二月二八日の大火(八百屋お七の火事)によって類焼した。翌天和三年に五代将軍・徳川綱吉の命により再建した。その後、元禄四(一六九一)年、元禄一二年、正徳四(一七一四)年、享保二(一七一七)年、延享元(一七四四)年に修復工事が行なわれた。

明和九(一七七二)年二月、江戸大火(目黒行人坂火事)により、神田明神は類焼し社殿いっさいを焼失した。一〇代将軍・徳川家治が再建を命じた。安永八(一七七九)年正月二八日釿始め、安永九年一一月一〇日立柱、天明二(一七八二)年八月二七日に上棟した。この天明二年に建築された社殿が関東大震災で焼失するまでの約一四〇年間保持された。この社殿は『江戸名所図会』などの絵画・錦絵などに描かれている。(11)

2　天下祭の始まり

徳川幕府は神田明神と日枝山王(山王権現)の祭礼に対して庇護を行ない、祭礼費用も負担した。

天和元(一六八一)年、寺社奉行の水野忠春が神田と山王の祭礼を隔年にするように触れを出し、以後、神田明神の御祭礼は丑・卯・未・酉・亥の年に行なわれるようになった。当時の神田祭は、神輿の行列立てによる渡御祭が行なわれ、氏子の町々は競って山車・練り物・屋台・附祭を出して、神輿の前後に供奉した。

『武江年表』によると、元禄元（一六八八）年九月に「神輿、練り物、江戸城内に入る」とあり、五代将軍徳川綱吉のときに初めて神田明神の祭り行列が江戸城内に入ったことがわかる。また、嘉永二（一八四九）年成立の『徳川実紀』によると、宝永二（一七〇五）年九月一六日、将軍・徳川綱吉自らが城内吹上において神田御祭禮を上覧した。

こうして、祭礼行列が江戸城内に入るようになった神田明神の御祭禮は、日枝山王の御祭禮と並んで「天下祭」として全国に名声をはせ、江戸っ子の誇りとなった。神田明神の氏子各町では、山車や屋台を競って作り、附祭の趣向を凝らした。

これ以降の江戸時代の神田祭（天下祭）について、『新編千代田区史　通史編』に所収された『新訂増補国史大系徳川実紀』から抽出した「天下祭執行年年表　その2　神田祭」[12]と、岸川雅範「神田明神祭年表」[13]からみておきたい。なお、カギカッコのついた引用は「天下祭執行年年表　その2　神田祭」からのものであり、それ以外の特に注釈のないものは、全て岸川雅範「神田明神祭年表」から引用したものである。

宝永三（一七〇六）年九月一八日、雨のため延引。山車練物が江戸城内へ入り将軍綱吉の上覧にあずかる。この年から、巡行路が拡大され上覧所を通るようになる。

宝永五年九月一五日、「大納言（家宣）上覧。吹上」（吹上において将軍綱吉の上覧にあずかる）。

宝永七年九月一五日、「上覧あり。吹上」（吹上において将軍綱吉の上覧にあずかる）。

正徳二（一七一二）年九月一五日、「上覧あり。馬場曲輪」（馬場曲輪に新築された御覧所において将軍家宣の上覧にあずかる）。

正徳三年五月五日、「天下祭に根津権現を加え、山王権現・巳年、根津権現・午年、神田明神・未年、とする」（山王権現・根津権現・神田明神の祭礼、各々巳年・午年・未年の三年ごととなる）。

正徳五年九月一五日、「病後のため上覧なし」。

享保二（一七一七）年四月朔日、「幕府、根津権現社の祭祀への関与をやめる」。

享保三年六月一日、「山王、根津、神田明神祭礼の年次をあらため、去年山王御祭礼、当九月は明神祭礼とし、今後両社の隔年執行とする」（神田祭と山王祭が旧例に従って隔年に行なうことになる）。

享保三年九月、「十一日水戸綱條病没のため、上覧なし」。

享保六年四月、諸社祭礼で屋台を引き出すことが禁止され行列の縮小が命じられる。以降、神田祭でも屋台（大型屋台）が出されなくなる。また巡行路が縮小され上覧所を通らなくなる。

享保七年九月一五日、「屋台禁制、神事能延期」。

享保一三年一一月一八日、「洪水故及延引して十一月となる」。

元文三（一七三八）年九月一五日。

延享元（一七四四）年九月一五日。

寛延三（一七五〇）年一一月一八日、附祭が出されるようになる。町々の行列の構成は附祭（花万度・踊屋台・底抜屋台あるいは曳き物）、それに続いて山車という形式。また巡行路が再び上覧所を通るようになる。

宝暦六（一七五六）年、この頃より幕府の経費負担によりこま廻し、鞠之曲、太神楽が行列に加えられるようになる。

宝暦一三年九月、「昨年執行せず、延期して当月執行」。九月一五日、山車三六番中一一本に葛西囃子（後の神田囃子）が乗り大評判となる。

明和二（一七六五）年九月二三日、「雨降り続き、九月二十三日に延期。神輿渡る町々横町の踏切、神主願により当年より柵を結ぶ」。

明和六年九月一五日、「水戸候の家来と多町の町人と喧嘩あり。祭礼この年より休みとなる」。

明和八年九月、「神田明神祭礼延引、安永八年より出る」。

安永二（一七七三）年一二月朔日、「神田明神社仮社殿にて祭礼の式執行（去年罹災、本社造営ならず、町々練り物も間にあはず、今日仮殿にて式のみ執行。安永六年まで仮殿にて執行、同八年亥年九月本祭あり）」（一二月一日　仮殿で斎行。以後、安永六年まで仮殿で執行）。

安永八年九月、御祭礼の時、番組外の大人の手持ちの花万度を出すことを禁じられていたにもかかわらず多くの大人花万度が出される。

天明三（一七八三）年九月一五日、「神主願ひにより神輿を十番と十一番の間へ渡す事当年より始まる（是迄は三十六番の末へ渡していたが、還輿がたびたび深夜に及ぶため、今年よりこのように変更）」（御祭礼の時、神主の願いにより神輿を一〇番と一一番の間へ渡すことが当年より始められる）。

天明七年一二月三日、「神田明神祭礼、十一月に延びる。再び延引して、十二月三日に渡る。昼時より、雨降る」。

寛政三（一七九一）年九月、「須田町の山車護持院ヶ原で水戸家登城行列と諍いあり。当年より御雇こま廻しはじめる」。番組外の練物・万度が一切禁止され附祭が太神楽一組を含め三組に定められる。

寛政五年、『神田明神祭礼絵巻』完成（龍ヶ崎市歴史民俗資料館所蔵）。附祭の『大江山凱陣』『鹿島踊（大鯰と要石）』が描かれる。

寛政一一（一七九九）年九月一五日。

享和元（一八〇一）年、大奥所望の御好附祭が出されるようになる。

文化四（一八〇七）年九月一五日、「神田明神祭礼、御雇祭に三河町二丁目、三丁目より子供相撲を出す」。

文化一二年九月一五日、御祭礼の際、大伝馬町大丸屋の松の金屏風に見物人が殺到する。

文政八（一八二五）年九月一五日、「増上寺において崇源院二百回の御法会により神田御祭礼十八日に延引」（増上寺での崇源院二〇〇回忌のため一八日に延引になる）。御雇祭が多く出され賑わう。この年、『神田明神御祭礼御雇祭絵巻』（国立国会図書館所蔵）が完成した。

文政一〇年九月、「御雇祭を止め、附祭十六箇所、一箇所より一品づつ出す（曳物三、踊台七、練物六と定める。引万度と称する物この時より停止）」（御雇祭が停止となり附祭が一五もしくは一六ヶ所になり一ヶ所より一品ずつ出すことになる。一六ヶ所の内訳は、曳き物三台・踊台七台・練物六台）。

文政一二年九月一五日、山車三六番のうち武蔵野の山車が一四本出される。この年の番附で二の宮神輿が屋形型に描かれる。

天保二（一八三一）年九月二一日、「雨天により祭礼この日に延引」。

天保四年九月一五日。

天保六年九月一五日、一四日に小石川水戸殿峰姫、一五日に文姫がそれぞれ見物。この年の番附より二の宮神輿が屋形型に描かれるようになり、以後定着する。

天保八年九月、「橋本町壱丁目より籠細工の曳物を出す」（附祭のうち橋本一丁目より籠細工の曳物［歌舞伎の趣向で黒主と桜の霊人形］が出される）。

天保一〇年九月一五日。

天保一二年九月、本年より南伝馬町一丁目に新規に御旅所が造られる。山車三六番。「今年より附祭十六箇所を改めて三箇所・一箇所より三品づつ出す（踊台、地走り踊、練物の三品。曳物は停止）、浅草田原町松井源水御雇祭こま廻し始まる」（附祭一六ヶ所が三ヶ所九品にされる。御雇祭こま廻しが出され浅草田原町・松井源水がこれをつとめる）。

天保一四年九月一四日、「若君誕生後逝去のため十四日夜宮桟敷急遽取り壊し、祭礼延引二五日となる」。

弘化二（一八四五）年九月一五日、「当年は至って暖気にて夏服御免、冷水売出る。八月十四日神輿修復」。

弘化四年九月一五日、「白壁町、松田町喧嘩あり」。

嘉永元（一八四八）年九月一四日、「神田明神影祭り」。酒樽などが積み重ねられ、狂言などが出される。

嘉永二年九月一五日。

嘉永四年九月一五日、「若者・鳶喧嘩あり。白壁町車輪折れて遅刻、南伝馬町牛騒ぎ出し怪我人あり。蠟燭町関口町山車飯田町中坂上にて車の手折れる」。山本六衛門の『嘉永四亥年　神田明神祭礼御用留』が成立した。

嘉永六年九月一五日、「神田明神祭礼に来る卯年に延びる（十五日本社において祭式のみ執行。花出しねり物等出ず）」。

安政二（一八五五）年九月一五日、「車楽ねり物神輿ともに御城内へ入らず、産子の町々自在に渡すべき旨触あり。夜五時に神輿帰社」。山車三六番・附祭三ヶ所・神輿など江戸城内に入らず産子の町々を自在に渡す。また御雇祭の太々神楽・こま廻しはなし。婦女の警護もなし。この年は、江戸城内への御城内入りは取り止めになった。

安政四年九月一五日、「神輿車楽等御城内へ入る。附祭伎踊ねり物は出さず（御雇大神楽、こま廻しも出さず）」。婦女の警護もなし。

安政六年六月二九日、山王・神田両祭礼、市中景気回復のため盛大に執り行なうよう令せられる。

安政六年九月一五日、「神輿・車楽・附祭ねり物・御雇太神楽・独楽廻し等残らず御廓内へ入る」。神輿・山車三六番・附祭三ヶ所・練物・御雇祭の太々神楽・こま廻しなどが全て江戸城内に入り、一四代将軍家茂が上覧する。

文久元(一八六一)年九月一五日、「恒例の通り神輿、車楽、附祭等出す(十六日の礼参は雨ふり、十七日に参詣多数)」。神輿・山車三六番・附祭三ヶ所・御雇祭などが出される。

文久二年九月一五日、「神田明神蔭祭、車楽踊台等を出し、十四日より賑う」(山車・踊屋台などが出され一四日より賑う)。

文久三年九月一五日、「神田明神祭礼執行なし。来々丑年に延びる」(慶応元年へ延引)。この年は祭禮一切を禁止された。

慶応元(一八六五)年九月一五日、「幕府の御進発御留守のため、本社には仮の祭典のみで神輿も出ず、恒例の執行なし。一方産子町々の内作事の職人など密議して、車楽数両伎踊ねり物等を催し、十四より町々を渡す」。御祭礼、幕府の長州征伐進発のため仮祭典のみ斎行。産子町々の内遊侠の党・作事の職人たちが山車・伎踊・練物などを出し見物人が群集。後に幕府より罰金が科せられる。

慶応三年九月一五日、「神輿行列のみにして、昼四時頃神田橋を入り常盤橋を出て、それよりは例の道筋を渡る。夕八時帰社」。御城内入りは取り止めになり、神輿のみ氏子の町々を巡った。

慶応四年九月一五日、「神田明神御蔭祭にて、本社へ参詣のみなり」。

なお、江戸期の神田祭の研究には、民俗学の福原敏男の研究[14]、神道学の岸川雅範の研究[15]、都市と祭礼研究会による研究[16]など、研究の蓄積がなされている。

三　天下祭の具体像

次に、近世神田祭のうち、天下祭における神輿・山車・附祭などの行列立てを中心に、その具体像を絵画資料からみておきたい。

1　祭禮番附

神田大明神の祭禮日が近づくと、その年の神輿の行列立てや山車・附祭にどのようなものが出されるかを予報した瓦版の『神田大明神御祭禮番附』が売り出されるようになった。予報であるため、実際の行列立てとは若干異なることもあったが、当時の神田祭の様子を窺う貴重な記録となっている。

文政一二(一八二九)年丑年九月一五日の『神田大明神御祭禮番附』には、一番：大伝馬町・諫鼓鶏の山車、二番：大伝馬町・御幣持ち猿の山車、三番：旅籠町一丁目・翁の山車、四番：旅籠町二丁目・和布刈り竜神の山車、五番：鍋町・武蔵野の山車、六番：通新石町・武蔵野の山車、七番：須田町一丁目・牡丹の山車、八番：須田町二丁目・武蔵野の山車、九番：連雀町・岩組牡丹の山車、一〇番：三河町一丁目・武蔵野の山車、御神輿一の宮・二の宮の行列立て、一一番：豊嶋町・武蔵野の山車、湯島町・武蔵野の山車、金沢町・田村麿の山車、(附祭)藤棚の曳き物、一二番：岩井町・筆と軍扇の山車、(附祭)菊慈童の学び、一三番：橋本町一丁目・二見ヶ浦の山車、一四番：橋本町二丁目・石台牡丹の山車、一五番：佐久間町一丁目・松竹梅の山車、佐久間町二丁目・珊瑚樹の山車、一六番：佐久間町三丁目四丁目・武蔵野の山車、富松町・猩々の山車、(附祭)静と忠信の曳き屋台、一七番：久右衛門町・日の出に松の山車、一八番：田町一丁目・鉢に稲穂の山車、一九番：田町二丁目・武蔵野の山車、(附祭)後の月見の学び、三番叟の踊り、曳き屋台、二〇番：永富町・龍神の山車、(附祭)岩に大蛸の曳き物、二一番：堅大工町・岩台牡丹の山車、(附祭)拍子舞名草の学び、二二番：蠟燭町・関口町・松と舟の山車、(附祭)嵐山桜川遊覧の学び、二三番：明神西町・大国主神の山車、二四番：新銀町・武蔵野の山車、二五番：新石町一丁目・岩石松竹梅の山車、(附祭)天岩戸管弦の学び、二六番：新革屋町・弁財天の山車、(附祭)福禄寿の曳き物、二七番：鍛冶町一二丁目：小鍛冶の山車、(附祭)寿根元草摺踊りの学び、二八番：元乗物町・石台牡丹の山車、二九番：横大工町・武蔵野の山車、(附祭)十三夜月見の学び、三〇番：雉子町・岩と桜の山車、(附祭)高砂子丹前の学び、三一番：三河町四丁目・武内宿禰の山車、(附祭)神功皇后三韓攻め凱旋の学び、三二番：明神下御台所町・武蔵野の山車、(附祭)義経蛍狩りの学び、三三番：皆川町一二丁目・汐汲みの山車、(附祭)浜松風汐汲みの学び、三四番：塗師町・武蔵野の山車、三五番：白壁町・武蔵野の山車、三六番：松田町・武蔵野の山車、が挙げられている。(17)

この文政一二年の祭禮番附は、化成文化の時代で最も神田明神御祭禮が盛んであった時代である。この年の三月に江戸の神田方面で大火があり、「武蔵野の山車」という間に合わせの山車が一四台あることから、武蔵野の山車を出した町は三月の大火で山車を焼失したものと考えられる。(18)

天保二(一八三二)年卯年九月一五日の『神田大明神御祭禮番附』には、一番：大伝馬町・諫鼓鶏の山車、二番：大伝馬町・御幣持ち猿の山車、三番：旅籠町一丁目・翁の山車、(附祭)能狂言丹前の学び、踊り女と供所作の浄瑠璃の曳き屋台、四番：旅籠町二丁目・和布刈り竜神の山車、五番：鍋町・蓬莱の山車、(附祭)寿女夫万歳の学び、曳き屋台、六番：通新石町・安宅松の山車、(附祭)隈取安宅松の学び、長唄曳き屋台、七番：須田町一丁目・住吉明神の山車、（附祭）大江山凱陣の学び、長唄曳き屋台、八番：須田町二丁目・岩組と関羽の山車、（附祭）牡丹に獅子の造り物、九番：連雀町・岩組牡丹の山車、（附祭）大伴黒主茵独の学び、一〇番：三河町一丁目・石崖牡丹の山車、（附祭）汐汲みの学び、長唄屋台、御神輿一の宮・二の宮の行列立て、一一番：豊嶋町・武蔵野の山車、湯島町・武蔵野の山車、金沢町・田村麿の山車、（附祭）豊高砂磯辺磯台の学び、女踊りの屋台、一二番：岩井町・武蔵野の山車、一三番：橋本町一丁目・二見ヶ浦の山車、（附祭）拍子舞の学び、一四番：橋本町二丁目・浦島の山車、（附祭）唐人管弦の学び、一五番：佐久間町一丁目・玉に釣針の山車、（附祭）玉とり姫人形の曳き屋台、佐久間町二丁目・大蜘蛛の山車、（附祭）蜘蛛の拍子舞、長唄女と子供、踊り曳き屋台、一六番：佐久間町三丁目四丁目・浦島の山車、（附祭）龍宮管弦の学び、富松町・武蔵野の山車、一七番：久右衛門町・大手桜の立木、鳥居の山車、（附祭）三ヶの津物見の学び、一八番：田町一丁目・稲穂の蝶の山車、一九番：田町二丁目・武蔵野の山車、二〇番：永富町・龍神の山車、二一番：堅大工町・武蔵野の山車、二二番：蠟燭町・関口町・岩に牡丹の山車、二三番：明神西町・大国主神の山車、二四番：新銀町・鶴ヶ岡鳥居の山車、二五番：新石町一丁目・石崖と牡丹の山車、二六番：新革屋町・花龍と牡丹の山車、二七番：鍛冶町一二丁目：小鍛冶と狐の山車、二八番：元乗物町・玉手箱と亀の山車、（附祭）浦島太郎の学び、二九番：横大工町・岩と松竹梅の山車、三〇番：雉子町・桜と雉子の山車、三一番：三河町四丁目・武蔵野の山車、三二番：明神下御台所町・武蔵野の山車、三三番：皆川町一二丁目・武蔵野の山車、三四番：塗師町・武蔵野の山車、三五番：白壁町・恵比寿神の山車、（附祭）鳥の万灯の学び、三六番：松田町・武蔵野の山車、が挙げられている。[19]

この天保二年の祭禮番附にも武蔵野の山車が一一台出されている。また、七番の須田町一丁目の附祭に「大江山凱陣の学び」がある。「学び」とは仮装行列を意味する。「大江山凱陣の学び」は『江戸名所図会』巻五の「神田明神祭禮」の図として掲載されている。[20]

2『東都歳時記』にみる天保年間の神田祭

天保九(一八三八)年に斎藤幸成によって刊行された『東都歳時記』の神田祭の記述について紹介しておく。

九月一四日は御祭禮の前日で、通称宵宮という。この日は「ねり」といって御祭禮関係者が勢揃いをして歌い踊りながら町を練り歩く。これをみようとして群衆がつめかける。町々の家や武家屋敷でも、軒に幕を張り、各家自慢の屛風などを飾り、花を生け、客を饗応し、町は騒然となる。また、軒提灯をつけ、大幟を立て、神酒所を造り、酒樽を積み上げ、山車を飾りつけて、祭りの雰囲気はいよいよ高まる。

神社では、神主は束帯、社家は狩衣で、布衣・白丁を引き具して、未の刻(午後二時)社殿において祝詞を奏上、神楽が奏される。その頃になると社頭には参詣人が群がってくる。

御祭禮当日の一五日、丑の刻(午前二時)浅草日輪寺の僧たちが神前において読経をする。これは平将門公の霊を慰めるためのものである。寅の刻(午前四時)になると、各町の山車をはじめ行列参加者は桜の馬場(湯島聖堂西側)に集まってくる。町々の往来は人止めになり、みだりに通行することが禁じられる。

六つ時(午前六時)、行列は定められた順序によって出発する。山車の多くは牛が曳くので、約一〇〇頭の牛、五〇頭の馬のいななきが明け方の町に響き渡るとともに勢揃いした三六台の山車が順番に繰り出す。

行列は、御茶の水河岸通り↓昌平坂↓本郷竹町↓本郷通り↓御本社前(神田明神前、ここで神輿二社が行列に加わる)↓湯島の坂↓旅籠町から仲町と加賀原の間を筋違御門に入る↓須田町↓鍋町↓鍋町西横丁↓横大工町↓三河町三丁目↓三河町一丁目の河岸(鎌倉河岸)↓神田橋↓御堀端通り↓本多家屋敷に沿って護持院ヶ原北側↓飯田町↓俎橋↓九段中坂↓田安門から御曲輪内に入る(将軍上覧所)↓竹橋御門↓一ツ橋御館前(神田明神の旧地のため、神輿は御館内に入り奉幣を行なう）↓大手前↓酒井家・小笠原家屋敷に沿って松平越州侯屋敷から常盤橋に出る。この頃、晩景に及び、山車等が群を乱して退散する。神輿二社は行列を揃えて、本町通り↓石町↓鉄炮町↓大伝馬町↓堀留町↓小網町↓小舟町河岸から瀬戸物町↓伊勢町河岸↓本船町↓小田原町河岸から日本橋↓通り一丁目から京橋↓北詰東の河岸↓炭町↓本材木町七丁目～一丁目河岸↓四日市↓日本橋↓室町一丁目↓通り町↓筋違御門↓昌平橋↓湯島の河岸↓聖堂脇の坂↓本社に還御する。(21)

3　『神田明神祭禮絵巻』にみる文久年間の神田祭

現在、神田神社には『神田明神祭禮絵巻』三巻が伝わっている。この絵巻は、昭和初期に博文館社長の大橋新太郎から神社へ寄進されたものである。絵巻は、幕府の御用絵師・住吉内記広定の作で、巻末の押紙から一ツ橋家の求めに応じて文久年間（一八六一～一八六四）に描かれたものであろうと推測されている。絵巻に描かれた山車・附祭、神輿行列の一部を紹介しておきたい。

〈先頭行列立て（山車・附け祭部分のみ抜粋）〉一番：大伝馬町「山車　諫鼓鶏」（牛二頭、曳き手五〇人以上、太鼓打ち唐人二人乗り）、二番：南伝馬町「山車　御幣持ち猿」（牛二頭、曳き手五六人以上、太鼓打ち唐人二人乗り）、三番：旅籠町一丁目「山車　松に翁」（牛二頭、曳き手三五人以上、囃子方六人乗り）、四番：旅籠町二丁目「山車　和布刈り竜神」（牛一頭、曳き手二五人以上、囃子方六人乗り）、五番：鍋町「山車　兜に梅」（牛二頭、曳き手三六人以上、囃子方九人乗り）、六番：通新石町「山車　花籠」（牛一頭、曳き手三一人以上、囃子方六人乗り）、［附祭］大神楽行列四四人、お宮と牡丹に獅子の山（囃子方とも）二九人以上、七番：須田町一丁目「山車　武蔵野」（牛二頭、曳き手三〇人以上、囃子方六人乗り）、八番：須田町二丁目「山車　武蔵野」（牛一頭、曳き手一一人以上、囃子方二人乗り）、九番：連雀町「山車

武蔵野」（牛一頭、曳き手一二人以上、囃子方三人乗り）、一〇番：三河町一丁目「山車　僧正坊牛若」（牛二頭、曳き手三五人以上、囃子方四人乗り）、

〈神輿行列立て（神輿部分のみ抜粋）〉「一の宮　神輿」一基（白丁一四〇人以上）、「二の宮　神輿」一基（白丁一〇〇人以上）、

〈後尾行列立て（山車・附け祭部分のみ抜粋）〉一一番の一：豊嶋町・湯島町・金沢間町「山車　武蔵野と牡丹」（牛二頭、曳き手六一人以上、火男踊りと囃子方一三人乗り）、［附祭］老松に兜の曳き物（老若一二〇人以上の行列立て）、飾り傘一四組（各種女物売り姿の行列立て）、花籠を負った女二〇人（踊り歩く行列立て）、底抜け屋台（芸妓三〇人くらい、三味線をひき歌い歩く行列立て）、奴ぶり（花毛槍を立て踊り歩くあとに、花駕籠に稚子を乗せた行列立て）、屋根付きの曳き屋台（棟上げの祝幣を立て、中で男女所作言を演じる）、底抜け屋台二台（中で音曲を演奏しながら歩く行列立て）、一一番の二：金沢町「山車　義経」（牛二頭、曳き手四七人以上、囃子方四人乗り）、［附祭］拍子木を打ち男女老若の伊達踊り、一二番：岩井町「山車　岩台花籠」（牛二頭、曳き手三六人以上、神楽踊りと囃子方九人乗り）、一三番：橋本町一丁目「山車　猩々」（牛一頭、曳き手二三人以上、神楽踊りと囃子方六人乗り）、一四番：橋本町二丁目「山車　松竹梅の鉢植え」（牛一頭、曳き手四人、囃子方五人乗り）、一五番の一：佐久間町一丁目「山車　素戔鳴命」（牛二頭、曳き手二一人以上、狐神楽舞、囃子方七人乗り）、一五番の二：佐久間町二丁目「山車　日の出に波」（牛二頭、曳き手二八人以上、囃子方五人乗り）、［附祭］唐人管弦行列立て（四七人以上）、一六番の一：佐久間町三・四丁目：「山車　浦島太郎」（牛二頭、曳き手三九人以上、囃子方四人乗り）、一六番の二：富松町「山車　龍宮城」（牛二頭、曳き手二九人以上、囃子方五人乗り）、一七番：久右衛門町一・二丁目「山車　鶴と亀」（牛二頭、曳き手一九人以上、囃子方五人乗り）、一八番：田町一丁目：「山車　稲穂に蝶」（牛二頭、曳き手一八人以上、おかめの神楽舞、囃子方七人乗り）、〈一九番以下は白描で、番

数・町名の記入なし、二九番のみ彩色記載〉、二九番：横大工町「山車　頼光」（牛二頭、曳き手四二以人上、囃子方五人乗り）。(22)

山車は、牛二頭と大人数の曳き手で巡幸を行なっていたことがわかる。

四　明治期の神田祭

続いて、明治時代の神田祭について概観する。

1　明治初年の神田神社

慶応三（一八六七）年、将軍・徳川慶喜が大政奉還し、明治時代が幕を明けた。明治政府は、王政復古の大号令のもと、宗教政策の見直しを推し進め、神社・寺院においても大きな変革を迫られることになった。

慶応四年は、のちに明治元（一八六八）年に改められた。その年の三月一三日に神祇官復興の布告が太政官から発せられ、神祇官が復興された。そして、同年三月二八日に神仏分離の布告、いわゆる神仏判然令が太政官から発せられた。この神仏判然令によって、神社は仏教との分離を進め、それは次第に廃仏棄釈へと発展した。こうした神仏分離は、神田明神においては、社名を神田明神から神田神社へ改め、祭礼の際に日輪寺の僧による読経が廃止された。さらに、江戸時代を通じて神主の座を世襲した芝崎氏が辞任し、神田の地主神である牛頭天王三社は須賀神社（のちの江戸神社）と八雲神社へ改称することになった。

明治五年、当時の宗教行政を司った教部省から、神田神社の祭神・平将門公霊に対して、異義が伝えられた。それに対し、神田神社の祠官・本居豊穎は、明治六年一二月一七日に、東京府知事・大久保一翁宛に、平将門公霊を境内の別殿（摂社）に遷して祀る願書を提出した。教部省はその案に対しても反対意見を表明したものの、明治七年二月一三日付で、東京府知事は本居豊穎の許可願を認めた。そのため、神田神社は、早速、将門神社の建築に着手し、平将門公霊を境内の大国主神社へ仮遷座した。そして、将門神社は明治一一年一一月に竣工し、遷座祭が行なわれた。

その一方で、明治七年三月、教部省から本居豊穎に呼び出しがあり、神田神社に掲げている「神田大明神」の額を取り外すようにとの厳命が下された。それに対して、本居豊穎は諸方へ陳情した結果、太政大臣三条実美が染筆した「神田明神」の額を下賜する形に落着した。また、明治七年八月一七日に、少彦名命の分霊が大洗磯崎神社から神田神社へ遷座した。旧来の平将門公霊を摂社に遷し、新たに少彦名命を神田神社の祭神として迎えた。この勅額と遷座の事件によって神田の氏子たちの感情は悪化した。これに対し、明治天皇は、明治七年九月一九日に蓮沼村への行幸の帰りに急遽、神田神社へ立ち寄り、休息し、御幣物を奉った。神田神社側では、勅免の沙汰があったとしても、朝廷に反逆した平将門公霊に御親拝をいただくのは畏れ多いとして、急遽、別殿に平将門公霊を遷して、明治天皇の行幸を迎えた。明治天皇の行幸に対して、神田の氏子は大いに喜んだという。しかしながら、九月一五日に行なわれる神田神社の御祭禮（神田祭）は以後一〇年間、大々的な祭礼は行なわれなかった(23)。

当時の神田神社の氏子地は、明治五年に東京府が府内の神社を調査した「氏子町名・同人員調帳」（『東京都神社史料』第五輯）によると、以下の町が挙げられている。

一、大手町一〜二丁目、道三町、銭瓶町、永楽町二丁目（以上、氏子五ヶ町、戸数一二戸、人員三五人）

二、三河町一〜四丁目、同裏町、美土代町一〜四丁目、四軒町、雉子町、佐柄木町、新銀町、関口町、蠟燭町、皆川町、松下町、鎌倉町、千代田町、永富町、塗師町、新石町、竪大工町、多町一～二丁目、旭町、連雀町、西今川町(以上、氏子二六ヶ町、戸数三五一五戸、人員一万四〇四七人)

三、本町一～四丁目、岩附町、本革屋町、金吹町、本両替町、駿河町、北鞘町、品川町、同裏河岸、本石町一～四丁目、十軒店、本銀町一～四丁目、室町一～三丁目、瀬戸物町、伊勢町、本小田原町、本船町、長浜町、安針町、小舟町一～三丁目、堀江町一～四丁目、小網町一～三丁目、仲町(以上、氏子四一ヶ町、戸数四〇三九戸、人員二万三三五六人)

四、鍛治町、鍋町、須田町、松田町、上白壁町、下白壁町、南乗物町、北乗物町、通新石町、紺屋町、東紺屋町、美倉町、東松下町、元柳原町、富山町、平永町、小柳町、黒門町、柳町、西福田町(以上、氏子二〇ヶ町、戸数四五七五戸、人員一万八〇三六人)

五、馬喰町一～四丁目、橋本町一～四丁目、江川町、久右衛門町、富松町、豊嶋町一～三丁目、亀井町、小伝馬上町、東福田町、東今川町、神田材木町、元岩井町、大和町、松枝町、岩本町、東竜閑町(以上、氏子二四ヶ町、戸数四五一九戸、人員二万四〇二人)

六、通塩町、横山町一～三丁目、米沢町一～三丁目、薬研堀町、吉川町、元柳町、新柳町、橘町一～四丁目、村松町、久松町、若松町、菖蒲町(以上、氏子一九ヶ町、戸数二二五九戸、人員一万一九三一人)、

七、大伝馬町一～二丁目、通旅籠町、通油町、元浜町、鉄炮町、大伝馬塩町、小伝馬町一～三丁目、堀留町一～三丁目、新大阪町、田所町、弥生町、富沢町、長谷川町、新乗物町、新材木町、葺屋町、堺町、新和泉町、高砂町、浪花町、住吉町、岩代町、芳町、新葭町、元大阪町、松島町、蛎殻町一～三丁目、小網町四丁目(以上、氏子三一ヶ町、戸数四六二二戸、人員二万三三三〇人)

八、神田宮本町、台所町(以上、氏子二ヶ町、戸数三五四戸、人員一三六六人)(ちなみに、神田神社現在地は、当時神田宮本町と称した)
九、元久右衛門町一〜二丁目、八名川町、餌鳥町(以上、氏子四ヶ町、戸数二一八戸、人員九四六人)
十、佐久間町二〜四丁目、平河町、和泉町(以上、氏子五ヶ町、戸数二九八戸、人員一五二一人)
十一、佐久間町一丁目、松永町、花房町、仲町一〜二丁目、花田町、相生町、旅籠町一〜三丁目、末広町、金沢町、田代町、山本町、相富町、栄町、元佐久間町、練塀町、松富町、五軒町(以上、氏子一七ヶ町、戸数二一〇〇戸、人員九二〇七人)(24)

2　明治期の神田祭

明治初年に明治政府によって様々な変革を迫られた神田神社であったが、明治期の神田祭はどのようなものであったかを次にみておきたい。

『武江年表』によれば、明治元(一八六八)年は、蔭祭の年に当り、九月一五日の祭日には神田神社への参詣のみが行なわれた。この年の一〇月一六日には、神田神社へ官幣使の御参向がなされた。

明治二年三月、東京府は市中取締強化のため戸籍改正を布達。江戸期から町の支配を行なってきた名主を廃止し、中年寄・添年寄・町年寄(町内事務を扱う役職)を置いた。そして、細分化した町を生産や生活の単位としてまとめることを目的として、市内を五〇区、市外を五区に分ける「五十区制」を施行した。(25)

同年四月一八日に神田神社神主芝崎氏宅が焼失したが、社頭や末社、社家の家などは焼失を免れた。

同年九月一五日に「神田大明神祭禮」が行なわれ、晴天の中、五時半に神輿が出御し、夕方の八時半に還御した。

巡幸の道筋は、一昨年と変化がなかった。ただし、「町々山車附まつり等これなし」とあり、神輿行列のみ渡御した。

この年の一二月、「外神田類焼」し、神田相生町外十ヶ町が明治三年の正月中に御用地に召し上げられた。また、鎮火のために、鎮火社(現・台東区秋葉神社)が創建され、社務は神田神社が兼務した。

明治三年九月一五日に「神田大神祭禮」が行なわれ「山車九輌」が出され、「伎踊り」が催された。この年の神輿の巡幸は、「大学校河岸通りより、本郷竹町、同所一丁目、湯島五丁目、六丁目、四丁目、神田宮本町、湯島一丁目、同横町、台所町、湯島一丁目、同横町左へ、台所町右へ、旅籠町一丁目、金沢町、末広町、松富町、神田仲町、花房町、佐久間町一丁目、鎮火社前より裏手相生町、松永町、東校脇、和泉橋通り、佐久間町二丁目、三丁目河岸、美倉橋を渡り、富松町、豊島町辺、東竜閑町、弁慶橋、大和町、元岩井町、亀井町、橋本町一丁目、馬喰町通り、浅草御門前、吉川町、広小路、米沢町、横山町、塩町、通油町、旅籠町、大伝馬町二丁目より鍛冶町、筋違御門を出て、夜九時還御あり」といったルートで行なわれた。

明治四年九月一五日に「神田大神祭禮」が行なわれた。この年の神輿巡幸は、外神田の町々は翌明治五年に巡幸することとし、西神田の町々の巡幸を行なった。晴天の中、神輿は早朝に出御し、山車(踊りはなし)は内神田より一四輌出されたが、内神田のみを曳き、「それより神輿とともに神田橋御門に入り、大手のこなたへ出で引き返して、常盤橋御門を出で、南伝馬町まで曳いて、暮時帰る」といったルートで行なわれた。また、「外神田は湯島横町の辺に俄踊り其の所限り廻りしよし。見物群集す。十六日雨中なれど、例の通り福詣りとて詣人多かりし」とある。多くの見物人で祭りは賑わい、神田神社へも参拝客で賑わっていたことがわかる。

明治五年六月一五日に本小田原町(魚河岸)で水神を祀り、神輿を修理して御仮屋に安置し、山車一輌を曳き、周辺の町々を巡った。

同年九月一五日、「神田大神社祭禮」が行なわれた。この年から隔年の執行に戻された。神輿の巡幸は、「外神田町々を廻り、美倉橋を渡り、両国橋辺、浜町、堺町、高砂町、難波町、小網町、鉄炮町、小伝馬町辺、神田町々より和泉橋、帰社夜子刻に及ぶ」といったルートで行なわれた。また、産子町々より山車三五両、伎踊り台三荷、地走跳も出されて賑わったという。ただし、山車、練り物が多く出されたが、「されど慶応以前のなかばにも足らず」と評されている。

明治六年九月一五日に「神田祭禮」は行なわれなかった。そして、明治七年以降一〇年間に亘って大々的な神田祭は行なわれなかった。

明治七年九月一五日、町々小間割出銀の額が激減したため行装を省略して執行する。(26)

明治八年九月一五日付の『読売新聞』朝刊には、九月一四日・一五日は、「神田神社の祭礼なれど、当年は軒提灯ぐらいにて別段何もできません」とある。

明治九年九月一五日付の『読売新聞』朝刊には、九月一四日・一五日・一六日は、「神田の祭礼にて神輿が渡りますが、格別の馬鹿さわぎも無い様子」とある。

明治一〇年九月一二日付の『読売新聞』朝刊には、九月一五日・一六日の「両日の神田の祭りは格別むだの騒ぎも致すまい此節がらだからと造花屋さんからの投書」とある。

明治一一年一一月二日、麹町区と神田区が誕生した。郡区町村編制法に沿って東京府は大区小区制を廃止して新たに一五区六郡を置いたことにより千代田区の前身となる両区が産声をあげた。(27)創設当時の麹町区は面積約六六万七〇九七坪、戸数七三六九戸、人口二万五八八九人、神田区は面積約五七万六一三一坪、戸数二万二二〇七戸、人口七万六六九六人であった。両区の性格は、華族・士族が多く住む閑静な住宅地である「山の手」の麹町、商人・工業者が多く住む賑やかな住宅密集地である「下町」の神田という両区の際だった個性は既に顕著であった[28]。

明治一三年九月一四日〜一六日、この年より渡御が三日間になる。山車一四本、屋台二台が出される。

明治一四年九月一四日付の『読売新聞』朝刊には、九月一四日・一五日の「両日は神田明神の例祭につき氏子中の若い者が気と揃えて山車だ踊り屋台だ揃いの衣類だと大張込も宜いが集金に成たけお手和かに若い衆頼むと大頭の商人や華族達に内々頭痛鉢巻の様子」とある。

明治一五年九月二九日付の『読売新聞』朝刊には、この年の神田祭は一〇月に行なわれたようで、「来月一日二日は神田明神の大祭にて当日は余程混雑となるであろうが其中を鉄道馬車に往復されては諸人は言うに及ず山車を挽くにも迷惑たるゆえ二日間五百円にて鉄道馬車を買切る事に評決したとさ」とある。

なお、明治初年の神田祭については、岸川雅範の「東京奠都と神田祭―明治初年の神田祭の変遷を素描する―」[29]がある。

3　明治一七（一八八四）年の神田祭

氏子各町が相談を重ねた結果、明治一七年九月一五日を期して、山車の祭りを盛大に行なうことになった。この年は四六番の山車が出された。四六番の山車の順序立ては次の通りである。

一番・大伝馬町「諫鼓鶏」、二番・新石町「戸隠神」、三番・皆川町「武蔵野」、四番・多町一丁目「稲穂」、五番・旭町「竜神」、六番・蠟燭町「盃に樽」、七番・千代田町「弁財天」、八番・美土代町「石台牡丹」、九番・三河町「鞍馬山」、一〇番・堅大工町「飛騨内匠」、一一番・雉子町「雉子」、一二番・新銀町「鶴ヶ岡」、一三番・白壁町「恵比寿」、一四番・神保町「猿田彦」、一五番・錦町「蓬莱」、一六番・福田町「大国主神」、一七番・鍛冶町「小鍛冶」、一八番・紺屋町「珊瑚樹」、一九番・松田町「頼義」、二〇番・通新石町「歳徳神」、二一番・佐柄木町「神日本」、二二番・須田町「関羽」、二三番・連雀町「熊坂長範」、二四番・多町二丁目「鍾馗」、二五番・佐久間町「素戔嗚命」、二六番・豊島町「豊玉媛」、二七番・小伝馬町「戸隠神」、二八番・亀井町「浦島」、二九番・小伝馬町「日本武尊」、三〇番・岩本町「日本武尊」、三一番・薬研堀町「桃太郎」、三二番・浜町「獅子子落し」、三三番・竜閑町「竜神」、三四番・元岩井町「菊慈童」、三五番・大和町「橋弁慶」、三六番・松枝町「日出鶴」、三七番・駿河町ほか四ヶ所「春日竜神」、三八番・小田原町「弁財天」、三九番・本船町「竜神」、四〇番・相生町「相生の松」、四一番・宮本町「大国主命」、四二番・台所町「鈴」、四三番・松永町「松に日の出」、四四番・山本町「猩々」、四五番・両国柳町「和藤内」、四六番・末広町「徳川家道具」。

江戸城内入りや大名の参加はなかったが、江戸時代に劣らないものであった。しかしながら、台風の襲来によって午後から暴風雨となった。参加者は算を乱して退散し、山車は強風で倒壊するものがあり大半が使えなくなった。また、山車を曳く、曳き牛は三〇余頭が死に至った。この台風によって、全国の死者五三〇人、東京府下の全半壊家屋三二〇〇〇戸に上る大惨事となった。神田の氏子の間には、この大惨事が平将門公霊を摂社に遷し、新たに少彦名命を迎えたことに対する平将門公の怒りと考える人もいたようであった。

残存した山車は、維持費の都合で地方へ売却されるものもあった。当時の山車人形で現在でも神田に残されているのは、連雀町の「熊坂長範」と佐柄木町の「神日本」(神武天皇)で、関東大震災と第二次世界大戦での罹災を免れた。この連雀町の一部と佐柄木町の一部は、現在の須田町中部町会に当る。

この明治一七年の神田祭を境に、多数の山車の巡幸は徐々にみられなくなっていった。また、電線が張り巡らされて、背の高い山車は巡幸ができなくなった。さらに、例大祭式は昭和二三(一九四八)年まで古式に則り九月一五日に変化はなかったが、台風被害などを契機として、明治二五年から神田祭の時期を、新暦の九月一五日は台風の季節に当るため、新暦の五月一五日に改められた。

4　明治一八（一八八五）年以降の神田祭

明治一八年九月一六日付の『読売新聞』朝刊には、「昨日神田神社祭典につき同日午後二時渡邊府知事は勅使として参向し神饌幣帛料を供せられて祭典を行なはれたり」とある。(30)

明治一九年、御祭礼、悪疫流行のため翌年に延引になる。

明治二〇年九月一四日～一八日の五日間、神輿渡御。山車三三本のほか番外七本、踊台や手踊が出される。台風のため一八日まで斎行した。(31)

同年年九月一六日付の『読売新聞』朝刊には、「神田の祭礼　一昨十四日は大雨午後より上りたれど快晴とは行かず、此の雲行と共に神田の氏子中は大いに気迷いの姿なりしが、終に順延と事極り、昨日の朝は神輿出て宮本より町々を廻り、両国広小路の仮屋に渡たり、山車屋台も昨日を宵宮として其の隣町だけを廻り、今日は揃いて本社へ練込み、それより定めの場所を廻り、十八日までを祭日としたり、さて昨日は朝より空よく晴たれば、氏子の勇み一方ならず、諸方より押し出す見物は鉄道馬車に余り、人力車に積みきれず、万世橋近辺は身動きもならぬほどの雑踏なり、山車屋台は前号へ出したほか、練塀町より鍾馗の山車松永町相生町よりは、娘連釣り狐の踊り屋台、また前号へ出した南乗物町より出す噺家連の家台は、三遊山の鼻若「団遊」、竹芝の若吉「若枝」、澤木の冠者「団右」、三つ扇の金次「小さん」、花菱丸「柳枝」、常盤津連中和佐太夫、島太夫、岸太夫、家寿太夫、三味線勝蔵、式太郎、式三郎、はやし方は小さん、文鏡、朝枝、柳花、柳幸、後見枝太郎、菊枝、春枝にて、大景気なり、美土代町は四ヶ町とも何も出来ぬは外聞が悪いという江戸気性、四丁目の金物屋では、一手で春木座の中村芝鶴ほか三人を呼びて店で踊らせるというが、此等の騒ぎに引かえ、盛場の柳橋は火の消えたような淋しさは、入費一件の事よりなりと、何にせよ氷屋の込み合い、飲食店の繁昌は、近ごろの賑わいでありました」とある（読点、引用者。以下同じ）。

一説によると、明治二〇年頃から氏子各町は山車に代る町神輿を作るようになったという。氏子各町の神田祭は山車中心の祭りから町神輿中心の祭りへと移行していくこととなる。

明治二二年の憲法発布奉祝の際に神田から五台の山車が出された。

明治二二年九月一四日～一七日の四日間、神輿渡御。各町より山車一四本、踊台などが出される。本年より日本橋魚河岸の水神社祭礼も同時に斎行される[32]。

同年九月一四日付の『東京朝日新聞』朝刊によれば、この年の神田祭に出す各町から出す山車の順番は、決定分として、田町一丁目（一番）、旭町（二番）、佐久間町一二丁目（三番）、同三丁目（四番）、青物市場の二本（五番・六番）、神保町（七番）、松枝町大和町元岩井町松永町（八番）、東紺屋町（九番）、大伝馬上町（一〇番）、橘町三丁目（一一番）、米澤町（一二番）、村松町（一三番）、浜町一丁目（一四番）を挙げている。これらの山車は九月一四日の午前七時より神田神社前へ「打揃ふ筈」としている。

同年九月一四日付の『読売新聞』朝刊には、「山車の番附　神田祭につき引出す山車の番附は、一番多町一丁目、二番旭町、三番佐久間町一、二丁目、四番佐久間町三丁目、五番、六番の二本が青物市場、七番神保町、八番東福田町松枝町外二ヶ町、九番紺屋町、十番大伝馬町、十一番橘町三丁目、十二番米沢町、十三番村松町、十四番が浜町一丁目等にて、晴天なれば本日午前までに神田明神へ引き込み、それより順次に各町を引廻わるという」[33]とある。

なお、この明治二二年の神田祭に多町大通りを巡幸する山車行列の写真が残されている。多くの人で賑わう様子がみて取れる。また、明治末期の氏子町内の一つである連雀町神酒所の飾付の写真、通新石町の山車「歳徳神」の写真、佐柄木町の山車「神日本」の写真が残されている(34)。

明治二四年、旧例に復し日枝神社の祭礼と隔年で斎行することになったため、翌年に延期。この頃より神輿渡御のことを渡御祭と称するようになる(35)。

明治二五年五月一三日〜一八日の六日間。台風・疫病流行の時期を避けるため、祭日を九月から五月に変更する。本殿での大祭式は九月一四日・一五日に斎行。渡御中、雨が降り一八日まで延びる(36)。

明治二七年二月二〇日付の『読売新聞』朝刊には、「神田の大祭　神田祭りの氏子総代、連雀町の小田原屋、多町の鶴岡、両国の四方等の諸氏相談の上、いよいよ来る三月八九十の三日間に繰り上げる事に決し、社務所へ相談せしに、略同意したるを以て、氏子各町共非常の勢いにて、軒提灯揃いの着物はもちろん、花車屋台等の仕度中にて、前景気大いに好しという」とある。

同年二月二一日付の『読売新聞』朝刊には、「神田祭りに於ける各町の花車(だし)」という記事があり、「来月八・九・十の三日に引き上げし彼の神田祭りの氏子、各町の花車屋台の仕度につきて、今年は孰れも非常の奮発なるが、今其の種類を列記すれば、多町一丁目・二丁目は花山車、須田町は関羽、小川町は猿田彦、又両国は土地に御仮屋も出来る事なれば、両国十ヶ町の年寄は一両日跡会議の上、久松町・若松町・浜町丈は正に山車を挽き出す事と決したれど、他は未だ分からず、又東神田六ヶ町は両国に先を越されては巾が利かぬとて、一昨日夜会合の末、岩本町は日本武尊、元岩井町は菊児童、大和町は橋弁慶、東福田町は大黒天、松枝町は武蔵野と、各山車を引出す事に決し、又紺屋町も何か出来るやの噂あり、外神田はまだ何とも相談纏らざる由」とある。

明治三〇年頃の神田区の商店は、卸商から小売商までの分業と取扱品目の専門化が進み、同業者が特定の地域に集まる傾向が顕著だった。須田町・通新石町・連雀町・多町二丁目は「やっちゃば」(青物市場)として知られ、問屋や仲買のほか乾物、菓子、荒物、荷車の問屋などが集まった。元岩井町には鉄鋼物商、材木町には銅鉄商と材木商、佐久間町二・三丁目と元久右衛門町には米穀商、佐柄木町には雑穀商、江川町には家具商が集まり、錦町・美土代町に印刷業や製本業、大和町・東龍閑町に駄菓子問屋、鎌倉河岸には葬儀屋が多かった。柳町・岩本町・東龍閑町・豊島町の通称「柳原」は古着屋街として名を知られ、毎日、古着市が立ったが、呉服太物、布団、洋反物、既製洋服など、織物・衣料関係の問屋や小売が軒を連ねた。書店が多いのは小川町から神保町にかけてと、裏神保町三番地辺りで、敬業社書舗、三省堂書店、富山房、明法堂、中西書店(丸善支店)、東京堂、八尾書店などが大きく、雑誌店の東京堂は書生で繁盛した。古本屋も兼ねる書店も多く、貸本屋もあった。旅館は錦町三丁目、小川町、駿河台袋町、駿河台鈴木町、美土代町などに集まった(37)。

明治三一年五月一三日～一六日の四日間実施した。各町より山車が出されたが、不景気と電線の影響で各町に備え付けるのみにとどまる(38)。

同年五月一六日付の『読売新聞』朝刊には、「昨日の日曜は近来稀れなる好天気なりし上、回向院の本場所大相撲、歌舞伎の団、菊顔合せと相対して、大江戸の花を飾り、加うるに神田祭の賑いあり、ところによりては奠都祭以来の雑踏なりし」とある。

同年九月一四日から一六日の三日間、神田市場では市場を挙げて盛大な「開市三百年祭」を挙行した。多町二丁目の入口には杉の葉で葺いた大緑門を設け、燈台を装飾し球燈を吊り国旗を交差させ、「三百年祭」「神田多二市場」と題した扁額を掲げた。

山車は、鐘馗の山車(多町二丁目)、神武天皇の山車(佐柄木町、一四日に牛三匹、手古舞五〇人にて町内を巡幸し山車小屋に納められ、終夜居囃子にて囃したてた）、関羽の山車（須田町）、熊坂長範の山車人形（連雀町）、大市姫命の山車人形（通新石町）を飾った。踊り屋台は三本の屋台が出され、群集を押分け押分け繰り出された。

連雀町では子供連より武蔵野の山車が出され、小田原屋の土蔵前には盤台の積み物が美しく飾られた。盤台の数は二二五で頂上には太い松の枝を切り落として活け、提灯燈籠を点じた。

このほか、猩々の作り物（多町二丁目香取方）、木兎（みみずく）の作り物（佐柄木町倉文の店頭）が飾られ、馬鹿囃子は五ヶ所に設けられ、家々には軒提灯が飾られた。(39)

明治三三年五月一三日〜一七日の五日間実施した。黒門町の和藤内・鍛冶町の小鍛冶・旭町の竜神の山車が各町に備え付けられる。(40)

明治三五年五月一三日〜一七日の五日間実施した。神保町四ヶ町・千代田町・旭町・皆川町・台所町・松田町などから山車が出される。また、豊島町・旅籠町の山車が各町内に備え付けられる。(41)

明治三七年、日露戦争のため延期となる。(42)

明治三八年九月一二日付の『読売新聞』朝刊には、「神田祭の延期」の記事があり、「十四、十五日の神田明神祭は時節柄十月に延期し、当日は神官と氏子総代が集りて大祭延期の奏告祭を執行する事に協議一決せり」とある。

明治三九年五月一三日〜一七日の五日間実施した。日露戦争により本年斎行した。(43)

五　大正期から終戦までの神田祭

続いて、大正期から終戦までの神田祭について概観しておきたい。

明治一七（一八八四）年から昭和二〇（一九四五）年までの神田神社における神田祭の記録は、大正一二（一九二三）年の関東大震災と第二次世界大戦の東京大空襲によって一切が焼失している。わずかに残された記録（「神田神社渡御祭執行書留」）をもとに、新聞記事等で補足しながら年代順に変遷をみておきたい。

大正五年五月、六日間にわたり神輿行列渡御を行なった。[44] 神輿渡御に供奉した猿田彦の写真、神輿境内御仮屋と神輿二社および宮鍵講員が写った写真が残されている。

1　大正期の神田祭

大正七（一九一八）年五月、六日間にわたり神輿行列渡御を行なった。当時の神輿渡御は宮神輿二基（「一の宮」「二の宮」）が行列の中心であった。この大正七年の神田祭における楼門前を巡幸する一の宮神輿の写真、御休所で献饌を受ける一の宮神輿・二の宮神輿の写真が残されている。[45]

大正九年五月一四日〜二〇日、渡御祭（神輿行列渡御）を一週間を行なった。[46]

大正一一年五月二四日〜二七日、四日間にわたり渡御祭を行なった。この年、宮神輿二基が廃され、鳳輦一基（鳳輦形式の宮神輿）と威儀物が新調された。[47]

大正一一年九月、神田市場は江戸神社大祭（江戸祭）を盛大に行なった。祭は神田市場五ヵ町の各組合を代表して、市場問屋組合が主催者となり、市場の全ての営業を三日間に亘って休業し、市場を挙げて実施した。市場五ヶ町の周辺の各町も、この大祭に協賛した。祭りの中心は各町自慢の山車を中心とした飾付けにあり、多町の鍾馗、連雀町の熊坂長範、佐柄木町の神武天皇、須田町の関羽、通新石町の玉取姫は、明治三一年の開市二〇〇年祭のときと同じものであったが、各店で使用していた盤台を小山のように積み上げる積盤台が東京市中の呼び物となった。多町と連雀町の二ヶ所に作られたものは、数百の盤台を積み上げ、その上に小舟を置き、松の大木を配し松の枝を繁茂させた飾りを付けたものであった。そのほか、神楽や余興の舞台などが設けられ、底抜け屋台が町内を流して廻るなど、三日間昼夜をわかたず盛大な祭りを続けた。これをみるために押し寄せた観衆は数万人に上ったといわれている。(48)

大正一二年九月一日の関東大震災により、神田祭は中断した。この震災によって、前年に新調された宮神輿は神輿庫もろとも焼失した。また、神田神社社殿その他一切も、焼失した。

大正一三年五月三日付の『読売新聞』朝刊には、「名物の神田祭中止　神様も地震の祟りを受らる」の記事があり、「神田明神の祭典は将軍もかかさず見物した歴史があり、昨年まで続いたものだが、大震災には佐久間町を残すほか焼きつくされたので、お祭り処ではないと投げ出してしまった、明神側でも御霊は無事に移したが、他の悉くは灰となって、からくも仮殿を建てた位のことが大出来であるので、十三日からの大祭には社殿を飾る位に止めて、渡御はせないことを総代と相談の上申合せた」とある。

その後、神田神社復興会が結成された。神田神社復興会役員には、総裁に男爵の阪谷芳郎（元大蔵大臣）、会長には、星野錫（商工会議所会頭）、常任理事には藤井得三郎（氏子総代）ほか一三人らが就任した。設計監督には、伊東忠太（工学博士）・大江新太郎・佐藤功一（工学博士）が当り、当時としては画期的な鉄骨鉄筋コンクリート造り、屋根銅版瓦二枚重ね本葺き、本体朱塗り、権現造りの社殿の建築を決定した。

大正一四（一九二六）年五月一三日～一七日に渡御祭を三日間行なった。(49)

2　戦前（昭和期）の神田祭

昭和四年一一月一二日に地鎮祭、同六年六月三日に立柱祭、同六年一〇月五日に上棟祭、同九年五月七日竣成遷座

となった。建築費用は金八八万円余りで、全て氏子・崇敬者の浄財によるものであった。約四万三〇〇〇人の現場作業員を動員して、神殿・幣殿・拝殿・神饌所・渡廊下・神庫・前方玉垣・地下道が作られた。神門その他の建築を行なう予定であったが、戦時体制への時局の変化によって延期された。

昭和七年五月、六日間にわたり渡御祭を行なった。

昭和九年五月一三日～一七日の五日間にわたり渡御祭を行なった。この年、先述の通り、神田神社の社殿が復興し、二の宮神輿(鳳輦形式の宮神輿も一基)が復興され、鳳輦・神輿が巡幸した。(50)

昭和一一年五月、六日間にわたり渡御祭を行なった。

昭和一一年五月一二日付の『読売新聞』夕刊には、「神輿担ぎに二千人　行列一里二町に及ぶ　神田祭の豪勢さ」という記事があり、「勇みの神田っ子自慢の神田祭はいよいよ十三日から盛大に行なわれるが、神田六の部、七の部の氏子による連合御神輿は十五日に人員二千名、一里二町に及ぶ長蛇の列をつくって町内を練り歩こうとの意気込み、即ち、和泉町、練塀町、旅籠町、一丁目、二丁目、栄町、松永町、元佐久間町、田代町、五軒町、神田川末廣町、佐久二、佐久三北部、松富町の十四ヶ町から二三の御神輿が集まりこの方面一帯を練り歩くわけ、集まるのは昌平橋通りに午前七時、八時には神田神社へくり込み、神前御祓をうけてから即時出発、四時には佐久間小学校で解散の予定、非常時の折柄とて静粛を旨とし、役員も祭典委員長、監督者、連絡係が百三十名も頑張り御神輿を担いで居る間は絶対に酒気厳禁と云うきついお達しで各神輿の間隔が三間とってあるので行列も一里二町と云う途方もない長さに達するが、お江戸名物の喧嘩騒ぎは絶対に起きまいと云われている」とある。

この昭和一一年には、神田区には一一団体、麹町区には五四団体の町会が存在した。明治期以来、地域の住民組織としては親睦会や衛生組合などが存在し、それが徐々に町会の形を取り始めたのが大正期であった。関東大震災の直前には、神田区には八七団体、麹町区には三一団体の町会があり、その後も町会の結成が続いた。町会は、祭事に関する事業、清掃や屎尿処理などの衛生に関する事業、町内の警防、会員の慶弔、兵事に関する事業などを行ない、その費用は会員から徴収する町会費で賄った(51)。

東京市は市制五〇周年記念事業として町会整備を位置付け、一町に一つの町会を基本として、町会の区域や名称、規約などを画一化する方針を打ち出した。

昭和一三年四月に町会基準、同年五月に町会基準規則を定め、市内「三千町会三千通りの現状」を改め、区の下部組織として機能できるような組織に作り替えようとした。また、町会未設置地域の解消や不活発な町会の活性化を図り、「町会の住人楠木正成一人」といわれた麹町区祝田町や丸ノ内のビル街、霞ヶ関の官庁街などがその対象とされた(52)。

神田区では、関東大震災前から連合町会のようなものが一の部、二の部といった形でできあがり七の部まであった。この部会ごとに代表者が昭和一三年三月に集まり、町会整備について協議した。その結果、各部会ごとに協議会を開き、整備を進めていくことを決め、四月二七日と五月一六日に取り纏めの委員会が開かれ、町会の整備要綱が決定された。要綱では、原則として町または丁目を町会の区域とすること、それが過小になる場合は、三〇〇世帯を標準に区域を設定し、道路、河川、鉄道などで町会界を設けること、町会名称の付け方などを定めた。

こうした町会整備によって、昭和一一年に麹町区五四、神田区九四あった町会が、昭和一三年の九月には麹町区三五、神田区七二に整理された(53)。

昭和一三年五月一三日～一六日の四日間にわたり渡御祭を行なった。鳳輦・神輿が巡幸した(54)。

昭和一五年五月一三日～一七日の五日間に亘り渡御祭を行なった。担ぐ形式であった鳳輦が牛車で曳く形式へ変更

される。(55)

この年、内務省訓令「部落会町内会等整備要領」が出され、町会は行政機構の下部組織として位置付けられた。(56)

昭和一七年五月一四日～一六日の三日間にわたり渡御祭を行なった。戦前最後の鳳輦・神輿の巡幸となった。(57)

同年五月一五日付の『朝日新聞』夕刊には、「二年に一度の神田明神の神輿渡御だ、恒例五日間の巡行日割も大戦下の今年は十四日から前後三日ときまったが、神輿の美しさと神田ッ児の粋な祭装束だけはかわらない」とあり、牛に曳かれた神輿（鳳輦）渡御の写真が掲載されている。

以後、第二次世界大戦のため、昭和二七年まで一〇年間中断した。

昭和九年に作られた宮神輿は戦災によって焼失し、町神輿の大半も焼失した。

六　戦後の神田祭

昭和二〇（一九四五）年三月一〇日の東京大空襲によって、神田神社の氏子地の多くが焦土と化し、神田神社は社務所・神輿庫・祭器庫・附属殿社は焼失したが、本殿は鉄筋コンクリート造りのため、焼失は免れた。一望の焦土の中、湯島台の上に神田神社の朱塗りの本殿が厳然と不動の威容を示す姿は、氏子の人々に復興への勇気を与えたという。(58)

1　終戦直後の動き

終戦の翌年の昭和二一（一九四六）年、神田神社宮司に大鳥居吾朗氏が就任した。

同年五月の政令一五号において、町会及び町会連合会の解散が指令された。それを受けて東京都は、それまで町会が実施してきた各種の行政業務を全て区で行なうように通達し、各区に出張所が設けられるようになった。千代田区では、同年五月、これまで各町内に一つずつあった町会事務所は廃止され、各町会事務所は従来の各町会のブロックであった範囲に設置された六つの区役所出張所(麹町第一出張所、麹町第二出張所、神田第一出張所、神田第二出張所、神田第三出張所、神田第四出張所)に統合吸収されることとなった。こうして町会は廃止されたが、町会の機能は、日赤奉仕団、衛生会、青年会、共同募金委員会、防犯協会、親睦会などの名称を持った地域組織に受け継がれていった。[59]

同年九月一四日に神田区主催の復興祭(神田復興祭)が行なわれ、一五日の神田神社例大祭の際には氏子の町神輿の宮入が実施された。[60]

さらに、同年一二月二七日、麹町区と神田区の区会は、いち早く統合を決定し、千代田区が誕生した。[61]

昭和二二年頃、神田神社は賑わい始めた。五月になると、疎開していた町神輿を引き取って神酒所を作り町の祭りを行なうところが次第に出始めた。

昭和二二年一一月五日、解散した大日本婦人会に代わり、千代田婦人会(会長・鈴木為子、副会長・三輪田繁子［麹町］、松本ふみ［神田］)が発会した。戦前からの神田の婦人会を基礎に麹町地区を加えてできたものであった。[62]

昭和二三年、神田神社の例大祭の祭日が九月一五日から五月一五日に改められた。この頃から各氏子町内は町神輿を復興した。

昭和二四年五月一六日付の『読売新聞』朝刊には、「夏祭りのハシリ」という記事が載り、「ひと雨あって気違い陽気も逆もどり東京の最高気温十六・八度で前日よりも八度低く肌寒さをおぼえたきのう十五日からりと晴れあがった五月晴れの空の下に夏祭のはしり神田祭がにぎやかに行なわれた　同社の氏子百余町から押し寄せた参詣者約四万人、みこし四十数台がワッショワッショと煉り出し、奉納舞踏、お神楽などもあって江戸情緒を満喫させた」とある。記事には神田祭（神輿巡幸の様子）の写真が掲載されている。

同年、青少年の不良化防止のため、万世母の会（会長・稲垣とし子）、神田母の会（会長・宮川まき子）が結成された。(63)

昭和二五年五月一五日、神田神社の例大祭を執行した。例大祭当日、氏子総代会と評議員会を開き、昭和二七年から神幸祭を復興することを決定した。併せて、鳳輦一基・祭礼道具を氏子有志の協賛金をもって新調することを決めた。

昭和二六年四月三日、宗教法人法が公布された。宗教法人法は新憲法のもとで信教の自由と政教分離の精神に基づいたもので、全国の宗教団体はこれによって運営することとなった。神田神社においても、宗教法人法に基づき「宗教法人神田神社規則」を制定した。

その後、境内復興も行なわれ、手水舎、神楽殿、随身門、脇門、廻廊、社務所、鳳輦庫、氏子神輿庫、裏参道、明神会館などが順次建築された。

昭和二七年一月二九日付の『読売新聞』朝刊には、「面目を一新する神田明神　境内に鹿を放し飼い　秋葉原駅からボンボリ点る参道」という記事が載り、「江戸時代から〝神田祭〟でひろく知られた神田明神は焼け残った拝殿をのぞいて荒廃にまかせ往時の面影もなかったが、五月の大祭をひかえ面目を一新しようと地元、氏子らが神田明神美化奉賛会をつくり、二九日午後二時から神田明神会館で発足式を行なう」とある。具体的な美化の計画としては「今年五月の大祭を目標にまず桜、つつじ、さつきなど花壇をつくり、秋葉原某デパートが協力、三月には松島面から二頭のシカを買い取りこれに小動物を加えて放し飼いとし、上野動物園の支店というようなものとし、また秋葉原駅から同社まで朱塗りの格子のぼんぼりをつけた参道をもうけ、同時に社務所など同社施設、更に隣接宮本公園の復活など盛り沢山の予定で、すでに一部着手の運びとなっており、千代田区はおろか都内一、二を争う観光地にし、名実ともに往年の神田明神を復活させようと地元は大へんなハリキリようである」としている。

同年四月二八日に講和条約が発効した。同年四月一日・法律一八号「ポツダム宣言の受諾に伴い発する命令に関する件の廃止に関する法律」の規定による一八〇日の満了の日である同年一〇月二四日に町会の解散を命じた政令一五号は失効した。そのため、様々な名称で町会と同じような活動を行なっていた諸団体は町会復活のための活動を開始した(64)。

2　昭和二七（一九五二）年の神田祭

昭和二七年五月、戦後第一回の神幸祭(65)が三日間行なわれた。神幸祭の行列はこの年完成した「一の宮」の鳳輦を中心とした平安朝風の優雅なものであった。また、この年の神田祭から各氏子町内の町神輿が神田神社へ連合宮入を行なうようになった。

『神田明神史考』には、昭和二七年の神田祭について、神幸祭の日程、行列立て、例大祭式次第、巡行氏子地区および町名表を掲載している(66)。ここでは、神幸祭の日程と巡行氏子地区及び町名表をみておきたい。

昭和二七年の神幸祭は、五月一一日(日)一四時・前斎神事、一五時・御用具修祓式、一九時・御神璽遷座祭、〈神幸第一日〉五月一二日(月)六時・御朝饌、七時・御発輦祭、一〇時三〇分・旧蹟地祭(将門塚)、正午・御昼饌、一六時三〇分・還御、一七時・御夕饌、〈神幸第二日〉五月一三日(火)六時・御朝饌、七時・御発輦、正午・昼御饌、一七時三〇分・御仮屋着御(両国)、一八時・御仮屋祭、〈神幸第三日〉五月一四日(水)六時・御朝饌、七時三〇分・御仮屋出御、正午・御昼饌、一六時半・還御、一七時・還御祭、二〇時・御神璽還座祭の次第で行なわれた。そして、五月一五日(木)に例大祭が執行された。

この神幸祭で巡幸した氏子地区・町内は、以下の計一〇八ヵ町である。

〈神田第一地区〉神保町一丁目、猿楽町一・二丁目、錦町二丁目、小川町一丁目(南)、小川町三丁目(南)、小川町一・二丁目、小川町三丁目(北)、錦町三丁目、〈神田第二地区〉多町一丁目、多町二丁目、旭町、鎌倉町、司町一・二丁目、美土代町、須田町一丁目(南)、須田町一丁目、須田町一丁目(北)、鍛冶町三丁目、淡路町一丁目、淡路町二丁目、〈神田第三地区〉宮本町、湯島三丁目、台所町、同朋町、五軒町、末広町、金沢町、旅籠町一・二・三丁目、花房町、仲町一・二丁目、花田町、田代町、山本町(神田市場)、松富町、栄町、元佐久間町、〈神田第四地区〉富山町、紺屋町(北)、紺屋町(南)、東紺屋町、材木町、亀井町、東福田町、東今川町、北乗物町、美倉町、西福田町、鍛冶町一丁目、鍛冶町二丁目、〈神田第五地区〉東神田、豊島町、岩本町、松枝町、大和町、元岩井町、須田町二丁目、〈神田第六地区〉練塀町、松永町、下谷練塀町、松永町、佐久間町一丁目、佐久間町二丁目、平河町、元久右衛門町一丁目、元久右衛門町二丁目、佐久間町三丁目、佐久間町四丁目、和泉町、八名川町。

〈日本橋第一地区〉本石町、室町一丁目、室町二丁目、室町三丁目、室町四丁目、本町一丁目、本町二丁目、本町三丁目(東)、本町三丁目(西)、本町四丁目(東)、本町四丁目(西)、〈日本橋第二地区〉小伝馬町一丁目、小伝馬町二丁目、小伝馬町三丁目、大伝馬町一丁目、大伝馬町二丁目、大伝馬町三丁目、小舟町一・二丁目、富沢町、人形町三丁目、〈日本橋第三地区〉人形町一丁目、蛎殻町二丁目(南)、蛎殻町二丁目(中)、蛎殻町二丁目(北)、蛎殻町三・四丁目、〈日本橋第四地区〉馬喰町一丁目、馬喰町二丁目、馬喰町三丁目、馬喰町四丁目、横山町、橘町、両国、矢ノ倉、〈日本橋第五地区〉村松町、久松町(南)、久松町(北)、浜町一丁目、浜町二丁目(金座)、浜町二丁目(親合)、浜町二丁目、浜町二丁目(元徳)、浜町二丁目(スタンドクラブ)、浜町三丁目(東)、浜町三丁目(西)、中洲町。

〈麴町地区〉大手町一・二丁目、丸ノ内一丁目。

以上のように、昭和二七年の神田祭は、神幸祭は五月一二日(月)～一四日(水)の三日間行ない、五月一五日(木)に町神輿連合宮入と例大祭を行なった。神幸祭は平日に三日間、町神輿連合宮入も平日で例大祭当日に行なったことがわかる。

3　昭和二九(一九五四)年～平成二(一九九〇)年の神田祭

次に、『神田明神史考』の記述を中心に、昭和二九年から平成二年までの神田祭の変遷を概観する。

昭和二九年、神田祭が実施され、戦後第二回目の神幸祭が行なわれた。日程は、神幸祭を五月一二日(水)～一四日(金)の三日間、町神輿連合宮入と例大祭を五月一五日(土)に行なった。この段階では例大祭と町神輿連合宮入を同じ日に行なっていることがわかる。同年五月一五日付の『週刊千代田』(週刊千代田社)によれば、一三日から三日間、「のめや騒げ唄えやかつげと朝から御輿を繰りだし連日大賑い、大祭予算六百万円というだけに豪華、絢爛たる御輿が七十余も集つてゆかたの若い衆をはしやがせた」といい、二日目には「おんな御輿」も出されたという。

ただし、この年の神田祭はかなり節約がなされたようである。

同年五月一一日付の『読売新聞』朝刊・下町版には、「デフレ神田祭あすから四日間　20町会、寄付金を削る〝簡素〟望む問屋筋のダンナ衆」という記事があり、五月一〇日までに千代田区役所へ届出られた神田神社関係の祭礼寄付額は、「同神社の六百万円(うち二百万円は中央区で募金)を筆頭に、鍛冶町一丁目の百万円、和泉町九十万円や五十万円の四町会など二十八件、約千五百万円。これでも昨年のカゲ祭に比べ約三倍の寄付募集だが、大口はいずれも戦災にあってミコシの新調費などを三ヵ年計画でふくめている」ものの、自粛の色が表れ始めていて、各町会へ割り当てた神社への分担金は、「須田町一丁目中部町会の場合は寄付募集四十万円で、使途は靖国神社十万円、神田明神は十二万円の分担金を十万円にし残り二十万円を町会の子供を中心に使い、大人は御神酒所で一さい酒を飲まない、寄付額を御神酒所にははりださないと申し合わせた」という。同様に、「須田町一体、淡路町、五軒町、同朋町などの同神社第三地区二十ヵ町はおそらく分担金を削って納めるでしょう」といった声も紹介されている。

また、「元岩井町（町会長医師渡辺祐一郎さん）の場合は同町内六十二世帯について①お祭は軒先提灯と簡素な御神酒所をつくるだけ②第一項のほかミコシ、ダシを出す③神酒所、ダシ小屋を新設、飾りをつける④第二項程度で一日二―三回ダシ、ミコシを出して町内をねり歩く⑤余興場をつくり演芸会を行なうなど七項目のアンケートを募ったところ①が四一％で一番多く、以下④二七％②二〇％の順だった。そこで民意にそって適当にダシやミコシを出すそうだが一番質素な第一項に賛成したのは、寄付頭の問屋筋のダンナ衆が多かったそうだ」という例や、「寄付金募集に一さい家庭訪問をせず、寄付したい人が町内の役員まで自分で届ける（小川町一丁目）」という例もあったという。一方、神田神社は記事の取材に対して、「神社の例祭は景気、不景気にかかわらず行なわなければならない。今年の寄付金六百万円はご婦人方の申入れにそって氏子総代の方々にきめていただいた。ほうれん（鳳輦）渡御に伴う最低の費用だ。氏子のみなさんにも徹底していると思うが、寄付の強制はしない。十六日は日曜日なのであと祭として子供に神社を開放する」と答えている。

同年五月一二日付の『読売新聞』朝刊には、「オイらの神田祭きょうから」という記事が掲載され二つの話題を紹介している。

一つは、「東京、大阪、京都の三都で七、八代も続いた〝老舗〟百余店のお菓子やし（嗜）好品をあつめた「三都賞味会」というのが十一日から日本橋Mデパートで開かれたが、この会ではきょうからの神田明神のお祭にちなんで昨年都から無形文化財に指定された〝神田ばやし〟を披露、同デパート屋上でピーヒョロヒョロドンドン――景気のよい祭ばやしの笛やタイコの音がビル街の屋上をわたり、下町ッ子のお祭気分を誘っていた」とある。

もう一つは、「このお祭に町内でかつぐミコシ二車一組をポンと二百五十万円をはたいて寄付した奇特な下町ッ子老人がいる。中央区日本橋馬喰町四の三陳列ケース問屋社長西川金太郎さん(六九)で同町会のミコシが戦災で焼失、町の青年たちが困っていたのにヒトハダぬぎ、日本橋〝関徳〟に注文、一年がかりで注文したものでケヤキとヒノキ造り、大人のミコシは二百八十貫、子供のは三十貫。きょうから神田明神の祭礼とあってワッショワッショと町を練り歩くのに大人のミコシには交代も含めて二百余がいるとある」という。

昭和三〇年から三一年にかけて、千代田区内の六つの連合町会が区役所の管内ごとに結成された。まず、昭和三〇年六月に神田第二出張所管内(のちの神田公園出張所)連合町会、同年一〇月に神田第一出張所管内(のちの神保町出張所管内)連合町会、翌三一年二月に番町出張所管内連合町会、同年三月に万世橋出張所管内連合町会、同年一二月に富士見出張所管内連合町会が結成される運びとなった(67)。

昭和三一年、神幸祭を五月一二日(土)〜一四日(月)の三日間、町神輿宮入は五月一四日(月)を予定していたが雨で中止となった。例大祭は五月一五日(火)に執行された。町神輿宮入は雨で中止となったものの、この年から例大祭と町神輿宮入の日程を分けて行なうことを計画していたことがわかる。

この年の神田祭は昭和天皇が五月一四日午後、学士院の授賞式の帰りに車中からご覧になられた。昭和三一年五月一五日付の『読売新聞』朝刊によれば、「午後三時ごろ昌平橋通りに勢ぞろいした外神田十ヵ町、八百人の若い衆、陛下のお車がさしかかるや〝ソレッ！〟とばかり十四台のミコシを一斉にかついでワッショイ、ワッショイもみはじめた。大ウチワをあおぐあんちゃん、そろいのハンテンの女ミコシなど道一ぱいにねるなかを、お車は徐行し陛下は車内から手を振って珍しそうなご様子。紋付ハカマに白タビ、ワラジばきに威儀を正してお車を無事に送った土地の長老たちは〝神田祭はじまって以来のことなんで…〟とほっとしながらも冷汗をかいていた」という。

なお、この昭和三一年は、千代田区で四月一日から江戸築城五百年祭を行ない、千代田区図書館では四月一六日から一七日まで江戸資料展を開催した。展示品の一つとして須田町中部町会出品の山車人形「熊坂」が展示された（『読売新聞』朝刊、昭和三一年四月一八日付）。また、昭和二八年に東京都無形民俗文化財の指定された神田囃子の後継者育成を目的として、千代田区・千代田区教育委員会の協力でこの年、囃子教室が開校された（『読売新聞』朝刊、昭和三一年三月二七日付）。

昭和三三年、神幸祭は五月一三日（火）～一五日（木）の三日間行ない、町神輿宮入を五月一二日（月）に計画していた。しかしながら、雨でこの年も町神輿宮入は中止となり、例大祭は五月一六日（金）に行なった。

なお、昭和三三年二月二三日付の『読売新聞』朝刊・中央版には、「進む住みよい街づくり　小川町の南部町会〝母と子文庫〟でき上る　町歌候補作　神田祭りも子供中心へ」という記事が掲載された。これによれば、神田神社の氏子町会である小川町南部町会では、当時の町会の世帯数は一五〇世帯で子どもは一〇〇人もいるものの、附近の界隈は商店街で子どもの遊び場も空地もない状況があった。そこで、主婦たちが中心となって「もっと住みよい町」にと相談を重ねていた。その結果、母と子向けの文庫設立の話が進み、二月二三日から集めた約三〇〇冊を町会長宅に置き、自由貸出しの形で公開したという。こうした取り組みは神田祭へも影響を与えたようで、神田祭についても、「大人だけがアカイ顔してノシ歩く祭りではなく、子供第一の祭礼にしたい、各町会で神田祭には四、五十万円も金をかけるがそれを一、二割ずつでも節約して各町の文化施設の方へ回したらそれこそ楽しい祭になるという結論でこれは祭ファンの多いこの神田では珍しい意見。しかしこうした機運はさいきん各町でもみられていることなので全町に呼びかけてカンカとヨッパライが花形というのも過去の話しにしてしまおうと関係者はハリキッている」としている。

また、同年四月二三日付の『読売新聞』朝刊・中央版によれば、都立安房児童学園（千葉県館山市）の子どもたち（都内の孤児などの小学生二六〇人）をこの年の神田祭に招いて神輿を担いでもらい、「明るい一日里親をしよう」という取り組みが企画された。参加を予定した町会は、「須田、淡路、錦町、小川、五軒、末広、大和、駿河台、司、鍛冶、多町、神保など」の二五町会で、一町会当り約一〇人を引き受けて一切の面倒をみるといったものであった。

昭和三五年、神幸祭は五月一二日（木）～一四日（土）の三日間、町神輿連合宮入は五月一五日（日）、例大祭は五月一六日（月）に行なった。この年から町神輿連合宮入と例大祭は別の日に行なわれるようになった。

昭和三六年から昭和三九年まで神田神社境内に明神会館を建設のため、中断された。

昭和四〇年、神幸祭は五月二日（日）、三日（月）の二日間に実施した。町神輿連合宮入は五月二日（日）に行ない、例大祭は五月一五日（土）に執行した。この年から神幸祭は都心部の交通事情により、五月連休中の二日間に短縮された。

同年一月三〇日付の『読売新聞』朝刊・中央版によると、この年の神田神社の神楽殿と儀式殿が完成し、一月三〇日一三時から修祓式（仮落成式）が行なわれ、正式な落成式の実施は五月の神田祭の計画された。

昭和四三年、神幸祭は五月三日（祝）と五日（日）の二日間に行なった。間の四日は中休みとなった。町神輿連合宮入は五月三日（祝）に行ない、例大祭は五月一五日（水）に実施した。この年は明治維新百年の年に当り、当時、國學院大學日本文化研究所の研究員であった薗田稔によって、神田祭の調査がなされた(68)。

なお、同年二月八日、NHKの要請により、「ふるさとの歌まつり東京編」に鳥越神社大神輿とともに、神田神社の氏子・鍛冶町二丁目町会の大小神輿が出演した(69)。

昭和四五年、神幸祭は豪雨のため中止となったが、町神輿連合宮入を五月五日(祝)に、例大祭を五月一五日(木)に執行した。

昭和四七年、神幸祭を五月五日(祝)と七日(日)の二日間(六日は中休み)、町神輿連合宮入は五月七日(日)、例大祭は五月一五日(月)に行なった。

昭和四八年、昭和天皇御即位五〇年の記念事業として、隋神門の再建が企図され、一二月一九日に神門建設奉賛会を結成した。隋神門は、総檜造り・二階建て・屋根銅版板瓦棒葺きで、外廻りに朱雀・白虎・清龍・玄武、内側に大己貴命の神話を具象化した彫刻を配し、正面左右に隋神像一対、内面に神馬一対を配置し、大鳥居吾朗宮司の筆による掲額を掲げた。建築の予算は三億円で、奉賛会役員には、会長に廣瀬太吉、副会長に藤井得三郎らが就任した。

昭和四九年、神田祭は神田神社の隋神門建築のため延期となり、翌昭和五〇年に実施した。

昭和五〇年、神幸祭は五月九日(金)、一〇日(土)の二日間、町神輿連合宮入は五月一一日(日)、例大祭は五月一五日(木)に行なった。同年、隋神門の再建工事が進み、四月二九日に立柱式、九月四日に上棟式、一二月二七日に竣工修祓式が執行された。そして、昭和五一年の元旦零時をもって開門され、多数の初詣の人たちが参入した。

なお、昭和五〇年二月四日、神田神社の氏子・鍛冶町二丁目町会の大神輿がフランス「ニースのカーニバル」に参加した(70)。

昭和五二年、神田祭は神田神社隋神門竣工を奉祝記念して行なわれた。神幸祭は五月一四日(土)の一日間、町神輿連合宮入は五月一五日(日)、例大祭は五月一六日(月)に実施した。この年から、交通事情の悪化により、神幸祭の渡御は例大祭前の土曜日一日間に改め、町神輿の連合宮入は神幸祭の翌日の日曜日に改められた。

昭和五三年五月一三日の『読売新聞』朝刊・都民版によれば、この年は神田祭は蔭祭であったが、五月一二日の夜、神田駅東口の一番街商店街と神田駅前商店街が主催し、「夜の神田祭り」を実施し神輿の巡幸が行なわれた。例年、蔭祭には町内の神輿は登場しないが、「それではさびしい、と景気づけに今年初めて繰り出したもの」であるという。

昭和五四年、神幸祭は五月一二日(土)、町神輿連合宮入は五月一三日(日)、例大祭は五月一五日(火)に行なわれた。

昭和五六年、神幸祭は五月九日(土)、町神輿連合宮入は五月一〇日(日)、例大祭は五月一五日(金)に行なわれた。同年四月二七日付の『読売新聞』朝刊・都民版には、「心ワクワクみこし特訓　神田っ子本番前に肩ならし」という記事が掲載され、五月九日・一〇日の神田祭を前にした四月二六日朝、神田多町二丁目町会(齊藤政吉会長、三五〇世帯)の女子高生や子どもたちが神輿の正しい担ぎ方などを親たちから教わるリハーサルを行なった。記事によると「娘や息子たちに伝統を引き継ごうという親たちの期待にこたえ、これまでは見物するだけだった若い娘さんたちは『肩が痛くなった』といいながらも、うれしそうだった」という。

昭和五七年、大鳥居吾朗宮司の逝去により、今永利男氏が宮司に就任した。多年の懸案であった平将門公霊を正式に神田神社の祭神に復座する運動に着手した。

昭和五八年、神幸祭は五月一四日(土)、町神輿連合宮入は五月一五日(日)、例大祭は五月一六日(月)に行なわれた。この年の神田祭では、関東大震災で焼失した獅子頭の山車が復活した(『読売新聞』夕刊、昭和五八年五月一四日付)。

昭和五九年、平親王将門公霊を三の宮平将門命として複座奉祭した。盛大な遷座祭を執行するとともに、三の宮鳳輦の調整と鳳輦庫の建設に着手した。氏子の募金も進み、屋形造りの鳳輦一基（宮惣・作）が完成した。

昭和六〇年、昭和天皇の御即位六〇年奉祝記念の年に当り、神幸祭は五月一一日（土）、町神輿連合宮入は五月一二日（日）、例大祭は五月一五日（水）に行なわれた。『奉祝天皇陛下御在位六十年　神幸祭写真集』には、「氏子町内神輿・山車の宮入」の写真として、神田松枝町会の「羽衣」山車とともに、岩本町二丁目岩井会の「桃太郎」山車の宮入の写真が掲載されている(71)。

昭和六二年、三の宮平将門神輿・神輿復興奉祝記念の年に当り、神幸祭は五月九日（土）、町神輿連合宮入は五月一〇日（日）、例大祭は五月一五日（金）に行なわれた。神幸祭では、三体（一の宮・二の宮・三の宮）の鳳輦・神輿が氏子の町々を渡御した。同年五月九日付の『読売新聞』夕刊には、写真入りで三の宮（平将門命）鳳輦の渡御の様子を紹介している。

大祭後の五月二〇日、今永利男宮司は急逝された。同年六月、大鳥居信史氏が宮司に就任した。

同年五月七日付の『読売新聞』夕刊には、「神田祭の〝華〟ピンチ　青果市場・千貫みこし　市場と一緒に移転？氏子やきもき〝今年が最後〟」というタイトルで、昭和六四年春までに神田青果市場を大田区の埋立地（現「大田市場」）へ移転する計画を東京都が進めていて、神田祭に担がれる神田青果市場の千貫みこしも市場と一緒に移転してしまい、市場の氏子が神田祭で千貫みこしを担ぐのは今回が最後になってしまうのはないかという記事が掲載されている。

平成元年、昭和天皇が崩御されたため延期となった。

4　平成二(一九九〇)年の神田祭

平成二年は、天皇陛下御即位奉祝・平将門公神忌一千五十周年記念の年に当った。それを記念して、諫鼓鶏の山車を新調し、祭神の平将門公の縁により、福島県相馬から騎馬武者七騎を招いて、神幸祭行列に加わるなど盛大に実施された。この年、神幸祭は五月一二日(土)、町神輿連合宮入は五月一三日(日)、例大祭は五月一五日(火)に行なわれた。詳細は『神田明神史考』に掲載されている。ここでは神幸祭の日程、氏子各町神輿の連合宮入の箇所をみておきたい。

神幸祭は、五月一〇日(木)一五時・前斎神事、一七時・御用具修祓式、一八時三〇分・神璽遷座祭、五月一二日(土)七時二〇分・御朝饌、七時二〇分・発輦祭、九時三〇分・塚前祭(将門塚)、一二時二〇分・御仮屋着御(両国)、一二時三〇分・御昼饌、一二時三五分・御仮屋祭、一八時～御即位奉祝記念行列、一九時一〇分・還御、一九時二〇分・御夕饌、一九時二〇分・着輦祭、二一時・神璽還座祭の日程で行なわれた。

氏子各町神輿の連合宮入は、五月一三日(日)は、九時：外神田地区連合(大神輿一一・小神輿八)、一〇時：千代田区東部地区連合(大神輿五・小神輿一・山車一)、一〇時四〇分：神保町・猿楽町・錦町・小川町連合(大神輿四・小神輿四)、一一時三〇分：中神田地区連合(大神輿一三、小神輿九)、一三時二〇分：神田駅東地区連合(大神輿三)、一三時四五分：秋葉原東部地区連合(大神輿四・小神輿五)といった内容で行なわれた。この年は、神田青果市場の移転によって、江戸神社大神輿の宮入はなかったが、宮入終了後に奉祝稚児行列(一三〇人)が神社付近を巡り、一七時に神田神社へ昇殿参拝した。

表千家家元による献茶式は五月一四日(月)に行なわれ、氏子総代ほか約三〇〇人が参列した。例大祭は五月一五日(火)に氏子総代ほか約五五〇人が参列して行なわれた。

平成二年の氏子地区町会は、〈麴町地区〉大手・丸の内町会、〈神保町・猿楽町地区〉神保町一丁目町会・猿楽町町会、〈神田公園一地区〉錦町二丁目町会・錦町三丁目町会・錦町三丁目第一町会、小川町一丁目南部町会、小川町二丁目南部町会、小川町三丁目南部町会、小川町三丁目西町会、小川町北一丁目町会、小川町北二丁目町会、小川町北三町会、〈神田公園二地区〉美土代町町会、司一町会、司町二丁目町会、内神田鎌倉町会、内神田旭町町会、多町一丁目町会、多町二丁目町会、鍛冶三会町会、〈万世橋一地区〉淡路町一丁目町会、淡路町二丁目町会、須田町一丁目南部町会、須田町中部町会、須田町北部町会、〈万世橋二地区〉外神田一丁目万世橋会、外神田旅籠町会、宮本町会、神台会、外神田同朋会、外神田三丁目金沢会、外神田三丁目末広会、外神田四丁目田代会、外神田四丁目松富会、外神田五丁目栄町会、外神田五丁目元佐久町会、外神田六丁目町会、湯島一三会、〈神田駅東地区〉鍛冶町一丁目町会、鍛冶町二丁目町会、昭和町会、北乗物町町会、紺屋町(南)町会、紺屋町北部町会、富山町町会、須田町二丁目町会、〈岩本町東神田地区〉岩本町三丁目町会、岩本二松枝町会、岩本町二丁目岩井会、岩本町二丁目大和町会、岩本町二丁目東紺町会、岩本町一丁目町会、東神田町会、東神田豊島町会、〈秋葉原東部地区〉佐久間町一丁目町会、佐久二平河町会、佐久間町三丁目町会、佐久間町四丁目町会、東神田三丁目町会、和泉町町会、松永町町会、練塀町町会、秋葉原町会、〈日本橋一地区〉本石町町会、室町一丁目町会、室町二丁目町会、室町三丁目町会、室町四丁目町会、本町一丁目町会、本町二丁目自治協会、本町三東町会、本町三西町会、本町四丁目東町会、本町四丁目西町会、〈日本橋二地区〉大伝馬町一の部町会、大伝馬町二の部町会、大伝馬町三の部町会、小伝馬町一の部町会、小伝馬町二の部町会、小伝馬町三の部町会、小舟町町会、富沢町町会、人形町三丁目東町会、〈日本橋三地区〉人形町一丁目町会、蛎一町会自衛会、蛎殻町一丁目共和会、蛎殻町東部町会、人形町二丁目三の部町会、〈日本橋四地区〉馬喰町一丁目一の部町会、馬喰町一丁目二の部町会、馬喰町一丁目三の部町会、馬喰町二丁目町会、横山町町会、東日本橋三丁目町会、東日本橋二丁目町会、東日本橋一丁目矢の倉町会、〈日本橋五地区〉東日本橋一丁目村松町会、久松町町会、浜町一丁目町会、浜二金座町会、浜二親合町会、浜町二丁目西部町会、浜二町会、浜三東部町会、浜三西部町会、中洲町会、である。

平成二年の次に行なわれたのは、松平誠が調査を実施した平成四年の神田祭である。

平成四年から現在までの神田祭の変遷については、第三章第一節で扱うこととする。

5　町内会（町会）を巡る調査・研究

戦後の神田祭の変遷を地域社会との関係から考える上で、町内会（町会）をめぐる先行研究を概観しておく必要がある。

日本の都市地域における地域社会（community）として、まず町内会が挙げられるからである。町内会（町会）は、町内の全戸加入を建前とした、地域社会を代表する住民の自治組織として位置付けられてきた。

町内会（自治会を含む）を巡る調査・研究は多くの蓄積がなされているが、ここではその一部を挙げておく。

戦前の調査としては、東京市政調査会による『東京市町内会に関する調査』[72]、東京市による『東京市町内会の調査』[73]などがある。

戦後の調査・研究には、磯村栄一「都市の社会集団」[74]、奥井復太郎「近隣社会の組織化」[75]、近江哲男「都市の地域集団」[76]、阿利莫二・高木鉦作・松下圭一・小森武・鳴海正泰『大都市における地域政治の構造―杉並区の政治・行政・住民―』[77]、R・P・ドーア『都市の日本人』[78]、中村八朗「都市的発展と町内会―都下日野町の場合―」[79]、中村八朗「三鷹市の住民組織」[80]、中村八朗「都市町会論の再検討」[81]、中川剛『町内会　日本人の自治感覚』[82]、越智昇「町内会の組織分析」[83]、中田実・東海自治体問題研究所編『これからの町内会・自治会—いかしあいのまちづくり—』[84]、近江哲男『都市と地域社会』[85]、岩崎信彦ほか編『町内会の研究』[86]、倉沢進・秋元律郎編著『町内会と地域集団』[87]、玉野和志『近代日本の都市化と町内会の成立』[88]、玉野和志『東京のローカル・コミュニティ　ある町の物語一九〇〇—八〇』[89]、和田清美『大都市東京の社会学—コミュニティから全体構造へ—』[90]などがある。

そもそも「コミュニティ」とは、ロバート・M・マッキーヴァーによれば、共通の関心を満たすために人々が形成する組織である「アソシエーション」と対比して、共同生活が営まれる地域空間、すなわち共同生活圏として捉えている[91]。また、都市社会学の和田清美は、「地域コミュニティ」とは、「歴史的、経済的、社会的、文化的条件に規定された一定の地域的範域において形成される共同生活圏」を意味するとしている[92]。

一方で、国民生活審議会コミュニティ問題小委員会報告『コミュニティ—生活の場における人間性の回復—』（昭和四四年）では、「コミュニティ」とは、「生活の場において、市民としての自主性と責任を自覚した個人および家庭を構成主体として、地域性と各種の共通目標をもった開放的でしかも構成員相互の信頼感のある集団」と位置付けている。

まとめ

神田祭は神田神社（神田明神）の創建以来、祭りの構成を変化させながら、あるいは途中で中断を余儀なくされながらも、今日まで連綿と受け継がれてきたことがわかる。

神田神社の創建当時の祭禮の様子は不明であるが、大永四（一五二四）年は神事能を中心とした祭りであり、慶長八

(一六〇三)年の江戸開府以前は舟祭りが行なわれた。神田神社自体も芝崎村(現在の大手町・将門塚付近)から駿河台へ遷り、元和二(一六一六)年に湯島台の現在地(千代田区外神田)に鎮座した。天和元(一六八一)年から神田祭は隔年で行なわれるようになり、神輿の行列立ての渡御と、氏子各町の出す山車・練り物・附祭が神輿の前後を供奉するという形が整ってきた。元禄元(一六八八)年九月に初めて、江戸城内に神田明神御祭禮の行列が入り、宝永二(一七〇五)年には将軍・徳川綱吉自らが祭りを上覧した。こうして神田祭は「天下祭」として知られるようになり、氏子各町は競って山車や附祭などの趣向を凝らした。文政一二(一八二九)年と天保二(一八三一)年の『神田大明神御祭禮番附』には、三六番の山車が掲載されている。しかしながら、安政六(一八五九)年の江戸城への城内入りを最後に天下祭は終焉を迎える。

明治期に入ると、明治政府の朝敵・平将門公霊を祀る神田神社への要請が強く、明治七(一八七四)年平将門公霊を境内摂社へ遷し、新たに少彦名命を祭神に迎えるなどの変革を迫られ氏子は動揺した。明治七年を境に、神田祭の大々的な実施は一〇年間中断された。そして、明治一七年、山車を四六番出して盛大に神田祭を執行したが、折からの台風によって、山車等が大きな被害を蒙った。これ以後、山車を中心とした祭りは終焉に向っていくことになる。また、神田祭の祭日は、台風の時期を避け、五月一五日に変更となった。そして、一説によると、明治二〇年頃から各氏子町内では山車に代って町神輿が作られ、神田祭で担ぐようになった。その後、宮神輿の巡幸と各町の町神輿の巡幸によって祭りを構成したが、関東大震災、第二次世界大戦の影響でそれぞれ一〇年間、中断を余儀なくされ、宮神輿や町神輿も戦災で焼失した。

戦後、神社は神道指令によって国家の管理を離れ、宗教法人法のもと、宗教法人としての道を歩むことになった。昭和二七(一九五二)年に戦後、第一回目の神田祭が行なわれ、この年完成した鳳輦が四日間かけて氏子町内を巡幸した。また、戦後作られた町神輿を中心に連合宮入が行なわれた。そして、神幸祭は三日間から二日間、そして一日の巡幸に変化し、連合宮入も日曜日に実施されるようになり、現在の神田祭の姿に至っている。

最後に、神田祭の変遷からみえてきた事実をもとに、社会変動と祭りの関係を捉える上での研究の課題をまとめておきたい。

神田神社の創建以来の神田祭の変遷を概観して、興味深いのは社会の大きな変動や事件に対して、祭りがある時期から復活したり、形を変えながらも、盛んになっていることである。

例えば、明治七年で大々的な神田祭が中断され、一〇年振りに行なわれた明治一七年の神田祭において、江戸時代よりも多い四六番の山車を勢揃いさせたこと、山車の運行が困難になると、新たに町神輿を誕生させ新しい祭りのスタイルを作り上げたこと、さらには関東大震災、第二次世界大戦で繰り返し、中断したにもかかわらず、戦後の昭和二七年には戦後第一回の神田祭を行ない、鳳輦による神幸祭のほか、新たに神田神社への町神輿の連合宮入を開始したことなどが挙げられる。近世においても、山車が大火の影響によって焼失した場合などに、「武蔵野の山車」を出して、祭りへの参加を持続した事実も興味深い。

柳川啓一が「祭りと現代」(93)で指摘するように、社会の変化に対する一つのリアクションとして祭りが盛んになっている側面が窺えるのである。

とすると、戦後の神田祭においても、社会の変化に対する一つのリアクションとして祭りが盛んになるといった事実がみられるのであろうか。社会変動と祭りの視点から現代の神田祭を考える上で重要な課題であると考える。

そこで、第一章では、これらの研究の課題に留意しながら、実証的なデータに基づき、先行研究で明らかにされてきた事実と照らし合わせながら、戦後地域社会の変容と神田祭の関係についてみていきたい。

註

（1）『神田明神史考』神田明神史考刊行会、平成四年。
（2）『新編千代田区史　通史編』千代田区、平成一〇年。
（3）岸川雅範「神田明神祭年表」『文化資源学』第八号（二〇〇九年度）、文化資源学会、平成二二年、七九〜八三頁。
（4）『神田明神誌』神田明神誌刊行会、昭和六年。
（5）前掲『神田明神史考』一一一〜一一二頁。
（6）前掲『神田明神史考』二一九頁。
（7）前掲『神田明神史考』二三〇頁。
（8）前掲『神田明神史考』二二〇頁。
（9）前掲岸川「神田明神祭年表」七九頁。
（10）前掲岸川「神田明神祭年表」七九頁。
（11）前掲『神田明神史考』一三三〜一三八頁。
（12）前掲『新編千代田区史　通史編』六四八頁
（13）前掲岸川「神田明神祭年表」八〇〜八一頁。
（14）福原敏男『江戸最盛期の神田祭絵巻―文政六年御雇祭と附祭―』渡辺出版、平成二四年。福原敏男『江戸の祭礼屋台と山車絵巻―神田祭と山王祭―』渡辺出版、平成二七年、などの研究がある。
（15）岸川雅範『江戸天下祭の研究―近世近代における神田祭の持続と変容―』岩田書院、平成二九年。

(16) 都市と祭礼研究会編『天下祭読本―幕末の神田明神祭礼を読み解く―』雄山閣出版、平成一九年。都市と祭礼研究会編『江戸天下祭絵巻の世界―うたい　おどり　ばける―』岩田書院、平成二三年。
(17) 前掲『神田明神史考』二二四～二二八頁。
(18) 前掲『神田明神史考』二二九頁。
(19) 前掲『神田明神史考』二二四～二二八頁。
(20) 前掲『神田明神史考』二二九頁。
(21) 前掲『神田明神史考』二二九～二三〇頁。
(22) 前掲『神田明神史考』二三三～二四一頁
(23) 前掲『神田明神史考』一四二～一四八頁。前掲岸川「神田明神祭年表」。
(24)『東京都神社史料』第五輯、東京都神社庁、昭和四三年。及び、前掲『神田明神史考』一七一～一七五頁。
(25) 前掲『新編千代田区史　通史編』七五八頁。
(26) 前掲岸川「神田明神祭年表」八二頁。
(27) 前掲『新編千代田区史　通史編』七五九頁。
(28) 前掲『新編千代田区史　通史編』七六〇頁。
(29) 岸川雅範「東京奠都と神田祭―明治初年の神田祭の変遷を素描する―」『明治聖徳記念学会紀要』復刊第四六号、明治聖徳記念学会、平成二一年。
(30) 前掲岸川「神田明神祭年表」八二頁。
(31) 前掲岸川「神田明神祭年表」八二頁。
(32) 前掲岸川「神田明神祭年表」八二頁。

(33)『奉祝天皇陛下御在位六十年　神幸祭写真集　神田明神』神田神社社務所、昭和六〇年、に掲載されている。
(34) 前掲『奉祝天皇陛下御在位六十年　神幸祭写真集　神田明神』に掲載されている。
(35) 前掲岸川「神田明神祭年表」八二頁。
(36) 前掲岸川「神田明神祭年表」八二頁。
(37) 前掲『新編千代田区史　通史編』八五六～八五七頁。
(38) 前掲岸川「神田明神祭年表」八二頁。
(39)『神田市場史』上巻、神田市場協会・神田市場史刊行会、昭和四三年、四七三～四九一頁。
(40) 前掲岸川「神田明神祭年表」八二頁。
(41) 前掲岸川「神田明神祭年表」八二頁。
(42) 前掲岸川「神田明神祭年表」八二頁。
(43) 前掲岸川「神田明神祭年表」八二頁。
(44) 前掲『神田明神史考』三一八～三一九頁。
(45) 前掲『奉祝天皇陛下御在位六十年　神幸祭写真集　神田明神』に掲載されている。
(46) 前掲岸川「神田明神祭年表」八二頁。
(47) 前掲岸川「神田明神祭年表」八二頁。
(48) 前掲『神田市場史』上巻、七七九～七八二頁。
(49) 前掲岸川「神田明神祭年表」八二頁。
(50) 前掲岸川「神田明神祭年表」八二頁。
(51) 前掲『新編千代田区史　通史編』九六二～九六三頁。

(52) 前掲『新編千代田区史　通史編』九九七頁。
(53) 前掲『新編千代田区史　通史編』九九七～一〇〇〇頁。
(54) 前掲岸川「神田明神祭年表」八二頁。
(55) 前掲岸川「神田明神祭年表」八二頁。
(56) 前掲『新編千代田区史　通史編』一〇〇〇頁。
(57) 前掲岸川「神田明神祭年表」八二頁。
(58) 前掲『神田明神史考』二五七頁。
(59) 前掲『新編千代田区史　通史編』一一〇六頁。
(60) 前掲岸川「神田明神祭年表」八二頁。
(61) 前掲『新編千代田区史　通史編』一〇五七頁。
(62) 前掲『新編千代田区史　通史編』一〇九三頁。
(63) 前掲『新編千代田区史　通史編』一〇九三頁。
(64) 前掲『新編千代田区史　通史編』一一〇七頁。
(65) 旧来の「渡御祭」という名称を「神幸祭」に変更し、隔年実施とした。
(66) 前掲『神田明神史考』二五八～二六二頁。
(67) 前掲『新編千代田区史　通史編』一一〇九頁。
(68) 薗田稔「祭と都市社会―「天下祭」（神田祭・山王祭）調査報告（一）―」『國學院大學日本文化研究所紀要』第二三輯、國學院大學日本文化研究所、昭和四四年。
(69) 『鍛冶二　五十年誌』千代田区鍛冶町二丁目町会、平成一五年、三五頁。

(70) 前掲『鍛冶二　五十年誌』三五頁。
(71) 前掲『奉祝天皇陛下御在位六十年　神幸祭写真集　神田明神』。
(72) 『東京市町内会に関する調査』東京市政調査会、昭和二年。
(73) 『東京市町内会の調査』東京市、昭和九年。
(74) 磯村栄一「都市の社会集団」『都市問題』第四四巻第一〇号、後藤・安田記念東京都市研究所、昭和二八年。
(75) 奥井復太郎「近隣社会の組織化」『都市問題』第四四巻第一〇号、後藤・安田記念東京都市研究所、昭和二八年
(76) 近江哲男「都市の地域集団」『社会科学討究』第三巻第一号、早稲田大学アジア太平洋研究センター、昭和三三年。
(77) 阿利莫二・高木鉦作・松下圭一・小森武・鳴海正泰『大都市における地域政治の構造―杉並区の政治・行政・住民―』都政調査会、昭和三五年。
(78) R・P・ドーア著、青井和夫・塚本哲人訳『都市の日本人』岩波書店、昭和三七年。
(79) 中村八朗「都市的発展と町内会―都下日野町の場合―」『国際基督教大学学報Ⅱ-A―近郊都市の変貌過程』国際基督教大学、昭和三七年。
(80) 中村八朗「三鷹市の住民組織」『国際基督教大学学報Ⅱ-A―地域社会と都市化』国際基督教大学、昭和三九年。
(81) 中村八朗「都市町会論の再検討」『都市問題』第五六巻第五号、後藤・安田記念東京都市研究所、昭和四〇年。
(82) 中川剛『町内会　日本人の自治感覚』中公新書、昭和五五年。
(83) 越智昇「町内会の組織分析」蓮見音彦・奥田道大編『地域社会論』有斐閣、昭和五五年。
(84) 中田実・東海自治体問題研究所編『これからの町内会・自治会―いかしあいのまちづくり―』自治体研究社、昭和五六年。
(85) 近江哲男『都市と地域社会』早稲田大学出版会、昭和五九年。

(86) 岩崎信彦ほか編『町内会の研究』お茶の水書房、平成元年。
(87) 倉沢進・秋元律郎編著『町内会と地域集団』ミネルヴァ書房、平成二年。
(88) 玉野和志『近代日本の都市化と町内会の成立』行人社、平成五年。
(89) 玉野和志『東京のローカル・コミュニティ　ある町の物語一九〇〇-八〇』東京大学出版会、平成一七年。
(90) 和田清美『大都市東京の社会学―コミュニティから全体構造へ―』有信堂高文社、平成一八年。
(91) ロバート・M・マッキーヴァー著、中久郎・松本通晴監訳『コミュニティ―社会学的研究:社会生活の性質と基本法則に関する一試論―』ミネルヴァ書房、昭和五〇年。
(92) 和田清美「第四章地域コミュニティ」松本康編『都市社会学・入門』有斐閣、平成二六年。
(93) 柳川啓一「祭りと現代」『國學院大學日本文化研究所紀要』第三四輯、國學院大學日本文化研究所、昭和四五年。

第一章　戦後地域社会の変容と神田祭五〇年の盛衰

第一節　昭和四三年～平成二五年の神田祭の盛衰

平成二八（二〇一六）年、東京の神田神社（神田明神）が現在地（千代田区外神田）に遷座してから四〇〇年という節目の年を迎えた。神田神社の大祭である神田祭は隔年で行なわれるが、前年の平成二七年が神田祭の年に当り、御遷座四〇〇年の奉祝大祭として盛大に行なわれた。それに先立つ平成二五年の神田祭は、東日本大震災の影響によって四年振りの開催となったが、氏子町会の神田神社への神輿宮入参拝では、多くの観客と参加者を動員して大きな賑わいをみせた。

この神田祭をはじめ、三社祭、祇園祭、天神祭など大都市の伝統的な都市祭りが近年、多くの人たちを動員して盛んに行なわれている。しかしながら、序章でみたように、戦後の都市祭りを対象とした先行研究では大都市の都市祭りを対象とした研究が少なく、また同一の都市祭りを継続的に調査し、経年的変化を追った研究がほとんどないという課題がある。ただし、神田祭には、神田神社の氏子町会全体を対象とした昭和四三（一九六八）年に実施した薗田稔の調査(1)、平成四年に実施した松平誠の調査があり(2)、平成二五年から四五年前と二一年前との実証的な比較が可能である。経年的変化を追うことができる数少ない事例といえる。

そこで、本節では、平成二五年の神田祭（一部、平成二七年の状況も含む）について、昭和四三年、平成四年の調査からの変化を踏まえ、その特徴を実態調査のデータをもとに解明する。この実態調査は、昭和四三年の薗田稔の調査項目をもとに、町会の世帯数、祈禱札の頒布数、神酒所の有無、祭礼の象徴(神輿や山車の数など)、主な行事、役割動員(祭りの組織)、一般動員(祭りの担い手)、行事経済(寄付の金額など)、行事変化、祭りの評価、神社イメージについて、平成二五年の神田祭について対象となる町会ごとに把握したもの(巻末の資料1を参照)である。このうち、特に、主な行事、一般動員、行事変化に注目しながら、戦後地域社会の変容によって、町会の神田祭のどの要素が拡大し、どの要素が縮小したのかを解明し、神田祭の盛衰について考察する。そして、この神田祭の(平成二七年の一部事例を含むと)約五〇年の盛衰から現代日本人の伝統的な宗教に対する新しい意味や役割を浮き彫りにして社会変動と宗教の関係を考える一助としたい。

本節の調査と薗田稔・松平誠の調査との大きな違いは、両者とも神田祭の期間中、薗田の調査は國學院大學の学生が、松平の調査は立教大学の学生が各神酒所を巡り、そこで出会った人にインタビューをした調査結果をもとにしているが、本節の調査は、平成二五年の神田祭を参与観察した上で、神田神社の全面的な協力のもと、神田祭以外の時期(二町会のみ平成二七年の神田祭の時期)に、筆者が対象となる各町会を個別に訪問し、町会長ならびに副会長・青年部長など町会の神田祭に精通した人たちに詳細なインタビューを行なった調査をもとにしている点である。

単に質問項目に沿った内容をインタビューするだけでなく、関連する事項(例えば、町会の年中行事や蔭祭、町の変化など)についても話の流れの中で聞き出している。薗田・松平の調査よりもインタビュー内容が詳細なものになっていることが本節の調査の特徴である。

ただし、本節は、神田神社の氏子一〇七町会(3)のうち平成二五年に神田神社への宮入を実施した神田と日本橋の氏子五二町会と二連合(錦連合・小川町連合)[居住者がほとんどいない大手・丸の内町会を除く全ての宮入実施町会]を対象として、平成二五年は宮入を実施しなかった岩本町二丁目岩井会と蠣殻町東部町会の二町会を参考事例として分析したものである。地区連合(神田神社の氏子町会のみ)ごとにみると、神田中央連合：二町会と二連合(錦連合・小川町連合)、中神田十三ヶ町連合：一三町会、外神田連合：一二町会、神田駅東地区連合：六町会、岩本町・東神田地区連合：八町会、秋葉原東部地区連合：五町会、日本橋一・三・四・五地区連合：八町会を対象とした。

一　薗田稔・松平誠の分析

1　薗田稔の分析

薗田稔は、明治維新百年を迎えた昭和四三(一九六八)年の神田祭の調査において、神田神社の氏子町会を巡る神幸祭の状況、町会の神酒所や神輿巡幸の把握など、宗教社会学的な調査を実施した。そして、調査の結果として、以下の三つの特徴を明らかにしている(4)。

【特徴一】神幸祭、町内祭礼のいずれかを問わず、御神霊のシムボルの移動が、巡回区域の宗教的浄化という象徴的効果を果たしていること。

【特徴二】各氏子町内の神輿や曳き太鼓などによる「練り」の行動には、自町内だけを練る「町内練り」、隣接町内と連合して十数基がともに練り合う「地区練り(連合渡御)」、地区単位で数ヵ町の神輿が神社に練り込んで宮詣りをし、お祓いを受ける「連合宮入り」があり、そのいずれにおいても、多数の観衆を引きつけた上で成立する集団的興奮、あるいは日常性を突き破るべきオルギー状況を現出させることが期待されていること。

【特徴三】祭りに行なわれる諸行事をになう基礎集団の単位が町内集団、すなわち町内会であること。

薗田はこうした三つの特徴を挙げた上で、昭和四三年の段階では、神田地域は「脱地域化」が起こりにくい社会的性格を持っているといえるかもしれないと指摘している。

2　松平誠の分析

松平誠は、昭和四三(一九六八)年から二四年経過した平成四(一九九二)年の神田祭から、薗田稔の調査項目のうち、祭礼の象徴、神酒所の有無、主な行事(祭礼行事)、役割動員(祭礼組織)、一般動員(祭りの担い手)、行事経済(祭礼費用)について、明らかにしている。

まず、松平は、昭和四三年に実施した薗田の調査段階では、神田地域は「脱地域化」が起こりにくい社会的性格であったが、一九八〇年代～一九九〇年代の初めにかけて人口流出や高層化などによって「脱地域化」が進んだことを指摘した。

次に、薗田が挙げた三つの特徴について、平成四年の時点での再検討を行なった。薗田の【特徴一】は、昭和四三年の段階では、神事の持つ氏子と神の連携が神の巡回という意味で解されていたが、平成四年の段階では儀礼の持つ本来の意味が既に理解されにくくなっていると指摘した。その根拠として、町会の祭礼行事において、神幸祭「受渡し」(神田神社の神霊を載せた鳳輦を迎え、次の町会へ送り、受け渡していく行事)の欠落や忘却、「御霊入れ」(町会の神輿に御霊を入れる行事)を行なうが、「御霊返し」(御霊を返す行事)の欠落、「蔵出し」(神輿を神輿庫から出す行事)と「蔵入れ」(神輿庫に戻す行事)が対になっておらず、片方が欠落していることなどを挙げている。薗田の【特徴二】は、【特徴一】の変化によって、町内祭礼行事の中での伝統的な儀礼の保持という側面では徐々に衰退しつつあるばかりでなく、平成四年の段階では、神田祭＝神輿担ぎという短絡が生じ、連合渡御と町内練りが祭りの本体であるかのように意識されている場合が少なくないと指摘している。薗田の【特徴三】は、役割動員を形成する形に変化はなく、地域の居住集団と考えられてきた町内会は、依然として地域祭礼の実施機関としての役割を確実に果たしつつあると指摘している。(5) ただし、一般動員に問題があり、男子居住集団による神輿担ぎが崩れていたことが窺えるとしている。そして、平成四年の一般動員の大きな変化として松平は次の三つの特徴を挙げている。(6)

【一】動員される人々のなかに、半数ないし三分の一の女性が登場してきたこと。

【二】町内の従業員層だけでは十分な人手が得られず、かなりの部分を様々なネットワークで集めた町内会員外の人々で補っていること。

【三】一九七〇年代以来の新顔として神輿同好会のメンバー（松平誠の表記「御輿同好会のメムバー」）が加わったこと。

松平は、この特徴【一】に注目する形で、町会の神輿を女神輿に変化させた須田町中部町会における神田祭の調査研究を地域社会の変容の視点から行なっている。(7)

また、松平の特徴【三】に注目する形で、平成二一年の神田祭の調査を軸に、神田祭に参加する一部の町会の事例から神輿同好会の動員について論じた清水純の研究がある。(8) 清水は、神輿同好会が特定の祭りや町会に拘束されないのではなく、特定の町会に特定の神輿同好会が定着していることを明らかにしている。

ただし、神田祭の全体を対象とした網羅的な研究には至っていない。さらに、松平の特徴【二】については、松平以後の変化を含めた詳細が明らかにされていない。松平の特徴【二】のその後の変化についても不明である。
そこで、本節では薗田の三つの特徴と松平の一般動員のその後について、平成二五年の神田祭から検討する。

二　神田の人口・世帯数の推移と地域社会

1　千代田区の人口・世帯数の推移

まず、本題に入る前に神田のある千代田区の人口・世帯数の推移と地域社会との関係について概観しておく。千代田区の人口(夜間人口)は、国勢調査によると、第一回調査が行なわれた大正九(一九二〇)年は二一万七六八二人であったが、大正一四年に一八万四九〇八人、昭和五(一九三〇)年に一八万八六八七人、昭和一〇年に一九万七二三三人、昭和一五年に一八万六六九九人、昭和二〇年に四万四四一二人と推移し、関東大震災、第二次世界大戦を経て大きく人口が減少していることがわかる。その後、戦後復興が進む中で、昭和二五年に一一万三四八人、昭和三〇年に一二万二七四五人と回復した。

昭和三〇年を境に、再び減少に転じ、昭和三五年に一一万六九四四人、昭和四〇年に九万三〇四七人、昭和四五年に七万四一八五人、昭和五〇年に六万一六五六人、昭和五五年に五万四八〇一人、昭和六〇年に五万四九三人、平成二(一九九〇)年に三万九四七二人、平成七年に三万四七八〇人まで減少した。

平成七年を境に、ゆるやかな増加に転じ、平成一二年に三万六〇三五人、平成一七年に四万一七七八人、平成二二年に四万七一一五人、平成二七年に五万八四〇六人と推移している。

世帯数は、国勢調査によると、大正九年は四万五六四世帯であったが、大正一四年は三万六八一八世帯、昭和五年は三万三三七二世帯、昭和一〇年は三万四四七二世帯、昭和一五年は三万五一八五世帯、昭和二一年は一万五九七八世帯まで減少した。

昭和二一年を境に、昭和二二年は二万二八七四世帯、昭和二五年は二万四三二五世帯、昭和三〇年は二万四三二〇世帯、昭和三五年に二万四三二七世帯と推移し、昭和四〇年に二万九四四世帯、昭和四五年に一万八八四七世帯、昭和五〇年に一万八二七八世帯、昭和五五年に一万八〇四一世帯、昭和六〇年に一万九七一七世帯、平成二年は一万五六七三世帯、平成七年に一万四五〇七世帯と減少した。

平成七年を境に増加に転じ、平成一二年に一万六二八五世帯、平成一七年に二万七六八世帯、平成二二年に二万五五六〇世帯、平成二七年に三万三二六二世帯と推移している。

昼間人口は、昭和五年は三三万四八三二人、昭和一五年は四〇万六六三二人、昭和二二年は二七万九九六五人、昭和三〇年は四九万四六七三人、昭和三五年は六四万五三七七人、昭和四〇年は七七万一八一八人、昭和四五年は八五万四九七五人、昭和五〇年は九三万四四二七人、昭和五五年は九三万六五四二人、昭和六〇年は一〇〇万九二九一人、平成二年は一〇三万六六〇九人と増加した。この平成二年をピークに、平成七年は九四万九九〇〇人、平成一二年は八五万五一七二人、平成一七年は八五万三三八二人、平成二二年は八一万九二四七人と減少傾向にある。

以上から、千代田区では、昭和三〇年から平成七年までは人口・世帯数は減少の一途をたどり、昼間人口が増加し続けていたが、平成七年を境に、人口・世帯数は増加に転じ、昼間人口は反対に減少に転じていることがわかる。

2　人口減少の画期とその社会的背景

この千代田区の人口推移について、都市社会学の和田清美は、『大都市東京の社会学―コミュニティから全体構造へ―』の中で、人口減少の四つの波(画期)として捉えている。

第一の波は、関東大震災であり、第二の波は、第二次世界大戦の勃発によるものである。

第三の波は、高度経済成長期である。昭和四五(一九七〇)年には千代田区の人口は七万人台まで減少した。この時期、千代田区をはじめとする東京都心地域は、首都高速道路をはじめとする大規模な都心改造が進められ、その結果、番町・麴町地区はオフィスビルや高級マンションの立ち並ぶまちへ、神田地区は「ゲタバキ住宅」の建設が進み、裏路地に残されていた伝統的な長屋形式の住居は一気に姿を消した。

この「ゲダ(下駄)バキ住宅」とは、坪何十万円もする土地に店舗との併用建物で生活するよりも、地価の安い郊外に居を移し都心では住宅部分であったところまで商店や事務所にして人口が流出してしまうことへの対策として講じられた建物である。当時、都心に高層不燃建物が少ないという現実に着目し、「市街地の再開発」という名目で、主として神田地区の建築物の大半を占める木造二階建て程度の家屋を対象に、それを三階から四階以上の鉄筋コンクリート造の建物に改良するとともに、一～二階は店舗や事務所、それより上層階はアパート式の住宅、いわゆる「ゲタバキ住宅」を建設して常住人口の定着と増加を図ったのである。千代田区がこうした市街地における空間利用の高度化の促進を図る企画係を新設したのが昭和三二年二月のことであった(9)。

和田清美は、『新編千代田区史　通史編』の中で、千代田区の昭和三〇年から昭和四五年までの人口減少は、寮や住み込み使用人などの若年単身層と、世帯形成期に当る若年層の世帯分離から生じたものであり、住み込みや家族労働といった職住一致型の都心商業者のライフスタイルが既にこの時期に変化していたことがわかると指摘している(10)。

第四の波は、一九八〇年代である。地価の高騰と再開発事業によるものである。平成二(一九九〇)年の千代田区の夜間人口は四万人を割り、バブル経済期、千代田区はコミュニティの基盤である夜間人口が減少することによって、それまでわずかに残されていた伝統的なコミュニティが音を立てて崩れていった。バブル経済が崩壊しても人口減少の動きは止まらず、平成二年から平成七年までの五年間で一一・九％の減少率を記録し、平成七年の人口は三万四七八〇人となった。

しかし、「人口の都心回帰」の動きが始まり、平成八年から千代田区の人口は増加に転じていくと指摘している(11)。

昭和四三年に実施した薗田稔の調査は、第三の波（高度経済成長期）の時期に、平成四年に実施した松平誠の調査は、第四の波の時期に行なわれた。特に、松平誠が調査を実施した平成四年は、夜間人口の減少に伴う地域社会の空洞化が進んだ時期であったことがわかる。

昭和四三年の神田祭の段階では、薗田稔は、神田・日枝の両神社を擁する東京の都心地帯は、近年の特徴的な都市変化の一つであるドーナツ化現象の空洞化部分に当るが、その中でも祭礼行事を盛んに行なっている地域は、各種小売商業と印刷・製本などの家内工業、それに衣料、電機器具その他様々な問屋卸商業などが密集しているエリアである。それは、生業と住居とを同一地域に持つ商工業者、つまり都市的な旧中間層が大部分を占め、商業構成からいっても比較的「地元性」の強い社会型を呈しているとしている(12)。

また、祭礼の主役を演じる各町内は、流出人口が多いにしても、流入人口の大部分は、中小商工業者に雇用される従業員層であり、祭礼行事のための動員の仕方をみると、地元出身の若者たちの数少ないことを嘆きながら、会社、商店の従業員を動員するのが一般的である。こうした動員の仕方は戦前の祭り動員とほとんど同じ方法であると指摘している(13)。

ただし、松平誠は、「この中小企業群も、この時期（昭和四三年の段階―引用者註）に労働事情や産業構造変化の煽りを受けて撤退ないし転業するものが目立ち、人口流出を招いている(14)」と指摘している。

松平誠は、一九八〇年代の人口流出の主な原因は、土地の買い占めとビル化であり、不動産業者ばかりでなく地元の土地所有者の中にも旧来の建築物を取り壊して高層ビル化する動きが顕著になり、ビル化の方向に拍車が掛かった。そのため、その土地に住居を持っていた世帯が郊外に移転したり、土地所有者の住宅がビル化して家族が郊外へ移ったりするケースが頻発し、軒並み脱地域化が激化したと指摘している。(15)

こうした社会変動によって、平成四年の神田祭の段階では、商店従業員という疑似的な居住者原理すら保持できない町内が表れ、昭和四三年の神田祭の段階に存在した「商店従業員の動員」とは異質でありながら、同様の役割が期待され、企業に対する祭礼一般動員が行なわれるように変化した。(16)一般動員においては、このほか神輿同好会や女性の参加などが進むこととなった。

3　千代田区出張所別の人口・世帯数の推移と町会参加

次に、千代田区の中で、神田祭に参加する氏子町会が属する各出張所管内ごとの昭和四〇(一九六五)年から平成二七(二〇一五)年までの人口・世帯数の推移をみておきたい。薗田稔(昭和四三年)、松平誠(平成四年)、筆者(平成二五年)の調査時点までの人口・世帯数の推移をより細かな地区ごとのデータで確認しておきたいからである。

千代田区には六出張所一分室がある。番町出張所、同丸の内分室、富士見町出張所、神保町出張所、神田公園出張所、万世橋出張所、和泉橋出張所である。番町出張所は旧麴町区に属し、神保町出張所、神田公園出張所、万世橋出張所、和泉橋出張所は旧神田区に属している。昭和三五年発行の『千代田区史』が編纂された時代、住宅街としての番町、官庁街・ビジネスセンターとしての丸の内、商店街・問屋街としての神保町・神田公園・万世橋・和泉橋、旧神田区の四出張所と番町との中間的な性格を持つ富士見町として、各出張所の特色が位置付けられている。(17)

このうち、対象となるのは、神保町出張所、神田公園出張所、万世橋出張所、和泉橋出張所の管内である。

神保町出張所管内

神保町出張所管内には、神保町一丁目、猿楽町（猿楽町一丁目・二丁目）が含まれる。

神保町出張所管内の人口は、住民基本台帳（各年一月一日現在）によると、昭和四〇（一九六五）年は一万七八五〇人、昭和四五年は一万四七七三人、昭和五〇年は一万一六九三人、昭和五五年は一万五一人、昭和六〇年は八七六七人、平成二（一九九〇）年は六八五六人、平成七年は五六〇五人、平成一二年は五〇六七人、平成一七年は五三七七人、平成二二年は五六五〇人、平成二七年は六二七二人と推移している。

昭和四〇年から平成一二年にかけて減少を続け、一万二七八三人減少した。平成一二年を境に増加に転じ、平成一二年から平成二七年にかけて一二〇五人増加した。

世帯数は、昭和四〇年は四八二九世帯、昭和四五年は六一三〇世帯、昭和五〇年は四七八四世帯、昭和五五年は四〇四六世帯、昭和六〇年は三六八八世帯、平成二年は二九六九世帯、平成七年は二六〇八世帯、平成一二年は二四四五世帯、平成一七年は二八三〇世帯、平成二二年は三二〇八世帯、平成二七年は三七四四世帯と推移している。

昭和四五年から平成一二年にかけて減少を続け、三六八五世帯減少した。平成一二年を境に増加に転じ、平成一二年から平成二七年にかけて一二九九世帯増加した。

人口・世帯数ともに昭和四五年から平成一二年にかけて大幅に減少し、平成一二年を境に増加に転じたことがわかる。

では、平成一二年を境に増加に転じて以降、町会の加入率や町会活動への参加はどのようになったのであろうか。

本節で取り上げる神田祭は、平成二五年度のものであるため、平成二五年度に千代田区が実施した『第四〇回千代田区民世論調査』（平成二六年一月）からみておきたい。

『第四〇回千代田区民世論調査』は、千代田区全域を調査地域に、千代田区在住の満二〇歳以上の男女を対象として、住民基本台帳から層化二段無作為抽出によって選ばれた標本数二〇〇〇に対して、郵送配布・郵送回収法で実施したものである。調査期間は平成二五年一〇月二二日〜一一月五日である。有効回収数八一〇、有効回収率は四〇・五％である。

まず、神保町地区（神保町出張所管内）の町会の加入率についてみてみたい。

「お宅では、町会に入っていますか。（〇は一つ）」の設問に対して、神保町地区（全体一〇七）では、「入っている」が五四・二％、「入っていない」が三一・七％、「入っているかどうかわからない」が一三・一％である。

加入が半数以上、未加入が三割以上いることがわかる。

次に、神保町地区の町会活動への参加率をみておきたい。

「町会や地域の活動、ボランティア活動に参加したことがありますか。（〇は一つ）」の設問に対して、神保町地区（全体一一四）では、「よく参加している」が九・三％、「何回か参加したことがある」が二〇・六％、「参加したことは無いが、関心はある」が二九・九％、「参加したことが無く、あまり関心も無い」が三六・四％、「その他」が二・八％、「無回答」が〇・九％である。

「参加」は、「よく参加している」と「何回か参加したことがある」を合わせると三八・二％となり、約四割の参加率である。反対に「不参加」は、「参加したことは無いが、関心はある」と「参加したことが無く、あまり関心も無い」を合わせると六六・三％となる。

神保町地区では、町会への加入は半数以上あるものの、町会活動等への不参加が六割を超え、町会活動への参加があまり進んでいないことが窺える。

神田公園出張所管内

神田公園出張所管内には、神田錦町二丁目・三丁目、神田小川町一丁目〜三丁目、神田美土代町、内神田一丁目、内神田二丁目・三丁目、神田司町、神田多町、神田鍛冶町が含まれる。

神田公園出張所管内の人口は、昭和四〇（一九六五）年は一万三四〇六人、昭和四五年は一万一三九〇人、昭和五〇年は八四三九人、昭和五五年は六七六四人、昭和六〇年は五九一七人、平成二（一九九〇）年は四六九二人、平成七年は三八八六人、平成一二年は三四九六人、平成一七年は三六一四人、平成二二年は四〇五三人、平成二七年は四八五四人と推移している。

昭和四〇年から平成一二年かけて減少を続け、九九一〇人減少した。平成一二年を境に増加に転じ、平成一二年から平成二七年にかけて一三五八人増加した。

世帯数は、昭和四〇年は五四三二世帯、昭和四五年は四八三七世帯、昭和五〇年は三二一〇世帯、昭和五五年は二五五二世帯、昭和六〇年は二二九二世帯、平成二年は一八六九世帯、平成七年は一六四六世帯、平成一二年は一五八八世帯、平成一七年は一八九五世帯、平成二二年は二四五四世帯、平成二七年は三〇六六世帯と推移している。

昭和四〇年から平成一二年にかけて減少を続け、三八四四世帯減少した。平成一二年を境に増加に転じ、平成一二年から平成二七年にかけて一四七八世帯増加した。

人口・世帯数ともに昭和四〇年から平成一二年にかけて大幅に減少し、平成一二年を境に増加に転じたことがわかる。

では、平成一二年を境に人口・世帯数が増加に転じて以降、町会の加入率や町会活動への参加はどのようになったのであろうか。ここでも『第四〇回千代田区民世論調査』から神田公園地区(神田公園出張所管内)の回答結果をみておきたい。

「お宅では、町会に入っていますか。(〇は一つ)」の設問に対して、神田公園地区(全体七九)では、「入っている」が六五・八%、「入っていない」が二一・五%、「入っているかどうかわからない」が一二・七%である。

「町会や地域の活動、ボランティア活動に参加したことがありますか。(〇は一つ)」の設問に対して、神田公園地区(全体七九)では、「よく参加している」が二六・六%、「何回か参加したことがある」が一七・七%、「参加したことは無いが、関心はある」が三一・六%、「参加したことが無く、あまり関心も無い」が一九・〇%、「その他」が二・五%、「無回答」が二・五%である。

「参加」は「よく参加している」と「何回か参加したことがある」を合わせると四四・三%である。「不参加」は「参加したことは無いが、関心はある」と「参加したことが無く、あまり関心も無い」を合わせると五〇・六%となる。約半数が「不参加」であるということになる。

神田公園地区では、町会加入が六割を超えるが、町会等の活動への不参加が半数を占め、町会活動への参加が進んでいないことが窺われる。

万世橋出張所管内

万世橋出張所管内には、神田淡路町一丁目・二丁目、神田須田町一丁目、外神田一丁目〜六丁目が含まれる。

万世橋出張所管内の人口は、昭和四〇(一九六五)年に一万四五八一人、昭和四五年に一万二六四九人、昭和五〇年に九九〇三人、昭和五五年に八〇七四人、昭和六〇年に七〇一〇人、平成二(一九九〇)年に五七四二人、平成七年に四八六六人、平成一二年に四二四六人、平成一七年に四四八三人、平成二二年に四六三三人、平成二七年に五六三三人と推移している。

昭和四〇年から平成一二年にかけて減少を続け、一万三三五人減少した。平成一二年を境に増加に転じ、平成一二年から平成二七年にかけて一三八七人増加した。

世帯数は、昭和四〇年は四七六三世帯、昭和四五年は五七七一世帯、昭和五〇年は四一四九世帯、昭和五五年は三一八四世帯、昭和六〇年は二八九〇世帯、平成二年は二四一三世帯、平成七年は二一一五世帯、平成一二年は一九四一世帯、平成一七年は二三一四世帯、平成二二年は二五九〇世帯、平成二七年は三三七〇世帯と推移している。

昭和四五年から平成一二年にかけて減少を続け、三八三〇世帯減少した。平成一二年を境に増加に転じ、平成一二年から平成二七年にかけて一三二九世帯増加した。

人口・世帯数ともに昭和四五年から平成一二年にかけて大幅に減少し、平成一二年を境に増加に転じたことがわかる。

では、平成一二年を境に人口・世帯数が増加に転じて以降、町会の加入率や町会活動への参加はどのようになったのであろうか。ここでも『第四〇回千代田区民世論調査』から万世橋地区(万世橋出張所管内)の回答結果をみておきたい。

「お宅では、町会に入っていますか。(〇は一つ)」の設問に対して、万世橋地区(全体一一二)では、「入っている」が七三・〇%、「入っていない」が一四・四%、「入っているかどうかわからない」が一〇・八%、「無回答」が一・八%である。

「町会や地域の活動、ボランティア活動に参加したことがありますか。(〇は一つ)」の設問に対して、万世橋地区(全体一一二)では、「よく参加している」が一八・九%、「何回か参加したことがある」が二一・六%、「参加したことは無いが、関心はある」が三五・一%、「参加したことが無く、あまり関心も無い」が二二・五%、「その他」が〇・九%、「無回答」が〇・九%である。

「参加」は「よく参加している」と「何回か参加したことがある」を合わせると四〇・五%である。「不参加」は「参加したことは無いが、関心はある」と「参加したことが無く、あまり関心も無い」を合わせると五七・六%である。六割近くの人たちが「不参加」であることがわかる。

万世橋地区では、町会の加入率は七割を超え、比較的高い加入率であるが、町会等の活動への不参加は六割近くを占め、町会活動への参加はほとんど進んでいないことが窺われる。

和泉橋出張所管内

和泉橋出張所管内には、神田須田町二丁目、鍛冶町一丁目・二丁目、神田紺屋町、神田北乗物町、神田富山町、神田美倉町、神田西福田町、岩本町一丁目～三丁目、神田東紺屋町、東神田一丁目～三丁目、神田和泉町、神田佐久間町一丁目～四丁目、神田平河町、神田松永町、神田花岡町、神田佐久間河岸、神田練塀町、神田相生町が含まれる。

和泉橋出張所管内の人口は、昭和四〇(一九六五)年に二万四五一人、昭和四五年に一万六五〇九人、昭和五〇年に一万二一六六人、昭和五五年に九八九七人、昭和六〇年に八五四七人、平成二(一九九〇)年に六九九九人、平成七年に五九五四人、平成一二年に五三八二人、平成一七年に五九四三人、平成二二年に七四八二人、平成二七年に九六九八人と推移している。

昭和四〇年から平成一二年にかけて減少を続け、一万五〇六九人減少した。平成一二年を境に増加に転じ、平成一二年から平成二七年にかけて四三一六人増加した。

世帯数は、昭和四〇年は六六九三世帯、昭和四五年は七六七八世帯、昭和五〇年は四八四三世帯、昭和五五年は三九七三世帯、昭和六〇年は三五二四世帯、平成二年は二八九二世帯、平成七年は二五三五世帯、平成一二年は二四八〇世帯、平成一七年は三一五七世帯、平成二二年は四六三二世帯、平成二七年は六二五〇世帯と推移している。昭和四五年から平成一二年にかけて減少を続け、五一九八世帯減少した。平成一二年を境に増加に転じ、平成一二年から平成二七年にかけて三七七〇世帯増加した。

人口・世帯数ともに昭和四五年から平成一二年にかけて大幅に減少し、平成一二年を境に増加に転じたことがわかる。

では、平成一二年を境に人口・世帯数が増加に転じて以降、町会の加入率や町会活動への参加はどのようになったのであろうか。ここでも『第四〇回千代田区民世論調査』から和泉橋地区（和泉橋出張所管内）の回答結果をみておきたい。

「お宅では、町会に入っていますか。（〇は一つ）」の設問に対して、和泉橋地区（全体八五）では、「入っている」が六一・二%、「入っていない」が二八・二%、「入っているかどうかわからない」が一〇・六%である。

「町会や地域の活動、ボランティア活動に参加したことがありますか。（〇は一つ）」の設問に対して、和泉橋地区（全体八五）では、「よく参加している」が二五・九%、「何回か参加したことがある」が一五・三%、「参加したことは無いが、関心はある」が三〇・六%、「参加したことが無く、あまり関心も無い」が二二・四%、「その他」が一・二%、「無回答」が四・七%である。

「参加」は「よく参加している」と「何回か参加したことがある」を合わせると、四一・二%である。「不参加」は「参加したことは無いが、関心はある」と「参加したことが無く、あまり関心も無い」を合わせると五三・〇%である。半数以上が「不参加」であることがわかる。

和泉橋地区では、町会の加入率は約六割であるが、町会等の活動への不参加は半数を超え、あまり町会活動への参加が進んでいないことが窺われる。

以上のように、神保町出張所、神田公園出張所、万世橋出張所、和泉橋出張所の管内のいずれにおいても、少なくとも昭和四五年から平成一二年にかけて人口・世帯数が大幅に減少したが、平成一二年を境に増加に転じている。減少から増加に転じる境が千代田区全体では平成七年であるが、神田祭に参加する神田神社の氏子町会が属する各出張所管内では、平成一二年が境になっていることがわかる。

平成一二年以降の人口・世帯数の増加は、再開発によってマンションが新築され、新たな住民が増加したこと、すなわち「人口の都心回帰」が背景にあると考えられる。

しかしながら、『第四〇回千代田区民世論調査』の回答結果から、町会への加入は、神保町地区・半数以上、神田公園地区・六割、万世橋地区・七割、和泉橋地区・約六割と比較的あるものの、町会等の活動への不参加は、神保町地区・六割、神田公園地区・半数、万世橋地区・六割近く、和泉橋地区・半数となっていて、町会活動への参加はあまり進んでいないことが窺える。

町会への加入・不加入の回答者ごとに、町会等の活動への参加率をみると、「町会に入っている」（全体四五七）では、「よく参加している」が二〇・一％、「何回か参加したことがある」が二七・一％、「参加したことは無いが、関心はある」が三一・五％、「参加したことが無く、あまり関心も無い」が一六・二％、「その他」が二・四％、「未回答」が二・六％である。つまり、「参加」は四七・二％、「不参加」は四七・七％である。

「町会に入っていない」（全体二〇八）では、「よく参加している」が一・九％、「何回か参加したことがある」が七・

七％、「参加したことは無いが、関心はある」が四五・七％、「参加したことが無く、あまり関心も無い」が三八・九％、「その他」が四・三％、「未回答」が一・四％である。つまり、「参加」は九・六％、「不参加」は八四・六％である。八割以上が不参加である。

ちなみに、「町会に入っているかどうかわからない」(全体一二三)では、「よく参加している」が二・四％、「何回か参加したことがある」が七・三％、「参加したことは無いが、関心はある」が五一・二％、「参加したことが無く、あまり関心も無い」が三八・二％、「その他」が〇・八％、「未回答」は〇％である。

以上の結果からは、町会の加入者でも約半数が町会等の活動に参加していないことがわかる。

また、居住形態別にみると、回答者の住居で最も多い「分譲マンションなど」(全体二八一)では、「よく参加している」が七・一％、「何回か参加したことがある」が一九・六％、「参加したことは無いが、関心はある」が四三・八％、「参加したことが無く、あまり関心も無い」が二五・三％、「その他」が二・八％、「未回答」が一・四％である。つまり、「参加」が二六・七％で三割に満たなく、「不参加」が六九・一％で七割近い。

二番目に多い「賃貸マンションなど」(全体一九〇)では、「よく参加している」が三・七％、「何回か参加したことがある」が六・八％、「参加したことは無いが、関心はある」が四五・八％、「参加したことが無く、あまり関心も無い」が四一・一％、「その他」が一・六％、「未回答」が一・一％である。不参加が八六・九％で大多数を占めている。

三番目に多い「ビル内の自宅(ビルの所有者)」(全体一一一)では、「よく参加している」が二八・八％、「何回か参加したことがある」が三四・二％、「参加したことは無いが、関心はある」が一九・八％、「参加したことが無く、あまり関心も無い」が一四・四％、「その他」が〇・九％、「未回答」が一・八％である。「参加」が六三・〇％、不参加が三四・二%である。

「ビル内の自宅(ビルの所有者)」では町会等の活動への参加が六割以上であるものの、「分譲マンションなど」では不参加が約七割、「賃貸マンションなど」では不参加が八割を超えている。

このように、平成一二年を境に人口・世帯数は増加しているものの、再開発によってできた分譲マンションや賃貸マンションの住民の町会活動への参加はほとんど進んでいないことが窺える。つまり、人口・世帯数は回復しても、新住民の町会活動への参加は進まず、神田祭を含めた町会活動を運営する状況は、依然として厳しい状況に置かれていることがわかる。

なお、神田神社への連合宮入を行なう地区連合でもある神田中央連合(丁目でいうと、神保町一丁目、猿楽町一丁目・二丁目、神田錦町二丁目・三丁目、神田小川町一丁目~三丁目が該当)は、神保町出張所管内の一部と神田公園地区管内の一部をなす町会で構成されている。

中神田十三ヶ町連合(丁目でいうと、神田美土代町、内神田一丁目、内神田二丁目・三丁目、神田司町、神田多町、神田淡路町一丁目・二丁目、神田須田町一丁目、神田鍛冶町が該当)は、神田公園出張所管内の八町会と万世橋出張所管内の五町会の計一三町会で構成されている。同様に、外神田連合(外神田一丁目~六丁目が該当)は、万世橋出張所管内のうち、中神田十三ヶ町連合の町会を除いた町会で構成されている。

和泉橋出張所管内の町会は、神田神社への連合宮入を行なう単位の地区連合である神田駅東地区連合、岩本町・東神田地区連合、秋葉原東部地区連合の三つの地区連合から構成されている。

具体的には、神田駅東地区連合は、和泉橋出張所管内のうち、丁目でいうと、神田須田町二丁目、鍛冶町一丁目・

二丁目、神田紺屋町、神田北乗物町、神田富山町、神田美倉町、神田西福田町にある町会、岩本町・東神田地区連合は、和泉橋出張所管内のうち、岩本町一丁目〜三丁目、神田東紺屋町、東神田一丁目〜二丁目にある町会、秋葉原東部地区連合は、東神田三丁目、神田和泉町、神田佐久間町一丁目〜四丁目、神田平河町、神田松永町、神田花岡町、神田佐久間河岸、神田練塀町、神田相生町、秋葉原(台東区)にある町会で構成されている。

三　町会の世帯数と神酒所の設置にみる変化

次に、平成二五(二〇一三)年の神田祭の分析に入っていきたい。

1　町会の世帯数

まず、各町会ごとの世帯数を確認しておきたい。

平成四(一九九二)年の松平の調査に世帯数の記載はないため、昭和四三(一九六八)年と平成二五年(一部、平成二七年を含む)について、比較可能な町会に限って地区連合ごとにみていきたい。

神田中央連合では、神保町一丁目町会が三三〇世帯→町会員三八三世帯・七四三人、神田猿楽町町会が二四一世帯→町会員八〇世帯［昔から住んでいる住民］、錦町二丁目町会(錦連合)が一三〇世帯→居住者一二〜一三世帯［町会員六〇世帯］、錦町三丁目町会(錦連合)が二〇〇世帯→居住者八世帯である。神保町一丁目町会は増加したが、神田猿楽町町会は昔からの住民は減少し、錦町二丁目町会・錦町三丁目町会は大幅に世帯数が減少した。

中神田十三ヶ町連合では、司一町会が四五〇世帯→一五一世帯(住民登録)［町会員六四世帯］、司町二丁目町会が四

三〇世帯→二〇四世帯・三七六人［このうち町会員一四〇～一五〇世帯］、内神田鎌倉町会が三〇〇世帯→二一五世帯（区公表）［町会員一七八世帯］、内神田旭町町会が二七八世帯→九九世帯［町会員は二〇〇弱世帯］、多町一丁目町会が一八〇世帯→五四世帯（住民登録）［実際の居住者三〇世帯、町会員一五〇世帯］、多町二丁目町会：三四〇世帯→町会員二二〇～二三〇世帯、神田鍛冶三会町会が二一五世帯→七七世帯（住民登録）［町会員二二〇人］、須田町北部町会が二〇〇世帯→町会員一四〇世帯（大半が企業）［住民五〇世帯］である。比較可能な八町会全てで世帯数は減少した。

外神田連合では、外神田一丁目万世橋町会が二〇〇世帯→一三世帯、神田旅籠町会が二五〇世帯→一五～二〇世帯、神臺會が七五世帯→八〇世帯（登録世帯）［町会員五〇世帯］、宮本町会が七〇世帯→町会員一七〇世帯、神田同朋町会が一五〇世帯→一五〇世帯［町会員一〇〇世帯］、外神田三丁目金澤町会が一〇〇世帯→町会員九〇世帯、神田末廣町会が二二〇世帯→町会員二四四世帯、外神田四丁目田代会が一〇〇世帯→町会員二〇世帯、外神田四丁目松富会が一四五世帯→八〇世帯、神田五軒町町会（旧・外神田六丁目町会）が二五〇世帯→三三〇世帯である。JR秋葉原駅に近い、外神田一丁目万世橋町会、神田旅籠町会、外神田四丁目田代会、外神田四丁目松富会で大幅に世帯数が減少した。反対に、宮本町会や神田五軒町町会、神田末廣町会などでは、世帯数は増加した。

神田駅東地区連合では、鍛冶町一丁目町会が二〇〇世帯→五九世帯［居住する世帯：二六世帯・登録人口：一一〇人・町会員：三〇〇世帯（会社を含む）］、鍛冶町二丁目町会が四〇〇世帯→町会員三〇〇世帯［居住者六〇世帯］、北乗物町町会が六〇世帯→居住者二三世帯・七〇人、富山町町会が一〇〇世帯→七〇世帯（区登録人口）［町会員一三世帯・四〇人］である。比較可能な四町会全てで世帯数が減少した。実質的な居住者は少なく町会員は企業会員を含んで構成している。

岩本町・東神田地区連合では、岩本町一丁目町会が二〇〇世帯→町会員約一二〇世帯〔マンションを含むと五〇〇世帯〕、神田東紺町会が一四〇世帯、四〇〜五〇人〔マンションの住民を除き、町会費を払う昔からの住民〕、東神田町会が四〇〇世帯→三五〇〜三六〇世帯〔平成二七年：五五四世帯(町会に加入している世帯)〕、神田松枝町会が一八〇世帯→二二〇世帯〔町会員一五〇世帯、昔からの住民七〇世帯、マンション住民一五〇世帯〕、岩本町二丁目岩井会が七七世帯→一八〇世帯〔町会員二〇〜三〇世帯〕、神田大和町会が一六〇世帯→昔からの住民六〇世帯・約一五〇人〔マンション、公社等の数は不明〕、岩本町三丁目町会：三〇〇世帯→町会員一八〇世帯〔町会役員五〇世帯〕、東神田豊島町会が二六五世帯→居住者一一〇〜一三〇世帯〔マンション居住者を含むと四〇〇〜四五〇世帯、町会員一二四世帯(事業所を含む)〕である。岩本町一丁目町会、神田松枝町会、岩本町二丁目岩井会、平成二七年の東神田豊島町会、東神田町会ではマンション住民を含むと世帯数は増加したが、町会活動に参加する町会員は減少傾向にある。

秋葉原東部地区連合では、神田佐久二平河町会が二〇〇世帯→町会員一三〇世帯、神田佐久間町三丁目町会が二八〇世帯→四三一世帯〔町会員三三〇世帯〕、神田佐久間町四丁目町会：一二二世帯→二〇〇人(登録人口)、東神田三丁目町会：一一〇世帯→四一九世帯〔町会員は半分強。マンション七棟中三棟が町会に加入〕、神田和泉町町会が四三〇世帯→二〇〇世帯である。神田佐久二平河町会と神田和泉町町会では世帯数は減少したが、神田佐久間町三丁目町会、東神田三丁目町会は増加し、神田佐久間町四丁目町会でも増加したことが窺える。東神田三丁目町会では、マンションの建設によって人口・世帯数は増加し、マンションも棟単位で町会に加入している。

日本橋一・三・四・五地区連合の宮入実施町会では、蛎一共和会：一九〇世帯→七〇〇世帯〔マンションを除くと約二〇世帯〕、蛎殻町東部町会：三七〇世帯→七四六世帯(区登録)・町会員約三二三世帯、東日本橋三丁目橘町会：

三三〇世帯↓町会員九四〇世帯［マンション一〇棟で五五〇戸］、東日本橋二丁目町会（旧・両国町会）：四五〇世帯↓一一〇〇世帯、浜町一丁目町会：二〇〇世帯↓九七六世帯［町会にはほとんど加入］、浜町三丁目東部町会：二五〇世帯↓九一〇世帯［町会員約八一九世帯］である。いずれの町会でも世帯数は増加した。マンションが建ち、新住民は大幅に増加したことが窺える。そのため、蛎一共和会ではマンションを除くと約二〇世帯になる現状がある。

2　神酒所の設置率

各町会では、神田祭に際して神酒所を町内に設置して、ここを起点として神輿の巡幸などの祭礼行事を実施する。

松平によれば、昭和四三（一九六八）年の神田祭では神酒所を設置した町会が全町会数のうち七五町会（六八・四％）であるのに対し、平成四（一九九二）年の神田祭では全町会数一〇六（湯島一三会を除く）のうち七四町会であり、指標としての数字にはさしたる違いがないとしている。

ただし、神酒所の分布には若干の相違があり、神保町神田公園地区、神田駅東地区、千代田東地区などには四半世紀前の方が現在よりも神酒所が多く設置されていたことを明らかにしている。すなわち、神田中央連合と中神田十三ヶ町連合の八町会（松平のいう「神保町神田公園地区」）、神田駅東地区連合、岩本町・東神田地区連合（松平のいう「千代田東地区」）では、一九八〇年代になって、特に急速に人口減少を招いた地域の中に含まれており、そうした地域変動の影響が神酒所の分布にも表れているとみることもできると指摘している。(18)

この神酒所の設置数について、本節で対象とした五四町会と二連合では、昭和四三年、平成四年、平成二五年の順にみると、六〇↓五八↓六一と推移し、ほぼ同水準の設置率を維持している。

地区連合ごとにみると、中神田十三ヶ町連合、外神田連合、岩本町・東神田地区連合、日本橋一・三・四・五地区連合では同水準の設置率を維持しているが、神田中央連合（一〇→一〇→七〔町会五、連合二〕）では減少した。神田駅東地区連合では、昭和四三年～平成四年で減少（六→四）したが、平成四年～二五年で増加（七〔紺屋町北部町会を含む〕）した。ここには、北乗物町町会と紺屋町南町会による合同の神酒所の設置も含んでいる。

四　主な行事の変化

神田祭の主な行事のうち、松平誠が薗田稔の調査との比較の根拠とした七つの行事について、それぞれ昭和四三（一九六八）年、平成四（一九九二）年、平成二五年の順に本節で対象とした五四町会と二連合における実施件数を挙げ、比較検討する。

蔵出し・蔵入れ

「蔵出し」は、記載なし→二九→四六、「蔵入れ」は、記載なし→三〇→四六といずれも増加した。平成四年は、神田駅東地区連合と秋葉原東部地区連合で「蔵入れ」と「蔵出し」が対になっていない町会があったが、平成二五年は全て対になっていた。ただし、平成二五年は、「蔵出し」「蔵入れ」は神輿庫から神輿を出し入れするのみで特別な儀礼を伴うものではなく、「蔵出し」「蔵入れ」終了後に飲食や直会をする程度である。神田神社境内には氏子神輿庫があり、多くの町会の神輿が納められている。この神輿庫を利用する町会では、神田祭の前後に、神輿の搬出入が集中し、短い時間で区切って搬出入を行なうため、特別な儀礼を行なう時間的・空間的な余裕がないという実態がある。

神幸祭「受渡し」

神幸祭「受渡し」は、四（「鳳輦供奉」「鳳輦迎エ」）→三四→五五（把握分のみ、神田中央連合の二町会と二連合を含む）と増加し、全ての地区連合で増加した。ただし、これは各町会が単独で実施するというよりも、地区連合ごとに複数の町会が合同で「受渡し」をするため実施率が高い。つまり、町会の境から町会の境へ鳳輦を送る各町会単位の神幸祭「受渡し」から、地区連合ごとの合同の「受渡し」へ変化した結果であるといえる。

御霊入れ・御霊返し（御霊抜き）

「御霊入れ」は、三一→五九→五八（把握分のみ）、「御霊返し」は、五→一九→一八（把握分のみ）と推移し、「御霊入れ」「御霊返し」ともに、昭和四三（一九六八）年～平成四（一九九二）年で増加し、平成四年～二五年は大きな変化がない。また、平成二五年においても「御霊入れ」は行なうが「御霊返し」を行なわない町会が多いことがわかる。ただし、地区ごとにみると、岩本町・東神田地区連合では、「御霊返し」は一→二→五と増加し、秋葉原東部地区連合でも、平成二五年に宮入した五町会全てで「御霊入れ」と「御霊返し」を実施した。「御霊返し」は、神田中央連合、中神田十三ヶ町連合、外神田連合、神田駅東地区連合では低い実施率であるが、岩本町・東神田地区連合と秋葉原東部地区連合では実施率が比較的高い。日本橋四地区連合の東日本橋三丁目橘町会と東日本橋二丁目町会は神田神社への宮入後、神田神社で「御霊返し」を行ない、実施率を維持している。

町内渡御・神輿宮入参拝

「町内渡御」（町会練り）は、四〇→五〇→五二（把握分のみ）と増加し、「神輿宮入参拝」（連合渡御）」は、一二三（「連合練リ」を含む）→五四→五五（把握分のみ）と増加した。全ての地区連合で町内渡御、神輿宮入参拝（連合渡御）が増加傾向にあり、特に、神輿宮入参拝が拡大した。平成二七（二〇一五）年には、岩本町・東神田地区連合の岩本町二丁目岩井会が神輿の町内渡御を復活し、日本橋三地区連合の蛎殻町東部町会は神輿宮入参拝を行なった。

五　役割動員と一般動員の変化

1　役割動員（祭りの組織）

松平誠は、昭和四三（一九六六）年の段階では、一般動員を行なう主体は町内にあり、商店主は町内の居住者であった。いかに学生アルバイトの手を借りるといっても、そこには、町内の居住者のイニシアチブによる一般動員の構成原理が厳として存在していたとしている。しかし、平成四（一九九二）年の段階では、もはや商店従業員という疑似的な居住者原理すら保持できない町内が表れたとする。居住者という概念とは別物の町内のビルに事務所を構える企業や町内外の事業者による飲食店など、いわゆる「住民」とは無関係な事業者が大量に町内と関係を持つようになってきたと指摘し、これらの事業者は平成四年の段階では外部者ではなく、町内に包含される一員としての法人として意識されていることを明らかにしている。その上で、昭和四三年の段階に存在した「商店従業員の動員」とは異質でありながら同様な役割が期待され、企業に対する祭礼一般動員が行なわれていると指摘している。

つまり、平成四年の神田祭における町内の動員は、一方には生活構成が大きく様変わりしてしまった町内会幹部による役割動員があり、他方には法人町内会員の従業員による町内担ぎ手の不足の充当、女性の参加、そしてこれまでとは全く異質な神輿同好会の参入という三つの新しいファクターを組み入れた一般動員という形式がかなり一般化しつつあると指摘している(19)。

ただし、役割動員に関して、平成四（一九九二）年の時点では、地域の居住集団と考えられてきた町内会（町会）は、依然として地域祭礼の実施機関としての役割を確実に果たしつつあると指摘している(20)。役割動員と呼ばれる祭礼役職者の動員が町内会幹部であることは従前と変わりないが、町内会の社会構成や生活構成には大きな変化が起こっているとしている。(21)

平成二五年では、対象となった全ての町会で祭典委員を置き、多くの町会で祭典委員会などの祭りの運営組織を設置した。町会長や町会役員が祭典委員長や祭典委員などに就き、青年部や婦人部などを動員し、町会が神田祭を実施する機関としての役割を担っている点に変化はない。

ただし、神田中央連合の錦連合と小川町連合では、それぞれの連合で一つの祭典委員会、一人の祭典委員長を置く形に変化した。また、中神田十三ヶ町連合の須田町中部町会では、女神輿の担ぎ手を一般募集するが、平成二五年からインターネットによる募集を開始した。(22)非町会員で町内に事務所を構える「女みこし担ぎ手募集係」(女性三人)がインターネットからの応募を含め、全ての参加者リストの管理を一括で行なった。

2　一般動員(祭りの担い手)

全体の傾向として、昭和四三(一九六八)年〜平成四(一九九二)年に参加者数(動員数)そのものが増加したことが窺える。平成二五年の日曜日に宮入を行なう町会では、土曜日より日曜日の参加者数が多い傾向がある。

また、昭和四三年は、青年・子どもを含めた町内の居住者や商店従業員の参加者が多かったことが薗田の調査からわかるが、平成四年になると、町会員外の参加者の割合が増加し、平成二五年も同じ傾向が続いている。

ここでは、平成四年の調査から松平が指摘した神輿同好会、様々なネットワークで集めた町内会員外の人々、女性の参加者のその後について検討したい。特に、様々なネットワークで集めた町内会員外の人々の中には、松平が指摘した法人町内会員の従業員、すなわち町内企業の参加者のみならず、これまで存在が注目されなかった他町会の参加者についてもみていきたい。

神輿同好会

神輿同好会の参加は、平成四（一九九二）年は一五町会であったが、平成二五年は四一町会（把握分のみ）に増加した。平成二五年では、神輿同好会が流動的に様々な町会の神田祭に参加するのではなく、「神輿同好会は昔からの付き合い。頭の関係。深川・向島から来る。半纏合わせは毎回同じメンバーで四月に実施」（神田五軒町町会）、「神輿同好会とは何十年の付き合い」（神田佐久間町三丁目町会）というように、多くの町会で長い付き合いのある神輿同好会が特定の町会に定着している傾向が窺える。神田須田町二丁目町会では、町会公認の神輿同好会（金沢睦、日本橋武通睦）がある。栄町会では、「神輿同好会のメンバー一〇人程度は、蔭祭の「ふれ合い広場」など普段から町会の活動を手伝う」といい、町会と長い付き合いの中で信頼関係を築いた神輿同好会は神田祭以外の町会活動にも参加している例もみられた。須田町一丁目南部町会（町内五〇人［一六・七％］、神輿同好会二五〇人［八三・三％］）や東神田豊島町会（神輿同好会［八三・三％］）では町会の半纏ではなく、神輿同好会の半纏での参加を認めている。

清水純は、平成二一年の神田祭の調査を軸に神輿同好会の動員について分析し、「大抵二十〜三十年、時には四十年もの付き合いの続く神輿同好会が特定の町会に毎回担ぎに来る関係が成立していた」[23]ことを明らかにしているが、平成二五年も同じ状況であることがわかる。

町内企業の参加

平成二五（二〇一三）年の町内企業の参加は、内神田美土代町会（会社員四〇〜五〇人）、司一町会（城南信用金庫一〇人）、多町一丁目町会（城南信用金庫神田支店約二〇人）、多町二丁目町会（会社員約五〇人）、神田鍛冶三会町会（三菱銀行三〇人）、須田町中部町会（西武信用金庫一三人）、須田町北部町会（りそな銀行三〇人、新日鉄興和不動産二〇人、ＪＲ東日

本ビルディング、ＪＲステーションリテーリング、みずほ銀行二〇～三〇人）、鍛冶町一丁目町会（山梨中央銀行三〇人）、鍛冶町二丁目町会（徳力本店一〇人、神田通信機二〇～三〇人）、神田須田町二丁目町会（向井建設四〇～五〇人）、神田佐久二平河町会（ＵＦＪ銀行八人・三協化成一三人・パセラ一人）、岩本町三丁目町会（山崎製パン三〇〇人、本間組二〇人、田島ルーフィング二〇人、貝印一〇人）、神田和泉町町会（ＹＫＫ一〇～一五人と凸版印刷一〇～一五人を含み企業四〇～五〇人）、室町一丁目会（企業：宮入二二人、町内渡御一二一人）などでみられた。

岩本町三丁目町会では、昭和四三年は八割が町内の店員であったが、平成四年は町内会員外が五九・六％、平成二五年は企業の参加者が七〇・〇％を超えた。特に、山崎製パン社員三〇〇人の参加者に占める割合が高い。一〇〇〇人を超える会社員が参加する大手・丸の内町会の史蹟将門塚保存会大神輿に近い。

「神田藪そば」などの老舗が立地する須田町北部町会では、町会の戦略として、（平成二五年から）三〇年前に神輿同好会を頼みにすることから脱却し、企業を巻き込んでいく方針に転換した。

鍛冶町一丁目町会、鍛冶町二丁目町会、神田須田町二丁目町会、紺屋町南町会では、平日にしかいない企業の会社員を巻き込もうと金曜日の神輿巡幸を行なっている。

栄町会では、地元企業の取り込みを図り、金曜日の夜に「ふれあい広場」を神酒所前で開いている。蔭祭のときも神田祭と同じ時期に「ふれ合い広場」を実施して企業会員と親睦を図っている。外神田三丁目金澤町会では、金曜日の夜の神輿巡幸を（平成二五年の）一〇年前から始め、蔭祭の年は企業との懇親会を神田祭の時期に開いている。

町内に有力な企業がある町会では、祭りの担い手も企業に特化したり、祭りを通じて企業との関係を良好にしていこうとする町会の戦略が窺える。町会は、企業を取り込むために、金曜日の夜の祭り（神輿巡幸・懇親会）や蔭祭を実施していることがわかる。

他町会の参加者

他町会の参加者は、平成四(一九九二)年の調査からは窺えないが、昭和四三(一九六八)年の段階で「東松下町ナド依頼五〇人」(神田鍛冶三会町会)、子どもが「他町から六〇人参加」(北乗物町町会)とあり、当時から他町会の参加者の存在が窺える。

平成二五年では、多町一丁目町会(亀戸天神の町会一五〜一六人、本郷・桜木神社の氏子町会一〇人)、宮本町会(亀有三丁目東町一〇〇人［大人神輿の参加者の四〇％］、亀住町会)、神田同朋町会(茅場町一・二丁目町会二五人、新中野町会)、神田末廣町会(亀住町会七〜八人)、神田五軒町町会(亀住町会、外神田松住町会)、鍛冶町二丁目町会(紺屋町北部町会、東松下町町会、富山町町会)、神田須田町二丁目町会(日本橋貳通睦)、東神田町町会(水海道・栄町仲睦青年会四三人、外神田松住町会八人、足立区前保木間青年部六人)、東神田豊島町会(中目黒の月光町・小山台など町会関連三団体)、神田佐久間町四丁目(北千住三丁目)、東神田三丁目町会(深川南・花川戸一丁目青年部・両国二丁目睦・湯島の春木町)、室町一丁目会(日本橋貳通睦)などで一定数の他町会の参加が確認できた。氏子外の他町会のみならず、同じ地区連合で氏神が異なる町会や同じ氏子同志で宮入を行なわない町会の参加がみられた。

宮本町会では、大人神輿を借りた先の亀有三丁目東町会が参加した。

神田須田町二丁目町会と室町一丁目会では、永田町に鎮座する日枝神社の氏子である日本橋二丁目通町会の日本橋貳通睦が参加した。日本橋貳通睦は、既述の通り、神田須田二丁目町会公認の神輿同好会であり、山王祭に参加する日本橋二丁目通町会の睦会である。「外に出る時は神輿同好会、中では町会の青年部」という神輿同好会の一つの形が窺える。神田同朋町会に参加した茅場町一・二丁目町会も日枝神社の氏子である。

日本橋一地区連合の本町一丁目町会と室町一丁目会では、神田祭が蔭祭のときに山王祭の日本橋の町会(日本橋三丁目町会など）の神輿に参加し、山王祭が蔭祭のときに、日枝神社の日本橋の町会は室町一丁目会の神田祭に参加するなど、神田祭と山王祭でお互いの町会の祭りに助っ人として参加する「相互乗り入れ」を行なっている。(24)

他の祭りとの「相互乗り入れ」のネットワークを通じ一定数の参加があることがわかる。

女性の参加者

平成二五年では、「女性の参加者が多い」とする町会が九町会あった。具体的な数値を回答した町会は、多町一丁目町会（八〇～一〇〇人［日曜の参加者の四〇％］）、多町二丁目町会（一割）、須田町中部町会（一六九人）、神田同朋町会（約一五〇人［三七・五％］）、栄町会（町外から三〇～四〇人、宮入時一〇人弱）、外神田三丁目金澤町会（三分の二）、元佐久町会（約一〇人）、神田和泉町町会（約二〇人）、東日本橋三丁目橘町会（約二〇％）、浜町一丁目町会（二割）、浜町三丁目東部町会（約二〇人）である。

岩本町三丁目町会、神田東紺町会では、町会の神輿を一部区間だけ女神輿にした。神田佐久二平河町会では、宮入の際、神輿の前棒は全部女性になり、神田鍛冶三会町会では、金曜日の夜に子ども神輿を女神輿にして、町内渡御を行なった。

連合渡御や宮入を含む全区間を女神輿で渡御する須田町中部町会の「元祖女みこし」は、平成二年の松平誠の調査(25)と平成二五年の参加者を比較すると、参加者数は増加（一四八人→一六九人）した。(26)

ただし、淡路町一丁目町会のように、「女性の参加者は少ない」とする町会も存在する。

以上の調査結果からは、松平誠が指摘するように、「動員される人々のなかに、半数ないし三分の一の女性」とは必ずしもいえないものの、女性の参加者が増加傾向にあることが窺える。町会の側では、女性の参加者の増加に、一部区間を女神輿にするなどして対応している。

六　行事経済・行事変化

1　行事経済（祭礼費）

昭和四三（一九六八）年の神田祭では、祭礼費の調達方法を明らかにした七五町会のうち四〇町会（五三・三％）が町内会（町会）所属の各世帯の寄付だけに頼っている。(27) 平成四（一九九二）年の神田祭では、五五町会が寄付（町寄付・奉納金を含む）を挙げている。一方、松平によれば、祭礼経済において町内費を割り当てている町内会は昭和四三年の神田祭では全町内会の三八・一％であったのに対し、平成四年の神田祭では四〇・四％になっていて、祭礼経済面でも、町内会が中心になっている状況は全く変わっていないと指摘している。(28)

筆者のカウントでは、本節で対象とした五四町会と二連合において、昭和四三年の神田祭は町会費を挙げているのは二五町会、平成四年の神田祭は三一町会である。平成二五年の町会の祭礼費は、寄付を挙げているのは五九町会、町会費を挙げているのは二四町会である。

昭和四三年と平成四年と同様に大多数の町会が寄付（奉納金）で行なっていることに変化はない。寄付だけで不足する場合は、町会費（祭礼準備金）などで補足して、町会の祭礼行事を運営している。寄付は、前回の祭りの奉納金額を記した奉加帳を持って会員を戸別訪問したり、回覧を回して寄付を募るなどの方法で徴収している。寄付の金額は、平成四年のデータがないため、昭和四三年と平成二五年を比較すると、金額は上昇している。しかしながら、物価が異なるため、単純な比較はできない。中神田十三ヶ町連合の須田町中部町会では、昭和四三年：四〇万円→平成二年：五一〇万四千円(29)→平成二五年：三五三万円(30)と推移している。平成二年から平成二五年にかけて大きく減少した。

「奉納金は減少傾向」「町内に銀行が多かった時代、奉納金は四二〇～四三〇万円になった。統廃合で移転後、その分が減少」といったように、多くの町会でピーク時より寄付が減少し、寄付集めに苦労していることがわかる。栄町会では、「居住する三〇世帯からの寄付金が多い」としながらも、祭りの運営に際して無駄の排除を行ない、分業化を進め、有効に祭礼費を使うように工夫をしている。

2　行事変化

地区ごとに平成二五年から、ここ一〇～一五年の行事変化みていくと、神田中央連合では、住民の減少に対応して、企業の参加を進め、錦町や小川町では「連合」という祭りの合同組織を作り、神輿の巡幸や宮入を持続している。小川町連合では、連合を組む四町の核になる幸徳稲荷神社の存在が大きかったことが窺える。

中神田十三ヶ町連合では、大きな変化がないとする町会が四町会あるものの、町内の居住人口が減り、子どもの減少と高齢化が進み、マンション住民が増えても神田祭への参加は進まず、神輿同好会や外部の参加者に頼らざるを得なくなった状況がみて取れる。そうした中で、(平成二五年の)一五年くらい前から土曜日の「八町会合わせ」(連合渡御)が始まり、神田鍛冶三会町会では平成一九(二〇〇七)年頃から金曜日の女神輿の巡幸を開始した。

外神田連合では、住民減少や高齢化によって祭りの担い手の確保に苦労するようになった一方で、平成六(一九九四)年から、神田神社への宮入の後、秋葉原の中央通りに連合渡御する「おまつり広場」の開始、企業向けの金曜日の祭りや蔭祭の開始、宮本町会では、他町会から大人神輿を借りて、平成二一年から宮入を開始した。また、蔭祭における子ども神輿の巡幸も平成二四年から開始した。

神田駅東地区連合では、神田祭が盛んになっていることがわかる。紺屋町南町会では、平成一一年五月に手作りの神輿を作り、平成一三年に宮入を開始、平成一九年から北乗物町会と合同の神田祭を行なうように変化した。

岩本町・東神田地区連合では、昔からの住民は減少する一方で、新たな祭りの場が生まれた。岩本町二丁目岩井会では、平成二五年に神田神社へ「桃太郎」山車を展示することによって、二〇年振りに神酒所を設営し、神輿を組んで神酒所に展示するなど、盛り上がりをみせた。神田大和町会の神輿宮入の際、神田神社拝殿前で岩本町二丁目岩井会の「桃太郎」山車を曳くパフォーマンスを行なった。神田松枝町会では、「羽衣」山車の子どもの参加者がマンション住民を巻き込み増加傾向にある。岩本町一丁目町会では、金曜日の午後に台車に載せた神輿を門付し、町内企業に祭りの開始を知らせ、その夜に会社員向けの町内渡御を始めた。

秋葉原東部地区連合では、大きな変化がないとする町会が二町会ある一方で、東神田三丁目町会では、平成一六年に神輿を新調し、神田佐久間町四丁目町会では、平成二五年に神輿の巡幸と宮入を復活するなど、拡大する傾向もみられた。ただし、神田佐久間町四丁目町会では、担い手の外部に占める割合は高く「ヨソ(外部)の力で神輿を出すのは町内の祭りではない」として、一時期、神輿の巡幸を止めていた時期もあった。

日本橋地区連合では、祭りの拡大が窺える。蛎殻町東部町会では、平成一二年に神輿を新調し宮入を開始、参加者も増加した。蛎一共和会では、平成二一年から宮入を開始した。

七　祭りの評価

平成二五(二〇一三)年の神田祭がどのような場になっているかをみると、類似例を含み「地域・町会(町会員)の結束や絆の確認、親睦や活性化の場」が三三町会、「伝統・ブランド」が一二町会、「町内・町会で最大のイベント・行事」が一〇町会であった。一方、「町会役員の負担が大きくて辛い面もある」「役員をやっている人は「また祭り」といった感覚」といった祭りの運営が困難である現状を浮き彫りにする評価もあった。

昭和四三(一九六八)年では、「祭リハ町ノ繁栄親睦ガ主目的デアル」と町内の親睦の場とする評価が一部である一方で、「幼イ頃祭リノ楽シイ気分ガ今デモ残ッテイル」「祭リハ昔ノ伝統ヲ継グタメニ必要」「氏神ノ祭リダカラ楽シム」「オ祭リヲスルノハ先祖ヘノ義務」「交通事故ガ心配」といった「祭りの評価」であった。

昭和四三年に比べると、平成二五年は、「祭りをやるために町会がある」(神田和泉町町会)、「お祭りは町会の最後の拠り所」(岩本町一丁目町会)など「地域」や「町内」を強調した評価が増加し、伝統やブランド力を有し、町会のつながりを維持するための最大の行事として神田祭が位置付けられていることがわかる。

八　経年的変化からみえる平成二五年の神田祭

薗田稔の【特徴一】　神事・儀礼の意味のその後

薗田の【特徴一】については、平成二五(二〇一三)年では平成四(一九九二)年と共通し、神事・儀礼の持つ本来の意味を理解しにくくなっているといえる。それは、「蔵出し」「蔵入れ」は神輿庫から神輿を出し入れするのみで特別な儀礼を伴うものではなく、神幸祭「受渡し」は実施率は増加したものの、町会単位から地区連合を単位とした合同の「受渡し」へ変化した。「御霊返し」の実施率には、人的要因(人手不足等)に伴い、町会の神輿巡幸の終了時間と神事を行なう神職が来られるタイミングが一致するか否かにかかっていると考えられる。同様に、神輿巡幸の終了後、担ぎ手と一緒に神酒所前で「直会」を行なう町会は限られている。担ぎ手は神輿巡幸が終わると、弁当をもらって早々に退散する。また、金曜日の宵宮（前夜祭）は、町内の企業を祭りに巻き込むための場になっている。

薗田稔の【特徴二】「練り」（神輿巡幸）のその後

薗田の【特徴二】については、松平が、「町内祭礼行事のなかでの伝統的な儀礼の保持という側面では徐々に衰退しつつあるばかりでなく、一九九二年の段階では、神田祭すなわち御輿担ぎという短絡が生じており、連合渡御と町内練りが祭りの本体であるかのように意識されている場合が少なくない」(31)と平成四（一九九二）年の調査から指摘したが、平成二五年も同様の特徴を持つ。

ただし、町内渡御（町内練り）は、実施率は高いものの、古くからの住民が減少する中、町内の見物人が少なく、門付の軒数は減少し、本来の意味が変容している。町内渡御が観客がおらず寂しいため、土曜日の連合渡御を秋葉原東部地区連合や岩本町・東神田地区連合では開始した。

つまり、神田祭＝神田神社への宮入や連合渡御といった「みせ場」という意味合いが強くなってきたといえる。

薗田稔の【特徴三】　町内会のその後

薗田の【特徴三】については、松平は、薗田との比較から、「地域の居住集団と考えられてきた町内会は、依然として地域祭礼の実施機関としての役割を確実に果たしつつある」(32)としているが、平成二五（二〇一三）年においても町会（町内会）が地域祭礼の実施機関であることに変化はない。

ただし、町会とは違った個人やグループの活躍、町会が合同して祭礼を行なうようになった事例もあり、「確実に果たしつつある」とはいい切りにくい現状もある。

松平誠の一般動員のその後

松平の指摘した特徴の【一】〜【三】について順番にみていきたい。

【二】「動員される人々のなかに、半数ないし三分の一の女性が登場してきたこと」は、平成二五(二〇一三)年では必ずしも三分の一にまでは及ばないものの女性の参加者が増加傾向にある。

【二】「町内の従業員層だけでは十分な人手が得られず、かなりの部分を様々なネットワークで集めた町内会員外の人々で補っていること」は、平成二五年では、様々なネットワークを通じた参加が拡大している。他町会や会社員、町会員を介した友人・知人の参加もみられる。また、町会によって一般動員の仕方に特色がみられ、一般募集の女性の参加者に特化した須田町中部町会、神輿同好会の参加に特化した須田町一丁目南部町会や東神田豊島町会、企業参加に特化した岩本町三丁目町会、大手・丸の内町会、企業の参加を重視する須田町北部町会、栄町会などがある。

【三】「一九七〇年代以来の新顔として神輿同好会のメンバーが加わったこと」は、平成二五年では、清水純が指摘する通り、二〇年、三〇年と長い付き合いのある神輿同好会が特定の町会の神輿巡幸の担い手として定着している例も少なくない。新顔から町会との間に信頼関係を構築した馴染の神輿同好会へ移行したことが窺える。

まとめ

昭和四三(一九六八)年の薗田稔の調査からおおよそ五〇年が経過した平成二五(二〇一三)年(及び平成二七年)の神田祭は、地域社会の祭礼の実施機関である町会の昔からの住民が減り、マンションの建設によって新住民は増えても、町会の神田祭を下支えする人たちは増加しにくい現状がある。にもかかわらず、祭りは衰退するどころか、かえって拡大し盛んになっているようにみえる。

例えば、「御霊返し」といった祭儀の部分は、人的要因とタイミングによって選択され、選択できない場合は現状維持ないし縮小する傾向がある。その一方で、町内企業に見せ、取り込みを図る金曜日の祭り、連合渡御や宮入など、「みせる要素」のある祝祭の部分が拡大している。

平成二五年から、ここ一〇年以内に神田神社への神輿宮入参拝を開始した町会が複数存在し、秋葉原の中央通りで連合渡御を行なう「おまつり広場」は平成六年に始まった。また、縮小していた町会の祭りが祭礼の象徴の誕生や復活などによって、祭りが盛んになり地域社会が再活性化する事例もみられた。須田町中部町会の「元祖女みこし」の誕生、紺屋町南町会のダンボール神輿の誕生、岩本町二丁目岩井会の「桃太郎」山車の展示に伴う神酒所の二〇年振りの設置、北乗物町会と紺屋町南町会の合同の神酒所の設置など、町会の居住人口が減少し、町内の担い手の確保が困難になるといった社会的状況にもかかわらず、祭りは活性化しているのである。

つまり、地域社会の変容という社会変動に対して祭りが衰退していくのではなく、社会変動に対して祭りを盛んにして対応していることが、神田祭のおよそ五〇年の盛衰から浮き彫りになってきたのである。

松平誠は、平成四年の神田祭の分析から都市祝祭の構図として、社会的な変動が起こったとき、大きな可塑性を発揮する点が特色であると位置付けている。その理由として、町内会が本来表出機能を中心として機能してきたものであり、危機に際して必然的に新たな表出機能を模索すること、表出機能をかなり柔軟に発揮できる個別町内の独自性に裏打ちされているために優れた表出機能を発揮してきたこと（過去においては山車の共同運行が不可能になったときに町神輿を創出し、町神輿が定着すると連合渡御を仕立てた例）を挙げている。つまり、神田の町内には本来の表出機能に基づく新たな伝統創出の軌跡が描かれていて、現在起こっている神田地域の社会変化に対しても、町内はそれに対して文化的な形での挑戦を進めている。女神輿の誕生や神輿同好会への柔軟な対応をする町内会が生まれる素地がそこにあると指摘している。(33)

平成二五年の神田祭においては、祭りが社会変動に対して可逆的に反応する要因として、「祭りの評価」から窺えるように、町会にとって神田祭が最大の行事であるとともに、神田祭が地域社会の結集を維持するための「最後の拠り所」になっているからではなかろうか。

「祭りをやるために町会がある」というように、地域社会が大きく変容し、神田祭以外の町会活動が縮小傾向にある町会にとっては、少なくとも昭和四三年の時点よりも神田祭の果たす役割が増していることが窺える。そのことが社会変動に対して祭りが可逆的に反応し、盛んに行なわれる一つの原動力になっているのではなかろうか。

註

（1）薗田稔「祭と都市社会―「天下祭」（神田祭・山王祭）調査報告（一）―」『國學院大學日本文化研究所紀要』第二三輯、國學院大學日本文化研究所、昭和四四年。

（2）松平誠「都市祝祭伝統の持続と変容―神田祭による試論―」『応用社会学研究』第三五号、立教大学社会学部研究室、平成五年。

（3）一般に、神田神社の氏子は一〇八町会といわれるが、「一〇七町会」の数は、『平成二十五年神田祭』（神田神社、平成二五年）、『平成二十七年神田祭』（神田神社、平成二七年）の「祭典委員芳名」に掲載された町会数をもとにしている。「湯島一三会」を入れると一〇八に上るが、松平誠が「湯島一三会」は町会ではないとして町会数からは除外してカウントしている。

（4）前掲薗田「祭と都市社会」七二～七四頁。

（5）前掲松平「都市祝祭伝統の持続と変容」五九頁。

（6）前掲松平「都市祝祭伝統の持続と変容」五七頁。
（7）松平誠「現代神田祭仄聞」『国立歴史民俗博物館研究報告』第三三輯、国立歴史民俗博物館、平成三年。
（8）清水純「神田祭―担ぎ手の動員をめぐる町会と神輿同好会の関係―」『日本民俗学』第二七一号、日本民俗学会、平成二四年。
（9）『千代田区史』下巻、千代田区区役所、昭和三五年、一〇六二頁。
（10）『新編千代田区史　通史編』千代田区、平成一〇年、一一一七頁。
（11）和田清美『大都市東京の社会学―コミュニティから全体構造へ―』有信堂高文社、平成一八年、一二一〜一二三頁。
（12）前掲薗田「祭と都市社会」九〇頁。
（13）前掲薗田「祭と都市社会」九一頁。
（14）前掲松平「都市祝祭伝統の持続と変容」五一頁。
（15）前掲松平「都市祝祭伝統の持続と変容」五一〜五二頁。
（16）前掲松平「都市祝祭伝統の持続と変容」六〇頁。
（17）前掲『千代田区史』下巻、二四七頁。
（18）前掲松平「都市祝祭伝統の持続と変容」五五〜五六頁。
（19）前掲松平「都市祝祭伝統の持続と変容」六〇頁。
（20）前掲松平「都市祝祭伝統の持続と変容」五九頁。
（21）前掲松平「都市祝祭伝統の持続と変容」五九頁。
（22）本書第二章第三節参照。初出は、秋野淳一「「元祖女みこし」の変遷にみる地域社会の変容と神田祭」『國學院大學大学院紀要―文学研究科―』第四五輯、國學院大學大学院、平成二六年。

(23) 前掲清水「神田祭―担ぎ手の動員をめぐる町会と神輿同好会の関係―」、二六頁。
(24) 本書第二章第一節参照。初出は、石井ゼミ神田祭蔭祭・調査班「神田祭・蔭祭　調査報告―平成26年度―」『神道研究集録』第二九輯、國學院大學大学院神道学・宗教学専攻院生会、平成二七年。
(25) 前掲松平「現代神田祭仄聞」。
(26) 前掲秋野「「元祖女みこし」の変遷にみる地域社会の変容と神田祭」。
(27) 前掲薗田「祭と都市社会」八七頁。
(28) 前掲松平「都市祝祭伝統の持続と変容」五六頁。
(29) 前掲松平「現代神田祭仄聞」。
(30) 前掲秋野「「元祖女みこし」の変遷にみる地域社会の変容と神田祭」。
(31) 前掲松平「都市祝祭伝統の持続と変容」五九頁。
(32) 前掲松平「都市祝祭伝統の持続と変容」五九頁。
(33) 前掲松平「都市祝祭伝統の持続と変容」六一頁。

第二節　平成二七年の神田祭（御遷座四〇〇年奉祝大祭）の分析

平成二七（二〇一五）年の神田祭は、平成二八年に神田神社が現在地（東京都千代田区外神田）に遷座して四〇〇年を迎えるに当り、奉祝大祭として盛大に行なわれた。また、神田祭とアニメ「ラブライブ！」のコラボレーションによる神田祭のポスターや授与品・グッズが神田神社で販売され、若者の注目を集めた。

御遷座四〇〇年奉祝大祭の神田祭は、五月七日（木）の鳳輦神輿遷座祭［一九時・神田神社］を皮切りに、八日（金）氏子町会神輿神霊入れ［夕刻・氏子町会神酒所・御仮屋］、九日（土）神幸祭・附祭［終日、神田神社～氏子地域一帯］と神輿宮入［夜、神田神社］、一〇日（日）神輿宮入［終日、神田神社］、一四日（木）献茶式［表千家家元奉仕、一一時・神田神社］及び明神能幽玄の花（金剛流薪能）［一八時・神田神社］、一五日（金）例大祭［一四時・神田神社］の日程で行なわれた。

特に、一〇日に行なわれた氏子町会の神輿宮入参拝には、その様子を一目みようと神田神社境内を訪れる多くの観客と、神田祭（神田神社）と「ラブライブ！」の授与品・グッズを受ける若者の長い行列が交差し、大きな賑わいをみせた。結果として、一〇日午後の神輿宮入の時間が予定よりも遅れる事態となった。この神輿宮入の模様はテレビやインターネット中継を通じてお茶の間にも届けられた。

こうした賑わいと大きな注目を集めて行なわれた平成二七年の神田祭であるが、各氏子町会の神田祭はどのように実施されたのであろうか。

そこで、本節では、前節（第一章第一節）で試みた平成二五年の神田祭調査を足掛かりとしながら、平成二七年の神田祭について、実態調査に基づき、神田祭全体を対象として考察を行なう。

実態調査は、本来であれば、薗田稔や松平誠の調査のように、各町会の神酒所を訪れ、薗田の調査項目に沿う形でインタビュー調査を詳細に実施すべきであるが、相手先の祭礼時の多忙さ、対象となる神田神社の氏子町会数の多さとエリアの広さなどから、神田祭の際の詳細なインタビュー調査は困難であるといえる。そのため、神田祭の際の実態調査は観察調査に徹した方が、外形的ではあるものの等質的・網羅的なデータを限られた時間・人員で効率的に得られると判断した。

具体的には、各氏子町会に赴き、①神酒所の有無・場所の把握、②祭礼の象徴（神輿・山車など）の有無と数、③神酒所付近に掲示された町会ごとの祭礼行事の予定表・ポスターの把握、④神酒所に設けられた芳名板の把握、⑤可能な範囲で参加者数の把握（インタビュー）、を実施したものである。

③からは、薗田の「主な行事」（祭礼行事）の項目に当る「御霊入れ」「御霊返し」の有無、「町内渡御」「連合渡御」「神輿宮入参拝」の有無を把握することができる。

④からは、奉納金（寄付）の金額や奉納品の品目といった薗田の「行事経済」の項目がわかるのみならず、誰から奉納されているかを把握することによって、各町会ごとの社会的な関係や人的なネットワークなどを解明すること、すなわち「一般動員」（祭りの担い手）の項目、例えば、神輿同好会や他町会の参加状況、企業との関わりなどの把握が可能である。

集計に当っては、前節の調査時のインタビューで把握した平成二七年の予定や平成二七年の神田祭公式ガイドブック『平成二十七年神田祭』を参照しながら、データ化し分析を行なった。つまり、本節では、薗田の調査項目のうち、ほぼ松平の全調査項目に該当する項目（「祭典委員（役割動員）」「構成員・数：『平成二十七年神田祭』を引用」、「神酒所」「有無・場所」、「祭礼の象徴」、「一般動員」「インタビュー結果、奉納金・奉納品」、「主な行事（祭礼行事）」、「行事経済（奉納金）」、「備考」「インタビュー調査で得られた参考データ」）の実態を記録し分析したものである。

なお、調査結果の詳細は、巻末の資料2に掲載した。

一　平成二七年神田祭の概観

まず、本題に入る前に平成二七（二〇一五）年神田祭について概観しておく。

神幸祭

五月七日（木）の神社の御神霊を鳳輦・神輿（一の宮鳳輦：大己貴命、二の宮神輿：少彦名命、三の宮鳳輦：平将門命）に遷す遷座祭では、夕刻にもかかわらず、多くの見物人が訪れた。そうした中で遷座祭の神事が厳粛に執行された。

九日（土）の神幸祭では、神田神社の三柱の御神霊を載せた鳳輦・神輿、諫鼓山車、獅子頭山車など約五〇〇人からなる行列が氏子区域を巡った。九日の早朝、神田神社を出発し、氏子総代の献饌や氏子町会の出迎えと受渡しを受けながら神田から日本橋に及ぶ氏子町会を一日で巡り、夕刻、無事に神田神社へ還御を果した。

途中、大手町の将門塚（神田神社旧蹟地）と東日本橋二丁目の両国御仮屋では神田神社宮司を斎主とする厳粛な神事を執行し、神田五軒町町会のアーツ千代田３３３１では今回初めての試みとして巫女舞が演じられた。

附祭

九日の神幸祭の途中、日本橋の有馬小学校からは神幸祭の後ろに附祭の行列が加わった。附祭は沿道に集まった多くの見物人の興味を引いた。この附祭には、相馬野馬追騎馬武者一〇騎、「大江山凱陣」、「大鯰と要石」、江戸っ子「みこしー」、神馬「あかり」、東京藝大「白虎」、東京藝大サンバチーム、稚児太鼓、ボーイスカウト千代田第六団、万世橋交通少年団、神田消防少年団、「花咲か爺さん」、「浦島太郎」、神田一ツ橋中学校生徒、慶應幼稚舎の子どもたち、有馬小学校生徒、遠州横須賀・三熊野神社の祢里二基、文化資源学会・都市と祭礼研究会、大江戸和髪隊らが参加した(1)。

平成二七年の附祭には、アドバルーンでできた「浦島太郎」の曳き物が新たに加わった。小網町児童公園から神田神社までは慶應幼稚舎の子どもたちが浦島太郎を曳き、無事宮入を果たした。また、かつて神田祭で巡幸した山車が静岡県の横須賀から里帰りした。里帰りした山車は、三熊野神社の祢里二基で、お囃子に合わせて独特のリズムを刻んで山車を動かしながら、無事宮入を果した。

神田猿楽町町会の新調神輿の披露

氏子町会の一つである神田猿楽町町会では、神田祭に先立ち大人神輿を新調した。宮本卯之助商店から神田猿楽町に新しい神輿が五月三日(日)朝に到着し、神田神社へ移動した。

九時一五分頃から、神田神社拝殿前で神輿新調清祓ならびに御霊入れ式が行なわれた。祭典終了後、新しい神輿を囲んで神田神社神職と半纏姿の神田猿楽町町会関係者らで記念撮影が行なわれた。そして、神輿を神門の外へ移動した。神門の外から神門を潜り、神田神社拝殿前まで巡幸する新しい神輿の披露が行なわれた。この神輿の披露では、神田猿楽町町会の人たちが神輿を担ぎ、一足早い宮入を見るかのような盛り上がりとなった。

神田神社での神輿の披露が終わると、神輿はトラックの荷台に積まれ、神田猿楽町へ移動した。一一時過ぎから神田猿楽町町会の神酒所前を起点として、新しい神輿の町内披露が行なわれた。鳶の頭による木遣りを皮切りに、半纏姿の町会関係者、トラックの荷台に載せられた神輿の順に町内披露を開始した。神輿を載せたトラックは町内の細い道にも入り、神田猿楽町内を一巡した。家の二階や商店の前で新しい神輿を一目見ようと出迎える人たちを少なからずみることができた。神輿をバックに記念撮影をするお年寄りの姿もみられた。町内にある神田女学園では、日曜日にもかかわらず、神輿が学園の前を通るときだけ、シャッターを開けて学園の関係者が神輿を出迎え、通り過ぎるとシャッターを下ろして門を閉めるといった光景がみられた。

写真１　神田猿楽町町会・新調神輿披露
（平成27年、筆者撮影）

正午前に神酒所に戻り、町内披露を終えた。そして、近くのホテルで記念式典が行なわれた。

「おまつり広場」・明治座前連合渡御

一〇日の一二時半頃から秋葉原の中央通りを多数の神輿が埋め尽くす連合渡御、「おまつり広場」が行なわれた。「おまつり広場」には、外神田連合一二町会の神輿のほか、岩本町・東神田地区連合の岩本町一丁目町会や神田大和町会、神田駅東地区連合の鍛冶町一丁目町会の神輿などを加え、神田祭に里帰りした遠州横須賀・三熊野神社の祢里二基も加わった。

連合渡御の開始の前に、自民党本部から借りた選挙カーを式台として、外神田連合の神臺會会長、神田神社宮司のほか、三熊野神社の祢里の地元である静岡県掛川市長、千代田区長が挨拶をした。その後、連合渡御が行なわれ、多数の観客が見守る中、大きな盛り上がりをみせた。

また、一〇日の同じ時間帯には、明治座前に日本橋五地区連合の一〇町会の神輿が集合し、式典が行なわれた。式典では、日本橋五地区連合会長、中央区長、氏子総代(明治座)、水天宮宮司が挨拶をした。

平成二七年は、水天宮が建替え工事のため、水天宮の仮宮が明治座の隣、浜町公園の入口にあった。そのため、水天宮仮宮へ参拝する長い行列と神田祭の一〇町会の連合渡御が並行することとなり、新たな賑わいを形成した。ちょうど平成二七年の五月一〇日は、日曜日の「戌の日」に当り、多くの参拝客が水天宮仮宮へ訪れたためである。行列を誘導する警備員によれば、「日曜の戌の日でなければ、こうはならない」と話していた。

写真２　「おまつり広場」
（平成27年、石井ゼミ神田祭調査班撮影）

写真３　明治座前の連合渡御
（平成27年、筆者撮影）

船渡御

神幸祭で昼御饌を奉る両国旧御仮屋の地元・東日本橋二丁目町会では、一二年振りに船渡御を行なった。江戸開府四〇〇年を迎えた平成一五（二〇〇三）年に船渡御を実施して以来のことである。

浜町から船に載せられた神輿は神田川を遡り、万世橋まで船渡御を行なった。途中の橋という橋には、船渡御の模様を一目みようと多くの見物人が押し寄せた。万世橋で大型クレーンを使って船から路上へ神輿を吊り上げて移した。その後、神輿を担いで巡幸し、一〇日夜、無事に宮入を果たした。平成二七年の神田祭における神輿宮入の最後を飾った。

テレビ放映・インターネット配信

テレビ東京では、開局一五周年特別企画としてBS JAPAN「生中継！神田明神遷座四〇〇年記念〝神田祭〟」と題して、一〇日の一五時～一七時半の時間帯で内神田鎌倉町会の宮入や多町二丁目町会の町内渡御の様子を中心に神田祭を生中継した。

TOKYO MXテレビの『日本の祭り』（テレコムスタッフ制作）では、須田町中部町会の「元祖女みこし」を中心に記録し、「ダイドードリンコスペシャル　神田祭～遷座四〇〇年　受け継いできた日本のこころ～」と題して、平成二七年六月一四日（日）に放映した。

また、神田神社とNTTコミュニケーションズが制作した「神田祭．ｃｈ」では、インターネット中継を行ない、その模様を終日配信した。

二　平成四年と平成二七年の神田祭の経年的変化

ここでは、主として平成四（一九九二）年と平成二七年の神田祭の経年的変化について整理しておきたい。

1　神酒所

神酒所は、昭和四三（一九六八）年は七五町会、平成四（一九九二）年は七四町会で設置した(2)。平成二七年は、一〇七町会のうち八四町会（七八・五％）で神酒所を設置した。ただし、この数値には合同で神酒所を設置する町会の数を含んでいる。例えば、錦連合では、錦連合で一つの神酒所を作るが、錦連合を構成する錦町二丁目町会、錦町三丁目町会、錦町三丁目第一町会、小川町三丁目南部町会の四町会を神酒所の設置する町会数にカウントしている。合同で設置するものを一としてカウントすると、神酒所の設置数は七六になる。

神酒所を設置する町会では、神輿や山車の巡幸を行なう町会が大多数を占めるが、神田山本町会、神田練塀町会、秋葉原町会では神輿や山車の巡幸を行なわないが神酒所のみを設置している。

2　祭礼行事（主な行事）

「御霊入れ」は、平成四（一九九二）年は七六町会であったが(3)、平成二七年は、前節の調査時インタビューと今回の調査を総合すると、七〇町会と二連合（錦連合三町会・小川町連合四町会）での実施が確認できた。

「御霊返し」（御霊抜き）は、平成四年は三五町会であったが(4)、前節の調査時インタビューと今回の調査を総合すると、一七町会での実施が確認できた。

「御霊入れ」は大きな変化はないことが窺えるが、「御霊返し」は減少している。

前節でみたように、東日本橋三丁目橘町会と東日本橋二丁目町会は神田神社への宮入が終わると神田神社で御霊返しを行ない、そのまま神輿庫へ神輿を納める。同様に、神輿渡御が終了してすぐに「御霊返し」を行なう町会が四町会（神保町一丁目町会、神田佐久二平河町会、神田佐久間町三丁目町会、東神田三丁目町会）ある。神輿渡御終了から三〇分以内に「御霊返し」を行なう町会が三町会（岩本町三丁目町会、岩本町一丁目町会、蛎殻町東部町会）ある。神輿渡御の終了からあまり時間が経たないうちに「御霊返し」を行なっていることがわかる。

「町内渡御」「連合渡御」「神輿宮入参拝」については、平成四年は、「町内渡御」は八〇町会、「神輿宮入参拝（連合渡御）」は七三町会[5]であったが、平成二七年は、「町内渡御」は六九町会と二連合、「連合渡御」は六四町会と二連合、神田神社への「神輿宮入参拝」は五三町会と二連合の実施が確認できた。

また、前節で指摘したように、金曜日の神輿巡幸や懇親会の実施など町内企業の会社員を対象とした金曜日の祭りを実施している町会が、平成二七年は、神保町一丁目町会（金曜日の神輿巡幸）、神田大和町会（前夜祭：企業との交流会）など一六町会で確認できた。

3　一般動員（祭りの担い手）

女性の参加

平成二七（二〇一五）年の神田祭では、前節でみた松平誠の特徴の【二】で指摘された女性の参加については、平成二五年と同様に、全体としては増加傾向にあることが窺われる。

写真４　元祖女みこし」の宮入
（平成27年、筆者撮影）

写真５　「元祖女みこし」の賑わい
（平成27年、筆者撮影）

須田町中部町会の「元祖女みこし」（宮入を含めた全区間の巡幸を女神輿で行なう神輿）は、参加者の女性を一般募集しているが、平成二七年の参加者は一八四人となり、平成二五年の一六九人よりも増加した。

このほか、一部区間を女神輿にする町会が、平成二七年は、神保町一丁目町会（日曜一七時頃の町内渡御）、内神田鎌倉町会（日曜・宮入後など）、神田鍛冶三会町会（金曜一九時の町内渡御）、神田淡路町二丁目町会（土曜一八時・ワテラス）、鍛冶町二丁目町会（金曜一八時～一九時・女性五〇人限定）、神田駅東地区連合（連合の子ども神輿が宮入を終え復路で連合の女神輿になる）などでみられた。

こうした女性の参加者のニーズに応え、新たな参加者の開拓にもつなげようとする講座も行なわれた。神田祭に先立ち、四月八日（水）の一九時からアーツ千代田3331を会場として、女性を対象とした神田祭入門講座が開催された。この講座は、神田神社のバックアップと外神田連合の協力のもと行なわれた。

他町会の参加者

前節でみた松平誠の特徴の【二】に含まれる他町会（同じ地区連合以外・氏子外）の参加者は、各町会の奉納金や奉納品の芳名からも参加の実態を窺うことができる。

平成二七（二〇一五）年の他町会（同じ地区連合以外・氏子外）の参加者は、神田同朋町会（茅場町二・三丁目町会）や浜町三丁目西部町会（鉄砲洲湊三青年部）など二二町会でみられた。神田祭への参加に際し、参加先の町会に対して奉納品を寄付するのみならず五千円～一万円の寄付を行なっていることがわかる。

神輿同好会の参加者

前節でみた松平誠の特徴の【三】に挙げられた神輿同好会には、神輿愛好会のみならず、睦会や実質的に町会の青年部が構成する神輿会が含まれると考えられる。そのため、実態としては他町会の参加者と重複することも想定される。ここでは重複分も含め、平成二七（二〇一五）年の各町会の奉納金や奉納品の芳名から窺える神輿同好会の参加状況についてみておきたい。

平成二七年の神田祭では、神保町一丁目町会（むさし神輿會）や神田須田町二丁目町会（横濱連合、横濱金沢睦）など三八町会で神輿同好会の参加がみられた。平成四年の神田祭では一九町会であり[6]、神輿同好会の参加は拡大している。平成二五年は四五町会（把握分のみ）であったが、平成二七年の神田祭においても、奉納金や奉納品を納めない神輿同好会や芳名板への未掲示分の存在が考えられ、実際には三八町会を超える町会での参加が窺われる。

神輿同好会は、平成四年の神田祭では、関東一円の神輿同好会が参加している[7]。平成二七年においても、東京二三区内や二三区以外の東京都内、神奈川・埼玉・千葉・群馬など関東地方を拠点とする団体が中心に参加していることがその名称から窺える。

参加する神輿同好会は、一千円〜三万円（五千円と一万円が多い）の寄付金を納めるか、清酒やビールなどを奉納して町会の神田祭に参加している。

子どもの参加者

平成二七（二〇一五）年の神田祭では、地区連合ごとに特定の小学校・幼稚園のＰＴＡから町会へ奉納がなされていて、小学校や幼稚園を媒介として町会の神田祭への子どもの参加が行なわれていることが窺える。

しかしながら、神田中央連合や神田駅東地区連合では、町内の子どもの参加が少なく、地区連合で一つの子ども神輿の連合渡御・宮入を行なっている。

一方で、日本橋五地区連合では新住民の子どもの参加者数が多いところもある。

浜町三丁目西部町会では、曳き太鼓（山車）に土曜・日曜各一二〇人、浜町三丁目東部町会では土曜・日曜各一〇〇人、浜二町会では土曜夜一三八人・日曜が約一五〇人など、子どもの参加が新住民を巻き込んで進んでいる。「ママ友だち」の口コミ（ＬＩＮＥ）のネットワークもあり、ある町会のお祭りで出されるお菓子が豪華であると、その町会のお祭りに殺到するとの話も聞かれた。

また、参加する子どもは、子ども神輿よりも曳き太鼓（山車）への参加者数が多いことが窺える。平成二五年の神田祭でも同様の傾向がみられる。

岩本町・東神田地区連合の神田松枝町会では、「羽衣」山車という人形山車を持っているが、この山車の曳き手として新住民の子どもの参加が進んでいる。新住民の子どもにとっては山車の方が参加が進むのであろうか。

三　平成二七年の調査から新たに浮き彫りとなった特徴

1　地域の神社・小祠との関わり

神田祭と地域の神社や小祠との関わりは、薗田稔(8)や松平誠(9)、清水純(10)の研究ではほとんど触れられていない。しかしながら、平成二七（二〇一五）年の神田祭では、町会の神田祭と地域の神社や町会で祀る小祠との関わりがみえてくるのである。

水天宮・末廣神社・松島神社との関わり

日本橋三地区連合の蛎殻町東部町会と日本橋五地区連合では、水天宮との関係の深さが窺える。

水天宮のお膝下である蛎殻町東部町会では、水天宮から二〇万円の寄付と清酒二本の奉納、平成二七（二〇一五）年に水天宮の仮宮が置かれた日本橋五地区連合では、全町会（東日本橋一丁目村松町会、久松町町会、浜町一丁目町会、浜二金座町会、浜町二丁目親合町会、浜町二丁目西部町会、浜二町会、浜町三丁目東部町会、浜町三丁目西部町会、中洲町会）に対し、水天宮から各二万円の寄付がなされた。

また、日本橋三地区連合では、神田神社・末廣神社・松島神社の三社の「連合祭」として、蛎殻町東部町会、人形町二丁目三之部町会、人形町二丁目浪花会（神田神社氏子外、資料2未記載）、人形町一丁目町会、人形町二丁目一之部町会（神田神社氏子外、資料2未記載）、蛎殻町一丁目町会自衛会、蛎一共和会で神輿の連合渡御を行なった。平成二七年の連合渡御は、蛎一共和会を集合場所として五月一〇日の一〇時から実施された。

各町会で祀る小規模神社や小祠との関わり

神田中央連合に属し、小川町北部四町会で構成する小川町連合では、幸徳稲荷神社を祀る。この幸徳稲荷神社の大祭と神田神社の大祭（神田祭）を一緒に行なう形で小川町連合の神輿渡御を行なった。小川町連合の神輿は、幸徳稲荷神社の宮神輿としての性格も有していて、この神輿は幸徳稲荷神社に普段は保管されている。前節で指摘したように、小川町連合を形成する上で幸徳稲荷神社の存在は大きい。小川町北部二丁目町会の神酒所は、幸徳稲荷神社内に設置し、「神田神社」と「幸徳稲荷大明神」の掛け軸を祀る。また、錦連合に参加する小川町三丁目南部町会では、町内の五十稲荷で町会の半纏の貸出と返却を行なった。

中神田十三ヶ町連合の内神田鎌倉町会では、町内の御宿稲荷神社に神田祭に際して町会の高張提灯を掲げた。また、浦安稲荷神社から一万円が寄付された。内神田旭町町会では、佐竹稲荷神社を神酒所とした。須田町中部町会では、神田祭に際し、町内の豊潤稲荷神社に供え物をして祀った。須田町北部町会では、町内の出世稲荷神社から一万円が寄付された。

外神田連合の神田同朋町会では、町会の氏神・妻恋神社と神田神社の掛け軸を神酒所に祀り、妻恋会から一万円が寄付された。

神田駅東地区連合の神田須田町二丁目町会は、町内が柳森神社、神田神社、下谷神社の三社の氏子に分かれ、神酒所には三社の掛け軸を祀る。土曜日に柳森神社へ宮入をし、日曜日に神田神社への宮入を行なった。

岩本町・東神田地区連合の神田松枝町会では、町内の繁栄お玉稲荷から金一封が寄付された。神田東紺町会では、神酒所を町内の金山神社に設置した。

大手・丸の内町会では、史蹟将門塚（神田神社旧蹟地）を起点として史蹟将門塚保存会大神輿の巡幸が行なわれた。

日本橋二地区連合の小伝馬町三之部町会は、竹森神社の隣のビル一階に御仮屋を作り、竹森神社例大祭として実施する。富沢町町会では富沢稲荷神社を起点に子ども山車の巡幸を行なった。

日本橋三地区連合の人形町一丁目町会では、町内にある茶之木神社の世話人会から二〇万円が寄付された。

日本橋五地区連合の久松町町会では、神酒所が久松稲荷大明神を祀った久松町会館に作られる。浜町二丁目西部町会では、神酒所が元徳稲荷神社・網敷天満神社に作られ、元徳会から一万円が寄付された。浜町三丁目西部町会では、神酒所が濱町神社に作られ、濱町神社崇敬会から金一封と清酒、陶栄神社から三〇万円が奉納された。中洲町会では、神酒所が中洲町会事務所に作るが、町会事務所は金比羅神社の境内にある。

町内の寺院、その他の宗教施設との関わり

東日本橋二丁目町会では、神酒所が薬研堀不動院に作られ、薬研堀不動院から二〇万円が寄付された。薬研堀不動院は、九日の神幸祭において鳳輦・神輿に昼御饌を奉る両国旧御仮屋である。

浜二町会では神酒所が浜町公園に作られる。浜町公園内には清正公寺があるが、そこから二万円が寄付された。浜二町会の曳き太鼓には山車人形として加藤清正の人形が付けられる。

外神田三丁目金澤町会では、町内の神田寺から一万円が寄付された。

なお、岩本町三丁目町会では世界救世教主之光教団神田布教所から一万円、神田和泉町町会では金光教東京教会から三万円の寄付があった。

こうした地域の神社や小祠、寺院などを町内が結集するための拠点として活かしながら、町会の神田祭を維持している姿がみえてくるのである。

2　企業との関わり

企業との関わりも各町会の芳名板から窺える。例えば、東神田豊島町会（龍角散：六〇万円）、神田和泉町町会（ＹＫＫ・凸版印刷：各一〇万円）、室町一丁目会（三越：金一封、三井不動産：五〇万円、山本海苔店：三〇万円、清水建設・鹿島建設：各一〇万円）などがある。

岩本町三丁目町会では、前節でみたように一般動員（祭りの担い手）は企業に特化しているが、行事経済（祭礼費）も山崎製パングループ、本間組、田島グループなどの企業に特化していることがわかる。

また、再開発との関わりも窺える。安田不動産が中心となって再開発を進めた神田淡路町二丁目町会（ワテラス）と浜町三丁目西部町会（濱町神社）、三井不動産が中心となった神保町一丁目町会、室町一丁目会（コレド室町）などの再開発を担う大手不動産会社が町会の神田祭への高額の奉納を実施している。

3　「匿名」という名の芳名

各町会の神田祭における芳名板は、個人や法人などの団体が奉納金や奉納品の寄付を行なって、奉納者の名前を芳名板に掲示して町内外の人たちにみせることに意義があると考える。しかしながら、「匿名」という芳名で寄付を行なう個人や団体が少なからず存在することが今回の調査からみえてきた。

神田中央連合、外神田連合、神田駅東地区連合、日本橋一地区連合・二地区連合・四地区連合では「匿名」の芳名はみられなかった。

中神田十三ヶ町連合では司一町会（一万円に一本）と淡路町一丁目町会（三万円に一本）、岩本町・東神田地区連合では神田大和町会（五千円に一本）、秋葉原東部地区連合では東神田三丁目町会（三千円に一本）でみられた。

日本橋三地区連合では、人形町一丁目町会(五千円に一本、一千円に一本)、蛎一共和会(一万円に三本、五千円に二本、二千円に一本、一千円に一本)、蛎殻町一丁目町会自衛会(五万円に一本、一万円に一本、五千円に一本、三千円に一本、一千円に一本)、蛎殻町東部町会(五千円に一本、ビール一ケースに一本、お菓子に一本)でみられた。

日本橋五地区連合では、浜町二丁目親合町会(五千円に一本)、浜二町会(一万円に一本、五千円に一本、一千円に一本)、浜町三丁目東部町会(二千円に一本)、浜町三丁目西部町会(一万円に一本、一千円に一本)、中洲町会(五万円に一本、二万円に一本、五千円に一本、三千円に一本、一千円に一本)でみられた。

日本橋三地区連合と日本橋五地区連合に「匿名」の芳名が集中していることがわかる。大多数が奉納品ではなく奉納金で「匿名」を使用し、金額は一千円～五万円である。

まとめ

平成二七(二〇一五)年の神田祭について、観察記録を中心とした調査データからみえる特徴についてみてきた。

一般動員では、女性の参加者の増加、一定数の他町会の参加者と他町会の参加者による寄付の存在、氏子町会全体に広がる神輿同好会の参加と神輿同好会による寄付の存在、子どもの参加者と小学校・幼稚園の関係、日本橋五地区連合での子どもの参加者の増加が確認できた。

また、氏子町会に近接する地域の神社や町会の小祠の存在も、町会の神田祭を実施する上で町内の結集のための拠点となっていることが窺われた。

企業との関わりにおいては、高額の奉納をする大手不動産会社と、再開発が実施される地域社会との関わりが神田祭を通してみえてきた。そして、「匿名」という寄付の存在も浮き彫りとなった。

平成四年の松平の調査と比較すると、平成二七年の「御霊入れ」の実施率に大きな変化はないものの「御霊返し」の実施率は大幅に減少した。また、神幸祭の「受渡し」も前節で指摘したように、町会の境から町会の境へ鳳輦を受渡していくというよりは、地区連合で合同して神幸祭の「受渡し」を行なう形に変化している。つまり、個別の町会で実施する神事の要素は、どちらかといえば現状維持ないし縮小傾向にあるといえる。

一方で、町内渡御と連合渡御は、いずれも平成四年と比較すると実施の総数は減少している。ただし、神輿宮入参拝に関しては、松平の調査は連合渡御と宮入を同じものとしてカウントしていて、連合渡御は行なうが神田神社への宮入は実施しない日本橋五地区連合の事例をどのように判別するかが不明である。そのため、平成四年の松平の調査結果との比較は困難である。

少なくとも、平成四年と同様に平成二七年も多くの町会が町内渡御と連合渡御をセットで行なっていることがわかる。つまり、町会の祭礼行事において、町会単独で行なう要素よりも地区連合を単位とした合同で行なう要素が拡大したことが窺える。

地域社会の変容によって、居住人口が大きく減少し、神輿同好会や女性、様々なネットワークによる動員によって一般動員を維持するのみならず、近隣町会や地区連合で合同で行なうことによって町会の役割動員を維持しているのではなかろうか。

例えば、小川町連合では、連合で一つの神輿を持ち、連合の四ヶ町の町内渡御、連合渡御や神田神社への神輿宮入参拝を行なっているが、その一方で、小川町三丁目西町会、小川町北部二丁目町会、小川町北三町会の各町会で神酒所を設営し、各町会の神輿を飾っている。町会の祭りと連合の祭りを棲み分けて連合渡御や神輿宮入参拝を維持しているようにみえる。町会の祭りと連合の祭りをつなぐ中核に小川町連合で祀る幸徳稲荷神社があるといえる。

以上のように、神田祭における神輿宮入参拝や「おまつり広場」などのような大規模な連合渡御といった多数の観客を集める都市祝祭の場が存在する一方で、町内の祭りが衰退・縮小する場合と、逆に維持・拡大し活性化する場合があることが平成二七年の神田祭調査から窺える。つまり、都市祝祭と町内の祭りが対になることによって、町会の神田祭が活性化しているのではなかろうか。

では、町会の神田祭の衰退・縮小と維持・拡大の境目はどこにあるのだろうか。

一つは、前節で指摘したように、須田町中部町会の「元祖女みこし」、岩本町二丁目岩井会の「桃太郎」山車、紺屋町南町会のダンボール製の神輿など、特徴的な祭礼の象徴の有無にあるのではなかろうか。これらの祭礼の象徴の誕生や復活などを通じて、祭りが拡大していることが指摘できる。言い換えれば、祭礼の象徴の誕生や復活を行なった町会の人たちの存在が指摘できる。人的要因が町会の神田祭の盛衰を左右しているといえるかもしれない。

また、幸徳稲荷神社のように、各町会で祀る地域の神社や小祠などの存在も大きいのではなかろうか。

註

（1）『平成二十七年神田祭』神田神社、平成二七年。

（2）松平誠「都市祝祭伝統の持続と変容―神田祭による試論―」『応用社会学研究』第三五号、立教大学社会学部研究室、平成五年。

（3）前掲松平「都市祝祭伝統の持続と変容」。

（4）前掲松平「都市祝祭伝統の持続と変容」。

（5）前掲松平「都市祝祭伝統の持続と変容」。
（6）前掲松平「都市祝祭伝統の持続と変容」。
（7）前掲松平「都市祝祭伝統の持続と変容」。
（8）薗田稔「祭と都市社会―「天下祭」（神田祭・山王祭）調査報告（一）―」『國學院大學日本文化研究所紀要』第二三輯、國學院大學日本文化研究所、昭和四四年。
（9）前掲松平「都市祝祭伝統の持続と変容」。
（10）清水純「神田祭―担ぎ手の動員をめぐる町会と神輿同好会の関係―」『日本民俗学』第二七一号、日本民俗学会、平成二四年。

第三節　戦後地域社会の変容と神田祭

本章の第一節・二節でみてきたように、平成二五（二〇一三）年と平成二七年の神田祭を対象とした調査を起点として、戦後の神田祭の経年的変化から、連合渡御・神田神社への神輿宮入参拝の拡大、金曜日の町内企業と懇親を図る祭りの拡大、祭礼の象徴（神輿・山車など）の誕生や復活によって祭りが盛んになり地域社会が再活性化する事例が確認できた。その理由として、町会にとって、神田祭が最大の行事であるとともに、地域社会の結集を維持するための「最後の拠り所」になっているからであると考えられると指摘した。

しかしながら、第一節・二節の分析は神田祭の経年的変化に力点を置いたもので、その背景にある戦後地域社会の変容について充分な考察を行なうまでには至っていない。

そこで、本節では、まず、千代田区を対象としたコミュニティ調査を取り上げながら、戦後地域社会の変容の内実を確認する。

次に、須田町中部町会（昭和五二（一九七七）年の「元祖女みこし」の誕生、近年の参加者数の増加）、神臺會（町会の神輿の修復と「おまつり広場」形成）、紺屋町南町会（平成一一年のダンボール製神輿誕生と平成一五年の宮入開始）、岩本町二丁目岩井会（平成二五年の「桃太郎」山車の展示と二〇年振りの神酒所の設置、平成二七年の町内渡御の復活）、岩本町三丁目町会（企業に特化）といった特徴的な反応を示した地域社会の事例を、生活空間の変容に注目しながら、地域社会の変容の具体相を検討し、神田祭盛衰の社会的な背景について明らかにしたい。

かつての神田地域は問屋街としても知られ、昭和三五年刊行の『千代田区史』では、集団的な問屋街を形成しているのは、電機器具の秋葉原駅付近、服地や洋品材料の須田町、既製服の岩本町、金物のいわゆる金物通り、書籍の神保町界隈一帯など、ほとんど下町、特に神田地区に集まっていることを明らかにしている(1)。

須田町、金物通り(岩井会・紺屋町)、岩本町の問屋街については、空間的な変容を概観しておきたい。

一　コミュニティ調査からみえる神田の地域社会の変容

1　昭和五八(一九八三)年実施の立教大学社会学部の調査

昭和五八年実施の奥田道大・和田清美『東京・都心区の町内会―千代田区・中央区の町内会アンケート調査結果―』(立教大学社会学部奥田研究室、昭和六〇年)がある。この調査では、有効回答総数が一〇九町会に上り、千代田区四六町会、中央区六三町会の調査結果が集計されている。この調査では、町会(町内会)の抱えた様々な問題が浮き彫りにされている。ここでは、『新編千代田区史　通史編』に所収された概要をもとに、千代田区の調査結果を検討しておきたい。

「町会が抱えている問題」は、最も多い回答が、「法人がほとんどを占め、居住人口(夜間人口)が大幅に減少した。そのため、町会の人手や役員のなり手がなく、また意思の疎通も難しくなっている」の二一町会(神田一三・麹町九)である。具体的には、「住民が少なく、町会の運営が困難である」(元佐久町会)、「会社の人は、町会の事業に関心がなく協力もしてくれない」(岩本町二丁目岩井会)などといった回答が寄せられた。

次いで「下水、ゴミ処理などの環境衛生、街の美化を図りたい」の九町会（神田五・麴町四）、「町会事務所、集会施設、葬祭場がほしい」の八町会（神田六・麴町二）の順となっていている。

「町会の会員数」は、「一〇〇人以下」が七町会、「一〇〇人から二〇〇人」が一五町会で、両者を合わせて二二町会に上り、千代田区の四六町会の約半数に当る。町会の規模が小規模であることがわかる。

「町会の加入率」は、「九〇％以上」が一六町会、「八〇％以上」が九町会で、八〇～一〇〇％にかけての加入率とする町会が四六町会のうち半数（二五町会）に上り、高い加入率であることがわかる。

ただし、「全会員数に占める法人会員の比率」をみると、「〇～一〇％」が四町会（神田二・麴町二）、「一一～二〇％」が五町会（神田二・麴町三）、「二一～三〇％」が二町会（神田二・麴町〇）、「三一～四〇％」が八町会（神田六・麴町二）、「四一～五〇％」が八町会（神田六・麴町二）、「五一～六〇％」が六町会（神田四・麴町二）、「六一～七〇％」が三町会（神田三、麴町〇）、「七一～八〇％」が四町会（神田四、麴町〇）、「八一～九〇％」が二町会（神田二・麴町〇）、「九一～一〇〇％」が〇町会となっている。

法人会員の割合を三一～九〇％とする町会が四六町会のうち三一町会に上り、特に神田では町会員に占める法人会員の割合が高くなっていることがわかる。つまり、和田清美が指摘するように、「ここでいう町会員とは、郊外や山手でいう居住会員を指しているのではなく、実態としては法人会員を含んでいる。むしろ居住会員の減少に対応して、法人会員を居住会員として読み替えているといった方が正しい[2]」といえる。

「日常の町会活動として欠くことのできない活動」は「町内の親睦機会」が最も多く、「防犯・防災活動の強化」「行政連絡の周知徹底」「葬式のお世話」「お祭り」「町内清掃、美化」「一人暮らし老人のお世話」「敬老事業」「その他」が挙げられている。

「現在重点的に取り組んでいる活動」は、「地震、火災等の防災対策」「レクリエーション、旅行等の娯楽、親睦活動、福利厚生活動」「ゴミ、町内の衛生などの環境衛生や街の美化」の三つの回答に集中している。

「町会の仕事への不満」は、「役所からの依頼事項が多すぎる。町会は役所の下請けではない。使用しないでほしい」の一一町会（神田八、麹町三）、「役員のなり手がいない。会長の選出が困難である。町会の仕事が多い」の一一町会（神田八、麹町三）、「住民のエゴがむき出しになる。自己本位で、協力性に乏しい。連帯感がない」の一二町会（神田五、麹町七）、「町会にまったく無関心。活動に参加してくれない」の五町会（神田三、麹町二）などの順になっている。

これまでに挙げたアンケート結果を踏まえ、和田清美は、「全会員数の五〇％以上が法人会員の町会が四割近くを占める実態のなかで、その内実は、一部の役員層を中心とした会員の固定化と硬直化がみられた。法人会員の加入によって組織維持がはかられている都心町会は、もはや『居住組織』とはいえない組織へと変貌をとげていた(3)」と指摘している。

では、法人企業会員の町会への加入が進む中で、町会に対してどのような影響をもたらしたのだろうか。関連する設問に対する回答結果を次にみていきたい。

「法人会員増加に伴うプラスの影響」は、「財政面の豊かさ」が最も多く、全体（千代田区と中央区の町会）の四分の一の町会がこれを挙げている。次いで「影響なし」「町会運営に協力的、会合への出席もまあまあで、理解がある」が続いている。少数意見には「レクリエーションその他企業施設が利用できるし、飲食店経営の人も客が入るので助かっている」「街はきれいになったし、鉄筋が多いので火災の心配がなくなった」などがある。

反対に、「法人会員増加に伴うマイナスの影響」は、「町会事業への参加、協力がみられない、無関心、冷淡である。自分たちの殻に閉じこもっている」を全体（千代田区と中央区の町会）の三〇％が挙げ、続く「法人が増えたのに反比例して、夜間人口が減り、役員が不足している。夜も物騒になり、ゴミの問題も多くなった。防犯問題がとくに深刻である」を圧倒的にひきはなしている。

この二つの設問からは、法人会員の町会参加の実態は「財政面」であることが窺える。

「全町会費に占める法人会費比率」をみると、全町会費に占める法人会費の占める比率が五〇％以上の町会が全体（千代田区と中央区の町会）の三割存在している。神田地区についてみると、「〇〜一〇％」が〇町会、「一一〜二〇％」が一町会、「二一〜三〇％」が一町会、「三一〜四〇％」が二町会、「四一〜五〇％」が四町会、「五一〜六〇％」が四町会、「六一〜七〇％」が三町会、「七一〜八〇％」が三町会、「八一〜九〇％」が二町会、「九一〜一〇〇％」が一町会、「ＮＡ」（No Answer 未回答）が一一町会である。神田では、半数（五一％）以上とする町会が四六町会のうち一三町会ある。

こうした町会の実状の中で、「町会の誇り」について聞いた設問では、「地域の和、町会の和、団結、連帯性、親密性」を全体の三〇％が挙げ、次いで「人々の自主性、努力、責任感、やさしさ、人情味がある」「昔からの土地柄、伝統、近代化発祥の地、中心性」「お祭りに一致してのぞんでいる」が続いている。

四番目の「お祭りに一致してのぞんでいる」に関連して、「お祭りがさかんになった」（神田練塀町町会）、「神田祭りにおいても、納涼踊りにおいても、活発な結集力がある」（神田猿楽町町会）、「お祭りには一番の協力がある」（外神田三丁目金澤町会）といった具体的な意見が回答された。

和田清美は、これらの回答結果から「お祭り」に注目して、「祭りの運営は、従来どおり町内の氏子を中心にになわれているものの、祭りへの参加者は、法人企業やそこに雇用されるサラリーマン、またかつて住んでいた住民、担ぎ屋など多様な拡がりをもっていき、都市のイベントへと変化していった。ちょうどこのころであろうか、伝統的な町内祭りに都市の祝祭としての新たな意味づけがなされるようになって、盛り上がりをみせていった」と重要な指摘をしている。そして、「法人企業の町会行事への参加は少ないが、唯一の例外なのは、祭りである。財政面ではもちろんであるが、担ぎ手としての参加がみられるのである。『居住組織としての町会』の脆弱化の実態の一方で、祭礼は、町内氏子の祭りから都市のイベントへとその意味を変化させていった[4]」と結論付けている。

2　平成八（一九九六）年九月実施の「まちとコミュニティ生活の変化に関するアンケート調査結果（抄）[5]」

『新編千代田区史』の編纂の過程で和田清美らが千代田区の町内会長を対象として実施したアンケート調査である。有効回答数：七九町会（神田地区五五町会、麹町地区二四町会）、回収率七二・五％である。

主な回答結果について以下にみて行きたい。

「あなたのまち（町内）の土地柄や性格と最近の変化は何か」に関する設問

まちの性格で最も多い回答が「下町（職人の街）人情にあついまち」の三一町会（三九・二％）、次いで「屋敷町」の八町会（一〇・一％）、「印刷・製本の街」の六町会（七・六％）、「繊維雑貨卸商店街」の六町会（七・六％）、「花柳街」の四町会（五・一％）、「本屋・古本屋街」の二町会（二・五％）、「電気商店街」の二町会（二・五％）などの順となっている。

「下町（職人の街）人情にあついまち」の三一町会のうち、現在の状況として「オフィスの増加・ビル街への変貌」の二四町会（三〇・四％）、「過疎・高齢者のまち」の三町会（三・八％）、「下町人情あるまち」の二町会（二・五％）、

「その他」の二町会（二・五％）を挙げている。「繊維雑貨卸商店街」の六町会のうち、六町会全てが現在の状況として「オフィスの増加・ビル街への変貌」を挙げている。「印刷・製本の街」の六町会のうち、「オフィスの増加・ビル街への変貌」の五町会（六・三％）、「その他」の一町会（一・二％）を挙げている。「電気商店街」の二町会のうち、二町会全てが「その他」を挙げている。「花柳街」の四町会のうち、「オフィスの増加・ビル街への変貌」の二町会（二・五％）、「マンション化・ビル化」の一町会（一・二％）、「企業住民商人の調和あるまち」の一町会（一・二％）を挙げている。

下町（職人の町）がオフィスとビルの町に変貌したことを端的に示す結果となっている。

「とくに印象に残る出来事、事件、話題は何か（複数回答）」に関する設問

最も多い回答が「バブル経済好況期の変化・出来事（地価の高騰、地上げの横行、再開発、相続税の高騰、人口転出、オフィスビル化、商店の減少、昼間人口の増加など）」：神田三六町会（六五・五％）・麴町一二町会（五〇・〇％）・計四八町会（六〇・八％）、二番目が「戦災、終戦、戦後復興期の出来事」：神田二二町会（四〇・〇％）・麴町五町会（二〇・八％）、三番目が「オリンピック前後の変化・出来事（再開発、オフィスビル化、建て替え、人口減少、地下鉄の開通、大学移転など）」：神田一八町会（三二・七％）・麴町八町会（三三・三％）の順となっている。

バブル期の変化がいかに大きかったかを示す回答結果になっていることがわかる。

「町内で、バブル経済期に変化したこと（複数回答）」に関する設問

最も多い回答が「地価の高騰、地上げ、相続税の高騰などによって土地や家を手放し人口転出が著しかった」：神

田二九町会（五二・七％）・麴町一一町会（四五・八％）・計四〇町会（五〇・六％）、二番目が「マンション、オフィスビルの増加、木造家屋の建て替え（テナントビル化）」：神田二一町会（三八・二％）・麴町一〇町会（四一・七％）・計三一町会（三九・二％）、三番目が「地上げ、土地の買い占め」：神田一六町会（二九・一％）・麴町七町会（二九・二％）・計二三町会（二九・一％）、続いて「生鮮三品、銭湯などがなくなり生活がしにくくなった」：神田一二町会（二一・八％）・麴町二町会（八・三％）・計一四町会（一七・七％）、「地価の高騰、ビル賃貸料の高騰」：神田一〇町会（一八・二％）・麴町四町会（一六・七％）・計一四町会（一七・七％）の順になっている。

そのほか、「変化なし、NA（未回答）」：神田七町会（一二・七％）・麴町二町会（八・三％）・計九町会（一一・四％）、「事業所ビルが増え、企業や就業者が増えて、活気があった」：神田六町会（一〇・九％）・麴町〇町会・計六町会（七・六％）、「町会員の減少と町会事業停滞」：神田三町会（五・五％）・麴町〇町会・計三町会（三・八％）などがある。

具体的な回答として、「表面的にはオフィスビルが乱立したが、住民は地価の急騰に伴う固定資産税、相続税に苦しめられ、住民が減り、人と人のつながりが乏しくなった。子どもたちが結婚しても住む部屋もなく、地域外へ出ていった。運動具店が増え、ほとんどが若い店員で一見客が多く、立ち小便・違法駐車など傍若無人の町になった」（神田地区）(6)という。

この回答結果から、和田清美は、千代田区はバブル期の地価高騰によって、定住人口四万人を割る事態を迎え、見渡せば「業務ビルのまち」「人が住まなくなったまち」へと変貌したことを指摘している。そして、生活がしにくくなったとの回答や、平成六年七月一日現在の食肉店一六、鮮魚店一四、八百屋四四といった千代田区のデータを踏まえ、「バブル経済は、もはや居住生活を維持できなくなるほど千代田区区民の生活を壊滅状態に追いやったのであった」と指摘している。(7)

「バブル経済崩壊が町内に与えた影響は何か（複数回答）」に関する設問

最も多い回答が「賃貸ビルの空き室が目立つ、ビル賃貸料の引き下げにもかかわらず税金が下がらないのでビルオーナーは生活困難」：神田二〇町会（三六・四％）・麴町九町会（三七・五％）・計二九町会（三六・七％）、二番目が「人口流出、子供のいなくなった、高齢者が目立つ、などによる町会活動も停滞」：神田一六町会（二九・一％）・麴町五町会（二〇・八％）・計二一町会（二六・六％）、三番目が「テナントの倒産、撤退などで昼間人口が減り、地元商店街は減収でまちに活気がなくなった」：神田一一町会（二〇・〇％）・麴町四町会（一六・七％）・計一五町会（一九・〇％）、四番目が「法人会員の撤退、倒産、未加入企業の増加によって、町会費の出し渋りによる町会予算の減収」：神田六町会（一〇・九％）・麴町三町会（一二・五％）・計九町会（一一・四％）、「空き地、駐車場の放置」：神田三町会（五・五％）・麴町三町会（一二・五％）・計六町会（七・六％）の順になっている。

具体的な回答として「経済が高度成長に入り、ビルを建て替えればすぐにテナントが入るという時代で家賃も鰻登り、高層ビルへの建て替え、地上げ屋も入ってきて土地が値上がりし、この時期に急速に居住人口が激減した。やがてバブルがはじけ、ビルは建てたものの、テナントは入らず、従って家賃収入が入らないから、借入金の返済もママならず、ビルを売りだしたものの、買い手がつかないし、土地は値下がりするわけで、夜逃げ同然で消えていった人もいる。相続税は払えないために土地を手放して出ていった人もいる」（神田地区）という。

この回答結果から、和田清美は、バブル経済の崩壊が、企業の倒産・経営悪化などを引き起こし、ビルの空室化、賃料の低下、地上げされた土地の放置・転用、商店街の売上の減少など、地域それ自体に活気がなくなった実態が明らかになったと指摘している。(8)

「町会(町内)で今一番問題になっていること(複数回答)」に関する設問

最も多い回答が「人口減少に伴う会員数の減少、活動の停滞、町会運営の困難、町会合併問題など町会維持関連の問題」：神田一九町会(三四・五％)・麴町五町会(二〇・八％)・計二四町会(三〇・四％)、二番目が「固定資産税、相続税など税の軽減問題」：神田一〇町会(一八・二％)・麴町六町会(二五・〇％)・計一六町会(二〇・三％)、三番目が「人口減少の深刻化、若い人や子供たちの住む活気のあるまちづくりをめざす」：神田一〇町会(一八・二％)・麴町三町会(一二・五％)・計一三町会(一六・五％)、四番目が「違法駐車、駐輪、また道路上への違法看板問題」：神田八町会(一四・五％)・麴町一町会(四・二％)・計九町会(一一・四％)、続いて「防災、防火、防犯問題」：神田五町会(九・一％)・麴町二町会(八・三％)・計七町会(八・九％)、「ゴミ問題」：神田六町会(一〇・九％)・麴町一町会(四・二％)・計七町会(八・九％)、「商店、公衆浴場の閉店など居住環境の悪化問題」：神田六町会(一〇・九％)・麴町〇町会・計六町会(七・六％)、「空きビルが埋まるなど景気回復問題」：神田四町会(七・三％)・麴町一町会(四・二％)・計五町会(六・三％)などの順になっている。

人口減少が大きな問題となっていて、町会員の減少や町会活動の停滞など、活気のあるまちづくりが課題となっていることがわかる。

町会員に関する設問

「会員数」(N＝七九)」については、最も多い回答が「一〇〇〜一九九」：神田二〇町会(三六・四％)・麴町七町会(二九・二％)・計二七町会(三四・二％)、二番目が「一〇〇人未満」：神田一六町会(二九・一％)・麴町五町会(二〇・

八％）・計二一町会（二六・六％）、三番目が「三〇〇〜三九九」：神田六町会（一〇・九％）・麹町四町会（一六・七％）・計一〇町会（一二・七％）、四番目「四〇〇〜四九九」：神田四町会（七・三％）・麹町四町会（一六・七％）・計八町会（一〇・一％）、五番目「二〇〇〜二九九」：神田五町会（九・一％）・麹町二町会（八・三％）・計七町会（八・九％）、六番目「五〇〇以上」：神田四町会（七・三％）・麹町二町会（八・三％）・計六町会（七・六％）の順となっている。

神田の町会では、一番目の二〇町会と二番目の一六町会を合わせると三六町会（五五・五％）に上り、半数以上の町会では二〇〇人未満の会員数であることがわかる。

「全会員に占める非居住会員の割合」（N＝七九）については、最も多い回答が「一〇％未満」：神田二一町会（三八・二％）・麹町一四町会（五八・三％）・計三五町会（四四・三％）、二番目が「一〇〜一九％」：神田六町会（一〇・九％）・麹町三町会（一二・五％）・計九町会（一一・四％）などの順になっている。

神田では、居住する会員が多くを占めていることになる。

法人会員に関する設問

「全会員に占める法人会員の割合」（N＝七九）については、五〇％以上と回答した町会は、「五〇〜五九％」：神田一二町会（二一・八％）・麹町一町会（四・二％）・計一三町会（一六・五％）、「六〇〜六九％」：神田一四町会（二五・五％）・麹町三町会（一二・五％）・計一七町会（二一・五％）、「七〇〜七九％」：神田一〇町会（一八・二％）・麹町三町会（一二・五％）・計一三町会（一六・五％）、「八〇〜八九％」：神田三町会（五・五％）・麹町〇町会・計三町会（三・八％）、「九〇〜九九％」：神田四町会（七・三％）・麹町〇町会・計四町会（五・一％）、「一〇〇％」：神田一町会（一・八％）・麹町二町会（八・三％）・計三町会（三・八％）となっている。

町会員の五〇％以上が法人会員とする町会が六七・二％（五三町会）であり、神田では八〇・一％（四四町会）にも上っている。千代田区全体では七割近く、神田では八割が法人会員となっている。

和田清美は、この平成八（一九九六）年の調査と、先に挙げた昭和五八（一九八三）年に実施した奥田道大・和田清美『東京・都心区の町内会―千代田区・中央区の町内会アンケート調査結果―』と比較し、「全会員に占める法人会員の割合が五〇％以上の千代田区の町会は三二・六％で、単純にいえばこの一三年間でほぼ三四％以上上昇したことになる」(9)と指摘している。

「この一〇年間の法人企業の増減」（N＝七九）については、「増加した」が三七町会（四六・二％）、「減少した」が二〇町会（二五・三％）である。

これらの法人会員についての回答結果を踏まえて、和田清美は、「バブル期の夜間人口の減少に伴い一九九〇年代に入って都心町会は、本格的な法人企業町会の時代に入ったようである。全会員に占める法人会員の割合が五〇％以上の町会が七割近くを占めている調査結果から充分実態化しているといわざるをえまい。だからといって、法人企業が都心コミュニティの主体として積極的に関わっていくにはまだまだ機は熟していないようである」として、法人企業のコミュニティ参加は経済状況によって揺れ動くものであることを指摘している。(10)

一方で、法人会員加入の問題点も浮き彫りとなっている。

「法人企業会員の加入で困っていること、問題点（複数回答）」については、最も多い回答が「町会に理解を示さず、加入してくれない」：神田一六町会（二九・一％）・麹町三町会（一二・五％）・計一九町会（二四・一％）、二番目が「町会費の減額の要求、町会費の未納が増えた」：神田五町会（九・一％）・麹町三町会（一二・五％）・計八町会（一〇・一％）、「加入はしているが事業には非協力」：神田四町会（七・三％）・麹町一町会（四・二％）・計五町会（六・三％）、

「バブル以後町会を退会する企業が増えた」：神田四町会（七・三％）、麴町〇町会・計四町会（五・一％）などが続いている。

昼間人口が増え、町内における企業の割合が高くなる一方で企業の町会加入に当って様々な問題を抱えている側面がみえてくる。また、町会に加入した場合でも町会費の支払いに問題が発生したり、町会活動へは協力的ではない側面などが窺え、景気の動向によっては一度町会に加入した企業が退会するケースがあることがわかる。

町会活動に関する設問

「現在、重点的にとりくんでいる活動や事業（複数回答）」については、最も多い回答が「町内の親睦並びに親睦機会の提供」の二七町会（三四・二％）、二番目が「防災訓練など防災活動」の二二町会（二七・八％）、三番目が「資源リサイクル活動」と「町内美化、清掃活動」のそれぞれ一〇町会（一二・七％）、四番目が「法人会員への加入呼びかけ、親睦」の八町会（一〇・一％）、「各種敬老事業、一人暮らし高齢者の世話」の七町会（八・九％）、「各部への活動支援・補助（青年、子供会、婦人部など）」・「交通安全、防犯」・「町会への理解、意識啓発、未加入者への呼びかけ」のそれぞれ六町会（七・六％）、「祭り」の五町会（六・三％）の順となっている。

一番目の「町内の親睦並びに親睦機会の提供」と二番目の「防災訓練など防災活動」を合わせると六二％に上る。「祭り」についても六・三％であるが一要素として存在している。

「町会活動として今後も欠くことができないもの」については、最も多い回答が「町内の親睦機会」の六五町会（八二・二％）、二番目が「お祭り」の五〇町会（六三・三％）、三番目が「防災活動」の四四町会（五五・七％）、四番目が「行政連絡の周知徹底」の三九町会（四九・四％）、「葬式のお世話」の三七町会（四六・八％）、「資源リサイクル活動」

の二四町会(三〇・四%)、「一人暮らし老人のお世話、敬老事業」の二三町会(二九・一%)、「町内清掃、美化」の二三町会(二九・一%)、「法人企業への入会呼びかけ」の一五町会(一九・〇%)、「まちづくり、再開発事業の取り組み」の一二町会(一五・二%)、「新規住民(マンション等)への入会呼びかけ」の一一町会(一三・九%)などが続いている。

「今後の町会活動として軽減ないし廃止してよいもの」については、最も多い回答が「地元選出議員の推薦、応援」の三二町会(四〇・五%)と「NA(未回答)」の三二町会(四〇・五%)、二番目が「町内のもめごとの調停、相談の一七町会(二一・五%)、三番目が「まちづくり、再開発事業の取り組み」の八町会(一〇・一%)、四番目が「葬式のお世話」の七町会(八・九%)と「さまざまな住民要求の行政への取り次ぎ(陳情、請願等)」の七町会(八・九%)、「新規住民(マンション等)への入会呼びかけ」の六町会(七・六%)と「行政連絡の周知徹底」の六町会(七・六%)などが続いている。「お祭り」についても四町会(五・一%)で軽減ないし廃止してよいと回答している。

「町会活動として、今後重点的に取り組んでよいものは何か」については、最も多い回答が「防災活動」の三八町会(四八・一%)、二番目が「町内の親睦機会」の三二町会(四〇・五%)、三番目が「資源リサイクル活動」の二六町会(三二・九%)、四番目が「町内清掃、美化」と「法人企業への入会の呼びかけ」のそれぞれ二三町会(二九・一%)、「行政連絡の周知徹底」と「まちづくり、再開発事業の取り組み」のそれぞれ一六町会(二〇・三%)、「お祭り」の一二町会(一五・二%)、「さまざまな住民要求の行政への取り次ぎ(陳情、請願等)」の九町会(一一・四%)、「新規住民(マンション等)への入会呼びかけ」の七町会(八・九%)などの順となっている。

今後欠くことのできない活動は、「現在、重点的にとりくんでいる活動や事業」と連動し、一番目に「町内の親睦機会」、二番目に「防災活動」が回答数が多いが、二番目に「お祭り」が浮上している点が興味深い。

今後重点的に取り組んでよいものには、一番目に「防災活動」、二番目に「町内の親睦機会」が回答数が多く、「お祭り」についても一五・二％が回答している。

「貴町内は今後どのようなまちになってほしいか、将来展望」についての設問では、少数ではあるが、「祭りを核にして町会の活性化を図る」と回答した町会が神田で二町会（三・六％）ある。

「お祭り」については、重点的に行なう活動としては必ずしも優先順位としては高くないものの、町会にとって欠くことのできない活動として存在していることがわかる。

居住に関する設問

「都心に居住することの魅力（複数回答）」については、最も多い回答が「交通が便利、買い物が便利など生活上の利便性がある」：神田三二町会（五八・二％）・麴町一四町会（五八・三％）・計四六町会（五八・二％）、次いで「ここが自分のふるさと。愛着を感じる、顔見知りも多く、人情味を感じる。人間関係もよい」：神田一七町会（三〇・九％）・麴町四町会（一六・七％）・計二一町会（二六・六％）、「都心とは思えないほど静かで緑も多く、人情味を感じる人間関係もよい」：神田一七町会（三〇・九％）・麴町四町会（一六・七％）・計二一町会（二六・六％）、「都心とは思えないほど静かで緑も多く、環境がよい。治安もよい」：神田二町会（三・六％）・麴町一一町会（四五・八％）・計一三町会（一六・五％）、「歴史、政治、経済、文化の中心部としての雰囲気が好きだし、誇りをもっている」：神田八町会（一四・五％）・麴町四町会（一六・七％）・計一二町会（一五・二％）などの順になっている。

利便性を挙げる回答が最も多いが、二番目の「自分のふるさと」と感じる人は神田では三割以上存在している。

反対に「都心に居住して不便なこと（複数回答）」については、最も多い回答が「銭湯がない、商店など生活物資の購入困難」：神田三〇町会（五九・五％）・麴町七町会（二九・二％）、次いで「物価が高い、家賃・地価も高く生活しにくい」：神田一五町会（二七・三％）・麴町六町会（二五・〇％）・計二一町会（二六・六％）、「人口（とくに若い人）が減って近所付き合いが少なくなった」：神田九町会（一六・四％）・麴町四町会（一六・七％）・計一三町会（一六・五％）、「税金が高い」：神田六町会（一〇・九％）・麴町六町会（二五・〇％）・計一二町会（一五・二％）の順になっている。

特に神田では「生活物資の購入困難」が六割近く、二番目の「物価・家賃・地価の高さ」は三割近くある。

平成八（一九九六）年のアンケート結果からは、下町（職人の街）が、複数のオフィスが立地するビル街へ大きく変貌したことがわかる。特にバブル期の変化が激しかったことが窺える。その結果、銭湯や生活物資を購入する商店が町内から姿を消し、夜間人口の減少によって町会員の減少が懸念されるようになった。その一方で昼間人口は増え、町内企業の町会への加入を期待するようになり、町会は企業との関係性に苦慮する中で、「町内の親睦機会」を大事にしている実状がみえてくる。そうした状況の中で、町会は、「町会活動として今後も欠くことができないもの」として、「町内の親睦機会」（八二・二％）、「お祭り」（六三・三％）、「防災活動」（五五・七％）を考えるようになっているといえる。

このことは、平成二五年の神田祭を対象とした筆者の調査結果の「祭りの評価」と対応しているといえる。つまり、戦後地域社会の変容の中で祭りが新たな町内共同の場としての役割を増してきたことが窺えるのである。

3　平成八（一九九六）年三月の『歴史から学ぶ千代田区のこれからのコミュニティのあり方』

今度は、平成八年三月に発行された『歴史から学ぶ千代田区のこれからのコミュニティのあり方』（千代田区コミュニティ振興公社）の報告書の記述についてみておきたい。

この報告書は、戦後から現在までの千代田区におけるコミュニティの姿について、地理的・気質的・環境的に類似する土地を一つの地区として、地区別に古くから住んでいる住民に話を聞くことにより、その実態と変遷を把握し、さらに、地区別のヒヤリング結果をもとに千代田区の地域団体等各層に関わる方々並びに学識経験者からなる座談会を実施して、地域コミュニティの過去の変遷と現在の検証、そして未来の展望塔について討議することによって、過去から現在そして未来へと脈々と継承されていく地域コミュニティの有様を探っていき、地域コミュニティの再生を図るきっかけとすることを目的に実施された調査報告である。(11)

ヒヤリングは、千代田区の出張所別に、番町、富士見、神保町、神田公園、万世橋、和泉橋の各地区ごとに実施された。ここでは神田祭に参加する神田神社の氏子町会がある神保町、神田公園、万世橋、和泉橋の四地区の調査結果を要約したものからみておきたい。

神保町地区(出張所管内)

神保町の辺りは、学生の町で、書店街を袴と角帽姿の学生が歩いていた。自動車の交通量も少なかった。

各町の特色を生かした賑やかな町であったが、バブル景気によって、ビルが一挙に増え、地価の高騰で多くの人が土地を売って転出した。土地を売って更地にしたところは、バブル崩壊でビルが建たず、駐車場や空き地になったところがあちこちにある。

戦後町会組織になってからも、先輩後輩のつながりが強く、町の様々な問題を検討する体制が、現在でも続いている。また、新たな転入者に対し、町会加入の勧誘などを、各ブロックごとに分担して行なっていた。

地価の高騰も一段落し、相続税も一時より少なくなり、以前に比べると、町の転出人口は少なくなってきた。青年団や少年団などの役職を務める三〇代、四〇代の若い人たちも、定住層として落ち着いてきた。最近ではマンションが増え、（マンションの住民へ）町会加入などを促して清掃・防犯活動等を一緒にやっていきたい。

神保町辺りは、防犯・防災意識が特に強い地域で、防犯や防災活動などの行事は、多くの町会で行なっている。青少年部では夜巡りを続けていて、八〇人ほど集まる。特に歳末夜警には九〇人が参加する。

こういう防災・防犯行事を通じて企業等に参加してもらい、コミュニティ活性化のきっかけになればと思う。(12)

神田公園地区（出張所管内）

昭和三〇（一九五五）年頃には町内に約二〇〇世帯が住んでいた。昭和六〇年頃からバブル景気の影響で町の様子が一変した。高層ビルが次々と建ち、人口が著しく減り、今では半分以下の世帯しか住んでおらず、単身世帯が目立つようになった。社会状況の悪化を一番痛切に感じたのは、いわゆる老舗と呼ばれるお店までもが、「固定資産税が高すぎる」と商売をやめてしまったことだ。最近では、不景気の影響で、多くのビルにテナントが入らず、昼間人口も一時より減少したと感じる。

昭和三〇年代頃までは、風呂屋、肉屋、八百屋、魚屋等の商店があり、町で生活する上で不便はなかった。醬油が足りない、塩が足りないといっても、近所で用が足りた。昭和五〇年代に入ると、次第に様子が変わり始めた。昭和六〇年代になると次々とビルが建ち、その多くにスポーツ店が入り一大スポーツ店街が形成された。しかし、商店はほとんどなくなってしまった。スキーやゴルフ道具を買う客が大勢訪れたが、町で生活する者にとっては生活基盤を失っていくことになった。

昔は夜の九時、一〇時まで開いている商店が多く、店を閉めてから銭湯に行った。そこで、他の店屋の主人とその日あった出来事やお客さんからの情報を話すなど、銭湯が情報交換の場であった。また商店が住民との情報交換をする場でもあったが、最近では個人商店が少なくなり、そうした場は失われつつある。

昔は小さい町会でも四〇、五〇世帯、一〇〇人以上の住民がいたが、今では一〇世帯二〇人というところがある。町会を運営する人がいない、行事をやっても子どもがいないという現状がある。

神田公園では九町会合同で防災訓練を毎年行なっているが、企業にも参加してほしい。（地域の）防災は企業の人もそこにいる以上無関係ではないため、防災訓練をきっかけにして顔見知りになれば挨拶もするようになり、他の行事にも参加しやすくなると思う。

新しい人が参加しないと町会も一部の人たちだけのものになってだんだん閉鎖的になる。

企業の人たちが初めて町会と関わるときは、地元とはトラブルを起こさずに無難に付き合うとか、営業の延長線上でのお付き合いなどといった理由が多いように思う。そこで町会の行事として「屋形船」での宴会を行なった。海の上のため、名刺だけ置いて帰るという訳にはいかず、そこで心が通い合うお付き合いが始まったりする。

企業から戴く会費、賛助金等も大変有り難く思っているが、これからはどんどん行事に参加してほしい(13)。

万世橋地区（出張所管内）

外神田は昔から商工業の栄えた町で、お稲荷さんや井戸が多く、「井戸端会議」をしたり、縁台で将棋をするなど、そうしたことがコミュニティとしてあった。また、昔はあちこちの公園などで盆踊りを行なうなど、公園は皆の広場で、コミュニティの場であった。

ビル化が進み人が少なくなった近年では、そのことで逆に住民同士が手を結び、防災訓練、夜警、旅行等の町会活動を積極的に行ない、非常にまとまりのいい地域だと思っている。ただ、一部の町会では、人手が足りず、会費が少なく分担金も払えず、町会長のなり手がいないといった問題が起こっている。これは人口減少が大きな原因の一つで、町会の存続、運営までもが厳しくなっているところもある。

縁日等の町会行事は、金曜の夜に行なったりして企業の人が参加しやすいようにしている。町会員も企業や学校といった住民でない人たちが半分ぐらいを占めるようになった。

ただ企業の参加といっても、町会の基礎的原動力としての住民はある程度いないと町会は運営できない。いくら企業が参加してくれても、住民が全然いないのでは話にならない。

この地区もマンションが随分増えたが、郊外に家を買ったり、仕事の関係で引っ越したりと短期間しかいない人が多く、やはり長く住んでもらわないと、コミュニティの形成にはつながらず、顔も解らないなど、お付き合いのしようがない。家庭に学校へ通学する子どもがいると、母親たちも町会の行事等に関心を持ってくれる。

昭和二八(一九五三)年に外神田の一四町会の若い人たちが、自分の町会だけでなく外神田全体のことを考えようと会を作ったのが外神田文化体育会で、現在でも相撲大会や盆踊り大会などの行事を行なっている。

お祭り(神田明神の大祭)は今も盛んで、新しく御神輿を作ろうという町会もあるが、一町会の世帯数が減ったせいで御神輿を作るにも、経費負担が大きく作れないといったところもある。

縁日等の町会行事に、企業の人は遊びに来るようにはなったが、準備の手伝いや、出店することはまだ難しいようだ。出店となると勤務時間中に準備することになるが、できるだけ参画してほしいと思う。(14)

和泉橋地区(出張所管内)

現在の町の輪郭ができたのは関東大震災後で、多くの住民が住むようになった。私が千桜小学校(現千代田小学校)を卒業した昭和一二(一九三七)年頃は八〇〇人以上の児童がいた。戦争中は減ったが、終戦後子どもたちが疎開から戻り、上京する人が増えると児童数は一〇〇〇人を超えた。しかし、昭和三〇年代から四〇年代の高度成長期と、バブル経済の影響で、ビル化がすすみ、地価が高騰して、出ていく人が増えた。今では二〇〇人程度になってしまった。

和泉橋地区では昭和三〇年代に日比谷線が開通した。その頃から町の様子が変わり始め、勤め人が多くなり、町を歩いていても知らない人が増え、挨拶を交すことが少なくなった。和泉公園は住民運動で立派な公園になったが、公園を利用している人々の姿をみると公園というのはコミュニティの活性化に必要な空間だと思う。また、住民運動自体が、人々を結束させ、地域コミュニティの形成にも役立っている。

昔は銭湯がたくさんあり、そこが話し合いの場だった。また、おまわりさんも今のように人事異動が頻繁になく地域のことをよく知っていた。長い間その地域の交番に勤め、顔見知りになるのでみんな交番に遊びに行った。だから、交番も地域コミュニティには大きな役目を果たしていた。

町会活動も人が減り年々難しくなっていくが、お祭りのときは、みんなで団結して運営している。企業もお祭りには積極的に参加するところが多い。これは営業の一環としてではなく、「地域に根ざした活動を続けていきたい」と前向きに受け止めていてくれるからである。(15)

以上のように、平成一二(二〇〇〇)年まで続いた夜間人口の大幅な減少によって、大きく生活空間が変わり、町会を単位とした伝統的な地域コミュニティが変容してきたことがわかる。そうした中で昼間人口は増加し、町会は、町内の企業との関わりを重視していることがこの報告書から窺うことができる。

神田公園地区では、「企業から戴く会費、賛助金等も大変有り難く思っているが、これからはどんどん行事に参加してほしい」という声があるように、防災訓練や屋形船の宴会などの町会行事や活動への参加を望んでいる。また、万世橋地区では、「縁日等の町会行事は、金曜の夜に行なったりして企業の人が参加しやすいようにしている」として企業参加を進めている。和泉橋地区では、「企業もお祭りには積極的に参加するところが多い」としている。

町会は企業の経済的な協力(町会費や賛助金など)のみならず、祭りや行事、防災訓練などの町会の活動への参加を期待している。ただし、「企業の参加といっても、町会の基礎的原動力としての住民はある程度いないと町会は運営できない。いくら企業が参加してくれても、住民が全然いないのでは話にならない」という万世橋地区の声は重要である。あくまで町会の主役は住民にあり、そこに企業に参加してもらうというスタンスが存在しているのである。

祭りについては、万世橋地区の「お祭り(神田明神の大祭)は今も盛んで、新しく御神輿を作ろうという町会もあるが、一町会の世帯数が減ったせいで御神輿を作るにも、経費負担が大きく作れないといったところもある」や、和泉橋地区の「町会活動も人が減り年々難しくなっていくが、お祭りのときは、みんなで団結して運営している」といった声を載せている。厳しい地域の現状があるものの、祭り自体は盛んに行なわれ、企業を含めた地域の団結の場になっていることがわかる。

一方、新しくできたマンションの住民については、「この地区もマンションが随分増えたが、郊外に家を買ったり、仕事の関係で引っ越したりと短期間しかいない人が多く、やはり長く住んでもらわないと、コミュニティの形成にはつながらないし、顔も解らないなど、おつきあいのしようがない」(万世橋地区)という声があり、マンション住民の町会への参加が進んでいないことが窺える。

4『「地域コミュニティ施策の一元的な推進」に向けた検討における区民アンケート調査報告著』

もう一つ、千代田区の人口や世帯数が増加に転じた平成一二(二〇〇〇)年以降に実施された、千代田区民の意識調査結果についてみておきたい。

既に、本章第一節において、平成二五年度に千代田区が実施した『第四〇回千代田区民世論調査』（平成二六年一月）における町会の加入率や町会活動への参加率などを検討しているが、ここではさらに同年実施された千代田区のコミュニティに関する調査結果を挙げ、補足確認をしておきたい。

それは、千代田区が平成二五年に実施した『「地域コミュニティ施策の一元的な推進」に向けた検討における区民アンケート調査報告書』である。

この調査は、千代田区が進める「地域コミュニティ施策の一元的な推進」に向けた検討に必要となる区民の状況及び意識等を詳細に把握することを目的に実施された。千代田区全域を調査地域として、千代田区在住の満二〇歳以上の男女（国籍を問わず）を対象に、二〇〇〇人を住民基本台帳から無作為抽出し、調査票をメール便（ヤマト運輸）にて発送し郵送回収して行なった。調査期間は、平成二五年八月六日～八月三〇日である。回答率は三〇・四％（回答者数六〇八人）である。

町会に関わる設問について回答結果をみておくと、全回答者六〇八人のうち、町会・連合町会への加入率は三六・三％、未加入率は三一・三％（「加入していないが、今後加入したい」と「加入しておらず、今後も加入するつもりはない」の合計）であり、町会・連合町会の活動への参加率は三五％（「積極的に参加している」と「たまに参加している」の合計）、不参加率は五六％であり、特に町会活動への参加が進んでいないことがわかる。不参加の理由は「時間的に余裕がない」（四四・四％）と「地域活動等に関する情報が不足している」（三〇・四％）が主要な意見である。

ただし、地域活動を行なうことは大切であると考える人は八一・四％（四九五人）に上り、大切であると考えた人は、特に必要と思う地域活動として、「防犯・治安維持に関する取組」（六七・三％）、「防災に関する取組」（六一・六％）に次いで、「地域の祭等継承活動」（三二・一％）を挙げている。

また、地域活動を行うことは大切であると考えた人のうち、地域活動により参加しやすくするには、「地域の情報を提供、共有すること」(六三・八％)に次いで、「祭りや行事の実施と参加の働きかけ」(三八・八％)を挙げている。祭りには一定の役割があることがこのアンケート結果から窺える。

いずれにしても、平成一二年以降、マンションが建ち、人口・世帯数は回復してきたが、町会活動への参加は、時間的余裕のなさや情報不足からあまり進んでいない実態がアンケート結果からも確認できた。

二　須田町中部町会にみる町内の変容と神田祭

次に、神田の地域社会が大きく変わる中で祭りを拡大させるなど、特徴的な反応を示してきた町会を取り上げ、その町の空間的な変容を含めた町内の変容と神田祭の関係をみていきたい。

最初に、町会の神輿を女性だけで担ぐ女神輿に変え、近年、一般募集の参加者(担ぎ手)が増加傾向にある「元祖女みこし」を持つ須田町中部町会における町内の変容と神田祭の関係について概観しておく。

須田町中部町会の範囲は、千代田区神田須田町一丁目二〜一四の偶数番地である。

平成二五(二〇一三)年の須田町中部町会の世帯数は、一六〇世帯(町会員一〇〇世帯)である。

須田町中部町会のある神田須田町一丁目の人口は、国勢調査によると、平成七年は四五九人、平成一二年は四一九人、平成一七年は四九四人、平成二二年は四五六人、平成二七年は五九四人と推移している。平成七年と平成二七年を比較すると、一三五人増加している。

世帯数は、平成七年は一八二世帯、平成一二年は一六六世帯、平成一七年は二三〇世帯、平成二二年は二七八世帯、平成二七年は三七七世帯と推移している。平成一二年から平成二七年にかけて二一一世帯増加した。昼間人口は、国勢調査からの推計によると、平成七年は一万三七五人、平成一二年は一万一〇六三人、平成一七年は七三〇一人、平成二二年は七〇四五人と推移している。平成七年から平成二二年にかけて三三三〇人減少した。人口は平成一二年以降増加に転じ、世帯数は増加傾向にあるものの、昼間人口は減少している。

なお、須田町中部町会は、万世橋出張所管内、中神田十三ヶ町連合に所属する町会である。

1　町内の変容

須田町中部町会の空間変容について、昭和一〇（一九三五）年三月作成の『火災保険特殊地図』、平成四（一九九二）年度版の『ゼンリン住宅地図』、平成二八年度版の『ゼンリン住宅地図』から番地ごとに抽出したのが「表1　須田町中部町会（須田町一丁目）の空間変容」である。

表1　須田町中部町会（須田町一丁目）の空間変容

	平成二八年度版の『ゼンリン住宅地図』	平成四年度版の『ゼンリン住宅地図』	昭和一〇年三月作成『火災保険特殊地図』
二番地	Z会御茶ノ水ビル　Z会御茶ノ水教室　セブンイレブン神田須田町一丁目店、天兵　井上恭兵、中国料理興安楼、カルフール神田　ドトールコーヒーショップ神田淡路町店、淡路町駅前ビル　文具の日乃出、淡路町サニービル、山房ビル、山勝ビル、日邦四国ビル　香洋ビル　須田町四国ビル	神田信用金庫（5F）、飯塚商事㈱、天兵　井上孝雄（4F）、中華燕京、カルフール神田　偕成証券㈱淡路町支店（10F）、淡路町駅前ビル　文具の日乃出（9F）、三正ビル、（仮）淡路町サニービル（建）、山房ビル（5F）、山勝ビル（4F）、日邦四国ビル（5F）、駐車場	倉、高久酒舗、キッサ店、タバコヤ、ミルクホール、洋服店、洋服店、印刷所

四番地	ＮＣＯ神田須田町、Ｙ１０１、ＴＳＩ須田町ビル、L'E SPRIT Valeur、林ビル　アメリオビル　㈱プリコ、東京動楽　長岡鈴木、新井、吉川ビル、須田町駐車場ビル、神田須田町ビル、清水ビル、石塚ビル、ＳＡ神田ビル　㈱Sa　㈱三恵サービス、吉村印舗　吉村、ＴＳＫビル	（仮）雅尚堂　小林伊之助、神田須田町ビル（９Ｆ）、山房ビル（９Ｆ）、横田、ＴＳＩ須田町ビル（９Ｆ）、㈱林貞一商店　㈱甲文社（６Ｆ）、㈱久保工務店工事（事）、タロー、吉川ビル（７Ｆ）、須田町駐車場ビル（５Ｆ）、神田須田町ビル　喫茶鍛冶屋（５Ｆ）、清水ビル（４Ｆ）、石塚ビル（５Ｆ）、古屋佳雄、ソーコ、吉村印刷　吉村光治、ＴＳＫビルみどりや	戸田、山房、横田、吉川、空、西村商店、小料理
六番地	㈱神田屋、大塚ビル、パートナー神田須田町一丁目パーキング　バイク専用月極駐車場、緑新社　吉田良、大鹿商店、鈴木第二ビル、鈴木、青山ビル、中津、月極駐車場、㈱小山弓具、ＫＯＫＯＲＩ、弓矢四国ビル　㈱小山弓具、ガラ・ステージ神田、羽田孝之、堀谷ビル、睦電話工業㈱、千代田ネーム	㈱久保田織物イスト、旭ゴムビル（４Ｆ）、大塚ビル（４Ｆ）、林ビル、宮内歯科、緑新社　吉田、成和鐵工㈱、大鹿信夫、鈴木、青山ビル、酒場中津屋、金子建具、㈾富樫印刷、毎日新聞須田町（専）、弓矢四国ビル　日本ティーパック㈱（８Ｆ）、共石神田中央ＳＳ　㈱ワンビシ産業、堀谷ビル（５Ｆ）、美登利写植　羽田、吉野庵　伊藤栄次、渡辺鉄平、千代田ネーム	物、小料、ソバヤ、空、小山
八番地	神田前原ビル、ホットプラザ神田ビル、㈱大和通信社、メトロフロント神田、豊潤稲荷神社、ゆで太郎淡路町店、陽友神田ビル　西武信用金庫神田支店　ファミリーマート神田須田町一丁目店、パールビル、玉井ビル、高久須田町ビル、和菓子司庄之助	神田前原ビル　国際事務機㈱（４Ｆ）、ソーコ、㈱大和通信社（６Ｆ）、豊潤稲荷神社、駐車場、都ビル吉彦㈱（４Ｆ）、太陽神戸神田ビル　太陽神戸三井銀行神田支店　日本生命駿河台営業部（８Ｆ）、石栄ビル　石栄開発㈱　新効産業㈱（10Ｆ）、玉井ビル（５Ｆ）、小貫医器㈲、庄之助最中　泉雄介	空、物、物、田丸商会、奥村商店、都ビル、蔦屋（料）、柴田、キッサ店、ミルクホール、（豊潤稲荷神社）
一〇番地	ＹＳ須田町ビル　吉野屋淡路町店、神田ＯＮビル、大手町建物須田町ビル、老川ビル、㈱丸美屋商会、パークジャパン神田須	ＹＳ須田町ビル（10Ｆ）、神田ＯＮビル（９Ｆ）、三正ビル　海鮮問屋商工組合　中央金庫神田支店　日経ＢＰ社（９Ｆ）、江沢ビル（５Ｆ）、万直食品　黒川信	ミルク、ツ、榮（料）、印舗、小料理、果物ヤ、八百ヤ、江澤、小

	田町第一駐車場、佐和　石沢久子、AKビル第二須田町、大熊ビル、ザ・パークハウス千代田淡路町、千代田区神田須田町一丁目月極バイク駐車場	博（5F）、コーヒーびいんず、万仁土地㈱　高橋茂、英硝子商工㈱　清水、村木歌子、依田定茂、佐山商事㈱、㈲金田商店（4F）、ギャラントハウスさくらんぼ、㈲下中商店、鈴木寝具、老川倉吉、丸美屋商会（4F）、南出竹久、竹下ビル（5F）、キッチンビッグマン、銀華飯店、AKビル第2須田町（5F）、大熊ビル（5F）、不二会館（7F）、喫茶相子、フレール観光㈱、エドワーズ、チャイナ、てんぷらいもや、ケイ広瀬　井上	林医院、村木商店、老川、キッサ店、タバコヤ、床ヤ、岡田
一二番地	富士第一ビル　松屋神田須田町店、山萬ビル1、アルカディアビル、石原、高木久、東盛、げたばき、高山珈琲、㈱ヤマニ裏地店　真田光昭会計(事)、㈱宝仙堂　佐野圭、二灯庵、びょうしつSeki　ヌフワークス、FICビル、マルコビル、新井静子　新井規一郎　ハナブサ、神田館	富士第一ビル（10F）、文具店文化堂、山萬ビル1（9F）、アルカディアビル　㈱ストック&ゼノック新館　㈱菊村　喫茶キタムラ（9F）、山本、高木久、㈱丸孝羅紗店　㈱山佐、㈱プリスボン　麻雀かつら、佐藤松五郎、鮒忠、㈲ヤマニ裏地店　真田会計、車庫、クスリ神田宝仙堂、三金、㈲盛光社　坂本泰男　吉田盛一、FICビル（5F）、マルコビル（5F）、英硝子商工㈱　新井英太郎、巴屋㈱専用駐車場、上市園	キッサ店、酒ヤ、杉山商店、林ラシヤ店、玉ヤ酒店、杉山、三木、小料理、キッサ店、小料理、印刷所、小田原屋本店、渡辺、相崎、玉突青葉
一四番地	神田荒木ビル、珈琲青木堂、船井東京テクノロジセンター、清雅堂ビル　清雅堂　清雅堂画廊、栄華ビル、AKビル、千昌ビル、辰巳ビル	神田荒木ビル　阪急交通社（10F）、カバン青木堂、東明計器㈱　㈱サトール、たきたて、まるみ、タケダ製図、大林（作）（6F）、清雅堂ビル（5F）、栄華ビル（4F）、駐車場、千昌ビル（4F）、山村商事㈱駐車場、駐車場、㈱千創　フジタ工業　砂原組（作）、麻雀英	小料理、須田町ホテル、タバコヤ、露月亭、カフェー、空、伊吹、物、小川クスリ

昭和一〇年三月の時点では、洋服店・ラシャ店・八百屋・果物屋・酒屋・たばこ屋・喫茶店・カフェ・ミルクホールなどが立ち並び、医院・個人宅も多数建ち、生活空間としてのまとまりを町内に持っていたことがわかる。なお、八番地には、名称の記載がないが位置関係や建物から豊潤稲荷神社がみられる。

古くは神田市場の仲買や小売の店が軒を連ねたが、やがて須田町は服地や洋品材料の町として知られ、須田町中部町会は、羅紗（ラシャ）の町として栄えた。

昭和三五年発行の『千代田区史』によれば、昭和三一年当時、和泉橋出張所管内と須田町一丁目（万世橋出張所管内）に千代田区の繊維問屋の約九割が集中していた。既製服関係は岩本町を中心に山手線の外側に、織物関係は須田町を中心に山手線の内側に集中する傾向がみられる。この分布は、問屋街の形成当時から、岩本町周辺は古着市場を中心に二次製品の扱いが主であったことの延長的発展であるのに対し、より歴史の新しい須田町周辺は、一次卸の周辺地区という取引上の利点を選んで、特に戦後急速に切売屋がこの一角に集中したためであるという(16)。

『千代田区史』下巻に記載された昭和三一年の「商業調査」の個表より集計した「第9表　町丁別繊維問屋数(17)」には、須田町一丁目：五八（糸・織物類：五四、既製服：三、婦人子供服：一）とある。

平成四年度の時点では、昭和一〇年時点にみられた四番地の「山房」「吉川」宅が平成四年度には「山房ビル（9F）」「吉川ビル（7F）」へ、さらに二番地にも「山房ビル（5F）」が建ち、六番地の「小山」宅が「弓矢四国ビル」へ、一〇番地の「江澤」宅が「江沢ビル（5F）」になるなど、四階から一〇階の中高層のビルの町に変貌した。

ただし、四番地の「横田」宅、一〇番地の「老川」宅はビル化せずに存続し、一二番地には「㈱丸孝羅紗店」や「㈲ヤマニ裏地店」などラシャ関係の商店も存在し、八番地の豊潤稲荷神社も健在である。個人宅や銀行も複数存在している。

平成二八年度の時点では、四番地の「横田」宅はなくなったが「吉川ビル」は存続し、六番地の「弓矢四国ビル㈱小山弓具」、八番地の「豊潤稲荷神社」は存続している。一〇番地の「老川」宅は「老川ビル」となり、一二番地の「㈱丸孝羅紗店」はなくなったが、「㈱ヤマニ裏地店」は存続している。平成四年度時点であった複数の金融機関は全てなくなり、八番地の「西武信用金庫神田支店」のみが存在している。

また、八番地の「メトロフロント神田」、一〇番地の「ザ・パークハウス千代田淡路町」などのマンションが新たに存在し、駐車場の数も増えている。

かつてのラシャの町は中高層ビルとマンションの町へと大きく変容したことがわかる。平成四年度から平成二八年度の間に、個人宅は減ったものの、マンションが建ち始め、人口と世帯数は回復した。その一方で、個人商店や銀行などの金融機関は減少し、駐車場が増えるなど、昼間人口が減少する背景が空間的な変容からみて取れる。また、「吉川ビル」や「老川ビル」、「弓矢四国ビル　㈱小山弓具」など、少なくとも昭和一〇年時点から町内に存在した家がビルになっても、少なくとも名称として存続している点も興味使い。

2　神田祭の経年的変化

須田町中部町会における神田祭の経年的変化については、第二章第三節「「元祖女みこし」の街の神田祭」で詳しく触れるため、ここでは経年的変化の概要のみを示しておきたい。

昭和四三(一九六八)年の時点では、薗田稔の調査では「神輿ハ飾リ置キ」[18]といった状況であったとされるが、昭和五二年には須田町中部町会の大人神輿を女神輿として担ぐようになり、昭和六〇年頃、「元祖」を名乗り、「元祖女みこし」として知られるようになる。平成二(一九九〇)年、平成二五年、平成二七年と一般募集される女神輿の参加者は増加している。平成一五年には大人神輿を新調した。

薗田稔の調査項目に沿ってみると、平成二五年の須田町中部町会の神田祭では、行事経済は「寄付(奉納金三五三万円)」、行事変化は「元々、住んでいた人が減少し、マンションが多くできたこと」、祭りの評価は「昔からいる人の一つの結束の象徴」、神社イメージは「平将門、大黒様」である。

中高層ビルとマンションの町へと大きく変貌し、マンションは建ったものの、マンション住民の神田祭への参加が進まず、神田祭は旧住民の「結束の象徴」になっていることが窺える。

町会長のM・O氏(昭和八年生)によると、「マンションはできたが、もともとそこ(マンションの場所)に住んでいた人たちはほとんどいなくなった。地上げされて移転せざるを得なくなった。もともと住んでいた人たちはお祭りで寄付を納めてくれていた。マンションができても簡単に寄付をもらうことができない。マンションの管理会社からは住民の議決がないと寄付はできないというふうにいわれてしまう。マンションはできたからといっても、昔の人はいなくなり、寄付は集まらなくなり、下働きをする人もいなくなった。お祭りができなくなってしまうのではないかという危機感を持っている。金融機関や地域密着型の企業は手伝いにも来てもらえるが、マンション(住民)の町会活動への参加は進んでいない。ファミリータイプのマンションはなかなか町会活動への理解が進まず、ワンルームマンションの場合には、流動的で定着せず、中には事務所が入っていることもある」という。

M・O氏によると、そもそもマンションが建つようにしたのは、次のような計画があったからだと話す。

「中神田型の地区計画を東京都と一緒に高層化できる計画を作った。なぜそういう計画を立てたかというと、バブルの頃、みんな町外へ出ていってしまう。少なくとも二世帯住宅を建てて、下で商売ができるような形が必要と考えた。今のような建築基準法だと、例えば四m道路だとせいぜい二階半しか建たない。だから二世帯住宅を建てようとしても入らなくなる。六ｍ道路でもせいぜい四階がギリギリになる。だから、中神田型の地区計画を提案した。計画によると、裏通りでも最低二一ｍから三六ｍまで建てられ、三六ｍで一二階までは入るようにした。しかし、それが裏目に出てしまい、不動産屋が目を付けてマンションが建てやすいのでマンションが多く建つことになった。（規制緩和によって）かつては八階までだったが、一二階・一三階まで建てられるようになった。共同して建てれば、親子兄弟で住んで、一階を店舗にして暮らせるようにすることを目的としたものだった。それは人口を増やさなくてはいけないという区の政策とも合致した。しかし、目的と違ったものになった。行政としては、マンションが増えれば、人口が増えて、町会にも参加して、地域が活性化すると考えたが、実際には参加は進んでいない」という。

地域社会が大きく変容する中で、様々な試行錯誤を重ねながら、限られた町内の人員で祭りを下支えしながらも、参加者を地域社会の外から集め、参加者数は増加しているという現状があることがわかる。

三　神臺會にみる町内の変容と神田祭

続いて、町会の神輿の修復が、秋葉原中央通りの連合渡御「おまつり広場」の形成に大きな役割を果たした神臺會における町内の変容と神田祭の関係について概観しておく。

神臺會の範囲は、千代田区外神田二丁目五番一～一二号・六～九番（七番地一号、四号一部を除く）である。

神臺會は、昭和四三（一九六八）年は七五世帯であったが、平成二五（二〇一三）年は八〇世帯（登録世帯）である。この八〇世帯のうち、町会員五〇世帯、居住者二〇人である。

神臺會のある外神田二丁目の人口は、国勢調査によると、平成七年は五七五五人、平成一二年は五五九九人、平成一七年は五五四人、平成二二年は七六六人、平成二七年は八九七人と推移している。平成一七年を境に増加に転じ、平成一七年から平成二七年にかけて三四三人増加した。

世帯数は、平成七年は二三三世帯、平成一二年は二六一世帯、平成一七年は二八四世帯、平成二二年は四四一世帯、平成二七年は五四六世帯と増加している。平成七年から平成二七年にかけて三一三世帯増加した。

昼間人口は、国勢調査の推計によると、平成七年は六〇六六人、平成一二年は六二八〇人、平成一七年は六八九一人、平成二二年は五七九七人と推移している。平成七年と平成二二年を比較すると、二六九人減少している。

外神田二丁目では、近年、人口・世帯数は増加し、昼間人口は減少している。

なお、神臺會は、万世橋出張所管内、外神田連合に所属する町会である。

1　町内の変容

神臺會の空間変容について、昭和一〇(一九三五)年三月作成の『火災保険特殊地図』、平成四(一九九二)年度版の『ゼンリン住宅地図』、平成二八年度版の『ゼンリン住宅地図』から番地ごとに抽出したのが「表2　神臺會(外神田二丁目)の空間変容」である。

表2　神臺会(外神田二丁目)の空間変容

	昭和一〇年三月作成『火災保険特殊地図』	平成四年度版の『ゼンリン住宅地図』	平成二八年度版の『ゼンリン住宅地図』
五番地	八百ヤ、タバコヤ、	松崎孝一郎、松崎　阿部、駐車場、料理はせ川(4	メゾン明神下、白扇ビル、酒亭田幸、田中

	伸幸、柏木秀男、喜多村ビル、ブラウドFLATお茶の水、神田NSOビル、蒲焼神田川本店、タカラビル　長谷川竹夫、タイムズ外神田第六駐車場、宝仙堂ビル、神光ビル、外神田Kビル　ローソン神田明神店	F）、加藤一幸、白扇ビル（4F）、タコーショールーム、田中紳介、柏木秀男、車庫、喜多村ビル（4F）、石橋梅子、スナックより道、大和サンコー専用駐車場、大和サンコービル　大和サンコー、第二KSビル（8F）、第五サンコービル（8F）、駐車場、八千代外神田ビル　八千代住販㈱　八千代建設工業㈱（9F）、蒲焼神田川本店神田、タカラビル割烹宝亭　和知電子機器㈱　長谷川竹夫（7F）、助六、奏建設、井上、宝仙堂ビル（5F）、神光ビル（5F）	キッサ店、料理、鬼頭医院、キッサ店、神田川（亭）、宝亭、キッサ店、ソバヤ、ガソリン、近藤モーターズ、浜田商店
六番地	ポレスター千代田御茶ノ水、パークステーション外神田第四駐車場、外神田金村ビル、高城力彌、青柳利夫、神台会(事)、青柳　村山、タワーパイキング	川名章夫　川名常生、千代田給食センター、㈱タカヤマエージェンシー、千代田給食センター事務棟予定地、神田金村ビル（4F）、高城力弥、青柳利夫、神田料亭組合、黒柳　村上、タワーパーキング	キッサ店、西村、川喜（待）、（待）
七番地	㈱瀧沢商店　㈲エムケイデイ企画　瀧沢正春　瀧沢のぶ子、サカモト、ブランカ明神下、アズール御茶ノ水、リバーサイドセブン	㈲瀧沢商店　瀧沢のぶ子　瀧沢正春、駐車場、石田荘　近藤　深野、ソーコ、小林昭子　柴田　岩瀬　松永、小林、山本博久、清元稽古所　大橋幸雄、里村、ソーコ、川越昌平、ナカウラ能力開発センター　ナカウラM1（4F）、石丸電気㈱　明神寮　配送センター	（待）、（待）、山本
八番地	三井製パン舗㈱　三井宏生、野村、岩井、駐車場、ベスト御茶ノ水Ⅱ、鶴ビル、月極瀧澤駐車場、大久保、㈱雅　宮崎、章太亭　諸岡、㈱雅　明神下みやび、光村ビル、神台佐藤商事ビル、清水、㈱新栄電機、㈱	㈱三友、三井ぬい、野村誠一、神田村、岩井、日本曹達㈱神田寮、鶴ビル（4F）、駐車場、こより　深野青木、幾久屋クリーニング店　坂西秀雄、章太亭　諸岡　増田（4F）、平田成和、サーボサービス㈱、光村ビル（4F）、京ちらし雅　㈱雅、越後屋と	喜の家（待）、（待）、松葉亭、（待）、（待）、（待）、小料リ、朝日湯、清水（待）、小料理、玉井（待）、若竹

	ケイワイサウンズナカムラ、小山、川崎ビル、喜多村　藤間勘市郎、東計ビル　㈱東計電算東京事業所　イースタンリース㈱、J-FIRST 千代田	うふ、畳　相場花子　上田、料亭万八、フォルデ電子㈱、大橋君子、小山はな、喜多村すゞ、川崎ビル（4F）、駐車場、ふぐ料理さくら、割烹新開花、新電元コンポーネント㈱	（待）、オデン、車庫、塚本
九番地	中村鍍金工業㈱、ユニオンビル工新、レジティア御茶ノ水Ⅱ、ＩＺＵＭＩビル Applegarden、青朋ビル　㈱シュバ、ユニオンビル細野、大森、gran＋秋葉原、㈱栄電子東京本社、電流協ビル、ナビパーク外神田第一駐車場、中村鍍金工業㈱	中村鍍金工業㈱、ユニオンビル工新（9F）、ユニオンビル花家（5F）、佐々舎、青朋ビル（7F）、ユニオンビル細野（8F）、㈲ソーゴーコンピューター、オーケービル（5F）、谷口ビル、中島ビル、第二栄ビル（5F）、サンコー貿易ビル（7F）、サンコー電機㈱、中村隆平、梶村一男、日本イノス㈱	キッサ店、タバコヤ、スシヤ、タクシー、クスリヤ、万城、福田医院

昭和一〇年三月の時点では、待合（表中の「（待）」）と料亭が広がる花街（花柳街）であったことがわかる。また、個人宅・八百屋・銭湯・薬屋・たばこ屋・医院・蕎麦屋・喫茶店・寿司屋などが立ち並び、生活空間としてのまとまりを町内の中に持っていたことが窺える。

平成四年度の時点では、昭和一〇年時点でみられた「神田川（亭）」「宝亭」が「蒲焼神田川本店神田」「割烹宝亭」としてみられ、「神田料亭組合」という建物もあるものの、待合はなくなっている。また、八百屋、銭湯、医院などはなくなり、個人宅は複数あるものの、四階から九階にかけての中高層ビルが立ち並ぶ町へと変貌していることがわかる。料亭とビルの町に変容し、生活空間としての町内の意味合いは希薄化していることが窺える。

平成二八年度の時点では、平成四年度の時点でみられた「蒲焼神田川本店神田」は「蒲焼　神田川本店」としてみられるものの、「割烹宝亭」は「タカラビル」となり、ビル化したことがわかる。平成四年度にみられた「神田料亭組合」は「神台会(事)」となり、町会の事務所に変わっている。また、駐車場が増え、ビルの数が全体として減っている。平成四年度から平成二八年度の間にビルの建て替えが行なわれ、複数のビルが一つのビルに統合されたことも窺える。そして「メゾン明神下」「ポレスター千代田御茶ノ水」「レジティア御茶ノ水Ⅱ」など、マンションが新たに建設されたことがわかる。企業とマンションの町に変貌していることがわかる。

2　神田祭の経年的変化

昭和四三(一九六八)年の神臺會(神台会)の神田祭は、祭礼象徴は、「M大(S33)・小(S33)・H(S23)」(Mは神輿、Hは曳き太鼓。以下同じ)、役割動員は「祭典委員(町会役員)」、行事経済は「寄附三五万　町会繰越金」、行事変化は「MH太鼓震災デ焼失。昭33町内祭礼復活」、祭りの評価は「交通事故ガ心配。仕事トノ両立ガ大変」、神社イメージは「大国主命」、備考は「一部ノ反対ガアッテモ祭リヲヤメルワケニハユカナイ」となっている。「一般動員」と「オモナ行事」には記載がなく、神輿巡幸の有無などのような祭礼行事を行なっていたかは不明である[19]。

筆者の調査から、昭和四一年から昭和五八年までは神田神社への宮入を中止しているため、昭和四三年の段階では神輿の巡幸も行なっていなかった可能性がある。その後、町会の神輿を修復し、昭和六〇年に宮入を復活した。

平成四(一九九二)年の神臺會の神田祭は、祭礼象徴は「御輿・太鼓・獅子」、祭礼行事(主な行事)は「氏子神輿御霊入れ」「氏子神輿宮入参拝(連合渡御)」、祭礼組織(役割動員)は「祭典委員会」、祭礼費用(行事経済)は「町会費・奉納金・特別会費」、一般動員は、「町内会員：男八〇・女三〇・子供一〇、町内会員外：男六〇・女二〇・子供二〇、御輿同好会：男〇・女〇・子供〇」となっている。また神酒所は店舗に設営されている[20]。

平成二五年の神臺會の神田祭は、祭礼の象徴は「M：大一(一尺八寸)・小一、H一」、主な行事は「蔵出し、神輿展示、御霊入れ、神幸祭「受渡し」、挨拶廻り、町内渡御、神社神輿［四尺］の宮入、神輿宮入参拝（連合渡御）、おまつり広場（連合渡御）、蔵入れ、直会」、役割動員は「祭典委員、祭礼委員会、祭礼委員長（町会長）」、一般動員は「一二五〇人。友人・親戚が参加。企業二〇〜三〇人」、行事経済は「寄付（奉納金三〇〇万円）、町会費一〇〇万円、繰越金四〇〇万円」、行事変化は「平成六年から中央通りの「おまつり広場」を開始。平成一一年に四尺の神社神輿を用意して天皇御即位一〇周年を記念して皇居前へ渡御。ここ一五年くらいで盛んになった」、祭りの評価は「生き甲斐。商売とは別なもの」、神社イメージは「氏神。ずいぶん隆盛してきた」である。

料亭の町としての面影が薄れ、中高層ビルとマンションの町に変わる中で、町会神輿を修復し、宮入を復活させ、さらには秋葉原中央通りの連合渡御（おまつり広場）へと「ここ一五年くらい」で祭りを拡大してきたことがわかる。

四　紺屋町南町会にみる町内の変容と神田祭

続いて、平成一一（一九九九）年にダンボール製の神輿を手作りで誕生させ、その神輿で平成一五年に神田神社への神輿宮入参拝を開始した紺屋町南町会における町内の変容と神田祭の関係について概観しておく。

紺屋町南町会の範囲は、千代田区神田紺屋町一〜二五である。

紺屋町南町会のある神田紺屋町の人口は、国勢調査によると、平成七年は一三九人、平成一二年は一三八人、平成一七年は九一人、平成二二年は一一六人、平成二七年は一二七人と推移している。平成七年と平成二七年を比較すると一二人減少している。

世帯数は、平成七年は四八世帯、平成一二年は五七世帯、平成一七年は三九世帯、平成二二年は六六世帯、平成二七年は八九世帯と推移している。平成七年と平成二七年を比較すると、四一世帯増加している。

昼間人口は、国勢調査の推計によると、平成七年は二四三一人、平成一二年は二四一九人、平成一七年は二〇四三人、平成二二年は二一四八人と推移している。平成七年から平成二二年にかけて二八三人減少した。

神田紺屋町では、ここ二〇年の人口は横ばいであるが、世帯数は増加し、昼間人口は減少傾向にあることがわかる。

なお、紺屋町南町会は和泉橋出張所管内、神田駅東地区連合に所属している。

1　町内の変容

紺屋町南町会の空間変容について、昭和一〇(一九三五)年三月作成の『火災保険特殊地図』、平成四(一九九二)年度版の『ゼンリン住宅地図』、平成二八年度版の『ゼンリン住宅地図』から抽出したのが「表3　紺屋町南町会(神田紺屋町)の空間変容」である。

表3　紺屋町南町会(神田紺屋町)の空間変容

	平成二八年度版の『ゼンリン住宅地図』	平成四年度版の『ゼンリン住宅地図』	昭和一〇年三月作成『火災保険特殊地図』
神田紺屋町一～二五	矢野ビル、T．Mビル、王子硝業ビル、小林祐夫、大矢ビル、野本ビル、野本ビルアネックス、松本ビル、紳洋ビル、ラッキービル、河野第一ビル、王子硝業ビル、河野第二ビル、㈱加部重商店第二ビル、神田システムビル、パークエアー紺屋町駐車場、アセンド神田紺屋町、鈴野ビル、パークア	矢野ビル(5F)、TMビル(5F)、大矢ビル(7F)、㈱エメラ本舗、野水鉄興㈱(5F)、松本防水布店、紳洋ビル(4F)、小野理化器械㈱、小林祐延、王子硝業ビル　十条薬品㈱、㈱高井鏡硝子工業所　徳丸㈱　㈱長島電業社、加藤ビル(4F)、王子硝業㈱、河野第一ビル、ラッキービル(7F)、神田システムビル　日本生命昭和通り支部(9F)、㈱藤	カステーラヤ、キッサ店、ソバヤ、倉、倉、倉、物(置)、物(置)、滝商店、倉、岩井タクシー、タバコヤ、大内商会、川口ヤ商店、兄弟商会　千葉、八百

	ベニュー神田紺屋町第一駐車場、コアパーキング神田紺屋第一駐車場、岩田ビル、鈴木ビル、山東ビル、サンビル、千代田寿ビル、神田TKMビル　第三九新井ビル、小林ビル、クニイビル　㈱クニイ、NASビル、NERUGA、水戸第二ビル　水戸工業㈱、SIA神田スクエア　カッシア神田レジデンス、ピーゾーン神田紺屋町駐車場、神保ビル、遠藤ビル、塩野香料㈱、宗昌ビル、㈱高井鏡硝子工業所　鈴木　高井成三郎、日本化学器械㈱　シミズ薬品、ジャストパーク神田紺屋町第二駐車場、高山ビル、駐車場	原商店、㈲高柳理化学器械製作所　㈱計測社、塩崎美代　田島夫美、高柳、(仮)紺屋町ビル、鈴野ビル、東京不動産土地住宅部管理田島駐車場、岩田ビル　サンチェーン紺屋町店(10F)、㈱ツボカワ、大東商会、京立精機㈱、三友印刷社、山東ビル(10F)、サンビル(5F)、千代田寿ビル(10F)、旧田沢ビル　神田写植、田沢三ビル、クニイビル　㈱クニイ(5F)、駐車場、ミトモビル管理㈱管理駐車場、小林ビル　日新商事㈱神田(営)　小林寿次郎、駐車場、開新舎神田ビル　㈱開新舎(5F)、共栄電業㈱　得能、藤沢硝子㈱、サイトウビル(4F)、石橋科学工業㈱、水戸第二ビル　水戸工業㈱、東京ダイヨー㈱、遠藤ビル(4F)、伊崎ビル(5F)、㈲林一進堂　林外造、土橋ビル、早瀬ビル、半田ビル(6F)、コーナン薬品㈱、三憲医療工業㈱、㈲小網理化学硝子製作所　㈱ワンオン、㈲田中薬品　協友工業㈲、須田㈱、トータルサービスエンジニアリング、恵ホテル東京案内所、塩野香料㈱東京営業所、神保ビル(7F)、岡本ビル　岡本商事㈱(4F)、フジイ産業ビル相互印刷㈱発送センター(5F)、宗昌ビル　イフ外語学院(5F)、㈱高井鏡硝子工業所、㈲シミズ薬品　日本化学器械㈱　㈱野中理化器製作所、㈱鈴木製作所　鈴木義信、高山ビル、㈲中むら　中村勝一　中村八五良	ヤ、山本医院、大用商店、米ヤ、武藤診療所、上野湯、スシヤ、小ヤ

昭和一〇年三月の時点では、商店や倉・物置（表中の「物」）が広がり、八百屋・米屋・たばこ屋・蕎麦屋・診療所・医院など、生活空間としてのまとまりを町内の中に持っていたことが窺える。

平成四年度の時点では、四階から九階にかけての中高層ビルが広がり、製造業などの企業が入ったビル街へと大きく変貌していることがわかる。

平成二八年度の時点では、複数のビルの区画が一つのビルに新たに建て替えられるなど統合や整理が進み、駐車場も増えている。ただし、紺屋町南町会には大きなマンションは建築されておらず、居住者の増加にはつながっていない。

2　神田祭の経年的変化

昭和四三（一九六八）年の紺屋町南町会の神田祭は、「祭礼行事をしなかった町会」として「紺屋町南部」の名前が挙げられている。[21]同様に、平成四（一九九二）年の紺屋町南町会の神田祭も「不参加」であった。[22]こうした神田祭への参加の空白地帯がダンボール神輿の誕生によって隆盛することになる。

平成二五年の紺屋町南町会の神田祭は、祭礼象徴は「M：大一（二尺三寸、H一一、飯田昭次郎氏作）」（Mは御輿、Hは曳き太鼓）、主な行事は「御霊入れ、町内渡御、神幸祭「受渡し」、連合渡御、神輿宮入参拝、町内渡御、直会」、役割動員は「祭典委員」、一般動員は「五〇人（町内少数、明治大学学生、知人、担ぎたい人）」、行事経済は「町会費七〇万円、寄付（奉納金一五万円）」、行事変化は「平成一一年五月に神輿（ダンボール製）を自主制作。神輿制作後、神酒所を設置。平成一五年に最初の宮入を実施。平成一九年から北乗物町と合同の神田祭を実施し、祭りが賑やかになった。合同の神酒所は旧今川中学校に設置。平成二五年に一〇年振りに宮入」、祭りの評価は「神田祭は地域の「団結の象徴」。神輿は町会を一つにするシンボル」、神社イメージは「大黒様、恵比寿様、将門様」である。町内は中高層のビル街に変容し、生活空間としてのまとまりは薄れ、大きなマンションも建設されず、居住者は少ない中で、町会の個人が平成一一年にダンボールで神輿を製作し、それを契機として祭りを拡大してきたことがわかる。つまり、大きく地域社会が変容する中で、神輿という祭礼の象徴を作り、祭礼の象徴を媒介として神田祭を拡大し、地域としてのまとまりを維持していることが窺えるのである。

五　岩本町二丁目岩井会にみる町内の変容と神田祭

続いて、平成二五(二〇一三)年に「桃太郎」山車の神田神社への展示と二〇年振りの神酒所の設置を行ない、平成二七年には町内渡御を復活させた岩本町二丁目岩井会における町内の変容と神田祭の関係について概観しておく。

岩本町二丁目岩井会の範囲は、千代田区岩本町二丁目八・九・一八番及び一九番一・二号である。

昭和四三(一九六八)年は七七世帯であったが、平成二五年は一八〇世帯(町会員二〇〜三〇世帯、町会活動に参加一〇世帯)である。

岩本町二丁目岩井会のある岩本町二丁目の人口は、国勢調査によると、平成七年は七一〇人、平成一二年は六四七人、平成一七年は九〇一人、平成二二年は一一三九人、平成二七年は一四六八人と推移している。平成一二年から平成二七年にかけて八二一人増加している。

世帯数は、平成七年は二三六世帯、平成一二年は二三六世帯、平成一七年は四六八世帯、平成二二年は七〇八世帯、平成二七年は九八五世帯と増加している。平成七年から平成二七年にかけて七五二世帯増加した。

昼間人口は、国勢調査の推計によると、平成七年は九七〇一人、平成一二年は八六一五人、平成一七年は七五〇三人、平成二二年は七一六一人と減少している。平成七年から平成二二年にかけて二五四〇人減少した。ここ二〇年の人口・世帯数の増加と昼間人口の減少は、岩本町二丁目においては業務空間から居住空間への移行が進んでいることが窺える。

なお、岩本町二丁目岩井会は、和泉橋出張所管内、岩本町東神田地区連合に所属している。

1　町内の変容

岩本町二丁目岩井会（元岩井町）の空間変容について、昭和一〇（一九三五）年三月作成の『火災保険特殊地図』、平成四（一九九二）年度版の『ゼンリン住宅地図』、平成二八年度版の『ゼンリン住宅地図』から番地ごとに抽出したのが「表4　岩本町二丁目岩井会の空間変容」である。

表4　岩本町二丁目岩井会の空間変容

	平成二八年度版の『ゼンリン住宅地図』	平成四年度版の『ゼンリン住宅地図』	昭和一〇年三月作成『火災保険特殊地図』
八番地	ヘアーサロンシミズ、保科ビル新館、保科ビル、ケイソウビル　日本軽窓㈱、野中ビル　㈱野中理化器製作所、堀越ビル、ペットサロン&ホテルクシネ、グランドトゥルース神田岩本町、ユニゾ岩本町二丁目ビル、ライトギャラリーライトスタジオ㈱、ライトフォトワークス、林慶タワーパー	バーバーシミズ、保科ビル新館（5F）、保科ビル（5F）、（仮）東京土地建物岩本町ビル（9F）、忠和岩本町ビル、山田登羅敏、下平ビル、太田ビル（4F）、東京マルシン第二ビル（5F）、（仮）栄泉不動産岩本町ビル（9F）、㈱林慶、林慶タワーパーク、林慶ビル　林慶之助（10F）、柿嶋ビル　北陽産業㈱　㈱エアーズロック（4F）、神田永谷マンション	床ヤ、下平、床ヤ、佐藤商店、松本商店、青山、八百ヤ、志村商店、渡辺医院、倉、藤井、日本加工織布株式会社、千代田火災支店、堀田本店、倉、岩井

	ク、林慶ビル、ロクマルビル、神田永谷マンション、NKビル、TAKASHIMA BLDルームスキノカ、井桁ビル　井桁金属㈱ドトールコーヒーショップ岩本町二丁目店	ニコマート岩本町店（13F）、鋼管建設ビル（7F）、東進産業㈱　㈱ムラタヤ、秋田不動産社管理駐車場、㈱堀田本店（6F）、イゲタビル　井桁金属㈱ドトールコーヒー岩本町二丁目店	
九番地	駐車場、梶幸ビル　京香神田店、KATAYAMABLD.2"、クマガイ、片山商事㈱、ゆいまーるひたち　日立グループ労働組合連合会　日立製作所労働組合、RECビル、TSビル、藤野ビル　陽野ビル3、駐車場、イルリストランティーノ、キタムラビル、スガツネ工業㈱、駐車場、㈱斎安、スガツネ工業㈱七号館	古賀商工㈱、㈱梶幸八商店（4F）、駐車場、片山ビル（10F）、片山商事㈱（5F）、三和ビル建設作業所、永嶋工務店　長嶋長次郎、真綿会館ビル（5F）、滝商事㈱岩本町商品センター、TSビル（6F）、藤野ビル藤野自動車㈱（8F）、FMビル　㈱藤野モーター商会　藤野隆四郎　藤野洋一（5F）、三和産興㈱　神田（営）、北村ビル（8F）、ヤマタビル　ヤマタ商会㈱葵　延命順造（5F）、スガツネ工業㈱、スガツネ工業二号館　㈱常豊（4F）、㈱双和商会、㈱斉藤安弘商店　斉藤正次（6F）、藤井金属㈱（6F）	岩井旅館、タバコヤ、スシヤ、岩井湯、クスリヤ、吉田商店、時田商店、北村モーター、山本（倉）、石井、山本商店、齊藤商店
一八番地	N35イースト　セブンイレブン千代田岩本町二丁目店、NBS岩本町ビル、区立岩本町二丁目児童遊園、シマダビル　㈱ユーケンサイエンス島田、荻原ビル、AVENIR神田、藤井第一ビル、月極岩本町パーキング　㈱奈良機設東京（事）、AsahiBLD、メインステージ千代田岩本町コモテ、ガーラ神田岩本町、タイムズ神田金物通り駐車場タイムズカープラス、㈱玉俊工業所　㈱EXTO EXTOショールーム　㈱共豊	㈱小菅商会、ソーコ、（仮）NTP第三ビル予定地（8F）、㈱栄都　斉藤盛、千代田区岩本町二丁目児童遊園、越田善雄、㈱トレバル、プランカビル（7F）、シマダビル　㈱ムラタアートワーク　東海物産㈱研究所　島田美和、萩原商店、駐車場、㈱阿部広電社（4F）、藤井第一ビル（9F）、中秀パーキングビル　中秀㈱（4F）、福山通運岩本町（営）、森田第三ビル　森田加工㈱　㈱キクイチ分室（8F）、松月庵、㈱大和プリント、杉田産業㈱、鈴木有料ガレージ、（建）、藤井商事㈱、㈱玉俊工業所、ディス	平井、店・倉、赤羽商、キッサ店、上倉商店、中村、タバコヤ、炭ヤ、大野、山中、中村商店、安場商店、境商店、勝海、倉、鈴木、物、床ヤ、川上商店、柏屋、山本、渡辺、浅源商店

		プレイセンター玉俊　㈱玉俊工業所（５Ｆ）、大五㈱　酒井保秋	
一九番一・二号	タイムズ神田金物通り第二駐車場　タイムズカープラス	アルタイ社、安川三男、駐車場、ディスプレイセンター玉俊	丸橋商店、丸越商店

昭和一〇年三月の時点では、多数の商店と倉が広がり、個人宅・八百屋・床屋・薬屋・たばこ屋・寿司屋・炭屋・喫茶店・銭湯・旅館などが立ち並び、生活空間としてのまとまりを町内の中に持っていたことが窺える。

現在の岩井会は、かつて「元岩井町」と呼ばれ、町会を「金物通り」と呼ばれる通りが通るように、金物問屋の町として知られた。

『千代田区史』によれば、かつて東京都内の金物問屋は、中央区日本橋の大伝馬町・小伝馬町、千代田区神田の元岩井町を中心とする一帯、秋葉原周辺の三つの地域に集中し、元岩井町を中心とする一帯では、この金物通りを囲むように、紺屋町・東紺屋町・西福田町・東福田町・元岩井町・材木町に一〇〇を超える金物問屋が集中していた。いわゆる「金物」とは一般に、家庭器物・建築金物・刃物・機械工具・鋲螺・二次製品の六つに大別されるが、金物問屋街が金物通りを挟んで形成されたのは戦後のことであった[23]。

平成四年度の時点では、四階から一〇階の中高層ビルが立ち並ぶ、製造業などの企業が入ったビル街に大きく変貌し、銭湯、八百屋、薬屋などの生活に関わる複数の店舗が姿を消している。その一方で、昭和一〇年の時点でみられた八番地の「下平」、「堀田本店」が、平成四年度の時点では「下平ビル」「㈱堀田本店（６Ｆ）」とビル化した。九番地においても昭和一〇年の「北村モーター」「齊藤商店」が、平成四年度では「北村ビル（８Ｆ）」「㈱斉藤安弘商店　斉藤正次（６Ｆ）」とビル化している。また、平成四年度には一八番地に千代田区岩本町二丁目児童遊園が存在している。

平成二八年度の時点では、六番地の「下平ビル」「㈱堀田本店（６Ｆ）」がなくなったものの、九番地の「北村ビル（８Ｆ）」「㈱斉藤安弘商店　斉藤正次（６Ｆ）」は「キタムラビル」「㈱斎安」として存続している。

ただし、平成四年度から平成二八年度の間に、八番地の「グランドトゥルース神田岩本町」、一八番地の「Ｎ35イースト」「メインステージ千代田岩本町コモテ」「ガーラ神田岩本町」など、マンションが建設されていることがわかる。反対に、九番地では「古賀商工㈱」「永嶋工務店」「真綿会館ビル（５Ｆ）」「滝商事㈱岩本町商品センター」「ＦＭビル」「三和産興㈱　神田（営）」「ヤマタビル」「㈱双和商会」などが平成二八年度には姿を消して、「駐車場」が一ヶ所から三ヶ所に増えている。

平成二八年度の時点では、企業とマンションの町に変貌を遂げていることがわかる。町内の企業が減り、マンションが建設されたことで、昼間人口は減り、人口・世帯数が増加したことを空間的な変容から読み取ることができる。

前町会長のＭ・Ｓ氏によれば、「昔は町内に住んで商売している人が多く、住込みの社員や従業員もいた。羽振りがよく（神田祭の際に町会へ）一〇〇万円も寄付した人もいたが、その後、廃業して移転した人も多い。私が青年部長から町会長になったときに、青年部はなくなった。マンションの住民やビルの中の事業所は増加したが、町会への参加はそれほど進んでいない」という。

2　神田祭の経年的変化

昭和四三（一九六八）年の岩本町二丁目岩井会の神田祭は、祭礼象徴は「Ｍ（Ｓ５）Ｈ（Ｓ５）獅子頭２」（Ｍは御輿、Ｈは曳き太鼓）、主な行事は「宵宮、町内練リ」、役割動員は「祭典委員（明神評議員、町会役員）」、一般動員は「各商店へ依頼」、行事経済は「寄附三五万（町会規模三〇万）」、行事変化は「震災前ヨリ神輿ヲ練ル人形山車モアッタ（菊児童)」、祭りの評価は「準備ニ苦労」、神社イメージは「坂上田村麿　将門ヲ合祀」とある。[24]

昭和四三年の段階では、宵宮と神輿の町内渡御が行なわれ、神輿は商店の従業員が担いでいたことがわかる。ただし、薗田稔の調査資料からは「桃太郎」山車の巡幸が行なわれていたかは不明である。

平成四(一九九二)年の岩本町二丁目岩井会の神田祭は、祭礼象徴は「御輿太鼓獅子頭(S5)」、祭礼行事(主な行事)は「蔵入れ、蔵出し、氏子神輿御霊入れ、神幸祭「受渡し」、氏子神輿宮入参拝(連合渡御)、町会練り歩き、前斎神事(宵宮)」、祭礼組織(役割動員)は「祭典委員会、婦人部、青年部」、祭礼費用(行事経済)は「特別会費」、神酒所は「有・車庫」とある。[25]

一般動員についての記載はないが、平成四年度の段階では神輿の町内巡幸と神田神社への神輿宮入参拝が行なわれていたことがわかる。

しかしながら、平成四年から平成二五年の間に、神輿の巡幸や神酒所の設置も中断していた。ただし、「ここ一〇年以上、「桃太郎」山車を年に一回神輿庫から出して三~四時間、虫干し」をすることは絶やさなかったという。

そして、平成二五年に「桃太郎」山車を神田神社境内へ展示することとなり、それを契機に神酒所の設置を復活させ、神酒所内に大人神輿を飾った。

平成二五年の岩本町二丁目岩井会の神田祭は、祭礼の象徴は「M:中一、D:「桃太郎」山車一」(Mは御輿、Dは山車)、主な行事は「蔵出し、神酒所設営、神輿の飾り置き、「桃太郎」山車の展示、御霊入れ、挨拶廻り、神幸祭「受渡し」宮入迎え、直会、蔵入れ」、役割動員は「祭典委員、祭典委員長(町会長)、祭典実行委員長(町会副会長)、青年部(二人)」、一般動員は「二五人(土曜一五~一六人、日曜一五~一六人)。町会長の会社員五~六人。セブン-イレブン:店長以下一二~一三人」、行事経済は「町会費(約一〇〇万円)。従来は寄付(奉納金)」、行事変化は「平成二五年に二〇年振りに神酒所を作り、神輿を組んだ」、祭りの評価は「地域の人たちとつながりを深める場」、神社イメージは「平将門」、神酒所は「有り、岩本町二丁目児童遊園」である。

行事経済については、「久しぶりの祭礼でどのくらいの費用が掛かるかわからないため、平成二五年は初めて町会費で実施」したという。従来は寄付で行なっていた。

岩本町二丁目岩井会では、平成二七年には「桃太郎」山車の神田神社への展示、神酒所の設置を継続するのみならず、大人神輿の町内渡御を復活させた。

町内は企業とマンションの町に大きく変貌し、企業やマンションの住民の町会活動への参加があまり進まない中で、「桃太郎」山車の展示を契機として、祭りを拡大させたことがわかる。

六　岩本町三丁目町会にみる町内の変容と神田祭

さらに、企業参加に特化した動員を行ない、多数の会社員が神輿を担ぐ岩本町三丁目町会における町内の変容と神田祭の関係について概観しておく。

岩本町三丁目町会の範囲は、千代田区岩本町三丁目(六番八～一三号、一四号の一部、一一番一・二号、三号の一部を除く)及び、神田岩本町全域である。

昭和四三(一九六八)年は三〇〇世帯であったが、平成二五(二〇一三)年は町会員一八〇世帯(町会役員五〇世帯)である。

岩本町三丁目町会がある岩本町三丁目と神田岩本町の人口・世帯数・昼間人口についてそれぞれみておきたい。

岩本町三丁目の人口は、国勢調査によると、平成七年は一三七人、平成一二年は一二九人、平成一七年は二一三人、平成二二年は四二四人、平成二七年は六四九人と推移している。平成一二年以降、人口増加に転じ、平成一二年から平成二七年にかけて五二〇人増加した。

神田岩本町の人口は、同じく国勢調査によると、平成七年は七六人、平成一二年は六三人、平成一七年は六八人、平成二二年は六七人、平成二七年は四九人と推移している。平成七年から平成二七年にかけて二七人減少した。

岩本町三丁目の世帯数は、平成七年は四五世帯、平成一二年は五〇世帯、平成一七年は一四二世帯、平成二二年は三五六世帯、平成二七年は五二八世帯と増加している。平成七年から平成二七年にかけて四八三世帯増加した。

神田岩本町の世帯数は、平成七年は二九世帯、平成一二年は二九世帯、平成一七年は三二世帯、平成二二年は三三世帯、平成二七年は二七世帯と推移し、横ばいの状況が続いている。

岩本町三丁目の昼間人口は、国勢調査の推計によると、平成七年は六五二四人、平成一二年は六三九五人、平成一七年は九九八四人、平成二二年は八七二九人と推移している。平成二二年は平成七年と比べると、二二〇五人増加している。

神田岩本町の昼間人口は、同じく国勢調査の推計によると、平成七年は二八二六人、平成一二年は一七一七人、平成一七年は二一二八人、平成二二年は一四三二人と推移している。平成七年から平成二二年にかけて一三九四人減少した。

岩本町三丁目では人口、世帯数、昼間人口のいずれも増加しているが、神田岩本町では人口は減少し、世帯数は横ばいであり、昼間人口は減少している。岩本町三丁目では再開発による新住民の増加と業務空間のさらなる拡大によって、人口・世帯数とともに昼間人口が拡大していることが窺える。

1　町内の変容

岩本町三丁目町会の空間変容について、昭和一〇（一九三五）年三月作成の『火災保険特殊地図』、平成四（一九九二）年度版の『ゼンリン住宅地図』、平成二八年度版の『ゼンリン住宅地図』から番地ごとに抽出したのが「表5-①　岩本町三丁目町会の空間変容（岩本町三丁目）」と「表5-②　岩本町三丁目町会の空間変容（神田岩本町）」である。

表5-①　岩本町三丁目町会の空間変容（岩本町三丁目）

	平成二八年度版の『ゼンリン住宅地図』	平成四年度版の『ゼンリン住宅地図』	昭和一〇年三月作成『火災保険特殊地図』
一番地	岩本町東洋ビル、信丸ビル、スミトー神田岩本町ビル、中村ビル、Ｊ・サンクス第一ビル、リブラ岩本町Ⅰ（ヤブビル）、滝清ビル新館　滝清㈱、カネヒロビル	扇ビル　殖産銀行東京支店（８Ｆ）、駐車場、村上ビル　バーロン商事㈱（７Ｆ）、スミトー神田岩本町ビル（９Ｆ）、中村ビル　茶月岩本町本店（10Ｆ）、サンライン第五三ビル（10Ｆ）、ボンロード㈱別館（９Ｆ）、カネヒロビル（10Ｆ）	ソバヤ、キッサ店、天満屋　合名公社、吾妻、片岡商店、中村商店、鈴木商店、食堂
二番地	共同ビル（新岩本町）㈱渡辺武商店、マルトモ東京ビル、第二瀬野ビル、エスコート神田岩本町、ＳＮ岩本町ビル、キウチビル、千代田岩本ビル、岩本町ビル　１Ｆ愛媛銀行東京支店、滝清ビル　滝清㈱	キウチビル　㈲木内商店（９Ｆ）、千代田岩本町ビル（９Ｆ）、東京建物岩本町ビル　愛媛銀行東京支店（９Ｆ）、滝清ビル　滝清㈱（10Ｆ）、東京建物㈱管理駐車場、第六コーヨービル（10Ｆ）、第二瀬野ビル、新光須田町共同ビル作業所工事（事）（仮）神田須田町共同ビル作業所工事（事）、駐車場、ＳＮ岩本町ビル　関西電機㈱（９Ｆ）、共同ビル新岩本町　㈱渡辺武商店（10Ｆ）	洋田、岡田、モノ、玉突、齊藤商店、金子商店、タバコヤ、小野、山辺、坂手、早川、ガラスヤ、タバコヤ、山田商店
三番地	バラカ千代田区岩本町第五駐車場、まねき屋　神田岩本町店　㈲林塾、木村ビル、	㈲徳村衣料、今村、木村ビル（４Ｆ）、㈱高荘（７Ｆ）、アネックス神田ビル（９Ｆ）、神田パークビル	ミルクホール、天プラ、辻族商店、早川本

	The ParkRex 岩本町ビル、アックス神田ビル、神田パークビル、ＡＲＴ岩本町、和泉ビル、秋葉原ＳＨビル、井門岩本町ビル　デイリーヤマザキ岩本町三丁目店、ガラ・ステーション岩本町North、エクセル岩本町、ガラ・ステーション岩本町South、グレンパーク秋葉原イースト　一Ｆもみや、バラカ千代田区岩本町第三駐車場、ＣＭビル、ナポリ岩本町店	(10Ｆ)、㈱安藤岩本町第一倉庫、和泉ビル、野村商店、㈱丸和メリヤス、㈱徳永、共栄ポンピアンビル　千代田證券㈱神田支店(9Ｆ)、共伸繊維㈲、㈱古川商店、坂本ビル　レークファーゼンモール㈱(4Ｆ)、石川包装資材㈱、㈱スタンダロンワタナベ、㈱柳原商店、㈱サテイ　佐藤貞博、上野衣料㈱　㈱ポロハウス(5Ｆ)、新鉄道器材㈱、光陽繊維仮(営)　山口宗一　岡田たよ、渡辺商店、駐車場、シーエムビル(5Ｆ)、いさや、霞ヶ関信用組合岩本町支店	店、丸中商店、安藤商店、豊田商店、松本商店、共栄ビル、秋谷、松野商店、廣田商店、沢井、岡田、川崎第百銀行岩本町支店
四番地	広瀬ビル　㈱龍閑堂薬局、小沢ビル、トリキンビル　東京トリキン㈱　㈱電子機械サービス、塩生協ビル、第一東ビル、トナカイタワース、ＶＯＲＴ岩本町Ｉ、岩本町藤田ビル、HOPE CITY 秋葉原、國竹ビル	広瀬ビル　龍閑堂薬局　小沢㈱(5Ｆ)、東京トリキン㈱、塩生協ビル(8Ｆ)、第一東ビル　㈱広屋文具チェーン(9Ｆ)、(仮)トナカイビル(8Ｆ)、岩本町高橋ビル(9Ｆ)、岩本町藤田ビル(9Ｆ)、サンライン第八ビル　㈱三景(8Ｆ)、㈱笹倉(5Ｆ)、国竹ビル(8Ｆ)、谷口製作所	新井商店、小崎商店、秋沢、株式会社立松商店、浅沼、川口、藤田、タバコヤ、ソバヤ、岩井、青柳、谷口商店、クスリヤ、中山
五番地	リベラ岩本町、スドウビル、フォアサイトビル、常和岩本町ビル　一Ｆまいばすけっと岩本町三丁目店、ヒロモリビルディング、IVCITY AKIHABARA、岩本町シティプラザビルディング	福島ビル　三建不動産管理地(8Ｆ)、スドウビル　サンプリント(5Ｆ)、フォアサイトビル(9Ｆ)、安田生命岩本町ビル(8Ｆ)、増築工事、岩本町ＭＴビル(9Ｆ)、東京不動産管理平川駐車場、東誠ビルNo.10　東誠ビルディング㈱　サンエブリー岩本町店(10Ｆ)	浅田商店、森山、鈴木商店、田村商店、タバコヤ、土屋、大西屋、根本、物、平野商店、宗田、ズボンヤ、洋服店、ズボンヤ、印刷所
六番地	オメガヤマト　大和興業㈱、鈴木　髙藤、タワーコート秋葉原、LOMEBARO COURT 神田、木所ビル　木所浴槽工業	大和興業㈱大和橋ガレージ、ＷＣ、堀江㈱車庫、鈴木イチ　高橋一昭、氏家不動産管理三政駐車場、㈱三橋　三橋商事㈱　三橋邦夫(5Ｆ)、木所ビル　木	中央印刷所、物、空

	㈲、コインパークA1080岩本町三丁目駐車場、㈱リ・プリゼント	所浴槽工業㈲（5F）、石井ビル（4F）、栗下タオル（6F）	
七番地	スヂノビル、政弥ビル　政弥衣料㈱、T・S・Rビル、藤原ビル、アトリエ都築、あけぼの、大和アトミックエンジニアリング㈱、㈲福山写真製版所、直本工業㈱東京支店、千代田タワーANNEX、パークウェル秋葉原、神田KSビル、マイステージ野村、早川ビル、紳士服卸コクザワ、タイムズ岩本町第一駐車場、堀江㈱、井門岩本町第二ビル　ローソン岩本町三丁目店	スヂノビル（4F）、第三スヂノビル　スヂノパーキング（5F）、政弥衣料、中央アートフォーラム㈱（5F）、福豊㈱、藤原ビル（5F）、ソーコ、アトリエッヅキ、あけぼの　渡辺量夫、㈱ベルチアウダ（4F）、福山写真製版所（5F）、直本工業㈱東京支店（5F）、新光産業㈱管理駐車場、神田KSビル㈱酒井商店（6F）、山森繊維工業㈱、早川ビル（5F）、コクザワ㈱、黒宮モーターサイクル、二十三㈱、堀江㈱、マルメビル　モリト㈱（10F）	谷口商店、丹羽、谷口、印刷、太田自、キッサ店、木（工）、尾上東京支店、岩村、前川、メリヤス、宗田、押尾商店、嶋や商店
八番地	㈱ハセッパー技研、金子ビル、メスダビル、ヨシミツビル　㈱丸善、スリーセブン第二ビル、㈱中村工業商会、CONOE秋葉原岩本町、東加ビル、加藤ビル、篠、竹内ビル、ちきり屋、トーソク12ビル、駐車場、カナセビル　カナセ工業㈱東京（営）森崎英治　松本、千代田NSOビル、FGEX岩本町ビル　一Fヤマト運輸㈱岩本町三丁目宅急便センター　復建調査設計㈱東京支社、NOF神田岩本町ビル	東誠ビル№11　山形シリコン　㈱トーケムプロダクツ　三菱マテリアル㈱　住商コンピューターサービス㈱　日本シリコン㈱　㈱住友銀行東神田支店（9F）、㈲亜土夢　㈲デザインダクト、召田ビル　㈱トラスト（4F）、金子商事㈱（5F）、スリーセブン第二ビル　㈱丸善（6F）、㈱中村工業商会（5F）、ベルチアトレンディハウス、谷津㈱東京支店　㈱ジョッキーもぐら（4F）、ユニオントップ岡栄㈱（7F）、東加ビル（4F）、加藤ビル（5F）、篠健商店、ステーキ不二　おやじ　小野寺、ちきり屋、フロリア㈱（4F）、ピースクラウン㈱、カナセ工業㈱東京（営）（5F）、東誠ビルディング㈱立体駐車場、㈱東京ファスナーニット部（4F）、光洋クロージング㈱東京支店	西脇商店　菊屋、井上、近女商店、太田柴崎、鳥居、角田、もとじや商店、高舛、京和、小川、八百ヤ、キッサ店、田中、丸三、出口、高野

九番地	花岡ビル、PREMIUM MIDSIZE OFFICE岩本町、フォレスト秋葉原ビル、岩本町SYビル、KAIビル　8F貝印㈱本社、第一瀬野ビル、針谷ビル　コーヒーショップ司、岩本町寿共同ビル、フォロス岩本町ビル、㈱スリーセブンビル、ハネクトーン早川㈱	花岡ビル（7F）、ナス物産㈱（7F）、貝印㈱（5F）、岩本町SYビル　㈱ダイツーハネワトーン早川㈱（7F）、㈱森徳、貝印㈱別館（4F）、オーバーシーズ　トレード　アンド　インベストメント㈱　㈱佐藤佳二商店　㈱ブルータス、瀬野商事㈱、NNビル（5F）、針ヶ谷ビル　コーヒー司（5F）、岩本町日光共同ビル（6F）、立体駐車場、日東ビル住販㈱（5F）、スリーセブンビル（10F）、ハネクトーン早川㈱（6F）、ソーコ	高橋紙店、天プラ、ヒツジヤ、大内商店、伊木商店、浅井商店、清水、小村商店、小竹商店、小田、伊藤、梅丸や（銘木店）、森田、神保商店、井筒や（林商店）、黒江商店、岡田ベルト店、岸村商店、鈴木商店、小村商店
一〇番地	ヤマザキ岩本町ビル　山崎製パン㈱　千葉銀行秋葉原支店、そば　みのがさ　西原、東自機ビル　デイリーヤマザキ岩本町和泉橋店　㈱高知銀行東京支店、天ぷらそば永田　プリントショップ　ミクロ・アオ、秋葉原花岡ビル、㈱真誠　東京（営）、岩本町駅前ビル、山源ビル、幸ビル	岩本町三井ビル　三井建設㈱　千葉銀行秋葉原支店（12F）、寿ビル　三井生命（9F）、そば　みのがさ、東自機ビル　日本ソーイング㈱バルコン本店（9F）、立喰ソバ、高橋ビル　和泉クリニック（6F）、㈱真誠東京（営）（6F）、山源ビル（8F）、島村ビル　㈱コスモプランニングコピーセンター、竹島ビル（4F）	東京衣類中央市場ビル、大塚商店、高松商店、笹本、高橋、伊東、衣類市場、嶋村商店、石井商店、八島、大床ヤ、貫衣商店、大江、秦野、広セ、立花商店、安田、木村、田島、牧野、小林
一一番地	㈱アイコー、PREMIUM MIDSIZE OFFICE秋葉原、滝上ビル、イワモトチョウビル、KDX岩本町ビル、ブルータスビル、田島ビルディング　㈱タジマ、アーバンネット岩本町ビル	参松工業㈱ソーコ　佐藤正義、ソーコ、㈱プルータスソーコ、太陽毛芯㈱（5F）、ユービービル　㈱ユービー（8F）、（建）（4F）、千代田茶房　北村真一、滝上ビル（6F）、駐車場、イワモトチョービル　酒処あきば（7F）、北代ビル　㈱日恵（4F）、	置場、化粧品本舗、滝上商店、物、タバコヤ、合資会社参松、長谷川、佐藤商店、伊藤商店、牧商店、三上商

		三弥衣料㈱（5F）、参松工業㈱（4F）、㈱プルータス、渡辺メガネ㈱　渡辺ビル（5F）、駐車場、㈱上東商事、㈱田島ソーコ、三星ビル　三星不動産（4F）、田島ルーフィング㈱東京（営）、（仮）アーバンネット岸本町ビル（9F）、和泉橋南東児童遊園	店、中川商店、遠山本店、東陽株式会社、一番組

表5―②　岩本町三丁目町会の空間変容（神田岩本町）

	平成二八年度版の『ゼンリン住宅地図』	平成四年度版の『ゼンリン住宅地図』	昭和一〇年三月作成『火災保険特殊地図』
一番地	ビル、峯岸ビル、住友生命千代田ビル、秋葉原清新ビル、山上ビル、岩本町ビル　デイリーヤマザキ神田岩本町店、佐藤金属㈱第一別館、ＡＩビル、ＫＤＸ秋葉原ビル　カフェベローチェ岩本町駅前店、山内ビル、清水ビル　東京衣料㈱、坂田ビル、ＥＶ	高原ビル（7F）、山上ビル（9F）、住友生命千代田ビル（10F）、峯岸ビル（9F）、岩本町ビル　マルワイ吉田㈱　佐川金庫産業㈱（11F）、佐藤金属㈱第一別館（4F）、㈱飯山工務店　㈱安研、白石第二ビル　㈱白石（9F）、山内ビル、清水ビル　東京衣料㈱（9F）、佐藤金属㈱車庫、坂田ビル（4F）、換気塔	洋服店、井上ラシャ、武神ラシャ、和泉橋診療所、洋服店、堀田商店、キッサ店、堀富、野村、前田、井上、山崎、タバコヤ、ミルクホール、鈴木、秋沢商店、山内、茂野、山中、和泉湯、荒井、山越、渡辺、坂田
二番地	豊島㈱、共同ビル（千代田）	長谷川第一二ビル　富山第一銀行東京支店（9F）、共同ビルディング千代田　福島銀行東京支店（10F）	岡本、中村、床ヤ、柳沢商店、花ヤ、米ヤ、タクシー、酒井、大竹、タバコヤ

四番地	バラカ神田岩本町第一駐車場、神田北辰ビル　なか卯神田岩本町店、高岡商事㈱、林下ビル、都築ビル　大和水洗工業所、長谷川ビル、サンティック神田ビル、シイハシビル、MCC神田岩本町ビル、渡辺ビル井出、MODERO、神田平成ビル131	神田北辰ビル　銚子屋酒店㈱（10F）、大金商事㈱（4F）、高岡商事㈱（4F）、林下ビル　東洋工業㈱（4F）、都築ビル　大和水洗工業所　山崎電機㈱（9F）、長谷川ビル（7F）、いずみ神田ビル　住友生命（10F）、シイハシビル（8F）、神田岩本町ビル　吉証券㈱（10F）、渡辺燈器㈱　㈲白宣社　アンディ設計㈱（4F）、㈱明創舎、ソーコ、香文社ビル　㈱コア　ササキスタジオ　㈱香文社印刷、熊谷稲荷、コヤマ看板、車庫	所、西田、銚子ヤ商店、倉、本吉、山口、椎槁商店、林クスリヤ、ゴム印、丸山、江田、中島、タバコヤ
一五番地	岩本町臨時駐車場、北原ビル、会計ビル、山上ビル東館	和泉橋南西児童遊園、千代田区役所和泉橋出張所　和泉橋区民会館（5F）、北原ビル（4F）、会計ビル（8F）、三芝電気㈱　東日本東芝設備工業㈱（9F）	北原商店、土木詰所

岩本町三丁目町会のエリアは岩本町三丁目と神田岩本町に分かれるため、それぞれで空間的な変容についてみていきたい。

昭和一〇年三月時点の現・岩本町三丁目のエリアには、現在の一〇番地に「東京衣類中央市場ビル」「衣類市場」があり、周辺に多数の衣類関係の商店（洋服店・ズボン屋・ベルト屋や、化粧品の関連するお店なども含め）が立ち並んでいる。神田岩本町は既製服の町として知られた。このほか、個人宅・蕎麦屋・天ぷら屋・食堂・喫茶店・ミルクホール・床屋・ガラス屋・たばこ屋などの店も広がっていた。

衣類関係（既製服）の問屋・商店とそこで働く従業員の生活空間が広がっていたことが窺える。

同様に、昭和一〇年三月時点の現・神田岩本町のエリアには、須田町に近い現在の一番地にはラシャの店舗や洋服店がみられる。このほか、個人宅・銭湯・診療所・米屋・花屋・薬屋・喫茶店・ミルクホールなどがあった。岩本町三丁目と神田岩本町は衣類関係の商業の町でありながら、そこで働く従業員を含めた生活空間としてのまとまりを町内の中に持っていたことが窺える。

須田町中部町会のところで触れたが、昭和三五年発行の『千代田区史』によれば、昭和三一年当時、和泉橋出張所管内と須田町一丁目（万世橋出張所管内）に千代田区の繊維問屋の約九割が集中していた。

既製服関係は岩本町を中心に山手線の外側に、織物関係は須田町を中心に山手線の内側に集中する傾向がみられる。この分布は、問屋街の形成当時から、岩本町周辺は古着市場を中心に二次製品の扱いが主であったことの延長的発展であるのに対し、より歴史の新しい須田町周辺は、一次卸の周辺地区という取引上の利点を選んで、特に戦後急速に切売屋がこの一角に集中したためであるという。(26)

『千代田区史』下巻に記載された昭和三一年の「商業調査」の個表より集計した「第9表　町丁別繊維問屋数(27)」には、岩本町：八五（糸・織物類：一〇、既製服：五九、婦人子供服：一六）とある。

平成四年度時点の岩本町三丁目には、現在の一〇番地に昭和一〇年時点であった「東京衣類中央市場ビル」が、「三井建設㈱」に変化している。昭和一〇年時点で一一番地にあった「合資会社参松」が、平成四年度時点で「参松工業㈱（4F）」に変化するなど、衣類関係の商業の町から、四階から一〇階にかけての中高層ビルが広がる企業の町へと変貌していることがわかる。

ただし、三番地の「㈲徳村衣料」「共伸繊維㈲」「上野衣料㈱」「光陽繊維仮（営）」、六番地の「栗下タオル」、七番地の「政弥衣料」「山森繊維工業㈱」、一一番地の「三弥衣料㈱」など、衣料・繊維関係の会社も健在である。

また、平成四年度の時点では、九番地に「貝印㈱」、一一番地に「田島ルーフィング㈱東京（営）」が存在し、一番地の「殖産銀行東京支店（8Ｆ）」、二番地の「愛媛銀行東京支店（9Ｆ）」、三番地の「千代田證券㈱神田支店（9Ｆ）」「霞ヶ関信用組合岩本町支店」、八番地の「㈱住友銀行東神田支店」、一〇番地の「千葉銀行秋葉原支店」など、金融機関も複数存在している。

平成四年時点の神田岩本町には、昭和一〇年時点の個人宅が「山内ビル」「坂田ビル（4Ｆ）」へ、「銚子ヤ商店」が「神田北辰ビル　銚子屋酒店㈱（10Ｆ）」へビル化するなど、四階から一一階の中高層ビルの町に変貌している。また、二番地には「富山第一銀行東京支店」「福島銀行東京支店」、四番地には「吉証券㈱」など、金融機関も複数みられる。四番地には「熊谷稲荷」があった。

平成四年度時点では、衣類や繊維関連の事業所が存在しながらも、「三井建設㈱」「貝印㈱」「田島ルーフィング㈱」といった大手企業や金融機関などのビル街へと変貌を遂げていることがわかる。

平成二八年度時点の岩本町三丁目には、一〇番地の「三井建設㈱」が「山崎製パン㈱」に変化し、一一番地の「参松工業㈱」はなくなり、一番地の「殖産銀行東京支店」、三番地の「千代田證券㈱神田支店」「霞ヶ関信用組合岩本町支店」、八番地の「㈱住友銀行東神田支店」といった金融機関が姿を消した。九番地の「ＫＡＩビル　8Ｆ貝印㈱本社」、一一番地の「田島ビルディング」は存続している。そして、二番地の「エスコート神田岩本町」、三番地の「ガラ・ステーション岩本町Ｎｏｒｔｈ」「ガラ・ステーション岩本町Ｓｏｕｔｈ」など複数のマンションが建築された。

平成二八年度時点の神田岩本町には、一番地の「山内ビル」「坂田ビル」は存続しているものの、二番地の「富山第一銀行東京支店」「福島銀行東京支店」は姿を消し、二番地は「豊島㈱」「共同ビル（千代田）」だけに変化した。四番地の「熊谷稲荷」はみえなくなっている。

平成二八年度時点では、かつての衣類（既製服）の問屋街・商店街といった姿は薄れ、大手企業の本社をはじめとした企業とマンションの町に変貌していることがわかる。

かつての「東京衣類中央市場ビル」は「三井建設㈱」を経て「山崎製パン㈱」の本社に変わっている。岩本町三丁目では、人口・世帯数の増加しているが、背景にはマンションの建設による新住民の増加が窺え、昼間人口の増加の背景には衣料や繊維関係の事業所や金融機関は減ったものの、大手企業の本社などの事業所が依然として町内に多く存在し、業務空間としての機能を増していることが窺える。

一方で、神田岩本町では、人口・世帯数ともに横ばいであるのはマンション建設がなされておらず、昼間人口減少の背景には金融機関などの事業所の減少が考えられる。

町会長のH・K氏(昭和二三年生)によると、「五〇年前は洋服屋(紳士服)の街であった。住込みの従業員がいる二〇坪・三〇坪のお店がたくさんあった。現在、洋服屋は三軒のみ。流通が大きく変化して廃業し、マンションへ変わった。街並みが大きく変貌した」という。

2　神田祭の経年的変化

昭和四三(一九六八)年の岩本町三丁目町会の神田祭は、祭礼の象徴は「M大(S27)・中(S11)・小(S11)、H(S11)、獅子頭二」(Mは神輿、Hは曳き太鼓。以下同じ)、役割動員は「祭典委員(町会役員)八〇名　婦人部」、一般動員は「若者二〇〇人八割ガ店員(回覧トポスター)」、行事経済は「寄附一五〇万　基金委員ガ集メル」、神社イメージは「祭神不明　氏神サマ意識」とある。主な行事、行事変化、祭りの評価には記載がないが、備考には「復興祭ノトキ多町神輿ニブッツケラレ、神輿ノ小サイノヲ冷カサレタノデS27年ニ大神輿ヲ作ッタ」と書かれている。[28]

昭和四三年の一般動員は「若者二〇〇人」で「八割ガ店員」であり、町内の商店の従業員が大半を占めていたことがわかる。

平成四（一九九二）年の岩本町三丁目町会の神田祭は、祭礼の象徴は「御輿太鼓獅子頭　S27　1111《ママ》」、祭礼行事（主な行事）は「蔵入れ、蔵出し、氏子神輿御霊入れ、神幸祭「受渡し」、御霊返し、氏子神輿宮入参拝（連合渡御）、町会練り歩き、前斎神事（宵宮）」、祭礼組織（役割動員）は「祭典委員会　婦人部　祭典実行委員会」、一般動員は「町内会員：男一四〇・女六〇・子供一〇、町内会員外：男二一〇・女九〇・子供一〇、御輿同好会：男〇・女〇・子供〇」、祭礼費用（行事経済）は「寄付」、神酒所は「有り・通路」となっている。[29]

平成四年の一般動員をみると、町内会員が二一〇人（男・女・子供の合計）、町内会員外が三一〇人（男・女・子供の合計）となり、町内会員外が全体の五九・六％を占めていることがわかる。

平成二五年の岩本町三丁目町会の神田祭は、祭礼の象徴は「M：大一（二尺五寸）・中一・小一、H一」、主な行事は「蔵出し、神輿展示、お神輿講習会、御霊入れ、神幸祭「受渡し」、挨拶廻り、町内渡御、連合渡御、神輿宮入参拝、「おまつり広場」、御霊返し、直会、蔵入れ」、役割動員は「祭典委員、祭典委員長、祭典実行委員長、青年部、婦人部」、一般動員は「元町内二〇～三〇人、山崎製パン三〇〇人（土・日）、本間組二〇人、田島ルーフィング二〇人、貝印一〇人、インターネット応募三〇～四〇人、和泉小学校教員。同好会としての参加なし。女性多い」、行事経済は「寄付（奉納金七〇〇万円を超える）」、行事変化は「大きな変化なし。約二〇年前、金曜に宵宮を実施。宵宮は町内の平成通りに、東神田町会、東神田豊島町会、東紺町会、大和町会などの神輿と連合渡御。しかし、担ぎ手が少なくなり廃止」、祭りの評価は「町会の付き合いも神田神社、神田祭があるから成立」、神社イメージは「平将門、大黒様、恵比寿様。神田神社そのものが持っているエネルギーが大きい」、神酒所は「有り、山崎製パン本社ビル一F」である。

本章第一節でも指摘したように、岩本町三丁目町会では昭和四三年の一般動員は八割が町内の店員であったが、平成四年は町内会員外が約六割、平成二五年は町内企業の参加者が七割を超えている。特に、神酒所が作られる山崎製パン本社の社員の割合が高い。

かつての衣類（既製服）の問屋街・商店街から大手企業の本社をはじめとした事業所ビルとマンションの町に変貌した岩本町三丁目町会は、その担い手を商店の従業員から町内企業、特に大手企業の会社員に特化する形に動員方法を移行し、町会の神田祭を維持していることがわかる。

ただし、町会長のH・K氏によると、企業の参加を重視していて気がかりなことは、「町会と懇意にしている企業の担当者（町会担当のトップ）が変わらないうちは（町会と企業の間で）何年も前から継続していることを理解してもらえるが、担当が変わった場合にどうなるのかといった心配がある。特に僕らは企業頼みというところがある。一番危ないと思うのはM&Aによって外資系になったら終わってしまう可能性がある。ある企業があったビルが実際にM&Aで外資系になった。そこで町会費も払わなくなった。そういうような危うさを町はどこも持っているのではないか。だから、新しく来た繊維関係の大手の会社が町内にあるが、その会社にも普段からアプローチはしている。時間を掛けて理解をしてもらうようにしていくしかないと思っている」という。

また、再開発によって新しくできる事業所やマンションに対しては、「私が（町会の）総務になってからは、新しいビルを建てる前には必ず住民説明会をやってもらうようにしている。マンションやオフィスビル、個人で建てる場合でも、住民説明会のときにオーナーや管理会社などにこの町会の有り体を全部理解してもらっている。このビルの図面をみるとこれだけの町会費になるけれども、それを諒解していただけるのかというようなことから始め、お祭りはこういう形で行ない、ファミリーバザールを年二回行なうがそれには協力してくれるかなど、事前に全部伝えるようにしている」といい、それで町会に加入してもらっているという。住民説明会の機会にお祭りのことも町会活動のことも予め伝えておかなければ、いきなり訪問しても「そんな話を聞いてない」ということになってしまうという。普段からの積み重ねやアプローチが町会運営において重要であるとH・K氏は強調していた。

まさに、衣類（既製服）の問屋街・商店街から事業所とマンションの町となった今日において、町会役員の日常的な企業への働きかけの上に、岩本町三丁目町会の神田祭への企業参加が維持できているといえる。

まとめ

このように、かつての神田は、問屋街や商店街が広がる商人・職人の街であり、町内には居住空間のほかに、八百屋や米屋などの商店、銭湯、病院、床屋など生活空間としてのまとまりを町内に持っていた。その後、戦後の社会変動の中で中高層ビルが立ち並ぶ企業とマンションの町に大きく変貌を遂げたことがわかる。

商人・職人の町がビルの町に変わる中で、夜間人口・世帯数は減少し続け、町内の居住者が減ることで、神田祭を含めた町会活動を維持・運営していく担い手が不足した。

一方、ビル化した町内には多数の事業所が入り、昼間人口は増え続けた。町会は人口減少で不足した町会員の穴埋めを町内の企業に求めた。昭和五八（一九八三）年と平成八（一九九六）年のアンケート調査の結果からも、神田では町会員に占める法人会員の割合は増加し、千代田区が実施したヒヤリングや岩本町三丁目町会の事例からも企業との関わりを重視する町会の人たちが複数存在するようになった。

しかしながら、昭和五八年のアンケート調査からは、法人会員の町会参加は町会費などの経済的な側面にとどまり、町会活動への参加はそれほど進んでいない実態がみえてきた。

ただし、神田祭には祭りの担い手として企業の参加は進み、平成二五年の岩本町三丁目町会の神田祭のように、一般動員を企業に特化する町会も出てきた。それでも、経済状況などによっては、必ずしも安定的な町会との関わりが続かない側面も持っていて、岩本町三丁目町会の事例のように、町会役員は常日頃から町内の企業に対して働きかけを行なっていかなくてはならなくなっている。

同様に、平成二五年の神田祭からは、町内の企業にみせる金曜日の夜の祭りや蔭祭の際の懇親会など、企業とのつながりを絶やさないように努力している実態がみえてきた。

ただし、注意をしなくてはいけないのは、企業を中心とした地域コミュニティになっているかといえば、必ずしもそうとはいえない。『歴史から学ぶ千代田区のこれからのコミュニティのあり方』のヒヤリングで聞かれた「企業の参加といっても、町会の基礎的原動力としての住民はある程度いないと町会は運営できない。いくら企業が参加してくれても、住民が全然いないのでは話にならない[30]」という声が象徴的である。世帯数は少なくなったとしても、町会に住み、町会を大事にしようとする住民の存在なしには、企業を巻き込んだ町会活動も神田祭も運営が困難であるという指摘である。

言い換えれば、松平誠が指摘したように、地域祭礼の実施機関としての役割を町会が持っているからこそ、町会の神田祭は住民は少なくとも盛んになっている一因があるのではなかろうか。

平成一二年以降、再開発で町内にファミリータイプやワンルームのマンションが建設された地域では、人口・世帯数は増加傾向にあり、そうした意味では業務空間としてだけではなく居住空間としての性格も戻りつつある。

しかしながら、マンションの住民の町会加入、特に町会活動への参加はあまり進んでいない。

そうした現状がある中で、町会は限られた人員と予算の中でやりくりをして、神田祭を盛んに行なっている。厳しい地域社会の現状がある中で、女神輿やダンボール製の神輿を誕生させたり、「おまつり広場」の連合渡御、企業の多数の参加者を動員し、神田祭の賑わいの一端を形成しているといえる。

ただし、そこには町会の基礎的原動力としての住民の存在があるのである。町会の基礎的原動力としての住民を核として、祭りの担い手は地域社会の外側からも動員しながら、企業を含めた町内の親睦を図り、新たな町内共同の場を生み、地域コミュニティとしてのまとまりを何とか維持している姿がみえてくる。

つまり、町会の基礎的原動力となる住民にとって神田祭が最大の行事であるとともに、神田祭が地域社会の結集を維持するための「最後の拠り所」であるからこそ、祭りを盛んに行なっていることが戦後地域社会の変容と神田祭の関係からみえてくるのである。

註

（1）『千代田区史』下巻、千代田区役所、昭和三五年、四六頁。

（2）『新編千代田区史　通史編』千代田区、平成一〇年、一一五一頁。引用箇所は第一二章第二節第一～第三項に当り、和田清美の執筆による。

（3）前掲『新編千代田区史　通史編』一一五三頁。引用箇所は第一二章第二節第一～第三項に当り、和田清美の執筆による。

（4）前掲『新編千代田区史　通史編』一一五四頁。引用箇所は第一二章第二節第一～第三項に当り、和田清美の執筆による。

（5）『新編千代田区史　通史資料編』千代田区、平成一〇年、七一二〜七一三頁所収。
（6）前掲『新編千代田区史　通史編』一一八六〜一一八七頁。引用箇所は第一三章第二節に当り、和田清美の執筆による。
（7）前掲『新編千代田区史　通史編』一一八七頁。引用箇所は第一三章第二節第一項・第二項に当り、和田清美の執筆による。
（8）前掲『新編千代田区史　通史編』一一八八頁。引用箇所は第一三章第二節第一項・第二項に当り、和田清美の執筆による。
（9）前掲『新編千代田区史　通史編』一二一一〜一二一二頁。引用箇所は第一三章第二節第一項・第二項に当り、和田清美の執筆による。
（10）前掲『新編千代田区史　通史編』一二一二頁。引用箇所は第一三章第二節第一項・第二項に当り、和田清美の執筆による。
（11）『歴史から学ぶ千代田区のこれからのコミュニティのあり方』千代田区コミュニティ振興公社、平成八年、二頁。
（12）前掲『歴史から学ぶ千代田区のこれからのコミュニティのあり方』一一〜一二頁。
（13）前掲『歴史から学ぶ千代田区のこれからのコミュニティのあり方』一三〜一四頁。
（14）前掲『歴史から学ぶ千代田区のこれからのコミュニティのあり方』一五〜一六頁。
（15）前掲『歴史から学ぶ千代田区のこれからのコミュニティのあり方』一七〜一八頁
（16）前掲『千代田区史』下巻、六六六〜六六九頁。
（17）前掲『千代田区史』下巻、六六八頁。
（18）薗田稔「祭と都市社会―「天下祭」（神田祭・山王祭）調査報告（一）―」『國學院大學日本文化研究所紀要』第二三輯、

國學院大學日本文化研究所、昭和四四年、一〇六頁。

(19) 前掲薗田「祭と都市社会」一〇三頁。

(20) 松平誠「都市祝祭伝統の持続と変容―神田祭による試論―」『応用社会学研究』第三五号、立教大学社会学部研究室、平成五年、七三頁。

(21) 前掲薗田「祭と都市社会」一一五頁。

(22) 前掲松平「都市祝祭伝統の持続と変容」七五頁。

(23) 前掲『千代田区史』下巻、七九三～七九五頁。

(24) 前掲薗田「祭と都市社会」一一〇頁。

(25) 前掲松平「都市祝祭伝統の持続と変容」七五頁。

(26) 前掲『千代田区史』下巻、六六六～六六九頁。

(27) 前掲『千代田区史』下巻、六六八頁。

(28) 前掲薗田「祭と都市社会」一一〇頁。

(29) 前掲松平「都市祝祭伝統の持続と変容」七五頁。

(30) 前掲『歴史から学ぶ千代田区のこれからのコミュニティのあり方』一五頁。

第二章　新たな町内共同の形と神田祭

第一節　現代の神田祭・蔭祭考

第二章では、少し視点を変えて、本祭である神田祭以外の蔭祭、町会の年中行事、女性だけの担ぎ手の一般募集に切り替えた「元祖女みこし」の街の神田祭の検討からみえてくる、新たな町内共同の形と神田祭の関係を論じていきたい。

神田神社の氏子町会の中には、神田祭が蔭祭の年にも、町会神輿の巡幸を行なう町会が複数ある。神田和泉町会の蔭祭における町会神輿の巡幸は三〇年近い歴史を持っている。江戸開府四〇〇年を境に、それまで神田祭への参加が空白地帯であった大手・丸の内町会(大手町・丸の内地区)では、史蹟・将門塚保存会大神輿を新調し、本祭及び蔭祭の神輿巡幸を行なっている。宮本町会と東日本橋二丁目町会では、東日本大震災の翌年、蔭祭の子ども神輿の巡幸を始めた。また、蔭祭の年に、隣接する地区の本祭へ参加する町会、企業との懇親会を行なう町会などがある。本節では、こうした現代の神田祭・蔭祭について分析を行なう。

これまで戦後の都市祭りを対象とした先行研究では、祭りの担い手と観客の間に生じる「みる／みられる」あるいは「みる／みせる」の関係性が主要なテーマの一つであった(1)。しかしながら、本節で取り上げる蔭祭における神輿の巡幸は、観客をほとんどみることのできない、いわば「観客のみえない祭り」である。実は、祭りを支える側の新たな町内共同のあり方を考える上で、観客をほとんどみることのできない蔭祭の分析は意義あるものであると考える。

なぜなら、毎年、淡々と祭りを行なっているという訳ではないのである。

そこで、本節では、祭りの担い手と観客の間に生じる「みる／みられる」あるいは「みる／みせる」の関係とは異なり、先行研究ではほとんど指摘されることがなかった、蔭祭の役割や近隣町会との祭りにおける関係など、都市祭りを維持する社会的なシステムについて明らかにしたい。

ところで、現代の本祭と蔭祭の関係を考察した研究は、ほとんどなされていない。

佃・住吉神社の平岡好和は「座談会　都市の祭り」において、本祭と蔭祭の関係について、「佃はいわゆる本祭りの時は大人の遊びになってしまうんです。大人のお祭りなんです。子供の面倒をみんながみないんです、自分たちがお祭りをやって(笑)。ですから陰祭りの時には子供の神輿だけ出してやる。それでないとお祭りというものをだんだん身近に感じなくなってしまい、お祭りの雰囲気というものから遠ざかり、神輿を担げるようにする準備や祭りの飾り付け等を忘れてしまう。これが困るので、陰祭りの時だけは何としても子供に担がせようじゃないかということで、毎年やっております(2)」とわずかに触れているのみである。ここからは、「本祭＝大人の祭り」、「蔭祭＝(祭りの継承を目的とした)子どもの祭り」として位置付けられていることがわかる。同じ座談会の中で、薗田稔は秩父祭と川瀬まつりについて、「冬の十二月三日を中心とする秩父祭が大人の祭りとしますと、大体夏のこの祭りは子供主体の祭りで、子供と青年が中心で行なわれる祭りです(3)」と述べている。ここからは、「秩父祭」＝大人の祭り、「川瀬まつり」＝子どもと青年の祭りと位置付けられていることがわかる。

柳川啓一は秩父の夏の川瀬まつりと冬の秩父祭を調査し、わずかではあるが両者を対比して、「いいそえると、夏祭においても、小さな屋台が出て、七町がこれをもっているが、夏・冬両方の屋台をもつのは、上・中・本の三町のみである(4)」と指摘している。

島田潔は、『神道宗教』（神道宗教学会）を中心とした戦後の祭祀学・祭り研究の研究史をまとめた上で、「同一の神社の複数の祭りの相互関係というものを考慮した意味の解釈、世界観の抽出ということも、実は手付かずに残されておりますので、今後考えてよいのではないかと思います(5)」と指摘している。同様の問題意識から諏訪大社の複数の祭りに注目している(6)。

茂木栄は、「同一地域に伝承される複数の祭の関係と位置づけに、よりいっそうの注意を払うべきことを、祭調査・研究に取り組み始めたばかりの筆者に、かつて柳川啓一先生はアドバイスして下さった(7)」として、奥三河の花祭伝承地域におけるシカウチ神事と花祭、田遊・田楽、その他の祭の関係について愛知県東栄町古戸集落をケース・スタディとして分析している。

以上のように、同一神社・地域の複数の祭りの相互関係への視点が先行研究にみられる。現代の神田祭の蔭祭と本祭の相互関係を分析することは、先行研究の課題を克服する意味でも意義があると考える。

一　神田和泉町町会の蔭祭

1　神田和泉町町会の概観

神田和泉町は、JR秋葉原駅の東側のほど近い場所にある。昭和通りと清洲橋通りに挟まれた長方形のエリアが神田和泉町である。神田和泉町の歴史については、町内に建てられた千代田区の町名由来板が簡潔にまとめているため、以下に引用しておく。

神田和泉町は、江戸時代、伊勢国津藩の藤堂家上屋敷、出羽国鶴岡藩の酒井家中屋敷などがあった。藤堂家は代々、和泉守を名乗ったことから、この町は和泉町と呼ばれるようになった。江戸時代は武家地であったため町名を持っていなかったが、明治五（一八七二）年、神田和泉町の名前が正式に誕生した。明治維新後、政府は津藩上屋敷跡地に東京医学所（現・東京大学医学部附属病院の前身）を設立した。さらに明治七年、酒井家跡に文部省医務局薬場を設立した。大正一二（一九二三）年九月一日、関東大震災で街は町民の必死の防火活動によって火災をまぬがれ、世の奇跡として市民の賞賛を受けた。そのため、この神田和泉町を含む一体は、昭和一四（一九三九）年一月に、東京府より「関東大震災協力防火の地」として顕彰され記念碑が建てられた。しかしながら、昭和二〇年三月一〇日未明の東京大空襲で町の全域が焼失した。戦後の昭和二三年には、現在の三井記念病院の敷地の一部に当時の農林省東京食料事務所ができ、全国知事会議や食糧需給上の重要な会議が開催された。現在の和泉公園は、食糧難時代のゆかりの旧跡である。

以上のように、神田和泉町は「関東大震災の防火の地」として知られている。

町内には、町会施設として、関口記念和泉会館（神田和泉町町会事務所）がある。和泉公園（公園内には「防火守護地」と「和泉公園誕生之碑」がある）の近くには、三井記念病院、坪井医院があり、院外処方の薬局が多数店舗を構える。また、ちよだパークサイドプラザ、千代田区立いずみこども園、千代田区立和泉小学校（かつては「佐久間小学校」「佐久間幼稚園」があった）といった文化・教育施設がある。そのほか、凸版印刷本社、日本通運、ＹＫＫ、キリンビバレッジ（住友商事神田和泉町ビル）、日本卓球などの企業が立地する。宗教施設には、金光教館（金光教東京教会）、日本通運が祀る金網稲荷神社がある。町内には中高層のビルが立ち並ぶが「テナント募集」の掲示が多数みられ、空き巣への注意の貼り紙が少なからずみられた。

昭和四三年に実施した薗田稔の調査によれば、和泉町（現・神田和泉町町会）は、世帯数：四三〇世帯、神札の配布数（年末に配布するもの）：四七枚（一〇・九％）、祭礼の象徴：神輿大（昭和三一年製作）・神輿中（昭和二七年製作）・神輿小（昭和二七年製作）・曳き太鼓、主な行事：ミタマ入レ・ミタマ返シ・神女行列・舞台余興、役割動員：祭典委員（町会役員）・婦人部、一般動員：大人連一五〇人・子ども六〇人、行動経済：寄附五〇万・積立金五〇万（町会費六〇万）、行事変化：昭和二七年中小ミコシ練り、昭和三一年大ミコシモ加ワル、昭和三五年ミコ行列ガ加ワル、祭りの評価：苦労ガ楽シミデアル。町内の親睦、神社イメージ：少彦名命。氏神トシテノ崇拝としている(8)。

薗田の調査から四五年が経過した平成二五年の神田祭では、筆者の調査によると、人口：二〇〇世帯・三〇〇人、祈禱札の配布数：なし、祭礼の象徴：神輿大一、中一、小一、曳き太鼓一、神酒所：有り（小林ビル）、御仮屋：関口記念和泉開館一F、主な行事：蔵出し・蔵入れ・御霊入れ・御霊返し・神輿展示・宵宮行事：神幸祭「受渡し」・挨拶廻り・町内渡御・連合渡御・神輿宮入参拝・直会、役割動員：祭典委員・祭典委員長（町会長）・祭典実行委員、一般動員：土曜大神輿一八〇人（町内四〇～五〇人、町外一三〇～一四〇人）、町外は同好会、町内にはＹＫＫ・キリンビバレッジ・凸版印刷の社員、中・小神輿：子ども四〇人（里帰りの子ども、和泉小学校が参加）、女性約二〇人、行事経済：寄付（奉納金約七〇〇万円）、町会費五〇～六〇万円、行事変化：ここ二〇～三〇年で盛り上がってきた。担ぎ手の内容が変化し、和泉町に縁のある人が多い、祭りの評価：祭りをやるために町会がある。祭りがあるお蔭で町のまとまりができる。大きな祭りをやることが一つの絆、神社イメージ：三体のご神体。氏神様である。

神田和泉町の人口は、国勢調査によれば、平成一七（二〇〇五）年は、人口六七七人（男三五四、女三二三人）、世帯数三〇六世帯、平成二二年は、人口五九四人（男三二〇人、女二七四人）、世帯数二八一世帯である。平成二二年は、平成一七年に比べ、世帯数と人口がともに減少している。住民基本台帳によれば、蔭祭の調査を実施した平成二六年の五月一日現在の登録人口は、世帯数四七三世帯、人口八一〇人（男四三四人、女三七六人）である。

2 神田和泉町町会の蔭祭の構成

平成二六(二〇一四)年の神田和泉町町会の蔭祭は、五月一〇日(土)の夕方から夜にかけて、町会神輿への御霊入れと宵宮の子ども神輿の巡幸、翌一一日(日)の午前に子ども神輿の巡幸、午後に大人神輿の巡幸、御霊返しが行なわれた。以下、神田和泉町町会の蔭祭の構成要素、概要についてみていきたい。

蔭祭のポスターの掲示場所

「神田祭　和泉」と書かれ、神輿の写真とともに神田和泉町蔭祭の日時と内容が記されたポスターが掲示された。今回の蔭祭に際しては、町内の一部に掲示されていた。平成二六年四月二六日(土)の段階では、昭和通り沿いの小森金物店に一枚ポスターが貼られているのみであった。宵宮当日の五月一〇日(土)の段階では、小森金物店のほか、HINOYA(酒屋)など五ヶ所に掲示されていたが、町会事務所があり、一階が神輿の御仮屋となる関口記念和泉会館の前にはポスターの掲示はみられなかった。一一日の蔭祭当日にも、和泉会館をはじめ、町内の多くで「神田祭　和泉」のポスターの掲示はみられなかった。

御仮屋と神酒所

町会関係者の話によると、神田祭(本祭)の神酒所は、関口記念和泉会館の近くにある十字路を挟んで斜め向かいの小林ビル(神田和泉町一-一-八)の一階に作られる。関口記念和泉会館一階は御仮屋となり、神輿が安置される。神田祭には神酒所と御仮屋が別々に作られる。

今回の蔭祭では、神酒所は作られず、関口記念和泉会館一階を御仮屋として大・中・小の神輿が三基が安置された。神輿への御霊入れは、本祭も蔭祭も関口記念和泉会館一階の御仮屋で行なわれる。昔はテントを神酒所にしたこともあったと伝えられ、関口記念和泉会館では葬儀も行なったという。

蔭祭の開始時期・主催者

蔭祭は、約三〇年前に町内のI・H氏が始めたという。蔭祭の主役は町会青年部のため、蔭祭の実行委員長も青年部長が務める。祭りの費用については、神田祭(本祭)は奉納金(寄附)で行なうが、蔭祭は町会費で行なっているという。

宵宮

五月一〇日(土)の一六時半頃、神田和泉町町会の三基の神輿が安置された御仮屋(関口記念和泉会館一階)前で、神田囃子「泉笑会」の囃子屋台によるお囃子が始まった。やがて神田神社の神職を斎主(斎主一人、祭員一人)として、一七時から町会長以下約一五人(和泉小学校の教員を含む)が参列して、御霊入れの神事が行なわれた。御仮屋内の灯りが消され、警蹕が響く中、大・中・小神輿の三基の神輿に対して御霊入れが行なわれた。神事終了後、関口記念和泉会館前に長机が並べられ、酒と寿司やオードブルなどの料理が用意されて直会となった。御霊入れの神前に供えられた御神酒が参加者に分けられた。直会には神職も参加した。

一九時、「神田雷神太鼓」の太鼓(「神田雷神太鼓」の半纏を着た子どもと大人の叩き手一一人、女の子の数が多い)に合わせて、宵宮の子ども神輿の巡幸が始まった。子ども神輿は、小神輿と中神輿の二基で、神田囃子「子供連」の囃子屋台を先頭に、オンベ(御幣)、小神輿、オンベ(御幣)、中神輿の順で町内渡御を行なった。

小神輿は神田和泉町の半纏姿の大人七~八人が担ぎ棒を持って支え、小学校低学年以下の子ども八人程度が担いでいた。子どものお母さんや和泉小学校の教員が手拍子をしながら、あるいは携帯で写真を撮りながら、付き添った。

中神輿は、神田和泉町の半纏姿の大人四人と和泉小学校の教員一人、私服で小さな子どもを背負ったお父さん一人が神輿を持って支え、小学校高学年くらいの子ども七人程度が担いでいた。神輿を担ぐ子どもは、女の子も多かった。神田囃子「子供連」は、囃子屋台の左右を四人の半纏姿の大人が押して、屋台には子ども四人程度が乗り、「和泉小」の名前の入った半纏を着た大人や私服の大人（主に母親）が付き添った。

巡幸ルートは、一九時に関口記念和泉会館を出発すると、町内の路地→佐久間学校通り→町内の路地→凸版印刷本社ビル前→早尾ビル前（ファミリーマート神田和泉店の隣）［休憩］→町内の路地→岡本ビル→町内の路地を経て、二〇時に関口記念和泉会館に還御した。ところどころで、神田囃子「子供連」の囃子屋台とともに、神田囃子「泉笑会」の囃子屋台もお囃子を奏でながら、子ども神輿の巡幸を盛り上げた。中間地点の早尾ビルを過ぎた辺りから、中神輿の担ぎ手に神田雷神太鼓のハッピ姿の子どもたちや私服の子どもたちも新たに加わり、担ぎ手の子どもの数が一〇人以上に増えた。

見物人は、子どもに付き添う親や巡幸に関わる半纏姿の町会関係者以外はほとんどおらず、車の通りも少なかった。佐久間学校通りから町内の細い通りに入ると街灯の明かりも暗く、ビルの一階はシャッターが下りているところも多かった。神輿の一行が過ぎ去ると、人通りのない静かな土曜日の夜の街が広がった。街角に設置された自動販売機の明かりがまぶしいくらいであった。ところどころで神輿を支える半纏姿の大人たちは、お囃子に合わせて神輿を揺すり、「ワッショイ」と駆け声を掛け、巡幸を盛り上げた。神輿の一行から離れると、遠くにお囃子の音とかすかに「ワッショイ」の掛け声が聴こえた。

巡幸が終わると、子どもたちには弁当が配られ、解散となった。小・中神輿は御仮屋に納められ、後片付けが一段落すると、町会関係者は、町内の居酒屋・駒忠で打ち上げとなった。

蔭祭当日

五月一一日(日)は、神田囃子「泉笑会」による午前七時の「明け囃子」で始まった。囃子屋台一台を一〇数人で交替しながらお囃子を奏して町内を廻る。

一〇時頃、御仮屋前で神田和泉町町会会長、蔭祭実行委員長、神輿責任者、和泉小学校校長らによって式典が行なわれ、終了後に子ども神輿の巡幸が行なわれた。

子ども神輿の巡幸は、午前中、神田囃子「子供連」の囃子屋台、オンベ(御幣)、小神輿、オンベ(御幣)、中神輿の順で行なわれた。

小神輿は、中神輿よりも背丈の小さい、小学校低学年と思われる子ども七～八人程度が担ぎ、四～五人の神田和泉町の半纏を着た大人が担ぎ棒を一緒に持って支えた。神田和泉町の半纏を着た大人の二～三人が「神田祭　小神輿和泉町々會」の襷をしていた。和泉小学校の教員も付き添った。

中神輿は、子ども約一二人(男五人、女七人)である。神田和泉町の半纏を着た大人五人くらいが前後左右に入って、一緒に担ぎ棒を持って支えた。和泉小学校の教員四～五人や私服のお母さんと思われる女性が付き添った。また、神田和泉町の半纏を着た大人の二～三人が「神田祭　中神輿　和泉町々會」の襷をしていた。中神輿の前を行くオンベ(御幣)は神田和泉町の半纏を着た小さい女の子が持っていた。

子ども神輿は、一〇時過ぎに関口記念和泉会館を出発し、町内の路地→佐久間学校通り→清洲橋通り→富士セルビル前(町会長ビル)［休憩］→清洲橋通り→三井記念病院前→凸版印刷本社前→早尾ビル前(ファミリーマート神田和泉店の隣)［休憩］→町内の路地→廣瀬ビル前(マンションのソレーアード一一〇一がある附近)［休憩、アイスを配布］→MK氏宅前(酒屋HINOYA附近)［休憩］を経て、一一時二〇分頃、関口記念和泉会館に還御した。御仮屋には弁当が

写真１　神田和泉町町会・蔭祭　神輿巡幸
（平成26年、筆者撮影）

用意され、子どもたちは順番に並んで弁当と菓子を受け取って帰っていった。

お昼休憩を挟んで、午後からは大人神輿の巡幸が行なわれた。

一二時五五分、御仮屋前で大人神輿の巡幸前の式典が行なわれた。式典では、神田和泉町町会会長、蔭祭実行委員長、神輿渡御責任者の挨拶のあと、「和泉町以外で和泉町の神輿に入れる半纏」の紹介が行なわれた。神田囃子「泉笑会」のほか、同じ秋葉原東部地区連合から参加する近隣町会である神田佐久二平河町会、東神田三丁目町会、神田佐久間町三丁目町会、神田松永町会の半纏が紹介された。

一三時、神田雷神太鼓の演奏に合わせて、神田囃子「泉笑会」の囃子屋台、オンベ（御幣）、大神輿の順に行列して町内渡御を行なった。ビルとビルの間では、掛け声と手拍子がビルに反響していた。「エッサ、ホイサ」、あるいは「ワッショイ」の掛け声に、女性の「ソレッ、ソレッ」という声も混じっていた。時折、神輿について歩く担ぎ手が両手を挙げて、あるいは拳を挙げて神輿の巡幸を盛り上げた。巡幸の途中、担ぎ手が次々に入れ替わっていった。

しかし、神輿が通り過ぎた後は閑散としていて、神輿の巡幸を町内のビルから見物している人はみられなかった。町内の十字路では、神輿の先頭を行く「泉笑会」の囃子屋台のほかに、「子供連」の囃子屋台を出して、お囃子を奏で祭りを盛り上げていた。

巡幸ルートは、御仮屋（関口記念和泉会館）前を出発すると、町内の路地→佐久間学校通り（和泉公園、金網稲荷神社を通過〕→清洲橋通り→富士セルビル前（町会長のビル）〔休憩〕→三井記念病院前・凸版印刷本社前〔通過〕→昭和通り→町内路地→井出ビル〔休憩〕→O実行委員長店舗〔小休止〕→早尾ビル脇（ファミリーマート神田和泉町店脇の路地）〔休憩〕→凸版印刷本社ビル前〔通過〕→町内路地→和泉中央ビル〔休憩〕→M・K氏宅前（酒屋HINOYA附近）〔小休止〕を経て、御仮屋前に到着した。一〇分以上、御仮屋前で神輿を揉んだあと、一七時過ぎに拍子木が鳴らされ神輿を下ろし還御となった。そして、還御式が行なわれ、蔭祭実行委員長、大神輿責任者、神田和泉町町会会長が挨拶した。

一七時半、神田神社の神職を斎主（斎主一人、祭員一人）として、町会長以下の関係者が参列し、小・中・大神輿からの御霊抜きの神事が厳粛に行なわれた。神事は約一五分で終了した。その後、御仮屋前の路上に、長机が並べられ、ビールやおつまみ、オードブルが用意されて大神輿の担ぎ手と一緒に直会となった。そして後片付けを終え、蔭祭は終了した。

平成二八（二〇一六）年の蔭祭

二年後の平成二八年、神田和泉町町会の蔭祭は、五月一四日（土）・一五日（日）の日程で行なわれた。町内に掲示された蔭祭のポスターによると、一四日一七時：御霊入れ、一五日七時：明け囃子、一〇時：小中神輿お囃子町内渡御、一三時：小中大神輿お囃子町内渡御の内容で行なわれた。

平成二六年と異なるのは、把握した範囲であるが、御仮屋の場所が、関口記念和泉会館の建て替えにより、神田祭で神酒所が作られる小林ビル一階に設営された。一四日は、この小林ビル一階の御仮屋で小・中・大神輿へ御霊入れが行なわれた。神田和泉町町会関係者、和泉小学校・和泉こども園の教員、神田和泉町に居住する神田東紺町会会長が参列した。終了後、直会は関口記念和泉会館前（建て替え中、当時）の路上で行なわれた。直会が一段落すると、大神輿が出され、関口記念和泉会館近くの十字路から昭和通り方面に向かって、神田囃子「泉笑会」の囃子屋台に先導されながら、短時間であるが大神輿を担いだ。神田和泉町町会会長や町会役員、神田東紺町会会長らが神輿を担ぎ、私自身も参加した。少ない人数で大神輿を担ぐため、一人担ぎ手が抜けるとかなりの重みが肩にかかってきた。参加者には終盤、飛び入りの参加者もいたようで、神田和泉町町会の半纏を付けず、リュックサックを下げた若者が神輿の後ろの担ぎ棒に入って担いでいた。宵宮の短い大神輿の渡御が終わると、町内の居酒屋「駒忠」で打ち上げとなった。この日は、二年前と異なり、子ども神輿の巡幸は行なわれず、代わりに大神輿の短時間の渡御が行なわれた。そして、翌一五日、午前中のみならず、午後も大神輿の町内渡御と一緒に、子ども神輿の巡幸も行なわれた。

御仮屋の場所の移動、御霊入れ後の大神輿の巡幸、宵宮の子ども神輿の巡幸が行なわれなかったこと、蔭祭当日の午前中ではなく午後巡幸に子ども神輿の巡幸が行なわれたことが平成二六年の蔭祭と異なる点であった。

3　祭りの担い手（参加者）の数

子ども神輿の参加者

神田和泉町の町内に立地する和泉小学校の校長によると、「地域あっての学校だからである」という意識のもと、和泉小学校の教員は蔭祭に参加している。蔭祭当日には六人、宵宮にも六～七人が参加したという。蔭祭に参加する子どものうち、二〇人程度が和泉小学校の生徒であるという。教員たちは和泉小学校の校章の入った黄緑色の半纏を着ていた。

なお、蔭祭当日、子ども神輿の巡幸後、参加した子どもに配布された弁当の数は約五〇である。つまり、子どもは最終的に五〇人程度が参加したことが窺える。

近隣町会の参加者

大神輿の周辺に集まった人たちの中には、「和泉町」の半纏を着た人以外に、他の町会の半纏を着た人が一定数みられた。緑色に黒地で「東神田三」と書かれた半纏を着た東神田三丁目町会の人たち、茶色に白地で「佐久参」と書かれた半纏を着た神田佐久間町三丁目町会の人たち、鼠色に紺（青）地で「佐久二平河」と書かれた半纏を着た神田佐久二平河町会の人たち、緑色に白地で「松永」と書かれた神田松永町会の人たちである。この四町会は、いずれも神田和泉町町会と同じ神田神社の氏子町会で、秋葉原東部地区連合に属している。平成二五（二〇一三）年の神田祭では、神田和泉町町会とともに、東神田三丁目町会、神田佐久間町三丁目町会、神田佐久二平河町会の三町会は、秋葉原東部地区連合で行なう神田神社への神輿宮入参拝を実施した。

これらの近隣町会の蔭祭（大神輿巡幸）への参加者数は、蔭祭当日の聞き取りから判明している限りであるが、東神田三丁目町会は約一〇人、神田佐久間町三丁目町会は町会の青年部長以下の青年部が一八人、神田佐久二平河町会は四人（うち一人が和泉町の半纏を着用、青年部長・前青年部長が参加）、神田松永町会は一〇人（うち三人が和泉町の半纏を着用、青年部長が参加）である。このほか、神田松永町会の参加者の知人一〇人が「和泉町」の半纏を着て参加している。このうち八人が神輿同好会の「半粋会」のメンバーである。半粋会はＳＯＮＹの社員の神輿同好会で、平成二六年五月現在、会員数は二〇人であるという。神田松永町会の関係も含め、近隣の四町会の参加者数の合計は五二人（判明分、うち「和泉町」の半纏を着用した一四人を含む）に上る。ただし、今回（平成二六年の蔭祭）は四町会が参加したが、例年、神田佐久間町三丁目町会と神田松永町会の二町会が参加しているという。

神輿同好会の参加者

神田松永町会の関係で参加した神輿同好会「半粋会」のほかにも神輿同好会の参加がみられた。判明している限りではあるが、「祭遊連」と「龍翔会」の二つの会のメンバーが参加している。

「祭遊連」は一〇人が参加した。祭遊連は、もともとは神田和泉町町会の青年部であったが、現在は色々な町会の青年部の集まりであるという。会員数は約三〇人である。参加した女性の一人は、母の実家が神田和泉町で、いとこも住んでいるので毎年参加しているという。他の町会の青年部と仲良くなって、他のお祭りにも一緒に神輿を担ぎにいくため会を結成したという。

「龍翔会」は一八人が参加した。船橋を拠点とする神輿同好会で、前町会長の頃から神田和泉町町会と付き合いがある。「例年、当たり前のようにお世話になっている」というくらい長い付き合いがあるという。

神輿同好会は、「半粋会」を含めると、合計で三六人に上り、いずれも「和泉町」の半纏を着ていた。

大神輿の参加者数

町会長のT・M氏によれば、今回の大神輿巡幸に参加した神田和泉町町会の会員は一二〇～一三〇人という。ただし、これは「和泉町」の半纏の数から割り出した数字であり、実際にはもう少し少ない可能性も考えられる。町会会員の企業で大神輿巡幸に参加する凸版印刷の社員一二人、ＹＫＫの社員一二人の計二四人を除くと九六～一〇六人である。先にみた他町会の関連で参加して「和泉町」の半纏を着た人一四人、「和泉町」の半纏を着て参加する「祭遊連」と「龍翔会」の参加者二八人を除くと、五四～六四人となる。実質的には六〇人前後の可能性が窺える。町会会員の凸版印刷とＹＫＫの社員を加えると、七八～八八人となり、町内は七〇～八〇人と話す方もいたことから、町内の実質的な参加者数は六〇人前後ではないかと考えられる。このうち町会の青年部は約四〇人である。これに、「和泉町」の半纏を着ない近隣の町会の人たち三八人を加えると、一五八～一六八人になる。

4 特徴

以上、神田和泉町町会の蔭祭についてみてきたが、最後にその特徴についてまとめておきたい。

第一に、神田和泉町町会の蔭祭は、御仮屋を設営し、大人神輿（大神輿）のみならず、子ども神輿（小・中神輿）を含めた町会の三つの神輿に神田神社の神職を斎主として御霊入れと御霊抜き（返し）がなされるなど、本祭と同様に祭儀を厳粛に執行している。その一方で、本祭のように、神酒所は設営されず、祭礼の費用は奉納金（寄附）ではなく、町会費で賄われるといった違いがある。また、祭りの主催も、本祭のように町会長を祭典委員長として町会全体で祭りを担っていくというスタンスではなく、蔭祭の主催は、あくまでも青年部を中心としたものであるという違いがある。

第二に、蔭祭は、本祭のときには祭りを運営する側でほとんど神輿を担ぐことができず、交通整理や巡幸状況の確認など祭りを支える立場に徹していた神田和泉町町会の人たち（特に青年部）が、自分たちの神輿を自分たちで担ぎ、自分たちの祭りを行なう場になっている。いわば、本祭で祭りを支える側が、蔭祭で祭りをスル側になっていることが指摘できる。

第三に、神田和泉町町会の蔭祭は、殊に大人神輿（大神輿）の町内渡御において、神田和泉町町会と同じ神田神社の氏子である秋葉原東部地区連合に属する四町会の青年部を中心とした人たちと合同で行なっている。これは、第二の特徴と関連していて、神田和泉町町会以外の四町会、殊に宮入を行なう三町会では、本祭では祭りを支える側に徹していて自分たちの祭りを楽しみにくいが、神田和泉町町会の蔭祭に近隣町会としてのつながりで参加することによって、自分たちの祭りを楽しむ場になっているといえる。秋葉原東部地区連合で結集して蔭祭を楽しむことによって、本祭以外にも近隣町会の特に青年部との交流を持ち、秋葉原東部地区連合としての一体感を高めていると考えられる。こうした青年部の交流が「祭遊連」のような近隣の青年部を中心としたメンバーで結成する神輿同好会の誕生へとつながっていることが窺える。

第四に、神田和泉町町会の蔭祭は、地域社会の外から訪れる観客をほとんどみることができない「観客のみえない祭り」である。そのため、観客と神輿の担ぎ手との間の「みる／みられる」あるいは「みる／みせる」の関係が成立しにくい。にもかかわらず、大神輿の巡幸において、手拍子をして神輿を担ぐ掛け声も大きく、それなりの盛り上がりが窺えるのは、第二・第三の特徴と関連して、蔭祭は祭りのスル側として、自分たちの祭りを楽しめる場になっていることが影響していることが考えられる。しかも、神田和泉町町会単独ではなく、秋葉原東部地区連合の四町会と一緒になって、いわば、楽しめる「連合渡御」を行なっているかのようにみえる。

第五に、蔭祭に際して、神酒所の設営を行なわないのみならず、屋台(出店)は出さず、祭りの提灯を軒先に吊るすなど、町内の家々で祭りの装飾がほとんどみられない。蔭祭のポスターの掲示も少ない。御仮屋前の直会や町内の居酒屋での打ち上げでアルコールは出されるが、神輿の巡幸においてはアルコールが出される要素は必ずしも多くはない。

その一方で、祭りの音につながる太鼓やお囃子の音には満ちているといえる。子ども神輿(小・中神輿)の巡幸には「子供連」の囃子屋台が先導するのみならず、随所で大人の「泉笑会」の囃子屋台もお囃子を演奏して、音によって祭りを盛り上げようと演出している。祭り囃子の音に惹かれて、隣接する下谷神社の祭りで神輿を担ぐ参加者が蔭祭の巡幸をみにくるという光景がみられたが、祭りの音の存在は大きいといえる。

このように、神田和泉町町会の蔭祭は、地域社会の外から訪れる観客は少ないものの、それをお囃子や太鼓の音の演出によってカバーしながら、本祭ではできない、町会の人たちが祭りをスル側として、自分たちの祭りを「連合」する近隣町会の青年部の人たちとともに、楽しむ祭りとして蔭祭が存在していることが窺える。

言い換えれば、本祭で支える側に徹するためには、蔭祭という楽しむ祭りの存在が、町会の、特に青年部の人たちの祭りへのモチベーションを維持する上でも不可欠と考える。なぜなら、この蔭祭は神輿の組み方や御仮屋の設営の仕方、神輿の担ぎ方、警備の仕方など、祭りの技術を受け継いでいく上で重要な練習の機会となっていることがわかるからである。つまり、町内や近隣町会の子どもと青年・大人、町内の企業や小学校教員などを巻き込んで蔭祭に動員しながら、本祭に備えるのみならず、町会の組織、特に青年部組織の維持に、蔭祭が果たす役割があると考えられる。

二　蔭祭における史蹟将門塚保存会大神輿の巡幸

1　大手町・丸の内地区の概観

大手町・丸の内地区は、東京駅と皇居に挟まれた地域で、高層ビル街が広がる。東京メトロ大手町駅の近くには、神田神社及び神田祭に密接に関わる史蹟将門塚(以下、「将門塚」)がある。将門塚は、千代田区大手町一丁目二番一号にあり、「将門首塚」とも呼ばれている。

将門塚は、平安時代に、西国の藤原純友とともに東国で朝廷に対して反旗を翻した平将門の首を祀った首塚とされる。ここは、神田神社が慶長八(一六〇三)年頃まであった場所と伝えられ、神田神社の旧跡地である。(9)現在、将門塚は三井物産株式会社ビルの隣に位置し高層ビルに囲まれた場所にある。将門塚の前を通る東西の通りは、昭和四〇年代に数度の改修を経てできたものである。塚の周辺は樹木に囲まれ、塚には花やお酒などの供え物が奉られていて、線香の煙が絶えることはない。一般の参拝者が多く訪れるほか、周辺企業の会社員も参拝している。

平成二四(二〇一二)年一月四日の仕事始めには、周辺の企業の会社員がスーツ姿で参拝する光景が多数みられた。将門塚の入口付近にはテントが張られ、神田神社や平将門のお札とおみくじを授与していた。参拝する会社員の中には、「昨年は将門塚にお参りしなかったので仕事が上手くいかなかった」と同僚に話をしながら参拝する人もいた。

『神田明神史考』には、大正五(一九一六)年の「大蔵省構内の将門塚前における神輿振り」とキャプションのある写真が掲載されている。(10) 戦前においては神田神社の宮神輿が将門塚に渡御していた。

将門塚の戦後の動きについてまとめると以下のようになる。

戦後、進駐してきた米軍は将門塚附近に広大なモータープールを造ろうと工事に着手したが、工事を進めるブルドーザーの運転手が墓のようなものの前で突然転落して死亡するという事件が起きた。当時の町会長らの住民は、「ここは古代の大酋長の墓である」と説明し、米軍の了解を得て塚域に竹垣を巡らして将門塚を破壊から救うことができたという。

昭和三四(一九五九)年にモータープールの接収が解除され、敷地は東京都から民間に払い下げられ、日比谷通りに面して日本長期信用銀行と三井生命保険相互会社のビル工事が開始された。そして、用地払い下げに際して、同地内にある将門塚は地元で管理することとされた。そこで、地元の町会有志・有力会社が発起人となって、昭和三五年七月二八日に「史蹟将門塚保存会」(以下、「将門塚保存会」)が結成された。参与法人会員として、三菱地所、三井物産、物産不動産、丸紅などの企業が名を連ねる。翌昭和三六年、将門塚保存会によって整備修復工事が行なわれた。東向きであった塚を西向きに改め、整地・植樹を行ない、玉垣を設け、仮参道をつけた。同年一二月に神田神社宮司を斎主として竣工奉告を兼ねて慰霊祭を執行した。昭和四〇年、将門塚の西北の土地が民間に払い下げられ、三井物産ビルを建てることになり、将門塚の北参道を閉鎖することになった。そして、塚域の配置を変更し、参道入口を南側に付け替える工事を行なった。参道は翌昭和四一年一月に完成した。塚域の南側には日比谷通りから内堀通りに通じる道路が貫通することになったので、将門塚も塚域の一部を提供し、その新道の側に入口を開いた。新道の南側には三和銀行が建設され、将門塚は四方を高層ビルに囲まれることになった。昭和四六年三月、将門塚は東京都の文化財（都旧跡）に指定された。

現在、将門塚は毎年秋彼岸の一日を選び、将門塚保存会の主催で例祭が行なわれている。また、神田祭の神幸祭では神田神社の鳳輦が将門塚へ巡幸し、塚前祭を行なっている。(11)

将門塚の地元町会である大手・丸の内町会は将門塚保存会の結成に先立ち、昭和三二年に設立された。町会区域は、丸の内一丁目・二丁目・三丁目、大手町一丁目（三・四を除く）・二丁目である。(12)この町会区域の人口は、蔭祭の調査を実施した平成二四年五月一日現在の住民基本台帳によると、丸の内一丁目が世帯数〇世帯・人口〇人、丸の内二丁目が世帯数一世帯・人口一人、丸の内三丁目が世帯数二世帯・人口二人、大手町一丁目が世帯数〇世帯・人口〇人、大手町二丁目が世帯数〇世帯・人口総数〇人である。住民がほとんどおらず、町内に立地し将門塚保存会に参与する企業を中心とした企業町会である。

かつて三菱地所の社長であった渡辺武次郎の発案によって、昭和三二年に町内会として、大手町・丸の内地区に所在する企業・団体・商店等が集まり、会員相互の親睦を深め、共同の福祉を増進することを目的として「千代田区大手・丸の内町会」が設立された。現在では、約二〇〇の法人が入会し、千代田区の各種施策への協力なども積極的に行ない、「企業町会」としての特色を生かした活動を進めているという。(13)

こうした特徴を持つ大手町・丸の内地区の神田祭への参加は以前は行なわれていなかった。昭和四三年に実施した薗田稔の調査によると、「大手町・丸の内地区」では、神酒所も作らず、神田祭への参加が行なわれていない。(14)また、平成四年に実施した松平誠の調査によると、薗田の調査と同様に、「大手町・丸の内地区」では、神酒所は作られず、神田祭への参加が行なわれていない(15)。

しかしながら、江戸開府四〇〇年を迎えた平成一五年、「大手町・丸の内地区」の神田祭への参加が開始された。この年に行なわれた神田祭では、三井物産の社員二二四人が将門塚保存会の参与法人として神田祭を盛り上げようと、神田神社から借りた神輿で将門塚から神田神社まで渡御し、神田神社へ宮入したという。これを契機として、社会貢献活動の一つとして将門塚保存会のメンバーとして独自に担げる神輿を作ろうという機運が高まり、将門塚保存会大神輿を新調した。そして、平成一七年の神田祭では、将門塚保存会大神輿で神田神社への宮入を果たしている。

以後、将門塚保存会大神輿は、神田祭の年には将門塚を発御して神田神社へ宮入を行ない、再び将門塚に戻ってきて着御する形を取り、蔭祭の年には宮入を行なわず、将門塚を発御して、将門塚に着御する形をとっている。将門塚保存会大神輿の巡幸には、将門塚保存会の参与法人である三菱地所・三井物産・三井生命保険・物産不動産・三菱東京UFJ銀行・竹中工務店・プロミス・丸紅・パレスホテル・三菱不動産の一〇社が参加する(16)。

平成二二年は蔭祭の年であったが、五月九日に、大手町や丸の内の約一〇社の会社員が過去最高の一一〇〇人参加し、将門塚保存会大神輿が渡御した(17)。

平成二四年・二六年の蔭祭の年にも、将門塚を起点に、将門塚保存会大神輿を担ぎ大手町・丸の内地区の巡幸を行なった。ただし、平成二八年の蔭祭において、伊勢志摩サミット開催に伴うテロ対策の一環として、警備上の理由から蔭祭における将門塚保存会大神輿の巡幸は中止された。

2　将門塚保存会大神輿の蔭祭における巡幸

ここでは、平成二四(二〇一二)年の五月一三日(日)に行なわれた将門塚保存会大神輿の巡幸の模様を将門塚から出御して、将門塚に還御するまでの模様を追ってみたい。この日の巡幸は、一〇時に将門塚を出発し、一五時半に将門塚に還御する予定で行なわれた。

巡幸開始前の様子

九時一〇分頃、既に将門塚周辺には、白地に赤で背中に「神田祭」と書かれた半纏を着た多くの人たちが集まっていた。半纏の正面には、白地に黒で「神田明神」「将門塚保存会」と書かれている。中には将門塚に参拝する人や子ども連れの人もみられた。将門塚に隣接する三井物産の敷地内も半纏姿の人たちで溢れていた。三井物産の社屋前には将門塚保存会大神輿が出され、神田囃子保存会のお囃子も待機していた。半纏姿の人には女性の姿も多くみられた。

九時半過ぎ、神田神社の神職が将門塚へ到着した。「将門塚保存会」と「大手・丸の内町会」と一張ずつ書かれた高張提灯が将門塚前に移動し、大神輿も台車に載せられて将門塚前に移動した。大神輿は将門塚前に到着すると台車が外され、ウマ(神輿を載せる台)の上に置かれた。大神輿の周りは半纏姿の多数の担ぎ手で埋め尽くされた。しかし、ほとんど見物人はみられなかった。

発御祭

九時四〇分、神田神社の神職を斎主として将門塚保存会大神輿前で、供物を供え、発御祭が行なわれた。担ぎ手一同は頭を下げて修祓を受け、神職の祝詞奏上を静かに聞いていた。実行委員長をはじめとした役員は紫色の半纏を着て、笠を背中に付け、「実行委員長」などと役名の入った襷を肩から掛けて、祭典に参列していた。玉串奉奠では実

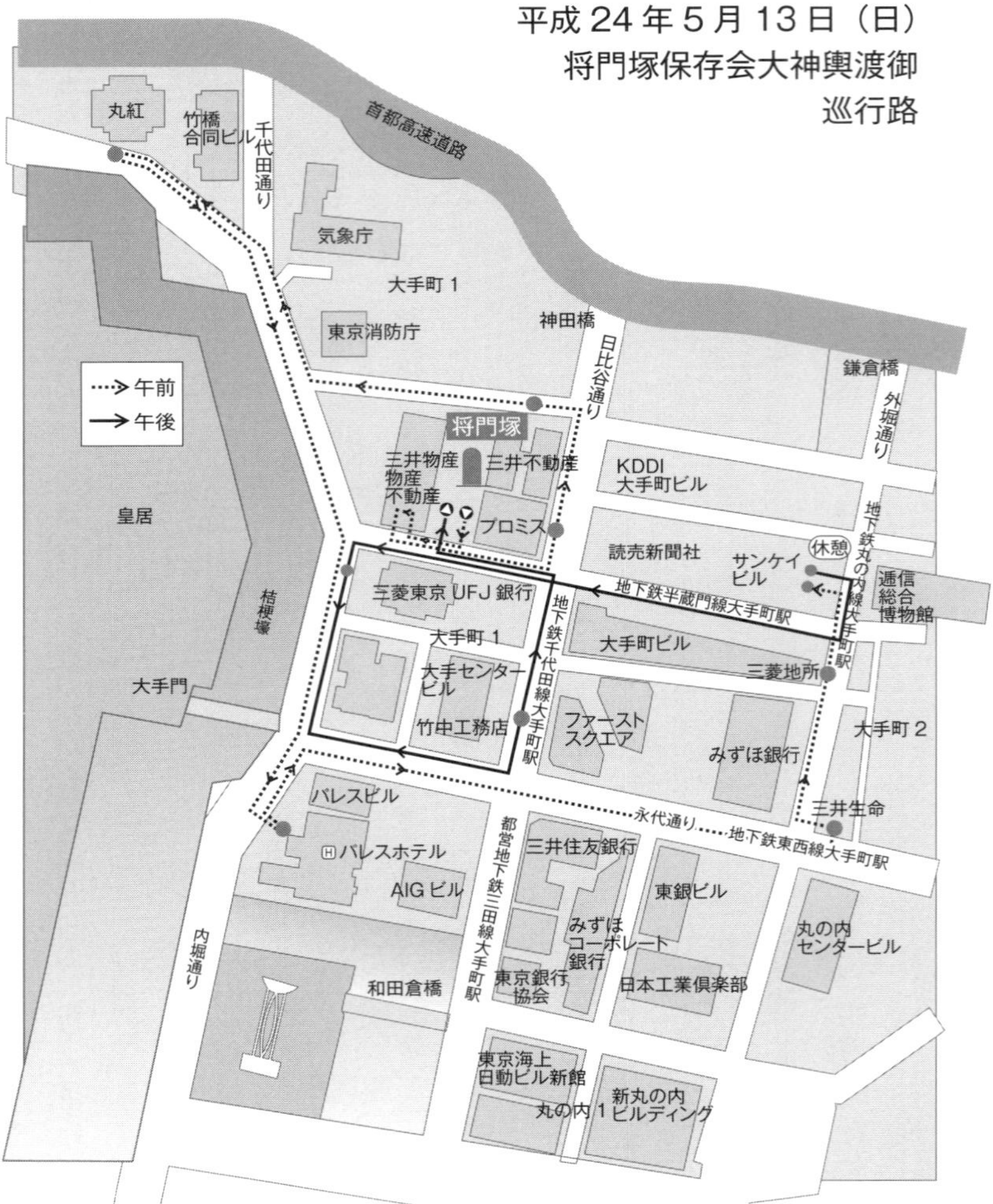

図1　史蹟将門塚保存会大神輿・巡行路（平成24年、神田神社より提供）

行委員長らが玉串を捧げ参拝した。実行委員長の二礼二拍手一礼に合わせて担ぎ手全員が参拝した。多数の柏手の音が将門塚前に響いた。玉串奉奠が終わると、実行委員長の挨拶が行なわれた。

実行委員長は、「本日は地元大手町、丸の内、遠くは静岡から、将門塚保存会将門神輿渡御に大勢の方がお集まりいただき、誠にありがとうございます。将門公の御神威によりまして、この地元地域の皆さん、会社の益々のご発展、ご健勝、また、昨年ございました東日本大震災のより一層の復興を祈念しまして、この地元でしっかり神輿を担いで、元気を出していただきたいと思います。また、本日、神田明神の皆さまには準備及び本日の供奉と、色々お世話になり誠にありがとうございます。また、丸の内警察署の皆さまの御協力によりまして、本日交通規制にもなっております。この空を見上げていただければわかります通り、まさしく五月晴れ、非常に気持ちいい天気でございます。この状態の中で是非、怪我のないように、無事故で、元気よく町を活性化していただければと思いますので、宜しくお願い致します」と挨拶した。挨拶が終わると、大神輿の周りに担ぎ手が集まった。木遣りの後、一本締めを行ない、九時五五分、将門塚前を出発した。神田囃子保存会のお囃子に合わせ、勢いよく神輿を担いでいった。道端ではアマチュアカメラマンの姿が多少みられたが、圧倒的に神輿の担ぎ手の方が多かった。将門塚を出た大神輿は、三井物産・物産不動産の敷地内へ入っていった。

三井物産株式会社・物産不動産株式会社

敷地内の天上の低い箇所を大神輿が潜る際には緊迫感が漂ったが、その後、三井物産・物産不動産で神輿を降ろす直前、すぐに神輿を降ろすことが許されず、担ぎ手たちは手を挙げながら担ぎ、盛り上がっていた。屋根の下で担いでいるため、音の反響が担ぎ手たちの盛り上がりを助けているようであった。ようやく拍子木が鳴らされ、神輿を降ろすと、神職によるお祓いのあと、神輿への献饌がなされ、玉串を捧げて参拝が行なわれた。

写真２　史蹟将門塚保存会神輿・蔭祭の巡幸
（平成24年、筆者撮影）

一〇時五分過ぎ、一本締めで再び出発した。出発した神輿は将門塚の前を通り、プロミスへ向かった。ビルとビルの合間を担ぎ声が反響して、担いでいる人たちは比較的盛り上がっているように感じられた。大神輿は、御幣、お祓いを行なう神職、実行委員、高張提灯、神田囃子、大神輿の順で行列して進んでいった。交差点付近でも、担ぎ手は手拍子をしながら盛り上がっていた。

プロミス（SMBCコンシューマーファイナンス株式会社）

ここでも神輿を降ろして、神職によるお祓いの後、献饌がなされ、玉串を捧げ大神輿へ参拝を行なった。その様子を担ぎ手たちは静かに見守っていた。こうした祭事がなされている後ろの道を乗用車が通過した。交通規制はしているものの、巡幸ルートの全面通行止にはしていないようだ。

こうした形で順次、将門塚保存会の参与法人の会社を巡っていった。一〇時一八分過ぎに再び出発となった。

巡幸ルート

プロミスを出ると、三井不動産前（一〇時二六分着・一〇時二九分発）、丸紅（一〇時五七分着・飲料水［ペットボトル、アルコール類なし］配布・一一時八分発）、パレスホテル（一一時四〇分着・飲料水［ビールなどのアルコール類あり］・一一時四九分発）、三井生命（一二時九分着）、三菱地所（一二時一七分着）、サンケイビル前（一二時二四分頃着・お昼休憩［会社ごとに分かれて弁当を食べる］・一三時半頃発）、三菱東京ＵＦＪ銀行前（一三時四九分着・一三時五三分発）、竹中工務店（一四時一七分着）を巡って、将門塚前に戻った。三菱東京ＵＦＪ銀行へ向かう一部区間では、女性だけで担ぐ女神輿になった。

還御

竹中工務店を出た大神輿は、一旦将門塚前を通過して戻り、将門塚前で何度か揉んで、神輿を降ろして還御となった。将門塚への還御の際がこの日で一番多い観客がみられた。しかし、アマチュアのカメラマンが大半で決して数は多くはなかった。到着後に、神田神社の神職を斎主とし還御祭が行なわれた。還御祭が終わると、あっという間に大神輿は片付けられ、担ぎ手はその場で直会を行なうこともなく解散した。

平成二六(二〇一四)年の蔭祭

平成二六年の蔭祭では、五月一一日(日)に将門塚保存会大神輿の巡幸が大手町・丸の内地区で行なわれた。九時半頃、大手町野村ビル前で発御祭が行なわれたあと、将門塚前に移動し、三井物産ビル、パレスホテル前、大手センタービル、丸の内永代ビルディング、大手町野村ビル(三井生命保険前)、大手町ビルヂング、東京サンケイビル前、大手町一丁目三井ビルディング、丸紅東京本社を巡幸し、一五時一四分に将門塚へ還御した。また、平成二六年の蔭祭では、子ども神輿が出された(18)。

3 特徴

最後に、将門塚保存会大神輿の蔭祭巡幸において明らかとなった特徴を四つ挙げ、そこからみえる都市祭りの役割について論じておきたい。

第一に、将門塚保存会大神輿の巡幸を行なう上で、祭りの担い手が結集するための核として、平将門を祀る将門塚と神田神社があることである。将門塚を守る将門塚保存会は大手町・丸の内地区の企業を参与会員として結成された。将門塚保存会の参与会員である三菱地所などの企業を中心に大手町・丸の内地区の「企業町会」として「大手・丸の内町会」がある。大神輿の巡幸には、将門塚保存会と大手・丸の内町会の高張提灯が出され、両者が参与する形で大神輿の巡幸が行なわれている。また、正月の仕事始めや九月の将門塚の例祭日などには、将門塚保存会に参与する企業の会社員を中心に将門塚への参拝がなされている。

一方、将門塚に祀られた平将門命は神田神社の祭神の一柱であり、将門塚付近は神田神社の創建の地と伝えられ、神田祭の際には神田神社の鳳輦が将門塚へ渡御し、神田神社宮司が神事を行なっている。この将門塚と神田神社の両者を結ぶ形で神田祭と蔭祭の将門塚保存会大神輿の巡幸がなされ、将門塚保存会大神輿の担ぎ手は「神田明神」「将門塚保存会」「神田祭」の文字が入った半纏を着用している。

第二に、将門塚保存会大神輿の巡幸には、神田神社の神職の積極的な関与がみられることである。江戸開府四〇〇年を迎えた平成一五(二〇〇三)年を境として、それまで行なわれていなかった大手町・丸の内地区の神田祭への参加(神田神社への宮入)を神輿の貸出という形で後押ししたのも神田神社の神職である。また、大神輿巡幸の準備や大神輿巡幸に合わせて行なわれる神事など、神田神社の神職が介在して行なわれている。

第三に、この祭りは観客をほとんどみることのできない「観客のみえない祭り」であることである。それは、将門塚周辺の大手町・丸の内地区が住民のほとんどいない地域であることが影響している。つまり、地域社会に暮らす実質的な「地縁」がなく、地域社会の祭りを「見る人」がまずもって存在しないからである。同時に、地域社会の外部から訪れて「みる人」も少ない。よって「みる／みられる」「みる／みせる」の関係が成り立ちにくく、「祭礼」とは呼びにくい祭りである。神田囃子が先導して「祭りの音」を演出して神輿の巡幸が行なわれるものの、将門塚周辺には屋台(出店)は出されていない。お囃子の音はあるが、祭りらしい雰囲気が形成しにくく観客を集める要素が少ない。

一方、神輿の担ぎ手は一〇〇〇人を超え、動員数の多さから神輿の出御や着御の際に、神輿を担ぐ掛け声がビルに反響して担ぎ手はそれなりに盛り上がっていた。しかし、アルコールを口にする機会がほとんどなく、唯一、アルコールが出されたパレスホテルでも、そこで飲むことが課せられ、マナーが重視されていた。観客が少ないばかりでなく、マナーが重視されることから、日常の構造が逆転するような沸騰はしにくいのではなかろうか。

第四に、祭りの担い手からみると、会社員のつながりを軸とした「社縁」(会社縁)に特化した祭りであるが、観客をほとんどみることができないことから、いわば「会社員による会社員のための祭り」になっているといえる。それは、蔭祭の神輿の巡幸ルートからも窺え、神輿が巡るのは全て将門塚保存会の参与法人会員である企業である。そして、祭りの担い手を「社縁」に頼るほかないことから、蔭祭の年にも神輿の巡幸を実施して会社員の動員力を維持し、神田祭における神田神社への宮入に備えているといえるのではないかと考える。つまり、神田祭における神田神社への宮入があるからこそ、蔭祭における神輿の巡幸が存在しているといえる。逆にいえば観客をほとんどみることのできない「観客のみえない祭り」があるからこそ、多数の観客をみることができる「観客のみえる祭り」につながっているといえるのではなかろうか。

とすると、同じように居住人口が少なくなりつつある神田神社の氏子町内の祭りにおいて、神田祭における連合渡御・神田神社への宮入があるからこそ、町内渡御や町内の祭りが持続しているとみることはできないだろうか。特に、神田神社への宮入の存在は町内の祭りを維持する上で重要な存在であると考える。

このように、将門塚保存会大神輿の蔭祭の巡幸から、将門塚や神田神社といった結集のための核を軸として、神田神社の神職の積極的な関与が介在しながら、「観客のみえる祭り」(宮入・連合渡御)が地域社会(氏子町内)における「観客のみえない祭り」を持続させていると同時に、地域社会(氏子町内)における「観客のみえない祭り」が「観客のみえる祭り」（宮入・連合渡御）の維持につながっているという、都市祭りにおける一つのダイナミズムが浮かび上がってくるのである。

三　東日本橋二丁目町会の蔭祭

ここでは、東日本橋二丁目町会の蔭祭について、調査を行なった平成二八（二〇一六）年五月の祭りからみておく。

1　東日本橋二丁目町会の概観

東日本橋二丁目町会は、神田祭の際に鳳輦が渡御し、昼御饌を奉る両国御仮屋（薬研堀不動院）の地元町会である。神田祭に際して、町会の神酒所は薬研堀不動院前に設営される。町会の区域は中央区東日本橋二丁目全域である。

東日本橋二丁目町会は、かつて両国町会と呼ばれた。「両国」という町名は、昭和九（一九三四）年八月に、関東大震災後の土地区画整理により、幹線五号線が久松町から両国橋橋詰に解放されて三角形になった地域を総括して名付けられた。この三角形になった地域には、かつての元柳町全部、新柳町全部、古川町全部、米沢町一・二丁目全部、米沢町三丁目一部、薬研堀町一部、岩松町一部、横山町三丁目一部が含まれた。元柳町は、浅草橋のたもとから神田川沿いに両国橋西詰に至る河岸添地で、芸妓の町と呼ばれ女性の数が多かった。昭和四六年四月の住居表示改正によって、両国から東日本橋二丁目に改称した。(19)

昭和四三年に実施した薗田稔の調査によれば、両国町会は、世帯数：四五〇世帯、神札の配布数（年末に配布するもの）：六八枚（一五・一％）、祭礼の象徴：神輿大（昭和三五年製作）、神輿小（昭和二六年製作）、曳き太鼓（昭和二六年製作）、主な行事：ミタマ入レ・鳳輦迎エ・町内練リ・ミタマ返シ、役割動員：祭典委員（町会役員）、一般動員：若衆六〇人・子若一〇〇人・自発的参加、行事経済：寄附（協賛金）一五〇万、祭りの評価：町ノ良サ特色ガ出ル・子供ノ友愛ヲ高メル、神社イメーヂ：大己貴命・少彦名命・将門ダトモイウとしている。(20)

薗田の調査から四五年が経過した平成二五（二〇一三）年の神田祭では、筆者の調査によると、人口：一一〇〇世帯・二三〇〇人、祈禱札の配布数：五〇〇枚、祭礼の象徴：神輿大一・小一・曳き太鼓一、神酒所：有り（薬研堀不動院）、主な行事：蔵出し・御霊入れ・挨拶廻り・神幸祭「受渡し」・連合渡御・チビッコ縁日・町内渡御・神輿宮入参拝・御霊返し・直会、役割動員：祭典委員・祭典委員会・祭典委員長（町会長）・祭担当責任者（副町会長）、一般動員：大人神輿六〇人（町内四〇人・町外二〇人）・町外：東京理科大学学生、行事経済：寄付（奉納金四〇〇万円）・町会費一〇〇万円、行事変化：一二年前に舟渡御を実施［平成二七年にも舟渡御を実施］、祭りの評価：地域の連携がお祭り、神社イメージ：平将門である。

昭和四三年と平成二五年を比較すると、人口が四五〇世帯から一一〇〇世帯と大幅に増加している。町内にファミリータイプのマンションが複数建設されたことが影響している。なお、蔭祭調査を実施した平成二八年五月現在の住民基本台帳に登録された東日本橋二丁目の人口は、世帯数：一二九八世帯・人口二一八三人である。

2　東日本橋二丁目町会の蔭祭の概要

東日本橋二丁目町会の蔭祭は、平成二八（二〇一六）年五月八日（日）に薬研堀不動院前（神田祭の際に神酒所が作られる場所）の路上に子ども縁日を開き、そこを拠点として子ども神輿と曳き太鼓（山車）の巡幸を行なった。

蔭祭のポスター

東日本橋二丁目町会では、蔭祭のポスターを作成し、薬研堀不動院前の芳名板など数ヶ所に掲示していた。ポスターには、「東日本橋2丁目町会祭礼のお知らせ　子供神輿とチビッコ縁日　平成28年度神田明神祭礼　チビッコ縁日（場所：薬研堀不動院　御神酒所横）　5月8日（日）10：00～13：00　美味しい焼きそば・ソーセージ・カレーライス・ラムネ　お菓子のつかみどり・射的・くじびき　※御神酒所前で縁日券（50円）を発売します。　子供神輿神霊入れ（場所：薬研堀不動院　御神酒所前）　5月8日（日）09：30～　子供神輿・山車町内渡御（集合場所：薬研堀不動院　御神酒所前）10：30～11：30（午前）　11：30～13：00（休憩）　13：00～14：00（午後）　※午後の渡御開始10分前までに、集合場所にお集まりください。お子様たちのご参加をお待ちしております！　※小雨決行。雨天の場合、チビッコ縁日は信徒会館にて開催致します。※参加されるお子様の保護者は、祭礼半天を「4月25日（月）」より町会会館で申し込みを受け付けます。　主催：東日本橋2丁目町会青年会　協賛：城北信用金庫日本橋支店」と記載されていた。

御霊入れ

東日本橋二丁目町会関係者と神田神社の神職の記念撮影のあと、九時半過ぎから神田神社の神職を斎主（斎主一人、祭員一人）として、薬研堀不動院前の路上に置かれた子ども神輿への御霊入れが行なわれた。玉串奉奠では、東日本橋二丁目町会会長や町会役員のほかに、薬研堀不動院の住職も玉串を捧げ、御霊が入れられた子ども神輿に拝礼した。

子ども縁日

御霊入れが終わると、一〇時頃から薬研堀不動院前の通りの両側で子ども縁日が行なわれた。フランクフルト、カレー、焼きそば、くじびき、お菓子つかみどり、ラムネ、射的の出店が出され、「祭」と書かれた半纏を着た小さな子どもとその親たちで賑わった。

巡幸ルート

一〇時半に薬研堀不動院前を出発した子ども神輿と曳き太鼓（山車）は、警察官三人に誘導されながら、金棒隊、子ども神輿、曳き太鼓（山車）の順に、柳橋通り→清杉通り（町内側の歩道を巡幸）→ＰＭＯ東日本橋・東日本橋グリーンビルアネックス附近（小休止）→清杉通り（町内側の歩道を巡幸）→浅草橋（京葉道路を横断歩道を通って横断）→京葉道路（両国橋方向へ歩道を巡幸）→吉澤ビル前（一一時五分着・休憩、飲料水と黄色のリボンを配布）→京葉道路（歩道を巡幸［ただし、両国橋西交差点の少し手前から車道を巡幸］）→両国橋西交差点（京葉道路を横断歩道を通って横断）→薬研堀不動院参道（途中、東日本橋二丁目一八‐五附近で神輿を高く上げる「サシ」を行なう）を通り、一一時半に薬研堀不動院前に還御した。還御後、途中の休憩で配布された黄色リボンで子どもたちは縁日券五枚と交換した。子どもたちは縁日券を使って、薬研堀不動院前の縁日で焼きそばやソーセージなどを食べたり、射的やくじびきなどを楽しんだ。午前中の巡幸では、金棒隊一〇人（女の子のみ）、子ども神輿に子ども一八人、曳き太鼓（山車）に小学生以下の子ども六〇人以上が参加した。曳き太鼓（山車）には最低一人の大人がそれぞれ付き添って歩いたため、かなりの賑わいとなった。

お昼休憩を挟んで、一三時に再び薬研堀不動院前を出発した子ども神輿と曳き太鼓（山車）は、金棒隊、子ども神輿、曳き太鼓（山車）の順に、柳橋通り→清杉通り（東日本橋三丁目方向へ歩道を巡幸）→御幸通り（隅田川方面への車道を巡幸）→宮城館ビル前（休憩、飲料水と黄色のリボンを配布）→御幸通り（車道を巡幸）→鳥安前（東日本橋二丁目一一‐七で「サシ」を行なう）→浜町河岸通り→すずらん通り→東日本橋二丁目町会会館前（「サシ」を行なう）→不動院通りを巡幸し、薬研堀不動院前に戻った。曳き太鼓（山車）は比較的早く巡幸を終えたが、子ども神輿はすぐに還御しないで、担ぎ手を女の子と大人の女性だけの女神輿に替えてしばらく巡幸した。最後に男性の大人が担ぎ、しばらく薬研堀不動

写真3　東日本橋二丁目町会の蔭祭
（平成28年、筆者撮影）

院周辺で揉んだあと、東日本橋二丁目町会会長や薬研堀不動院の住職も子ども神輿を担ぎ、一四時半頃、ようやく還御となった。還御後、子どもたちは途中の休憩で配布された黄色リボンと縁日券五枚と交換して縁日を楽しんだ。

午後の巡幸では、子ども神輿に子ども一〇人、曳き太鼓（山車）に子ども一五人が参加した。午後の巡幸の後半では、子ども神輿の子どもが六人に減り、逆に曳き太鼓（山車）の子どもが一七人と少し増加した。

御霊返し（御霊抜き）

子ども神輿は担ぎ棒を外し、町会青年会の車に載せられて神田神社へ移動した。神田神社拝殿の右脇、獅子山の前付近に子ども神輿を下ろし、神輿に二本の担ぎ棒を通してウマの上へ置き、神饌を供えた。一五時三八分頃、神田神社の神職を斎主（斎主一人、祭員一人）として、東日本橋二丁目町会会長、青年会長、半纏を着た青年会のメンバーらが参列して御霊抜き（返し）を神事を行なった。約一五分で神事が終わると、子ども神輿は、町会青年会の人たちによって神田神社境内の神田神社氏子神輿庫へ納められた。

3　参加者数

東日本橋二丁目町会では、平成二八（二〇一六）年の蔭祭の実施に当り、以下のような役割動員を行なった。「平成28年度　子供祭青年会祭典委員」によれば、祭典委員一人（町会長）、実行委員一人（青年会長）、運営本部一人、子ども神輿係一二〜一四人（神輿長一人、副神輿長三人、東京理科大学協力者四〜六人）、金棒係三人（責任者一人・副責任者一人）、山車係一二〜一四人（責任者一人、副責任者一人、東京理科大学協力者四〜六人）、縁日係七人（責任者一人、副責任者一人、青年会長大学生協力者四人）である。ここに、縁日の出店（屋台）のお手伝いをする、主に町内のファイミリータイプのマンションに暮す女性たちが参加した。この女性たちは、普段は町会の婦人会にはほとんど参加していないという。

子どもの参加者は、五月八日一二時の時点で貸し出した半纏の枚数から算出すると九八人が参加した。付き添いの大人を一人としても、九八×二＝一九六人とかなりの人数になったことがわかる。特に、午前中の曳き太鼓（山車）には、多くの子どもとその親が参加した。本祭でも、子どもの半纏は六〇〜七〇枚は貸出すというため、子どもの参加者は本祭より蔭祭の方が多いことがわかる。

4　特徴

東日本橋二丁目町会の蔭祭は、平成二三（二〇一一）年の東日本大震災の発生を契機として、平成二四年から開始された。町会関係者の話によれば、再開発で誕生したファミリータイプのマンションに住む新しい住民と古い住民の接点を作ろうとして始められたという。

東日本橋二丁目町会の青年会の構成員は、二〇〜三〇人で新しい住民の参加者も多く、男性同士の新しい住民と古い住民の交流は進んでいる。一方、新しい住民の女性は、普段は町会の活動に参加しない人が多い。しかし、蔭祭の縁日を手伝う女性たちは町会の婦人会には入っていないマンションの新しい住民がほとんどである。つまり、東日本橋二丁目町会の蔭祭は、子どもを媒介とした新しい住民と古い住民との交流の場、特に女性にとっての接点になっているという特徴がある。蔭祭当日の午後、子ども神輿の巡幸の最後に、大人の女性たちだけで担ぐ女神輿になり、さらには大人の男性たちで担ぐ神輿になったのは象徴的であったのではなかろうか。

参加者に目を転じれば、午前中の曳き太鼓(山車)へ子どもとその親が多数参加し、子どもの参加者数が本祭よりも多くなっているという特徴がある。一方、参加者の数は多く、巡幸の行列は賑わいを作るが、子ども神輿と曳き太鼓の巡幸を見物する観客をほとんどみることができない「観客のみえない祭り」となっている。

四　宮本町会の蔭祭

続いて、宮本町会の蔭祭について、調査を行なった平成二八(二〇一六)年五月の祭りからみておく。

1　宮本町会の概観

宮本町会は、その名の通り、神田神社のお膝元の町会である。かつては、神田明神門前町・表門町・裏門町・西町等と称していたが、明治二(一八六九)年に神田神社と併せて宮本町と称するようになった。現在、千代田区外神田二丁目一六〜一九(七番一号、四号一部)を区域とする。(21)甘酒の天野屋や三河屋など、門前の老舗が町内に立地する。

昭和四三(一九六八)年に実施した薗田稔の調査によれば、宮本会(現・宮本町会)は、世帯数：七〇世帯、神札の配布数(年末に配布するもの)：四七枚(六七・一％)、祭礼の象徴：神輿小(昭和三五年製作)、主な行事：ミタマ入レ・ワタリ・町内練リ・地区練り(宮入)、役割動員：祭典委員(町会役員)・婦人部、一般動員：小学生・母親、行事経済：町会繰越金・奉納金、行事変化：昭和二七年神田祭復興、祭りの評価：子供中心ノ楽シミ、神社イメーヂ：大国主

命・将門ノ末社、備考：神田祭ノ本当ノ良サヲPRシタイ・2湯島三丁目が合併参加としている。(22)

薗田の調査から四五年が経過した平成二五(二〇一三)年の神田祭では、筆者の調査によると、町会員：一七〇世帯、祈禱札の配布数：未配布、祭礼の象徴：神輿小一、神酒所：有り(アヤベビル一F)、主な行事：蔵出し・御霊入れ・挨拶廻り・連合渡御［おまつり広場］・町内渡御・神輿宮入参拝・直会、役割動員：祭典委員・青年部・婦人部、一般動員：子ども神輿：子ども一〇〇人［町内二〇～三〇人と昌平小学校］。大人神輿：二五〇人［亀有三丁目東町会一〇〇人、町内企業・印刷屋四〇人、町会員の親戚五〇人］、行事経済：寄付(奉納金一一〇～一二〇万円)、町会費二〇〇～二五〇万円、繰越金。合計四〇〇～四五〇万円、行事変化：町内の高齢化。ただし、子どもの参加は増。平成二一年より大人神輿を亀有の町会から借りて宮入を開始、祭りの評価：町会を守っている氏神様のお祭り。氏神の近くに住んでいるという誇りがある。何があってもきちんとやろうと思っている、神社イメージ：大国主命、恵比寿様、将門。商売の神様である。

昭和四三年と平成二七年を比較すると、世帯数は七〇世帯から一七〇世帯へ増加している。なお、蔭祭調査を実施した平成二八年五月現在の住民基本台帳に登録された外神田二丁目の人口は、世帯数六〇〇世帯、人口九六六人(男：四九七人、女：四六九人)である。

2　宮本町会の蔭祭の概要

ここでは、宮本町会の蔭祭における子ども神輿の巡幸についてみておく。巡幸は、平成二八(二〇一六)年五月一四日(土)に行なわれた。

蔭祭当日、一三時に参加者は町内のヒルトップお茶の水に集合した。細い路地を入ったヒルトップお茶の水の一階

写真４　宮本町会の蔭祭（平成28年、筆者撮影）

に、受付が設けられた。受付には、「未就学児」「一年」「二・三年」「四・五年」の貼紙が貼られていた。参加者はそれぞれの区分ごとに受付を済ませ、子ども用の半纏とお弁当（セブン-イレブンのおにぎりセット）、宮本町会の手拭、首から下げることができる神田神社のお守りを受け取った。

御霊入れ

一四時過ぎ、神田神社拝殿前で、神田神社の神職を斎主（斎主一人、祭員一人）として、宮本町会子ども神輿への御霊入れの神事が行なわれた。神事の際、神田神社権宮司が神事の内容を参列する子どもにもわかるように解説を加えていた。神事には、宮本町会関係者のほか、昌平小学校の校園長、副校園長ら教員五人（昌平小学校の半纏を着用）、子どもたちとその親らが参列した。神事の間、真剣に頭を下げる子どもたちが複数みられた。また、玉串奉奠では、子どもの代表も玉串を捧げ参拝した。神事は約二〇分ほどで終了した。

巡幸ルート

一四時二〇分過ぎ、金棒隊四人（女の子のみ）、御幣、宮本町会の高張提灯、「祭」「宮本町会」と書かれた大団扇、子ども神輿の順に、神田神社境内から出発し、隋神門を潜り右折した。そして、神田の家→区立宮本公園（休憩・飲料水を配布）→五島ビル前（通過）→藤和シティホームズ御茶の水前（左折）→ファミリーマートお茶の水店前（左折）→楽器会館附近（休憩・飲料水を配布）→天野屋（通過）→神田神社大鳥居（通過）→隋神門→ヒルトップお茶の水→（奥の細い路地）→明神会館前（通過）→国学発祥の地碑附近→末廣稲荷神社付近→江戸神社前→隋神門を過ぎ、一六時にヒルトップお茶の水前で神輿を高く上げる「サシ」を行ない、巡幸は終了した。終了後、子どもたちはお菓子を貰って帰路に就いた。子ども神輿は、「写真撮影ができるように」ということで、宮本町会の大人たちによって隋神門の右脇にある脇門前に移され、しばらくそこに置かれた。その後、神輿庫に納めた。

子ども神輿は、①小学二・三・四・五年生、②小学一年生、③幼稚園（未就学児童）といった学年の順に神輿をウマ（神輿を載せる台）に下すたびに担ぎ手を交替して担いでいった。神輿を担いだり、神輿を下ろしたりする合図に拍子木を叩いて木入れを行なうが、これも参加する子どもたちが交代で行なった。途中から希望者を募ると、多くの子どもが手を挙げて、責極的に参加していた。巡幸の後半、神田神社境内を一周するときには、何度も神輿を下ろして、多くの子どもが木入れを行なえるように町会の大人たちは工夫をしていた。巡幸には子どもたちの親が多く付き添って歩いた。ビデオカメラで撮影をするお父さん、乳母車を押して歩くお母さんなど、神輿の行列は大きな賑わいをみせた。その一方で、神田神社の拝殿前や隋神門付近、大鳥居・天野屋付近には、神輿の巡幸を見物する観客はいたが、それ以外は神輿巡幸をみる観客をほとんどみることができなかった。

3　宮本町会の蔭祭の参加者

平成二八（二〇一六）年の宮本町会の蔭祭には、子ども約一四〇人が参加した。参加者リストから参加者の詳細をみていくと、未就学児童が四〇人、小学校一年生が約四〇人、二年生が一九人、三年生が七人、四年生が三人、五年生が九人、六年生は〇人である。六年生は中学受験がある関係で参加しないという。町内の子どももいるが、近隣の町会を含めた千代田区立昌平小学校の子どもたちが参加している。子どもには多くの親が付き添って神輿の巡幸について歩いていた。最低一人の親が付き沿ったとしても一四〇人×二倍で、総勢二八〇人に上る計算になる。多くの子どもと親が蔭祭の神輿巡幸に参加したことがわかる。

本祭の子ども神輿の参加者は子ども六〇人であり、本祭よりも蔭祭の子ども神輿の参加者の方が多いという。平成二八年の宮本町会の蔭祭では、約一六〇個のお菓子を用意したという。一方、町会の半纏を着た大人は五人程度であった。

4　特徴

宮本町会の蔭祭は、主催は宮本町会であり、町会費で運営している。女性のお手伝いは町会の婦人部と父兄が行なっている。しかしながら、参加者も観客もいない寂しい町会の祭りかといえば、多数の子どもたちとその親で賑わう子ども神輿の巡幸であることが大きな特徴である。しかも参加者は年々増加している。子どもの半纏は一二〇～一三〇枚であったが、五〇枚を新調したという。東日本橋二丁目町会の蔭祭と同様に本祭よりも参加者の多い蔭祭の子ども神輿の巡幸である。多数の子どもの参加者が学年ごとに交代で担ぎ、木入れにも多くの子どもが参加できるように工夫し、また神田神社の境内を巡幸できるという魅力もある。神田神社の理解とバックアップが窺える。

五　本町一丁目町会・室町一丁目会の蔭祭

神田神社の氏子町会の本町一丁目町会・室町一丁目会では、神田祭が蔭祭の年、日枝神社の山王祭への参加を行なっている。両町会の青年部を中心とした人たちが「連合」する形で、高張提灯を持って日本橋の境に立ち、山王祭の下町連合の神輿を出迎える。この日本橋の境は、神田神社と日枝神社の氏子区域の境でもある。ここで高張提灯を持って自分たちの氏子区域に山王祭に参加する日枝神社の下町連合の神輿が侵入するのを妨げるといったパフォーマンスを行なう。この山王祭での日本橋におけるパフォーマンスは、多数の観客がいる「観客のみえる祭り」であるが、一〇年前から始められたという。調査を行なった平成二六(二〇一四)年は六月一五日(日)に行なわれた。

1　本町一丁目町会・室町一丁目会の概観

本町一丁目町会は、中央区日本橋本町一丁目全域を町会区域とする。町内の鎮守として常盤稲荷神社がある。(23) 蔭祭調査を実施した平成二六(二〇一四)年六月一日現在の住民基本台帳に登録された日本橋本町一丁目の人口は、世帯数一五三世帯、人口二二四人である。

室町一丁目会は、中央区日本橋室町一丁目全域を町会区域とする。(24) 町内には三越、山本海苔店などの老舗、コレド室町などがある。蔭祭調査を実施した平成二六年六月一日現在の住民基本台帳に登録された日本橋室町一丁目の人口は、世帯数一〇四世帯、人口一八四人である。

この本町一丁目町会と室町一丁目会は兄弟町会としての意識を持っている。

2　本町一丁目町会・室町一丁目会の蔭祭の概要

ここでは、調査を実施した平成二六(二〇一四)年六月一五日(日)の蔭祭について、本町一丁目町会の動きを中心にみておきたい。

一二時四六分頃、本町一丁目町会の参加者は、町内の中華料理・大勝軒へ高張提灯を持って半纏姿で集合。

一三時過ぎ、大勝軒から日本橋へ高張提灯を持って徒歩で移動を開始。

一三時一〇分、日本橋の橋の上に到着し、室町一丁目会と合流。室町一丁目会も半纏姿で高張提灯を持つ。

一三時四八分、高張提灯を持って本町一丁目町会は室町一丁目会と一緒に日本橋の中央、道路上に一列に整列し、道を塞ぐ。ただし、都営バスは通行を許し、都営バスが通行する際には、一旦、道を塞ぐことを中断する。

一四時二分頃～一四時五一分頃、山王祭に参加する下町連合の神輿を出迎え、神田神社側への侵入を阻むパフォーマンスを行なう。本町一丁目町会と室町一丁目会の町会長や役員らは、山王祭の町会役員らと高張提灯を挟んで挨拶を交わした。その後ろに下町連合渡御に参加する町会神輿が高張提灯の前に至り、高張提灯の前、日本橋の中央で神輿を高く上げる「サシ」を行ない、日枝神社の氏子区域側に引き返していった。ここには多くの観客が押し掛けていた。日本橋でのパフォーマンスが終わると、それぞれの町会へ戻った。

一五時、本町一丁目町会で祀る常盤稲荷神社の社務所へ高張提灯を片付けた。そして、日本橋へ引き返し、日本橋を越えて、日本橋三丁目町会へ移動。日本橋三丁目町会は、日枝神社の氏子町会で山王祭の下町連合に参加する。

一五時半～一六時三五分頃、日本橋三丁目町会の神輿へ本町一丁目町会と室町一丁目会が一緒に参加し、神輿を担いだ。半纏は、本町一丁目町会と室町一丁目会の半纏のままであった。日本橋三丁目町会の神酒所への神輿が帰着後、弁当と酒類を貰って町内への帰路に就いた。

一七時五分、本町一丁目町会の参加者は、町内の大勝軒へ帰着した。

3　特徴

山王祭での日本橋における本町一丁目町会と室町一丁目会のパフォーマンスは、観客が多数いる祭りである。多数の観客と祭りの担い手との間に、「みる／みられる」「みる／みせる」の関係が成り立つ。しかし、祭りを支える側ではなく、祭りをスル側として、神田神社側に日枝神社側の氏子町会の神輿の侵入を妨げるという劇を演じる役者でもある。つまり、観客がいて、かつ自分たちが祭りをスル側で、祭りを楽しめる祭りでもある。また、日本橋での出迎えを終えたあと、日枝神社の氏子町会(平成二六年は担ぎ手が少なかった日本橋三丁目町会)に神輿担ぎの助っ人として、本町一丁目町会と室町一丁目会の人たちが参加した。これは、本祭のときに、祭りを支える側として自分たちの祭りを楽しめないが、蔭祭の年は、氏子区域を超えて「日本橋」というつながりを媒介として自分たちが楽しむ祭りを実施しているという特徴を持つ。神田祭(本祭)では、本町一丁目町会は室町一丁目会の神輿に参加して、神田神社へ宮入を行なう。

神田祭の年は山王祭は蔭祭であり、日本橋で境を接する日枝神社側の氏子町会は日本橋の境に高張提灯を持って立ち、日枝神社側への侵入を妨げるパフォーマンスを行なう。そして、室町一丁目会の神輿に助っ人として参加している。

以上のように、「日本橋」というエリアにおいて、神田神社側の氏子町会は、神田祭が蔭祭のときに日枝神社の山王祭(本祭)へ、日枝神社側の氏子町会は山王祭が蔭祭のときに神田神社側の神田祭(本祭)へと、お互いの町会の神輿担ぎの助っ人として参加する。近隣町会がお互いの祭りへ乗り入れて楽しむ祭りを実施する、いわば「相互乗り入れ」を行なって、青年部組織の維持に役立てていることが窺える。

六　その他の町会の蔭祭

神田祭が蔭祭の年に、内神田旭町町会では、かつて子ども神輿と曳き太鼓(山車)の巡幸を行なっていたが、今(平成二五年)から二〇年前頃を境に途絶えている。その一方で、神輿の巡幸を行なわず、様々なイベントを行なう町会が複数ある。ここでは、その概要を以下に列挙しておきたい。

錦町二丁目町会・錦町三丁目町会

蔭祭の年に、神田祭と同時期の金曜日に縁日を行なっている。費用は町会費で捻出している。

須田町北部町会

町会長のY・H氏によれば、蔭祭の年に納涼会を行なっている。平成二六(二〇一四)年度までに一四回実施して、二八年前から行なっている。納涼会は、比較的小さい子どもがいないエリアのため、大人が楽しめ、企業人と共同作業ができるということを目的に、企業の社員にも参加してもらっている。生ビールの販売など企業ごとに役割を担ってもらい、チームで入ってもらい協力してもらっている。場所は、町会会館の周辺の道路を封鎖して行なう。町会員は一五〇口程度だが、参加者は四〇〇人を超えるという。毎回積極的に取り組もうという気運に、今なってきている。近隣町会にも招待状を出して、町会員、町会関係者、町内企業の社員、町内企業の取引先などが参加する。

外神田三丁目金澤町会

ここ一〇年くらいで年に一回、企業との懇親会を開いている。神田祭の年は夏に、蔭祭の年はお祭りの時期に行なっている。

栄町会

蔭祭のときも神田祭と同じ時期に「ふれ合い広場」を実施して企業会員と親睦を図っている。神田祭に参加する神輿同好会のメンバー一〇人程度は、蔭祭の「ふれ合い広場」に参加する。

岩本町三丁目町会

蔭祭の年には七月下旬にサマーフェスティバルを実施している。町内の山崎製パン本社の敷地内で、佐川急便のトラックの荷台を舞台として、照明車を用意し、出店を出して行なう。

神田東紺町会

蔭祭のときには、夏のイベント（縁日）がある。町内の金山神社の前で行なう。

以上のように、蔭祭の際に、神輿の巡幸は行なわないが、町内企業と懇親の場を持つ町会が複数存在していることがわかる。

まとめ

現代の神田祭の蔭祭についてみてきた。神田和泉町町会の蔭祭は（平成二五年から）三〇年ほど前に始まったものである。しかし、それ以外の将門塚保存会大神輿（大手・丸の内町会）の蔭祭における巡幸は平成一六（二〇〇四）年、東日本橋二丁目町会と宮本町会の蔭祭における神輿巡幸は平成二四年、本町一丁目町会と室町一丁目会の山王祭における日本橋でのパフォーマンスも（平成二五年の）一〇年前から始まり、平成二五年からここ一〇〜一五年で生まれた新しい動きが多いことがわかる。

特に、将門塚（大手・丸の内町会）、両国御仮屋（東日本橋二丁目町会）、神田神社の地元町会（宮本町会）と、神田神社と非常に縁の深い町会で蔭祭の神輿巡幸が行なわれていることがわかる。つまり、大手・丸の内町会、東日本橋二丁目町会、宮本町会の蔭祭に関しては、町会の力のみならず、神田神社とその神職のバックアップが窺えるのである。

神田和泉町町会と本町一丁目会・室町一丁目会の蔭祭は、青年部組織の維持を企図して、蔭祭において楽しむ祭りを実施していることが窺える。本町一丁目会と室町一丁目会の山王祭への参加のように、蔭祭の年にお互いの本祭に助っ人して「相互乗り入れ」を行なう事例は、神田同朋町会、鍛冶町一丁目町会、神田須田町二丁目町会など多くの町会でみられる。

もう一つ重要なことは、企業との接点を維持するため、蔭祭の年に神輿巡幸（将門塚保存会大神輿、神田和泉町町会大神輿に参加する凸版印刷社員・ＹＫＫ社員など）やイベント（須田町北部町会、外神田三丁目金澤町会、栄町会、岩本町三丁目町会など）を行なっていることである。地元企業に町会の活動へ参加してもらい、交流する場を作ると同時に、毎年、懇親の場を持つことによって地元企業を町会から離れさせないように工夫していることがわかる。

つまり、青年部内部のつながり、地元企業と町会の関わり、新住民と旧住民との交流の場などを蔭祭を通して、維持・強化していることが神田祭の蔭祭の分析から窺えるのである。

冒頭でみた「座談会　都市の祭り」の指摘のように、「本祭＝大人の祭り」「蔭祭＝子どもの祭り」(25)とは二分できない側面があることがわかるのではないだろうか。祭りの継承や世代間継承の役割はあるものの、東日本橋二丁目町会の蔭祭のように、子どもの祭りを介した大人のつながりを強化する中間領域にある祭りなのではなかろうか。だからこそ、お祭りやイベントを見物する観客をほとんどみることができない「観客のみえない祭り」であっても行なう意義があるのではなかろうか。

観客と祭りの担い手との間に生じる「みる／みられる」「みる／みせる」とは違った町内のつながりを維持するための社会的なシステムが存在していると考える。それも、古くからの住民が多く、町会活動や祭りの担い手に事欠かなかった時代とは異なり、地域社会の空洞化によって、町会の青年部のモチベーションを維持する場や、町会と町内の企業・子ども・新住民などとの接点を作る場が必要となり、そうした社会的なシステムとして蔭祭の役割があると考えられる。そして、こうした町内の結集を図る、観客をほとんどみることができない「観客のみえない祭り」があるからこそ、多数の観客をみることができる「観客のみえる祭り」が維持・拡大しているのではなかろうか。都市祝祭と町内の祭りの複合的な構造を窺うことができる。つまり、蔭祭の実態から町内共同の新しい形がみえてくるのである。

註

（1）例えば、和崎春日『左大文字の都市人類学』弘文堂、昭和六二年。松平誠『都市祝祭の社会学』有斐閣、平成二年。中野紀和『小倉祇《(ママ)》園太鼓の都市人類学　記憶・場所・身体』古今書院、平成一九年、などがある。

（2）宮家準・平岡好和・薗田稔・中村孚美「座談会　都市の祭り」『三田評論』第八六三号、昭和六〇年、一八頁。

（3）前掲宮家ほか「座談会　都市の祭り」六頁。

（4）柳川啓一『祭と儀礼の宗教学』筑摩書房、昭和六二年、一三七頁。

（5）島田潔「『神道宗教』を中心とした戦後の祭祀学・祭り研究」『神道宗教』一六九号、神道宗教学会、平成九年、五三頁。

（6）島田潔「中世諏訪祭祀における王と王子」薗田稔・福原敏男編『祭礼と芸能の文化史』思文閣出版、平成一五年。

（7）茂木栄「十五童・玉・花・翁―奥三河古戸のシカウチ神事・白山祭・花祭・田楽―」脇本平也・田丸徳善編『アジアの宗教と精神文化』新曜社、平成九年、四九頁。

（8）薗田稔「祭りと都市社会―「天下祭」（神田祭・山王祭）調査報告（一）―」『國學院大學日本文化研究所紀要』第二三輯、國學院大學日本文化研究所、昭和四四年、一〇七頁。

(9)『神田明神史考』神田明神史考刊行会、平成四年、五三頁。
(10)前掲『神田明神史考』六九頁。
(11)前掲『神田明神史考』六八～七〇頁。
(12)神田倶楽部『明神さまの氏子とお神輿』武蔵野書院、平成一〇年、三六三頁。
(13)麴町わがまち情報館http://koujimachi.net/town/otemarub.html
(14)前掲薗田「祭りと都市社会」。
(15)松平誠「都市祝祭伝統の持続と変容―神田祭による試論―」『応用社会学研究』第三五号、立教大学社会学部研究室、平成五年。
(16)織田桂「サラリーマンが神輿を担ぐ！」『東京人』二〇一二年六月号、都市出版、平成二四年、八二～八三頁。
(17)「神輿に燃えるビジネスマン」『読売新聞』朝刊、平成二二年五月八日付。
(18)石井ゼミ神田祭蔭祭・調査班編「神田祭・蔭祭調査報告―平成二六年度―」『神道研究集録』第二九輯、國學院大學大学院神道学・宗教学専攻院生会、平成二七年、四六～六〇頁。
(19)『明神さまの氏子とお神輿』武蔵野書院、平成一三年、八七頁。
(20)前掲薗田「祭りと都市社会」一一二頁。
(21)前掲『明神さまの氏子とお神輿』三五頁。
(22)前掲薗田「祭りと都市社会」一〇二頁。
(23)前掲『明神さまの氏子とお神輿』七〇頁。
(24)前掲『明神さまの氏子とお神輿』六七頁。
(25)前掲宮家ほか「座談会　都市の祭り」一八頁。

第二節　町会の年中行事の変容と神田祭

本節では、神田祭に参加する神田神社の氏子町会という具体的な対象地域を設定し、そのエリアの年中行事について、各地区連合ごとにどのような現状にあるかを挙げ、その中で神田祭はどのように位置付けられているかを明らかにしたい。

なぜ、町会の年中行事を対象とするかといえば、町会の年中行事の中には、地域社会の祭りである神田祭も位置付けられるからである。つまり、蔭祭と同様に、神田祭以外の町内の行事を対象として、町会の神田祭と対比させながら新たな町内共同のあり方について探る目的を持っているからである。

そもそも、年中行事とは、柳田國男監修の『民俗学辞典』によれば、「年々同じ暦時がくれば、同じ様式の習慣的な営みが繰り返されるような傳承的行事をいう。ただし、それは個人について年々繰り返されるものではなしに、家族や村落など、とにかく或る集団ごとに、しきたりとして共通に営まれるものである[1]」と位置付けられている。

また、『日本民俗大辞典』によれば、年中行事とは、「年ごとに、同じ日もしくは、暦によって決められた日に繰り返される一連の行事。多くは儀礼や式典を伴う[2]」としている。

民俗学では、多くの年中行事に関する研究蓄積がなされている。例えば、田中宣一の『年中行事の研究[3]』、倉石忠彦の『年中行事と生活暦―民俗誌への接近―[4]』などが挙げられる。これらの研究は、基本的には農山漁村の年中行事を対象としてきた。

一方、都市民俗学を想定した倉石忠彦は、『年中行事と生活暦』に所収された「民俗都市の把握」の中で、都市における民間伝承の発見への意識はあるものの、具体的なフィールドを設定した体系的な都市の年中行事の把握には至っていない。

宗教社会学の石井研士は、民俗学の文献に記された年中行事の説明には、昭和二九（一九五四）年生の自身の生活実感とは無縁であり、現代の若者の間に民俗学が説明する年中行事が見出せないに違いないと考える。また、宗教学における日本人の年中行事の常識を再考することを目的に、「現在の都市民の世界観や霊魂感の現状を解き明かすためには、現在都市で行なわれている「年中行事」の説明が必要なのではないか」として、『都市の年中行事―変容する日本人の心性―』[5]にまとめ、考察を行なっている。

ただし、石井の関心は、年中行事自体の研究が目的ではなく、年中行事の変化の分析を通して、日本文化、特に宗教文化がどのように変化してきたかを把握することにあった。そのため、民俗学で説明されるような年中行事のうち、どの行事が今でも行なわれ、どの行事が廃れてしまったのか。産業構造や生活構造が大きく変わる中で、どのような新しい行事が生み出され、年中行事の全体的な構造はどのように変化したと考えられるか、そして初詣に出かける恋人やバレンタインデーにチョコレート売り場に殺到する女性らがどのような意味で宗教的なのか、あるいは宗教的でなくなってきたのかに着目している[6]。

しかしながら、石井の研究のように、年中行事の変化の実態から、現代日本文化全体を考察するような研究は、特に大都市の都市民の年中行事を対象にしたものは、その後、大きくは進展していない。わずかに、石井とは研究の目的が異なるものの、都市の民間伝承の発見を志向して、倉石忠彦が國學院大學大学院において大学院生らと実施した調査研究があり、参考となる。

倉石忠彦は、先に挙げた「民俗都市の把握」の中で、「都市の民俗調査においてはとりあえずはその対象地域を設定しなければならない。しかし定住する人ばかりがその対象ではない。もちろん定住者は除外することはできない。都市的夜間人口と昼間人口との差が大きい―言うまでもなく昼間人口のほうが多い―のが都市としての目安になる。都市的空間においては不特定の一時的生活者・来訪者と定住的生活者は共にその生活空間の構成要員である。調査者の視線の向こうにはその両者が存在しなければならない」(7)としている。具体的なフィールドを設定して、その地域の不特定の一時的生活者・来訪者と定住的生活者の両者を対象とすることが都市の民俗研究においては重要であると位置付けている。

倉石は、こうした都市の民俗調査を射程にして、東京・渋谷という調査対象の地域を設定し、大学院生らとともに『渋谷学叢書1　渋谷をくらす―渋谷民俗誌のこころみ―』(8)としてまとめている。しかし、副題に「こころみ」とあるように、渋谷の年中行事については、充分な分析がなされていない。また、社会学の松平誠は、神田の須田町中部町会を対象とした分析から、地域の大変動の中でこれまでとは異なった町内の構成メンバーが誕生したことを明らかにして、「住いこそ別だが、町内で働いている昔からの町内の人という町会員」を「通いの住民」と名付けている(9)が、こうした「通いの住民」についても、『渋谷をくらす』では対象とされていない。

以上のように、都市においても特定のエリアを対象としたある一定の集団が行なう年中行事を把握することは、都市の年中行事の研究においても一定の意義があるものと考える。

そこで、本節では、町会の年中行事の実態把握から、年中行事のどの要素が縮小し、どの要素が拡大したのかという経年的変化を地域社会との関係から解明しつつ、年中行事の変容と神田祭の関係について考察したい。

具体的には、まず、分析対象となる町会の区域を提示した上で、昭和四三年に実施した薗田稔の調査で明らかにされた町会の世帯数、[10]平成二五(二〇一三)年(一部、平成二七年を含む)の筆者の調査で明らかとなった世帯数を対比し客観的なデータを提示する。次に、対象となる町会長をはじめとした町会関係者のインタビューをもとにその生活実感に寄り添いつつ、昭和四三年と平成四年の『週刊千代田』(週刊千代田社)の記事、連合町会や町会の記念誌、町会活動を紹介する「大好き神田」のホームページやFacebookのページ[11]などで補完しながら、年中行事の現状把握と経年的変化を明らかにしたい。その際、「通いの住民」のような地域社会へ通う人たちの存在にも留意したい。

なお、分析に当って提示する各町会の区域については、江戸天下祭研究会神田倶楽部がまとめた『明神さまの氏子とお神輿[12]』を参照している。

一　神田中央連合

最初に、神田中央連合からみていく。神田中央連合は、古本の街として知られる神保町や夏目漱石が出た錦華小学校がある猿楽町、小川町などがある。

1　神田猿楽町町会

町会の区域は千代田区猿楽町一丁目・二丁目全域である。昭和四三(一九六八)年の世帯数は二四一世帯であったが、平成二五(二〇一三)年現在の世帯数は昔から住んでいる町会員八〇世帯である。

松平誠が調査を実施した平成四年当時と平成二五年・平成二七年を比べると、マンションの人口と昔から住んでいるの町会員の割合が逆転した。町内には一六棟のマンションがあり、そのうち四棟がファミリータイプ（世帯用）のマンションで、残りはワンルームマンションである。

昭和四三年の『週刊千代田』の記事となった神田猿楽町会の年中行事には、新年会（一月一一日夜、会場：もとみや）［一月一五日付］、婦人部新年会（一月一七日、会場：町内東燃クラブ）［一月二二日付］、懇親会（四月六日から一泊、会場：伊東温泉ハトヤホテル、会員四〇人参加）［四月一日付］、新入卒児童を祝う会（四月六日一一時、会場：錦華小学校図書室）［五月一五日付］、定期総会（五月二八日午後、会場：町内の東燃クラブ）［五月二二日付］、川遊び・チェアーリフト（八月四日、場所：秋川渓谷）［七月二二日付］、納涼踊り（八月七日夜～一〇日、場所：錦華公園、婦人子ども七〇〇～八〇〇人参加）［七月一五日、八月一五日付］がある。

平成四年の『週刊千代田』には、新年会（一月一〇日夜、会場：東京グリーンホテル三崎町店）［一月二二日付］、新春餅つき（一月一六日昼、場所：町内詰所前）［一月二九日付］が記事となっている。

平成二七年現在、年に二回、道路の花植えを行なっているが、参加するのは役員を中心に約二〇人である。普段の町会活動に参加しない人でも神田祭には参加する人もいるという。

なお、新年の神田神社への初詣（昇殿参拝）は、町会としては行なっていない。

2　神保町一丁目町会

町会の区域は千代田区神保町一丁目一～七一（再開発後の平成二八年度は、神保町一丁目一～四一と一〇一～一〇三）の奇数番地である。昭和四三（一九六八）年の世帯数は三三〇世帯（神保町一丁目南部町会）であったが、平成二五（二〇一三）年の世帯数は町会員は三八三世帯、七四三人である。

昭和四三年の『週刊千代田』には記事がみえないが、平成四年の『週刊千代田』の記事となった神保町一丁目町会の年中行事には、新年交歓会(一月一八日夜、会場：一橋の喜山)［一月二九日付］、入卒児のお祝いの会(三月二九日昼、会場：町内の喫茶店オリーブ、入学児四人・中学入学四人・中学卒業一二人を招待。入学児に洋傘・小学校卒業に腕時計・中学卒業にシステム手帳の記念品を贈呈。町会長の祝辞のあと、父兄らと軽食)［三月二九日付］、子ども路上天国(八月三〇日昼、場所：町内の京城園通り、開会式でラジオ体操、ラジオ体操表彰の後、縁日開店)［八月二九日付］、定期総会(六月一三日一七時から、会場：町内の喫茶店オリーブ、祭典・テレビ公営部含む決算と予算を承認、総会後、懇親会)［九月一五日付］、敬老会(一〇月三日夜、会場：町内のルノアール、町内七〇歳以上一二九人のうち約六〇人が出席)［一〇月一五日付］がある。

町会長のT・Y氏(昭和一四年生)によれば、初詣は個々で行なう。昔は一二月三一日までの一週間〜一〇日ほど夜警をやっていたので、夜警をやっていた役員たちが大晦日の紅白歌合戦が終わったら、「神社へ行こう」と流れで一緒に参拝をしていた。現在では、役員でも町内に住んでいる人が少なく、町内に通っている人が多く、大晦日の夜遅くまで町内にいない。そのため、一緒に神田神社へ初詣をする機会が少なくなってきた。現在の役員(二〇何人)のうち、約半数が町内に通っているという。昔は店主が店に住んでいたが、今は通うようになった。

町会として神田神社への昇殿参拝を行なうのは、毎年、町内の小学校・中学校(義務教育)を入学・卒業する町会員の子ども(該当者)を対象に案内を出して一緒に入学・卒業祝いとして参拝するときである。平成二七年は三月の最終日曜日に実施した。昇殿参拝を終えて記念品(図書カードなど)を町会から贈呈する。神田神社では四月に健育祭を行なうが、それとは別に神保町一丁目町会単独で行なっている。

町会の新年会には、企業にも案内を出して参加してもらっている。毎年八月最終日曜日には、神保町三井ビルディングの前で場所を借りて、子どもの「路上天国」を行なっている。ラジオ体操の表彰式なども一緒に行なっている。また、敬老会を行なっているが、その景品も町内企業が協力してくれているという。

3　錦町二丁目町会(錦連合)

町会の区域は、千代田区錦町二丁目全域である。昭和四三(一九六八)年の世帯数は一三〇世帯であったが、平成二五(二〇一三)年の世帯数は居住者一一～一三世帯、町会員は六〇世帯である。略表記は「錦二」である。

千代田区神田公園地区連合町会『創立三十周年記念誌』によれば、戦前、錦町町会に属し一之部から八之部まであったが、現在の錦町二丁目は三之部と八之部に当る。戦時中は統制のため錦町二、三丁目町会に改組され、防空演習等を行なった。昭和一九年一一月二九日の大空襲で町の大半が焦土と化した。

戦後はＧＨＱの指令により町会と隣組は解散させられたが、町の復興とともに疎開先より人々も戻り、町会設立を望む声が大きくなってきた。昭和二三年に、町会員の出資により衛生会として木造二階建の町会事務所を建設した。昭和二九年二月九日、豊川倶楽部(錦町二―二)において発起人会が開かれ、錦町二丁目町会が発足した。

昭和三二年に小神輿、昭和三五年に町会旗と大神輿を購入し、それぞれ神田神社で「入魂式」を行なった。また、昭和三五年には町会事務所の土地(国有地)を購入した。昭和四七年には、簡易保険の集金代行を行なう「錦保会」を発足し、表彰を受けるほどに参加者が増加し、町会運営の大きな財源となった(13)。

『創立三十周年記念誌』の「錦町二丁目町会のあゆみ」(昭和六〇年)によれば、町会の年中行事には、町会発足以来、海水浴・ハイキング等のバス旅行を毎年続けてきたが、居住民が少なくなり、また事務所の方々も参加できるように昭和五三年から納涼会を始めた。納涼会は年々盛んになり、隣接地区からも期待されるほどの「錦二名物」になったという。町会の青年部・婦人部は、旅行会を開催して親睦を深め、青年部より発展した「緑友会」は国内一九回、海外七回の旅行を行なっている。町内のゴルフ会である「錦会」はコンペ一〇〇回記念を迎えた。このほか、敬老会・子ども会の行事を行ない、錦地区のラジオ体操も三〇周年を迎えようとしている。また、町内の豊川稲荷社は豊珠講と町会が協力して信仰活動を行なっているとしている。「錦町二丁目町会のあゆみ」には昭和六〇年の新年会の写真も掲載されている(14)。

昭和二九年の町会発足から昭和六〇年までの変化をみると、居住人口の減少により海水浴やバス旅行などの日帰り旅行は縮小し、町内企業を取り込むべく納涼会が拡大していることがわかる。また、「錦保会」を含め「緑友会」「錦会」といった、町内に新たな団体が結成されたことがわかる

その後の変化を「神田錦町二丁目町会のあゆみ」(千代田区神田公園地区連合町会『創立五十周年記念誌』平成一七年、所収)からみていくと、納涼会は「現在も錦二名物」であるものの、錦地区ラジオ体操は三〇周年を一区切りとして中止された。町会事務所には常時専従員がいる体制から婦人部のボランティアが詰める体制に変化した。また、錦町二丁目町会の学区であった小川小学校が急激な学童の減少により統廃合され廃校となった。バブル経済の余波で地価の評価額が年々高まり、町会所有事務所の敷地建物も例外ではなくなり、また町会員の転出に伴い、退会者も多くみられる結果が生じた。そのため、節税効果がある町会の法人化を進め、千代田区の第三番目の認可地縁団体となった。そして、平成一七年の町会五〇周年では、大神輿の大修理を行ない、完成の奉告祭を平成一七年四月二八日に神田神社で行なった(15)。

昭和四三年の『週刊千代田』には記事がみえないが、平成四年の『週刊千代田』の記事となった錦町二丁目町会の年中行事には、新年会(一月六日夜、会場：お茶の水ビル・アスター)[一月一五日付]がある。

平成二七年の錦町二丁目町会の年中行事には、「大好き神田」のホームページによると、新年会（一月二三日・金曜の一八時から）会場：如水会館）がある。

4　錦町三丁目町会（錦連合）

町会の区域は、錦町三丁目一～一九の奇数番地及び二〇～二四・二六・二八である。昭和四三（一九六八）年の世帯数は二〇〇世帯であったが、平成二五（二〇一三）年の世帯数は居住者八世帯である。

『創立三十周年記念誌』の「錦町三丁目町会のあゆみ」（昭和六〇年）によれば、錦町三丁目町会の前身である錦三会は、昭和二四年五月五日のこどもの日を記念して発足した。そして、戦前の町会事務所跡三九坪の土地を購入し、千代田区の協力を得て、東京都の子どもの遊び場第一号として誕生させた。このことによって、昭和二六年三月一五日に優良社会事業功労者として錦三会は表象を受けた。この遊び場をベースに、毎年夏にはレクリエーションを催した。

昭和三〇年に錦三会を発展的に解散し、錦町三丁目町会を設立した。昭和三二年には、町会だけで錦華小学校の校庭を借りて大運動会を開催した。昭和三七年には町会内の四之部会が独立し、錦町三丁目第一町会となった。

昭和四〇年代から街の様子が徐々に変化してきた。丸の内地区から大手町へビルの進出が目覚ましく、ついに日本橋川を越え、神田地区もビルラッシュの波がヒタヒタと押し寄せてきた。それによって錦町三丁目町会もだんだんと古きよき隣人が一人去り二人去りして淋しい状況が続いてきた。昭和五〇年には、NETテレビ（現・テレビ朝日）で「ビルの谷間」というテーマで当時の町会長と八木アナウンサー、立教大学の先生が三〇分番組で対談した。夜間人口の減少による人材難となり、役員構成も一度お手伝いをするともう足が抜けなくなるといった具合であった。(16)「錦町三丁目町会のあゆみ」には、昭和四〇年の新年会の写真が掲載され、当時、新年会を開催していたことがわかる。

その後の変化を、『創立五十周年記念誌』の「錦町三丁目町会のあゆみ」（平成一七年）からみていくと、この二〇年間の当町会を取り巻く環境は、昭和四〇年代から激しくなった転出による会員の減少は止まることなく、四〇世帯になった。新居住者はおらず、会員の高齢化が進むばかりで町会の存立基盤が脅かされている。町会にはほぼ全員参加という状況が続いているものの、かつて盛大に行なっていたレクリエーションや催しは主に人手の関係で低調になっている。

しかし、町会員の愛町精神に支えられ、日帰り旅行などの催しが不定期であるが復活しつつあるとして、平成一二年の町会バス旅行（千葉県鋸山）の写真が掲載されている。錦町三丁目町会のシンボルで錦三会の時代から管理をしていた「錦三子供の遊び場」（錦町三丁目三番地）の管理運営も千代田区に委ねている現状があるとしている(17)。

この「錦町三丁目町会のあゆみ」には、平成一三年の町会新年会（学士会館）、平成一五年五月の神田明神祭礼・婦人部集合、平成一五年一一月の江戸天下祭・青年部集合の写真が掲載されている。ただし、『創立三十周年記念誌』及び『創立五十周年記念誌』の「錦町三丁目町会のあゆみ」には、神輿に関する記述はない。

昭和四三年の『週刊千代田』には記事がみえないが、平成四年の『週刊千代田』の記事となった錦町三丁目町会の年中行事には、新年会（一月一四日夜、会場：町内の産業会館レストラン）［一月二九日付］、定時総会（五月二一日夜、会場：町内の産業会館一階レストラン、祭礼の決算や予算などを承認、総会後、懇親会）［七月一五日付］がある。

平成二七年の町会の年中行事は、「大好き神田」のホームページによると、新年会、神田祭（隔年）、納涼会、歳末の夜警などを実施している。新年会、納涼会は学士会館で行ない、住民と企業が参加して行なっている。また、歳末の夜警にも企業が参加している。

「大好き神田」（平成二八年六月一日アクセス）の「錦町三丁目町会今昔」によれば、昔からの町会員は減少をたどる一方で、新しく入ってきた企業に対して法人会員になるように積極的な働きかけを行ない、昔からの町会員と町会に参加した企業のコミュニケーションを密にとり、新たな町会のあり方を模索しているとしている。そして、「とりわけ神田地域特有の文化である「神田祭」を核として、新旧町会員がお互いの理解を深め、この歴史と伝統ある錦町に愛着を深めて頂きたいと考えております」としている。

この「錦町三丁目町会今昔」には、「昭和三〇年代の町会行事」として、「小学校を借り切っての運動会」「錦三こども劇場（於錦三児童公園）」「大勢の子供で綱引き」「桃太郎山車の宮入（平成一五年に復活）」「何台ものバスを借り切っての町内旅行」「小神輿の宮入（於神田明神）」が掲載されている。

子ども中心の町会の行事から、昔からの住民と新たに加入した企業のつながりの場としての町会行事へと大きく変化したことがわかる。

5　錦町三丁目第一町会（錦連合）

町会の区域は、錦町三丁目二～一八の偶数番地である。昭和四三（一九六八）年の世帯数は七四世帯であった。平成二五（二〇一三）年の世帯数については未調査である。

『創立三十周年記念誌』の「錦町三丁目第一町会のあゆみ」（昭和六〇年）によれば、錦町三丁目第一町会は、昭和三七年に錦町三丁目町会より分離した町会である。

錦町三丁目第一町会の淵源は、大正初期に錦町三丁目五番地を一角として学事奨励会という教育文化活動を行なったことにあり、その活動が「五ヶ番地会」と称する町会活動に発展した。関東大震災により八割が焦土と化した。戦後は区画整理が行なわれ、耐火建築と高層ビルの林立する街へと一変した。

昭和六〇年の錦町三丁目第一町会の状況は、居住世帯数：八五世帯、戸数：鉄筋コンクリート二五棟・木造モルタル造り四〇棟、人口：昼間一五〇〇人・夜間一一五人、商業地域：店舗数三〇軒・地場産業一六軒・事業所一一〇棟であり、町内には神田保養所(のちの千代田保養所)、錦町郵便局を擁し、商業地区としての発展が期待されているとしている。(18)

その後の変化を、『創立五十周年記念誌』の「錦町三丁目第一町会のあゆみ」(平成一七年)からみていくと、平成四年に町会の創立三〇周年記念式典を行なったが、その際の町会の世帯数は町会員七〇軒、居住世帯数二九世帯に変化した。

昭和六〇年と比較すると、八五世帯から二九世帯へ減少した。さらに、平成一四年の町会創立四〇周年式典を行なったが、その際の町会員数四五軒、居住世帯数一〇世帯まで減少した。バブル景気、地上げ、底地買い、土地の高騰が錦町を襲い、さらにバブル崩壊により地主の転売、土地の権利が複雑化し、この土地を離れていく町会員が増加した。平成一五年・一六年には、土地の再利用でワンルームマンションが五棟建設された。(19)

その後、この五棟二五二戸が町会に加入することとなったが、町会費などの収入的なメリットはあるものの役員になるなど質的な人員増加の期待は薄いとしている。(20)

昭和六三年度には、町会青年部を新装した。平成八年五月の神田祭では、長年の夢であった町会単独での神輿宮入を行なった。しかしながら、経済や人員の事情により、平成一七年の神田祭は休むこととなった。(21)

平成二七年度の町会の年中行事は、「大好き神田」のホームページによると、神田祭の打ち合わせ(四月一八日[土])、神田祭(五月八日[金]～一〇日[日])、総会(五月三〇日[土]、総会後に神田祭直会)、夜警(一二月二六日[土]・

二九日〔火〕)、新年会(一月三〇日〔土〕)がある。このほか、神田公園地区連合町会の防火防災訓練、納涼会などが行なわれた。

神田祭の打ち合わせでは、人手不足からボランティアスタッフの募集(神輿の担ぎ手、そうめんを配る人、お祭りの準備をする人など)と打ち合わせが行なわれた。また、連合町会の防火防災訓練には錦町三丁目第一町会からマンション住民を中心に一四人が参加した。

6　小川町三丁目南部町会(錦連合へ参加)

町会の区域は、小川町三丁目一～一一の奇数番地である。昭和四三(一九六八)年の世帯数は一二〇世帯で、当時の神田祭の評価として「祭リハ、親子ガトモニ楽シメルモノデアルベキ」[22]とある。平成二五(二〇一三)の世帯数については未調査である。

『創立三十周年記念誌』の「小川町三丁目南部町会のあゆみ」(昭和六〇年)によれば、小川町三丁目南部町会は、昭和二八年一一月二日、町内に祀ってある五十稲荷神社の社務所で創立総会を開催し、設立した。創立総会では、町会の行事として、祭礼積立金の設立、歳末夜警(毎年年末に七日間実施)、敬老会、一泊旅行、ねずみ取り・害虫の駆除、ラジオ体操・子供の遊び場、消火器の設置などを取り決めた。

翌昭和二九年一月五日、五十稲荷神社にて町会設立の報告祭を行ない、終了後に当時の都民銀行神田支店二階ホールにおいて祝賀会を実施した。

この「小川町三丁目南部町会のあゆみ」には、「昭和二七年大祭」(神酒所前での集合写真、曳き太鼓〔山車〕が写る)、「昭和二八年蔭祭」(五十稲荷神社前での集合写真、神輿・曳き太鼓〔山車〕、たくさんの子どもたちが写る)、「昭和三二年四月町会旗の入魂式（神田明神社頭）」の写真が掲載されている。[23]「昭和二七年大祭」「昭和二八年蔭祭」の写真にはたくさんの子どもたちの姿も写されている。

その後の変化を『創立五十周年記念誌』の「小川町三丁目南部町会のあゆみ」（平成一七年）からみていくと、明治の頃から学生街として賑わい、もともとミナミスポーツ店やミズノスポーツ店があったが、昭和三〇年代からスポーツ用品店が多数出店し始め、日本屈指のスポーツ店街に発展した。

昭和六二年には女性の町会長が誕生した。町会員数・夜間居住軒数の推移をみると、昭和三九年：昼間一一五・夜間六二、昭和四九年：昼間一三三・夜間六〇、平成一〇年：昼間九七・夜間三六、平成一七年：昼間七九・夜間二七である。夜間人口は、昭和三九年の六二から平成一七年の二七と大きく減少している。この現状について、「夜間居住軒数共に減少が目立ちその反面ワンルームマンション等の建設が進み町会運営にも支障をきたし困った現象です」（四六頁）としている。[24]

昭和四三年の『週刊千代田』には記事がみえないが、平成四年の『週刊千代田』の記事となった小川町三丁目南部町会の年中行事には、新年会（一月二五日夜、会場：町内の魚ふじ）［二月一五日付］、定時総会（六月二七日夜、会場：駿河台の竜名館、総会の後、懇親会）［一一月八日付］がある。

7　小川町北部一丁目町会（小川町連合）

町会の区域は千代田区小川町一丁目二～一〇の偶数番地である。昭和四三（一九六八）年は神田祭へ不参加であったため、世帯数は不明だが、平成二七（二〇一五）年の世帯数は登録上は約三八世帯である。ただし、実際に町内に住んでいない人もいる。そのほかに会社があり、それを合わせると町会員は六〇世帯である。

昭和四三年の『週刊千代田』の記事となった小川町北部一丁目町会の年中行事には、総会（六月一四日夜、会場：幸徳稲荷、三〇人出席）［六月一一日付］がある。平成四年の『週刊千代田』には記事がみえない。

平成二七年の町会の年中行事には、「大好き神田」のホームページによると、「平成二七年神田祭第一回小川町4ヶ町全体会議」（二月一六日［月］一九時から、会場：お茶の水小学校）、夜警（一二月二六日［土］一九時〜二〇時）がある。

現在、二月に小川町連合で幸徳稲荷神社（神田小川町二―一四）の節分祭を執行し、神田祭に合わせて小川町連合で幸徳稲荷神社の大祭を行なっている。小川町連合の神輿は、幸徳稲荷神社の宮神輿という意識もあり、幸徳稲荷神社に小川町連合の神輿が保管されている。

『千代田の稲荷―区内稲荷調査報告書―』によれば、幸徳稲荷神社は、小川町北部一丁目町会・小川町北部二丁目町会・小川町北三町会・小川町三丁目西町会の四町会で祀り、管理は小川町北部二丁目町会が行なっている。もともとは「小川町北部町会」が祀っていたが、昭和二一年に四つの町会に分離したため、「幸徳稲荷神社奉信会」を結成して活動を引き継いだ。昭和四三年には、境内に「幸徳会館」を建築し、二階に社を移して宗教法人化した。代表役員・責任役員を各町会から選出し、小川町北部二丁目町会が中心となって維持管理に当っている。現在では毎年二月三日に節分祭があり、神事のあと、豆撒きが行なわれるとしている。(25) また、神田祭が蔭祭の年には太田姫稲荷神社の祭りに参加している。

町会長のK・M氏（昭和一二年生）によれば、昭和六二年に小川町連合の神輿を作る一〇年くらい前から、神輿を借りて小川町連合で神田祭で神輿を担ぐようになったという。バブルの少し前から神輿を作ろうという機運が高まった。小川町連合を組むようになったのは、小川町連合の四町会で祀る幸徳稲荷神社が核になっているからだ。一緒にお祀りするお稲荷さんがあるから四つの町会が集まって仲良くやってきた。毎年二月に節分祭を幸徳稲荷神社で行なっていて、豆撒きは行なわないが、氏子に小さい袋に入れた豆を四つの町会の全会員に配っている。四〇〇ぐらいの数を配っている。節分祭とは別に各町会が毎年奉納金を出し、それで神社の維持管理をしているという。

小括

以上のように、神田中央連合の七町会の年中行事についてみてきたが、特筆すべき特徴として、以下の三つの特徴が挙げられる。

一点目は、居住人口が減少する中で、町会の年中行事を通して、企業を町会員として取り込み、新たな町内共同のあり方を探っている町会が複数あることである。納涼会や敬老会などが新たな年中行事としての性格を持って登場してきていることがわかる。

二点目は、町会として、新年の神田神社への初詣(昇殿参拝)を実施しないところが多いことである。神保町一丁目町会のように、町内に住む人が減少し、町内に通う「通いの住民」が増えたことによって、年末の夜警の日が早められ、大晦日までは夜警を行なわなくなり、初詣は町会による神田神社への参拝から個人での参拝へと変化している。その一方で、入学・卒業祝いで神田神社へ昇殿参拝を実施している。

三点目は、小川町連合で祀る幸徳稲荷神社の存在である。小川町連合のまとまりを維持する上で、第一章第一節・第二節で既に触れたように、幸徳稲荷神社の存在が大きく、神田祭に合わせて大祭を行なうのみならず、二月の節分祭も重要な場になっていることがわかる。

二　中神田十三ヶ町連合

次に、神田藪そば・まつや・竹むら・ぼたんなどの老舗が立地する神田須田町や淡路町、内神田地域のある中神田十三ヶ町連合についてみていく。中神田十三ヶ町はＪＲ神田駅の西側に位置する。

なお、中神田十三ヶ町連合に属する須田町中部町会については、次節で取り上げることとする。

1　淡路町一丁目町会

町会の区域は、千代田区淡路町一丁目の奇数番地である。昭和四三（一九六八）年は不明だが、平成二五（二〇一三）年の町内に住む町会員は、五〇世帯・約一五〇人である。このうち、神田祭には五割程度が参加するという。

昭和四三年の『週刊千代田』の記事となった淡路町一丁目町会の年中行事には、町会主催の成人を祝う会［一月一五日付］、新年会（一月一五日、会場：北部会館）［一月一五日付］、敬老会（一〇月五日昼、場所：和泉橋区民会館、町内の七〇歳以上のお年寄り四〇人を招待）［一〇月一日付］がある。この昭和四三年一二月一日には、町内の清水湯が人手不足や赤字続きなどによって閉店した（『週刊千代田』昭和四三年一二月一五日付）。

平成四年の『週刊千代田』には、神田神社への初詣（一月二日朝、揃いのハッピを着て参拝）［一月八日付］、新年会（一月一一日夜、会場：近くの龍名館・けやき）［一月二二日付］、定時総会（六月六日一七時から、会場：万世橋区民館、総会の後、懇親会）［八月二二日付］、敬老会（九月一三日夜、会場：小川町の割烹昇竜、町内七〇歳以上三七人のうち一七人が出席）［一〇月八日付］が記事となっている。

町会長のA・I氏によれば、かつては、初詣、神田祭（隔年）、総会、盆踊り（子ども天国）、旅行会、年末の夜警を行なっていた。特に、旅行会が大きな行事であったが、参加する企業の割合が半分くらいになってしまい、社員旅行のようでやらなくなったという。また、盆踊り（子ども天国）もやらなくなった。

平成二七年現在、初詣、総会、年末の夜警、隔年の神田祭を実施している。初詣は、一月二日の一〇時半に神田神社へ昇殿参拝を行ない、三〇人が参加する。また、淡路町一丁目町会の神田祭に参加する神輿同好会・丸子会の拠点がある川崎市下丸子のお祭りに毎年、町会長と副会長が招待され、出向いている。

2　須田町一丁目南部町会

町会の区域は、千代田区神田須田町一丁目五・七及び一六〜三四の偶数番地である。昭和四三（一九六八）年の世帯数は不明だが、平成二七（二〇一五）年の世帯数は町会員一六三世帯（事業所を含む）、町内に住む町会員一〇〇世帯未満、町会の役員は四〇人である。

昭和四三年の『週刊千代田』の記事となった須田町一丁目南部町会の年中行事には、神田神社への初詣（元日昼頃、八人参加）［一月八日付］、新年会（一月一一日、会場：御座敷本郷）［一月一一日付］、総会兼レクリエーション（五月二六日、場所：平山城址公園・六国亭、町会員八五人参加・バス二台に分乗）［六月一一日付］、レクリエーション（一一月三日、秩父三峰神社・長瀞・秩父連山の紅葉、バス二台）［一〇月二八日付］がある。

平成四年の『週刊千代田』には、神田神社への初詣（元日昼頃、町会員家族揃って参拝）［一月八日付］、新年会（一月一四日夜、会場：淡路町のホテル聚楽）［一月二九日付］、プールまつり（八月二三日昼、場所：町内仲通り、路上にビニールプール、婦人部の焼きそば・かき氷・飲み物、青年部のちゃんこ鍋）［八月二九日付］、通常総会（六月二〇日夜、会場：町内の有楽土地住宅販売㈱三階会議室、決算・祭礼を含む予算などを承認）［九月二九日付］、バス旅行（一一月一五日、筑波山南麓、デラックスバス一台で五〇人参加）［一一月二二日付］が記事となっている。

平成二七年の町会の年中行事には、神田神社への初詣（昇殿参拝）がある。元旦の一〇時に行ない、町内の一五世帯が参加し、御札と御守を受ける。

3　須田町北部町会

町会の区域は、千代田区須田町一丁目一・三・九〜二五の奇数番地、淡路町一丁目二・四、淡路町二丁目二〜一二の偶数番地である。昭和四三（一九六八）年の世帯数は二〇〇世帯であったが、平成二五（二〇一三）年の世帯数は町会員一四〇世帯（大半が企業）、住民は五〇世帯である。

昭和四三年の『週刊千代田』の記事となった須田町北部町会の年中行事には、新年会（一月一〇日、会場：北部会館）［一月一五日付］、総会（五月一一日一七時、会場：町内の柳森神社、町会員約四〇人出席）［五月二二日付］がある。

平成四年の『週刊千代田』には、新年会（一月二二日夜、会場：町内のニューカンダ）［一月八日付］、定時総会（六月一七日夜、会場：町内のホテルニュー神田）［九月二一日付］が記事となっている。

平成二七年現在の年中行事として、元旦の〇時三〇分集合で神田神社へ初詣（昇殿参拝）を行ない、町内の一五人が参加する。蔭祭の年には、前節（第二章第一節）でみたように納涼会（金曜日夕方）を開いている。町会会館前の路上で飲食し、企業との懇親会を行なっている。近隣町会の人も含め四〇〇人が参加する。

また、毎年九月一五日前後に、町内の出世稲荷神社の祭りを町内の延寿稲荷神社の祭りと一緒に行なう。(26)

4 神田鍛冶三会町会

町会の区域は、千代田区神田鍛冶町三丁目・内神田三丁目一九～二一である。昭和四三（一九六八）年の世帯数は、二一五世帯（鍛冶町三丁目）であったが、平成二五（二〇一三）年は七七世帯（住民登録）、町会員二二〇人である。このうち一〇〇人が神田祭に参加する。

昭和四三年の『週刊千代田』の記事となった神田鍛冶三会町会の年中行事には、神田神社への初詣（一月二日朝、二六人参加）［一月八日付］がある。

平成四年の『週刊千代田』には、神田神社への初詣（一月二日朝、副会長ら役員八人が初参り）［一月八日付］、新年会（一月八日夜、会場：町内のたくぎん会議室、企業会員多数参加して盛大に）［一月一五日付］、子ども縁日（八月一日夕方、場所：千代田ゴム通り、婦人部手作りの焼きそば、西瓜、ヨーヨー、金魚すくいなど、町内・近隣の子ども約一五〇人が夜店に行列して大賑わい）［八月八日付］、定時総会（六月二七日夜、会場：神田公園区民館）［一〇月一五日付］、歳末餅つき大会（一二月一九日午後、場所：町内の千代田ゴム前通り、婦人部のあんこやきなこもちに少ない子どもたち行列）［一二月二二日付］が記事となっている。

平成二七年の町会の年中行事は、「大好き神田」のホームページによると、新年会（一月四日［日］、会場：神田神社の明神会館）、神田祭（五月八日［金］～一〇日［日］）、夜警（一二月二八日［月］一九時～二二時）がある。

町会長のC・S氏によれば、新年会には、三〇人が出席する。毎年七月下旬の土曜日に納涼の子ども縁日を内神田八町会で開催し、神田公園出張所管内の二〇町会で、運動会を実施している。

5 多町一丁目町会

町会の区域は、千代田区内神田三丁目七・一二・一三・一四・一七・一八・二二・二三である。昭和四三(一九六八)年の世帯数は一八〇世帯であったが、平成二五(二〇一三)年の世帯数は五四世帯(住民登録)で、実際の居住者は三〇世帯である。町会員は一五〇世帯で、町会活動に参加するのは二〇人である。

昭和四三年の『週刊千代田』の記事となった多町一丁目町会の年中行事には、新年初顔合わせ(一月五日夜、会場：内神田の「華福」)［一月八日付］がある。

平成四年の『週刊千代田』には、新年会(一月一一日夜、会場：神田駅西口前の華福)［一月二二日付］、通常総会(七月八日午後、会場：町内の城南信用金庫神田支店会議室)［一一月一五日付］が記事となっている。

平成二七年の町会の年中行事には、「大好き神田」のホームページによると、賀詞交歓会(一月一〇日［土］一三時～一五時、会場：神田神社明神会館地下一階)、「大柳稲荷旗揚げ」(二月一八日［水］の一〇時半から、町内の大柳稲荷神社、町会の町内旗揚げ)、大柳稲荷神社の初午祭(二月二三日［月］一四時から、祭事［旗下げ］の後、直会・祭典委員会発足式を実施。初午祭に併せて、祠・鳥居改修祭も執行した)、多一(多町一丁目)・旭(旭町)・司一(司町一丁目)合同防火パトロール(三月二日［月］一九時～二〇時)、町会福祉部「春の懇親会」(三月一四日［土］一二時～一四時)、神田祭(五月八日［金］～一〇日［日］)、町会の総会(六月一三日［土］一七時～一九時半、終了後に神田祭直会)、町会の理事・役員会(一二月一日［火］一四時～一五時半、会場：神田公園区民館)、夜警(一二月二八日［月］一七時～二一時・二九日［火］一七時から)がある。

6 多町二丁目町会

町会の区域は、千代田区多町二丁目全域である。昭和四三(一九六八)年の世帯数は三四〇世帯であったが、平成二五(二〇一三)年の町会員は二二〇～二三〇世帯である。

昭和四三年の『週刊千代田』の記事となった多町二丁目町会の年中行事には、神田神社への初詣(元日昼、町会員二六人参加)［一月八日付］、新年会(一月一七日、会場：もとみや)［一月一五日付］、総会(六月六日夜、会場：神田小学校会議室、町内三五〇世帯)［六月一一日付］、一八稲荷神社社殿新築・奉祝祭(一二月五日・六日、稚児行列)［一二月八日付］がある。

平成四年の『週刊千代田』には、神田神社への初詣(元日午後、町会員家族一四人が参加)［一月八日付］、定時総会(七月三日夜、会場：神田公園区民館、席上、町会員は企業を含めて二五五名、居住会員は一六三名と報告)［一一月一五日付］が記事となっている。

平成二七年の町会の年中行事は、「大好き神田」のホームページによると、新年会(一月一七日［土］一七時半から)、役員会・祭礼委員会(三月七日［土］一八時から)、神田祭(五月八日［金］～一〇日［日])、役員会(六月六日［土］一八時から、会場：神田公園出張所)、夜警(一二月二八日［月］・二九日［火］一八時半～二〇時)がある。

平成二七年現在、元旦には、一一時に集合して神田神社へ初詣(昇殿参拝)を行なう。町会から六五人が参加する。新年会は初詣とは別に開催している。また、旧暦の初午には、町内にある一八稲荷神社を多町二丁目町会を中心とした一八稲荷神社維持会が祀る(27)。町内の松尾神社に毎年一〇月中旬から一一月初旬の吉日(土曜日)に神田神社の神職を斎主として、松尾神社維持会をはじめ近隣町会関係者などが参列して祀る(28)。

7 司一町会

町会の区域は、千代田区内神田一丁目九～一一・一六～一八及び内神田二丁目一〇～一二・一五である。昭和四三（一九六八）年の世帯数は四五〇世帯（司町一丁目）であったが、平成二五（二〇一三）年の世帯数は一五一世帯（住民登録）で、町会員六四世帯である。

大正期の神田司町（旧神田司町）の年中行事として、『東京の民俗1』（東京都教育委員会が昭和五二年度～昭和五三年度にかけて実施した緊急民俗文化財分布調査の報告書）には、正月準備（一二月三〇日）、正月用食品の煮たき・年越しそば（一二月三一日）、年始まわり（一月一日）、門松を下す・七草がゆを食べる（一月七日）、迎え火（七月一三日、盆棚）、送り火（七月一六日）、彼岸（九月）が挙げられている。(29)

昭和四三年の『週刊千代田』には記事はみえないが、平成四年の『週刊千代田』の記事となった司一町会の年中行事には、新年会（一月九日夜、会場：華福）［一月一五日付］、定時総会（五月二七日夜、会場：町内のフローラ、神田祭の報告などがなされ、決算・予算を審議・商人、総会の後、懇親会）［八月八日付］、歳末もちつき大会（一二月二〇日、場所：町内の西口通り商店街・黒川ビル前、婦人部がぞう煮・納豆もち・あんこもちにして子どもにご馳走）［一二月二二日付］がある。

平成二七年の町会の年中行事は、「大好き神田」のホームページによると、新年会（一月一〇日［土］一七時から）多一・旭・司一合同防火パトロール（三月二日［月］一九時～二〇時）、神田祭（五月八日～一〇日）、総会（六月一三日［土］一六時から、会場：神田公園区民館四階）、役員会（一〇月九日［金］一八時半から）、御宿稲荷神社［神田神社末社］例大祭（一〇月一七日［土］一六時から）、役員会（一二月八日［火］一八時半から、会場：神田公園区民館）、餅つき（一二月一三日［日］一一時～一三時）、夜警（一二月二五日［金］・二六日［土］・二八日［月］一九時～二三時半）がある。

8　司町二丁目町会

町会の区域は、司町二丁目全域である。昭和四三(一九六八)年の世帯数は四三〇世帯であったが、平成二五(二〇一三)年の世帯数は二〇四世帯・三七六人で、このうち町会員は一四〇〜一五〇世帯である。

昭和四三年の『週刊千代田』の記事となった司町二丁目町会の年中行事には、神田神社への初詣(元日昼頃、町会員一一三人参加)［一月八日付］、レクリエーション(八月一八日、場所：福島県のハワイアンセンター、町会員家族二五〇人がバス五台で参加)［八月三〇日付］がある。

平成四年の『週刊千代田』には、神田神社への初詣(元日昼、町会役員と納札・司連役員が初詣)［一月八日付］、新年会(一月一九日午後、会場：町内のカサヴィーノ)［二月八日付］、真徳稲荷大明神・初午祭(三月七日一一時、神田神社神職による祝詞奏上のあと、町会役員・崇敬者が玉串奉奠し家内安全・商売繁盛を祈願。祭事の後、油揚を焼いて乾杯)［三月八日付］、定時総会(五月二三日夜、会場：町内の神田公園区民館、決算や予算を承認)［七月一五日付］、盆踊り(八月二六日から三日間、場所：神田公園、ヤグラを囲む踊りの輪も広々、縁日は焼きそばなど二店が出た)［八月二九日付］、チビッコ大会(八月三〇日昼、場所：神田小学校校庭、プール遊びのほか、校庭にはおでん・約ソバ・フランクフルト・トウモロコシ・カルピスの店が並ぶ)［八月二九日付］、敬老会(一〇月一七日昼、会場：町内の神田公園区民館、七〇歳以上六八人のうち三〇人が出席)［一〇月二二日付］が記事となっている。

平成二七年の町会の年中行事は、「大好き神田」のホームページによると、初詣(元旦、神田神社と町内の真徳稲荷神社へ参拝)、新年七福神巡り(一月一〇日、九十九里七福神巡りを実施)、新年会(一月一七日［土］一七時から、会場：如水会館)、神田祭(五月八日［金］〜一〇日［日］)、定期総会(六月六日［土］、会場：神田公園出張所四階洋室)、司町二丁目町会ラジオ体操（七月二一日［火］～二四日［金］・二七日［月］・二八日［火］・三〇日［木］・三一日［金］）、町会主催の納涼盆踊り（八月六日［木］・七日［金］一八時～二一時半、場所：神田児童公園）、レクリエーション（一一月一日［日］八時から）、夜警（一二月二六日［土］・二七日［日］・二八日［月］一九時～二三時）がある。

年末の夜警には男性四〇人、女性二〇人、子ども二〇人が参加する。男女六〇人のうち、町内に住んでいるのは九割であるという。新年会は、初詣のあと神田神社で行なう。

9　内神田旭町町会

町会の区域は、千代田区内神田二丁目八・九・一三・一四・一六、内神田三丁目五・六・八～一一・一五・一六・二四である。昭和四三（一九六八）年の世帯数は、二七八世帯であった。神田公園地区連合町会の『創立五十周年記念誌』によれば、平成一七（二〇〇五）年四月現在の世帯数は九〇世帯、人口一六七人、会員数（会費納入者数）は二〇八である[30]。平成二五年の世帯数は九九世帯で、町会員は二〇〇弱世帯である。

昭和四三年の『週刊千代田』の記事となった内神田旭町々会の年中行事には、新役員の顔合わせ（七月七日、場所：湯河原の花長園）［七月一五日付］がある。

平成元年の四月から一年間の町会の年中行事として、『創立五十周年記念誌』には、四月：町会旅行会・会計監査・さくら祭り手伝い、五月：佐竹稲荷祭典・新入学児童を祝う・各協会総会（交通・防火・防犯）、六月：連合青年部献血・漏電防止ＰＲ・町会総会、七月：連合青年部子供縁日、八月：夏季ラジオ体操、九月：千代田区総合防災訓練参加、一〇月：千代田区運動会参加、一一月：千代田フェス参加・秋の（交通・防火・防犯）週間協力、一二月：歳末助け合い運動募金・歳末特別警戒実施、一月：賀詞交換会・新年会（町会他）・新成人を祝う会、二月：第一回神田

祭祭典委員会、三月：春の（交通・防火・防犯）週間協力を挙げている。(31)

平成四年の『週刊千代田』には、新年会（一月一一日夜、会場：華福）［一月二二日付］、町会の神田祭直会（五月一六日夜、会場：華福）［五月一五日付］、定時総会（六月六日一七時から、会場：内神田三丁目の桃園）［八月二二日付］が記事となっている。

平成二七年の町会の年中行事は、「大好き神田」のホームページによると、新年会（一月一一日［日］、場所：三島大社）、多一・旭・司一合同防火パトロール（三月二日［月］一九時～二〇時）、婦人部「春の懇親会」（三月八日［日］一二時、会場：日本橋のレストラン「サン　パウ」）、理事会（三月一四日［土］一一時から、会場：佐竹稲荷神社社務所二階）、理事会（四月一一日［土］一一時から、佐竹稲荷神社社務所二階）、神田祭（五月八日［金］～一〇日［日］）、通常総会・神田祭直会［懇親会］（六月六日［土］一七時～二〇時）、理事会（七月一一日［土］一一時から、会場：佐竹稲荷神社社務所二階）、内神田旭町ラジオ体操会（七月二一日～八月一日）、理事会（八月八日［土］一一時半から、終了後に暑気払い）、町会のレクリエーション（九月二七日［日］八時から、場所：マザー牧場）、夜警（一二月二六日［土］・二八日［月］一九時～二一時）がある。

町会長のH・Y氏によると、（平成二五年の）四～五年前から月一回第三木曜日に、雨天決行で近隣の五町会で夜警を実施している。一九時から三〇～四〇分程度を夜警を行ない、終了後に参加者で懇親の場を設けている。隣町の親交を深める場になっているという。また、ハロウィンに商店街でお菓子を配っている。しかし、子どもが少なくなっていて、小学生以下の子どもは近隣三町会を合わせても四〇人程度であるという。かつては、神田祭が蔭祭のときに、子ども神輿と太鼓山車を出していたが、（平成二五年から）二〇年近く出していない。

また、五月第二土曜日に、町内の佐竹稲荷神社の祭りを行なう。(32)　神田祭の年には、神田祭に合わせて実施している。

10 内神田鎌倉町会

町会の区域は、千代田区内神田一丁目一番五～九・一二・一四号、五～八番、内神田二丁目一～七、内神田三丁目一～四である。昭和四三(一九六八)年の世帯数は三〇〇世帯であったが、平成二五(二〇一三)年の世帯数は二一五世帯(区公表)、町会員一七八世帯である。

大正期の内神田(旧鎌倉町)の年中行事として、『東京の民俗1』によると、正月飾り(元旦)、初詣(元旦、神田明神)、雑煮(正月三が日)、七草(一月七日)、小豆粥(一月一五日)、二〇日粥(一月二〇日)、節分(二月)、ひな祭(三月三日)、お盆(七月一三日：墓参り、迎え火・送り火)、酉の市(一一月の酉の日)、丸太河岸のべったら市、神田明神の歳の市(一二月)などが挙げられている。(33)

現在では、こうした家ごとの年中行事は少なくなっていることが窺われるものの、新年の注連飾りや門松などは、比較的現在でも飾り付けられている。

昭和四三年の『週刊千代田』の記事となった内神田鎌倉町会の年中行事は、神田神社への初詣(元日昼頃、町会員一一人参加)［一月八日付］、新年会(一月一〇日夜、会場：明神下花家)［一月一五日付］、ミカン狩り(一一月一〇日、場所：箱根湯本、町会員家族一五〇人がバス二台で参加)［一一月八日付］、クリスマス子ども会(一二月七日夜、場所：町内の区教育センター講堂、青少年部主催、子ども約一〇〇人参加)［一二月八日付］である。

平成四年の『週刊千代田』には、神田神社への初詣(元日午後、町会役員ら二四人が揃って参拝)［一月八日付］、新年会(一月一四日夜、会場：町内の千代田飯店)［一月二九日付］、浦安稲荷神社・初午祭(旧暦初午の三月七日午後、場所：神田神社境内の浦安稲荷神社、同神社奉賛会三五人が参列。神田神社神職による祝詞奏上の後、参列者が玉串奉奠）［三月八日付］、御宿稲荷神社・初午祭（三月七日午後、世話人ら約二〇人が参列、神田神社神職の祭事の後町内の新入児三人、卒業九人を招いて入卒祈願。町会から洋傘、浦安・御宿両講から図書券贈呈。式後、千代田飯店で合同直会）［三月八日付］、通常総会（六月二六日一六時から、会場：町内の地方銀行会館、総会後に懇親会）［一〇月一五日付］が記事となっている。

平成二七年の町会の年中行事は、「大好き神田」のホームページによると、初詣（元日一二時から、神田神社境内の御宿稲荷神社・浦安稲荷神社に参拝し、神田神社に昇殿参拝、その後、明神会館で直会）、新年会・新成人を祝う会（一月一三日［火］一八時半、会場：神田神社明神会館）、定例役員会（一月二六日［月］一八時半～一九時半）、定例役員会（二月九日）、顧問相談役会（二月一〇日）、祭典委員会（二月一四日）、町会福祉部のお楽しみ会（三月一四日［土］一二時から）、早春バスツアー（三月一五日［日］九時～一七時、場所：横須賀軍港クルーズなど）、定例役員会・地区組長会・祭典委員会（三月二六日［木］一八時半～二〇時）、町会の神輿を搬出（四月四日［土］）、定例役員会・祭典委員会（四月二一日［火］一八時から）、神田祭（五月八日［金］～一〇日［日］）、町会祭典委員会の直会（五月一六日［土］一七時から）、定例役員会（五月二七日［水］一八時半～一九時半）、定例役員会（六月一〇日［水］）、顧問相談役会（六月一二日［金］）、第六二回総会・懇親会（六月二五日［金］一七時半～二〇時、会場：全国地方銀行会館）、定例役員会（七月一七日［金］一八時半～一九時）、定例役員会（九月一〇日［木］一八時半～一九時半）、町会福祉部のお楽しみ会（九月二六日［土］一二時から）、定例役員会（一〇月八日［木］一八時半～一九時半）、町会の清掃（一一日六日［金］一〇時～一〇時半、千代田区一斉清掃の日に合わせて実施）、有志旅行会（一〇月七日［土］・八日［日］、場所：松島）、定例役員会（一〇月一〇日［火］一八時半～一九時）、定例役員会（一一月一〇日［木］一八時半～一九時半）、忘年会（一二月一六日［水］一八時半～二〇時半）、夜警（一二月二七日［日］・二八日［月］・二九日［火］一九時～二二時）がある。

11　内神田美土代町会

町会の区域は、千代田区美土代町及び内神田一丁目二〜四・一二〜一五である。昭和四三（一九六八）年の世帯数は、神田祭には不参加であったため不明であるが、平成二五（二〇一三）年の世帯数は一三五世帯（住民登録）、人口二〇〇人である。このうち、町会の活動に参加するのは二〇人であるという。

昭和四三年の『週刊千代田』には記事はみえないが、平成四年の『週刊千代田』の記事となった内神田美土代町会の年中行事には、新年会（一月一八日夜、会場：平山ビルの「藩」）［一月二九日付］、町会の神田祭直会（五月一六日夜、会場：平山ビルの「藩」料理店）［五月一五日付］、第四一回定期総会（七月四日一七時から、会場：内神田区民集会室）［一一月一五日付］がある。

平成二七年の町会の年中行事は、「大好き神田」のホームページによると、新年会（一月一〇日一三時から）、神田祭（五月八日［金］〜一〇日［日］）、夜警（一二月二五日［金］・二六日［土］一八時〜二二時）がある。

なお、中神田十三ヶ町連合の動きとして、平成二七年は中神田十三ヶ町祭典委員会を一月三一日（土）・二月二八日（土）、三月二七日（土）に行ない、四月三日（金）の一四時から神田神社春季大祭（終了後祭典委員会）に参列、五月二四日（日）の一六時〜一七時で中神田十三ヶ町世話人会を実施、五月三〇日（土）の一七時から中神田十三ヶ町祭典委員会直会、一〇月一八日（日）の九時半から第五三回千代田区民体育大会に各町会が参加、一〇月三一日（土）の一七時〜一九時に中神田十三ヶ町祭典委員会を実施した。

小括

以上のように、中神田十三ヶ町連合の一一町会(把握分のみ)の年中行事から、特筆すべき特徴を挙げて傾向をみておきたい。

町会として神田神社への昇殿参拝を行なっている町会は六町会(次節で詳述する須田町中部町会を入れると七町会)、新年会(賀詞交歓会を含む)を行なう町会は八町会(須田町中部町会を含むと九町会)、納涼会・縁日は九町会、盆踊りは一町会、旅行は二町会(須田町中部町会を含むと三町会)、夜警は九町会(須田町中部町会を含むと一〇町会)である。淡路町一丁目町会では、かつては旅行や子ども縁日をやっていたが、居住者が減り中止した。その一方で、神田祭に参加する神輿同好会・丸子会の地元の祭りへ招待されて出かけるようになった。

夜警については、一二月二六日(土)・二七日(日)・二八日(月)の土日を含んだ三日間を行なうところもあれば、土日を休んで平日だけ行なう町会、一日間のみしか実施しない町会もある。平日にしか実施しない町会は、町内に通う「通いの住民」の割合が少なくないことが考えられる。夜警を一日で終えた神田鍛冶三会町会の町会長は、町内に居住せず目黒から通っている。

また、町内で稲荷神社(神田神社の末社を含む)を祀る町会が七町会(須田町中部町会を含むと八町会)ある。町内の稲荷神社の存在が稲荷神社の祭祀を通じて、町内の人たちが結集する貴重な機会になっているのではなかろうか。内神田鎌倉町会のように、町会の年中行事が多数ある町会もあれば、新年会と神田祭、夜警ぐらいしか活動を行なわない町会が存在する。町会の年中行事が少ない町会にとって稲荷神社の祭祀は、町内の人がつながる貴重な場になっていることが窺える。一方で、千代田区民体育大会や夜間パトロール、内神田八町会の納涼会のように周辺町会が合同で行なう年中行事も拡大していることがわかる。

三　外神田連合

ＪＲ秋葉原駅の西側に位置し、神田神社の地元・宮本町会を含む外神田連合についてみていく。

1　神臺會

町会の区域は、千代田区外神田二丁目五番一～一二号・六～九番（七番地一号、四号一部を除く）である。昭和四三（一九六八）年の世帯数は七五世帯であったが、平成二五（二〇一三）年の世帯数は登録世帯八〇、町会員は五〇世帯である。町内に住んでいる居住者は約二〇人である。

昭和四三年の『週刊千代田』の記事となった神臺會の年中行事には、神田神社への初詣（元日昼頃、町会員八人参加）［一月八日付］がある。

平成四年の『週刊千代田』には、新年会（一月九日昼、会場：町内の神田川本店）［一月一五日付］が記事となっている。

平成二七年現在、毎年一月二日の一〇時半～一一時の時間帯に神田神社へ初詣（昇殿参拝）を行なう。町会の一七～一八人が参加し、参拝のあと、神札・御守を受けて明神会館で直会を実施している。

2　神田同朋町会

町会の区域は、千代田区外神田二丁目一〇～一五、六丁目一・二・三番三・四・七・八号である。昭和四三（一九六八)年の世帯数は一五〇世帯であったが、平成二五(二〇一三)年の世帯数は一五〇世帯であり、町会員は約一〇〇世帯である。

大正期の外神田(旧同朋町)の年中行事について、『東京の民俗1』によると、初詣(一月一日、神田神社・妻恋神社に参詣)、若水(元旦)、雑煮(元旦)、七草(一月七日)、どんど焼(一月八日)、藪入り(一月一五日～一六日)、エビス講(一月二〇日)、節分会(二月三日～四日、年男は神田神社へ参拝)、初午(二月、妻恋神社を祀る)、桃の節句［雛祭り］(三月三日)、彼岸(三月、春秋二回あり)、灌仏会［花まつり］(四月八日)、端午の節句(五月五日)、神田祭(五月一三日～一五日)、七夕(七月七日)、草市(七月一二日)、盆供養(七月一三日～一五日)、二十六夜待(八月)、十五夜(九月)、七・五・三の祝(一一月一五日)、歳の市(一二月二〇日～二一日)、冬至(一二月二二日)が挙げられている。(34)

昭和四三年の『週刊千代田』の記事となった神田同朋町会の年中行事には、旅行(八月四日、場所：箱根小涌園、町会員家族約一〇〇人がバス二台で参加)［八月八日付］がある。

平成四年の『週刊千代田』には、新年会(一月八日夜、会場：東京ガーデンパレス、会員家族なごやかに)［一月一五日付］、餅つき(一月一六日昼、場所：明神下仲通り、会員家族を招いて実施)［二月二九日付］、夏休み子ども会(八月八日一八時、場所：町内の仲通り、焼き鳥、ところてん、味噌おでん、ヨーヨー、かき氷、焼きそばなど一〇店、内孫・外孫合わせて子ども約二〇〇人参加)［八月一五日付］、定時総会(六月二九日夜、会場：万世橋区民館、決算や予算・祭礼決算を承認)［一一月八日付］が記事となっている。

平成二七年の町会の年中行事は、「神田同朋町」のホームページによると、神田祭［遷座四〇〇年奉祝］(五月八日［金］～一〇日［火］)、「納涼の集い」(七月三一日［金］、主催：同朋町、場所：明神下中通り、時間：一八時～二〇時［子供会一七時半～、大人一八時～］、出店：生ビール・サワー・焼き鳥・焼きそば・ソーセージ・かき氷、子供コーナー)、納涼大会（八月二〇日［木］・二一日［金］、主催：外神田文化体育会、後援：千代田区、場所：芳林公園、一七時：子どもブース［ゲームコーナー］両日・白バイに乗って写真撮影［二〇日のみ・一八時まで］、一七時半：売店販売開始、一八時半：〇〇江戸助六太鼓、一九時：盆踊り、二〇時半：福引き、出店：生ビール・ジュース等清涼飲料・焼き鳥・焼きそば・フランクフルト・かき氷）、千代田区民体育大会（一〇月一八日［日］九時半から、場所：外濠公園総合グランド）、第四回げんき会［敬老会］「おでんパーティー」（一〇月二五日［日］、主催：神田同朋町会福祉部）、第二回「さんま会」（一〇月二五日［日］一一時半から、主催：神田同朋町会有志、場所：明神下中通り）、千代田区一斉清掃の日・町名由来板の清掃（一一月六日［金］九時から、場所：妻恋坂交差点）、歳末町内夜警（一二月二八日［月］一七時から）がある。

平成二七年現在、神田神社への初詣は町会としては行なっていないが、町内の氏神である妻恋神社へ一二月三一日から一五～一六人で奉仕している。

3　宮本町会

町会の区域は、千代田区外神田二丁目一六～一九（七番一号、四号一部を含む）である。町会の世帯数は、かつては二五世帯であったといい、昭和四三（一九六八）年の世帯数は七〇世帯であるが、平成二五（二〇一三）年の世帯数は一七〇世帯に増加した。

昭和四三年の『週刊千代田』の記事となった宮本町会の年中行事には、神田神社への初詣（一月二日朝、町会員二一人参加）［一月八日付］がある。

平成四年の『週刊千代田』には、神田神社への初詣（一月二日朝）［一月八日付］が記事となっている。

平成二七年現在、毎年一月二日の一一時～一三時の時間帯で神田神社への初詣（昇殿参拝）を行なっている。町会の三〇～四〇人が参加し、参拝のあと人数分お札を受け、明神会館で新年会を実施している。神田祭とお花見には一〇〇～二〇〇人、町会の総会・懇親会には三〇～四〇人が参加している。このほか、年末の夜警を実施している。また、前節でみたように、蔭祭には子ども神輿の巡幸を行なっている。

昭和四三年・平成四年・現在と、神田神社への初詣が続けられていることがわかる。

4　神田末廣町会

町会の区域は、千代田区外神田三丁目五～一〇・一四～一六である。昭和四三（一九六八）年の世帯数は二二〇世帯であったが、平成二六（二〇一四）年四月一日現在の世帯数は二四四世帯である。

昭和四三年の『週刊千代田』の記事となった神田末廣町会の年中行事には、神田神社への初詣（一月二日朝、町会員の多幸を祈願）［一月八日付］、総会（六月一〇日、会場：芳林小学校）［六月二九日付］、観劇（一〇月一五日、町会婦人部、東方宝塚劇場の東宝歌舞伎、一〇〇人参加）［一〇月二八日付］がある。

平成四年の『週刊千代田』には、神田神社への初詣（一月二日昼頃、役員一三人が代表して参拝）［一月八日付］、新年会（一月九日夜、会場：町内のすき焼・いし橋）［一月一五日付］、歳末餅つき大会（一二月一三日午前、場所：町内の繁栄堂前仲通り、三年振りに復活、婦人部の支度でお雑煮もち・あんこ・きなこ・カラミなど一斗六升八ウスの餅をついたが昼には売切れ）［一二月一五日付］が記事となっている。

平成二七年現在、一月二日の一〇時から神田神社へ初詣（昇殿参拝）を行なう。町会の一五人が参列し、二〇人分の御札・供物を受ける。参拝だけで直会の席は設けていない。年末の夜警には、町会の役員・委員を中心に三〇～四〇人が参加する。

ここでも昭和四三年・平成四年・現在と神田神社への初詣が続けられている。

5　栄町会

町会の区域は、千代田区外神田五丁目一・六である。昭和四三（一九六八）年の世帯数は一五〇世帯（栄佐久会）であったが、平成二五（二〇一三）年の世帯数は居住者三〇世帯、法人四〇、約一〇〇人である。

昭和四三年の『週刊千代田』には記事はみえないが、平成四年の『週刊千代田』の記事となった栄町会の年中行事には、新年会（一月二三日夜、会場：町内の久保田うなぎ店）［二月八日付］がある。外神田文化体育会による納涼大会（八月二五日・二六日、場所：芳林公園、ミニＳＬ・どじょうつかみ・民謡・かっぽれ・阿波踊り、かき氷・おでん・生ビールなど）も行なわれた［八月二九日付］。

平成二七年現在、町会の役員会は年一回で、飲食に掛かる費用は減少している。正月に新年会、夏に外神田連合で納涼大会を芳林公園で行なっている。新年会には、栄町会の神田祭に参加する神輿同好会のメンバーが新年会に七～八人、納涼大会にも数人が手伝いに来るという。また、五月の神田祭の際、宮入直前の金曜日夕方、御霊入れのあと、町内企業を招いた「ふれあい広場」を開催している。前節でみたように、蔭祭の際にも、五月の同じ時期に「ふれあい広場」を実施している。ここにも神田祭に参加する神輿同好会のメンバーが手伝いに来るという。

平成四年・現在と、町会による新年会、外神田文化体育会による納涼大会が続けられていることがわかる。

6　外神田三丁目金澤町会

町会の区域は、千代田区外神田三丁目二・三・四・一一である。昭和四三（一九六八）年の世帯数は一〇〇世帯であったが、平成二五(二〇一三)年の世帯数は町会員九〇世帯、一〇〇人である。

昭和四三年の『週刊千代田』には記事はみえないが、平成四年の『週刊千代田』の記事となった外神田三丁目金澤町会の年中行事には、神田神社への初詣(元日昼頃、町会役員ら二五人揃って参拝)［一月八日付］、新年会(一月一八日夜、会場：須田町北部割烹・ふじ川)［二月八日付］がある。

(平成二五年の)一〇年くらい前から、町会活動として年に一回、夏に町内企業との親睦会(懇親会)を開いている。神田祭の際は、神田神社への宮入前の金曜日に(平成二五年の)一〇年程前から神輿の巡幸を行ない、企業の社員にも参加してもらっている。

神田祭が蔭祭の年には、前節でみたように、五月の神田祭の時期に町内企業との親睦会を開催している。費用は町会費約一五万円、千代田区からの補助金約一五万円の計三〇万円で賄っている。

その他、町会の活動としては、回覧を廻すこと、新年会の開催、年末の夜警などを行なっている。しかし、町内にはほとんど人がおらず、特に若手が少ないため、今後の町会運営を危惧しているという。

7　外神田四丁目松富会

町会の区域は、千代田区外神田四丁目六～一三である。昭和四三(一九六八)年の世帯数は一四五世帯であったが、平成二五(二〇一三)年の世帯数は八〇世帯、平成二七年は八〇弱世帯に減少した。町会の役員は一〇人である。

昭和四三年の『週刊千代田』の記事となった外神田四丁目松富会の年中行事には、新年会(一月一二日夜、会場：万作)［一月一五日付］、婦人部懇親会(三月一九日夜六時、会場：寿司兼、町会長ら町会役員三人招待、五月の明神大祭の協力・海水浴の実施・婦人部結成以来の功労一一人の感謝会の開催などを話し合った)［三月二二日付］、総会(六月二五日、会場：町内の神田信用金庫）［七月一五日付］、海水浴（七月二三日、千葉の富津海岸、町会員家族が参加）［七月一五日付］がある。

また、昭和四三年の『週刊千代田』によれば、外神田文化体育会主催の納涼踊り（七月二五日夜～三日間、場所：芳林公園、外神田文化体育会主催）［七月一五日、八月八日、八月一五日付］、合同子ども会（八月一八日、場所：錬成中学校、外神田文化体育会主催、子ども約二〇〇人参加）［八月一五日付］が行なわれた。

平成四年の『週刊千代田』には、新年会（一月一〇日夜、会場：近くのすき焼・いし橋）［一月二二日付］、夏休み子ども縁日（七月二四日午後、場所：町内の仲通り、かき氷・フレッシュジュース・焼そば・当てものなど、一七時過ぎからは大人のビアパーティー）［七月二九日付］、総会（六月一五日夜、会場：万世橋区民館）［九月一五日付］、第二三回運動会（一〇月四日、場所：町内シルバーイン前通り、ラジオ体操で開会後、カボチャゲーム［輪投げ］・ちびっこハンバーグの競技もあり盛況）［一〇月一五日付］が記事となっている。

また、平成四年の『週刊千代田』によれば、外神田文化体育会の行事には、新年会（二月四日昼、会場：上野精養軒）［二月二二日付］、納涼大会（八月二五日・二六日、場所：芳林公園、ミニSL・どじょうつかみ・民謡・かっぽれ・阿波踊り、かき氷・おでん・生ビールなど）［八月二九日付］、定時総会（六月一三日夜、会場：万世橋区民館）［九月一五日付］、納涼大会打ち上げ（九月一一日夜、会場：須田町の肉の万世）［九月一五日付］がある。

平成二七年現在、町会による新年会は行なうが、神田神社への初詣（昇殿参拝）は行なっていない。

町会長のK・T氏（昭和二八年生）によれば、平成に入って、神田市場が秋葉原から太田区へ移転して住んでいる人が減少してきた。市場関係の人を相手にした食堂など関連するお店もあり、神田市場の関係の人も松富会の神田祭に参加していた。今ではそういう人たちがほとんどいなくなった。会社も数年で変わってしまう。

若い頃は、神田祭はもうできないのではないかと思っていた。その問題を上手く乗り越えたのが「十二睦」だった。十二睦は、外神田連合一二町会の若手のいわば親睦会である。外神田文化体育会と十二睦で各町内を代表するようなものである。各町内の七〜八人ずつの若手が団結ができた場である。色々な町会と連絡を取って、お互いに切磋琢磨していくような場があるからいいのではないかという。

十二睦は、（平成二五年の）一〇〜一三年前くらいに結成された。それから外神田文化体育会の結成によって、昔は長老がやっているようなものであったのが、四〇代がトップになるような形で一気に若返った。それで若い人たちの横のつながりができた。十二睦とラジオ体操の運営などを行なう「外神田文化体育会」によって、各町内の若手の横の連絡が取れる場が生まれた。お互いの情報交換もできる。そして、そういう場があると「うちの町内もしっかりしなきゃ」「他の町会に馬鹿にされないようにしなきゃ」と思い、若手がみんなしっかりしだした。

外神田文化体育会の活動の中心は、芳林公園で行なう夏の納涼大会である。そのときにも各町内に割り当てがあり、人数や出す模擬店などの打ち合わせを頻繁に行なっている。そして、各町内もそれぞれ夏に納涼会を行なっている。

私が二〇代の頃までは、町会で海に行ったりしていたが、夏休みでも大人は勤めがあるのでいくことができない。そこで、納涼会をやろうということになった。町会の納涼会は、昼間は子どものために縁日みたいなものを行ない、夕方からはこの辺は会社の人も入っているため、会社の人たちのために、「ビアガーデンみたいなものをやろうよ」ということでやっている。それも何十年にもなるという。

昭和四三年・平成四年と年間を通じて多くの町会行事が行なわれていたが、現在では、町会の年中行事は少なくなり、神田祭以外では町会の新年会と外神田文化体育会主催の納涼大会が中心となっていることが窺える。

8　神田五軒町町会(旧外神田六丁目町会)

町会の区域は、千代田区外神田六丁目三番地五・六号、四～一六である。昭和四三(一九六八)年の世帯数は二五〇世帯(外神田六丁目・旧五軒町)であったが、平成二五(二〇一三)年の世帯数は三三〇世帯、人口六二二人である。

昭和四三年の『週刊千代田』の記事となった外神田六丁目町会(現・神田五軒町町会)の年中行事には、新年会(一月六日一七時、会場：黒門会館、千代田区長らを招く)［一月八日付］、総会(六月二〇日、場所：熱海の「つるや」、町会員四三人参加・委任一八〇人)［六月二九日付］がある。

平成四年の『週刊千代田』には、新年会(一月六日夕方、会場：淡路町のホテル聚楽)［一月八日付］、第四回五軒町ファミリー会(会員家族一五〇人、紅白玉入れ・パン食い競争などのミニ運動会、焼きそば・おでんの縁日を開催)［一一月八日付］が記事となっている。

町会長のK・I氏(昭和一八年生)によれば、平成二五年の三三〇世帯には町内のワンルームマンションなども含まれるが、ワンルームマンションは町会には加入していない。町内には会社も多いが住民も七割ぐらいいるという。(平成二五年から)ここ一〇～一五年くらいで町としての勢いがついた(隆盛した)。若い人たちを登用して町を活性化しようと若い人たちとコミュニケーションを取りながらしっかりとやってきた。それが絆を生んで、自然発生的に町の活性化につながった。若い人たちの意見だけでなく、婦人部や長老の意見も聞いてやってきた。祭りが一つの町の活性化につながる行事であるということが町内の人の心の根幹にある。祭りがなくなると町の空気感が元気がなくなってしまうというところがある。

若い人の話を聞いてコミュニケーションを取る場を普段の町会活動の中に作った。そういう場が多数ある。平成二七年で一〇年目になるが、夜間パトロールをずっと行なっている。一〇年前はまだ防犯カメラが普及していなかった。駐車場の車上荒らしやビル荒らしが多発し、放火もあった。それに対してパトロールをすることによって、全くなくなった。月三回、夜の一〇時から一一時までみんなで回っていて、多少人数は減ったがそれを繰り返してきた。町の安心・安全の取組みを我々の町会では行なっている。千代田区でそれを行なっている町会は少ない。月三回、夜の一〇時〜一一時の時間帯はみんな休む時間だが、台風や雪などのよほどの悪天候以外は夜回りをしている。

また、一人暮らしの高齢者の見守りといった色々な福祉活動も併せると、年間行事がものすごく多い。私の町会がそういう活動が一番多いのではないか。町会員向けの「そよ風」という新聞も年四回発行している。夏の公園(アーツ千代田３３３１)の水やりも花の手入れも千代田区と提携して町会で行なう。

なお、町会では、新年の神田神社への初詣(昇殿参拝)は行なっていない。

小括

以上のように、外神田連合の八町会の年中行事についてみてきたが、ここではおおよその傾向をみておきたい。

特筆すべきは、神田祭における十二睦と同様に、外神田文化体育会といった地区連合の若手の親睦会が中心となって行なう夏の納涼会などの年中行事が拡大している。また、栄町会や外神田三丁目金澤町会などでは、蘗祭の際を含めた町内企業との懇親の場を形成している。

さらに、栄町会では、新年会、ふれ合い広場、夏の納涼会に神田祭に参加する神輿同好会のメンバーが参加する。

新年の神田神社への初詣(昇殿参拝)を町会として行なっているのは、三町会である。

四　神田駅東地区連合

今度は、ＪＲ神田駅の東側に位置する神田駅東地区連合についてみていく。

1　鍛冶町一丁目町会

町会の区域は、千代田区鍛冶町一丁目全域である。昭和四三（一九六六）年の世帯数は二〇〇世帯（鍛冶町一丁目曙会）であったが、平成二五（二〇一三）年の世帯数は五九世帯（居住二六世帯）、登録人口が一一〇人、町会員は三〇〇世帯である。

大正期の鍛冶町（旧鍛冶町）の年中行事について、『東京の民俗1』には、元朝行事（一月一日）、初詣（一月一日～六日、ウブスナ神［神田明神］に参詣、「最近では、町会、会社等の集団参拝（任意参加）が流行する」「古くは、神田っ子は、成田へは詣らない」との記述あり）、正月の訪れ者（一月、三河万歳・獅子舞・猿廻し、現在では獅子舞だけになった）、どんど焼（一月六日）、七草粥（一月七日）、鏡開き（一月一一日）、藪入り（一月一五日）、節分（二月四日）、初午（二月の最初の午の日に各稲荷神社で盛大な祭）、雛祭（三月三日）、彼岸（三月、墓参・六阿弥陀詣り、現在では墓参りのみ）、灌仏会（四月八日）、端午の節句（五月五日）、幸稲荷祭（五月一七日）、神田祭（五月、古くは九月一五日）、形代流し［大祓］（六月三〇日）、七夕（七月七日）、四万六千日（七月一〇日、浅草寺詣り）、草市（草市、「盆市」とも呼ばれる）、お盆（七月一五日）、月見（九月、陰暦八月一五日の十五夜）、お会式（一〇月一二日～一三日）、えびす講・べったら市（一〇月一九日～二〇日）、フイゴ祭（一一月八日）、年［歳］の市（一二月一四日～二九日）、新春仕度（一二月）が挙げられている。(35)

昭和四三年の『週刊千代田』の記事となった鍛冶町一丁目町会の年中行事には、鍛冶一二婦人部・新年会（一月一九日夜、新橋演舞場観劇）［一月二二日付］がある。

平成四年の『週刊千代田』には、神田神社の初詣（一月一二日朝）［一月二二日付］、新年会（場所：飯山温泉）［一月二二日付］、定時総会（六月五日午後、会場：町内の大朋会館九階ホール）［八月二二日付］が記事となっている。

平成二七年現在、一月第二土曜日に新年会と一緒に、神田神社への初詣を行なっている。また、年に二回イベントを実施している。千代田区から補助金を受け、夏に近隣の四町会と「神田縁起市」と、冬に近隣二町会で餅つきを行なっている。

2　鍛冶町二丁目町会

町会の区域は、千代田区鍛冶町二丁目全域である。昭和四三（一九六八）年の世帯数は四〇〇世帯であったが、平成二五（二〇一三）年の世帯数は町会員三〇〇世帯（居住者六〇世帯）である。町会活動には居住世帯が参加する。

『鍛冶二五十年誌』によると、かつての町会の年中行事には、新春七福神巡り（一月、昭和五三年～昭和六二年）、新年会、スキーツアー（二月、昭和五一年～昭和六一年）、総会（三月）、夜桜酒宴会（四月）、神田祭（五月、二年に一回）、バーベキューハイク（六月）、バス海水浴（八月、蓮沼海岸）、納涼会・盆踊り・今中［今川中学校］水泳大会（八月）、釣り（九月）、区民運動会（一〇月）、餅つき大会（一二月、昭和四九年から）、夜警（年末）が挙げられている。(36) 町会青年部の活動として、以前はスキー・海水浴、現在では、旅行、お茶、体育祭、もちつき大会、親睦会、千代田区の行事などがある。(37)

平成四年の『週刊千代田』の記事となった鍛冶町二丁目町会の年中行事には、第三九回総会（五月一八日夕、会場：

淡路町のホテル聚楽）［六月二三日付］がある。

鍛冶町二丁目町会のホームページによると、平成二六年の町会の年中行事には、鍛冶町餅つき大会（一二月六日［土］一三時～一六時、場所：旧今川中学校跡、主催：鍛冶町一丁目町会・鍛冶町二丁目町会）がある。(38)

平成二七年現在、二月に神田と日本橋の合同の新年会（交流会）を行なっている。八〇人くらい参加する。常盤小学校（中央区）の出身者が多い。八月に夏のイベント（「神田縁起市」）を行なっている。

3　紺屋町南町会

町会の区域は、千代田区紺屋町一～二五である。昭和四三（一九六八）年の世帯数は、当時、神田祭に不参加であったため不明であるが、平成二五（二〇一三）年の世帯数は登録世帯は三〇世帯で、このうち町内に住んでいる世帯は約一〇世帯・二〇人である。

昭和四三年の『週刊千代田』の記事となった紺屋町南町会の年中行事には、定期総会（五月一八日夜、会場：町内の来々軒、町会員九三人）［五月一五日付］がある。

平成四年の『週刊千代田』には、紺屋町南町会の年中行事に関する記載がない。この年は神田祭に参加していない。

平成二七年現在、二月に新年会、五月または六月に総会、七月または八月に北乗物町町会と合同の納涼会、八月の最終土曜日には、九町会で「神田縁起市」を行なう。一二月第一土曜日には、昭和町会と合同のきりたんぽ鍋大会、餅つきを今川中学校で行なっている。

年末の夜警は、今川中学校を起点にして、一二月の最終金曜日に実施している。紺屋町北部町会・鍛冶町二丁目町会・北乗物町町会・富山町町会と一緒に合同で行なっている。青年部を三班に分けて班ごとに回る。

4　北乗物町町会

町会の区域は、千代田区北乗物町全域である。昭和四三(一九六八)年の世帯数は六〇世帯であったが、平成二五(二〇一三)年の世帯数は二三世帯、七〇人である。紺屋町南町会や近隣町会で合同で行なう行事以外は、総会を五月か六月、夏に暑気払いを行なっている。

昭和四三年の『週刊千代田』の記事となった北乗物町町会の年中行事には、春季野球大会(千代田区青年団体協議会主催、六月九日~七月七日の毎週日曜日、花小金井のグラウンド、七月七日の決勝戦で北乗物町会青年部が優勝)〔七月八日付〕がある。

平成四年の『週刊千代田』には、新年会(一月七日夜、会場:神田駅西口前の華福)〔一月一五日付〕が記事となっている。

小括

以上のように、神田駅東地区連合の四町会の年中行事についてみてきたが、ここではおおよその傾向をみておく。大きな特徴として挙げられるのは、「神田縁起市」のように地区連合で行なうものや近隣の町会で合同で行なう行事が拡大していることがわかる。夜警に関しても、町会単独ではなく、紺屋町北部町会・鍛冶町二丁目町会・北乗物町町会・富山町町会は合同で行なっている。

また、鍛冶町一丁目町会では、「今川睦」という睦会を平成二七(二〇一五)年に町会青年部有志で立ち上げ、睦会として平成二八年は山王祭や浦安三社祭などへの参加や、町会活動への参加を行うなど、新たな動きもみられた。

五　岩本町・東神田地区連合

続いて、ＪＲ神田駅の東側に位置し、山崎製パン本社や龍角散本社などが立地する岩本町・東神田地区連合についてみていく。

1　岩本町一丁目町会

町会の区域は、千代田区岩本町一丁目全域である。昭和四三（一九六八）年の世帯数は二〇〇世帯であったが、平成二五（二〇一三）年の世帯数は町会員一二〇世帯である。バブル期にビル化しオフィスビルの街になった。そして、近年、マンションの住民（三〇代後半～四〇代の住民）が増加した。平成二七年現在、初詣歩こう会、盆踊り（子ども会）、ふれ合い広場などを行なっている。

2　岩本町二丁目岩井会

町会の区域は、千代田区岩本町二丁目八・九・一八及び一九番一・二号である。昭和四三（一九六八）年の世帯数は七七世帯（元岩井会）であったが、平成二五（二〇一三）年の世帯数は町会員二〇～三〇世帯である。

大正期の神田岩本町二丁目（神田松枝町）の年中行事について、参考までにみておきたい。『東京の民俗1』には、新年の祝い（一月一日）、六日年越し（一月六日）、七草（一月七日）、蔵びらき［鏡びらき］（一月一一日）、十五日粥（一月一五日)、藪入り(一月一六日)、二十日正月(一月二〇日)、節分(二月三日)、初午(二月の最初の午の日に行なわれる稲荷神社の祭)、針供養(二月八日)、ひな祭り(三月三日)、彼岸中日(三月二一日・二二日)、花祭り(四月八日)、端午の節句(五月五日)、神田明神祭礼(五月一五日)、入谷朝顔市(七月五日)、七夕(七月七日)、草市(七月九日)、盂蘭盆会(七月一三日)、藪入り(七月一五日・一六日)、お月見(九月)、彼岸中日(九月二四日)、恵比寿講(一〇月一九日)、団子坂の菊見(一一月)、羽子板市(一二月一七日)、冬至(一二月二二日・二三日)、大晦日・年越(一二月三一日)が挙げられている。(39)

昭和四三年の『週刊千代田』の記事となった岩本町二丁目岩井会の年中行事には、新年会(一月四日夜、会場：柳橋の鶴の家、千代田区長らを招く)［一月八日付］、花見バス旅行(四月七日・日帰り、箱根芦ノ湖、四〇人参加)［四月一日付］がある。

平成四年の『週刊千代田』には、神田神社への初詣(元日早朝、役員代表七人参加)［一月八日付］、定時総会(六月一六日夜、会場：地元のふな亀)［九月二二日付］が記事となっている。

神田神社へ「桃太郎」の山車を寄贈するまでには、年に一回、「桃太郎」の山車を虫干しをしていた。平成二七年現在、年末の夜警を実施している。

3　神田東紺町会

町会の区域は、千代田区東紺屋町及び岩本町二丁目一～四である。昭和四三(一九六八)年の世帯数は一四〇世帯(東紺親和会)であったが、平成二五(二〇一三)年の世帯数は町会員二〇世帯で、人口四〇～五〇人である。

昭和四三年の『週刊千代田』の記事となった神田東紺町会の年中行事には、町会主催の成人を祝う会［一月一五日付］、定期総会(五月一三日午前一〇時、会場：和泉橋区民会館、総会のあと町会創立二〇周年式典)［五月一五日付］がある。

平成四年の『週刊千代田』には、新年会(一月一一日夜、会場：近くのすき焼・むらた)[一月二一日付]、定時総会(六月九日夜、会場：東神田の宝亭)[八月二九日付]が記事となっている。

平成二七年の町会の年中行事は、Facebookページ「神田東紺町会青年部」によると、新年会(一月一六日)、東神田の餅つき大会(二月一五日、同じ連合の町会として参加)、連合町会青年部の新年会(二月二〇日)、ウオーキング会で日本橋七福神めぐり(三月八日、三〇人以上参加)、神田祭祭典会議(三月一一日)、神田祭の第二回祭典会議(三月一八日)、神田祭の岩本町・東神田地区連合の連合町会の決起集会と青年部会議(四月一八日)、神田祭(五月八日～一〇日)、神輿庫への蔵入れ・神田祭の町会直会(五月一六日)、岩本町・東神田バザール(五月二九日～三一日・六月五日～七日)、岩本町・東神田地区連合町会の神田祭直会(六月七日)、町内の一斉清掃(六月一四日、同じ日に、神田祭の町会の貸し半纏がクリーニングから上がってきたため、神田神社境内にある神輿庫へ半纏を納める)、青年部総会(七月三日)、岩本町・東神田地区連合の子ども会の納涼会(八月二二日、会場：岩本町のほほえみプラザ)、町会の旅行[バスツアー](八月三〇日、鴨川シーワールド)、岩本町・東神田地区連合の懇親会(一〇月三日・四日、箱根)千代田区の運動会(一〇月一八日)、日本橋のべったら市(一〇月二〇日、出かけた後、懇親会)、忘年会(一二月一九日、神田を散歩したのち、浅草の「七五三」にてもんじゃ焼きを食べながら忘年会)、夜警(一二月二八日、町内の金山神社を起点として、子どもたちも参加し、元気な「火の用心」の声が響いた)がある。(40)

また、町内に鎮座する金山神社の祭りが五月八日と一一月八日に神社の崇敬会が中心となって行なわれるが、神田東紺町会会長も祭りに参列している。

蓙祭の時には、夏の縁日を町内の金山神社前で開く。

4 岩本町三丁目町会

町会の区域は、岩本町三丁目（六番八～一三号、一四号の一部、一一番一・二号・三号の一部を除く）及び神田岩本町全域である。昭和四三（一九六八）年の世帯数は三〇〇世帯であったが、平成二五（二〇一三）年の世帯数は町会員一八〇世帯（役員五〇世帯）である。

昭和四三年の『週刊千代田』の記事となった岩本町三丁目町会の年中行事には、町会主催の成人を祝う会［一月一五日付］がある。

平成四年の『週刊千代田』には、神田神社への初詣（元日昼頃、町会員家族三〇人が揃って参拝）［一月八日付］、新年会（一月六日夜、会場：地元のスター）［一月一五日付］、柳森神社豆まき（二月三日夕方、氏子三町会の総代・町会役員ら参加）［二月八日付］、鯉幟（五月五日、場所：和泉橋児童公園、岩三青年部が鯉幟をあげて地元の子どもの成長を祈った、七年前から実施）［五月一〇日付］、定時総会（五月二六日夜、会場：地元の健保会館、決算・予算・神田祭決算を承認）［七月二九日付］、神田祭反省会・懇親旅行会（六月二〇・二一日、箱根の仙景に一泊、六五人が参加）［七月一五日付］、「祝・'92バルセロナオリンピック出場　藤原康治君壮行会」（七月三日夕方、場所：今川小学校、町会体育部主催、参加者三五〇人を超え、〝過疎の街〟も神田祭以来の賑わいとなった）［七月八日付］、青年部のバス旅行（一一月一日、バス二台・七〇人で茨城県水海道市あすなろの里へ）［一一月二二日付］、第四回岩本二・岩本三の対抗ゴルフ大会（一一月八日、場所：千葉廣済堂カントリー、両町会二〇人ずつ参加）［一一月二二日付］が記事となっている。

平成二七年現在、元日に神田神社へ初詣（昇殿参拝）を行なっている。参加者は三〇人で人数分、御札を受ける。また、蔭祭の年にも前節でみたように、七月下旬にサマーフェスティバルを開催し、地元企業と懇親の場を設けている。

5　東神田豊島町会

町会の区域は、千代田区東神田一丁目六～一一、東神田二丁目一～七、岩本町三丁目六番八～一三号、一四号の一部、一一番一・二・三号の一部である。昭和四三（一九六八）年の世帯数は二六五世帯（豊島町会）であったが、平成二五（二〇一三）年の世帯数は町会員一二四世帯（会社が多い）である。

昭和四三年の『週刊千代田』の記事となった東神田豊島町会の年中行事には、神田神社への初詣（元日午後、二二人参加）［一月八日付］がある。

平成四年の『週刊千代田』には、新年会（一月一四日夜、会場：如水会館三階のすき焼・武蔵野）［一月二九日付］が記事となっている。

平成二七年現在、年末の夜警には二〇人、連合で行なう地域安全パトロールには、二五人が参加する。元日に神田神社へ初詣（昇殿参拝）を行なっている。子どもを入れて三〇人が参加する。

6　東神田町会

町会の区域は、千代田区東神田一丁目一～五・一二～一七、東神田二丁目八～一〇である。昭和四三（一九六八）年の世帯数は四〇〇世帯であったが、平成二五（二〇一三）年の世帯数は町会員三五〇～三六〇世帯であった。そして、マンションの建設が進み、平成二七年には五五四世帯に増加した。四分の一がマンションである。

昭和四三年の『週刊千代田』には記事はみえないが、平成四年の『週刊千代田』の記事となった東神田町会の年中行事には、新年会（一月五日午前、場所：町内の一橋高校柏葉会館）［一月八日付］、定時総会（六月二七日夜、会場：町内の一橋高校柏葉会館、町会・街づくり懇談会・祭礼の決算や予算を承認、総会後に懇親会）［一一月八日付］、歳末餅つき大会（一二月一三日朝、場所：一橋高校裏通り、町内の東神田睦会・婦人部の支度で餅をつき、集まった子どもたちにいそべ・あんこ餅をご馳走）［一二月一五日付］がある。

平成二七年の町会の年中行事は、Facebookページ「お江戸は神田　東神田町会　青年部」によると、初詣（一月一七日［土］一一時から、町会半纏を着用して神田神社へ昇殿参拝、終了後に青年部の新年会）、祭礼実行委員会（一月二二日［木］）、新年会（一月二三日［金］、会場：岩本町のほほえみプラザ）、餅つき大会（二月一五日［日］、場所：町内の一橋高校、町会半纏を着用、来賓で千代田区長も参加）、祭礼実行委員会（三月一八日、町会の神田祭の日程を決定）、岩本町・東神田地区連合町会の神田祭の決起集会（四月一八日）、神田祭（五月七日～一〇日）、茨城県常総市の箕町仲睦の祭礼に参加（七月一八日）、納涼盆踊り大会（八月二二日、主催：神田大門通り子ども連合会、場所：岩本町のほほえみプラザ、東神田町会青年部はサイコロゲームと焼トウモロコシを担当）、神田祭の際に東神田町会の神輿に参加する茨城県常総市の水街道箕町へ水害で被災した復興のお手伝いに町会青年部有志の一五人が被災地入り（九月二〇日）、千代田区区民体育大会［運動会］（一〇月一九日［土］・二〇日［日］、岩本町・東神田連合地区連合として参加）、日帰り旅行（一一月八日［日］、埼玉県の秩父地方を訪れ、秩父神社への参拝、長瀞のライン下りなどを楽しむ）、一橋高校の防災訓練（一二月一二日一二時から、町会青年部が参加、その後、和泉小学校ＰＴＡの餅つき大会に参加）、隣接する中央区の小伝馬町町会の餅つき大会（一二月二〇日、青年部長以下六人が参加）、歳末警戒の夜警（一二月二八日一八時半～二〇時頃、町内を二周ずつ子どもも参加して実施）がある。

なお、平成二八年は、神田祭が蔭祭の年であったが、五月二九日には、東神田町会の友好町会である文京区松住町会の湯島神社祭礼に町会の青年部九人が参加した(41)。

現在、新年の神田神社への初詣（昇殿参拝）を行なっている。平成二七年は一月一七日（土）の一一時に初詣（昇殿参拝）を行ない、三〇人が参加した。平成四年に初めて神田神社へ宮入したという。

小括

以上のように、岩本町・東神田地区連合の六町会の年中行事についてみてきた。詳細データのある神田東紺町会と東神田町会では、新年会、餅つき大会、納涼盆踊り大会、旅行、夜警など年間を通じて非常に多くの行事が行なわれていることがわかる。ただし、神田東紺町会では、町内に金山神社を祀り、ウオーキングや近隣町会の手伝いなど周辺エリアに活動が比較的限られているが、東神田町会では、神田祭に参加する他地域とのつながりで湯島天神の祭礼や茨城県常総市水街道榮町の祭礼に参加し、榮町が災害で被災した際には復興の手伝いに出向くなど、比較的広域な行き来がみられる。

全体の傾向としては、岩本町・東神田地区でのファミリーバザール、箱根での懇親会、千代田区民体育大会への参加など地区連合を単位とした活動も多い。町会として神田神社へ初詣（昇殿参拝）を行なう町会は、把握できた限りであるが、三町会ある。

六　秋葉原東部地区連合

今度は、ＪＲ秋葉原駅の東側に位置し、凸版印刷本社、ＹＫＫ本社などが立地する秋葉原東部地区連合についてみていく。

秋葉原東部地区連合（連合町会）では、毎年二月に、佐久間公園内（神田佐久間町三-二一）に鎮座する草分稲荷神社の初午祭を神田神社の神職を斎主として実施している。平成二七（二〇一五）年は初午祭を二月二一日（土）に行なった。『千代田の稲荷』によれば、草分稲荷神社は秋葉原東部連合町会（神田佐久間町一丁目町会・神田佐久二平河町会・神田佐久間町三丁目町会・神田佐久間町四丁目町会・東神田三丁目町会・神田和泉町町会・神田松永町町会・神田練塀町町会）で祀る稲荷であり、神田佐久間三丁目町会会長が世話人長を務めることになっている。

以前は二月初午に町会関係者を中心に神事のみを行なっていたが、町会の餅つき大会を一緒に行なうことによって、より多くの人々が参加できることと近隣の小学校に通う小学生にも参加してほしいとの考えから、二月初午に近い土曜日に初午祭の神事と餅つき大会を一緒に行なうようになった。初午祭当日は、神事終了後に青年部による餅つき、婦人部の協力によって豚汁や甘酒なども振る舞われ、町会関係者を中心として大勢の人々で賑わっているという（42）。

1　神田和泉町町会

町会の区域は、千代田区神田和泉町全域である。昭和四三（一九六八）年の世帯数は四三〇世帯であったが、平成二五（二〇一三）年の世帯数は二〇〇世帯、三〇〇人である。

昭和四三年の『週刊千代田』の記事となった神田和泉町町会の年中行事には、神田神社への初詣（一月三日朝）、新年会（一月三日正午、会場：会館、千代田区長らを招く）［一月八日付］、総会（五月一四日夜、会場：佐久間小学校、五〇人出席）［五月一五日付］がある。

平成四年の『週刊千代田』には、神田神社への初詣（一月三日朝、昇殿参拝したあと会館で恒例の新年懇親会）［一月八日付］、定時総会（開催日時：記載なし、会場：町会会館）［八月一五日付］、子ども縁日の夕べ（八月二九日一八時から、場所：町会会館前通り、青年部・婦人部手作りのたこ焼き・フランクフルト、それに金魚すくい・輪投げなど一二店、迷路のお化け屋敷やバザーも出され大賑い）［八月二九日付］が記事となっている。

平成一八年刊行の『神田和泉町八十年』の「町会の行事いろいろ」の中で、「町会主催の最大の行事はといえば神田祭であることはいうまでもありませんが、町会では祭以外にもいろいろな行事を開催しております」として、「神田和泉町子供縁日の夕べ」「婦人部主催研修旅行」「青年部主催バス旅行」を挙げている。

神田和泉町子供縁日の夕べは、昭和五七年以来、毎年八月最後の土曜日に開催し、「今年（平成一八年─引用者註）で二七回目を迎え年々盛んになっています。子供からお年寄りまで神田和泉町の全ての町会員にとどまらず、近隣の町会の方々にも楽しんでいただいております。町会文化部主催、青少年部協力のもと始まった縁日ですが、近年は婦人部の皆様にもお手伝いいただき、文字通り町会挙げての催し物になっております」という。

婦人部主催研修旅行は、毎年町会の女性のための研修を兼ねた日帰り旅行で、地方の様々な施設や名所旧跡を巡り、グルメを楽しむなど親睦を深めている。青少年部主催バス旅行は、町会の全ての会員を対象として、青少年部が企画した日帰りまたは一泊のスキーやキャンプなどのバス旅行を行なっているという(43)。

平成二七年現在、町会長のT・M氏によると、新年会（一月三日・神田神社明神会館、この際に神田神社の御札を約五〇枚を配布）、子ども縁日（八月の最終日曜日）、年末の夜警（三〇人参加）がある。

2　神田佐久二平河町会

町会の区域は、千代田区佐久間町二丁目、神田平河町、佐久間河岸四五〜五五号地である。昭和四三（一九六八）年の世帯数は二〇〇世帯であったが、平成二五（二〇一三）年の世帯数は町会員一三〇世帯である。

昭和四三年の『週刊千代田』の記事となった神田佐久二平河町会の年中行事には、新年会を兼ねた旅行会（一月二一日、鬼怒川グランドホテルに一泊）［二月八日付］、総会（五月二五日、会場：和泉橋区民会館）［六月一日付］、懇親会（一一月一〇日から一泊、場所：箱根湯本水明荘、町会員三六人参加）［一二月八日付］がある。

平成四年の『週刊千代田』には、神田神社への初詣（元日午後、町会員家族約五〇人が揃って参拝）［一月八日付］、子ども縁日（八月二二日一七時から、場所：佐久間町仲通り、佐久間町三丁目・佐久二平河町主催、模擬店一〇店）［八月二二日付］、防災訓練（八月二九日朝、場所：佐久間公園、佐久間町三丁目町会・佐久二平河町会合同防災訓練、両町会約八〇人参加）［九月八日付］が記事となっている。

平成二七年現在、元旦に神田神社へ初詣（昇殿参拝）を行なう。

3　神田佐久間町三丁目町会

町会の区域は、千代田区佐久間町三丁目、佐久間河岸五九〜七八号地である。昭和四三（一九六八）年の世帯数は二八〇世帯であったが、平成二五（二〇一三）年の世帯数は四三一世帯、人口六九九人で、町会員は三三〇世帯である。

昭和四三年の『週刊千代田』には記事はみえないが、平成四年の『週刊千代田』の記事となった神田佐久間町三丁目町会の年中行事には、神田神社への初詣（元日午後、町会員家族一八人が参加）［一月八日付］、新年会（一月二五日夜、会場：東神田の宝亭）［二月一五日付］、草分稲荷神社初午祭（二月一五日朝、稲荷神社に防災祈願）［二月二九日付］、子ども縁日（八月二二日一七時から、場所：佐久間町仲通り、佐久間町三丁目・佐久二平河町主催、模擬店一〇店）［八月二二日付］、防災訓練（八月二九日朝、場所：佐久間公園、佐久間町三丁目町会・佐久二平河町会合同防災訓練、両町会約八〇人参加）［九月八日付］、定時総会（六月二三日夜、会場：佐久間小学校ランチルーム）［一〇月八日付］がある。

平成二七年現在、毎年一月の第三土曜日に、新年会と一緒に、神田神社へ初詣（昇殿参拝）を行なう。町会役員を中心に約二〇人が参加する。二月に草分稲荷神社の初午祭を行なう。

五月に隔年で神田祭に参加し、町内渡御、連合渡御、神田神社への宮入を行なう。夏には、秋葉原東部地区連合で秋葉原東部納涼大会、八月第三土曜日に佐久間町子ども縁日（外に出た子どもも参加）を実施する。秋には、運動会、旅行（日帰り）を行ない、年末には歳末の夜警を行なっている。

4　神田佐久間町四丁目町会

町会の区域は、千代田区佐久間町四丁目、佐久間河岸八一～九二号地である。昭和四三（一九六八）年の世帯数は二二世帯であったが、平成二五（二〇一三）年の登録人口は二〇〇人である。町内に通う人よりは住んでいる人の方が多いという。

昭和四三年の『週刊千代田』には記事はみえないが、平成四年の『週刊千代田』の記事となった神田佐久間町四丁目町会の年中行事には、神田神社への初詣（元日午後、町会長ら役員一二人が揃って参拝）［一月八日付］、敬老会（敬老の日の九月一五日、会場：佐久間町一丁目のワシントンホテル、七〇歳以上二三人のうち八人が出席）［九月一五日付］がある。

平成二七年現在、元日の一五時に神田神社へ集合し、町会で初詣（昇殿参拝）を行なう。参拝後は解散となる。一二～一三人参加する。その際、祈禱の神札は、参加できなかった家族の分も含めて五〇枚ぐらい受ける。町会の新年会は別の日に行なう。

以前は、一二時に集合して初詣をしたあと、町内に戻って食事を行なっていた。また、神田週報が神田神社での町会の初詣の写真を撮影してくれた。

二月の草分稲荷神社の初午祭、五月の神田祭（隔年）、日帰り旅行、行政の指導もあって年末の夜警を行なう。そのほか、他の町会と一緒に縁日を行なっている。

神田祭では、一時期、ヨソ（外部）の力で神輿を出すのは町内の祭りではないということで、神輿の巡幸をせず、神酒所に神輿を飾っていたことがあった。

そのときは、町会の最大のイベントは旅行であった。バスを借りて行なったが人が集まらないこともあった。大きなバスに乗っていくのにパラパラしか参加しなくなってきた。かつては、旅行は二通りあって、各町会員に告知して日帰りで行くものと、積立をして、有力者だけで一泊で行く旅行があった。後者の方は行なわなくなった。日帰りの旅行は、温泉に行ってそこで会食をして、周辺を観光して帰ってくるものであった。

平成二五年から神輿の巡幸を再開し、神田神社への宮入を開始した。神田祭が町会にとっての一大イベントになった。

近年は行政との関わりが非常に強いため防災訓練を実施したり、隣接する神田和泉町にある三井記念病院との懇談会を行なったりしているという。

小括

以上のように、秋葉原東部地区連合の四町会の年中行事についてみてきたが、ここではおおよその傾向をみておきたい。

一点目は、草分稲荷神社という秋葉原東部地区連合で祀る神社の存在があり、草分稲荷神社の初午祭が連合のつながりを維持するための一つの機会になっている。

二点目は、前節でみたように、神田和泉町町会の蔭祭には周辺町会の青年部が参加し、合同で自分たちが楽しむ祭りを行なっている。同様に、納涼大会も秋葉原東部地区連合で行なっている。地区連合としてのまとまりの強さが年中行事からもみえてくる。

他方、神田佐久間町四丁目町会では、町会の旅行が町会の最大の行事であった時期もあったが、町会の旅行への参加者が減る中で神田祭における神輿巡幸が見直され、神田神社への宮入が開始された事実は興味深い。

なお、町会として神田神社への初詣(昇殿参拝)を行なっている町会は四町会である。

七　日本橋地区連合

続いて、日本橋一地区連合(一之部)～五地区連合(五之部)における一部の町会の年中行事についてみていきたい。ただし、あくまで参考事例としての紹介に止めたい。

1　室町一丁目会(日本橋一地区連合)

町会の区域は、中央区日本橋室町一丁目全域である。昭和四三(一九六八)年の世帯数は、神田祭に不参加であったため不明だが、平成二五(二〇一三)年の世帯数は町会員一七〇世帯、居住者一〇五世帯である。

平成二六年現在、年末の夜警に約二〇人、夏の縁日に三越などの会社員を含め約六〇人が参加する。また、前節でみたように、蔭祭の年には、本町一丁目町会とともに山王祭に参加し、日本橋で高張提灯を持ってパフォーマンスを行なう。

2　東日本橋三丁目橘町会(日本橋四地区連合)

町会の区域は、中央区東日本橋三丁目全域である。昭和四三(一九六八)年は三三〇世帯であったが、平成二五(二〇一三)年の世帯数は町会員九四〇世帯である。

町会長のM・T氏(昭和一六年生)によれば、マンションが町内に一〇棟あり、町会に加入している世帯が五五〇世帯あるという。マンション一棟に一一〇戸入っているところもある。町会に加入していないマンションもある。マンションの住民ではない、もともとのお店を中心とした個別の商店の会員は、一五〇～一六〇世帯である。元々の町会員を中心に回覧板を廻していて、マンションには回覧板を管理人室に置いてくる形で廻してもらっているという。

新年には、青年部や役員で神田神社へ初詣(昇殿参拝)を行なうこともあるという。

3　蠣一共和会(日本橋三地区連合)

町会の区域は、中央区日本橋蠣殻町一丁目三二～三七番である。昭和四三(一九六八)年の世帯数は一九〇世帯(蛎殻町二丁目共和会)であったが、平成二七(二〇一五)年の世帯数は七〇〇世帯(住民登録)である。マンションを除くと約二〇戸である。

町会長のT・M氏(昭和一二年生)によれば、小学校三・四年生までの子どもたちが曳き太鼓(山車)を曳くが、神田祭の際には一五〇～二〇〇人の親子が参加する。そのうち半分以上は他の町会の参加者である。口コミでお菓子が出るところだけに集まる。お菓子がいいものでないと集まらない。

毎年、夏の納涼会を行なう。納涼会の始まる前に子どものお祭りをするが、そこに二〇〇人以上が集まる。ただし、町内の子どもは四分の一（五〇人）である。夏の納涼会は各町会行なう日が違うため、よその町会の子どもも集まる。

新年会には、マンションの住民（若い人）も参加している。マンションの住民と町会の関係はうまくいっている。町内の人口に対するマンションの割合が九〇％に達している。町の再開発が遅れていたお蔭でマンション化が一番早く進んだ。その代わり、マンションの人に協力をしてもらわなければ何もできないため、町会でマンション担当役員を置いた。その役員自身もマンションに住み、マンションの管理人と折衝して町会の行事や活動に参加してもらうようにしている。同じマンション住民が役員をやることでマンションの住民側も安心である。今は、そのマンション担当役員を副会長に登用した。そして、婦人部は解散し、マンションに住む若い人に任せた。仕事を与えるということが仲間という意識が増すと考えた。（平成二七年から）五年前に婦人部は解散して、その人たちを役員に迎えた。解散する前の婦人部には、地上げで町内から移転していった人がほとんどであった。だから解散しやすかった面もあった。今は女子部といっている。

一二月第一日曜日に行なう日本橋三之部（日本橋三地区連合）の餅つきでは、お年寄りは外に座って接待に徹し、（運営は）若い女性が中心になって行なっている。この餅つきの存在も大きい。餅つきのため、特に煮炊きを行なう女性の人員が必要になる。若い人たちが手伝えることと、そのお友達が来て女性が大勢参加しやすい。それ以降、若い女子部が力を持ってきた。夏の納涼会も同様である。

夏の納涼会の予算を取るのは早い時期に行なう。いいものを早く申し込まなくてはいけないため、そのためにはお金が必要になる。今までは八月の行事だから七月にならないと予算化されなかったため、いいものは買えなかった。それを六月の初めに買えるようにした。お菓子に関してはなるべく新しいものを買うようにしている。毎年、決まった行事であるため、町会長の裁量で可能である。

町会の女子部ができたときに、青年部も作った。青年部は一七人、女子部は二〇人である。青年部は青年部のプライドがあり、女子部とは色が違う青年部の半纏を作った。神輿の副責任者は三人いて、そのうちの二人は女性である。神輿が出発するときには、前を女性だけにして神輿を担ぐ仕来たりがある。女性が入れるようにそうした工夫をしている。そのため、神田神社の他の氏子町会からもうちに担ぎに来る。（他町会から参加する女性は）自分の町会であると、女性が神輿に入りたくとも入れないという。

うちの町会では、神田祭の直会を行なわない。神田祭の当日には行なうが、日を改めて、次の土曜日に直会を行なうということはしていない。お神輿に参加した人が終わったあとに飲み食いするのはいいが、改めて役員だけが集まって飲み食いするのは自粛している。

小括

以上のように、日本橋一～五地区連合の三町会の年中行事についてみてきたが、特筆すべきは蛎一共和会の事例である。

夏の納涼会と餅つきが、マンションの新しい住民、特に女性が町会の活動に主体的に関われる場として重要な位置を占めていることがわかる。そして、その影響が神田祭における女性の参加のしやすさに実はつながっていることが窺える。

こうした新住民と旧住民との交流は、前節でみた東日本橋二丁目町会（日本橋四地区連合）の蔭祭のように、町会の年中行事がマンションに住む新住民（特に女性）にとって町会活動に参加する切っ掛けになっていることがわかる。

まとめ

このように、町会の年中行事の変容と神田祭の関係についてみてきたが、特徴を一言でいうならば、地域社会の変動によって、大きく町会の年中行事の意味合いが変容していることがわかる。

全体の傾向としては、個別町会で行なう年中行事よりも地区連合や複数の町会が合同で行なう年中行事が拡大しているといえる。また、企業との懇親の場を、蔭祭の際にも持つ町会が須田町北部町会、岩本町三丁目町会、外神田三丁目金澤町会などでみられた。同様に、旧住民とマンションの新住民との交流や町会活動への参加の機会を作る蛎一共和会や東日本橋二丁目町会などの事例もみられた。

興味深いのは、栄町会のように、神田祭に参加する神輿同好会が「ふれ合い広場」や夏の納涼会を手伝う事例である。いわば神田祭での「祭縁」が神田祭以外の町会活動にも発展した形である。茨城県常総市水街道榮睦の東神田町会の神田祭への参加が、榮睦の祭礼への東神田町会青年部の参加につながり、そして榮睦の地元が被災した際には、復興支援の活動に町会青年部が入った。神田祭を通じた「祭縁」が発展した形である。淡路町一丁目町会と丸子会の関係性も類似する。第一章第一節・第二節でもみたように、町会同士のお互いの祭りへの「相互乗り入れ」も町会の年中行事、特に青年部の新しい年中行事の一つになっているといえるのかもしれない。

その一方で、小川町連合で祀る幸徳稲荷神社、秋葉原東部地区連合で祀る草分稲荷神社、内神田旭町町会の佐竹稲荷神社などにみられるように、地区連合や複数の町会、町会単独で祀る小祠(稲荷神社)の存在とその祭りも、町会の年中行事として重要な位置を占めていることがわかる。

面白いことに、神田駅東地区連合では夜警を合同で行ない、外神田連合では十二睦や外神田文化体育会といった合同で行なう行事や活動が拡大しているが、中神田十三ヶ町連合では、夜警も個別町会で実施し、地区連合で行なう行事も一定数あるものの、各町会の活動も依然として維持されている。中神田十三ヶ町連合では、本節で取り上げた一町会のうち八町会で何らの小祠の祭祀を町会の年中行事の中で行なっている。こうした個別町会の活動を維持する上でも町会の人が集う場としての小祠は、一定の存在感を持っているといえるのかもしれない。

もちろん、神田神社の存在も大きいものがある。神田祭への参加は、第一章第一節でもみたように、「町会の最大の行事」とする町会が多く、重要な位置を占めている。また、新年の神田神社への初詣(昇殿参拝)も複数の町会が行ない、実施する町会にとっては重要な位置を占めていることが窺われる。

つまり、地区連合や複数の近隣町会で合同で行なう町会の年中行事が拡大する一方で、個別の町会や複数の町会で祀る稲荷神社の存在、初詣や神田祭を通じた神田神社との関わりは、町会活動の中での比重が増し、町内が結集するための重要な場になっているといえるのではなかろうか。

神田佐久間町四丁目町会の事例のように、一時期、町会の旅行が町会の最大の行事であったが、町会の旅行への参加者が減少する中で神田祭における神輿巡幸が見直され、神田神社への宮入が開始された。町会の年中行事が少ない町会にとっては神田祭のウエイトが増していることを裏付ける証拠の一つであると考える。

石井研士は『都市の年中行事―変容する日本人の心性―』の中で、「都市を中心にして行なわれている年中行事の分析から、日本においても宗教の社会生活全般に対する影響力は薄れていき世俗化が確認できた、と断言するにはどうしても躊躇を覚えるのである」として、その最大の理由として、「伝統的な宗教性を喪失しながらも、年中行事から完全に宗教性が脱落したとはどうしてもいえない点にある」[44]としている。

確かに、本節でみてきたように、神田・日本橋における町会の年中行事は従来のあり方とは変容してきたが、町内企業や新住民との交流の場など町内共同の新しい役割を担っている実態がみえてきた。こうした新しい役割を担っているからこそ、幸徳稲荷神社のような結集のための核を媒介として、小川町連合の神輿を創設するなど、社会変動に対して可逆的な動きがみられるのではなかろうか。

註

（1）柳田國男監修・財団法人民俗学研究所編『民俗学辞典』東京堂出版、昭和二六年、四四七頁、「年中行事」の項。
（2）坂本要「年中行事」福田アジオほか編『日本民俗大辞典』下巻、吉川弘文館、平成一二年、三一〇頁。
（3）田中宣一『年中行事の研究』桜楓社、平成四年。
（4）倉石忠彦『年中行事と生活暦―民俗誌への接近―』岩田書院、平成一三年。
（5）石井研士『都市の年中行事―変容する日本人の心性―』春秋社、平成六年。
（6）前掲石井『都市の年中行事―変容する日本人の心性―』七～八頁。
（7）前掲倉石『年中行事と生活暦―民俗誌への接近―』一七二頁。
（8）倉石忠彦編著『渋谷学叢書1　渋谷をくらす―渋谷民俗誌のこころみ―』雄山閣、平成二二年。
（9）松平誠「現代神田祭仄聞」『国立歴史民俗博物館研究報告』第三三集、国立歴史民俗博物館、平成三年、八五頁。

(10) 薗田稔「祭と都市社会―「天下祭」（神田祭・山王祭）調査報告（一）―」『國學院大學日本文化研究所紀要』第二三輯、國學院大學日本文化研究所、昭和四四年。
(11) 「大好き神田」http://www.daisuki-kanda.com/
(12) 江戸天下祭研究会神田倶楽部『明神さまの氏子とお神輿』武蔵野書院、平成一三年。
(13) 『創立三十周年記念誌』千代田区神田公園地区連合町会、昭和六〇年、三〇頁。
(14) 前掲『創立三十周年記念誌』三〇～三一頁。
(15) 『創立五十周年記念誌』千代田区神田公園地区連合町会、平成一七年、二六～二七頁。
(16) 前掲『創立三十周年記念誌』三三～三五頁。
(17) 前掲『創立五十周年記念誌』三〇～三二頁。
(18) 前掲『創立三十周年記念誌』三七～三八頁。
(19) 前掲『創立五十周年記念誌』三三～三六頁。
(20) 『大好き神田２００３神田を歩こう』神田公園地区連合会、平成一五年、一九頁。
(21) 前掲『創立五十周年記念誌』三六頁。
(22) 前掲薗田「祭と都市社会」一〇七頁。
(23) 前掲『創立三十周年記念誌』四七～五〇頁。
(24) 前掲『創立五十周年記念誌』四五～四六頁。
(25) 『千代田区文化財調査報告書一七　千代田の稲荷―区内稲荷調査報告書―』千代田区教育委員会・千代田区立四番町歴史民俗資料館、平成二〇年、四八頁
(26) 前掲『千代田の稲荷』六〇～六一頁。

(27) 前掲『千代田の稲荷』五七頁。
(28) 前掲『千代田の稲荷』五八頁。
(29) 『東京の民俗1』東京都教育庁社会教育部文化課、昭和五九年、一一頁。
(30) 前掲『創立五十周年記念誌』七七頁。
(31) 前掲『創立五十周年記念誌』七六頁。
(32) 前掲『千代田の稲荷』五五頁。
(33) 前掲『東京の民俗1』四三～四四頁。
(34) 前掲『東京の民俗1』二八頁、三一～三三頁。
(35) 前掲『東京の民俗1』二三～二四頁。
(36) 『鍛冶二五十年誌』千代田区鍛冶町二丁目町会、平成一五年、二五〇～二五一頁。
(37) 前掲『鍛冶二五十年誌』二四三頁。
(38) 「鍛冶町二丁目町会」https://www.kaji2.com
(39) 前掲『東京の民俗1』一三～一四頁。
(40) 「神田東紺町会青年部」https://ja-jp.facebook.com/KandatoukonSeinenbu
(41) 「お江都は神田　東神田町会　青年部」https://ja-jp.facebook.com/higashikanda.seinenbu
(42) 前掲『千代田の稲荷』八一頁。
(43) 『神田和泉町八十年』公益法人神田和泉町町会、平成一八年、二七頁。
(44) 前掲石井『都市の年中行事―変容する日本人の心性―』一九九頁。

第三節　「元祖女みこし」の街の神田祭

東日本大震災の影響によって四年振りの開催となった平成二五(二〇一三)年の神田祭を観察していて目立つのは、祭りの担い手として、町会の神輿を担ぐ女性たちの姿であり、その元気さである。特に、「元祖女みこし」を名乗る須田町中部町会の女神輿は、神田神社への宮入の際、多くの観客の注目を集めていた。この女神輿は、一部区間を男性から女性へ担ぎ手を交替して担ぐ女神輿や男神輿と対になった女神輿とは異なり、町会の神輿を単独で、しかも巡幸する全区間を女性だけで担ぎ、神田神社への宮入や連合渡御も果たす神輿である。そして、「元祖」を名乗り、参加者は一般募集される女神輿で他に類をみない。

写真１　宮入に向かう「元祖女みこし」
（平成25年、筆者撮影）

戦後の都市祭りにおける大きな変化として、女性の参加を指摘している先行研究が複数ある。民俗学の阿南透は、「「歴史を再現する」祭礼」の中で、明治二八(一八九五)年に創設された時代祭の戦後の大きな変化として、女性の参加と、歴史上著名な人物が数多く個人名を持って登場するようになったことの二点を挙げている(1)。

昭和四三(一九六八)年に神田祭の調査を行なった薗田稔は、「特に印象的なのは、年齢層を問わず女性の参加が目立つことである」(2)と指摘している。そのほか、昭和四八年から三年間に亘って京都の祇園祭を調査した米山俊直の研究(3)、昭和五二・五三年の大阪の天神祭を調査した米山俊直の研究(4)などがある。これらの先行研究から、戦後の早い時期から女性の参加が進んでいたことが窺える。

しかしながら、女性への担い手の変化について、地域社会との関係から検討した研究が少ない現状がある。(5)また、繰り返し述べてきたように、同一の都市祭りを継続的に調査し、その経年的な変化を詳細に追った研究は少なく、祭りのどの要素が拡大し、どの要素が縮小しているかを実証的に解明した研究も少ない。(6)

神田祭の「元祖女みこし」については、松平誠が昭和六〇年・六二年・平成二年の神田祭調査から女神輿が誕生した背景を地域社会との関係で分析した研究(7)があり、神田祭全体に関しても平成四年に調査を実施している。(8)

しかし、平成四年の松平の調査から二〇年以上が経過した平成二五年の神田祭に至るまでに大きな変化が生じているが、松平の研究以後の変遷が明らかにされていない。(9)また、平成四年の松平の研究から二四年遡った昭和四三年に薗田稔が神田祭全体の調査を行なっている(10)が、その時点から女神輿が誕生するまでの変遷も明らかにされていない。

そこで、本節では、須田町中部町会の「元祖女みこし」の誕生以前と誕生以後の変遷を明らかにし、薗田稔、松平誠の調査時点との変化を踏まえ、そこからみえる地域社会の変容と神田祭の関係について論じたい。

また、前節(第二章第二節)と同様に、須田町中部町会の年中行事の中に神田祭を位置付け、特に町内の鎮守である豊潤稲荷神社と対比することで、地域社会の変容と町内共同のあり方を立体的に把握する。

一　「元祖女みこし」の誕生

1　須田町中部町会の概観

須田町中部町会は、第一章第三節でみたように、千代田区神田須田町一丁目の二〜一四の偶数番地が町会の区域である。靖国通りと外堀通り、中央通りに挟まれた地域で、東京メトロ淡路町駅、都営新宿線の小川町駅に近い。町会区域内には、庄之助最中や天ぷらの天兵、小山弓具店などの老舗が店舗を構えている。その一方で、靖国通り沿いには高層ビルが立ち、ワンルームマンションや企業がオフィスを構えている。

町会の中ほど、靖国通りと多町大通りが交差する付近には、「神田青果市場発祥之地」の記念碑が立てられている。この記念碑は昭和三二(一九五七)年一一月に神田青果市場関係者によって建立された(11)。この神田青物(青果)市場の中心であった連雀町と佐柄木町のそれぞれの一部が合併して誕生した町会が須田町中部町会である。神田青物市場は、通称「やっちゃ場」と呼ばれる市場で、明暦の大火(一六五七年)以後、江戸市中に分散していた青物市が徐々に、連雀町・佐柄木町・多町・須田町・通新石町の辺りに集まってきた。当時、これらの五町の表通りには野菜や果物を扱う八百屋が軒を連ねていた。しかし、大正一二(一九二三)年の関東大震災で焼失したため、昭和三年に現在の秋葉原駅の西側へ移転した。さらに、平成三(一九九一)年には大田区へ移転している。須田町中部町会は、記念碑に刻まれているように、神田青物市場発祥の地として、その伝統を意識する町会である(12)。

須田町中部町会のある須田町一丁目の人口は、第一章第三節でみたように、国勢調査によれば、平成二二年は四五六人、平成二七年は五九四人である。世帯数は、平成二二年は二七八世帯、平成二七年は三七七世帯である。マンションの住民が近年増加し、人口・世帯数ともに増加傾向にある。夜間人口は、国勢調査からの推計によると、平成二二年は七〇四五人である。平成二五年の須田町中部町会の世帯数は、一六〇世帯(町会員一〇〇世帯)である。

2 薗田稔調査(昭和四三〔一九六八〕年)と女神輿の誕生以前

昭和四三年に神田祭の調査を実施した薗田稔は、「祭と都市社会―「天下祭」(神田祭・山王祭)調査報告(一)―」の註四九と巻末資料(調査番号二八)において、当時の須田町中部町会の神田祭の状況を明らかにしている。

まず、註四九の後半に、「逆に須田町一丁目中部町会は神札授与数が多いけれども祭礼行事は神酒所に神輿一基を飾り置き、個人持ちの熊坂長伴の人形を飾るだけで行事らしいものはやっていない」(八四頁)とある。また、巻末資料の調査番号二八では、「オモナ行事」として「神輿ハ飾リ置キ」、「行事変化」として「大正十年ガモットモ盛大。昭和十三年の紀元二千六百年記念祭モ盛大」(一〇六頁)と記載されている。ここからは、昭和四三年の須田町中部町会の神田祭では、山車人形と神輿一基を神酒所に飾り、町会神輿の巡幸が行なわれていなかったように取れる。また、大正一〇(一九二一)年と昭和四三年を比べると須田町中部町会の神田祭があまり盛んではなかったことに取れる。ただし、須田町中部町会・会長のM・O氏(昭和八年生)によれば、昭和四三年当時も町会の神輿を担いでいたという。

神輿研究家の林順信によれば、薗田が調査した昭和四三年の明治百年祭を境に、戦後の神輿ブームが到来した。そうした状況の中で、昭和五〇年の中神田十三ヶ町連合の番付には、第七番として「須田町一丁目中」が挙げられている(13)。

昭和五〇年の神田祭では、須田町中部町会の神輿が連合渡御に参加していることが窺え、町会神輿の巡幸が行なわれていたことが窺える。

3　須田町中部町会の女神輿の誕生

松平誠は、「現代神田祭仄聞」で、須田町中部町会の町内の男性の担ぎ手が減少し、一九八〇年代半ばに町会神輿の巡幸が困難になるという危機的な変化を迎えたとき、女神輿の導入という発想の転換が起こり、町内会組織を変化させ、社会共同が再認識され、町内会活動が活性化したことを明らかにしている(14)。ただし、女神輿が誕生したのは「一九八〇年代半ば」という記述にとどまり絶対年代は示されていない(15)。

松平の論考で女神輿が誕生した絶対年代を明らかにしたものをみると、『現代ニッポン祭り考—都市祭りの伝統を創る人びと—』では昭和六〇(一九八五)年(16)、「神田の地上げと生活集団」では昭和五八年(17)としていて論考によって食い違いがある。

一方、昭和六〇年五月一三日付の『朝日新聞』朝刊の記事「夏だ祭りだ　みこし町に踊る　神田神社と下谷神社」によれば、「神田祭りといえば、宮入りのトリを受け持つ神田市場の「千貫みこし」が売り物。だが、今回は市場移転問題が絡んで、みこしは中止。代わって人気を集めたのが、松枝町会と須田中部町会の女みこし。須田中部町会は前回の大祭に続いての女みこしだが、都内からOLや女子大生ら、約百人の「助っ人」ギャルが駆けつけた。黒髪を丸め上げ、鉢巻きをキリリとしめた、はんてん姿のギャルたちは、約六時間、ぶっとおしで練り歩いた」という。ここからは、須田町中部町会の女神輿は、昭和六〇年の前の大祭である昭和五八年の神田祭から始められたと取れる。一見、松平の昭和五八年の誕生の記述を裏付けるかにみえる。

しかしながら、須田町中部町会長のM・O氏によれば、「神輿の台座が一尺三寸で小振りだから、子どもに担がせるには重すぎる。中学生か高校生ぐらいがいいが、そのくらいの子どもはなかなか集まらない。しょうがなくて連合渡御のときに大小集めた子どもに担がせたこともあった。ところが、淡路町の交差点辺りまで来るとへたりこんじゃう。それでしょうがないもんだから大人がみんな棒を少し持ってやって、それで宮入した経緯もある。それから、女性に担がせてみたらどうかという発想があって、女性に担がせて良かったから女神輿に発展していった。うちの町会の神輿は、子どもには大きすぎるし、大人には小さすぎる。じゃあ、女の人に担がせてみようということで、昭和五二年から始めた」（筆者による調査）という。須田町中部町会の女神輿が始められた時期に関して、松平誠の分析と須田町中部町会長のM・O氏からの聞き取り内容とが異なっている。

本節では、当事者の認識を尊重するといった観点から、M・O氏が記憶する昭和五二年を須田町中部町会の女神輿の開始時期としてみていきたい。

4　女神輿の隆盛と「元祖女みこし」の誕生

須田町中部町会の女神輿が誕生した同時期には、他地域でも女神輿が誕生している。例えば、薗田稔が神田祭の調査を行なった昭和四三（一九六八）年には、東武東上線大山駅前の商店街で「乙女みこし」が担がれた[18]。また、昭和四七年と昭和四九年には東京の芝大神宮の「だらだら祭り」に女神輿が出された[19]。

昭和五六年には、大阪の天神祭に地域の振興と大阪文化の高揚、明るく楽しい街づくり目指して、第一回天神祭ギャルみこしが開催された[20]。昭和五七年の東京・荻窪の荻窪白山神社の秋祭りに女神輿が出され荻窪駅周辺の商店街を巡幸した。この女神輿は、昭和五四年から始まったといい、昭和五九年も高校生やOLら約一〇〇人が担いだという[21]。

以上のように、薗田稔が神田祭を調査した昭和四三年から松平誠が最初に神田祭の調査入った昭和六〇年に至るまで、女神輿が東京近郊で比較的誕生している。(22) そうした中で、須田町中部町会の女神輿が登場した。そして「元祖」を名乗るようになっていったことがわかる。

須田町中部町会の女神輿が誕生した当時、芸者ではなく、素人の女性が連合渡御で神輿を担ぎ出したのが珍しく、取材に訪れた週刊誌の記者が須田町中部町会の女神輿をみて、「元祖だね」と評したという。当初は婦人部だけで始められたが、その後、衣裳なども統一され、華やかなものに変えた結果、若い女性にも人気となったという。(23)

M・O氏によれば、週刊誌の記者の評価や他町会でも女神輿を担ぐようになったことが影響し、昭和六〇年頃から「元祖女みこし」と呼ばれるようになったという。当初、町内では女神輿の導入に反対する意見もあったというが、その後、須田町中部町会の女神輿は継続され、例年、女性だけの担ぎ手で神田神社への宮入を果たし続けている。(24) 神田祭に参加する他の町会では、宮入の際に町会神輿の華棒を女性が担ぐことを禁じるなど女性に対する禁忌は現在でもみられるが、須田町中部町会では女性の祭りへの参加に対する禁忌は希薄にみえる。むしろ、婦人部の活躍も含め、女性の祭りへの参加は拡大している。

二　「元祖女みこし」の変遷

1　松平誠の研究にみる「元祖女みこし」の変遷

松平の「現代神田祭仄聞」からわかる昭和六〇（一九八五）年・六二年・平成二（一九九〇）年の女神輿の推移をまとめると以下のようになる。

①　女神輿の担ぎ手募集のチラシが初めて貼られたのは昭和六〇年。
②　「オープン参加方式」や「元祖」の文言が担ぎ手募集のチラシに盛り込まれたのは昭和六二年。
③　女性たちの祭衣裳は、昭和六二年の紺のどんぶり腹掛け・紺のパッチ・紺足袋の草履掛け・揃いの半天（昭和六一年は白足袋）から、平成二年は昭和六二年と同様の衣裳のほか、鉢巻の手拭をピンク模様を散りばめたものに変更し、この手拭が須田町中部町会と他町会を区別。
④　参加者数は、昭和六〇年が約一〇〇人、昭和六二年が一二〇人＋α、平成二年が一四八人（松平研究室の人員を除くと一二六人）。
⑤　平成二年から町内会祭礼委員会に婦人部としての役割が与えられた。

松平は、平成二年の調査から、神田祭に先立って参加関係諸団体の責任者やリーダーを集めた会合が開催されたが、この会合は、「祭の説明をし、その成功にむかって協力を依頼するのは町内会の祭礼委員たちであり、それを受けて協力を誓い、モリアガッタのは、参加グループである町外の余所者たち、という構図」であり、かつての祭りではみられない「不思議のあつまり」であったとしている。

つまり、松平は、伝統的なかつての祭りでは、「祭は町内がスるものであり、観客はそれをミるものだった」が、今は「町内会は準備し、下支えをするものであり、それに乗って繰りだすのはほとんどが余所者という構図」へ変化したことを明らかにしている。また、町内会祭礼委員会に婦人部としての役割（神酒所係・食料係・衣裳係・お土産係）が付き、婦人部の役割が拡大したという。

松平が調査を始めた昭和六〇年の須田町中部町会の女神輿については、先述のように『朝日新聞』（朝刊、昭和六〇年五月一三日付）記事があり、この年は神田松枝町会でも女神輿が出されている。昭和六二年については、『読売新聞』（朝刊・都民版、昭和六二年五月一〇日付）の記事がある。(25)

平成二年の神田祭の女神輿については、石井研士が「続・都市の歳時記③　まつりだ、ワッショイ！」（『春秋1992年5月号』〔No．338〕、春秋社、平成四年五月）の中で報告している。平成二年五月一四日付の『The Japan Times』の一面に女性だけで担ぐ神田祭の神輿が掲載されたこと、多町二丁目町会の子ども神輿を子どもを集めての巡幸が困難になったため、当時の町会長が女神輿を提案したが他の役員から反対にあったにもかかわらず、町会児童育成部の母親たちが反対を押し切って女神輿を実現し、町内渡御に一二〇人、連合渡御に一五〇人の希望者を集めたことを紹介している（一四～一五頁）。多町二丁目町会は須田町中部町会に隣接する。

2　女神輿の「遠征」と神輿の新調

松平の研究以後の大きな変化の一つとして、女神輿の「遠征」が挙げられる。「遠征」とは、「祭りが本来行なわれる場を離れ、他の場所で演じられる例(26)」を意味する。

平成二（一九九〇）年には、松平は指摘していないが、この頃、女神輿はテレビでも取り上げられ、それをみた京都府亀岡市安町の安町商店会が「安町夏祭り」に須田町中部町会の女神輿を招待し、八月一八日の夜、神輿渡御を行なった（『週刊千代田』平成二年八月二五日付）。

江戸開府四百年を迎えた平成一五年には町会神輿を新調した。新調した神輿は、前の神輿より大型のものである。つまり、前の神輿よりも大きくなった分、担ぎ手の数も多く必要となった。この神輿で江戸開府四百年を記念して千代田区・日比谷公園や丸の内周辺を会場として行なわれた同年一一月の「江戸天下祭」で巡幸を行なった。これをみた山口県萩市から、「萩夏まつり」への参加を依頼され、翌平成一六年には山口県萩市へ女神輿が地元商店会から招待され、神輿巡幸を行なった(『読売新聞』朝刊・西部版、平成一六年七月三一日付)。この萩への遠征には、神田神社から神職一人が同行している。費用は約一〇〇〇万円、全額萩市が負担したという。

3「女みこし担ぎ手募集係」の誕生

平成二五(二〇一三)年の神田祭で、須田町中部町会の「女みこし担ぎ手募集係」を担当した女性三人は、平成一四年に事務所を須田町中部町会内のビルに移転した。その際、当時、町会の副会長を務めていたビルのオーナーのY・M氏から、女神輿を担がないかと誘われた。

最初は「お神輿を担いだことがない」し、「わざわざ日曜日に出てきてまで担ぎたくない」ので断っていたが、Y・M氏が「いい人」であり、お世話になったことがあって、お返しに担ごうと思い担いだ。担いでみたら面白く、格好も「コスプレ感覚」で面白かったという。「担ぐというよりはあの格好をしてみたいというところから入っていった。かわいいって感じで。体育会系で「わー」というような感じでやるのではない。それから友だちを集めて、二年に一辺やるようになった。それで毎回、事務所に二〇～三〇人集まって、みんなでやるようになった」という。はじめて須田町中部町会の女神輿を担いだのは平成一五年からで、「江戸天下祭」や山口県・萩の「遠征お神輿」にも参加したという。

四年前の平成二一年に、現在の「女みこし担ぎ手募集係」を担当する女性三人は、知り合い二〇～三〇人に「ここが集合場所である」など、女御輿に関連する情報を伝えるために「神田須田町中部ガールズのワッショイ！ブログ」(http://ameblo.jp/onna-mikoshi/)を始めた。ブログでは、女神輿や神田祭に関するレポートのみならず、須田町周辺の様々な出来事もレポートされ、日々更新されている。

平成二五年の神田祭では、町会の高齢化が進んだこともあり、参加者に連絡を取ることも困難なため、「女みこし担ぎ手募集係」によって、はじめてのインターネットを通じた担ぎ手の募集を実施するとともに、「女みこし担ぎ手募集係」がインターネット以外の応募者も含め、女神輿への参加者の名簿(リスト)管理を一括で行なった。

三　「元祖女みこし」の参加者の変化

1　参加者数の変化

「元祖女みこし」への参加者数は、昭和六〇(一九八五)年は約一〇〇人、昭和六二年は一二〇人＋α、平成二(一九九〇)年は一四八人[27]、平成一一年は約一八〇人(『読売新聞』朝刊・東京版、平成一一年五月二四日付)、平成二五年は一六九人(筆者による調査)と、増加傾向にある。

2　平成二(一九九〇)年と平成二五年の参加者の比較

松平誠が調査し、詳細を明らかにした平成二年の参加者の内訳は、町内七人、町内関連法人六一人(E生命保険七人、D生命保険三人、H会計事務所一人、T都市銀行六人、S都市銀行二人、Y信託銀行一九人、S金融機関三人、K金庫四人、A金融機関四人、S証券会社三人、その他企業九人)、町内地縁・血縁者及び友人五八人、立教大学社会学部松平研究室二二人の総勢一四八人であるとしている[28]。金融機関の割合が全体の三五％(五一人)を占めていた(図1参照)。

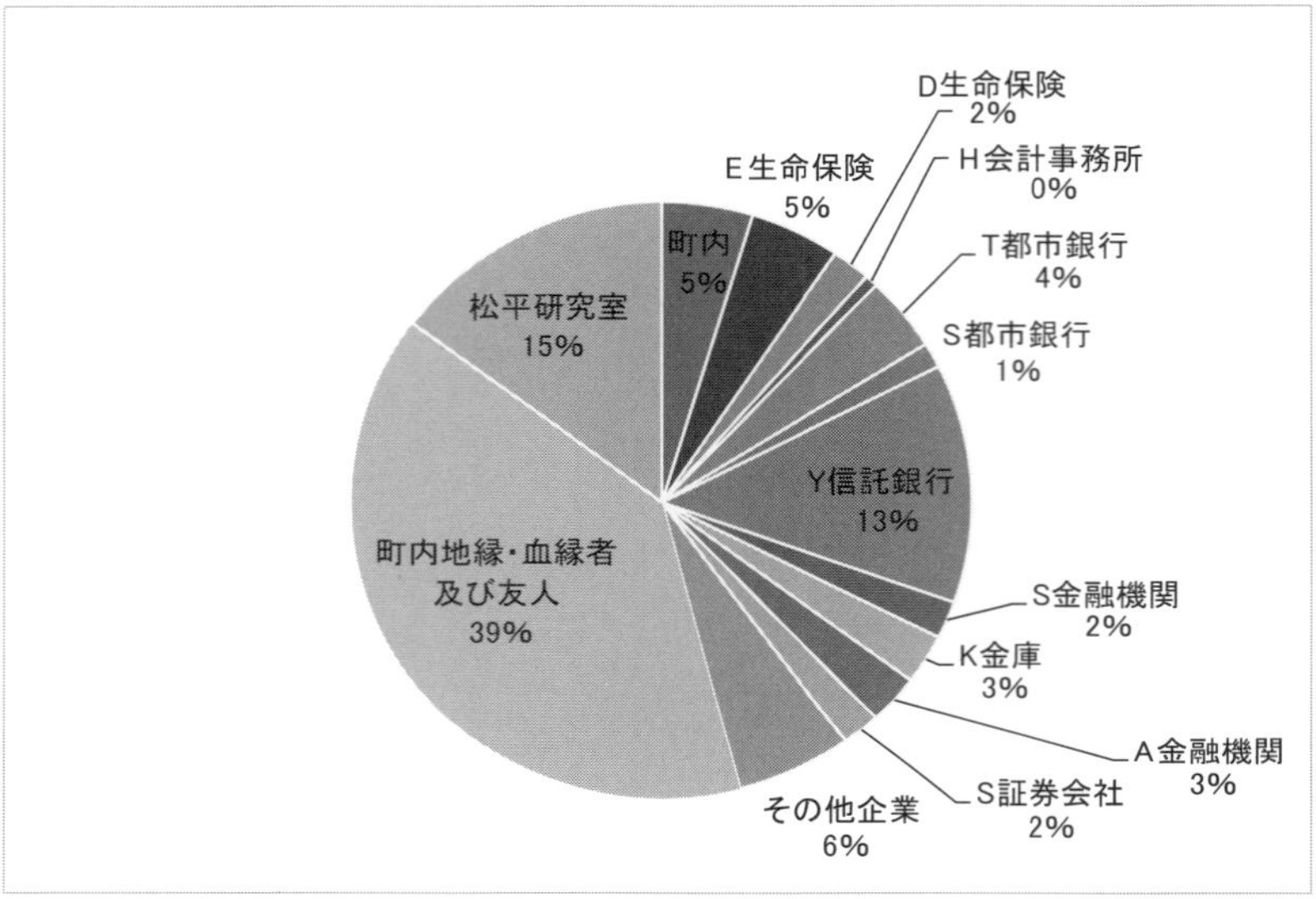

図１　平成２年の参加者

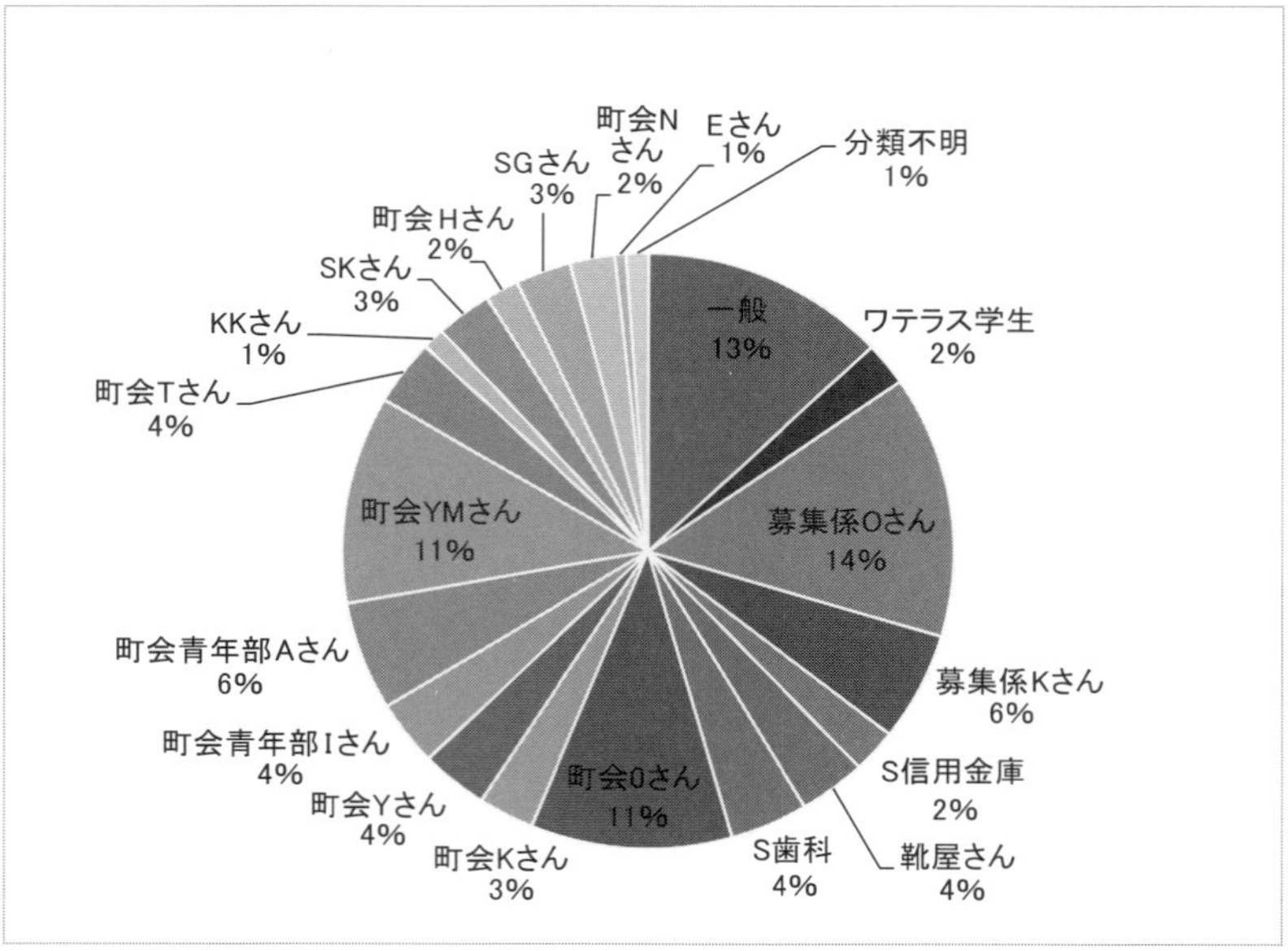

図２　平成25年の参加者

これに対して、平成二五年は最終的に一六九人に上った。募集を締め切った四月二五日時点のリストによると、一般二二人（うちブログ応募一六人、ブログ以外六人）、ワテラス学生四人、「女みこし担ぎ手募集係」Oさんの友人・知人二四人、「女みこし担ぎ手募集係」Kさんの友人・知人一〇人（うちマラソン友達五人、行政書士会五人）、S信用金庫四人、靴屋さんとその友人六人、S歯科七人、町会Oさんの知人一八人（うち茨城県から四人）、町会Kさんの親類とその友人五人、町会Yさんの親類・知人六人、町会青年部Iさんの知人六人、町会青年部Aさんの知人一〇人、町会YMさんの友人・知人一九人（うちブログ応募三人、O治療院四人）、町会Tさんの親類とその友人・知人六人、KKさんとその友人二人、SKさんとその友人五人、町会Hさんの親類と知人三人、SGさんの知人五人、町会Nさんの知人四人、Eさん一人、分類不明二人の計一六九人（図2参照）。うちブログ応募は、一九人で全体（一六九人）の一一・二％である（筆者による調査）。

平成二五年は、松平が調査した平成二年の内訳と比較すると、町内関連法人、特に金融機関の参加率が三五％（五一人）から二％（四人）に減少し、「女みこし担ぎ手募集係」の友人・知人の二〇％（三四人）と町会に縁を持たない「一般」の一三％（二二人）を合わせると全体の三三％（五六人）と増加している。

四　地域社会の変容と須田町中部町会の神田祭

1　地域社会の変容

ここでは、「元祖女みこし」の担い手の変化と地域社会の関係を確認するために須田町中部町会にあった町内の金融機関の変遷を中心にみていきたい。金融機関に注目するのは、平成二（一九九〇）年と平成二五年を比較すると、金融機関の参加率が三五％から二％に大きく減少しているからである。そのため、『ゼンリン住宅地図』の地図上から確認できる金融機関（銀行）を、女神輿が誕生した昭和五二（一九七七）年頃からみていくこととする。

昭和五三年には、神田商工信用金庫、太陽神戸銀行神田支店の二つの金融機関があった。また、当時は町内に須田町医院という病院が存在した。昭和六三年には、神田商工信用金庫、協和銀行神田支店、太陽神戸銀行神田支店、商工中金神田支店の四つに増加している。一方、町内から須田町医院がなくなっている。

平成二年には、協和銀行神田支店がなくなり、神田商工信用金庫、太陽神戸三井銀行神田支店、商工組合中央金庫神田支店の三つの金融機関になる。平成五年には、神田信用金庫、住友銀行淡路町支店、さくら銀行神田支店、商工組合中央金庫神田支店、三和銀行の出張所の五つになる。この状態が、平成六年～九年続く。

平成一〇年には、商工組合中央金庫神田支店がなくなり、平成一一年には住友銀行淡路町支店がなくなる。そして、平成一二年には、さくら銀行神田支店がなくなり、神田信用金庫のビルが取り壊されて更地になる。平成一三年には、神田信用金庫の跡地にビルが建ち、一階にはセブン‐イレブンができている。また、さくら銀行のあったビルの一階には、ａｍ・ｐｍ（コンビニエンスストア）が入る。さらに、三和銀行の出張所がＡＴＭ（現金自動預払機）となる。このＡＴＭは翌年、ＵＦＪ銀行のＡＴＭに変化している。

やがて、松屋、吉野家などの二四時間営業の店舗も靖国通り沿いのビルの一階にできてくる。平成二二年には、さくら銀行神田支店のあったビルに西武信用金庫が入り、一階のａｍ・ｐｍはファミリーマートに変化している。こうして、金融機関が減少した町内にはコンビニエンスストアや二四時間営業の店舗が入り、平成二五年現在、深夜の靖国通り沿いが二四時間営業の店舗の光で明るくなっている。

祭りを支える町内の金融機関の減少（平成五年の五店舗→現在の一店舗）が女神輿の担い手の変化にも影響しているこ

とがわかる。

2 「元祖女みこし担ぎ手募集」のポスター掲示場所

昭和六〇(一九八五)年の松平誠の調査では、「四月に神田須田町から淡路町にかけての靖国通り」に担ぎ手募集のチラシが貼られた[29]としている。

一方、平成二五(二〇一三)年では、靖国通りと外堀通りには担ぎ手募集のポスターの掲示は少ない。平成二五年三月二一日に観察した担ぎ手募集のポスターの掲示箇所は一六ヶ所あったが、このうち外堀通りに一ヶ所、靖国通りに一ヶ所にとどまった。残りの一四ヶ所のポスターは町内の内側の通りに掲示されていた。その後、靖国通りには二ヶ所追加、外堀通りにもう一ヶ所(セブン-イレブン)追加された。

また、ポスターは、平成二年のテレビ映像では白黒印刷で小型であったもの[30]が、平成二五年のものはカラー刷りのおしゃれで目立つ大きさに変化している。

写真2　担ぎ手募集のポスター（平成25年）

3 昭和四三(一九六八)年・平成四(一九九二)年・平成二五年の須田町中部町会の神田祭

昭和四三年に神田祭全体の調査を実施した薗田稔の「祭と都市社会—「天下祭」(神田祭・山王祭)調査報告(一)—」では巻末資料の調査番号二八(二〇六頁)、平成四年に神田祭全体の調査を実施した松平誠の「都市祝祭伝統の持続と変容—神田祭による試論―」では、巻末資料の調査番号二四（七二頁）に、それぞれ須田町中部町会の神田祭の状況が掲載されている。それに、筆者の調査に基づく平成二五年の状況を比較すると以下のようになる（表1参照）。

祭礼組織（役割動員）について、昭和四三年→平成四年→平成二五年の順にみると、祭典委員→祭典委員会・婦人部・子供会→祭典委員会・婦人部・「女みこし担ぎ手募集係」の形で推移している。なお、女みこし担ぎ手募集係は、町会の正式な組織ではなく任意の仲間グループであるが変化を捉える上でメルクマールとなるため、祭礼組織として捉えておきたい。

平成四年と平成二五年を比較すると、祭礼組織は、「祭典委員会」「婦人部」には変化がないが、「子供会」はみられない。太鼓車（山車）の巡幸が行なわれないことと関連していると思われる。つまり、子どもの参加者が少ないからだと推測される。また、先述したように、平成二五年には、「女みこし担ぎ手募集係」が追加され、「神田須田町中部ガールズのワッショイ！ブログ」や「神田須田町ガールズ@onnamikoshi」（https://twitter.com/onnamikoshi）を通じて担ぎ手の一般募集がなされるように大きく変化した。

この事実は、松平誠が、「都市祝祭伝統の持続と変容―神田祭による試論―」において、薗田稔の調査と比較し、神田祭全体について、「地域の居住者集団と考えられてきた町内会は、依然として地域祭礼の実施機関としての役割を確実に果たしつつある」（五九頁）と指摘しているが、果たして平成二五年でも「確実に果たしつつある」と言い切れるかどうか留保が必要であることを示している。

確かに、現状においても町会が地域祭礼の実施機関としての役割を担っている。しかしながら、町会費を納めず、神田祭以外の町会活動にあまり参加することのない「女みこし担ぎ手募集係」を、従来と全く同じ町会内部の組織としてみていいかどうかという問題があるからである。

表１　昭和43年・平成4年・平成25年の須田町中部町会の神田祭

	昭和43(1968)年 薗田稔調査
町会名	須田町中部町会
世帯・神札	76
祭礼象徴	M　小
作製年代	
オモナ行事	神輿ハ飾リ置キ
役割動員	祭典委員 (町会役員)
一般動員	
行事経済	寄附四〇万
行事変化	大正十年ガモットモ盛大。昭和十三年の紀元二千六百年記念祭モ盛大。
祭リノ評価	
神社イメーヂ	鳳輦一ノ宮ハ不明　二ノ宮ガ将門靈人
備考	

⇒

	平成4(1992)年 松平誠調査	
町会名	須田町中部町会	
祭礼象徴	種類	御輿太鼓獅子山車
	大小	大中1・大1
	年代	S15
祭礼行事	蔵入れ	○
	蔵出し	○
	氏子神輿御霊入れ	○
	神幸祭「受渡し」	
	御霊返し	
	氏子神輿宮入参拝(連合渡御)	○
	町会練り歩き	○
	前斎神事(宵宮)	
祭礼費用	寄付	
祭礼組織	祭典委員会 婦人部 子供会	
神酒所	有無	有
	建物の種類	店舗
一般動員	町内会員	
	町内会員外	
	御輿同好会	0

⇒

	平成25(2013)年 秋野調査	
町会名	須田町中部町会	
祭礼象徴	種類	神輿太鼓獅子山車
	大小	神輿は大1・中1
	年代	H15(大1)
祭礼行事	蔵入れ	○ (5/14)
	蔵出し	○ (5/6)
	氏子神輿御霊入れ	○ (5/10)
	神幸祭「受渡し」	○ (5/11)
	御霊返し	
	氏子神輿宮入参拝(連合渡御)	○ (5/12)
	町会練り歩き	○ (5/11.12)
	前斎神事(宵宮)	
祭礼費用	寄付	
祭礼組織	祭典委員会 婦人部 女みこし担ぎ手募集係	
神酒所	有無	有
	建物の種類	駐車場
一般動員	町内会員	
	町内会員外	
	御輿同好会	神輿同好会の参加者有

なお、平成二五年に初めて「女みこし担ぎ手募集係」の女性一人が神輿係になった(31)。

「祭礼費用(行事経済)」は、依然として「寄付」で賄われている。奉納金の額は、昭和四三年は四〇万円、平成二年は五一〇万四〇〇〇円(32)、平成二五年は三五三万円(33)である。平成二年と平成二五年を比較すると、奉納金は減少している。

「祭礼象徴」として、平成四年と平成二五年では「種類」の「御輿太鼓獅子山車」に変化はないが、「御輿」が平成一五年に新調され、古い神輿は神酒所へ飾り置かれている。つまり、神輿は二台になっている。曳き太鼓(山車)は一台あるが、巡幸は行なわれず、獅子頭は神酒所へ祀られていた。

「祭礼行事」では、平成四年と平成二五年を比較すると、「蔵出し」(五月六日)、「蔵入れ」(五月一四日)、「氏子神輿御霊入れ」(五月一〇日)、「氏子神輿宮入参拝(連合渡御)」(五月一二日)、「町会練り歩き」(五月一一日・一二日)のいずれも実施していて、実施状況に関しては変化がない。

また、「御霊返し」が行なわれず、「前斎神事(宵宮)」に該当するものがみられないことにも変化がない。「神幸祭「受渡し」」は平成四年は実施されていないことになっているが、平成二五年には、五月一一日の午前(神田郵便局前→淡路町交差点付近)と午後(須田町中部町会・多町通り→万世橋付近)の二回行なっている。

神酒所は設置されているが、平成四年は「店舗」であったが、平成二五年は「駐車場」(コインパーキング)へ変化した。

「一般動員」については、平成四年の松平の調査では、神輿同好会の参加は「〇」人であったが、平成二五年は神輿同好会に所属する人たちの参加がみられる。

五　「元祖女みこし」の街の年中行事

今度は、須田町中部町会の年中行事の中に神田祭を位置付けてみたい。ここでは、筆者が参与観察を行なった平成二五(二〇一三)年一月から平成二六年一一月までの年中行事を挙げておく。

1　初詣・新年会

平成二六(二〇一四)年の元日、町内の町会員の家や店舗の入口、町会費を納めるマンションの入口には「謹賀新年　須田町中部町会」の貼紙が貼られている。平成二六年は、一月一二日(日)に神田神社への初詣を実施した。一一時に神田神社の明神会館に集合した。町会長以下、一九人が昇殿参拝をし、神供と祈禱札を受けた後、神田神社拝殿前で集合写真の撮影を行なった。一三時から、新年会を御茶ノ水のホテルジュラクの一室で開催した。会費は三〇〇〇円で、参加者は二一人であった。町会長、来賓の千代田区万世橋出張所所長の挨拶が行なわれたあと、飲食を行なった。余興で参加者によるカラオケなどが行なわれた。神田神社から受けた神供と祈禱札は、この場で町内の参加者に配布された。町内の西武信用金庫の社員も参加した。

2　豊潤稲荷神社の初午祭

豊潤稲荷神社は、神田須田町一―八に鎮座している須田町中部町会の鎮守である。須田町中部町会の規約には、「豊潤稲荷社は本会に於いて整備し管理運営する」(34)と明記されていて、須田町中部町会よって豊潤稲荷神社の維持管理がなされている。

神社は、東京メトロ淡路町駅に近い、靖国通り沿いに立つワンルームマンションの裏手に位置する。社殿とマンションとの間のスペースがなく、本来は社殿の屋根に付けられていた千木は外され、社殿の右脇に飾られている。社殿の屋根には、金網が一部張られていて、マンションの上からの落下物にも対応できるように対策がとられている。社殿の中には、神田市場のマーク（紋章）を付けた立派な賽銭箱が置かれている。普段は社殿の扉は閉められ、賽銭は扉に開けられた穴から賽銭箱に賽銭を入れる形をとるなど、様々な防犯対策が施されている。

豊潤稲荷神社の創建についてみておきたい。大正一二（一九二三）年の関東大震災によって街並みが壊され、その後区画整理が実施され、現在の区画となった。その保留地に当時の町内居住者や神田市場関係者を中心とした約一一五人の有志によって、昭和五（一九三〇）年に勧請されたという由緒がある。[35]神社には、昭和五年に奉納された掲額がある。ただし、平成一七年の社殿移転時に内宮・内陣より「南無妙法蓮華経」「大正六年十二月二十二日」などと書かれた題目書付と「稲荷山」と書かれた軸が発見され、その後の千代田区の調査から、大正六年一二月二二日に勧請された稲荷神社であることが明らかにされている。[36]

平成二五（二〇一三）年の豊潤稲荷神社の初午祭は、二月九日（土）の一一時から神社前で行なわれた。神社の鳥居には注連縄が張られ、鳥居の左右には「須田町一丁目中部町会　奉納　豊潤稲荷神社　平成四年壬申初午」などと白地で書かれた赤色の幟が左右に各六本ずつ合計一二本が立てられていた。本殿前には、奉納者の熨斗を付けた清酒が奉納され、榊・御神酒・米・水・塩のほか、鏡餅、昆布、野菜（大根・茄子・人参など）や果物（バナナ・リンゴなど）などの供物が三方に載せて奉られていた。

一一時、定刻に須田町中部町会を担当する神田神社神職のT・N氏を斎主として、神社で祭典が始められた。参列者は、須田町中部町会・町会長、町会役員、町会関係者、町会婦人部など約一六人（男性八人、女性八人）で、神社前の路上で静かに頭を下げて祭典に参列していた。祭典は型通りのもので、初午祭の開始の挨拶、修祓、斎主一拝、献饌、祝詞奏上のあと、玉串奉奠が行なわれた。最初に、町会長が玉串を捧げ、神社に参拝し、町会役員、町会関係者、町会婦人部が一人ないし二人で玉串を捧げ、参列者全員が神社への参拝を行なった。続いて、撤饌、斎主一拝が行なわれ、最後に、紙コップに入れられた御神酒が参列者全員に配られた。そして、町会長が挨拶に立って、「初午祭おめでとうございます。この町内はいつもこの豊潤稲荷様のご神徳をもたらして、皆さん、商売繁盛、そしてご健康でお過ごしができていると思います。本年もまた豊潤稲荷様のご神徳をもちまして益々ご繁栄とご多幸を心からお祈り申し上げまして、「おめでとうございます」で乾杯をさせていただきます」と述べ、「おめでとうございます」と参列者一同が乾杯して、祭典が閉められた。祭典の時間は一五分程度である。そして、神田画報のM・T氏によって集合写真が撮影されたあと、神職のT・N氏も参加して町内の中華料理店で直会となった。直会のあと、神社で片付けが行なわれ、参列者には赤飯が配られた。

写真３　豊潤稲荷神社の初午祭
（平成25年、筆者撮影）

なお、平成二五年の初午祭には、町会関係者を中心に一四人から金一封が奉納され、みかん一箱、果物二箱、清酒一本などの奉納品が町会関係者から神社へ奉納された。平成二六年は、二月一一日（火・祝日）に行なわれた。神田神社神職のT・N氏を斎主として、一一時から豊潤稲荷神社前で祭典を執行した。玉串奉奠では、一七人の参加者全員が玉串を捧げ参拝した。町会長の挨拶のあと、御神酒で乾杯した。祭典終了後、近くの中華料理店で直会を行なった。直会には、神職のT・N氏も参加した。

3　神田神社例大祭

本祭の年は、五月に神田祭を行ない、神輿の町内渡御、連合渡御・宮入を行なった後、神田神社例大祭に参列する。蔭祭の年は神輿の巡幸は行なわないが、神田神社例大祭に町会役員らが参列する。神田祭が行なわれた平成二五（二〇一三）年は五月一五日（水）の一四時から神田神社で例大祭の祭典が行なわれた。町会長のM・O氏、婦人部長のM・M氏、K・Y氏、T氏、S・Z氏（女性）らが参列した。明神会館で行なわれた直会の席上では、「神田祭.ch」のスタッフが撮影した神田祭の神輿宮入参拝の映像が神田神社神職のT・N氏によって流された。「元祖女みこし」の宮入の様子も流され、町会長のM・O氏と、神職のT・N氏が一緒にその映像をみていた。

4　総会

平成二五（二〇一三）年は、五月二六日（日）に御茶ノ水のホテル・ジュラクを会場として、町会の総会のあと、神田祭の直会を町会の六〇周年記念式典と併わせて行なった。記念式典には、来賓として千代田区長、神田神社神職のT・N氏、須田町北部町会会長、淡路町一丁目町会会長、神田淡路町二丁目町会会長らが出席した。会場では神田囃子の演奏も披露された。また、記念式典には、「元祖女みこし」の担ぎ手募集を担当する女みこし担ぎ手募集係の三人も参加した。

5　旅行・敬老会・運動会

平成二五（二〇一三）年は町会の旅行が行なわれた。九月一日（日）の八時に町内のセブン-イレブン前に集合し、日帰りの千葉県へのバス旅行を実施した。須田町中部町会を担当する神田神社神職のT・N氏も参加した。東京湾アクアラインを越えて、千葉県安房小湊へ向かい、日蓮宗・誕生寺に参拝した。参拝後、近くの鯛の浦で遊覧船に乗り、鯛の浦ホテルで昼食と温泉入浴を楽しんだ。そして、一七時半頃、町内に帰着した。参加者は二一人で、町内の西武信用金庫の社員も参加した。このほか、九月に敬老会を行ない、一〇月には千代田区の運動会（千代田区民体育大会）に参加した。

6　年末の夜警

平成二五（二〇一三）年は一二月二六日（木）・二七日（金）・二八日（土）の一七時半から町会長のビル一階を詰所として年末の夜警を実施した。詰所の外には、須田町中部町会の高張提灯が掲げられた。準備は一二月二五日（水）、片付けは一二月二九日（日）の九時に集合して行なった。

一二月二六日には千代田区長が町会詰所を訪れた。二七日には二回町内を巡廻した。「火の用心」といいながら拍子木を叩いて町内を巡る。子ども、西武信用金庫神田支店の社員四人が参加した。町会の詰所には万世橋警察署長以下四人が訪れた。この日の夜警には、町内の一四人が参加した。二八日には消防署長が町会詰所を訪れた。町内の一三人が参加した。

7　一日・一五日の豊潤稲荷神社の清掃

毎月一日と一五日に、須田町中部町会の婦人部が、当番で二人一組となって豊潤稲荷神社の掃除を行なっている。九時に、神社の鍵を開けて扉を開き、社殿内の掃除をして、おもりもの（平成二五［二〇一三］年四月一五日は大根・筍・人参・胡瓜・茄子などの野菜、リンゴ・バナナなどの果物）、米、水、塩、榊、御神酒などを供える。手水鉢にも新しい水が張られる。そして、一六時に、おもりものを下げて、神社の扉を閉めて施錠する。神社の扉が開けられるのは、この一日と一五日、正月三が日、初午祭、神田祭のときである。町内の人たちは、これらの日に神社へ参拝する。それ以外の日は、神社の扉は閉められ、施錠されている。

当番は、町内を六班に分け、班単位で二月と七月、一月と六月といった具合に六ヶ月に一回、その月の一日と一五日に掃除を行なう。当番で掃除を行なうようになったのは、ワンルームマンションの建設によって、社殿が現在の場所に移動した平成一八年からであるという。掃除をやってもいいかどうか町内の方に打診してから、町会の役員会で決定したという。ただし、強制ではないため、当番に入っていない人も一〜二人程度いたという。

六　「元祖女みこし」の街の稲荷

ここではさらに、豊潤稲荷神社に注目し、その変遷についてみていきたい。豊潤稲荷神社の社殿修復や「参拝券」の導入、マンション建設に伴う社殿の移転が行なわれるなど、変化が著しかった平成二（一九九〇）年〜一八年の時期に焦点を当て、初午祭の記事を紹介しながら、年代順にみていきたい。

1　社殿の修復・遷座祭

平成二(一九九〇)年の初午祭は、初午の二月一〇日朝、豊潤稲荷神社で行なわれた。神田神社の神職二人により神事が執行され、町会員が玉串奉奠を行ない、家内安全と商売繁盛を祈願した[37]。同年、神田祭が行なわれ、松平誠の分析によると、須田町中部町会の神田祭において、この年から町内会祭礼委員会に婦人部としての役割が与えられたとしている[38]。この年は、京都府亀岡市安町の「安町夏祭り」に、安町商店会が須田町中部町会の女神輿を招待し、八月一八日の夜、神輿渡御を行なった[39]。

平成三年の初午祭は、神田神社の神職を斎主(斎主一人、祭員一人)として豊潤稲荷神社にて二月五日昼に行ない、町内の安泰を祈願して乾杯をした[40]。同年六月一日の須田町中部町会の定期総会で、新しい町会長として、M・O氏が選出された[41]。

平成四年の初午祭は、二月一六日朝に豊潤稲荷神社で行ない、祭りを記念して餅つきが行なわれた[42]。同年の五月二一日の町会の定期総会では、町会の予算のほか、豊潤稲荷神社の決算(一八五万円)も承認された[43]。そして、この年、社殿の老朽化が進んだことから、豊潤稲荷神社の鳥居と玉垣の修復整備を実施した。また、須田町中部町会の女神輿は、ＴＢＳテレビ『世界ふしぎ発見！』に出演した[44]。

平成五年の初午祭は、二月六日昼に豊潤稲荷神社前で行なった[45]。

平成六年の初午祭は、二月一三日(日)午前、神田神社の神職を斎主として、祝詞奏上の後、町会長ら役員や会員が玉串を奉納して町内の安泰を祈願し、乾杯をした。甘酒も用意されて今年の家内安全を祈った[46]。この年は、神田祭が行なわれ、神田市場の千貫神輿が七年振りに復活した。須田町中部町会では、五月一四日の宵宮まつりに、一七〇人が交代で女神輿を担いで町内を練ったという[47]。

平成七年は、豊潤稲荷神社の社殿修復が完成した。これは、須田町中部町会の豊潤稲荷奉賛会が奉納金を集めて実施したものである。完成を受けて、同年四月三〇日夜に遷座式、翌五月一日に大祭式を盛大に行なった(48)。社殿修復に当って、町会の婦人部長を務めた経歴を持つK・O氏が参拝用の鈴を奉納した。また、協賛者は、神社の社殿内に掲げられた「平成七年度　豊潤稲荷社殿修復協賛者名」によれば、七四人(個人・企業)に上る。このうち、金融機関の協賛者は、住友銀行淡路町支店、神田信用金庫本店、さくら銀行神田支店、日本債券信用銀行の四社である。集まった寄付金約六〇〇万円を掛けて社殿を修復した(49)。

平成八年の初午祭は、節分の二月三日朝、豊潤稲荷神社で執行した。神田神社の神職を斎主として、祝詞奏上・玉串奉奠の後、豆まきを行なった。午後からは神社脇で防火訓練を行なった(50)。

平成九(一九九七)年の初午祭は、二月九日午前、豊潤稲荷神社で町会長・役員・婦人部二八人が参列して行なわれた。神職の祝詞奏上の後、一人一人が玉串奉奠をして家内安全を祈願した。乾杯の後、カレーライスの食事、防災訓練を行なって終了した(51)。

2「参拝券」の導入

同年、賽銭泥棒に困った須田町中部町会では、豊潤稲荷神社で新たな参拝のシステムを導入した。平成九年四月二三日付の『毎日新聞』朝刊では、「神頼みはチケットで」という見出しをつけた記事で紹介している。

これによると、平成七年の社殿の修復直後に、賽銭箱の南京錠が壊されて賽銭が盗まれた。表の扉を閉めてかんぬきに鍵をかける対策をとったが、数ヶ月後にはこじ開けられた。さらに、鍵を電子ロックにして数を増やしたり、扉を開けるとブザーが鳴る警報装置を取り付けたが、回線を切断されるなど、効果を上げなかった。平成九年の三月二五日にも盗難が発生し、二年間で一〇回近い被害に遭い、賽銭箱や鍵の修理代に三〇万円以上の費用が掛かった。

そこで、須田町中部町会の町会長M・O氏は、「さい銭は年間二〇万円前後だから一回当りの被害額は大きくはない。しかし対策を講じても講じても泥棒がいる以上、現金を入れない以外、方法がない」とチケット制に踏み切った。そのため、四月初めから「崇敬者へのお願い」と題する貼り紙を掲示し、「参拝券」（縦約九㎝、横約四㎝）を神社向かいの食品販売店で販売し、賽銭箱に納めてもらうことになった。参拝券は、一綴り一〇枚五〇〇円以上とされ、集まったお金は世話人が管理し、神社の維持費に充てられるという。

捜査を担当した警視庁万世橋署は、毎日新聞社の取材に対して、「バブル期の地価高騰も手伝って都心は夜間人口が激減し、繁華街からはずれた現場は特に人通りが少ない。さい銭は鬼神のものと、盗まれても泣き寝入りしやすいところにも付けこんでいるのでは」と答えている。

また、近くの銀行に勤め、毎日、豊潤稲荷神社を拝むという六〇代の男性は、「町会で決まったことなら仕方ないが、チケットではありがたみが薄れるような気がする。それにしても罰当たりがいるもんだ」と複雑な表情であったと記事は記している。

この豊潤稲荷神社の参拝券の導入に対して、当時の神社本庁教学研究所調査室は、同新聞記事の中で、「盗難防止のため、お祭りの時だけさい銭箱を置く小さな神社はあるが、現金をチケットにしたケースは聞いたことがない。基本的にはお参りする人の気持ちの問題だが、さい銭は神様へのお供え物。伝統的な参拝形式にはそぐわないのではないか」と答えている。一方、日本文化史を専門とする藤井学氏（奈良大学教授）は、「さい銭という信仰の自然な表現が犯罪によって曲げられてしまったという点では確かに好ましくない。しかし、信仰は時代とともに変わる。参拝する人たちが主体的な判断で決めたことなら、新しい信仰の形ができたということだろう」と答えている。(52)

平成一〇年の初午祭は、二月一五日朝、神田神社の神職を斎主として行ない、防災炊き出し訓練も行なわれた[53]。

平成一一年の初午祭は、二月一一日午前に豊潤稲荷神社で行なわれた。町会長ら役員と婦人部の約二〇人が参列し、玉串奉奠を行ない町内の安全と繁栄を祈願した。祭事の後、防災炊飯が行なわれ、ミニ救急法も指導されたようだ[54]。

平成一二年の初午祭は、初午の二月六日午前に豊潤稲荷神社で行なわれた。玉串奉奠をして町内の安泰を祈願した[55]。同年、神社の「参拝券」はその煩雑さから廃止され[56]、賽銭箱に賽銭を入れる形に戻された。

3　社殿の移転・遷座祭

平成一三(二〇〇一)年の初午祭は、二月一二日の一〇時半から行なわれた。神田神社の神職の祝詞奏上、役員と婦人部が玉串奉奠して祈願した。祭事の後、災害用赤飯を熱湯で蒸らし試食体験を行なった[57]。

平成一四年の初午祭は、二月一一日の一一時から行なわれた。神田神社の神職を斎主に祝詞奏上、参列者の玉串奉奠が行なわれ、町内の安泰と家内安全を祈願した。神酒拝戴の後、参列者にお供えの赤飯と果物が配られた。参列者は約三〇人であった[58]。

平成一五年の初午祭は、二月二日の一〇時から行なわれた。神職の祝詞奏上の後、役員と婦人部が玉串奉奠を行なった[59]。同年、須田町中部町会は創立五〇周年を迎え、記念祝典を催し、会員名簿が作成された。また、この年は江戸開府四〇〇年の年に当り、神田市場の町名由来板が町内に建てられ、町会の神輿が新調された。一一月には江戸天下祭が行なわれ、須田町中部町会の女神輿が参加した。しかし、この年から行なわれたマンションの建て替えに伴い、以前より通り側にせり出すような配置になったため、再び社殿を移動し、造営し直すことになったという[60]。

平成一六年の初午祭は、二月八日午前に行なわれた。神田神社の神職の祝詞奏上、参列者の玉串奉奠の後、恒例のアルファ米の炊き出し体験を行ない、カレーライスにしてみんなで昼食を取った(61)。この年の八月二日には、山口県萩市の「萩夏祭り」へ須田町中部町会の女神輿が招待され、神輿巡幸を行なった(62)。

平成一七年の初午祭は、一月一一日(二月の誤りか?)午前、神田神社の神職を斎主として神事が行なわれた(63)。

平成一八年五月、現在地に新しい豊潤稲荷神社の社殿が完成し、社殿の落成式と遷座祭が行なわれた(64)。

4 「元祖女みこし」と豊潤稲荷神社

以上のように、「元祖女みこし」の街、須田町中部町会の豊潤稲荷神社について、地域社会の変容との関わりからみてきた。その結果、明らかとなった「元祖女みこし」と豊潤稲荷神社の共通点を二つ指摘しておきたい。

第一に、町内の居住人口が減り、町会神輿の巡幸の継続が困難になるという危機に際して、町会の神輿を単独で女性だけで全区間を担ぎ、神田神社への宮入にも参加する「元祖女みこし」を誕生させたように、賽銭泥棒を撃退するために、「参拝券」という神社界でもきわめて珍しい新しい方法を導入した点である。神田青物市場の発祥の地としての伝統意識を持つ須田町中部町会が、一見すると、伝統とは全く逆の新しい方式をとり入れ、事態を打開するという共通した傾向がみえてくる。それも、「元祖女みこし」や「参拝券」といった伝統文化の新しい形を提示している。

第二に、町会婦人部の活躍が目立つ点である。昭和五二(一九七七)年に須田町中部町会の女神輿ができた当初の担ぎ手は、町会の婦人部であり、平成二(一九九〇)年の神田祭では町会祭礼委員会に婦人部としての役割が与えられるなど、「元祖女みこし」を維持する上で重要な役割を果たしている。同様に、豊潤稲荷神社においても、婦人部は初午祭に参列して玉串を捧げて参拝し、また、婦人部で当番を決め、毎月一日と一五日に神社の掃除を行なっている。

町会婦人部の役割が豊潤稲荷神社の維持・管理においても拡大していることが窺える。

ただし、両者には差異も生じている。「元祖女みこし」は、平成二年当時の参加者は、町内の金融機関の会社員が多かったが、平成二五年の参加者においては金融機関の会社員の割合は減少した。これは、平成二年から二五年までの間に、町内の金融機関が減少した影響があるといえる。金融機関の減少は、豊潤稲荷神社を維持管理をしていく上でも変化があったことになる。平成七年の社殿修復の際の協賛者であった四つの金融機関のうち、町内の三つの金融機関がいずれも町内からなくなっているからである。

豊潤稲荷神社の社殿を移動して、その後に建てられた高層階のワンルームマンションの新住民は、町会の活動や豊潤稲荷神社の祭り、町内の神田祭にもほとんど参加していない。しかし、平成二五年の「元祖女みこし」の参加者は増加している。町内の金融機関の会社員に代わる担い手が地域社会の外に存在するからである。また、「元祖女みこし」はテレビや新聞などのメディアに取り上げられ、京都府亀岡市や山口県萩市へ「遠征」を行なうなど、地域社会の外にも拡大しているが、豊潤稲荷神社の「参拝券」はメディアに取り上げられはしたが、他地域の神社に大きな影響を与えることもなく、その煩雑さもあり廃止された。

しかしながら、須田町中部町会の豊潤稲荷神社は、地域社会が再開発に曝されてその景観や神社を支える構成員を変えて変容する中で、息も絶え絶えで存続しているとはいい難い。

石井研士が『銀座の神々―都市に溶け込む宗教―』(65)で指摘するように、十分な存在感を持って存在しているといえるのではなかろうか。それは、社殿の修復を行なうだけではなく、「参拝券」という発想の転換がなされ、ワンルームマンションの建設にも対応しながら、初午祭や婦人部による掃除を継続し、神社そのものが持続していることからも窺える。つまり、豊潤稲荷神社が町内に起こる社会的な変化に適応しつつ、時には対抗しながら持続するのは、現在でも須田町中部町会に暮し、町会活動に参加する人たちの心意がそこに託されているからであるようにみえるのである。

まとめ

このように、須田町中部町会の「元祖女みこし」は、地域社会が変容する中で、その変化に対応しながら持続していることがわかる。平成二(一九九〇)年と平成二五年を比較すると、町内の金融機関の減少は、祭りの担い手の減少を意味したが、いわば会社員という「社縁」(会社縁)から友人や仲間といった「選択縁」(66)へと移行することによって、祭りの担い手の確保に成功している。それは、男性の担ぎ手の減少といった社会的な変化に対応するため、女神輿を誕生させた経緯と共通する。「社縁」から「選択縁」へ移行する過程で、「女みこし担ぎ手募集係」によるインターネットを活用した担ぎ手の募集といった新しい方式が採用された。

かつて、町内会婦人部を祭礼実行委員会に取り込んだように、「女みこし担ぎ手募集係」の一部は神輿係に登用された。「女みこし担ぎ手募集係」は、ブログを通じて、祭り以外でも須田町近辺の様々な身近な出来事をレポートし、新たに参加する参加者の開拓にも貢献している。いわば「身近な存在」として、「かわいい」「おしゃれ」な「元祖女みこし」を広報しているといえるのではなかろうか。

また、江戸天下祭への参加、亀岡市や萩市への「遠征」も実施し、その知名度は上昇を続け、須田町中部町会の女神輿は、神田祭の「元祖女みこし」へ拡大しつつあるといえる。そこには、神田神社や千代田区観光協会の戦略(67)がみえ隠れする。いわば、伝統ある神田祭の「元祖女みこし」として、その「ブランド化」が図られる一方で、新たな参加者にとって「身近な存在」として感じられるような仕組み作りに成功し、参加者の気持ちをつなぎ止めているといえる。

つまり、「元祖女みこし」は、地域社会の内部と外部の間に位置し、両者をつなぐ存在であるといえる。神田祭の「元祖女みこし」として、神輿の巡幸を維持し連合渡御や宮入を持続したい町会の意志と参加する女性たちのニーズを引き受けながら、町会の枠を超えて神田祭の拡大に一役を買う存在になりつつあるのではなかろうか。こうした性格を有することで、女性の参加に対する禁忌は町内では影を潜め、むしろ女性の参加をプラスの要因として位置付け、「元祖女みこし」は現代の神田祭を華やかに演出していると考える。

一方で、地域社会の内部、すなわち、須田町中部町会の昔からの住民にとっては、「元祖女みこし」を媒介とした神田祭や神田祭以外の町会の年中行事、特に豊潤稲荷神社の初午祭は、町内共同のイメージを確認する重要な機会になっていることがわかる。

かつて、R・P・ドーアが『都市の日本人』の中で指摘した、「弱くなったとはいえ、一種の町内帰属意識が、二日間にわたる賑やかな祭りで毎年刺激を与えられ、いまなお一部のひとびとの生活を豊かにしているのであり、ますます激化する都市生活の原子化と非人間化という、一般になげかれている心理的影響に対抗する力を与えているのである(68)」という記述を想起させる。

「元祖女みこし」、町内の豊潤稲荷神社という結集のための核の存在が、町内共同イメージを確認する上で重要な役割を果たしていることがわかる。多数の観客がいる祭り（神田祭における連合渡御・宮入）と、ほとんど観客のいない町内の祭り（神田祭における町内渡御・豊潤稲荷神社の初午祭などの町会の年中行事）の存在が、変わりゆく地域社会の現状に対する対抗手段として、町会に参加する昔からの住民の町内共同を支えているといえるのではなかろうか。神田祭・蔭祭や他の神田・日本橋の町会の年中行事からみえてきた特徴、すなわち都市祝祭と町内の祭りの複合構造、あるいは、「観客のみえる祭り」と「観客のみえない祭り」の相互関係と共通している。

註

(1) 阿南透「「歴史を再現する」祭礼」『慶應義塾大学大学院社会学研究科紀要』第二六号、慶應義塾大学大学院社会学研究科、昭和六一年、二三頁。

(2) 薗田稔「大都市の祭り」『國學院大學日本文化研究所報』五−四（通巻二八号）、國學院大學日本文化研究所、昭和四三年、五頁。

(3) 米山俊直『祇園祭』、中公新書、昭和四九年。米山は、戦後、占領軍の兵隊などが女性を連れて鉾に上げ、月鉾も昭和二五年から伝統であった女人禁制を解いていたが、翌昭和二六年の鉾建てのときに、月鉾が倒れたのは、女人禁制を解いた「バチがあたった」と噂されたことを指摘している。また、昭和四八年においても、鉾に女性を上げることを拒否したり、鉾の曳き綱を女性がまたぐことや巡幸当日に曳き綱に触ることが忌まれていることを報告している。その一方で、長刀鉾保存会の財務係の方は、女人禁制は既になくなっているといい、鉾の曳き初めの日には男女の区別なく綱を曳いていることが明らかにされている（一二一〜一二六頁）。女人禁制のタブーは完全にはなくなっていないものの、女性の参加が進んでいることが窺える。

(4) 米山俊直『天神祭』中公新書、昭和五四年。米山は、天神祭に参加する天神講の獅子舞に携わる二〇代の三人の女性について報告し、天神祭が「とにかく好き」で、信仰心からではなく、自分自身の楽しみであり、ストレスの解消になるといった意見に加え、天神講の舞の練習には学校の友達とは違った人間関係の魅力が三人の女性を祭りに惹きつけていると分析している。そして、「天神講も、戦前は男だけが獅子舞や傘踊りをしていた。講元の妹さんが、女子として初めて参加し、そのときは問題になったという。しかしそれ以来女性の参加も認められ、最近は圧倒的に女性がおおい。ただし獅子舞は、正式には女性には認められていない、ということだ」（一九二頁）と報告している。ただし、米山の調査の段階では、「ギャル神輿」は誕生していない。

（5）近年では、金子毅「もう一つの戸畑「提灯山笠」―「女山笠」創出をめぐる葛藤の構図から―」『日本民俗学』第二五八号、日本民俗学会、平成二一年、がある。

（6）神田祭を対象とした、薗田稔「祭と都市社会―「天下祭」（神田祭・山王祭）調査報告（一）―」『國學院大學日本文化研究所紀要』第二三輯、國學院大學日本文化研究所、昭和四四年。薗田と比較した松平誠「都市祝祭伝統の持続と変容―神田祭による試論―」『応用社会学研究』第三五号、立教大学社会学部研究室、平成五年。薗田・松平との比較を試みた清水純「神田祭―担ぎ手の動員をめぐる町会と神輿同好会の関係―」『日本民俗学』二七一号、日本民俗学会、平成二四年、などがある程度である。

（7）松平誠「現代神田祭仄聞」『国立歴史民俗博物館研究報告』第三三集、国立歴史民俗博物館、平成三年。このほか、松平の須田町中部町会の女みこしに関する研究として、松平誠・鈴木孝光『土地買占めによる地域社会集団の変容に関する生活論的共同研究―東京神田須田町一丁目中部町会を指標とする実証的研究―』地域社会研究所・第一住宅建設協会、平成四年。松平誠「神田と祭りに生きる人々―神田祭女御輿町内の古老談―」『遊びと日本人―その空間と美意識―』啓文社、平成四年。同「神田の地上げと生活集団」『生活学１９９２　第十七冊』ドメス出版、平成四年、がある。これらの論考は、のちに、松平誠『現代ニッポン祭り考―都市祭りの伝統を創る人びと―』小学館、平成六年、にまとめられる。

（8）前掲松平「都市祝祭伝統の持続と変容―神田祭による試論―」。

（9）　清水純は、前掲「神田祭―担ぎ手の動員をめぐる町会と神輿同好会の関係―」において、松平の平成四年の調査から一七年が経過した平成二一年の神田祭（本祭）の調査、平成二〇年と平成二二年の裏祭・その前後の時期に行なった調査から、松平誠と同様に、担い手の変化に注目し、神輿の担ぎ手の動員を巡る町会と神輿同好会の関わりに焦点を当てながら、神田祭を対象とした薗田稔と松平誠の調査時点からの変化を分析している。しかし、松平の「都市祝祭伝統の持続と変容―神田祭による試論―」のように、各町会の祭礼行事の実施状況等についての把握はなされていないため、各町会単位の変化は解明されておらず、須田町中部町会の変化も不明である。

（10）　前掲薗田「祭と都市社会―「天下祭」（神田祭・山王祭）調査報告（一）―」。

（11）　碑文には、「旧神田青果市場の由来　この市場は慶長年間に今の須田町附近、当時は八辻ヶ原を称していたこの地一帯において発祥したものである。都市を追つて益々盛大となり徳川幕府の御用市場として駒込、千住と並び江戸三大市場の随一であつた。ためにこの市場には他市場で見られない優秀なものが豊富に入荷した。そして上総房州方面の荷は舟で龍閑町河岸へ、葛西、砂村方面のものは今の柳原稲荷河岸から水揚げされた。当時の記録によるとこの市場の若い衆達が白装束に身を固めてかけ声も勇ましく御用の制札を上に青物満載の大八車を引いて徳川幕府賄所青物御所を指してかけて行く姿は実に「いなせ」なものがあつたと云う。巷間江戸の華と云われた、いわゆる神田っ子なる勇肌と有名な神田祭はこの神田市場にそのことばの源を発しているものといわれた。こうして繁盛をきわめたこの市場は江戸時代から明治、大正、昭和へと漸次その地域を拡大してこの地を中心に多町二丁目、通り新石町、連雀町、佐柄木町、雉子町、須田町にわたる一帯のものとなりその坪数は数千坪に及んだ。この間大正十二年九月関東大震災にあつて市場は全滅したが直ちに復興し東洋一の大市場とうたわれた。惜しい哉この由緒ある大市場も時代の変遷と共にこの地に止まることができず、昭和三年十二月一日を期して現市場である神田山本町東京都中央卸売市場神田分場へと移転した。当時数百軒に及んだ問屋組合頭取は西村吉兵衛氏であった。風雪幾百年永い発展への歴史を秘めて江戸以来の名物旧神田青果市場は地上から永遠にその姿を消した。父祖の代からこの愛する市場で生きて来たわれわれは神田市場がいつまでもなつかしい。あたかも生れ故郷のように。尽きない名残りをこの記念碑に打込んで旧市場の跡を偲ぶものとしたい」とある。

(12)　その成立ちについて簡単に紹介すると、関東大震災後の土地区画整理事業によって、昭和八年、連雀町と佐柄木町の大部分、旧多町二丁目の北一部、雉子町北半分が「須田町一丁目」となった。その間、旧連雀町の一部が連雀町町会、旧佐柄木町の一部が義勇会と親交会となった。そして、第二次大戦中の隣組強化令により、連雀町町会・義勇会・親交会の三町会が合同して須田町中部町会になった。しかし、終戦後、GHQにより隣組は解体されたが、昭和二五年に須田町中部日赤奉仕団を設立した。さらに、これを母体として昭和二八年に須田町中部町会が設立された（『町会発足50周年記念　会員名簿　千代田区須田町中部町会』平成一五年）。平成二五年、町会発足六〇周年を迎え、記念式典が五月二六日（日）に行なわれた。

(13)　林順信『江戸神輿春秋』春の巻、大正出版、昭和五八年、七〇頁。本書には、須田町中部町会と同じ中神田地区連合渡御に参加した「須田町一丁目南町会神輿」「多町一丁目町会神輿」、「須田町一丁目北町会神輿」の写真があり、それをみると神輿を担ぐ女性の姿が確認でき、男女混合で神輿の巡幸が行なわれていたことがわかる。

(14)　前掲松平「現代神田祭仄聞」。松平は、一九八〇年代の初めには二五〇世帯以上を数えた町の住民は、昭和六四年には実際に住んでいる世帯数が六七戸（住民台帳記載の世帯数が七六戸）に減少していることを明らかにし、神輿の担ぎ手となる年齢層は一六歳（高校生）〜四〇歳で、男性に限定してみると最大で三三人（四一〜六〇歳の二三人を加えても五六人）しかいないことから、一九八〇年代半ばには町内だけでは神輿の巡幸が困難になっていたことを明らかにしている。

(15)　同様に、松平の『土地買占めによる地域社会集団の変容に関する生活論的共同研究―東京神田須田町一丁目中部町会を指標とする実証的研究―』、「神田と祭りに生きる人々―神田祭女御輿町内の古老談―」では、須田町中部町会の女神輿がいつ始まったかについて、「一九八〇年代半ば」といった指摘にとどまる。また、「現代神田祭仄聞」には、昭和六〇年四月に神田須田町から淡路町にかけての靖国通りに「神田明神の伝統的な祭礼行事としては大変異例な、はじめての女神輿募集のチラシが貼り出されていた」（七六頁）という記述があるが、女神輿が昭和六〇年から始まったと取るのか、女神輿募集のチラシの掲示が昭和六〇年から始められたと解すべきなのか、判断しかねる曖昧な表現がある。

(16)　昭和六〇年の記述のところで「なにはともあれ、この年の神田祭は初の女御輿登場の場面となった」としている（前掲松平『現代ニッポン祭り考―都市祭りの伝統を創る人びと―』四二頁）。

(17)　「かくて、一九八〇年代半ばのS町会では、伝統の神田祭、つまり神田神社例大祭への参加も危ぶまれる状態となって、重大な危機を迎えた。こうした状況の中で、一九八三年からこの町がはじめたのが、神田祭り元祖女御輿であった」（前掲松平「神田の地上げと生活集団」、一七五頁）としている。このS町会は須田町中部町会を指す。同論文には、須田町中部町会に住むM・S氏（一九〇七年生）の聞き取り内容に、「実は、もともとこの町の御輿というのは、そう大きなものではない、大人の男が担ぐようなものではないのです。それで町でもいろいろ考えたが、いっそのこと、女の子に担がせたらどうだ、近頃は娘の方が威勢がいいから、乗ってくるんじゃないか、ということで、一九八三年から神田初の女御輿ができあがったのです」（一七九～一八〇頁）との記述がある。

(18)　昭和四三年の一〇月五日、東武東上線大山駅前の商店街では、氷川神社の秋の大祭と東京百年の記念行事として大山本町会が「とび切り晴れやかな催しを」と、「乙女みこし」を思いつき、商店街の娘さんたち二五人が「商店街の発展のためなら」と威勢よく、神輿担ぎをかって出た。そして、午後二時半、紺の揃いのハッピに、ピンクの襷、鉢巻の出で立ちで酒樽を飾り付けた神輿を担いだという（『読売新聞』朝刊、昭和四三年一〇月六日付）。

(19)　昭和四七年の「だらだら祭り」には、九月一七日に「〝女みこし〟など三十代が付近を練り歩く」（『読売新聞』朝刊、昭和四七年九月一三日付）とある。昭和四九年には、「三十一基のみこしの中に今年も堂々と女みこしが登場する」とある。そして、芝大神宮では戦後いち早く女人禁制を解いて神明芸者による女みこしを登場させ、「いまはあまり珍しくもありませんが、発祥地は当社」という話を紹介している（『読売新聞』朝刊、昭和四九年九月一〇日付）。

(20) 天神祭ギャルみこし公式サイト　http://www.galmikoshi.com/

(21) イザナミノミコトを祭神とする荻窪白山神社では、もともとは氏子総代会に女性参加の拒否反応が強かったが、「女性の神様をお祭りしているのだから」と、三年前の昭和五四年に解禁した。それ以来、女神輿が名物となり、今年も地域の主婦や娘さん、銀行勤めのＯＬなど約七〇人から参加申し込みがあった。氏子代表は今では「町内会の女みこしは珍しくないが、神社の純粋女みこしはここだけだよ」と鼻高々であったという（『読売新聞』朝刊、昭和五七年九月八日付）。昭和五九年の秋祭りにも女神輿が出され、高校生やＯＬのみこしギャルから六〇代の主婦まで約一〇〇人がハッピにもひきのあで姿で勢揃いしたという（『読売新聞』朝刊、昭和五九年九月八日付）。

(22) 同時期に、神輿同好会の中に女性だけの同好会が結成されている。『日本神輿協会　創立30周年記念　日本神輿同好会名鑑』（日本神輿協会アカデミー、平成二二年）によれば、女性だけの神輿同好会として、昭和五四年四月の設立で千葉県市川市富浜を本拠地とする「江戸麗粋會」、平成五年一一月の設立で東京都豊島区東池袋を本拠地とする「祭艶会」（さいえんかい）、昭和五七年に発起人九名の神輿参加の後、昭和六一年に笠科神社神輿「姫纒」を発足させた、群馬県沼田市を本拠地とする「上州女神輿　姫纒」がある。また、男女の会員がいて湯島に本拠地を置く「湯島　綿引睦會」は、昭和六〇年五月に設立されるが、地元湯島では天三町会のほかに、氏子の少ない同朋町会で女神輿渡御を二〇年任され、女性五〇人の会員を従えて、責任を持って務めているという。少ない資料であるが、昭和五四年には女性だけの神輿同好会が結成され、東京湯島の同朋町会でも昭和六〇年から女神輿渡御が行なわれ、「湯島　綿引睦會」がその巡幸に関わっていたことが窺われる。

(23)『町会発足50周年記念　会員名簿　千代田区須田町中部町会』、平成一五年。

(24)内神田鎌倉町会では、現在でも宮入の際の町会神輿の華棒を女性が担ぐことを禁じているという(筆者による調査)。また、かつての鍛冶町二丁目町会では、「昔は「女性は神輿を担いではいけない」「神輿は上から見てはいけない」とか、結構うるさかった時代があった」(『鍛冶二　五十周年年誌』千代田区鍛冶町二丁目町会、平成一五年、一六三頁)という。

(25)「「エキ祭ティング　女みこし　神田明神例大祭」―こんなポスターが、神田界わい一帯に張り出されている。広告主は、神田須田町一丁目中部町会。そのかいあって、きょうは十日の神田祭りに、百五十人のギャルが繰り出し、にぎやかにみこしをかつぐ。女子大生や地元企業のOLが主流を占める中、数少ない地元っ子の看板娘が、吉川佳代子さん(二一)。「祭りが近づくとじっとしてられなくなっちゃって」と、二年に一度の祭りのためにそろえた衣装一式を、キリリと身にまとった。濃紺づくめの姿に、口元の紅がひときわさえて、なまめかしい。きょうの宮入りには朝から夕まで女みこしをかつぎ、夜は夜で隣町の男みこしに加勢する。「何時間かついだって疲れないいんだから不思議なの。腹の底から声をふりしぼって、滝のような汗を流して好きなんだなあ」。嫁いだ姉もこの日ばかりは神田っ子に戻って、三姉妹が一つみこしに心を合わせ、ねり歩く。それもこれも、実を言うと、都心の過疎化の裏返し。「市場が移転したら、大みこしはどうなるのかしら」と、まゆをひそめた。恋人はまだいない。「いい人ができたら、いっしょにかつぐ」のが夢。次の祭りには、女みこし卒業かな」。

(26)阿南透「祭りの海外遠征―ロサンゼルスの青森ねぶた―」『情報と社会』第一八号、江戸川大学、平成二〇年、二一一頁。

(27)前掲松平「現代神田祭仄聞」七六～七八頁。

(28)前掲松平「現代神田祭仄聞」七八頁。

(29) 前掲松平「現代神田祭仄聞」七六頁。
(30)「東京・神田　地上げで氏子不足‼神田祭を支えた江戸っ子魂」(テレビ朝日『こんにちは2時』、平成二年五月一七日放送)より。映像は石井研士先生よりご教示いただいた。
(31) 平成二五年の須田町中部町会の「神田祭役割分担」は、祭典委員長(総括)一人(町会長)、祭典実行委員長(神輿巡幸責任者)一人、祭典副委員長(交通、庶務)一人、祭典副委員長(神酒所)一人、会計責任者一人、中神田連合世話人一人、婦人部統括一人(女性)、神輿係五名(うち、担ぎ手募集係の女性一人)、補給班・婦人部とほか一人、衣裳係・婦人部、神酒所四人、会計庶務三人(うち、婦人部統括の女性一人)、鳳輦供奉四人、賛助金募集・役員全員、担ぎ手募集担当者:女性一人とその他役員全員である
(32) 前掲松平「現代神田祭仄聞」八八頁。掲載された表2より算出。
(33) 平成二五年五月九日(木)の段階。二五万円が二本、二〇万円が四本、一五万円が二本、一〇万円が四本、九万円が一本、五万円が九本、三万円が一〇本、二万円が五本、一万円が四九本、五千円が二〇本である。
(34)『千代田区文化財調査報告書一七　千代田の稲荷―区内稲荷調査報告書―』千代田区教育委員会・千代田区立四番町歴史民俗資料館、平成二〇年、一五二頁。
(35) 前掲『町会発足50周年記念　会員名簿　千代田区須田町中部町会』。
(36) 前掲『千代田の稲荷』五九頁。ただし、創祀は、大正六年より遡り、大正四年に社殿が焼失したという指摘もある。
(37)『週刊千代田』平成二年二月二二日付。
(38) 前掲松平「現代神田祭仄聞」。
(39)『週刊千代田』平成二年八月二五日付。
(40)『週刊千代田』平成三年二月二五日付。

(41)『週刊千代田』平成三年七月二二日付。
(42)『週刊千代田』平成四年二月二九日付。
(43)『週刊千代田』平成四年七月八日付。
(44)『ＫＡＮＤＡルネッサンス』二九号、ＮＰＯ法人神田学会、平成六年。
(45)『週刊千代田』平成五年二月一五日付。
(46)『週刊千代田』平成六年三月二二日付。
(47)『週刊千代田』平成六年五月一五日付。
(48)『週刊千代田』平成七年四月二九日付。
(49)『毎日新聞』朝刊、平成九年四月二三日付。
(50)『週刊千代田』平成八年二月八日付。
(51)『週刊千代田』平成九年二月二八日付。
(52)『毎日新聞』朝刊、平成九年四月二三日付。
(53)『週刊千代田』平成一〇年三月八日付。
(54)『週刊千代田』平成一一年二月一六日付。
(55)『週刊千代田』平成一二年二月二九日付。
(56)前掲『千代田の稲荷』五九頁。
(57)『週刊千代田』平成一三年二月一五日付。
(58)『週刊千代田』平成一四年二月二八日付。
(59)『週刊千代田』平成一五年二月八日付。

(60)　前掲『千代田の稲荷』五九頁。
(61)　『週刊千代田』平成一六年二月一五日付。
(62)　『読売新聞』朝刊・西部版、平成一六年七月三一日付。
(63)　『週刊千代田』平成一七年二月一五日付。
(64)　前掲『千代田の稲荷』五九頁。
(65)　石井研士『銀座の神々―都市に溶け込む宗教―』新曜社、平成六年。
(66)　上野千鶴子「祭りと共同体」井上俊編『地域文化の社会学』世界思想社、昭和五九年。
(67)　『神田祭の楽しみ方』というパンフレットを千代田区観光協会が作成し、見どころとして「元祖女みこし」を紹介している。また、「元祖女みこし」の一般募集において、twitterでの告知を千代田区観光協会がリツィートしている。
(68)　R・P・ドーア著、青井和夫・塚本哲人訳『都市の日本人』岩波書店、昭和三七年、二三四頁。

第三章　個人と神田祭

第一節　神田神社の神職と現代の神田祭

これまで繰り返し述べてきたように、東日本大震災の発生によって四年振りの開催となった平成二五(二〇一三)年の神田祭、神田神社が現在地に遷座してから四〇〇年を記念して行なわれた平成二七年の神田祭(御遷座四〇〇年奉祝大祭)は、いずれも多くの参加者と観客を動員して大きな賑わいをみせた。都市祝祭の一コマを現代の大都市の祭りからみることができる。

この都市祝祭(賑わい)を形成する一つの原動力は、第一章でみたように、戦後地域社会の変容に対する地域社会(氏子町会)の反応が影響していることが考えられる。

平成四年の神田祭を対象として分析を行なった松平誠は、「都市祝祭伝統の持続と変容―神田祭による試論―」の中で、神田祭の祝祭の構図として大きな可塑性を発揮する点が特色であることを明らかにしている。

その理由として、第一に、町内会というものが、本来表出機能を中心として機能してきたものであり、危機に際しては必然的に新たな表出機能を模索することになるからであるとしている。第二に、そうした表出機能をかなり柔軟に発揮できる個別町内の独立性に裏打ちされているために、政治的あるいは社会的な危機に直面したとき、優れた表出機能を発揮してきたことを挙げている。

山車の共同運行が不可能になったときに、それまでの慣習にない町神輿を創出したのは神田の町内であり、町神輿が定着すると今度は連合渡御に仕上げたのも神田の町内であった。そこには、本来の表出機能に基づく新たな都市の伝統創出の軌跡が描かれていると指摘する。そして、同様に、現在起こっている神田地域の社会変化に対しても、文化的な形での挑戦を進めている。女神輿が生まれたり、神輿同好会への柔軟な対応を進める町内会が生まれたりする素地がそこにあると指摘している。(1)

以上のように、松平は、町内会(町会)を基盤とした「可塑性」が神田祭の賑わいを作る一つの原動力になっていると捉えている。

確かに、第一章で明らかにしたように、平成二五年と平成二七年の神田祭では、連合渡御(「おまつり広場」など)、神田神社への神輿宮入参拝の拡大、金曜日の町内企業と懇親を図る祭りの拡大、祭礼の象徴(神輿・山車など)の誕生や復活によって祭りが盛んになり地域社会が再活性化する事例(例、「元祖女みこし」の参加者の拡大、紺屋町南町会のダンボール神輿の誕生、「桃太郎」の山車の展示に伴う二〇年振りの神酒所の設置など)がみられた。社会変動に対して可逆的に反応し、祭りが盛んになっていることが指摘できる。その理由として、町会にとって、神田祭が最大の行事であるとともに、地域社会の結集を維持するための「最後の拠り所」になっているからであると考えられる。つまり、町会を基盤とした「可逆性」が神田祭の賑わいを作る一つの原動力になっていることは平成二五年・平成二七年の神田祭からも窺うことができる。

しかしながら、町会の持つ「可塑性」や「可逆性」だけが神田祭の賑わいを作る原動力なのだろうか。神田祭を現場で参与観察していると目につくことがある。一つは神田神社の神職の活躍である。もう一つは、町会の個人の強い意志と行動力である。

ここで参考となる先行研究がある。石井研士は、東京銀座の小祠や地蔵、高層化した神社などの宗教調査から都市における宗教の現状として二つの特徴を指摘している。一つは、「都市化と宗教変動のプロセスは可逆的なプロセスであることに注意しなければならない。個人や地域の危機的状態において、宗教は再び社会を聖化するように働く可能性がある。そうしたさいに人的要因は重大な要因である。八官神社の西澤半助、豊岩稲荷の岩松鉦太、朝日稲荷の三枝敏郎と沖山三郎などはそうした事例の典型である。特定の人物が神社の復興や存続に大きな役割を果たす」(2)ことである。二つは、「祀るもののフレキシブルな構造である。教義や世界観を厳密に遵守しないことによって、必要が生じたときに、そのための表現様式のさまざまな可能性として存在し続けることができる」(3)としている。特に、一つ目の「人的要因は重大な要因」としている点が注目される。銀座のような個人の活躍が神田祭でも確認できるのであろうか。

そこで、本節では、神田神社の神職と神田祭の関わりについてみていきたい。戦後の都市祭りを対象とした先行研究では、都市祭りと宗教者の関係を扱った研究はほとんどなされていない。先行研究が手付かずにしてきた、神職という宗教者と戦後の都市祭りとの関係を切り開くという意味でも、神田神社の神職と現代の神田祭の関係を検討する意義があると考える。

一　参与観察からみえる神田神社の神職と神田祭

平成二七(二〇一五)年五月現在、神田神社の神職数は一七人(研修生・巫女・職員を含むと二八人)である。(4)氏子町会が一〇八町会にも上ると称され、大規模な神幸祭行列の指揮や氏子町会の神輿宮入など、神田祭に関わる動きをこの人数で運営していることになる。限られた人員で神田祭を運営しているといえるのではなかろうか。

平成二七年五月の神田祭における主な神事と神職の携わった活動として、以下のものが挙げられる。

1 主な神事・活動と神職

五月七日(木)の一九時から鳳輦神輿遷座祭が厳粛に執行された。多くの観客が見守る中、白装束(斎服・浄服)を着た神田神社の神職、巫女らによって御神霊が、一の宮鳳輦(大己貴命)、二の宮神輿(少彦名命)、三の宮鳳輦(平将門命)へ遷された。

五月八日(金)は氏子町会の神輿御霊入れを多くの町会で実施した。複数の町会を担当する神職がそれぞれの町会の御霊入れを行なうため、時間を分けて行なっている。神田中央連合では、次の町会まで町会の車で神職を送って町会神輿への御霊入れを実施している。

五月九日(土)は八時に神田神社で発輦祭を行なって、神幸祭は開始される。神田神社の三柱の御神霊を載せた鳳輦・神輿を中心とした神幸祭の行列は神田・日本橋の氏子町会を巡った。途中、将門塚と両国御仮屋では、神田神社宮司の大鳥居信史氏を斎主として神事を行なった。また、一八時には神田五軒町町会の神酒所があるアーツ千代田3331で、初めての試みとして巫女舞が奉納され、神田神社権宮司の清水祥彦氏が挨拶をした。その後、神田神社へ還御し、一九時頃に着輦祭が神田神社で行なわれた。また、日本橋の有馬小学校からは附祭の行列が神幸祭行列の後ろへつながり、神田神社の神職と文化資源学会、有馬小学校の教員らで、附祭の行列を進行させた。附祭には、相馬野馬追の騎馬武者のほか、大江山凱陣、大鯰と要石、花咲か爺さん、浦島太郎などの曳き物が加わった。筆者も浦島太郎の曳き物に参加し、慶應幼稚舎の子どもたちと「浦島太郎」を歌いながら、アドバルーンでできた浦島太郎の曳き物を曳いて、小網町児童公園から神田神社まで練り歩いた。途中の秋葉原から東京藝術大学学生が制作した「白

写真１　鳳輦神輿遷座祭（平成27年、筆者撮影）

虎」、万世橋交通少年団、ボーイスカウト千代田第六団などが合流したが、合流のタイミングや順番などは現場の神職が臨機応変に対応しながら、行列の運営をしていた。三熊野神社から里帰りした祢里（山車）二基も附祭の行列のあとに参加したが、ここにも神田神社の神職が付き添い、運行を管理していた。また、夜からは、富山町町会と日本橋の氏子町会による神輿宮入が行なわれ、社殿前で神輿を下し、神輿と担ぎ手のお祓いを神職が行なった。

五月一〇日（日）は、終日、神田神社への氏子町会神輿の宮入が行なわれた。神輿宮入に際しては、神田神社大鳥居横に「指揮台」の櫓を組み、そこに神田神社の神職を配置して、大鳥居前から神田神社境内へ向かって神輿宮入を誘導する。また、神田神社拝殿前に氏子町会の神輿が到達すると、町会の神輿の紹介などを神田神社の神職が行なう。拍子木が叩かれ（木が入れられ）、神輿が下ろされると、お祓いを受けるために低頭する旨、だいこく様とえびす様の福鈴が鳴らされる旨、二礼二拍手一礼の神田神社への参拝の誘導、宮入を果した町会長の挨拶の誘導、還御する町会神輿の紹介などのアナウンスを神田神社の神職が行なう。また、神輿宮入の際には、神田神社宮司の大鳥居信史氏の姿もみられた。このほか、一〇日の昼頃、秋葉原中央通りに多数の神輿が連合渡御をする「おまつり広場」が行なわれたが、連合渡御に先立って実施した式典「街宣車（自民党本部から借りた車）」にも神田神社宮司の大鳥居信史氏が参加した。神輿宮入を終えた町会では、神田猿楽町町会や神保町一丁目町会など、一〇日の夕方から夜にかけて町会神輿の御霊返し（御霊抜き）を神田神社の神職が行なった。

なお、一〇日の神田祭の様子は、神田神社とＮＴＴコミュニケーションズ

写真２　東神田町会御霊入れ
（平成27年、筆者撮影）

が制作するインターネットＴＶ「神田祭．ｃｈ」で配信された。配信された映像はのちに編集されて、『神田祭大図鑑』（ＤＶＤ）として販売された。
五月一四日（木）の一一時から献茶式、同日の一八時から明神能が催された。そして、五月一五日（金）の一四時から神田神社例大祭が執行された。神田神社宮司以下の神職が厳粛に祭典を執行し、氏子町会の関係者らが参列した。

２　御霊入れと御霊返し

平成二七（二〇一五）年の神田祭では、第一章第二節で指摘したように、御霊入れは把握分であるが七〇町会と二連合（錦連合三町会、小川町連合四町会）で実施された。その一方で、御霊返しは一七町会で確認できた。御霊返しは、町会の神輿が神酒所に還御した時間と、神田神社の神職が御霊返しに来ることが可能な時間が一致した町会で実施されていることが窺われる。つまり、町会と神社双方の人的要因とタイミングが実施率に影響していることが考えられる。

３　神田祭入門講座・アサゲ・ニホンバシ

神田祭に先立ち、四月八日（水）の一九時からアーツ千代田３３３１を会場として、女性を対象とした神田祭入門講座が行なわれた。神田神社のバックアップと外神田連合の協力のもと、講座は開催された。神田神社権宮司の挨拶、神田神社権禰宜による神田祭の歴史についての映像や画像を使った講義のあと、メイクや半纏の着付け、担ぎ棒を使った神輿担ぎの実演（外神田連合が協力）が行なわれた。

四月一七日（金）の「第六二回アサゲ・ニホンバシ」（朝餉・日本橋）では、室町一丁目の三井ホールを会場として、朝食を食べながら神田神社の神職によって「神田祭とゴルフ日本橋会」と題した講演が行なわれた。講演では、神道や神田神社、神田祭、ゴルフ日本橋会を通じた関わりが室町一丁目会の神田神社への神輿宮入へつながったことなどが、多数の画像を使ったスライドを使って紹介された。

以上のように、神田神社の神職は限られた人数で神事を厳粛に執行するのみならず、神田祭の賑わいを彩る様々な活動に従事していることがわかる。

二　神田祭以外の氏子町会と神社・神職との関わり

神田祭以外においても、氏子町会と神田神社・神職との関わりを持つ場が年間を通じて複数存在する。まずは神田神社の年中行事からそうした場を確認しておきたい。

1　神田神社の年中行事

『神田明神史考』には、大正八（一九一九）・九年の歳時記として、初日の出、初詣、一番組の初詣で新年会、神楽殿における太々神楽、節分祭・拝殿に整列した年男、夏越しの形代流し（隅田川）、七五三参り、歳の市・〆飾り店、歳の市・羽子板店と警戒の宮鍵講員、歳の市・御防講詰所、煤払い、除夜七祭の内・神門祭、除夜七祭の内・疫神

祭、除夜七祭の内・道饗祭の写真が掲載されている。(5)

昭和六（一九三一）年発行の『神田明神誌』には、「現在行なはれつ、あるもの」として神田明神の年中行事が挙げられ、旧行事には「△」（三角印）が付されている。(6)

以下に列挙すると、「一月一日　歳旦祭」「一月一日　初日出拝」「一月二日　元始祭」「一月八日　神事始△」「一月九日より一月末日まで　氏子各町神楽奉奏△」「二月節分　疫神祭授與」「二月十一日　紀元節祭」「二月十九日　祈年祭」「三月春分ノ日　春季皇靈祭遥拝」「四月三日　神武天皇祭遥拝」「四月二十一日　大々神楽△」「四月二十九日　天長節祭」「隔年五月十三日より十九日まで　神幸祭」「六月三十日　大祓」「七月三十日　明治天皇祭遥拝」「九月十四日前斎式」「九月十五日　例祭」「九月秋分ノ日　秋季皇靈祭遥拝」「十月十七日　神嘗祭遥拝」「十一月三日　明治節祭」「十一月十五日　七五三祝」「十一月廿五日　新嘗祭」「十二月二十日二十一日　年の市」「十二月卅一日　大祓」「十二月卅一日　除夜祭△」である。

戦前の神田神社の年中行事においても、神楽始や氏子各町神楽奉奏、大々神楽、除夜祭などが「旧行事」として挙げられていて、現在行なわれているものと対比していることから、旧行事は大正八・九年の段階では中断していたことが窺われる。

次に、戦後の神田神社の年中行事について概観しておきたい。

昭和六〇年発行の『奉祝天皇陛下御在位六十年　神幸祭写真集　神田明神』には、「神田神社年中行事」として、神楽始めの儀、神楽始めに参列の氏子総代、節分祭に参進する氏子総代、節分祭豆撒風景、将門塚例祭・長銀講堂、大祓形代流し御座船、大國祭の賑い、秋大祭に参列する氏子総代の八枚の写真が掲載されている。(7) 昭和初期には、中断していた神楽始が復活していることが窺える。

『神田明神史考』には、平成三(一九九一)年の神田神社の年中行事として、一月一日・初詣、一月八日・神楽始め、一月一四日・大国まつり、一月一五日・寒中がまん大会(寒中禊錬成)、二月三日・節分祭(豆撒き式)、四月三日・春大祭(祈年祭)、四月五日・健育祭(新入学児童参拝)、五月一五日・献茶式(表千家家元奉仕)、五月一五日・例大祭、七月三日・大祓形代流却神事(東京湾浦安沖)、九月彼岸中・将門塚塚前祭、九月彼岸中・将門塚例祭(長銀講堂)、一一月一五日・七五三詣、一一月二五日・秋大祭(新嘗祭)が挙げられている。また、結婚式についても「明神会館より参進」として、写真入りで紹介している。(8)

『神田神社　平成の御造替事業竣成報告書』には、平成一一年の年間行事(予定)として、元旦・初詣、一月八日・神楽始、一月一四日〜・だいこく祭、一月一四日・寒中がまん大会、二月三日・節分祭、四月三日・春大祭(祈年祭)、四月五日・健育祭(新入学児童参拝)、五月一八日・例大祭、五月一九日・献茶祭(表千家家元奉仕)、六月三〇日・夏越大祓式、七月二日・大祓形代流却神事、七月七日・七夕祭、九月彼岸中・将門塚例祭、一一月一五日・七五三詣、一一月二五日・秋大祭(新嘗祭)が挙げられている。(9)

神田祭公式ガイドブック『平成二十七年神田祭』には、「神田明神の一年」として、一月一日：初詣・歳旦祭、一月初旬：仕事始め参拝、一月中旬：だいこく祭・寒中禊(がまん会)・四條流包丁儀式・祈願串成就祭、一月下旬：神楽始(太々神楽)、二月三日：節分祭豆まき式、二月一一日：紀元祭、二月下旬：末社・浦安稲荷神社例祭、三月上旬：末社・末廣稲荷神社例祭、四月初旬：崇敬会春祭り・新入学児童健育祭・祖霊社春季例祭(氏子英霊慰霊祭)、四月三日：祈年祭(春大祭)、五月一日：合祀殿春例祭、五月一四日：献茶式(表千家家元奉仕)・明神能(金剛流)、五月一五日：例大祭、五月中旬：神田祭(二年に一度)、六月初旬：京都神田明神例祭、六月初旬：摂社・大伝馬町八雲神社例祭、六月初旬：摂社・小舟町八雲神社例祭、六月三〇日：夏越大祓式、七月初旬：大祓形代流却神事、七月七日：

七夕祭、九月彼岸中：将門塚例祭、一〇月一日：合祀殿秋例祭、一〇月中旬：末社・金刀比羅神社例祭、一〇月中旬：末社・三宿稲荷神社例祭、一一月中旬：末社・籠祖神社例祭、一一月中：七五三詣祝祭、一一月二五日：新嘗祭（秋大祭）、一二月一二日：煤納奉告祭、一二月二三日：天長祭、一二月下旬：除災大祓式、一二月三一日：師走大祓式・除夜祭が挙げられている。(10)

ここでは、平成三年、平成一一年、平成二七年の神田神社の年中行事を比較すると、平成三年と平成一一年では、末社・摂社の例祭など記載されていない行事の存在が想定されるものの、平成一一年には七月七日の七夕祭が加わり、平成一一年から平成二七年の間に、一月初旬の仕事始め参拝、四月上旬の崇敬会春まつり、五月一四日の明神能（金剛流）など、年間を通じた新たな行事が加わったことが窺える。

また、平成三年と平成一一年では、一月八日であった神楽始が、平成二七年では一月下旬になるなど、固定されていた祭日が初旬・上旬・中旬・下旬などと、毎年、日曜・祝祭日の日付に祭日を対応させながら、多くの参拝者に集ってもらおうと工夫していることがわかる。

その一方で、四月三日の祈年祭、五月一五日の例大祭、一一月二五日の新嘗祭（秋大祭）の祭日は、動かされていない。これらの大祭の日を中心に、氏子町会の人たちは神社の祭典に参列している。例えば、平成二六年の新嘗祭（秋大祭）では、翌・平成二七年の神田祭の日程等の予定が氏子町会に報告された。ただし、初詣を含め、仕事始めの企業参拝や崇敬会の春祭りなど、氏子以外の崇敬者や個人、氏子の企業にも開かれた行事も多く催されていることがわかる。平成二七年の仕事始めの日には、一三五〇社を超える企業が神田神社へ昇殿参拝した。

神田神社の神職によれば、崇敬会春祭りのポスター配り、大祓式、七夕祭、七五三、秋大祭（新嘗祭）などにおいて、神田神社の氏子町会の関係者（町会関係者には崇敬者も含まれる）の協力を仰ぎ、広報等をしてもらい、これらの行事を実施しているという。

2 氏子町会の年中行事との関わり

次に、神田祭以外の町会の年中行事と神田神社の神職との関わりについてみておきたい。町会の年中行事については、第二章第二節でみているが、神田神社の神職との関わりから整理しておきたい。

初詣

多くの町会で行なっているのが、新年の神田神社への初詣(昇殿参拝)である。平成二五(二〇一三)年神田神社に宮入を果たした町会と参考事例二町会を含む五四町会と二連合(錦連合・小川町連合)を対象とした実態調査の過程で判明した町会で初詣を行なっているところ(巻末・資料1には未掲載)は以下の通りである。

多町二丁目町会(元日、六五人参加)、神田淡路町二丁目町会(一月二日一〇時半・三〇人参加)、須田町一丁目南部町会(元日・一五世帯参加)、須田町北部町会(元旦〇時半集合・一五人参加)、宮本町会(一月二日・三〇~四〇人参加、明神会館で新年会)、神臺會(一月二日・一七~一八人参加)、神田末廣町会(一月二日一〇時半・一五人)、岩本町三丁目町会(元日・三〇人)、東神田町会(三〇人参加)、東神田豊島町会(子どもを含む三〇人参加)、神田佐久二平河町会(元日に実施)、神田佐久間町三丁目町会(一月第三土曜に新年会と一緒に実施・約二〇人参加)、神田佐久間町四丁目町会(元日一五時・一二~一三人参加)、神田和泉町町会(一月三日)、人形町二丁目三之部町会(二〇人)、東日本橋三丁目橋町会(役員二〇~三〇人参加)などである。

少なくとも一八町会が町会で神田神社への初詣(昇殿参拝)を実施している。昇殿参拝の際には、社殿や撤下所などで神職と町会関係者が挨拶を交わしている。また、町会では新年会を開催する町会が複数あるが、神田中央連合を担当する神職は担当町会の新年会に顔を出しているという。昇殿参拝の際に受けた祈禱札や神供は新年会の席などで、町会員に配られる。

その他の行事での関わり

二月には、小川町連合で祀る幸徳稲荷神社の節分祭や秋葉原東部地区連合で祀る草分稲荷神社の初午祭などを、氏子町会の稲荷神社の祭りを斎主として執行するのも神田神社の神職である。

四月の健育祭には、東日本橋二丁目町会の子どもが神田神社へ参拝する。平成二七(二〇一五)年は四月一日に神田神社へ参拝し、町会の子ども一二人が参加して行なわれた。神社が行なう健育祭とは別に、三月中に町会の小中学校の卒業祝いと入学祝いを、昇殿参拝をして行なう神保町一丁目町会もある。

五月の神田祭・蔭祭に、史蹟将門塚保存会大神輿の発御祭、還御祭などの神事を行ない、また町会神輿の巡幸を行なう神田和泉町町会の大・中・小神輿、東日本橋二丁目町会の子ども神輿に御霊入れ・御霊返しの神事を行なうのも神田神社の神職である。また、宮本町会の子ども神輿の巡幸に際して、神田神社拝殿前で、神事の内容や意味の解説を付けて御霊入れの神事が行なわれた(11)。

一二月の神田神社の「お札配り」では、氏子町会の崇敬会員を神田神社の担当神職らが回る。町会長(崇敬会員)が町内の会員分をまとめて受け取るところもある。

また、須田町中部町会を担当する神職は、平成二五年を例にしてみると、二月の豊潤稲荷神社の初午祭の祭典を行ない、直会の席で町会の人たちと懇親の場を持ち、五月下旬に行なわれた須田町中部町会六〇周年記念式典に参加し、九月の町会の旅行に参加するなど、町会との関わりを大切にしている姿をみることができた(12)。

以上のように、ここで取り上げたものはごく一部であるが、神田神社の神職と氏子町会の人たちは、神田祭以外の様々な行事において、交流する機会を持っていることがわかる。

3　氏子町会の神田神社のイメージ

こうした年間を通じて町会との関わりを大切にする神職の存在は各町会にどのような影響を与えているのだろうか。ここで一つの参考になるデータがある。

平成二五年神田神社に宮入を果した町会と参考事例二町会を含む五四町会と二連合(錦連合・小川町連合)を対象とした実態調査(巻末・資料1参照)において、各町会の町会長をはじめとした町会関係者に、「神田神社は何の神様を祀る、どのような神社か」を伺い、神田神社のイメージについて回答してもらった。

それによると、回答の多い順に、「平将門」(三四町会)、「氏神様」(一八町会)、「商売(繁盛)の神様」(一一町会)、「だいこく様」(九町会)、「えびす様」(六町会)、「少彦名命」(四町会)、「神様は三人」(四町会)、「大国主命」(三町会)、「大己貴命」(三町会)、「江戸の総鎮守」(三町会)などの回答があった。平将門のイメージが依然として強いことがわかるが、「氏神様」としての性格と「商売の神様」の性格を併せ持ったイメージが形成されていることがわかる。

このうち、平将門に関わるもので、具体的なイメージを言語化しているものに、「平将門様。神田の人間は成田山にはいかない」(司一町会)、「ちゃんとお祀りしないと将門さんは怖い」(淡路町二丁目町会)、「将門がいるとはいってはいけない」(外神田四丁目田代会)などがある。

また、氏神様に関わるもので具体的なイメージを言語化しているものに、「子どもの頃からの氏神。心休まる氏神様」(内神田旭町町会)、「氏神。氏子と氏神の距離間は変っていない」(栄町会)、「子どもの頃からの氏神」(鍛冶町一丁目町会)、「みんな氏子だと思っている。いい意味でプライドを持っている」(神田佐久間町四丁目町会)、「地域を守っ

写真3　神輿宮入参拝と神職
（平成27年、筆者撮影）

てくれる神様」（外神田三丁目金澤町会）がある。

このほか、「子どもが生まれるとお祓いを受けに行ったり、商売繁盛の祈願にも行く、身近な神社」（司町二丁目町会）、「子どもの頃から神社でセミを取ったり、親しみのある神社」（神田淡路町二丁目町会）、「神田神社はステータス。祭礼も大きいし、氏子町会の規模も大きい。神田祭は町神輿の祭り。一つ一つの町会が競い合う祭り。そうした求心力を持つ神田神社はボリュームも大きい。非常にステータスを感じる」（須田町北部町会）、「最初の頃はさみしかったが、ずいぶん隆盛してきた。お祭りもここ一五年くらいで盛んになってきている」（神臺會）、「どの神様をお祀りしているかというより、神田神社そのものが持っているエネルギーが大きい」（岩本町三丁目町会）、「住民のすべての心の支え」（神田大和町会）、「明神様は心の拠り所。善意の象徴」（東神田町会）、「神田神社は下町につながる神社。商売繁盛に関連していて親しみやすい」（東神田豊島町会）、「神田神社は庶民に開かれた神社」（室町一丁目会）、「あそこに行くと楽しめる神社。資料館もあり、面白い行事もあり親しめる」（東日本橋三丁目橘町会）など、いずれも肯定的なイメージを回答している。

特に、「親しみやすい」「楽しめる神社」といったイメージの形成には、各氏子町会を担当する神田神社の神職との関係の深さも窺える。例えば、東日本橋三丁目橘町会や室町一丁目会の神田神社への神輿宮入は担当神職との個人的なつながりも働き、実現に至っている。

三　神田祭の変遷にみる神職と賑わいの場の形成

ここでは、千代田区のコミュニティ新聞である『週刊千代田』の記事を中心に、松平誠による平成四(一九九二)年の調査前後から現在に至るまでの神田祭の変遷を中心に、神職と賑わいの観点からみておきたい。ただし、一九七〇年代後半にも一九九〇年代(平成の初め)の動きにつながる萌芽があるため、まずこの動きから押えておきたい。

1　一九七〇年代後半の動き

昭和五二(一九七七)年の神田祭は、五月一二日に献茶式、五月一三日に宵宮、五月一四日に神幸祭、一四日午後から、歩行者天国で神輿連合渡御(中央通りに一〇〇基の神輿を集めたといわれるもの)が行なわれた(13)。

昭和五五年は蔭祭の年であった。しかし、五月一〇日(土)の午後に、「神祭会」の若い衆が神輿を担いで秋葉原電気街を練った。五月一一日(日)には、神田和泉町町会では神輿の巡幸、内神田旭町町会では子ども神輿の巡幸が行なわれた。神田神社境内では、新しくできた神輿庫で神田祭の古い写真の展示、神楽殿では奉納演芸などの祭礼行事を五月一〇日～一五日実施した(14)。この年、「明神稚児太鼓」が結成された。明神稚児太鼓が形成されるきっかけは、神田神社の氏子総代の一人がテレビで福井県剣神社の「明神太鼓」という名前の子ども太鼓をみて、強く心に焼きついた。「こんな可愛らしい子ども太鼓が神田明神にできないものか」と、当時神田神社の禰宜であった大鳥居信史氏(現・神田神社宮司)に相談した。大鳥居氏は早速、剣神社に見学に行き、明神太鼓を八ミリビデオにおさめて総代会で映写会を催した。そして、明神将門ばやし会が子ども太鼓の面倒をみることになり、明神将門太鼓保存会による神田明神稚児太鼓が結成されることとなった。[15]

2　一九九〇年代（平成に入ってから）の動き

次に、平成に入ってからの動きをみておきたい。

平成二（一九九〇）年の神田祭では、神幸祭に復活した諫鼓（かんこ）山車、旧神田市場前から稚児行列が参加した。そして、その後ろに羽衣山車（岩本町二丁目松枝町会）が加わった。また、神輿宮入では須田町中部町会と多町二丁目町会の二基の女神輿が宮入を果たした。[16]

平成四年の神田祭では、茨城県から神田祭の行列をみて創始したという「町田火消し行列」が、五月九日（土）の神幸祭（一八時頃から開催された旧神田市場跡の「おまつり広場」のイベントから）に飛脚ら一二〇人が参加した。[17] 神輿宮入では、東神田町会の神輿（昭和二九年製作の神輿）が初の宮入を果たした。[18]

平成六年の神田祭では、担ぎ手の定員一六〇〇人である神田市場千貫神輿が七年振りの渡御を行なった。[19] これに、茨城県岩井市から参加した将門武者行列が、おまつり広場付近で合流した。[20] また、企業協力によるクライスデールワゴンパレードという馬車行列に加え、日本航空のフライトアテンダントが神田祭に参加した。さらに、博報堂をはじめ各社の協力で「神田祭ウォークラリー」の企画も加わった。これによって、清水祥彦氏は、「企業の参加による祭礼活性化はさらに進んだ」としている。[21]

平成七年の七月一三日〜一六日に行なわれた「靖国みたま祭り」には、神田靖国講が三基の神輿（司一町会、神田旅籠町会、鍛治町二丁目町会）を出し、麹町区と連合渡御を実施した。[22] この巡幸には、外神田連合の現・神臺會会長のT・N氏が副委員長として参加した。

平成八年、氏子町会の一つの神田同朋町会が神輿を新調した。同年三月九日に神田神社社殿前で新調神輿を披露し、明神会館地下ホールで披露宴を催した。この席で神田神社宮司の大鳥居信史氏は、「お膝元の町会で二五年ぶりのお神輿の完成。神田祭り近し、の実感がする。大祭に一層の華を添えるものと思う」と祝辞を述べた(23)。

平成八年の神田祭には、遠州大須賀三熊野神社の祢里二基・二五〇人が里帰りを果たした。祢里二基は、五月一一日(土)の神幸祭に後ろに加わった(24)。同じ日の一七時半から、秋葉原駅前～神田神社間を「おまつり広場」(歩行者天国)として開放し、縁日を開催した。翌一二日(日)には、宮入を済ませた外神田地区の一一基の神輿が歩行者天国に繰り出した。そこに四尺の大神輿(約二〇〇〇人の若衆)、三熊野神社の祢里二基(二五〇人)も合流した(25)。

平成八年の一二月六日に「神田祭の會」が結成された。「神田祭の會」は、「今後の神田祭りを一層盛り上げるため、情報交換作りをできるネット・ワークを作りたい」との思いから、一二月六日一八時に明神会館へ六四人参集した。神田神社宮司の大鳥居信史氏、権禰宜二人も参加した。この会が結成された背景には、平成八年の次の大祭(神田祭)が、神田神社の本殿などの大改修(平成の御造替事業)によって三年後の平成一一年になることも影響したとみられる(26)。

平成九年、平成の御造替事業(平成七年～平成一一年五月)の一環で斎館(一階が多目的祭祀殿、二階・三階が資料展示室と収蔵庫〔現・神田明神資料館〕)を竣工した。斎館の二階展示室に土人形の神幸祭の行列を展示した(27)。

同年一二月四日から、江戸を題材としたカルチャー講座「明神塾」を、明神会館を会場として開講した(28)。

平成一〇年、明神斎館落成記念に神田・日本橋の神輿三基の渡御を行なう「平成一〇年神田神社蔭祭り神輿渡御提案書」を神田神社宮司・大鳥居信史氏が作成した。しかし、実現には至らなかった。その代わりに同年の五月には、神田和泉町町会(町内渡御)・岩本町三丁目町会(岩本町・東神田連合八町：五尺三寸の神輿、宮出・宮入)・内神田旭町町会(町内渡御、近隣八町会を巡幸)が神輿の巡幸を行なった。[29]

平成一一年は三年振りに本祭(神田祭)が行なわれた。この年、四尺の神社神輿(宮神輿)が水天宮の力添えにより奉納された。[30]四月一六日(金)の一八〜二〇時には、神田神社で女性のための「お祭り入門講座」を開催した。[31]

同年五月一五日・一六日の神田祭には、遠州大須賀町の祢里二基が参加した。一二時半過ぎ、「おまつり広場」(秋葉原中央通り・歩行者天国)の式典(神田神社宮司、千代田区長、大須賀町町長らが街宣車の上から挨拶)、旧神田市場の千貫神輿と築地魚河岸会・水神社の大神輿が宮入を実施し、宮入後、「おまつり広場」へ向った。延べ一〇〇万人を超える人出となった。[32]

同年一一月一二日に、天皇陛下御即位一〇年を祝う国民祝賀式典が皇居前広場で行なわれた。その第一部の「日本の祭り」に神田神社の神社神輿の渡御を決定した。[33]

平成一二年、サンフランシスコ桜祭に神田祭が参加した。[34]

平成一三年、附祭として、江戸時代に流行した「曳き物」を巨大な赤ちゃんに見立てて登場させ、インターネットや各種ＩＴを駆使した「ＫＩＸプロジェクト」を実施した。また、「お祭り入門講座」の開催や大江戸ダンスという少年少女を中心とする踊りチームの参加も行なわれた。[35]

平成一四年、皇太子ご夫妻に敬宮愛子さまが誕生したことを記念して、神田祭で特大神輿を担いだ。特大神輿は、高さ約二m四〇cm、極彩色の鳳凰が載り、重さは少なくとも一トンを超える。約一五〇人が交代で担いでも息が切れるという。五月一二日の一三時、日本橋三越前を出発して中央通りを北上し、一七時に神田神社へ到着する。また、神田神社境内には、小型の「山車ロボット」(神田錦町の東京電機大学の学生の制作)が七台置かれた。山車ロボットはリモコンで遠隔操作できたという。[36]

3 江戸開府四〇〇年以降の動き

平成一五(二〇〇三)年、江戸開府四〇〇年を記念して、東日本橋二丁目町会が船渡御による神輿宮入を行ない、東京藝術大学学生が制作した四台の曳き物、底抜け屋台の演奏が復活した。また、江戸天下祭フォーラムの開催、金剛流の遠藤勝實師範による明神能が初めて開催された(37)。

この年、大手・丸の内町会(大手町・丸の内地区)の神田祭への参加が開始された。三井物産の社員二二四人が史蹟将門塚保存会の参与法人として神田祭を盛り上げようと、神田神社から借りた神輿で宮入した。その後、社会貢献活動の一環として独自に担げる神輿を作ろうという機運が高まり、史蹟将門塚保存会のメンバーで大神輿を新調した。

平成一六年、蔭祭の年であったが、神社大神輿を、氏子区域を三地区に分けて輪番で神輿を巡幸した(38)。

平成一七年、『神田明神祭礼絵巻』に描かれた「大鯰と要石」の曳き物を二一五年ぶりに復活させるとともに、三越やNTTコミュニケーションズなどの企業協力による曳き物も初めて参加した(39)。また、史蹟将門塚保存会大神輿が宮入を果たした。史蹟将門塚保存会の参与法人である三菱地所・三井物産・三井生命保険・物産不動産・三菱東京UFJ銀行・竹中工務店・プロミス・丸紅・パレスホテル・三菱不動産の一〇社で神輿を担いだ(40)。そして、将門公ゆかりの相馬野馬追騎馬武者の特別参加を実施し、「インターネットTV神田祭チャンネル」(「神田祭.ch」)という「情報化社会に対応した神賑行事」も行なわれた(41)。

平成一八年、八月二日の新潟県長岡市の長岡まつりで、七・一三水害や中越地震からの復興を願い、神田明神神輿を神田神社の氏子有志四〇人と長岡市民ら約一二〇人が担いだ(42)。

平成一九年、神田祭復元プロジェクト(文化資源学会創立五周年記念事業)を春に立ち上げた。その一環で、五月一二日に日本橋三越前から神田神社まで「大江山凱陣」の練物を出し、約六〇人が参加した。

平成二一年の五月九日の神田祭では、附祭の行列の規模をさらに大きくして一〇五人の文化資源学会の会員と神田祭へ参加した。「大江山凱陣」のほか、唐子や仮装人物など新たなキャラクターが加わり、東京藝術大学学生による鳥天狗、白象と一緒に練り歩いた。

平成二三年、東日本大震災の影響により、神田祭は中止となった。この年の一〇月三〇日に、「東日本大震災復興鎮祭祈願神輿渡御祭」を執行した。

平成二五年の神田祭では、附祭に「花咲か爺さん」の曳き物が新たに参加した。この年は「桃太郎」の山車（岩本町二丁目岩井会）の神田神社への展示を実施した。

平成二六年、神田神社が創建されて以来、初めてとなる女性神職が誕生した。

平成二七年の神田祭（御遷座四〇〇年奉祝大祭）では、神田祭と「ラブライブ！」とのコラボレーションが行なわれ、多くの若者で神田神社境内が賑わった。また、「浦島太郎」の曳き物が新たに加わった。

4　神田神社の神職の言説

神田神社・権宮司の清水祥彦氏は、「現代の神田祭について」という小論の中で、「昭和六二年に就任した大鳥居信史宮司のもとでは、神幸祭に附祭を積極的に招聘して、ここに活気がふたたび江戸、東京の町に戻ってきたのである」とした上で、平成二（一九九〇）年から平成一七年までの神田祭の変遷を概観し、「このように現代の神田祭は、氏子・市民・企業はもちろんのこと、地方都市の参加やＩＴ技術導入にも積極的に取り組んでいる。天下祭としての豊かな祭礼文化の復権を目指し、時代や流行を意識した祭礼活性化への努力が不断に実施されているのである」(43)と締めくくっている。

まさに、清水氏の指摘のように、平成一五年の江戸開府四〇〇年の記念行事がなされて以降、江戸時代の神田祭の祭礼文化を見直し、曳き物(山車)、祭りに関わる芸能などの再評価がなされた。文化資源学会などを巻き込んだ附祭の復活を、宮司である大鳥居信史氏のもと、神田神社が主体となって行なってきたことがわかる。その延長線上に、「ラブライブ!」と神田祭のコラボレーションがあるのではなかろうか。

また、神田神社宮司の大鳥居信史氏は、企業との関わりについて、「企業が求める神社の役割とは?」(44)の中で、「神田明神は千代田区・中央区といった日本有数のオフィス街が氏子地域にあります。特に大手町などの地域には住民がほとんどいません。そこで神田明神では二十年ほど前から、企業の氏神意識の定着を図るように促してまいりました」と述べている。こうした働きかけによって、それまでは企業内神社への参拝はあったが、企業が正月に参拝する風習はなかった。現在では正月に六〇〇〇社の企業が参拝するようになり、都内全体でも企業参拝が増えてきたとしている。そして、大手町・丸の内界隈の企業では、将門塚に尻を向けて席配置をしないなど、篤い信仰があり、三井物産をはじめとする大手企業では、将門塚保存会の役員として、参与法人役員会を結成し、将門塚への信仰が現在でも続いているとしている。その端的な例が神田祭における神輿で、神社のお祭りは基本的に、氏子地域住民が中心となって行なうが、住民がほとんどいない大手町・丸の内地域では、企業の協力を仰いでいる。将門塚保存会の参与法人役員会から平将門公の神輿が奉納され、平成二五年の神田祭では約一三〇〇人もの会社員が参加して神輿を担いだことを紹介している。そして、最後に「神田祭でお神輿が出るのは隔年なのですが、大手町・丸の内では毎年担がれています。隣接していても日頃はほとんど機会がない企業の社員同士や地域の方々が一体となって打ち解ける絶好の機会となり、ますます盛り上がりを見せております。神社への信仰は今も変りなく続いており、人と人をつなぐ場所になっているのです」と締めくくっている。

ここからは、住民が少なくなった氏子地域で企業との関わりを重視する姿勢が窺える。大鳥居信史氏の企業に対する神社のあり方が、正月の企業参拝や神田祭・蔭祭における史蹟将門塚保存会大神輿の巡幸にも大きく影響していることがわかる。

こうした大鳥居氏の附祭の復活や企業との関係性を重視する取り組みなど、神田神社と神田祭に新たな賑わいを作り出そうとする姿勢は、神田神社の他の神職の言説からもみえてくる。例えば、神田神社権禰宜の岸川雅範氏は、平成二七年の神田祭の公式ガイドブックに、「ラブライブ!」のポスターが掲載されたことについて、週刊ダイヤモンドの取材に対して、「一〇〇年後に、このガイドブックが現在をうかがい知る貴重な歴史的資料になっているかもしれない」(45)と答えている。また、権宮司の清水祥彦氏は、「昔の姿を墨守するだけでは神社は輝きを取り戻せない」(46)というインタビュー記事の中で、神社界が厳しい状況に置かれていることを述べた上で、「なぜ、神田神社では人を集めることができるのか。それは宮司の強いリーダーシップの下、私たち皆が現在の神社が置かれた状況に対する強い危機感を共有しているからです。常に時代の変化を敏感に察しながら柔軟に対応していく。こうした姿勢なくして神社が生き残っていくのは難しいでしょう」としながら、神田神社は秋葉原という流行の発信地の氏神で、サブカルチャーと神社の歴史・伝統を擦り合わせながら新しいあり方を模索しているとしている。そして、こうしたあり方に対して商業主義が行き過ぎているといった批判もあるが、「昔の姿を墨守するだけでは、神社が輝きを取り戻すことは難しい。時代の流れに柔軟に対応しながら新しい物語をつくっていく。この逆境を新しい文化を築いていく機会にできればと考えています」と締めくくっている。

こうした歴史・伝統を踏まえながらも、新しい物語・文化を形成していくという考え方があればこそ、岩本町二丁目岩井会の「桃太郎」山車の神田神社への展示や、紺屋町南町会のダンボール製神輿の神田神社への宮入が実現したのではなかろうか。また、少し年代は遡り、昭和五二(一九七七)年に誕生したとすると、神田神社宮司が大鳥居吾朗氏(47)のときであるが、女性だけで担ぐ須田町中部町会の「元祖女みこし」の宮入を神田神社が受け入れたのではなかろうか。そうした神田神社とその神職の姿勢も影響して、誕生・復活した祭礼の象徴が都市祝祭と町内の祭りをつなぎ、新たな町内共同の形成につながったのではないかと考える。

まとめ

このように、現代の神田祭の拡大には、社会変動に対する町会の「可塑性」や「可逆性」のみならず、神田神社が祭礼の象徴(神輿や山車など)の創出や活用を積極的に推進してきたことが影響しているといえる。特に、神田神社宮司・大鳥居信史氏の神田祭を盛り上げようとする強い意志が都市祝祭の形成に大きく影響していることが窺われる。そうした神田神社宮司の思いに呼応するかのように、次節で詳しくみていくが、「おまつり広場」(秋葉原中央通り)における連合渡御の開始にみられるように、氏子の側の個人の活躍が新たな賑わいの創出に大きな役割を果たしている。

神田神社宮司の意志は各神職にも受け継がれ、文化資源学会と協働で行なう附祭の「復興」という新たな賑わいの形成や町会の神輿宮入の拡大にもつながっているのではなかろうか。そして、岩本町二丁目岩井会の事例にみられるように、平成二五(二〇一三)年の「桃太郎」山車の神田神社への展示を通じた二〇年振りの町会の神酒所の設置、平成二七年の町内渡御の復活など、町会の祭礼の象徴が神田神社境内へ受け入れられることを通じて地域社会が再活性化しているのである。つまり、神田神社とその神職による都市祝祭の形成と町会の可塑性や可逆性が呼応し、神田祭が拡大しているることが窺えるのである。

註

(1) 松平誠「都市祝祭伝統の持続と変容―神田祭による試論―」『応用社会学研究』第三五号、立教大学社会学部研究室、平成五年、六一頁。
(2) 石井研士『銀座の神々―都市に溶け込む宗教―』新曜社、平成六年、二七四頁。
(3) 前掲石井『銀座の神々―都市に溶け込む宗教―』二七四頁。
(4) 『平成二十七年神田祭』神田神社、平成二七年、に記載された神職数に基づく。
(5) 『神田明神史考』神田明神史考刊行会、平成四年、三六四～三七一頁。
(6) 『神田明神誌』神田明神誌刊行会、昭和六年、七三～七四頁。
(7) 『奉祝天皇陛下御在位六十年　神幸祭写真集　神田明神』神田神社社務所、昭和六〇年。
(8) 前掲『神田明神史考』三七二～三七六頁。
(9) 『神田神社　平成の御造替事業竣成報告書』神田神社平成の御造替事業奉賛会、平成一一年、七六頁。
(10) 『平成二十七年神田祭』神田神社、平成二七年、七五～七七頁。
(11) 平成二八年五月に実施した筆者による調査データに基づく。本書・第二章第一節参照。
(12) 平成二五年に実施した筆者による参与観察の調査データに基づく。
(13) 『週刊千代田』昭和五二年三月八日付。
(14) 『週刊千代田』昭和五五年五月一五日付。

(15)『週刊千代田』昭和五五年五月二二日付。
(16)『週刊千代田』平成二年五月一五日付。
(17)『週刊千代田』平成四年四月二二日付。
(18)『週刊千代田』平成四年五月一〇日付。
(19)『週刊千代田』平成六年四月一五日付。
(20)『週刊千代田』平成六年五月一五日付。
(21)清水祥彦「現代の神田祭について」都市と祭礼研究会編『神田明神選書1　天下祭読本』雄山閣、平成一九年、一九四頁。
(22)『週刊千代田』平成七年三月二二日付、同年七月一五日付。
(23)『週刊千代田』平成八年三月一五日付。
(24)『週刊千代田』平成八年一月一五日付。
(25)『週刊千代田』平成八年四月八日付。
(26)『週刊千代田』平成九年二月一五日付。
(27)『週刊千代田』平成九年一一月二九日付。
(28)『朝日新聞』朝刊・東京版、平成九年一二月三日付。
(29)『週刊千代田』平成一〇年四月二九日付、同五月一五日付。
(30)『週刊千代田』平成一一年一月二九日付。
(31)『週刊千代田』平成一一年四月二九日付。
(32)『週刊千代田』平成一一年五月一五日付。

(33)『週刊千代田』平成一一年一〇月一〇日付。
(34)『週刊千代田』平成一二年一月一五日付。
(35)前掲清水「現代の神田祭について」一九四頁。
(36)『朝日新聞』朝刊・東京版、平成一四年五月一二日付。
(37)前掲清水「現代の神田祭について」一九五頁。
(38)前掲清水「現代の神田祭について」一九五頁。
(39)前掲清水「現代の神田祭について」一九五頁。
(40)秋野淳一「観客のみえない都市の祭り――神田祭・蔭祭、将門塚保存会大神輿の巡幸――」『都市民俗研究』第一九号、都市民俗学研究会、平成二六年。本書・第二章第一節参照。
(41)前掲清水「現代の神田祭について」一九五頁。
(42)『朝日新聞』朝刊、平成一八年八月三日付。
(43)前掲清水「現代の神田祭について」一九四～一九五頁。
(44)大鳥居信史「特別インタビュー　企業が求める神社の役割とは?」『別冊宝島　日本の神様のすべて』二〇八二号、宝島社、平成二五年、八二～八三頁。
(45)『週刊ダイヤモンド』二〇一六年四月一六日号「神社の迷宮」ダイヤモンド社、平成二八年、四四頁。
(46)前掲『週刊ダイヤモンド』二〇一六年四月一六日号「神社の迷宮」五八頁。
(47)大鳥居吾朗氏は、神田神社宮司に昭和二一年六月に就任し、昭和五七年一二月に退任している(前掲『神田明神史考』三一〇頁)。

第二節　町会の個人の活躍と神田祭

本節では、町会の個人の活躍と神田祭の関係について注目してみたい。神輿や山車などの祭礼の象徴の誕生や、連合渡御などの祭礼における賑わいの形成に関わる人物の語りをベースに、その個人の生活史を加味しながら、考察を行なっていきたい。

生活史（ライフヒストリー）を対象とした研究は、社会学では、中野卓の『口述の生活史―或る女の愛と呪いの日本近代―』(1)、有末賢の『生活史宣言―ライフヒストリーの社会学―』(2)、玉野和志の『東京のローカル・コミュニティ―ある町の物語一九〇〇-八〇―』(3)など、多くの研究蓄積がある。また、神田祭においては、須田町中部町会を対象とした生活史の分析に基づく松平誠の研究がある。

松平誠は、「神田と祭りに生きる人々―神田祭女御輿町内の古老談―」(4)と「神田の地上げと生活集団」(5)で合計六人の須田町中部町会に住む人たちの個人の生活史を明らかにしている。

松平が「神田と祭りに生きる人々」で対象としたのは、K・O氏（大正一〇〔一九二一〕年生、漬物屋・酒屋）、T・M氏（大正七年生、青物問屋・青物仲買）である。「神田の地上げと生活集団」で対象としたのは、M・S氏（明治四〇〔一九〇七〕年生、野菜問屋）、G・Y氏（大正二年生、米屋）、K・A氏（大正九年生、喫茶店）、K・S氏（昭和三〇〔一九五五〕年生、寝具店）である。

本節で分析対象とするのは、松平誠による先行研究がある須田町中部町会の「元祖女みこし」、「おまつり広場」（秋葉原中央通り連合渡御）の形成と四尺の大神輿誕生、ダンボール神輿の誕生に関わった個人である。祭礼の象徴や祝祭の場が誕生または形成された年代順にみていきたい。

一　「元祖女みこし」の誕生と個人

まず、昭和五二（一九七七）年に誕生したという須田町中部町会の「元祖女みこし」についてみていきたい。祭礼の象徴の誕生と個人の関係を解明するために、「元祖女みこし」の誕生当時から現在に至るまで町内に居住し、神田祭をはじめとした町会活動に参加する三人の個人生活史に注目する。

具体的には、須田町中部町会の町内に生まれ、現在でも町内に居住するM・O氏（昭和八年生、町会長）、M・Ok氏（昭和一七年生、町会・会計担当）、K・Y氏（昭和一〇年生）の三人の生活史と「元祖女みこし」の関係についてみておきたい。

この三人のうち、K・Y氏は松平誠が調査したG・Y氏の長男である。K・Y氏の事例からは、松平の調査結果の検証と、松平の調査後の変化を追うことが可能である。(6) そして、K・Y氏を含め、松平がインタビューを行なわなかった町会関係者の聞き取り内容を加味し、個人の生活史から「元祖女みこし」誕生の背景とその後の変化を明らかにしたい。

1　M・O氏

M・O氏は、平成二八(二〇一六)年現在、須田町中部町会の町会長である。神田祭の祭典委員を務め、平成二七年の神田祭には二五万円を奉納した。昭和八(一九三三)年に須田町中部町会に生まれ、銀行員を経て、町会長に就任し、現在に至っている。そして、町内にOビルを所有する。

M・O氏の家の変遷

O家は、宮内省お抱えの弁護士の家で、もともとは栃木の出であった。昔のO家は三階建てのマンサート型といわれるモダンな建物であった。三階建ての二階には茶室があり、M・O氏の母K・O氏が茶道や香を教え、三味線もやっていた。三階には地方から東京に出てきた人を住まわせたこともあったという。

母のK・O氏は町会の婦人部長を務め、社会福祉協議会に携わっていた関係で里子を預かっていた。M・O氏の妻Mt・O氏が嫁いだ頃も里子を預かっていて、学校の弁当も作るなど実子と変わらないように育てたという。

昭和三二(一九五七)年か三三年頃、町内の別の場所から現在地へ移転した。当時は三階建てのアパートであったという。移転後、妻のMt・O氏は「ピアノを弾いていると下の事務所に響く」ため、ピアノの先生を辞めたという。当時、三味線の音は町内の他の家からよく聞こえてきたが、ピアノの音は珍しかったという。

写真１　「元祖女みこし」の町内渡御、Oビル前
（平成25年、筆者撮影）

昭和四七年か四八年頃、建て直しをして四階建てのOビルにした。ビルの三・四階に居住した。Oビルになってからは、預かっていた子が大きくなったこともあり、里子は預からなくなった。

神田祭では、「元祖女みこし」の町内渡御の際に、神輿がOビル前に立ち寄る。M・O氏が木を入れ(拍子木を叩いて、神輿を下ろす。

女神輿誕生の経緯

「神輿の台座が一尺三寸で小振りだから、子どもに担がせるには重すぎる。中学生か高校生ぐらいがいいが、そのくらいの子どもはなかなか集まらない。しょうがなくて連合渡御のときに大小集めた子どもに担がせたこともあった。ところが、淡路町の交差点辺りまで来るとへたりこんじゃう。それでしょうがないもんだから大人がみんな棒を少し持ってやって、それで宮入した経緯もある。それから、女性に担がせてみたらどうかという発想があって、女性に担がせて良かったから女神輿に発展していった。うちの町会の神輿は、子どもには大きすぎるし、大人には小さすぎる。じゃあ、女の人に担がせてみようということで、昭和五二年から始めた。最初は、町内の婦人部だけで担いでいたんだけど、人が集まらず、それだけでは担げないから、公募するようになった」という。

神酒所の場所

Nさんが町会長の頃は、Nさんの店舗の端っこに神酒所を作ったことがある。それから、籠島のところが空地になったときに小山弓具の脇のところに作ったこともある。戦後すぐのとき、Eの軒先の真裏のところに神酒所を作ったこともあった。それから、この万二の隣の倉庫に神酒所作ったこともある。O屋は、ビルになってから五階の部屋に「熊坂長範」(山車人形)を飾った。籠島が空地になったときお仮屋を建ててという。「神武天皇」も飾ったこともある。

かつての町内の様子

一五〇～一六〇世帯いたと思う。それで、熊倉製本所は、使用人も結構いた。それから、ここの山房商店も使用人が結構いた。昔は世帯といっても、一軒で一〇人くらいはみんないた。ジャパンタイプも、Iさんのところも、住込みの店員が三人か四人いた。Nさんのところは、従業員が一〇人ぐらいいた。みんな、その当時は住込みの連中ばっかり揃っていた。だからこの辺で泥棒なんていうと大変だった。みんなで追っかけて。「泥棒だー!」なんていうと、「わー」とみんな出てくるから、たちまち追っかけまわして、捕まえて、殴る、蹴るだった。だから、その当時はこの辺はおっかなくて泥棒が入らなかった。気が付かれてでかい声だされて、「わー」と出てきて、みんなに袋叩きになったという。

昔はね、曳売りがたくさん来ていた。魚屋も来ていた。魚屋もいつの間にか来なくなった。アサリ売りも、ほとんど毎日のように来ていた。それで御用聞きで来ていた。朝、御用聞きに来るから酒屋なんかほとんど買いにいったことはなかった。魚屋や米屋なんかもみんなね、御用聞きで来た。足りなくなったら電話かければ、すぐ持ってきたから。そういう時代だった。蕎麦屋だって出前を必ずしたから。

昔の須田町中部町会は、神田市場の関係者が多かった。戦後も結構いた。ところがバブルでほとんどいなくなった。バブルでどんどんどんどん地上げされていなくなったという。

2　M・Ok氏

M・Ok氏は、町会の会計を担当し、神田祭の祭典委員を務める。平成二七(二〇一五)年の神田祭には二〇万円を奉納した。M・Ok氏は、須田町中部町会で昭和一七(一九四二)年に生まれた。公務員を経て(平成八年に退職)、現在はＯｋビルを所有し、貸しビル業を営んでいる。

Ｏｋ氏の家の変遷

明治五（一八七二）年に先祖が埼玉から神田に出て、神田市場の附属商「熊野屋」になった。関東大震災で家が焼け、昭和五（一九三〇）年の区画整理で木造三階建ての家を現在地に建てた。関東大震災で神田市場が秋葉原へ移転し、そのときに秋葉原の神田市場内に営業する場所をもらった。しかし、その権利は従業員へ譲り、神田市場関係の仕事から手を引いた。

Ｍ・Ｏｋ氏は木造三階建ての家のときに生まれる。当時は、一階がたばこ屋と雑貨屋（雑貨の小売）をしていた。三階には一部屋のみがあった。雑貨はうまくいかなくなり、たばこ屋が残った。現在ではたばこ屋も閉じたが、ビル一階には、たばこの自動販売機がある。現在のＯｋビルは昭和五七年に着工して、昭和五八年に完成した。現在はビルの六階に居住している。

神田祭では、「元祖女みこし」の町内渡御の際に、神輿がＯｋビル前に立ち寄る。木を入れて、神輿が下ろされる。

女神輿誕生の経緯

僕の記憶では子どもが担ぐにはちょっと大きすぎる。大人が担ぐにはちょっと小さい。中途半端なので、だったら一番見栄えがするのは女性がいいだろうと、色々考えてそういう風にした。いつからかは全然記憶にないという。

神酒所の場所

神酒所はずっとＯｉさんのところ。仕舞屋で結構前が広かったので、お祭りになると必ずＯｉさんの一階を借りていた。Ｏｉさんのところがビルになるというので、「さあどうしよう」となった。それで一時はＫさんの前のところを使わせてほしいと借りていた。だからお祭りは神酒所をどこにするかから始まるという。

町会や町会の人たちの関わり

町会と関わりができたのは親父が亡くなってから。それまではずっと（町会に）親父が出ていた。一世帯から二人出ることはほとんどないので、昭和四九（一九七四）年に親父が亡くなったので、「じゃ、手伝えよ」といわれて関わるようになった。その頃から町会の会計をやっている。ずっと親父がやっていたので。

町会費を納め易いのは会計がたえず店番をしてればいい。一階にいて。それだったらぱっと来る。エレベーターで上がって、「これだけちょうだい」というのは面倒だ。だからたばこ屋をやっている頃は絶えず親父やお袋が留守番してるから、Yさんの親父さんが町会長の頃は、一日一回はぷらっと入ってきてお茶飲んで、駄弁ってから出ていった。やっぱりお店をやってる人の方が話しやすいと話す。

神田祭の記憶

自分の祭りの記憶っていうのが本当になくて。失敗したのが、小学生の頃。寒くて、寒くて震えていたら、「酒飲め」っていわれて、茶碗で一杯ぐっと冷で空けたら立ってられなくなった。うちに帰って叱られた。

昔は今ある担がない方のお神輿、あれが一基しかなかった。あれを（町内で）担いだ記憶はすごくある。だけど、宮入をした記憶が全然ない。宮入のときはたぶん大人が担いでいったのかな。

町内の遊び・行事の記憶

子どもの頃、遊びといったらべーゴマも、メンコも、ビー玉もやった。あとは五寸釘なんかで地面を刺して。大鹿商店の前がまだ舗装してなくて土だったからできた。べーゴマなんか表でできないから裏側に入って遊んだ。

うちの子どもが生まれたのが上が（昭和）四八（一九七三）年、下が（昭和）五二年だけれども、その頃はまだ、夏になると「子ども天国だ」といって、多町大通りを使って、消防車を呼んでパイプに穴開けたやつに水を送って、シャワーのようにして、そこに泥鰌を放したりして、泥鰌つかみをやった。それから、お正月は餅をついた。あとはバス旅行で結構あちこち行って、地引網もやった。あの頃は、やっぱり子どもも中心でやっていたという。

3　K・Y氏

K・Y氏は、松平誠の「神田の地上げと生活集団」に登場する須田町中部町会の前町会長G・Y氏の長男である。平成二五(二〇一三)年の神田祭には、一〇万円を奉納した。

K・Y氏は、昭和一〇(一九三五)年に須田町中部町会にあった米屋のY家に生まれた。家業を継いだが、やがてYビルを所有し、貸しビル業を行ないながら現在に至っている。神田祭では、女神輿の町内渡御の際、Yビルに立ち寄り、神輿を下ろす。

K・Y氏とY家

K・Y氏は、御茶の水の浜田病院で生まれた。Y家では浜田病院で出産することが多かったという。三歳頃から、家業(米屋)の蒲田支店(工場)に行って配達を手伝った。戦争で埼玉県の寄居に疎開し、中学二年のときに、須田町のY家に帰った。Y家は、戦争で焼失を免れた。しかし、空襲で焼失した二軒の米屋がY家を頼り、Y家に入っていたため、寄居からすぐには戻れなかった。

蒲田で小学校に通い、疎開後、一橋中学へ通学した。蒲田にいた頃も動物園や鉄道博物館に来たときなどに、Y家に寄り、よく神田に遊びに来ていたという。

蒲田から須田町に戻ってきて、お祭りに参加するようになったのは、高校時代であった。高校時代に、ビール二ケースを飲んだら、親父たちに怒られたという。やがてK・Y氏は、店に入ってから、多町(隣町)の神輿を担ぎに行くようになる。

中央大学を卒業後、昭和三四（一九五九）年に妻H・K氏と結婚した。翌三五年に子ども（娘）が誕生した。その子が中学生の頃、須田町中部町会の女神輿を担いだという。

かつてのY家は、柱が太く、潜り戸があり、中庭のある大きな家だった。一階で商売して、一番奥が茶の間になっていた。二階には日当たりのよい場所に客間があった。客間は、普段は誰にも使わせない場所だったが、K・Y氏が子どもの頃、蒲田から遊びに来るとここに泊った。夜中、小便に行きたくて一階に降りていくとニコライ堂の鐘が聞こえて怖かったという。正月には玄関に、米屋で作っていたお供え餅を飾った。

米屋の仕事は、精米をしてお得意さん（飲食店）を中心に廻って配達を行なうものだった。父のG・Y氏の頃は歌舞伎座にも米を納めた。従業員は、妻H・K氏が嫁いだときには二人いた。

平成元（一九八九）年に七階建てのYビルが完成した。ビルの六・七階は、G・Y氏が自分の土地に住むことを望んだため、居住できるようにした。完成したビルのお披露目は、G・Y氏が派手なのが大好きであったので、松坂屋に料理を頼んで、ビルの一階で盛大に行なった。

バブルの頃、お得意さんのほとんどが引っ越して、商売が難しくなった。ビル化は、隣の家がビルになった頃、Y家の精米機が壊れたため、精米機を直すか、ビルにするかという選択を迫られた。最終的に米屋を廃業してY家を壊し、新しいYビルにした。

K・Y氏は米屋を閉めた後、ちょうどバブルの頃の人出不足で、「手伝ってほしい」と頼まれて精米工場へ働きに行って苦労した。さらに知人の問屋を手伝って配達をしたが体を壊した。ビルにしてテナント収入はあるものの、支払いも少なくはなかった。

Y家と同じ頃にビルを建てた町内の家は、ほとんどビルを売って他へ移転した。Yビルの立地する番地に昔は三四軒あったが、今住んでいるのは四軒であるという。

K・Y氏夫妻がG・Y氏が亡くなられた後も他へ移転しなかったのはK・Y氏の母が「ここにいたい」と望んだからだという。

祭りのイメージ

お神輿というのは、今はサッカーでも野球でも騒げる。あれは特殊な格好をして騒げる。憂さが晴らせるから。やっぱりみんなでワイワイいうのは楽しい。今の人でも昔の人でも。

K・Y氏の仲間と趣味

スキーの仲間が多町(隣町)に多かった。そのつながりで多町の神輿を担いだ。一二月三一日の夜に店を終えてからスキーに出かけて、正月は店が休みなので長野県南小谷にスキーに行って家にはいなかった。子ども(娘)もスキーやスケートに連れて行ってK・Y氏が教えた。そのほかにK・Y氏はバスケットボールをやっていた。町内の親しい友人のN氏もバスケットの仲間である。子どももバスケットをやったという。大学時代には謡いをやって舞をした。

父のG・Y氏

ダンスが上手く、ラッパ吹きになりたいときもあったという。講壇もやっていて話し上手であった。しかし、商売にはどちらかといえば熱心ではなかったという。

「女みこし担ぎ手募集係」の人たち

地元の女性の多くが地域外へ嫁ぎ、お祭りのときだけ帰ってくる。だから、色んなことを頼むのは、須田町に日頃からいて仕事をするMゴルフ(「女みこし担ぎ手募集係」)の人たちである。

小括

以上のように三人の生活史から「元祖女みこし」の誕生の背景とその後の変化についてみてきた。

須田町中部町会の女神輿が誕生したのは、松平誠の「神田の地上げと生活集団」ではM・S氏(明治四〇年生)の生活史をもとに昭和五八(一九八三)年、「神田と祭りに生きる人々―神田祭女御輿町内の古老談―」では「1980年代半ば」としている。

しかしながら、M・O氏(昭和八年生)は昭和五二年、K・Y氏は何年から始まったかは直接は言及していないものの、昭和三五年生の子ども(娘)が中学生の頃、須田町中部町会の女神輿を担いだという記憶から、昭和三五年生で一五歳とすると昭和五〇年と算出でき、少なくとも昭和五〇年～五二年頃まで女神輿の誕生は遡ることがわかる。松平が指摘する一九八〇年代の地上げの時期よりも少し早い時期の誕生である。町内の子どもが減り始めた時期と重なっている可能性が指摘できる。

松平は、須田町中部町会の町の様子について、昭和二七年度には飲食店関係・ラシャ屋などの衣料以外に地域日常生活関連の商店がたくさんあったが、一九七〇年代後半になると四階以上の建物が少しずつ目立ち、一九八〇年代になると急激にビル化が進み、多くの商店が消滅したことを明らかにしている[7]。

ここで取り上げた三人の生活史からも、同様の地域社会の変容が確認できた。人口流出によって商売のお得意さんが減り、ビル化によってテナント収入が入るようになった半面で、商店を廃業し貸しビル業に転じざるを得なくなった。また、ビル化に伴って御用聞きや一階で店番をしながら地域の人と交流する機会が減り、祭りの奉納金の寄付や町会費の納入が以前に比べると困難になった。

かつての神酒所の場所はＯｉ家が多かったが、Ｏｉ家のビル化後、祭りのたびに神酒所の場所の確保に追われるようになった。生活世界の変容が祭りの基盤を揺るがしていることが窺える。

昭和五二年当時、須田町中部町会の町会長はＫ・Ｙ氏の父、Ｇ・Ｙ氏であった。Ｇ・Ｙ氏は、昭和五一年〜平成元(一九八九)年で町会長を務めた(8)。前町会長のＧ・Ｙ氏は、Ｋ・Ｙ氏のインタビューからわかるように、ダンスやラッパ、講壇などに通じ、Ｇ・Ｙ氏の息子のＫ・Ｙ氏はスキーやスケート、バスケットなどのスポーツを好み、謡いにも通じていた。多彩な性格は息子のＫ・Ｙ氏にも受け継がれたようである。Ｇ・Ｙ氏は、Ｏｋ氏の話からわかるように、Ｏｋ家のたばこ屋を毎日のように訪ねるなど、社交的な性格が窺える。

一方で、現在、町会長を務めるＭ・Ｏ氏の母Ｋ・Ｏ氏は、町会の婦人部長を務めるとともに、茶道・香・三味線を教えるなど、非常に文化的な生活を送っていたことが窺える。息子のＭ・Ｏ氏はそうした家の環境で育った。Ｍ・Ｏ氏の妻Ｍｔ・Ｏ氏はピアノの先生をしていたが、周囲の家からは三味線の音が聞こえてきた。須田町中部町会の女神輿が誕生した当初は婦人部だけで担いだ(9)といい、当時、婦人部長を務めていたＫ・Ｏ氏の影響も考えられる。

このように、須田町中部町会の「元祖女みこし」が誕生した時期は、松平の分析よりも遡り、四階以上の建物が出来始めた昭和五〇年〜五二年頃が有力であるといえる。そして、女神輿誕生の背景には、みせる要素を意識した、当時の町会長や婦人部長といった町会活動に関わる個人の豊かで文化的な生活の存在が窺えるのである。

その後、一九八〇年代のビル化に伴う生活世界の変容は、町内からの居住人口の流出を加速させ、女神輿にすることによって、婦人部の担い手である町内の女性は結婚を機に、町外へ出て、戻って来られるのは祭りの機会などに限定されるようになった。

そうした問題が早い段階から影響したせいか、担ぎ手の一般募集が行なわれた。現状においても、担ぎ手の募集を担当する「女みこし担ぎ手募集係」の女性三人は、結婚して町外へ出た町内の女性たちに代わり、町内の事務所で働いているため、募集の管理を任せられた。この女性三人による個人の活躍も影響し、そこに不特定多数の個人が一般募集を通じて集まっているのである。

二 「おまつり広場」の形成と個人

次に、秋葉原中央通りで連合渡御を行なう「おまつり広場」の形成に大きく関わった神臺會の会長T・N氏(昭和一六年生)と神田祭との関係について、T・N氏のインタビュー内容を中心にみていきたい。

1 神臺會の生活変化と神田祭

昭和四三(一九六八)年当時は、お祭り(神田祭)をやっていなかったのではないか。祖父が昭和四八年～四九年頃まで神臺會の会長をやっていた。

平成二七(二〇一五)年現在、登録された町会の世帯数は八〇ぐらいある。町会費を払っているのは約五〇世帯である。住民票がなくても会社の人で町会費を払ってくれる人がいる。五〇世帯のうち、約二〇人が町内に住んでいる。神酒所の場所はここ(T・N氏の会社)に作る。私が町会長になって三一年になるが、私が町会長になる前からここに神酒所を作っていた。四〇年は経っている。

私の子どもの頃は何もなかった。バラックしかなかった。空襲で焼け野原になって、空地が戦後ずっとあった。当時、一番目立つ建物が松坂屋で、松坂屋が焼け残った。コンクリートの建物だけ焼け残った。祖父がここに防空壕を作って、住んでいた。朝鮮戦争の特需で急に景気が良くなってみんな家を建てだした。その頃に、うちも建てた。他の家でも当時建てた家がまだ残っている。

曳き太鼓は、昭和二一年か二二年頃の戦後に作った。大人神輿（一尺八寸）と子ども神輿は昭和三五年に作った。マッカーサーがいなくなって（日本が）独立した昭和二七年～二八年頃から早いところでは（町会の）神輿を作りだした。それまでは町会が禁止されていて日赤奉仕団神臺會として活動していたが、その後に神輿を作った。

昔の鳳輦の巡幸（神幸祭）は二日に分けて行ない、うち（神臺會）の神酒所前の道も通ったが今は大通りを通行することが多くなった。通りの向こう側を通ってしまうと自分の町会を触らない。外神田では本当に神酒所の前を通る町会は二、三町会あるかないかぐらいである。

（現在の）神輿の担ぎ手は二〇〇人くらいで、多いときには弁当を二五〇（個）出したこともあったが、神輿を担ぐのに三〇人もいればいい。僕が若い頃には、二五人くらいしか担ぎ手がいなくて、それで一日やっていた。寂しいがそれくらいしかいなかった。町内の人だけがやっていた。だから神輿の周りには余っている（神輿を担がない）人はいなくて、全員で担いでいた。それで神田神社へ宮入をしても誰もいなかった。ギャラリーもいなかった。マッカーサーが神社を認めないといってだいぶ洗脳した。

一八歳か二〇歳の頃は、お神輿で都電を止めたりして、そっちの方が面白かった。担ぎ方も今のように正面を向いて担ぐ担ぎ方ではなく、東西南北を向いて寝っころがるようなスタイルで（体を斜めにして）担いでいた。だから、ぐるぐる回りながら進んでいった。板塀なんかもどうしても足を踏ん張ってしまって破ってしまったこともあった。神田市場の大きい神輿も同じ担ぎ方だった。いつの間にか整然とした今の担ぎ方になった。以前のお神輿の方がお酒を飲んでいると酔いも早かった。

2「おまつり広場」の形成

神田神社への宮入が行なわれる日曜日は、八時二〇分に明神下（交差点）集合で外神田連合の一二町会の神輿が集まる。神田神社への宮入は九時だが、時間帯が早いのでギャラリーが少ない。一〇時半までに外神田連合の一二町会の神輿が宮入を終える。遅れても一〇時四〇分ぐらいまでである。よその町会は一町会一〇分の時間をもらっているが、外神田連合は一二町会で九〇分（インタビューを実施した平成二七〔二〇一五〕年当時）である。

かつては外神田連合の宮入は九町会ぐらいの頃もあった。神臺會、宮本町会、元佐久町会も出さない時代は九町会であった。そうすると、ちょうど九〇分で合っている。時間を伸ばしてもらうように申し入れをしたことがあった。

僕が中央通り（「おまつり広場」）を始めたので、中央通りが一二時半集合のため、一〇時過ぎに宮入する町会は、自分の町内に戻ってお昼を食べてまた中央通りに出てくるのは大変である。芳林公園を借りておいて、そこで昼食を取り、芳林公園から秋葉原の中央通りまではすぐ近くのため、時間になれば、神輿を担がなくても神輿を持って運び、並べることができる。中央通りにも一二町会（の神輿）が出る。

それから岩本町・東神田地区連合の三町会（岩本町一丁目町会・岩本町三丁目町会・神田大和町会の神輿）が出る。岩本町・東神田地区連合の三町会が入る場合には事前に「入れてほしい」と挨拶に来る。そのときには一杯飲む。あとは神田市場の神輿が入る。秋葉原の駅前広場も僕が借りている。神田駅東地区連合からも四～五町会来て通過していく。

いつも俺たちは数が多いので三列（神輿を三列に並べて）でやる。三（列）×五（町会）＝一五（基）くらいで行なうので、神田神社の宮入へ向かう神田駅東地区連合の神輿が来ると避けなければならない。そういうような絵が必ずできる。

平成二七年の神田祭には遠州横須賀の祢里二基も来る。

うちには、平成一一年の祢里が来たときの中央通りの写真がある。この頃は東神田豊島町会も入るなど、岩本町・東神田地区連合の神輿も五つか六つ参加した。『読売新聞』(10)の朝刊の一面に出た。

「おまつり広場」は一二時半から一四時か一四時半くらいまでやっている。連合渡御に先立って式典を街宣車の上で行なうが、あの街宣車は自民党本部へ行って借りてくる。運転手付で。そのままでは使うわけにはいかないので、「神田祭」といった文字を入れるなどお祭り用に装飾する。宮入に出発するときにも(明神下交差点で)街宣車の上で挨拶をして、神輿を同時に綺麗に上げさせる。街宣車は自分で費用を負担して借りている。

「おまつり広場」はだいたい二五〇mの距離を四〇～五〇分くらいかけて一回も止めないで渡御する。三列並んでいるので掛け声を出しながらゆっくりゆっくりしか進まない。音が共鳴している。そうすると担いでいる人も気分が高揚する。単独で神輿を担ぐよりはお互いの刺激がある。だから、こういう通りでもビルが高く建っていて、細い道だと急に声が反響して大きくなるところはお神輿が元気になる。自分の担いでいる声が自分に聴こえてくる。それが三つあるから、なおさら盛り上がる。盛り上がってくれるのは有り難い。だからずっと続けている。

中央通り(の連合渡御)は、僕が平成六年から始めた。

平成二年と平成四年は、宮入が終わると、明神下(交差点)の角にテントを張って、ベルサール秋葉原のところにテントを張って、末廣町の三菱銀行の交差点のところにテントを張った。そのテントを神酒所があったことにして、芳林公園までぐるっと回ってそれで手締めをして芳林公園で解散するといったことが企画された。しかし、「それは神酒所にはならない」といって私は大反対したが二回やった。

その前(平成二年の前)が、昭和六〇(一九八五)年と昭和六二年に(神酒所廻りを)やった。そのときは宮入が終わってから各町会の神酒所を（神輿が）廻った。ところが、一二町会回るため、すごい距離になる。それが長いから嫌だとみんながいう。お昼は芳林公園で食べて一五時くらいにならないと終わらない。

それ（神酒所廻り）を始めたのが祖父であった。昭和三七年か三八年頃にやり始めた。三〇人くらいしかいないのに寂しいからといってみんな担ぎ手がやっていた。道中は盛り上がらないで、神酒所の傍に来るとみんな盛り上がった。大きいお神輿のある町会は神輿を担ぐのではなく抱いて持って、「御神酒所のところで担げばいいよ」といった具合だった。うちの神輿は大きくないからずっと担いでいけた。

そんなことがあったので平成二年と四年は止めて違った形にした。それまでは神酒所廻りを神輿がしていた。

写真２　「おまつり広場」の式典
（平成27年、石井ゼミ神田祭調査班撮影）

うちの町会では、昭和四一年頃から昭和六〇年までずっと（神田神社の）宮入に参加しなかった。「なんでうちの町会はやらないのか。あっち（宮入をする他の町会）の方がいいな」と思っていた。自分も町会長ではなかったし、祖父も町会長を辞めていた。

それで昭和六〇年になって神輿を直して（宮入に）参加した。四〇〇万円くらい集めて二五〇万円で神輿を直した。余ったお金で今の神臺會の黄色の半纏を作った。一着当り一万四千円の半纏を作った。しかし、最初は「運営費はどうするんだ」と猛反対された。

昭和五九年に、そのときは町会長になっていたので、「大丈夫ですよ。できますよ」と答えながらも、腹の中で、できなければ（お金が集まらなければ）全部自分で出そうと考えていた。

うち（神臺會）はなぜ宮入をするときに先頭かといったら、よその町会はいうことをきかない場合に困るからだ。八時半に出発して九時に入れ（宮入をし）ようと思っても、拍子木を打たれて止ってしまうと困る。坂の途中で「くたびれたから止めろ」とやられると、よその町会だと「上げろ」といっても「お前、違う町会じゃないか」といわれたらそこまでだから。時間通りに行こうと思うと先頭にいるしかない。うちの町会だから「我慢して担いでいってくれよ」といえる。前がいけば後ろはついてくる。一基止ったら全部止ってしまう。

そういうことがあって、早く入った（宮入した）町会は御神酒所廻りをする。（宮入の時刻が）遅い町会はできないから、芳林公園から中央通りに出て、帰って自分の町内を廻る。順番は籤引きをやって決める。

中央通りで連合渡御を始めたのは、ビルの間を神輿が通ると反響するわけだ。ビルとビルとの間で反響することがあるだろうと思って、（神輿を横に）三つに並べた。そうすると興奮する度合が違った。音に反応する。僕は音楽はできないけど、お祭りをやっているとわかる。聞いていると、「ここはすごく盛り上がっているな」とわかる。一緒にやっていてもわかる。だから、隣にお神輿があれば、両方（両側）で声が聞こえる。そうすると盛り上がり方が違う。

それと、もう一つはギャラリーがいる、買い物客が。だから、（ギャラリーが）いないところで担ぐよりは担ぎ手は燃える。最初はそっちかもしれない、人がいるところでやろうと。

それで、秋葉原の中央通りは「歩行者天国」で、歩行者天国は警視庁の管轄のため、一回目の平成六年は万世橋警察署の人と一緒に警視庁に挨拶に行った。その結果、一二時から一五時までの使用許可がでた。二回目は平成八年で警視庁のほか、機動隊の詰所、交通管制センターにも挨拶に行った。三回目は平成一一年で、このときも警視庁に挨拶にいった。四回目の平成一三年のときは万世橋警察署に資料を残すようになった。管轄が万世橋警察署の署長サイドになった。

平成六年のときは雨が降って自動車が通っていた。歩行者天国は雨が降ると中止になってしまう。お神輿が入ると、実質的には通行止めのような形になったが、警察が交通整理をした。平成六年より前は、歩行者天国にお神輿を入れることが許可にならなかった。平成六年は、希望する町会だけに秋葉原の中央通りに出てもらって、七町会が出た。七町会のあとに神田市場の神輿も出た。平成八年のときはたくさんのお神輿が出た。岩本町・東神田地区連合からも五町会、参加してくれた。

室町一丁目会が岩本町と外神田の間に、「一町会だけなんで（宮入に）入れさせてくれ」といわれた。それで担ぎ手はバスで来るが、「（神輿を）どこから上げるの」と聞くと、「臺所町、ここから上げさせてくれ」といって、この（T・N氏の会社前）通りから神田神社へ宮入した。外神田が行くとすっと室町一丁目が入ってくる。みんな知っているので入ってもらった。それが一つ入ると三〇分くらい違ってきた。ただし、時間は遅くしないで一二時半集合のままで、中央通りが終わってから町内を廻れるようにしている。外神田の宮入の時間も九〇分のまま（平成二七年当時）である。

写真３　四尺の神社神輿の宮入
（平成27年、石井ゼミ神田祭調査班撮影）

３　四尺の大神輿

神田神社には、四尺二寸の大きい神輿がある。平成一一（一九九九）年に水天宮から（神田神社へ）寄付された。今上天皇の御即位一〇年を記念して企画された。

この大きい神輿を、神田祭の際、土曜日の一七時に秋葉原のベルサールの前に置いておいて、外神田連合で三八〇枚くらい半纏をもらって、残りの二〇枚くらいはよその地区(連合)の人が参加して大神輿を担ぐ。一七時から一八時半まで(明神下から)坂を登って、神田神社へ宮入する。それを行なうと、それぞれの町会の神輿は止ってしまう(巡幸が行なえない)。

四尺という都内有数の大きな神輿を担いで渡御できるという地区はほかにない。ただし、ほとんど外神田だけでやっているのではないかといって、他の地区から反対をされて代表者会議の席で渡御の計画をつぶされたこともあった。神社へ宮入しようと思ってもうち(外神田)ぐらいしかできない。

最初は室町一丁目のお神輿、馬喰町のお神輿、多町のお神輿、神田祭で大きい部類のお神輿(二尺七寸とか三尺の大きい神輿)を持っているところから借りて、中央通りから須田町、神保町から須田町、両国から須田町に三つの神輿が集まって、それで宮入をしようと考えた。

これは本祭のときにはできないから、平成一〇年の蔭祭のときにやろうといって、「神田祭の會」という会を僕が作った。日本橋から神田から全部入ってもらってそれで企画をして、神田神社の宮司を呼んで、「こういうのをやりたいんだ」と話したら、「いいじゃない」と宮司が乗ってくれて、お正月に「今年の蔭祭はこういうことをやります」と全部の町会長に回した。

それで本番になる前に、まず多町二丁目の三尺のお神輿を借りにいこうと、宮司と一緒に町会長を訪ねていくと、「町会の役員会にかけないとお貸しできるかどうか。一〇日ぐらい待ってほしい」というので一〇日後に訪ねていった。しかし、町会の役員会にかけたらダメだということになったとの回答をもらった。一つがダメになってしまったので、会の解散式を行なった。

平成一一年に四尺のお神輿(大神輿)が水天宮から寄付された。それを天皇陛下即位一〇周年記念で皇居前に持っていった。実現するまでには様々な困難があった。二回目の平成二一年(即位二〇周年)は襷を掛けて責任者となって皇居前に行った。そのときは(式典で)街宣車の上に載って挨拶をした。

小括

以上のように、秋葉原中央通りへ連合渡御をする「おまつり広場」の誕生の経緯と背景、四尺の大神輿との関わりなど、T・N氏と神田祭の関係についてみてきた。

T・N氏に「神田祭はどのようなもの(場)か」といった質問を筆者がしたところ、「生き甲斐。商売とは別なもの」という回答をもらった。まさに、「おまつり広場」や四尺の大神輿など、T・N氏の個性に裏打ちされた強い意志と行動力がなければ、現在のような都市祝祭の形成には至らなかったのではなかろうか。

「おまつり広場」へ至る過程においては、昭和六〇(一九八五)年に自身の町会(神臺會)の神輿を直して神田神社への宮入を復活させたことが大きな契機になった。祭りの象徴の復活が、さらなる賑わいの場の形成に発展したといえる。

しかも興味深いのは、観客が多数いて、ビルとビルの谷間で反響して盛り上がりやすい秋葉原中央通りでの連合渡御を重視していることである。観客のほとんどいない早朝の神田神社への宮入の時間を外神田連合全体で九〇分(平成二七年当時)に抑え、かつ自身の町会の神輿を先頭にして、神輿の巡幸の流れを止めないようにして、参加する神輿が増えても一二時半の集合時間を変えない工夫した。一二時半からの式典のあと、神輿を三列に並べて二時間程度の凝縮された沸騰の場を連合渡御によって形成し、町会や担ぎ手の心理、警察にも配慮しながら、都市祝祭の場を維持し、現在に至っていることがわかる。

三　ダンボール神輿の誕生と個人

さらに、神田駅東地区連合の紺屋町南町会のダンボール神輿について、神輿を製作したＳ・Ｉ氏（昭和一四〔一九三九〕年生）のインタビュー内容を中心にみていきたい。

１　紺屋町南町会の変化

平成二七（二〇一五）年一月現在、紺屋町南町会の世帯数は登録上は三〇軒であるが、実際に住んでいるのは一〇軒（二〇人）である。町会員は会社を入れて六〇軒くらいある。

お祭りには、遊びに来る人もいるので神田祭のお札は八〇枚くらい神田神社から受ける。町内にお店などを持っていて町外から通っている人は、三～四軒である。あとは会社で町会員になっている人たちである。

紺屋町は職人町のため、商売する場所はあまり問題ではない。愛着のある人は住んでいるが、代替わりすると町外へいなくなってしまう。

私が神田に越してきたときは、一階を飲み屋に改造したような飲食店が多かった。だんだん神田駅前が整備されてきてチェーン店が進出してくると、（飲食店を）維持するのが難しくなった。

私のところの周りには、飲食店が何軒かあったが一時はずいぶん寂れた。ところが、それを逆手にとって出店するようなところが最近少し増えてきた。うちの町会では、飲食関係で商売を辞められた方が二軒、新しく始めた方が飲食関係では五軒ぐらいある。うちの町会は小さい。一周するのに五分もかからない。それでもそれくらいの移り変わりがある。

2 S・I氏とダンボール神輿

S・I氏は昭和一四(一九三九)年に生まれ、昭和五八年に神田に越してきた。S・I氏の妻の母親は、もともと神田で商売をやっていた。老後、神田に戻りたいということで(ビルを)買って、ビルの下を貸して上に住む形で(平成二七年から)三〇年ほど前に、神田に来た。途中から神田に入ってくるのは珍しい。

神田に移ってきてからしばらくは、町会活動には妻がお祭りのときに給与(飲食物で接待する役)をするために、隣近所の関係から婦人部に参加していた。S・I氏自身はサラリーマンであり、町会には積極的には関わっていなかった。町会活動に関わるようになったのは平成九(一九九七)年からだった。

平成九年に紺屋町南町会の役員になった。その頃はお祭りといっても何をやっていたのか記憶がない。

紺屋町南町会では、終戦直後に山車などを売ってしまって、当時は神輿もなかった。平成九年に役員になったときに、二〇年くらい町会長をやっていた方が辞めて、私の前任者のNさんという方が町会長になった。そのときに(町会の役員になるように)声を掛けてもらった。私の仕事は、もともとは経理屋だったため、町会の会計ということで役員になった。

N町会長になって役員会で集まったときに、当時から町内の過疎化が問題になっていて、ともかく人がいないので人を集めないといけない。そのためにはどうするか、何かイベントをやる人を呼んだらいいのではないかという話もあって、「イベントといったらお祭りだろう」という話になった。そうしたら、あるお婆さんが、「そんなことをいったって、うちの町会は戦後売ってしまって何もないから、私たち女性はお神輿にも触らせてもらえなかった」という話が出た。

それに対して、N町会長は、「うちは爺婆コンビで若いのがいないのだから、軽い樽神輿でもなんでもいいからお神輿を作って、イベントを盛り上げようじゃないか」という話になった。それで、町会長が当時の青年部長に、「お前、作れ」と命令した。「樽神輿でもいいから。作れ」といわれた青年部長は、Gさんといった。

当時、私は少年野球のコーチをしていたが、その人は監督だった。私の方が一〇歳ぐらい若くてよく知っているものだから、「Gさんが作るのなら、だいたいの程度がわかる。俺も作ってみるよ」と私はいった。何で私がそんなことをいったかというと、新聞に江戸川区の少年野球の監督がダンボールで神輿を作って子どもに担がせているという記事があった。Gさんが作るのはたぶん樽神輿であろう。じゃあ、新聞に出たようなお神輿なら私にも作れるのじゃないかと生意気にもそう思った。それで、二人で作ってみて、途中でどっちがいいかどうかみてもらって決めようということになった。

それは平成一〇年のことだった。前年に本祭(神田祭)があって、平成一〇年の蔭祭が終わったあとに、役員会を開いて、五月の町会の総会で、そういう話が出たのをまとめた。

平成一〇年の六月から私が三ヶ月かけて設計図を引いて、一〇月くらいから作り始めて、一二月くらいに作っている神輿の写真をみせて、「こっちの方がいいや」ということになって、私の作った方を採用することになった。

翌一一年に私の妻が癌だということがわかり、入院したため、それどころではなくなった。それで神輿は途中までしかできなかったが、(町会の)皆さんから「これでいいから」といわれた。

(町会の皆さんは)神輿ができるのを心待ちにしていたが、年明けからうちの女房の具合が悪くなって、三月の初めに癌というのがわかった。末期癌だったので私も困った。皆さんは担ぎたいので、そのときは皆さん、本当は早く作ってもらいたかったが私に遠慮していわなかった。だからこれしかできなかった。でも「これでいい」「これで立派だ」と。鳳凰もいないが「これでいい」と。それで皆さんが喜んで担いだ。前の町会長の奥さんは涙を流して喜んでくれた。「戦後ではじめてだ」と。

亡くなった女房はこのとき(神輿ができた平成一一年の神田祭のとき)だけ退院してきて、最後にお祭りで騒いだ写真がある。夫婦で並んで撮ってもらった写真もある。二人ともやつれているがこれが最後の写真だ。この七ヶ月後に亡くなった。これは本当に記念になっている。このときに(女房は)神輿に色を塗ってくれている。だから、この神輿は記念品である。みんなが応援してくれた思いがここにこもっている。こんなに皆さんが喜んでくれるなら、これは一生の仕事だなと思った。この神輿は町会を一つにするという意味ではシンボルになってくれている。

写真４　紺屋町南町会の神輿
（平成25年、神田神社提供）

その後、毎回毎回手入れをしたため、一昨年(平成二五年)のお祭りで、結構立派になった。それで評判も呼んで、「ダンボール神輿」といって今うちの町会の名物になっている。

最初、(平成一一年に)ダンボールの神輿を作ったときに、鍛冶町一丁目町会と鍛冶町二丁目町会の神輿が神田駅の中(構内)へ乗り入れをした。「あんたのところも行くか」といわれたので、「行きたい」といって入れてもらったのは良かったが、みんなが嬉しがって神輿を揉んだものだから、屋根の上の鳳凰が飛んでしまった。

そういったところを一つ一つ改良していった。薄いダンボールなので揉むとやはり切れてしまう。それを切れないようにした。このお神輿にはみんなの知恵が入っている。お祭りの費用で残った分は神輿の改良費（材料費など）に充てていた。平成二五年からはペンキの塗り替えぐらいで済むようになった。

神輿を作ったのはうち（紺屋町南町会）の場合、大変化であった。これで、拠りどころができた。ダンボール神輿は新聞にも取り上げてもらった。最初、『コミュニティちよだ』（地域誌）に取り上げてもらった。平成一三年の四月に取材を受けた。

その後、『朝日新聞』の取材を受け、東京版に大きく記事を出してもらった。(11)『コミュニティちよだ』には神輿の鳳凰が写っていないが、朝日新聞の記事には鳳凰が写っているように、この間に鳳凰を作った。そういった形でだんだんと継ぎ足しをしていった。新聞にも取り上げられて、周りの人もみんな知ってくれるので、それで賑わっている。「ダンボール神輿ってどれ?」とみんな来てくれる。神輿があるということで全然求心力が違う。

だから、町内の人たちも、「宮入しようぜ」といった具合に盛り上がってくる。神輿が起爆剤になって、北乗物町町会とも（神田祭を）一緒にやるようになったのではないかと思っている。

そして、平成一三年に鳳凰ができて、平成一五年に神田神社へ最初の宮入をした。このときには、鳳凰はあっても、神輿の屋根に小鳥が載っていなかった。『平成二十五年神田祭』（公式ガイドブック）の三〇頁に掲載された宮入の写真は平成一五年のときのものだ。そして、平成二五年の神田祭で再び宮入を果たした。

3　神酒所の変化・北乗物町との合同

神酒所は、現在、旧今川中学校に作る。私が平成九（一九九七）年に町会の役員になる前は、どこでやっていたのか、あまり記憶がない。

平成九年以降は、今川中学校の前に、語学学校が入っていてすぐに出ていったビルがあった。そこが空きビルになっていて、そこに紺屋町南町会の神酒所を作った。ところが、だんだん人がいなくなってきた。

地名でいえば神田紺屋町だが、もう一つ隣に北乗物町があって、その向こうに神田紺屋町(紺屋町北部町会)がもう一つある。両方とも小さな町会である。だから、私は外来者だから歴史を知らないから比較的好きなことがいえるので、「こんな小さなところで北だ南だといってもどうしよもないでしょ。一緒にやったらいいじゃないか」と何度か提案した。しかし、「お前はそういうけど、いろいろ事情があるんだよ」という話を聞いた。その頃はまだ昔気質の人が多く名前にこだわっていた。

最初は、空いたビルに神酒所を作ってやっていたが、私なんかが(近隣町会と神田祭を)一緒にやることを提案したりしたので、全部(三町会)一緒にやろうという話になった。結局は、北乗物町町会と紺屋町南町会の二つだけが「一緒にやろう」ということになって、平成一九年のお祭りから「今中」(今川中学校)の跡地を借りて、ここに合同で神酒所を作るようになった。

そのときに北乗物町の町会長のIさんという方が、いろいろと声掛けをしたが、富山町と紺屋町北部は、「いや、俺のところは」ということで受けなかった。それでも「ここで盛大にやろう」ということになった。残り二つの町会も集まったら、もっと賑やかになったのではないかと思う。

最初は、誰にいわれたか忘れたが、「Iさんよ、あんたのところは北乗さん(北乗物町)と一緒にやるんだって」といわれたので、「そうですよ」と答えたら、「大丈夫なの」といわれた。私にはその意味がわからなかった。昔は俺のところの町会、俺のところの町会と張り合っていたものだった。それが一緒にやれるのかといった心配だったらしい。

ところが、(一緒に)やってみたら波及効果で三倍、四倍といった感じで賑わった。「大成功じゃないか」ということになった。

神輿ができる前の記憶は私にはないが、聞くところによれば、神酒所のようなものを作って、そこに町内の人が集まって飲み食いをしていたという。私の記憶では、神輿ができてから神酒所を初めて作った。神酒所の飾りも町会のNさんの知り合いの職人がみんな作ってくれた。

小括

以上のように、紺屋町南町会のダンボール神輿を製作したS・I氏の生活史をベースとして、神輿の誕生に至る経緯とその後の展開についてみてきた。

S・I氏は、もともと神田に住んでいたわけではなく、昭和五八(一九八三)年に紺屋町南町会に住むようになり、平成九(一九九七)年から町会の役員になった。その矢先に、過疎化する町に人を集めようと、青年部長と競って神輿を作り、S・I氏が作ったダンボール製の神輿が採用された。

しかしながら、S・I氏の妻が癌になり、平成一一年の神田祭では神輿の屋根に鳳凰もなく、S・I氏にとっては充分な神輿ではなかった。それでも、紺屋町南町会の多くの人の思いを受けて、ダンボール製の神輿は町内を巡幸した。そのときに撮影した妻との写真が最後の一枚となった。

その後、不充分な箇所があったが故に、改良に改良を重ね、様々な人たちからの応援を受けながら、S・I氏という個人が作った神輿が町会のシンボルになっていったといえる。そして、平成一五年には神田神社への宮入を果たし、平成一九年には隣接する北乗物町町会と合同で神田祭を行なうようになり、相乗効果で活性化した。

紺屋町南町会の神田祭は、松平誠が平成四年に神田祭を調査した以降に活性化した注目すべき事例の一つである。町内に人がほとんどいないといった地域社会の変容に対して、危機感を抱いた町会の人たちの思いを受けて、町会の個人が神輿を手作りで作った。この個人の活躍によって、町会は再活性化し、手作りの神輿は個人のものから町会の象徴としての性格を帯びるようになった。

町会のものとして町内の人に認知された神輿は神田神社への宮入を開始し、神輿の改良がある程度進んだ平成二五年に再び宮入を行なったと考えられる。そして、神輿を作ったＳ・Ｉ氏個人も神田の人間になったのではなかろうか。

Ｓ・Ｉ氏は、現在、紺屋町南町会の町会長を務め、Ｓ・Ｉ氏の作った神輿は平成二七年の神田祭においても神田神社への宮入を果たした。

まとめ

本節では、昭和五二（一九七七）年に誕生した須田町中部町会の「元祖女みこし」、平成六（一九九四）年に始められた「おまつり広場」（秋葉原中央通り連合渡御）と四尺の大神輿、平成一一年に作られた紺屋町南町会のダンボール製神輿と個人の関わりについて、個人の生活史からみてきた。

三者に共通していえる特徴として、第一に挙げられるのは、非常に多彩で個性的な個人の存在が祭礼の象徴の誕生や復活、賑わいの場の形成に大きな影響を与えたことである。石井研士が『銀座の神々―都市に溶け込む宗教―』で明らかにした、八官神社の西澤半助、豊岩稲荷の岩松鉦太、朝日稲荷の三枝敏郎・沖山三郎といった特定の人物の存在が神社の復興や存続に大きな役割を果たしたことと共通している。

神田・日本橋の神田神社の氏子町会には、本節で取り上げた以外の人物でも、町会の個人の活躍がみられる。例えば、平成二五年に、岩本町二丁目岩井会の「桃太郎」の山車が神田神社へ展示され、神酒所が復活し、平成二七年には大人神輿の町内渡御を復活させた背景には、前節(第三章第一節)でみたように、神田神社宮司や岩井会を担当する神職の協力や理解のみならず、町会長のM・S氏や副会長のY・H氏らの特定の個人の活躍があった。

そのほかにも、町会の戦略として企業との関わりを重視する方針を打ち出した須田町北部町会会長のY・H氏(神田藪そばの店主)、第二章第二節で取り上げた、町会組織を変革しマンション住民(特に女性)を町会活動に巻き込んだ蛎一共和会会長のT・M氏、町を活性化しようと若手を登用して若手とのコミュニケーションを重視した神田五軒町町会会長のK・I氏など、個人の活躍が町会組織や神田祭に影響を与えている事例が複数存在している。

第二に挙げられるのは、三者とも非常に現実的な対応やギリギリの判断をする中で、祭礼の象徴の誕生や復活、賑わいの場を形成してきたことである。町会の神輿は小さく、子ども神輿では大人が疲れ、見栄えもしないが、女神輿であれば見映えもするといって婦人部に担がせた須田町中部町会の「元祖女みこし」、樽神輿と競いながらもダンボール製の神輿を採用してもらったが、妻が癌になり完成形を作れなかったが「それでいい」として神輿の巡幸を行なった紺屋町南町会のダンボール神輿、宮入の時間と中央通りでの集合時間を変えずに、巡幸の流れを止めないために自らの町会の神輿を先頭にして維持する「おまつり広場」など、様々な現実に配慮した対応がなされてきた。

だからこそ、「元祖女みこし」では、参加者を婦人部から一般募集に移行し、衣裳などを工夫し、常に変化させてきたように、ダンボール神輿も改良に改良を重ね、ついには二度目の神田神社への宮入に至っている。

第三に挙げられるのは、個人の活躍を温かく見守る神田神社の存在である。前節でみたように、特に、神田神社宮司が祭礼の象徴の誕生や復活、賑わいの場の形成に理解があり、それらを積極的に受け入れてきたことが重要な要素としてあるのではなかろうか。厳しい現実の前に、単に伝統を墨守するだけでなく、改良を加えながらも柔軟に対応し、新しい場を作っていこうとする姿勢は、町会の特定の個人も神田神社の神職も共通し、むしろ呼応し、連動しているようにみえる。

このように、町会における特定の個人の活躍が、神田神社の新たな取り組みと連動しながら、神田神社宮司を中心とした神職の理解のもと、祭礼の象徴の誕生・復活を通じて地域社会を再活性化し、神田祭を多数の観客が押し寄せる都市祝祭に押し上げていく一つの原動力になったといえる。

註

（1）中野卓『口述の生活史―或る女の愛と呪いの日本近代―』お茶の水書房、昭和五二年。
（2）有末賢『生活史宣言―ライフヒストリーの社会学―』慶應義塾大学出版会、平成一四年。
（3）玉野和志『東京のローカル・コミュニティ―ある町の物語一九〇〇‐八〇―』東京大学出版会、平成一七年。
（4）松平誠「神田と祭りに生きる人々―神田祭女御輿町内の古老談―」『遊びと日本人』啓文社、平成四年。
（5）松平誠「神田の地上げと生活集団」『生活学１９９２』ドメス出版、平成四年。
（6）Ｇ・Ｙ氏以外の松平誠がインタビュー調査を行なった個人に関しては、イニシャルの当人を特定することが困難な面もあり、また特定できた場合でも、家族ごと町外に移転されていたり、インタビューを予定していた矢先に亡くなられた方もおられ、その後の調査が困難であった。結果として松平が聞き取り調査を行なった人物の家族から聞き取り調査ができたのはＧ・Ｙ氏の長男のＫ・Ｙ氏だけとなった。

（7）前掲松平「神田の地上げと生活集団」一七〇～一七二頁。
（8）『千代田区須田町中部町会　町会発足50周年記念　会員名簿』千代田区須田町中部町会、平成一五年、二頁。
（9）前掲『千代田区須田町中部町会　町会発足50周年記念　会員名簿』二頁。
（10）「神田祭、次々に「神輿宮入」」『読売新聞』朝刊・東京版、平成一一年五月一七日付。「おまつり広場」については「秋葉原駅近くの中央通りでは、昼過ぎから町会神輿などの連合渡御が行なわれた＝写真＝。幅広い大通りが神輿の担ぎ手たちで埋め尽くされ、大勢の見物客も下町の初夏の風物詩を楽しんだ」と紹介している。
（11）「神田祭・神田紺屋町南町会の手作り神輿」『朝日新聞』朝刊・東京版、平成一三年五月一四日付。
（12）石井研士『銀座の神々―都市に溶け込む宗教―』新曜社、平成六年、二七四頁。

第三節　「元祖女みこし」にみる参加者の実態と神田祭

これまで繰り返しみてきたように、遷座四〇〇年奉祝大祭として行なわれた平成二七(二〇一五)年の神田祭では、五月一〇日(日)の氏子町会神輿の宮入に多くの観客が神田神社境内に押し寄せた。

神田祭とコラボレーションを行なったアニメ「ラブライブ!」の授与品やグッズを受けるべく並ぶ若者の列と交差し、一〇日午後の宮入では、予定時刻より大幅に遅れるほどの賑わいとなった。この宮入の模様は、インターネットやテレビを通じてお茶の間にも届けられた。

神田神社とNTTコミュニケーションズが制作したインターネットTV「神田祭. ch」では、例年の通りであるが、稲川淳二がスペシャルゲストとして出演し、宮入の模様を生中継した。

稲川にはお気に入りの神輿がある。それは、神田神社の氏子町会の一つである須田町中部町会の女神輿である。この神輿は、第二章第三節でみたように、昭和五二(一九七七)年に誕生し、キャバレーのママが担ぐ女神輿はあっても、一般女性が担ぐ女神輿としては先駆けであるとの意識から「元祖女みこし」を名乗っている。

稲川は、平成二五年の神田祭の際、神田神社境内で宮入の順番待ちで待機している「元祖女みこし」のすぐ近くまで出向き、担ぎ手の女性たちと対話した。平成二七年も同様の光景がみられた。

また、TOKYO　MXテレビの『日本の祭り』(テレコムスタッフ制作)が「ダイドードリンコスペシャル　神田祭

～遷座四〇〇年　受け継いできた日本のこころ～」と題した番組を平成二七年六月一四日に放映した。番組では、須田町中部町会の「元祖女みこし」について取り上げ、担ぎ手の募集を担当する女性たちの様子を中心に描写していた。

このほか、テレビ東京のＢＳ　ＪＡＰＡＮで開局一五周年特別企画「生中継！神田明神遷座四〇〇年記念〝神田祭〟」と題して、五月一〇日の一五時～一七時半の時間帯で宮入の様子を中心に生中継を行なった。番組では、内神田鎌倉町会の神輿宮入と多町二丁目町会の町内渡御の様子などが中継された。当初、番組では多町二丁目町会の神輿と須田町中部町会の「元祖女みこし」とのコラボレーションも企画されたが時間やタイミングなどの課題があり、実現には至らなかった。多町二丁目町会は須田町中部町会の隣の町会である。

このように、脚光を浴びる須田町中部町会の「元祖女みこし」であるが、第二章第三節で述べたように、担ぎ手を一般募集するという大きな特徴を持つ。平成二五年からはインターネットでの応募も可能になった。『日本経済新聞』のコラム「かれんとスコープ」では、「祭りの助っ人、全国募集「地域と一体」若者魅了」と題した記事を平成二七年八月二三日付で掲載した。このコラムでは、祭りの担い手不足に悩む地域の伝統的な祭りに注目している。その中で、「域外参加者を受け入れる主な伝統的祭り」の一つとして、神田祭の「須田町中部町会が元祖女みこしの参加者を一般公募。約一八〇人の女性が参加」と紹介している。しかしながら、ここでは「元祖女みこし」にどのような個人が参加しているのかは記されていない。

そこで、本節では、神田祭の「元祖女みこし」に参加する個人に注目してみたい。具体的には、「元祖女みこし」の参加者を対象として、平成二五年と平成二七年の実態調査をもとに参加者の特徴を明らかにするとともに、他の都市祝祭との比較検討を行ない、共通点と相違点を指摘したい。

一　「元祖女みこし」の担ぎ手の実態

1　「伝統型」都市祝祭と「合衆型」都市祝祭

松平誠は、現代の都市祝祭を、日本の都市の主要な祝祭類型として、「近世の伝統の上に開花しながら、産業化のなかでその基本的な性格を体現してきた」とする「伝統型」（伝統的都市祝祭）と、「伝統とは無縁で、不特定多数の個人が自分たちの意思で選択した、さまざまな縁につながって一時的に結びつき、個人が「合」して「衆」をなし、あるいは「党」「連」「講」などを形成してつくりだす祝祭」の「合衆型」に分類している。(1)「伝統型」の代表的なものとして、「神田明神の付祭や深川八幡の付祭のように、地縁のカミを祭る都市地域共同の特定の閉鎖的な集団の運営する祭礼を祖形とするもの」を挙げ、「祝祭そのものの性格が、基本的に伝統の基盤のうえにたち、核になる組織が明確なものは、すべてのこの伝統的都市祝祭に入れる」(2)としている。

一方、「合衆型」の代表例として東京高円寺の阿波おどりを挙げている。この分類に従えば、神田祭は「伝統型」に分類できると考えられる。

しかしながら、第二章第三節でみたように、平成二五（二〇一三）年は、松平が調査した平成二年の内訳と比較すると、町内関連法人、特に金融機関の参加率が三五％（五一人）から二％（四人）に減少し、「女みこし担ぎ手募集係」の友人・知人の二〇・一％（三四人）と町会に縁を持たない「一般」の一三％（二二人）を合わせると全体の三三％（五六人）と増加している。町内の金融機関の減少に伴い、祭りの担い手を「社縁」（会社縁）から「選択縁」へ移行させ参加者の維持・拡大に成功したことがわかる。(3)

つまり、須田町中部町会の「元祖女みこし」は、松平が「伝統型」とする都市の神社祭礼の中に、不特定多数の個人が自分たちの意思で選択した、様々な縁につながって一時的に結びつく「合衆型」の要素を併せ持っている可能性が考えられるのである。

2　平成二五(二〇一三)年の担ぎ手の実態

まず、平成二五年に参加者が拡大した「女みこし担ぎ手募集係」の友人・知人と、須田町中部町会に全く縁を持たない「一般」の参加者に焦点を当て、「元祖女みこし」の参加者の内実に迫りたい。

分析の対象は、平成二五年六月二〇日(木)一九時から行なわれた「女みこし担ぎ手募集係」による参加者の打ち上げの席上で、参加者に、①「元祖女みこし」を担ぐようになった切っ掛け(どのようなつながりによって参加したか)、②神田祭で「元祖女みこし」を担いだ感想を記入してもらった内容とする。有効回答は、一五人(うち一人は後日メールで回答)である。

具体的な内容について、「女みこし担ぎ手募集係」のOさんの関係、同じくKさんの関係、町会につながりを持たず一般募集に直接応募した「一般」の関係の順で、以下に列挙していく。

〔Oさんの関係⑴〕H・Uさん：初参加。神輿担ぎの経験なし。昭和三四(一九五九)年生。Oさんの音楽ファン(CKB)仲間。

「七五三のお参りできた神田神社に、半世紀を経て又、参拝できるとは…！お神輿を担がせて頂けたのは町内会の皆様の広いお心のおかげ様です。ありがとうございます。人生の節目に、初めての経験、この意味、メッセージをかみしめてまいります。神社がとても安らぎます！」

〔Oさんの関係⑵〕M・Hさん：初参加。昭和四三年生。Oさんの音楽ファン（CKB）仲間

「軽い気持ちで参加してみてこんな歴史のあるお祭りにかかわれて本当にこうえいでした。気分もスッキリしたような気がします。又やりたいです!!」

〔Oさんの関係⑶〕Y・Mさん：初参加。女神輿は初参加だが、神輿担ぎの経験あり。昭和三四年生

「Oさんつながりのイトコです。地元目黒碑文谷八幡のお祭りで三～四年間担がせていただいていました。今回一〇年ぶりにお神輿をかつがせていただき、とても感謝しています。女神輿は初めてで、とてもかつぎやすく（背たけの関係もあると思いますが）、気持ちの一体感も格別だったと思います」

〔Oさんの関係⑷〕M・Nさん：初参加。昭和四〇年生。Oさんの音楽友だち

「初めての参加で、何も分からなかったけれど楽しかったです。おみこしはやっぱり重たかった。どんどん疲れていったけれど、神様をお連れして歩いているんだと思うと、気持ちがあがりました。縁起がいい感じで楽しかったです」

〔Oさんの関係⑸〕M・Fさん：神輿担ぎの経験あり。Oさんの中学の同級生

「練馬区氷川台の氷川神社にてH神輿会として参加しています。今年（平成二五年）は九月七日・八日です。宜しくお願いします」

〔Oさんの関係⑹〕Z・Sさん：神輿担ぎの経験あり。昭和四九年生

「MFさんの後輩です。私は近年（四～五年くらい）からH神輿会に参加し、楽しませて頂いています。宜しくお願い致します」

〔Oさんの関係⑺〕A・Kさん：初参加。昭和五四年生
「Oさんのお母様と一緒の会社で働いています。元々母の実家が神田にあり、神田祭を毎回見に来ておりました。今回は、Oさんのお母様にお声掛けを頂き、初めてかつがせて頂きました」
〔Kさんの関係⑴〕T・Sさん：初参加。昭和四五年生。Kさんの行政書士のつながり
「神田界隈に一〇年おりますが初めて女みこしを知り参加いたしました。多数の参加であまり担がずに済んで（問題発言か？）よかったです。でも大変たのしかったので、次回も参加いたします」
〔Kさんの関係⑵〕T・Kさん：初参加
「Kさんのランニング友達です。今回、初めてみこしを担ぎました。あの衣装も着てみたかったし、みこしも前から担いでみたいと思っていました。念願がかなってうれしかったです。当日も本当に楽しくてしかたなかったです。ぜひ、また二年後も‼」
〔Kさんの関係⑶〕C・Yさん：初参加。昭和三九年生
「Kさんを通じて、T・Kさん経由で、今年、生まれてはじめてのミコシをかつぎました！ありがとうございました！町内会の方々の準備、役員？の方の声掛け等、かつぎ手の集め方が大変だったとの事。二年後は、又、参加出来る様体力維持にガンバリます‼」
〔Kさんの関係⑷〕K・Nさん：初参加
「Kさんの紹介で参加させていただきました。歴史ある祭りに縁あって参加させていただき感謝しております。担いだことで縁かつぎになるかも、と勝手に思いこみ、また参加できればと思ってます」
〔一般⑴〕H・Sさん：初参加（ただし、神輿担ぎの経験はあり）

「ブログを見て、参加させていただきました。お神輿を担ぐのが大好きです。血が騒ぎます。全員がイキが合ったときの一体感、感動は忘れられません。日本三大祭りの一つである神田祭に参加することができ、幸せに思います」

Ｈ・Ｓさんは、神輿同好会にも入ったことがあったが、知り合いがおらず、仲間ごとに分かれていたので、仲間に入れず上手くなじめなかった。その点、「元祖女みこし」は一人でも参加しやすい良さがある。また、半纏やダボシャツなどの衣裳も手ごろな値段で借りることができるので参加しやすかったという。女性だけで担げるのも安心して担げる利点であると話す。Ｈ・Ｓさんは、インターネットで調べていて、「須田町ガールズ」（「元祖女みこし」の担ぎ手募集）のブログに出合い、平成二五年に応募した。

〔一般⑵〕Ｙ・Ｔさん：初参加（ただし、神輿担ぎの経験はあり）

「Ｈ・Ｓさんの友達でお神輿を担ぐのは三回目でした。女神輿は初めてでしたが、とても担ぎやすかったです。一日を通して担いだのも初めてだったのですが、疲労感はありつつも貴重な体験ができたという気持が強く残って、また参加したいと思っています」

〔一般⑶〕Ｋ・Ｎさん：初参加

「Ｈ・Ｓさんの友人で誘ってもらいました。下町（深川）出身ですが、昔はあまり興味はなく最近歳を経て下町文化が好きになってきました。もっと早く気が付いていれば…（笑）」

〔一般⑷〕Ｅ・Ｔさん：初参加。昭和四七年生

「今年二月〜三月にかけて、九段下の千代田区生涯学習館にて、地域情報発信のためのフリーペーパーを製作する講座があり参加しました。各自興味のあるテーマで記事を作るということでしたので、以前から興味がありましたお祭りのテーマのグループに参加することになりました。グループは男性二名、女性二名でしたが、ちょうどその日に

講師としていらした方のフリーペーパーに神田須田町の女御輿担ぎ手募集の記事があり、それを見た参加者(男性)から女性の私たちにこの祭に参加して、その経緯などを取材してはどうか、という話しがありました。正直、その時は全然気乗りしていませんでした。須田町会長に連絡を入れてインタビューをしたり、女御輿事務局に伺ったりするうちに自分の中で気持ちが少しずつ高まっていったかんじです。最初はどうしたらよいか全然分からずに後ろについて歩いていましたが地元の方に腕を捕まれて中に入れられて、必死に見よう見真似で担ぐうちに、これはどんどん自分から担いで楽しまないと損だなと思いました。普段出さない大きな声を出したり、宮入の時の気持ちの高ぶりなど、初めて経験することばかりでとても楽しかったです。千代田区在住ですが、麹町地区なので神田祭に参加することは難しいと思っていたのでこのような機会に参加させていただいたことは本当に感謝しています。益々地元のことが好きになりもっと知りたいと思いました。また再来年も参加させていただきたいと思っています」

3　平成二五(二〇一三)年の参加者の特徴

以上の一五人からみえる参加者の特徴についてまとめると、以下のように整理できる。

①「音楽仲間」「マラソン仲間」「同級生」「仕事」「生涯学習」といったつながりを媒介に「元祖女みこし」に参加している。

②「元祖女みこし」への初参加者は、一五人のうち一三人(「女みこし担ぎ手募集係」Oさんの関係：七人中五人、Kさんの関係：四人中四人、一般：四人中四人)と、初参加の人が多数(約八七％)を占めている。

③初参加のうち、「次回(平成二七年)も参加したい」と明確に答えている人は、初参加の一三人中七人(Oさんの関係：五人中一人、Kさんの関係：四人中四人、一般：四人中二人)と、半数以上が再度の参加を希望している。

④初参加者のうち、女神輿を担いだ感想として、「楽しかった」などプラスの評価を明確に言語化している人が一三人中一二人と、ほぼ全員に近く、「元祖女みこし」の体験を肯定的に捉えている。

⑤プラスの評価のうち、「一体感」を言語化している人が一三人中二人、「感動」を言語化している人が一三人中一人、「気持ちが上がる」「高ぶる」を言語化している人が一三人中二人である。

以上からわかるのは、「元祖女みこし」は、初めての参加者が多数を占め、神輿担ぎ（連合渡御や神田神社への宮入）を通じて肯定的なイメージが形成されていることがわかる。

4 平成二七（二〇一五）年の担ぎ手の実態―平成二五年との比較から―

次に、平成二七年の「元祖女みこし」の参加者についてみておきたい。

平成二七年の「元祖女みこし」の参加者は、「2015年衣裳貸し出し台帳」によると一八四人である[4]。平成四年の一四八人、平成二五年の一六九人と比較すると、参加者は増加傾向にある。

平成二五年の参加者のうち、先述した「女みこし担ぎ手募集係」の関係と「一般」の参加者は、分析対象とした一五人中一三人（八六・七％）が平成二七年の「元祖女みこし」にも参加した。参加者全体では、平成二五年に続き平成二七年も「元祖女みこし」に参加した人は、一八四人中六〇人（三二・六％）となり、約三割を占める[5]。

こうしたリピーターがいる一方で、約六～七割が平成二五年には参加しなかったが平成二七年に参加した人ということができる。流動性の高い構造を持っていることがわかる。そこで、参加者が増加したグループと減少したグループに分類して主な事例についてみていきたい。

なお、ここでいう「一般」とは、先述したように、平成二五年に須田町中部町会に全くつながりを持たずブログで告知された担ぎ手募集に応募してきた人である。

〔増加〕

・「女みこし担ぎ手募集係」の関係：四七人（二五・五％）…平成二五年は三四人（二〇・一％）［一三人増加］
・町会青年部I氏（飲食店経営）の関係：一五人…平成二五年は六人［九人増加］
・二人以上のグループではなく一人の参加者：一一人…平成二五年は二人［九人増加］
・「一般」前回ブログから応募したFさんの関係：八人…平成二五年は三人［五人増加］
・町会Y・Sさんの関係：一一人…平成二五年は七人［四人増加］
・「一般」前回ブログから応募したSさんの関係：一〇人…平成二五年は七人［三人増加］
・「一般」前回ブログから応募したI・Cさんの関係：四人…平成二五年は二人［二人増加］
・町会Y氏の関係：七人…平成二五年は六人［一人増加］

〔減少〕

・町会O氏の関係：八人…平成二五年は一八人［一〇人減少］
・O靴店の関係：〇人…平成二五年は六人［六人減少］
・町会S・G氏の関係：〇人…平成二五年は六人［六人減少］
・ワテラス学生：〇人…平成二五年は四人［四人減少］
・町会N・K氏の関係…〇人…平成二五年は四人［四人減少］
・O治療院：二人…平成二五年は四人［二人減少］
・町会H氏の関係：〇人…平成二五年は二人［二人減少］

・町会青年部A氏の関係：九人…平成二五年は一〇人［一人減少］
・S信用金庫：三人…平成二五年は四人［一人減少］

主な増加したグループと減少したグループを挙げてみると、増加したのは、「女みこし担ぎ手募集係」の関係や平成二五年にブログ経由で応募した「一般」の参加者、二人以上のグループではなく一人の参加者、町会青年部I氏（飲食店経営）の関係である。

平成二五年にブログ経由で初めて参加した「一般」の参加者が、友人を連れて参加し、その関係が増加していることがわかる。また、一人だけで応募した一人の参加者の拡大も特徴的である。反対に、減少したのは、複数の町会関係者のつながりである。また、誰も参加しなくなったグループが複数存在し、流動性の高さが窺える。

以上のように、「元祖女みこし」は、松平誠が指摘する「伝統型」の中に、不特定多数の個人が自分たちの意思で選択した、様々な縁につながって一時的に結びつく「合衆型」の要素を併せ持っていることが指摘できる。

二　他町会の神田祭との比較

次に、他町会の神田祭と比較しておきたい。

松平誠は、第一章でみたように平成四（一九九二）年の神田祭調査から「動員される人々のなかに、半数ないし三分の一の女性[(6)]」の参加者がいることを指摘している。平成二五年及び平成二七年の神田祭においては、半数ないし三分の一には必ずしも至っていないものの、女性の参加は増加傾向にあることが窺える。

平成二五年の神田祭について、神田神社への宮入実施町会を中心に五四町会と二連合（錦連合・小川町連合）を対象

とした筆者の調査によると、「女性の参加者が多い」とする町会が九町会確認できた。(7)

平成二七年では、第一章第二節でみたように、一部区間を女神輿にする町会が、神保町一丁目町会（日曜一七時頃の町内渡御）、内神田鎌倉町会（日曜・宮入後など）、神田鍛冶三会町会（金曜一九時の町内渡御）、神田淡路町二丁目町会（土曜一八時、ワテラス）、鍛冶町二丁目町会（金曜一八時半〜一九時、女性五〇人限定）、神田駅東地区連合（連合の子ども神輿が宮入を終え復路で連合の女神輿になる）などでみられた。

こうした女性の参加者のニーズに応え、新たな参加者の開拓にもつなげようと、平成二七年は神田祭に先立ち、四月八日（水）の一九時からアーツ千代田３３３１を会場として、神田神社のバックアップと外神田連合の協力のもと、女性を対象とした神田祭入門講座が開催された。

なお、平成二五年に生涯学習の縁で「元祖女みこし」に初めて参加したＥ・Ｔさんは、この平成二七年の神田祭入門講座に参加していた。講座が開催された四月八日の時点では、平成二七年は神田祭のお囃子に参加する予定であったが、最終的には五月一〇日の「元祖女みこし」の巡幸に参加した。

しかしながら、「元祖女みこし」のように、町会に全くつながりを持たず、インターネット経由で町会の神田祭の担ぎ手募集に応募できる環境は、他町会ではあまり進んでいない。わずかに岩本町三丁目町会などでみられるに過ぎない。(8)多くが、何らかの町会員とのつながりを媒介として町会の神田祭に担ぎ手として参加している現状がある。

また、神田神社への宮入の際、「元祖女みこし」は、女性が町会神輿の華棒を担ぐことができる。担ぎ手全員が女性であるからであるが、内神田鎌倉町会では、宮入の際、町会神輿の華棒を女性が担ぐことを禁止しているという。そのため、平成二五年の「元祖女みこし」に参加する神輿同好会のあるメンバーは、宮入の際に華棒を担ぐことができる須田町中部町会の「元祖女みこし」に参加している。

他方、性別にかかわらず、町会の神輿が宮入する際に、神田神社境内では、外部の担ぎ手に町会の神輿の華棒を担がせないという町会が複数存在する。そうした中で、須田町中部町会の「元祖女みこし」は、女性であれば、初参加であっても、神輿同好会のメンバーを含む町外からの参加者であっても、結果的には町会の神輿の華棒を担いで宮入できる条件を持っているということになる。

三　「合衆型」の都市祝祭との比較

今度は、不特定多数の個人が集う「合衆型」の都市祝祭と、「伝統型」の中に「合衆型」を併せ持つ「元祖女みこし」の比較を行ない、他の都市祝祭との共通点と相違点を確認しておきたい。

1　高円寺の阿波おどり

高円寺の阿波おどりは、阿佐ヶ谷の七夕に対抗すべく、地元・氷川神社の祭礼への奉納、商店街の振興、地域住民の健全なレクリエーションを目的として、昭和三二(一九五七)年から始められた祭りである。徳島の阿波踊りをモチーフに高円寺の阿波おどりとして独自の発展と遂げた。踊り手は、阿波おどりの揃いの衣裳に身を包み、「連」と呼ばれるグループごとに参加する。

松平誠は、既に述べたように、「合衆型」の代表例として東京・高円寺の阿波おどりを挙げている。この高円寺の阿波おどりと伝統的な神社祭礼との違いについて、松平は、過去の氏子祭礼と異なるのは、氏素性が全く問題にされないことを指摘している。地縁的・血縁的・家族的制約もなく、多くの場合、個人単位である。個人に対して連から強制力は一部を除いてはなく、加入脱退や連から連への移動も簡単に起こり、年々の顔ぶれが固定している連はほとんどない。また、女性の参加も多く年齢的・性的な拘束もなく、地域的（空間的）な拘束もないことを指摘している。(9)

あくまでも松平は、「伝統型」に対する「合衆型」の都市祝祭の相違点として、以上の特徴を挙げている。しかしながら、平成二五（二〇一三）年及び平成二七年の神田祭の「元祖女みこし」も同様の傾向を持っていることがわかる。つまり、参加者が個人単位で非常に流動的である点が共通している。

「元祖女みこし」では、町会で半纏や鉢巻などの衣裳の貸出を神輿巡幸に先立って行なっている。平成二七年、参加者が衣裳を町会の配布場所に受け取り来た際に、受け取りに来た本人に代わって、参加申し込みをしている友人の氏名がわからず、誰の申し込みなのかが不明で、町会側が確認できず混乱する場面がみられた。あるサークルの友人同士で、お互いにあだ名で呼び合っていたため、本名をお互いに知らないままでこれまで済んできたという。参加するグループの友人同士の氏素性すら問題にされていないことがわかる。

もう一つ、高円寺の阿波おどりとの共通点は、高円寺の氷川神社の存在である。松平が指摘するように、高円寺の阿波おどりは、第一回から高円寺の氷川神社の例祭日に合わせて行なわれてきた。(10) 筆者が平成二六年にみた高円寺の阿波おどりでは、高円寺の氷川神社の境内には屋台（出店）が出され、多くの参拝客で賑わっていた。神田神社と、そこに宮入を果たす「合衆型」の構造を持つ「元祖女みこし」と共通している。

高円寺の阿波おどりにおいても、伝統的な神社の存在と「合衆型」の都市祝祭の共存がみられるのである。

2　よさこい祭り

高知のよさこい祭りは、高知市の商工会議所の発案によって、戦後の経済復興と夏枯れの景気対策を目的に昭和二九(一九五四)年に開始された。チームによる踊りを中心とした祭りで、徳島の阿波おどりに負けないような市民祭りを目指して始められた祭りである。奇抜なメイクに派手な衣装をまとい、カチカチと音の出る「鳴子」を手にして若者が踊るよさこい祭りの光景は著名である。その後、よさこい祭りは全国に展開していった。女性の参加も多い。

高知のよさこい祭りを分析した地理学の内田忠賢は、平成四(一九九二)年五月二〇日現在、踊り子隊のメンバー二九団体で、メンバーを一般募集していて、応募者は毎年参加するチームを変えるものが多いことを指摘している。また、演者と観客が明確に区別され、阿波踊りやリオのカーニバルと同じで道路を舞台としたパレードを基本としているとする。

さらに、テレビ等のメディアも大きく影響している点、「祈願祭」といった神事を行なう点などを指摘している。(11)内田は、翌平成五年五月では、一四四団体中五二団体が一般募集を開始したことを明らかにしている。(12)

全国のよさこい祭りを対象として分析を行なった文化人類学・民俗学の矢島妙子は、北海道のYOSAKOIソーラン祭りについて、踊り隊は一般募集が多いことを明らかにしている。(13)また、矢島は、よさこい祭りと神社との関わりについて、「高知においては現在でも祭りの最初には祈願祭が行なわれるが、宗教色は極めて弱い。しかし、新たに「よさこい稲荷神社」が誕生した。北海道の「YOSAKOIソーラン祭り」は本来全く宗教色がないもののはずが、大通公園の中に「よさこいソーラン神社」が祭りの期間中だけ設置される(14)」ことを指摘している。

高円寺の阿波おどりと同様に、よさこい祭りにおいても、「合衆型」の都市祝祭と神社が密接に関連していることがわかる。しかも、新たに「よさこい稲荷神社」「よさこいソーラン神社」が作られた点が重要である。

既に、宇野正人が、神戸まつりの分析から伝統への指向を持つことを指摘しているが、(15)現代の都市祝祭の賑わいの場に神社が求められている意識が垣間みられるのである。

「元祖女みこし」と「合衆型」の都市祝祭の共通点として、第二章第三節で指摘した「遠征」を挙げておく必要がある。民俗学の阿南透は、青森のねぶたのロサンゼルスへの遠征の分析において、「遠征」とは「祭りが本来行なわれる場を離れ、他の場所で演じられる例(16)」と定義している。つまり、神輿や山車などの祭礼の象徴が違う場所で巡幸などを行なうことを意味する。

3　遠征

既にみたように、過去に「元祖女みこし」も神田祭を離れて遠征を行なったことがある。平成二(一九九〇)年の京都府亀岡市安町の「安町の夏祭り」、平成一五年の「江戸天下祭」、平成一六年の山口県萩市「萩夏まつり」で、それぞれ神輿の巡幸を行なった。また、「元祖女みこし」の参加者に注目すれば、神輿そのものを初めて担ぐ参加者がいる一方で、神輿同好会のメンバーや神輿同好会に所属しなくとも他の祭りに参加している人たちが少なからず確認できた。

象徴的なのは、「元祖女みこし」の一般募集を担当する一人の女性が高円寺の阿波おどりに参加していることである。他の祭りに参加しつつ「元祖女みこし」に参加する人たちもいることが一つの特徴である。

高円寺の阿波おどりは、マスコミへの積極的進出と他の商店街・地域への連単位の参加・指導といった「外部出演」を行なっている(17)。また、高知のよさこい祭りでは、昭和四七(一九七二)年と四八年にニースのカーニバルに参加した。それを契機に、若年層の参加が拡大したとされる(18)。ねぶた祭りとよさこい祭りは、遠征のみならず、模倣や移植が行なわれていることが明らかにされている(19)。

4　共通点と相違点

以上のように、神田祭の「元祖女みこし」と、高円寺の阿波おどりやよさこい祭りなどの「合衆型」の都市祝祭について比較を行なってきた。まずは共通点について整理してみたい。

〔共通点〕

①女性の参加者が多いこと。

②一般募集で参加者が集められること。

③演者と観客の分離といった「パレード」という側面を持つこと。

④見せ場を持つこと。

⑤揃いの衣裳を持つこと。

⑥テレビやインターネットなど情報メディアの影響が窺われること。

⑦神社や神事など伝統的な宗教と何らかのつながりを持つこと。

⑧他の祭りやイベントなどに「遠征」を行なうこと。

なお、③に関しては、「元祖女みこし」では、宮入時や神田神社近くの渡御を除く、連合渡御がパレードに当ると考えられる。

次に、相違点について整理してみたい。

〔相違点〕

①高円寺の阿波おどりやよさこい祭りは、連やチームの踊りが中心となるため、祭りの前の練習が必要となる。しかし、「元祖女みこし」は、ほとんど練習をしなくても参加できること。

②連やチームでは、練習からパレードまで、比較的長い時間、拘束される。しかし、「元祖女みこし」は、わずか一日で神田神社への宮入を体験でき、終わるとすぐに解散するなど、拘束される時間が短いこと。

③「元祖女みこし」は、演者と観客の分離といった「パレード」では終わらず、神田神社への宮入において演者と観客が入り乱れ、観客は演者に巻き込まれ、神輿の後をぞろぞろと付いて歩くという特徴があること。

④「元祖女みこし」は、町会の半纏を着るため、参加する神輿同好会や団体、個人の名前は表に出にくいため、匿名性が高い。一方、高円寺の阿波おどりやよさこい祭りは、踊りに参加する連やチームの名称が表に出やすいが個人の名前は表に出にくく匿名性が高い。しかし、高円寺の阿波おどりやよさこい祭りは技芸を競う側面を持つことから個人の活躍にも観客のまなざしが向けられ、個別具体性が高い。つまり、「元祖女みこし」の方が、高円寺の阿波おどりやよさこい祭りに比べ、より匿名性が高いこと。

つまり、高円寺の阿波おどりやよさこい祭りに比べ、「元祖女みこし」の方が、練習の必要性が希薄で、拘束時間も少なく、初参加でも短時間で宮入というクライマックスを体験でき、より匿名性が高いということが指摘できる。

まとめ

本節では、神田祭における須田町中部町会の「元祖女みこし」の参加者に注目し、実態調査をもとに、「伝統型」の都市祝祭の中の「合衆型」について検討してきた。

「元祖女みこし」と、高円寺の阿波おどりやよさこい祭りといった「合衆型」の都市祝祭を比較すると、氏素性が問われない点、参加者が一般募集され、流動性が高い点、神社と関わりを持つ点などが共通点としてみえてきた。

その一方で、「合衆型」に比べ、「伝統型」に位置付けられる神田祭の「元祖女みこし」の方が、練習の必要性が希薄で、拘束時間も短く、初参加でも短時間で宮入を体験でき、より匿名性が高いという特徴を持っている。一般に、伝統的な祭礼の方が、練習も必要であり、準備を含め拘束時間も長く、参加者も限定されているというイメージがあるのではなかろうか。しかしながら、実態としては、「元祖女みこし」にみる「伝統型」と、高円寺の阿波おどりやよさこい祭りなどの「合衆型」では、逆転現象が起きているのである。

では、「元祖女みこし」は「伝統型」の中に「合衆型」の要素を併せ持った特殊な事例に過ぎないのだろうか。確かに、同じ神田祭の中では、先述したように一般募集をしている町会は少ない。

しかしながら、町内の企業を町会の神田祭に呼び込むため、スーツ姿のまま半纏を羽織って神輿の町内渡御に参加できる事例がいくつかの町会でみられる。町内の「〇〇会社」の会社員という肩書は背負っているものの、多くが町外に住む不特定多数の個人であり、練習も必要なく拘束時間も金曜日夜の一～二時間と短く、初参加も可能である。また、町会員の友だちの友だちのつながりで参加する不特定多数の個人が存在していることも確かである。彼ら彼女らもほとんど神輿担ぎの練習をすることなく、短時間でしかも初参加でも参加できる条件が存在している。つまり、他の町会の神田祭においても、実態としては「伝統型」の中に「合衆型」の要素を併せ持っているのである。

ただし、町内の企業や町会員の友人・知人であることといった制限は存在している。その制限を取り払ったのが、一般募集を行なう「元祖女みこし」である。ただし、男性の参加制限は存在している。

男性の参加制限もなく、担ぎ手をインターネット(Facebook)を通じて一般募集を行なっている町会が同じ東京の渋谷にある。渋谷の氏神・金王八幡宮の祭礼における道玄坂町会の神輿である。(20) ただし、完全に一般募集というわけではなく、団体としての募集を止めたため、実態としては個人申し込みの体裁をとり、町会員の友だちの友だちのネットワークを通じて参加する団体も少なくない。

しかしながら、「元祖女みこし」と同様に、二人以上のグループではなく、一人で参加する個人も一定数存在しているのである。インターネット（Facebook）を通じて参加してくる人たちにも個人参加が含まれる。こうした構造を持つ「元祖女みこし」と道玄坂町会の神輿の参加者数は増加している。しかも両者とも神社祭礼であり、氏子町会の神輿である。

ただし、以上に挙げた要因だけで参加者が増加しているわけではない。もう一つ重要なのは、両者とも参加者が満足できるような魅力や見せ場を持っていることである。「元祖女みこし」は、伝統ある神田祭で神輿を担げるという魅力と神田神社への宮入という見せ場を持ち、道玄坂町会の神輿は、SHIBUYA109前やスクランブル交差点など、多くの人たちが集まる渋谷の著名な場所を神輿を担いで巡幸できるという魅力を持っている。特に、道玄坂町会の神輿の場合、ＪＲ渋谷駅ハチ公口の駅前交番まで神輿を渡御させ、そこで交番に「突っ込め、突っ込め」といったパフォーマンスを行なうことができる見せ場を持っている。

こうした神田神社やSHIBUYA109、スクランブル交差点などの人の集まる魅力ある場としてのイメージはメディアを通じて再生産されているのではなかろうか。特に、神田神社の場合、冒頭に紹介したように、神田祭をはじめメディアに取り上げられる機会が多い。メディアを通じて、歴史ある神田神社と神田祭というブランドイメージが再生産されているのではなかろうか。

そこには、メディアの側のみならず、本章第一節でみたように、神田神社とその神職の対応も影響していると考えられる。参加者が増加する一要因として、メディアの影響が考えられるのである。メディアと神田神社及び神田祭の関係の分析は、今後の大きな課題である。

このように、神田祭の「元祖女みこし」は、「伝統型」の都市祝祭の中に一般募集という不特定多数の個人が参加できる「合衆型」の要素を併せ持つことによって参加者は増加している。それは、神田祭というブランドイメージを背景に、女性であれば初参加でも手軽に神田神社の宮入を体験できる魅力を持っているからであると考える。

註

（1）松平誠『都市祝祭の社会学』有斐閣、平成二年、三～四頁。
（2）前掲松平『都市祝祭の社会学』一六頁。
（3）第二章第三節参照。初出は秋野淳一「「元祖女みこし」の変遷にみる地域社会の変容と神田祭」『國學院大學大学院紀要―文学研究科―』第四五輯、國學院大學大学院、平成二六年。
（4）町会手伝い婦人部三人、男性二人(院長とその息子さん)を除いた数。
（5）ただし、町会青年部I氏の関係が平成二五年は六人であったがその詳細は不明である。そのため、平成二七年は、町会青年部I氏の関係は一五人であったが、平成二五年と平成二七年の両方に参加した人を〇人として、合計六〇人(三二・六%)で算出した。仮に六人全員だとしても六六人で三五・九%となる。いずれにしても約三割を占めるということができる。
（6）松平誠「都市祝祭伝統の持続と変容―神田祭による試論―」『応用社会学研究』第三五号、立教大学社会学部研究室、平成五年。
（7）第一章第一節参照。初出は秋野淳一「都市祭りの経年的変化―戦後の地域社会の変容と神田祭五〇年の盛衰―」『國學院雑誌』第一一六巻第一一号、國學院大學、平成二七年。
（8）平成二五年の神田祭を対象とした筆者の調査に基づく。

（9）松平誠「現代都市祝祭の構成―高円寺阿波おどり―」『季刊人類学』第一九巻第二号、社会思想社、昭和六三年、二二九頁。
（10）前掲松平「現代都市祝祭の構成―高円寺阿波おどり―」二二一頁。
（11）内田忠賢「都市と祭り―高知「よさこい祭り」へのアプローチ（1）―」『高知大学教育学部研究報告』第二部第四五号、高知大学教育学部、平成五年。
（12）内田忠賢「地域イベントの社会と空間―高知「よさこい祭り」へのアプローチ（2）―」『高知大学教育学部研究報告』第二部第四七号、高知大学教育学部、平成六年。
（13）矢島妙子「「よさこい祭り」の地域的展開―その予備的考察―」『常民文化』第二三号、成城大学常民文化研究会、平成一二年、三一頁。
（14）前掲矢島「「よさこい祭り」の地域的展開―その予備的考察―」三七～三八頁。
（15）宇野正人「都市祭における伝統への指向―神戸まつり―」『日本民俗学』第一二八号、日本民俗学会、昭和五五年。
（16）阿南透「祭りの海外遠征―ロサンゼルスの青森ねぶた―」『情報と社会』第一八号、江戸川大学、平成二〇年、二一頁。
（17）前掲松平「現代都市祝祭の構成―高円寺阿波おどり―」二一八頁。
（18）前掲内田「地域イベントの社会と空間―高知「よさこい祭り」へのアプローチ（2）―」四頁。
（19）阿南透・内田忠賢・才津祐美子・矢島妙子「祭りの「旅」―「ねぶた」と「よさこい」の遠征・模倣・移植―」内田忠賢編『よさこい／ＹＯＳＡＫＯＩ学リーディングス』開成出版、平成一五年。
（20）秋野淳一「渋谷・道玄坂の祭礼からみえる「共存」への課題」古沢広祐責任編集『共存学３：復興・地域の創生、リスク世界のゆくえ』弘文堂、平成二七年。

終章　神田祭の都市祝祭論

なぜ、戦後地域社会が変容する中で、大都市・東京の神田祭は盛んになっているのか。

本書では、都市祭りの盛衰に注目し、社会変動によって祭りの衰退する要素だけでなく、祭りの拡大する要素の両面を踏まえ、そこから社会変動と宗教の関係を明らかにすることを目的に考察を行なってきた。そのため、拡大・縮小の両面を持つと考えられる都市祭りを対象とし、特に社会変動の影響が顕著に表れてくることが想定される大都市の祭りに注目した。

祇園祭・天神祭・三社祭・山王祭・神田祭といった大きな賑わいを作る大都市の祭りのうち、神田祭を分析対象としたのは、序章で述べたように、実証的な調査データを伴った先行研究が複数存在し、都市祭りの盛衰を実証的に比較検討できると判断したからである。

戦後の神田地域は、社会変動の中で商人・職人の町は中高層のビル街へと姿を変え、夜間人口が減り、昼間人口は増加したものの、神田祭を担う各町会は町会活動を継続する上で人手不足など困難な状況に置かれた。そして、平成一二(二〇〇〇)年以降はマンションの建設によって人口は回復しつつあるものの、マンション住民の町会への参加はあまり進んでいない。にもかかわらず、神田祭は多くの参加者と観客で賑わい、盛んに行なわれているのである。いわば、現代の都市祝祭の場になっているのである。

そこで、本書ではその原因を探るべく、戦後地域社会の変容と都市祭りの視点から検討を行ない、都市祝祭としての神田祭について明らかにしようと試みた。その結果、五つの大きな特徴が明らかになった。

それは、「都市祝祭と町内の祭りの複合構造」「結集のための核の存在」「個人の活躍(人的要因)」「企業の参加」「非日常化するイベント」である。

本章では、この五つの特徴について整理し、それをもとに、「神なき時代の祭り」といわれる現代の都市祭りの宗教性について考察を加えておきたい。

一　都市祝祭と町内の祭りの複合構造

まず、現代の神田祭は、都市祝祭と町内の祭りの複合構造で構成されていることが指摘できる。神田祭の祭礼行事でみると、都市祝祭は、神田神社への宮入や秋葉原中央通りの連合渡御（おまつり広場）のような多数の観客がみられ賑々しく行なわれる場である。一方で、町内の祭りは、神輿や山車の町内渡御、各神酒所における神事を含めた行事など、ほとんど観客をみることができないものの厳粛に行なわれる場である。つまり、「観客のみえる祭り」である祝祭としての要素と、「観客のみえない祭り」である祭儀としての要素の複合構造で構成されている。複合構造になっているのは、こうした祭礼の構造のみならず、祭りの担い手の動員においても同様である。

これまで繰り返し指摘してきたように、戦後地域社会の変容の中で、町内の居住人口は減少した。昭和四三（一九六八）年から平成四（一九九二）年にかけて神田においても、松平誠が指摘するように(1)「脱地域化」が進み、祭りの担い手は町内だけでは賄いきれず、町内の神輿巡幸を維持するためには、町外から祭りの担い手を動員せざるを得なくなった。

平成二五年・二七年においても、町内の居住者そのものが減少した町会（錦町二丁目・錦町三丁目町会、田代会など）と、昔からの町内に暮す住民は減少したが、再開発によってマンションが建ち、居住者の多くを新住民が占めている町会（東神田町会、東日本橋二丁目町会など）が存在する。平成四年から平成二五年・二七年に至る間に新住民が増えた町会でも、新住民の神田祭をはじめとした町会活動への参加はあまり進まず、複数の動員方法を組み込みながら、町会の神輿巡幸を維持している現状がある。

そのため、松平誠が平成四年の神田祭の分析から指摘するように、町会が地域祭礼の実施機関として役割（役割動員）を果たしているものの、祭りの担い手（一般動員）は、神輿同好会、様々なネットワークを通じて参加する町内会員外の人たち、女性を動員するように変化した。つまり、町会ごとに祭礼組織（祭典委員会など）を設置して町内の内部で神田祭を主催・運営するものの、その祭りの担い手は町会の外側を含めた様々なネットワークに頼るようになった。

また、昭和四三年から平成四年にかけては、町内渡御や連合渡御といった「神田祭＝神輿担ぎ」のイメージが強まったが、平成四年から平成二五年・二七年にかけては、「神田祭＝神輿担ぎ」のイメージが強いことに変化がないが、観客をほとんどみることができない町内渡御よりも観客を多くみることができる宮入や連合渡御を重視する傾向に変化した。

つまり、「神田祭＝連合渡御・宮入」のイメージが拡大したといえる。しかも、神輿の担ぎ手そのものの数は増加している。昭和四三年と平成四年の神田祭を比較すると、町会神輿への参加者そのものが増加している。平成二五年・二七年においても、平成四年と同様に、連合渡御や神田神社へ宮入を行なう町会で多数の担ぎ手を集めて神輿の巡幸を続けている。

例えば、須田町中部町会の「元祖女みこし」においては、平成二年に一四八人であった参加者は、平成二五年に一六九人、平成二七年に一八四人と増加している。さらに、須田町中部町会では、平成二年と平成二五年の間に、神輿を新調し、以前の神輿に比べると新しい神輿の方が大型化している。観客の多い神田神社への宮入や連合渡御の魅力が担ぎ手の動員を維持・拡大し、町会の神輿巡幸を支えている。都市祝祭の要素を拡大させながら、町会を実施機関とする町内の祭りを支えている構造がみて取れるのである。

こうした都市祝祭の担い手、すなわち一般動員のあり方についても、平成四年から平成二五年・二七年にかけて変化が生じている。神輿同好会の特定の町会への定着、他町会の参加と相互交流の実態、企業の参加など、明らかになった事実を次に整理しておきたい。

1　都市祝祭の担い手（スル側の顔ぶれ）

神輿同好会の定着と「祭縁」の拡大

清水純は平成二一（二〇〇九）年を中心とした神田祭調査において、特定の神輿同好会が特定の町会の神田祭に定着していることを明らかにしている。(2) 平成二五年・二七年においても、同様の傾向が窺え、神輿同好会の参加率が八割を超える町会（須田町一丁目南部町会や東神田豊島町会など）では、神輿を担ぐ際に町会の半纏ではなく、神輿同好会の半纏の着用を認めている。しかしながら、神輿同好会の参加は町会の神田祭にとどまり、町会の他の行事や普段の町会活動には参加しない、あくまで祭りの際の縁である「祭縁」にとどまっていることを指摘している。(3) 確かに、平成二五年・二七年の神田祭に参加する神輿同好会の多くは「祭縁」にとどまっている。ただし、栄町会では、神田祭を手伝う神輿同好会のメンバーが「ふれ合い広場」や夏の納涼会を手伝う事例もみられた。神田祭での「祭縁」が町会の神田祭以外の年中行事へ拡大した形である。

こうした「祭縁」の拡大は、新宿区西早稲田地区の事例にもみられる。八木橋伸浩は、同地区の天祖神社の祭礼に参加する神輿同好会のメンバーが、大晦日の天祖神社の越年祭（お神酒係を担当）、四月の「桜まつり」（焼きそばの調理を担当）、七月と一二月の「お地蔵様（源兵衛地蔵）の縁日」（出店の調理を担当）といった地区の年中行事へ参加する実態を明らかにして、「町会や商店会の役員たちとは親しいつきあいの関係が結ばれているといってよい」と指摘している。(4)

他町会の参加者と「相互乗り入れ」のネットワーク

神田祭が蔭祭の年には、本町一丁目町会と室町一丁目会が日枝神社の氏子町会（日本橋六之部の町会）の山王祭へ参加し、山王祭が蔭祭の年には、日枝神社の氏子町会（日本橋六之部の町会）が室町一丁目会の神田祭に参加し、神輿を担ぐといったような「相互乗り入れ」を行なう町会が複数でみられた。背景には、自分たちの祭りを行なうときには、神輿巡幸の警備や交通誘導など、祭りを支える側で神輿担ぎを楽しむことはできないが、他の町会の祭りに参加して、自分たちの楽しむ祭りを行なっている。また、神田和泉町の蔭祭では、やはり本祭では祭りを支える側で祭りを楽しむことができないため、周辺の町会の青年部と一緒に蔭祭の神輿巡幸を行ない、観客をほとんどみることはできなくても青年部同士が楽しめる場を形成している。東神田町会では、町会青年部が年間を通して、氏神以外の様々な祭礼に参加する、いわば「遠征」が年中行事化している。

茨城県常総市水街道榮睦における東神田町会の神田祭への参加が、榮睦の祭礼への東神田町会青年部の参加につながり、そして榮睦の地元が水害によって被災した際には、東神田町会の青年部が復興支援の活動に現地入りした。これも神田祭を通じた「祭縁」が発展した形である。

企業の参加者の拡大

様々なネットワークを通じて神田祭に参加する人たちの中で、特筆すべきは、町内企業の存在である。町内企業といっても、例えば、岩本町三丁目町会では、町内に山崎製パンの本社が立地し、平成二五年の神田祭において同社の社員三〇〇人が神田祭に参加した。岩本町三丁目町会では、山崎製パンのほか、本間組二〇人、田島ルーフィング二〇人、貝印一〇人が参加し、企業の参加率が七〇％を超える。

このほか、須田町北部町会では、町会の戦略として神輿同好会からの脱却を図り、企業との関係性を重視する。居住民がほとんどいない大手・丸の内町会では会社員が一〇〇〇人規模で史蹟将門塚保存会大神輿を担ぎ巡幸を行なっている。

こうした企業との関係を重視する町会が複数あり、町内企業にみせ、交流を図る金曜日の神輿巡幸や懇親会、蔭祭の年のイベントなどが拡大している。企業との関係を良好にし、町会へ寄付金を出資してもらうとともに、人員も動員できるような場として神田祭を捉えている。つまり、「社縁」（会社縁）の拡大は、金曜日の祭りの創出といった町会の神田祭の行事構成に影響を与えるとともに、蔭祭におけるイベントの実施など、町会の年中行事にも影響を与えている。「企業の参加」についての詳細は、改めて後述する。

女性の参加者の拡大

平成四（一九九二）年の神田祭の分析から松平誠は、「動員される人々のなかに、半数ないし三分の一の女性が登場してきたこと」と指摘しているが、「半数ないし三分の一」とは必ずしもいえないものの、女性の参加者が多く、参加の割合も増加傾向にあることが窺える。平成二七年の神田祭では、一部区間を女神輿にする町会が複数でみられた。

神輿巡幸の全区間を女神輿として巡幸する須田町中部町会の「元祖女みこし」では、女性の担ぎ手を一般募集によって集めているが、参加者数は増加している。平成二五年と平成二七年の参加者の実態から、松平誠が日本の都市祝祭類型[5]として挙げた「伝統型」の中に、不特定多数の個人が集える「合衆型」の要素を持っていることが確認できた。一般募集に応募する参加者は、平成二五年と平成二七年を比較すると、二回とも参加した人は約三割にとどまっていることが判明した。きわめて流動性が高い構造を持っていることが指摘できる。祭りをミル側が町内に全く縁を持たなくとも、一般募集を通じて祭りをスル側になることができる構造を「元祖女みこし」は持っている。中野紀和が明らかにした小倉祇園太鼓の有志チーム[6]に近い存在である。ただし、女性限定で男性は排除される。

新住民の子ども参加の拡大

再開発によってファミリータイプのマンションが増加した日本橋地区では、新住民の大人の神田祭や町会活動への参加は、蠣一共和会を除き、あまり進んでいない。その一方で、町会の曳き太鼓（山車）に参加する新住民の子どもが増加し、その親が一緒について歩くという光景がみられた。子ども神輿への参加は少ないが、曳き太鼓への参加が集中するという特徴がみられる。

岩本町・東神田地区連合の神田松枝町会の「羽衣」山車の曳き手にもマンションの子どもが多数参加するという。平成二八（二〇一六）年の東日本橋二丁目町会の蔭祭では、子ども神輿と曳き太鼓の町内渡御に、九八人の子どもが参加し、その親がついて歩く光景がみられた。また普段は町会活動に参加していないマンションの女性が町会活動に参加する切っ掛けの場となっていることが判明した。

平成二八年の宮本町会の蔭祭では、曳き太鼓の巡幸はないが子ども神輿の巡幸を行なう。小学生未満から小学五年生までの子ども一四〇人が参加し、学年単位で交互に神輿を担いだり、希望する子どもに拍子木を叩かせるなど、巡幸を工夫し、付き添う親も多数、行列について歩いていた。

ただし、神田祭（本祭）と蔭祭における曳き太鼓と子ども神輿の町内渡御では観客をほとんどみることができない。

付き添う親や宮本町会のように同行する小学校の教員に見守られながら行なわれる祭りである。合唱コンクールや文化祭などの発表の場にも近い要素を持っている。しかし、参加する子どもは活き活きと楽しみ、子どもの親はその様子を記録しようと、デジタルカメラや携帯などを使って写真や動画で盛んに撮影する光景がみられた。

2　町内にとっての祭り（祭りを支える側の論理）

松平誠は、平成四（一九九二）年の神田祭調査から、町内会（町会）が依然として地域祭礼の実施機関としての役割を確実に果たしつつあると指摘した。平成二五年・二七年の神田祭においても、対象となった全ての町会で祭典委員を置き、多くの町会で祭典委員会などの祭りの運営組織を設置した。町会長や町会役員が、祭典委員長や祭典委員などに就き、青年部や婦人部などを動員し、町会が神田祭を実施する機関としての役割を担っている点に変化はない。ただし、「確実に果たしつつある」とはいえない変化もないわけではない。連合で一つの祭典委員会、祭典委員長を置く事例や担ぎ手の一般募集のリスト管理を非町会員が行なうケースもみられた。しかしながら、町会を単位として祭礼組織を設置し、役割動員を行なう点は持続している。

では、なぜ町外から神輿の担ぎ手を動員をしてまで神田祭を続けるのであろうか。今度は、町内にとっての祭りの意味や役割について考えてみたい。

町内の祭りを続ける意味を考える上で、平成二五年の神田祭調査から明らかとなった各町会の「祭りの評価」が参考となる。町会にとって神田祭がどのような場になっているかを質問すると、類似例を含み「地域・町会（町会員）の結束や絆の確認、親睦や活性化の場」が三三町会、「伝統・ブランド」が一二町会、「町内・町会で最大のイベント・行事」が一〇町会で回答した。「祭りをやるために町会がある」（神田和泉町町会）、「お祭りは町会の最後の拠り所」

（岩本町一丁目町会）など「地域」や「町内」を強調した評価が増加し、伝統やブランド力を有し、町会のつながりを維持するための最大の行事として神田祭が位置付けられていることがわかる。

つまり、町会役員や青年部・婦人部などの町会組織の共同性を、観念的であっても確認する場として神田祭があることが指摘できる。それも町会のメンバーにとっては、交通誘導や警備など、祭りを支える側に徹することから、祭儀性が強く表れている。いわば「多数の観客がいる祭儀」として神田祭があることが窺える。祭りをスル側から支える側に移行することによって、「祭儀と祝祭の逆転」が起こっているのではなかろうか。蔭祭で神輿の巡幸を行なう神田和泉町町会では、蔭祭において町会青年部が祭りを支える側からスル側へ移行し、いわば「観客のみえない祝祭」になっている。

以上のように、都市祝祭と町内の祭りの複合構造として現代の神田祭を捉えることができる。多数の観客を集める都市祝祭の魅力が町外からの一般動員につながり、それによって町内の祭りを維持しているといえる。

なお、先行研究では、一つの都市祭りの構造を、複合構造として捉える研究が複数存在している。薗田稔の「祭儀」と「祝祭」[7]、宇野正人の「区行事」と「中央行事」[8]、和崎春日の「アーバン・エスニティのレベル」と「祝祭のコミュニタスのレベル」[9]、玉野和志の「ローカルコミュニティのレベル」と「都市のレベル」[10]などがある。これらの研究を参照しながら、本書の結論を導いている。

二　結集のための核の存在

都市祝祭と町内の祭りの複合構造を形成するためには、両者をつなぐものが必要である。それは、結集のための核の存在である。具体的には、神輿や山車などの祭礼の象徴について、まずは整理しておきたい。

1　祭礼の象徴の存在

神輿や山車などの祭礼の象徴を持つゆえに、神田祭への参加を続け、町内渡御や連合渡御、神田神社への神輿宮入参拝を持続する町会が数多く存在する。特に、神輿の巡幸を維持するためには、町外や様々なネットワークを通じて多数の担ぎ手を動員する必要がある。そのためには、担ぎ手が満足するような観客が多数訪れる賑わいや見せ場の存在が不可欠である。そこで、祭礼の象徴を媒介にした連合渡御や宮入を開始するのである。

中神田十三ヶ町連合の土曜日の「八町会合わせ」（連合渡御）、外神田連合の「おまつり広場」の開始、日本橋地区の神田神社への宮入の開始など、（平成二五年から）ここ一〇～一五年の行事変化からも裏付けられる。つまり、神輿を媒介にして、町会の神田祭を賑やかなものにするとともに、それによって、松平誠が秩父祭の分析で指摘[11]するように、観念的であっても町内の共同性が確認される。都市祝祭と町内の祭りは、祭礼の象徴を介して、維持・拡大しているといえるのではなかろうか。そうした意味では、神輿や山車といった祭礼の象徴の存在が神田祭の盛衰に重要な役割を果たしている。

だからこそ、たとえ観念的であっても町内共同の危機においては、祭礼の象徴が新たに誕生したり、復活したりするのである。須田町中部町会の「元祖女みこし」の誕生（町会神輿の復活）、紺屋町南町会のダンボール製神輿の誕生と神田神社への宮入の開始、神臺会の町会神輿の修復・宮入の復活を経て、秋葉原中央通りの「おまつり広場」の開始、岩本町二丁目岩井会の「桃太郎」山車の神田神社への展示と町内の祭礼行事の復活（神酒所復活・神輿の町内渡御の復活）などの事例が確認できた。祭礼の象徴の誕生や復活を通して、町内の祭礼行事を再活性化し、町内共同のイメージを復活させていると考えられる。

一方で、祭礼の象徴を寄贈や売却など、譲る(手放す)ことによって、はじめて祭りへの参加を一旦やめることができると考えられる。かつて神田祭は山車の祭りであったが、町内の山車を他の地域へ譲る(売る)ことによって、新たな祭礼の象徴としての町神輿が誕生している。壊したりするのではなく、他の場所で祭礼の象徴が存在し続けるという前提があってはじめて、手放すことができるのではないかと考えられる。また、神輿や山車を展示するのは、神輿や山車の巡幸が困難な場合、祭礼の象徴を展示してみせ、それによって町内の共同のイメージを担保しているといえるのかもしれない。

そして、こうした祭礼の象徴を媒介に、その巡幸を担う様々な人的ネットワークを動員することによって、新たなつながりが形成されている。町会青年部の他町会の祭りへの遠征、他町会との「相互乗り入れ」のネットワークの形成、神輿同好会の町会年中行事への参加拡大など、祭礼の象徴がなければ、起こり得なかった新たな町内共同のイメージをを支えるシステムとなっている。つまり、「祭縁」の拡大は、いわば「神輿の縁」「山車の縁」ともいえ、祭礼の象徴の存在によって、町内共同の外延を拡大し、内包を強化しているといえるのではなかろうか。[12]

こうした祭礼の象徴の存在が神田祭の拡大へ重要な役割を果たしているからこそ、「神田祭＝神輿担ぎ」「神田祭＝連合渡御・宮入」といったイメージが拡大しているといえる。

2　町会や地区連合で祀る小祠の存在

神田祭に参加する氏子町会において、町会や地区連合で小祠を祀っているところが複数みられる。多くが稲荷神社である。ここには、崇敬会が中心となって祀り、町会が参与している神社も含まれる。

具体的には、五十稲荷神社（小川町三丁目南部町会）、幸徳稲荷神社（小川町連合）、御宿稲荷神社（内神田鎌倉町会）、佐竹稲荷神社（内神田旭町町会）、豊潤稲荷神社（須田町中部町会）、出世稲荷神社（須田町北部町会）、神田神社末社・御宿稲荷神社（司一町会）、真徳稲荷神社（司町二丁目町会）、大柳稲荷神社（多町一丁目町会）、松尾神社・一八稲荷神社（多町二丁目町会）、妻恋神社（神田同朋町会）、草分稲荷神社（秋葉原東部地区連合）、柳森神社（神田須田町二丁目町会）、繁栄お玉稲荷（神田松枝町会）、金山神社（神田東紺町会）、竹森神社（小伝馬町三之部町会）、富沢稲荷神社（富沢町町会）、茶之木神社（人形町一丁目町会）、久松稲荷大明神（久松町町会）、元徳稲荷神社・網敷天満神社（浜町二丁目西部町会）、濱町神社（浜町三丁目西部町会）、金比羅神社（中洲町会）などがある。

特に、中神田十三ヶ町連合に集中し、八町会がそれぞれ小祠を祀る。それぞれの小祠においては、例祭や初午祭、新年などに町会や地区連合で祭祀を行なっている。町会や地区連合の人たちが集い、共同を確認する祭儀の場になっているといえる。

このうち、神田祭において小祠に町会の神酒所が置かれたり、小祠を起点に神輿や山車の巡幸が行なわれるのは、幸徳稲荷神社、佐竹稲荷神社、金山神社、柳森神社、草分稲荷神社、竹森神社、富沢稲荷神社、久松稲荷大明神、元徳稲荷神社・網敷天満神社、濱町神社、金比羅神社などである。これらの小祠（神社名・奉賛会・崇敬会など）から奉納金が町会の神酒所へ納められる。

また、小川町連合の神輿は、小川町連合で祀る幸徳稲荷神社の宮神輿としての性格を有していて、各町内の巡幸や神田神社への宮入を行なっている。秋葉原東部地区連合で祀る草分稲荷神社は、二月に初午祭を行なうが、神田祭以外で実施する地区連合の祭儀として重要な機会となっている。

こうした小祠の存在は、町会の年中行事にも反映していると考えられる。例えば、神田駅東地区連合では夜警を合同で行ない、外神田連合では十二睦や外神田文化体育会といった合同で行なう行事や活動が拡大しているが、中神田十三ヶ町連合では、夜警も個別町会で実施し、地区連合で行なう行事も一定数あるものの、各町会の活動も依然として維持されている。中神田十三ヶ町連合では、八町会で小祠の祭祀を町会の年中行事の中で行なっている。個別町会の活動を維持する上でも小祠は、一定の存在感を持っているといえるのかもしれない。観客をほとんどみることはできないが、町会役員や町会関係者が結集し、町内共同のイメージを確認する貴重な機会になっている。

このほか、史蹟将門塚（大手・丸の内町会、史蹟将門塚保存会）、薬研堀不動院（東日本橋二丁目町会）、清正公寺（浜二町会）といった宗教的施設と神田祭の関わりが指摘できる。将門塚は、神田神社の旧蹟地であり、神幸祭において神事が行なわれるのみならず、将門塚を起点として、史蹟将門塚保存会大神輿の巡幸が行なわれる。薬研堀不動院は両国旧御仮屋であり、神幸祭では鳳輦・神輿に昼御饌を奉る。また、地元の東日本橋二丁目町会の神酒所が設けられ、蔭祭においてもここを起点として町内渡御が行なわれる。清正公寺前の浜町公園には神田祭において浜二町会の神酒所が作られ、清正公寺から町会へ奉納金が納められる。

以上のように、町会や地区連合で祀る小祠や宗教的施設は、町内共同のイメージを確認する結集のための核として存在し、町会の神田祭を内側から支えているといえるのではなかろうか。

3　神田神社の存在

神田祭は、神田神社の大祭である。そのため、神田神社の存在が大きいのは自明のことであり、わざわざ指摘する必要性はないのではないかと思われる向きもあるかもしれない。しかしながら、戦後地域社会が変容する中で、神田神社の存在する意味が逆に増しているのではないかと考えるからである。

その一つ目の理由は、神田神社が都市祝祭の要素と町内の祭りの要素をつなぐ存在であることにある。多数の観客で賑わい、宮入をする各町会の神輿の担ぎ手にとっては魅力的な場が神田神社の神輿宮入にある。と同時に、それは宮入をする各町会の役員や関係者にとっても、町内共同のイメージを確認する重要な機会であり、特に町会長にとっては晴れの舞台である。

二つ目の理由は、神田神社が年間を通じて賑わう場であることである。初詣、企業の集団参拝(仕事始めの日)、だいこく祭り、節分祭、桜まつり、例祭、大祓式、七夕、納涼祭(平成二八年から開始)、新嘗祭、除夜祭など、複数の賑わいの機会がある。特に、初詣と仕事始めの集団参拝は都市祝祭というべき不特定多数の人々が集い、マスメディアからも注目されている。

こうした不特定多数の人々が参拝に訪れる新年に氏子町会の複数の町会では、町会として神田神社へ昇殿参拝を行なっている。都市祝祭と町内の祭りの複合構造は新年にもみられる。町会の年中行事が少ない町会では、神田祭や小祠の祭祀と同様に、町会単位で行なう神田神社の初詣は、町内共同のイメージを確認するための貴重な機会になっている。

三つ目は、歴史ある神社としてのイメージが形作られていることである。江戸の総鎮守、徳川将軍が上覧した天下祭の流れを汲む神田祭など、伝統があり、現在も賑わいが絶えないというイメージが、神田神社や神田祭へさらなる人を集めているといえるのではなかろうか。

以上のように、祭礼の象徴、町会や地区連合で祀る小祠、神田神社の存在が、結集のための核として都市祝祭と町内の祭りをつなぎ、神田祭の拡大につながっていると考える。

三　個人の活躍（人的要因）

現代の神田祭の隆盛を考える上で、個人の活躍を抜きにして語ることはできないといえる。それは、神田神社の神職、町会の特定の個人、都市祝祭に参加する不特定多数の個人の存在である。つまり、都市祝祭と町内の祭りをつなぐ結集のための核は、個人の活躍、すなわち人的要因によって誕生・復活したり、強化されたりしているからである。人的要因が神田祭の盛衰を考える上で重要な要素となっている。以下に、その特徴を順番にみていきたい。

1　神田神社の神職

都市祝祭と町内の祭りをつなぎ、祭礼の象徴の誕生や復活、連合渡御や宮入の開始などを積極的に受け入れてきた神田神社の神職の力は、無視できないものがある。特に、神田神社宮司・大鳥居信史氏の神田祭を盛り上げようとする強い意志が、都市祝祭の形成に大きく影響していることが窺われる。神田神社宮司の意思は、権宮司や各神職に受け継がれ、文化資源学会と協働で行なう附祭の「復興」という新たな賑わいの形成につながっている。

また、町会の担当神職と町会の特定の個人との関わりが、室町一丁目会のように、神田神社への神輿宮入の拡大にもつながっている。岩本町二丁目岩井会においては、平成二五（二〇一三）年の「桃太郎」山車の神田神社への展示を契機に、二〇年振りに町会の神酒所を設置し、平成二七年には、町会神輿の町内渡御を復活させるなど、祭礼の象徴を神田神社へ受け入れることによって、町内共同の確認の機会を回復し、地域社会が再活性化している。「桃太郎」山車の展示においても、神田神社宮司や担当神職が積極的に関わり、「桃太郎」山車は最終的に神田明神資料館へ寄贈された。史蹟将門塚保存会の大神輿巡幸においては、当初は神社から神輿を貸し出したり、蔭祭の年の巡幸を支えるなど神田神社の神職が密接に関わっている。

そして、神田神社の神職は、神田祭にとどまらず、神田神社の年中行事や日々の活動において、神社に賑わいの場を作る様々な取り組みを行なっている。企業との関わりを重視する神田神社宮司の意志のもと、仕事始めの集団参拝も拡大した。「ラブライブ!」とのコラボレーションや、「こち亀絵巻」の奉納、納涼祭の開始など、現在進行形で様々な活動を行ない、新たな賑わいを神社の場に作り、神田神社のイメージを形作っている。

しかも、新しいイベントを行なう一方で、天下祭の付祭の復活や明神塾、資料館の開館、「巫女さん入門講座」の開催など、歴史や伝統を重視し、そのブランド力を高めながらも、新しい要素を積極的にとり入れるところが鍵となっている。

つまり、歴史・伝統を踏まえながらも、新しい物語・文化を形成していくという神田神社の神職のスタンスが、神田祭や神田神社の年中行事に訪れる不特定多数の個人のニーズを捉え、多くの人の足を神社へ導いているといえるのではなかろうか。実は、こうした柔軟な考え方は、町会の特定の個人も持っていて、神田神社の神職の活動と連動しながら神田祭を盛んにしているといえる。いわば、祭儀性と祝祭性のせめぎ合いの中に、神田祭の拡大はあるのではなかろうか。

2　町会の特定の個人

祭礼の象徴の復活や誕生に大きく影響を与えたのは、町会の特定の個人の存在である。須田町中部町会の「元祖女みこし」（当時の町会長のG・Y氏や婦人部長のK・O氏など）、紺屋町南町会のダンボール製神輿（当時の町会役員のS・

I氏)、神臺會の神輿(町会長のT・N氏)と秋葉原中央通りの「おまつり広場」(連合渡御)の形成など、多彩で個性的な個人の活躍が浮き彫りになった。

一方、神田佐久間町四丁目町会では、町外の担ぎ手によって町会の神輿巡幸を行なうのは自分たちの祭りではないと考え、当時の町会長の判断によって神輿の渡御を止め、神酒所に神輿を展示している時期があった。その時期は、町会最大の行事はバス旅行であった。しかし、このバス旅行の参加者が減る中で、町会長が代わり、神輿巡幸を復活させ、新たに神田神社への神輿宮入参拝を開始した事例もある。

つまり、祭礼の象徴を復活・誕生させたり、連合渡御を開始するのも町会の特定の個人であるとともに、神輿の巡幸を止めるのも町会の特定の個人であることがわかる。神田祭の盛衰には、町会の特定の個人が密接に関わっていることが指摘できる。

3　不特定多数の個人

神田神社の神職や町会の個人の活躍によって、神田祭には、特に神田神社周辺には不特定多数の観客が訪れる。不特定多数の個人が参加するのは、祭りをミル側としてだけではなく、祭りをスル側においても、不特定多数の個人が参加できる構造を持つ神輿がある。神輿の担ぎ手を一般募集する須田町中部町会の「元祖女みこし」である。町会に全くつながりを持っていなくても、女性限定ではあるが、ブログ経由で参加申し込みができ、祭りの半纏はレンタルで借りて参加することができる。

中野紀和が指摘するミル側からスル側へ移行する際の受け皿になる小倉祇園太鼓の有志チームに近い存在である。また、松平誠の都市祝祭類型に基づくと、「伝統型」の中に「合衆型」を併せ持つ構造であるといえる。「元祖女みこし」の担ぎ手の一般募集に応募した参加者のうち、平成二五(二〇一三)年と平成二七年の二回とも参加した人は、約三割にとどまり、きわめて流動性が高い構造を持っているといえるからである。

「元祖女みこし」は、祭りをスル側にとって、初参加でも練習をせずに、わずか一日のうちに宮入を体験でき、匿名性が高く、準備も後片付けに参与する間もなく、弁当を貰って帰ることができる。練習に参加せず、チームで参加する必要性がないという意味では、神田祭の方が、よさこい祭りや高円寺の阿波おどりと比較して、より匿名性が高く、気軽に参加できるという側面も持っている。いわば「祭りのイベント化」といえそうな事例である。

ただし、参加者へのインタビューから、初めての参加者が多数を占める中で、神輿担ぎ(連合渡御や神田神社への宮入)を通じて「元祖女みこし」や神田祭への肯定的なイメージが形成されている。しかも、少数ではあるが、「一体感」「感動」「気持ちが上がる」といった感想を抱く人も存在している。

こうした神輿の担ぎ手の一般募集を行なうのは神田祭においては、須田町中部町会や岩本町三丁目町会などにとどまるが、町会員の友人の友人や町内企業の会社員、特定の町会に参加する神輿同好会の知り合い(同好会)も、町会につながる何らかの伝手を経由して参加している。町会に何も縁がなくても直接参加できる一般募集とは異なるが、参加者の実態としては、伝手となった町会員と直接面識もない「友人の友人」という不特定多数の個人で構成されている。

そうした意味では、神田祭は、「伝統型」の中に不特定多数の個人が集える「合衆型」を併せ持っているといえるのではなかろうか。

とすると、現代の神田祭は、祭りがイベント化したものなのだろうか。小松和彦ら複数の研究者がいうように、「神なき祭り」として捉えられるものなのだろうか。あるいは芦田徹郎が指摘するような「祭りの日常化」として位置付けることができるのだろうか。

都市祭りの宗教性を論じる前に、もう一つ大きな特徴がある。それは「企業の参加」である。次にみていきたい。

四　企業の参加

戦後地域社会の変容の中で、夜間人口が減ることによって町会の担い手が不足し、代わって中高層のビル街となった神田の町内では昼間人口が増加した。その結果、町会は、町内企業に町会へ加入してもらうように働きかけ、町会員に占める法人会員の割合は増加した。

平成八(一九九六)年九月に実施された「まちとコミュニティ生活の変化に関するアンケート調査結果(13)」では、町会員の五〇％以上を法人会員とする町会が千代田区全体では七割近く、神田では八割が存在する。

こうした現状において、町会側は町内企業に対して、町会費などの財政面での協力のみならず、町会活動への参加を通じた人的な協力を期待するようになっている。

そして、町会活動への企業参加は必ずしも進まない中で、神田祭には企業が祭りの担い手として参加が進むようになる。先に挙げたように、岩本町三丁目町会や須田町北部町会、大手・丸の内町会などで企業参加を重視した動員を行なっている。

しかしながら、経済状況いかんによっては、必ずしも安定的な町会との関わりが続かない側面も持っていて、絶えず町会側は企業側に対して働きかけを行なっていかなくてはならなくなっている。

その結果、平成二五年や平成二七年の神田祭では、金曜日の夜にスーツのまま半纏を羽織って町内の神輿巡幸に参加したり、神酒所前で企業との懇親会を行なうなど、町内企業との親睦を図る金曜日の祭りが拡大している。

また、二年に一回の神田祭においては、間が空くため、蔭祭の際に企業との懇親の場を持っている町会が複数存在している。錦連合（神田祭と同時期の金曜日に縁日）、須田町北部町会（納涼会、近年では本祭の年にも実施）、外神田三丁目金澤町会（企業との懇親会を開催）、栄町会（神田祭と同じ時期に「ふれ合い広場」を実施）、岩本町三丁目町会（七月下旬にサマーフェスティバルを実施）、神田和泉町町会（神輿巡幸を実施するが町内企業が参加）など、複数の町会で実施している。ここに新たな町内共同の形が存在している。

ただし、企業の参加が進み、町会にとって企業の存在が大きくなっているからといって、大手・丸の内町会を除いて企業を中心とした地域コミュニティになっているわけではない。

『歴史から学ぶ千代田区のこれからのコミュニティのあり方』のヒヤリングできかれた、「企業の参加といっても、町会の基礎的原動力としての住民はある程度いないと町会は運営できない。いくら企業が参加してくれても、住民が全然いないのでは話にならない」(14)というように、たとえ世帯数は少なくなったとしても、町会に住み、町会を大事にしようとする住民の存在なしには、企業を巻き込んだ町会活動も神田祭も現在のところ成り立っていない。

むしろ、町会の基礎的原動力を支える町会の特定の個人が日々、町内の企業に働きかけを行なっているからこそ、神田祭や町会活動への企業参加が維持できるのではなかろうか。つまり、三つ目の特徴である町会の「個人の活躍」と企業が連動して、町会と企業の関わりは維持されているのではなかろうか。

次に、詳細を確認しておきたい。

1　町会の個人と企業

山崎製パン本社や貝印、田島ルーフィング、本間組などの企業が町内に立地する岩本町三丁目町会では、現在の山崎製パン本社のあるビルはかつては三井建設のビルであった。平成四(一九九二)年度のゼンリン住宅地図には、第一章第三節でみたように三井建設の存在が確認できる。

岩本町三丁目町会では、三井建設が町内にある時代から企業抜きには今後の町会運営ができないと考え、町会役員は企業の担当者との交流を深めていった。その関係は、山崎製パンとの関係にも受け継がれていった。

町会長のH・K氏は、常日頃から町内の企業に働きかけを行なう必要性を強調している。それでもH・K氏が指摘するように、企業の町会担当のトップが変わり町会活動への理解がなくなったり、企業が持つ町内のビルが外資系にM&Aで変わり、町会費を全く納めなくなる危険性も存在している。

特に、町会の窓口となる企業の担当者と町会役員の間で日々の町会活動などを通じた関わり合いがあっても、企業の担当者が代わることで、町会と企業の協力関係が壊れるということは、町会と企業の関係においても人的要因が大きな位置を占めているといえるのではなかろうか。

翻って、町会役員を務める町会の個人の側も、岩本町三丁目町会のH・K氏のように、新しく建つ事業所やマンションが建つ前に住民説明会を開いてもらい、町会費や町会活動などについて提示し、それからビルを建ててもらうように努めている。こうした町会役員の活躍があってはじめて、企業の中に理解ある担当者が生まれ、町会と企業との関係性を構築することができるといえる。

須田町北部町会において、企業との関わりを重視する方針に変えたのは町会役員である。そうした企業との関わりを重視する方法に共感し、自身の町会でも企業との懇親の場を、神田祭や蔭祭のときに設けたのも栄町会の町会役員である。

町会役員という個人と企業の担当者という個人の人的なつながりがあってこそ、両者の協力関係は成立するといえる。神田祭においては両者の協力関係をもとに、二つ目の特徴である「結集のための核の存在」として町会の神輿があり、そこに企業の会社員が多数、担ぎ手として参加し、連合渡御や神田神社への宮入を維持しているのである。

2　神田神社の神職と企業

企業との関係を重視するのは、町会の個人にとどまらない。神田神社も企業との関係を重視している。第三章第一節でみたように、神田神社宮司の大鳥居信史氏は、「企業が求める神社の役割とは？」(15) の中で述べているように、神田神社は千代田区・中央区といった日本有数のオフィス街が氏子地域にあり、特に大手町などの地域には住民がほとんどいないため、(平成二五年の)二〇年ほど前から、企業の氏神意識の定着を図るように促してきた。それによって、以前は、企業が正月に神田神社へ参拝する風習はなかったが、現在では正月に六〇〇〇社の企業が神田神社へ参拝するようになった。

また、大手町・丸の内界隈の企業では、大手町にある将門塚への篤い信仰があるが、神田祭と蔭祭において、将門塚保存会の参与法人役員会から奉納された平将門公の神輿を担ぎ、平成二五(二〇一三)年の神田祭では約一三〇〇人もの会社員が参加した。

神田神社宮司の大鳥居信史氏のもと、神田神社の神職は企業との関わりを重視し、正月における企業の集団参拝を進め、大手町・丸の内地区では一三〇〇人もの会社員を動員して神輿巡幸を行なっていることがわかる。

ここでも、神田神社の神職という個人と企業との関係性が正月の参拝や大手町・丸の内地区での神輿巡幸につながっている。言い換えれば、神田神社の神職の企業への働きかけが神田神社や平将門公の神輿という結集のための核を媒介として、正月や神田祭における賑わいを形成しているといえるのではなかろうか。

以上のように、町会の個人と企業の担当者、神田神社の神職と企業の関わりが、神輿などの結集のための核としての存在を媒介に、神田祭における企業の参加につながっていることが指摘できる。

ただし、町会の個人も、宗教者である神田神社の神職も企業とは相いれないのではないかと疑問に思う人もいるかもしれない。しかしながら、町会の役員は町内にビルや会社を持つオーナーが多く、ビル内のテナントの管理や自身の会社の経営も含め、たぶんに経営感覚を持った人たちである。

同様に、神田神社の神職もいかに宗教者とはいえ、千代田区・中央区にまたがるオフィス街の氏子区域を持ち、氏子総代の中には山本海苔や龍角散などの社長も含まれる。また正月にはたくさんの参拝客が訪れるなど、特に神社のトップは経営感覚を持たざるを得ないのである。

経営感覚を持っているがゆえに、町会の個人も神田神社の神職も限られた人員、限られた予算で様々な賑わい作りができるのではなかろうか。そして、企業人に対しては理解があるのみならず、経済状況いかんによって企業との関係性が変動する危うさも知っているのではなかろうか。

五　非日常化するイベント　―都市祭りの宗教性―

最後に、五つ目の特徴を切り口に、現代の都市祭りの宗教性について考察していきたい。

小松和彦は、「神なき時代の祝祭空間」で、日常生活の都市化＝ハレ化の浸透によって、祭りの世俗化＝ケ化を促進し、ハレとケの対立が溶解していった。その結果、多種多様なハレの空間が常設され、消費空間が拡大することなどによって、「時代の潮流は、神のいる祭りから神なき時代への祭りへ、祭りからイベントへと、大きく変化している」(16)と指摘している。

小松は、祭りとイベントの大きな違いは、神の祭祀の有無にあるとしている。祭りは、神とその信者との関係を確認・強化し、併せて信者集団の結束も強化する。したがって、祭りは祭りの信者・担い手のための行事であり、信者によっていっさいが担われる。

また、小松は、祭りは従来「神のいるイベント」であったともしている。それに対して、イベントは、主催者が意識するのは「神」ではなく「客」であって、主催者・出演者は客の反応を重視し、客を満足させるために「芸」や「食」やその他のモノを差し出す。「神饌」「芸能」「見せ物」「遊園地」の系譜につながるものはイベントと位置付けている。イベントの特徴として、期間が限定されている点にあり、それによってイベントがハレ的な性格を強く帯びてくるとしている。

しかしながら、旧来の祭りも、資本主義の商品になるかどうかという選択を迫られ、それに応じた対応・変容をせざるを得なくなり、都市の大きな祭りも地域の小さな祭りも、神事から芸能・見せ物へと変貌することで生き延びようとしている。そして、新しい祭りであっても、人々がそれに馴染んでいるかが重要であり、その鍵を握っているのが「観客」であるところに現代の特徴をみることができるとしている(17)。

こうした小松の指摘は、日常生活における祝祭空間の拡大によって祭りの非日常性が希薄となり「祭りの日常化」(日常の祭り化)が進むとする社会学の芦田徹郎の指摘とも一致する。小松のいう「ハレのケ化」が芦田のいう「祭りの日常化」に、小松のいう「ケのハレ化」が芦田のいう「日常の祭り化」に対応するといえる。

とすると、現代の神田祭も「祭りの日常化」が進み、非日常性は希薄になったといえるのであろうか。そして、観客のニーズに応えるべく「祭りのイベント化」した現状なのだろうか。非日常性の希薄化は、「神なき祭り」あるいは「祭りの世俗化」の問題とも連動する。

そこで、これまでの分析結果をふまえてこの問題について検証しておきたい。まず、「祭りの日常化」について論じる。

1　現代の神田祭と「祭りの日常化」

芦田徹郎は、共同体の解体と祭りの日常化（日常の祭り化）とが現代の祭りの存在理由を危うくするのみならず、日常の祭り化とは逆に、現代の祭りは日常性からの脱却が難しい。日常生活が祭りに近づくのとは裏腹に、もともとの祭りは、日常生活からきれにくいとする。日常性という大海の中の孤島のような現代の祭りは、日常的な活動・価値・規範・利害などに包囲され、監視され、規制され続けることになるとする(18)。

つまり、芦田は、日常の祭り化と日常性からの脱却が難しいという二重の意味で「祭りの日常化」が進み、それによって現代の祭りでは非日常性が希薄化していることを明らかにしている。そして、現在では共同体が幻想であるとすれば、おそらく非日常性も不可能である。現在の祭りやイベントの盛況は一見、日常の祭り化と日常性からの脱却が難しいという二重の意味での祭りの日常化に抵抗して、本来の祭りが復興しているようにみえるかもしれない。しかし、いかに非日常性を演出しても、実態は決して日常性を払拭できない「祭り」が、いつでもどこでも日常的に開催されているという実状から目をそらさなければ、現在の祭りの盛況それじたいが「祭りの日常化」の主要な一環を構成していることもわかる（第三の意味での「祭りの日常化」）と指摘している(19)。

芦田の三つの意味での「祭りの日常化」を全て検証することは困難であるが、神田祭の実態に即して検討が可能な二つ目の「祭りの日常化」、すなわち、日常性からの脱却が難しい、「脱日常化しにくい祭り」に絞って検討してみたい。

結論からいえば、神田祭においては、「脱日常化しにくい祭り」の要素はあるものの、それを非日常化させる構造を持っているといえる。このことが神田祭の隆盛につながっていると考える。

現代の神田祭において、町会半纏を着用し、足袋を履くなど、日常とは異なる装束に着替え、ある一定の時間、拘束されるという意味では、非日常性の要素が全くないわけではない。ただし、観客がほとんどいない、あるいは少ない町内渡御や連合渡御においては、祭りをスル側にとっては、非日常性は希薄であり、土曜日や日曜日の人通りの少ない通りを進んでいる間は、確かに、脱日常化しにくい祭りである。

これは、数少ないミル側にとっても同様である。しかしながら、観客が多数を占める連合渡御や神田神社への宮入においては、脱日常化しにくい祭りが非日常化するといえる。特に、神田神社への宮入では、神社境内の神輿とその参加者、観客、参拝者などでごった返してカオス化し、否応なく祭りが非日常化する。そこには、お囃子の音、神輿の掛け声、屋台(出店)など、五感に働きかける要素も揃っている。

そして、神職による修祓、神輿参加者一同での神田神社への参拝、町会長の挨拶と祭儀が行なわれる。参拝のあと、神田神社から出ていく神輿に、ぞろぞろと観客がついて歩く。まさに、ミル側を巻き込む盛んな祭りの様相が出現する。

神田神社の神輿宮入参拝において、祝祭と祭儀が相乗的に表れる空間が神社境内に出現する。神輿の担ぎ手(スル側)にとっても、ミル側にとっても、祭りを支える側にとっても、クライマックスが宮入の場にある。そして、宮入が終わると、祭りは徐々に日常化していき、神輿の巡幸が終わると半纏を返し、弁当をもらって帰路に就くのである。この神田神社への宮入が都市祝祭と町内の祭りをつないでいる。

しかしながら、宮入の場面における非日常化は一時的なものであって、結局、現代の神田祭の隆盛は「祭りの日常化」の結果であるという結論に落ち着くのであろうか。否、「祭りの日常化」の結果であると言い切ることに躊躇を覚えるのである。

なぜなら、神田祭において、町会における特定の個人の活躍によって祭礼の象徴が復活・誕生する事実は、祭礼の象徴の聖性がなくなり、世俗化しているとは必ずしもいえないからである。町会や地区連合で祀る小祠の存在も無視できない。そして、神田神社の宮司以下の神職によって維持・拡大が図られている神田神社の存在も大きい。神職と町会の個人の活躍によって、結集のための核の聖性が維持され、祭りの日常化の浸透を抑えているのではなかろうか。特に、神田神社の聖性は強化されているようにみえる。

2　現代の神田祭とイベント

次に、祭りとイベントの関係から、現代の神田祭について検討しておきたい。

祭りとイベントの関係を考える上で、参加者を一般募集し、不特定多数の個人が集う「元祖女みこし」をもとに考えておきたい。「元祖女みこし」は先述したように、「伝統型」の中に「合衆型」の構造を併せ持ち、「祭りのイベント化」を示す顕著な事例と考えるからである。衣装（半纏等）を借りられ、神輿そのものを初めて担ぐ人であっても、衣裳の着方も教えてもらうこともでき、初参加で神田神社への宮入というクライマックスを体験できる。そして、神輿の巡幸が終わると、弁当をもらい帰路に就くことができる。

高円寺の阿波おどりやよさこい祭りなどの「合衆型」の都市祝祭では、ある程度の練習が必要だが、「元祖女みこし」は練習の必要性が必ずしもない。そして、女性だけで担げるという安心感もある。不特定多数の個人が、それぞれの選択によって参加できる構造を持っている。

いい換えれば、一回限りの参加で次回以降は参加しないという選択も可能である。そうした意味では、「元祖女みこし」の参加者にとってはイベント性が高いといえる。

しかしながら、「元祖女みこし」が単なるイベントかというと必ずしもそうとはいえないと考える。なぜなら、これまで繰り返し述べてきたように、現代の神田祭は都市祝祭と町内の祭りの複合構造を持つことから、町内の祭りの側面についても考える必要がある。須田町中部町会の役員や関係者にとっては、観念的であっても町内共同のイメージを確認するという役割を持つことから祭りとしての性格を持つ。あくまでも、「元祖女みこし」の主役は、祭りをスル側ではなく、町内の側(祭りを支える側)にあると考えている。

また、儀礼的にも、御霊入れにおいて神輿に御霊を入れて、御霊を載せた「元祖女みこし」が町内を巡り、連合渡御を経て、神田神社への宮入を果たす。そして、町会の役員、関係者の間では、御霊入れや神輿巡幸の後、神田祭終了後の町会の総会などで、直会が行なわれる。

一方で、祭りをスル側にとっても、先述したように、「一体感」「感動」「気持ちが上がる」といった感想を抱く人もいる。神田祭のあとに町会とは別にグループで集まり、「元祖女みこし」の映像をみながら、飲食をして盛り上がるという場も作られた。また、「元祖女みこし」の巡幸を観察していると、神田神社への宮入の当日、須田町中部町会の神酒所から神輿が出発し、中神田十三ヶ町連合の神輿の集合場所である出世不動通りに向かうとき、かなり盛り上がる。初参加の担ぎ手も多く、慣れない緊張感もあり、必死に担ぎ、非常に意気が上がる。その分、非日常化するのではなかろうか。そして、神田神社への宮入で盛り上がりの最高潮を迎える。「元祖女みこし」の参加者にとって神田祭は、少なくとも「非日常化するイベント」であると考える。

むしろ、「非日常化するイベント」であるからこそ、それを手軽に味わえる魅力によって「元祖女みこし」の参加者数は増加しているのではなかろうか。また、約三割のリピーターがいることも事実であり、そうした人たちにとっては、一回限りという「非日常化するイベント」が、毎回参加するうちに祭り化していく方向性も残されている。

以上のように、「元祖女みこし」（祭礼の象徴）と神田神社という結集のための核が、都市祝祭と町内の祭りをつなぎ、それによってイベントを祭り化させ、現代の神田祭の賑わいを作っていると考える。宮入を行なう他の町会の神田祭においても、不特定多数の個人が祭りをスル側として参加する実態を踏まえると、同様の構造が指摘できる。

3　神社を媒介とした「イベントの祭り化」

宗教社会学の石井研士は、『銀座の神々―都市に溶け込む宗教―』の中で、大銀座まつりの一環として行なわれる銀座八丁神社めぐりを、祭りとイベントの視点から分析し、「マツリのイベント化」と「イベントのマツリ化」は絶えず一つの現象の中で共存していることを指摘する。そして、イベントも容易に都市の装置に組み込まれてしまうようなものではなく、カオス化する力を秘めながらその機会を待っている。イベントは、マツリの母体となる共同体を生み出しさえするかもしれないとする。それは、銀座の小祠が、祀られる母体を換え、災害や都市化の波に洗われながら、それでも現在まで存続してきた経緯にはこうしたことを物語っているように思えると、重要な指摘をしている(20)。

文化人類学の森田三郎は、『祭りの文化人類学』の中で、イベントはその参与者がそれを通して自己のアイデンティティを確認することができてはじめて祭りとなる。逆に、誰のアイデンティティの確認にも関わらないものは祭りと呼ぶに値しないとしている。森田は、アイデンティティの確認の有無が祭りとイベントの違いとして考えている。そして、イベントから祭りになる、あるいは逆に祭りからイベントになるのは、めずらしいことではない。ただし、そこでの判定基準は、あくまでも参加者の側にあるとしている。そのため、参加者の作るイベントと参加者の求める祭りが交わるとき、活性化された祭り＝イベントが展開されると指摘している[21]。

また、森田は、「祭りの創造―よさこいネットワークを考える―」という論文の中で、平成一一（一九九九）年のYOSAKOIソーラン祭りにおいて、祭りのメイン会場である大通公園に臨時に祀られたYOSAKOIソーラン神社を、同じ年にみた高知のよさこい祭りにおいて、高知大神宮の境内に祀られたよさこい稲荷神社を目撃し、両神社でご神体として、よさこい祭りの「鳴子」を祀っていることを明らかにした上で、「宗教とはまったく無関係な起源をもつこれらの祭りが、聖性を帯びたシンボルを育みつつあるようにみえる。人びとは鳴子に踊りがうまくなることや恋が成就することを願い、古くなった鳴子を供養するのである[22]」と指摘している。

文化人類学・民俗学の矢島妙子も、「高知においては現在でも祭りの最初には祈願祭が行なわれるが、宗教色は極めて弱い。しかし、新たに「よさこい稲荷神社」が誕生した。北海道の「YOSAKOIソーラン祭り」は本来全く宗教色がないもののはずが、大通公園の中に「よさこいソーラン神社」が祭りの期間中だけ設置される[23]」ことを明らかにしている。

社会学の松平誠は、高円寺の阿波おどりが高円寺の氷川神社の祭礼に合わせて行なわれ始めたことを明らかにしている[24]。現在でも高円寺の阿波おどりが行なわれる日には、高円寺氷川神社の境内には多数の屋台（出店）が出され、参拝者で賑わっている。

都市人類学・民俗学の中野紀和は、小倉の八坂神社祭礼で行なわれる小倉祇園太鼓の分析から、神社祭祀であるはずの祇園太鼓は、風流の拡大によるイベント性の増大だけでなく、日常の論理を優先する企業という器を通じて、女性の参加が促されたことで、そこに内包されていた穢れ観が希薄になり、従来の神社祭祀とは異なるものに変わりつつあり、宗教性によって規定された様々な条件に捉われない「現代風流」とでもいうべき展開をみせると指摘する。そして、「有志チームを代表する伊藤氏による無法松乃碑に対する供養祭や、祭礼当日の小倉城での安全祈願祭といった、八坂神社とは別の擬似祭事が生み出されている。祭祀から神事の意味が抜け落ち、現代風流が新たな神事を生み出すという現代の祭礼とイベントの姿が共存している」[25]と位置付けている。

無法松乃碑は、昭和一八(一九四三)年に公開された映画「無法松の一生」のゆかりの町に昭和三四年に建てられたものである。無法松乃碑を媒介とした、「イベントの祭り化」の方向性が窺える。そして、小倉の八坂神社の祭礼は、現代の祭礼とイベントの複合構造であることがわかる。八坂神社を媒介として、両者をつないでいるとも解される。

以上のように、大銀座まつりと銀座八丁神社めぐりの小祠、YOSAKOIソーラン祭りとYOSAKOIソーラン神社、よさこい祭りとよさこい稲荷神社、あるいは高円寺の阿波おどりと氷川神社、小倉祇園太鼓と無法松之碑・八坂神社というように、一つの現象の中で、神社(小祠)・碑を媒介として「イベントの祭り化」が図られているのではなかろうか。

現代の神田祭においても、神田神社を媒介として、特に神輿宮入参拝において、「イベントの祭り化」が図られていると考える。神田神社の聖性によって、境内の賑わいが作られ、非日常性を帯びていると考える。この神社の聖性は、日々の神職による祭祀や活動、あるいは氏子町会の特定の個人や崇敬者によって強化されているのである。

以上のように、現代の神田祭は、宗教者である神職、そして町会役員・関係者などの特定の個人にとっては観念的であっても共同性の確認の場になっていることから、「非日常化する祭り」であると考えられる。一方、祭りをスル側やミル側の個人にとっては、神田神社への宮入の場面において、少なくとも「非日常化するイベント」になっているといえるのではなかろうか。そこに都市祝祭としての神田祭の賑わいがあると考える。

それは、今までみてきたように、神田祭と他の都市祭りに共通した構造があることから、都市祭りの宗教性にもつながっていると考える。

まとめ

戦後地域社会の変容の中で商人・職人の町が中高層のビル街に変わり、神田祭を運営する町会の人たちは少なくなった。それにもかかわらず、現代の神田祭が盛んに行なわれ都市祝祭の場を形成しているのは、本章でみてきたように、「都市祝祭と町内の祭りの複合構造」「結集のための核の存在」「個人の活躍（人的要因）」「企業の参加」「非日常化するイベント」の五つの要素（特徴）が絡み合っているからであるといえる。

この五つの要素を中心に都市祝祭としての神田祭を図示したのが、図1の「神田祭にみる都市祝祭モデル」（略称「神田祭モデル」）である。

戦後地域社会の変容の中で夜間人口が減り、生活空間が大きく変貌する中で、今後の神田神社や町会の運営に危機意識を持った神田神社の神職や町会の特定の個人は、一つは増加した昼間人口を構成する氏子や町内の企業との関係性を重視し、企業の側も正月の神田神社への集団参拝や町会の神田祭への参加などを行なうようになった。

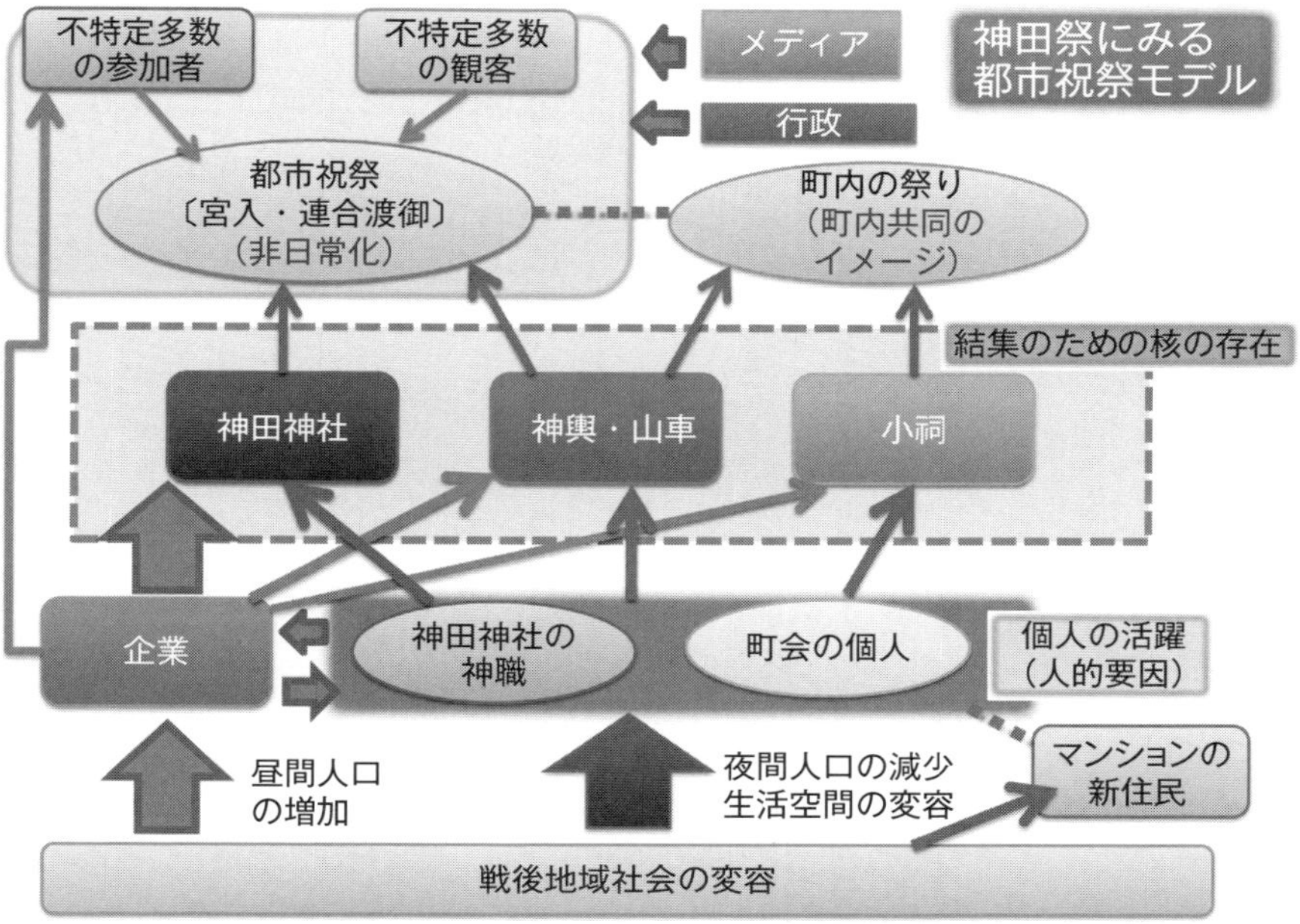

図１　神田祭にみる都市祝祭モデル（神田祭モデル）

二つは、神田神社の聖性の強化、神輿や山車の誕生あるいは復活、附祭の復興、これまで続いてきた町内や地区連合で祀る小祠の祭祀を継続するなどして、結集のための核の存在を強化してきた。

その結果、神田祭は、宮入や「おまつり広場」といった連合渡御の場において不特定多数の参加者と観客が集う都市祝祭となり、非日常化する場を形成した。こうした都市祝祭の場が形成されることによって、企業以外の参加者も町会の神輿を担ぎたいと集まれる魅力が形成され、その結果、町内渡御を含めた町内の祭りも維持され、町内にとっても町内共同のイメージを確認する場になっている。

なお、マンションの新住民は現在のところ神田祭への参加はあまり進んでいないが、母親と子どもの山車や曳き太鼓への参加もみられることから要素として図示している。また、メディアや行政

（特に観光政策など）の影響も当然あるものと考えられるが、本書では取り上げることが叶わず、今後の課題としたい。

このように、地域社会の変容の中で現代の神田祭が盛んに行なわれているのは、神田神社の神職と町会の個人の活躍（人的要因）によって、神田神社や祭礼の象徴といった結集のための核の聖性が強化され、また企業との関係性も維持しながら、都市祝祭と町内の祭りをつなぎ、不特定多数の個人が祭りの担い手や観客として集う賑わいの場を生み、非日常化するからであると考える。特に、人的要因と神田神社・祭礼の象徴の存在が大きい。

しかしながら、祭りそのものだけでは、柳川啓一が指摘[26]するような宗教運動として社会を変革していくような力には至らず、共同体の再生につながるとは言い難い。

むしろ神職や町会の特定の個人によって神社や祭礼の象徴といった結集のための核の聖性を強化することによって、都市祝祭と町内の祭りのダイナミズムが生じ、変化と持続の緊張関係の中で、非日常化の方向が開けるのではなかろうか。

ただし、ここで生じる非日常性は、不特定多数の観客や参加者にとっては一時的な共同性や擬似的なコミュニタス[27]にとどまると考える。

おろらく神職や町会の個人によって結集のための核の聖性が強化されるか否かが、その祭りの盛衰を左右すると考える。つまり、現状では盛んに行なわれている、ある町会の祭りも個人の活躍と結集のための核の存在を喪失したならば、祭りは衰退していくのかもしれない。反対に、ある町会の祭りは、現在、神輿の巡幸は行なわず、神酒所を作るだけであるが、個人の活躍によって結集のための核が誕生したり、聖性が強化された場合には、逆に盛んになっていくのではなかろうか。

人的要因と結集のための核の有無によって、祭りが再聖化に向ったり、世俗化に向ったりするのではなかろうか。

祭りの盛衰の境目に、現代の都市祭りの宗教性を考える上でのヒントが隠されているといえる。

このことは、柳川啓一が指摘した社会の変化に対する一つのリアクションとして祭りが拡大し、盛んになっていく背景には、あるいは、松平誠が指摘した「祝祭の賑わいをいっそう多彩なものにすることによって、観念の共同を存続させようとする」背景には、人的要因と結集のための核の存在があることを、現代の神田祭の分析から窺うことができることを示している。(28)(29)

そして、この人的要因となる個人には誰もがなれるというわけではなく、変化と持続の緊張関係の中で、町や神社を活性化するために、祭りを盛り上げていこうとイメージできるようになった特定の個人が活躍していると考える。

こうした個人はどのような体験の中から生まれたのかといえば、本書の調査の過程から窺えたことは、戦後、地域社会が大きく変貌し、社会の変動に危機感を抱きながらも、限られた人員と予算の中で創意工夫を重ねて、ある種の経営感覚をも身につけながら、ビルに囲まれた町内や神社を守るために、祭りを盛り上げようという気持ちが芽生えてきたのではないだろうか。社会の変動に曝された体験が個人を突き動かしているのではないかと考える。その結果、非合理性が合理性に、一時的にではあったとしても、勝るのである。


今後、「神田祭モデル」を起点として、神田祭で明らかとなった五つの要素に注目しながら、大都市・東京で盛んに行なわれている日枝神社の山王祭(特に下町連合)、深川祭、三社祭、新宿花園神社の祭礼、渋谷の祭礼、高円寺阿波おどりなどの都市祭りを対象として、戦後地域社会の変容と都市祭りの視点から分析を続けていく予定である。

具体的には、例えば、山王祭においては、五つの要素のうち、どの要素が強くどの要素が弱いかなど、具体的な比較検討を重ね、都市祝祭モデルを修正し、最終的には理論化を目指していきたい。

また、神田祭についても日本橋地区の分析を含めたさらなる考察や、本書では手付かずとなったメディアと神田祭、行政と神田祭の関係についてもさらなる分析を進め、都市祝祭モデルを深化させていきたいと思う。

註

(1) 松平誠「都市祝祭伝統の持続と変容—神田祭による試論—」『応用社会学研究』第三五号、立教大学社会学部研究室、平成五年。
(2) 清水純「神田祭—担ぎ手の動員をめぐる町会と神輿同好会の関係—」『日本民俗学』二七一号、日本民俗学会、平成二四年。
(3) 前掲清水「神田祭—担ぎ手の動員をめぐる町会と神輿同好会の関係—」。
(4) 八木橋伸浩「マチのつきあい」市川秀之・中野紀和・篠原徹・常光徹・福田アジオ編『はじめて学ぶ民俗学』ミネルヴァ書房、平成二七年、二〇一～二〇二頁。
(5) 松平誠『都市祝祭の社会学』有斐閣、平成二年。
(6) 中野紀和『小倉祇《ママ》園太鼓の都市人類学—記憶・場所・身体—』古今書院、平成一九年。
(7) 薗田稔『祭りの現象学』弘文堂、平成二年。
(8) 宇野正人「都市祭における伝統への指向—神戸まつり—」『日本民俗学』第一二八号、日本民俗学会、昭和五五年。
(9) 和崎春日『左大文字の都市人類学』弘文堂、昭和六二年。
(10) 玉野和志「地域の世代的再生産と都市祭礼の復興—「小山両社祭」調査報告—」『人文学報』第二九〇号、東京都立大学人文学部、平成一〇年。
(11) 前掲松平『都市祝祭の社会学』七一～一六八頁。

(12)　松平誠による大國魂神社の祭礼の分析(前掲松平『都市祝祭の社会学』一七〇〜二三九頁)を参考にしている。
(13)　『新編　千代田区史　通史資料編』千代田区、平成一〇年、七一二〜七二三頁所収。
(14)　『歴史から学ぶ千代田区のこれからのコミュニティのあり方』千代田区コミュニティ振興公社、平成八年、一五頁。
(15)　大鳥居信史「特別インタビュー　企業が求める神社の役割とは?」『別冊宝島２０８２号　日本の神様のすべて』宝島社、平成二五年、八二〜八三頁。
(16)　小松和彦「神なき時代の祝祭空間」小松和彦編『祭りとイベント　現代の世相⑤』小学館、平成九年、三八頁。
(17)　前掲小松「神なき時代の祝祭空間」六〜三八頁。
(18)　芦田徹郎『祭りと宗教の現代社会学』世界思想社、平成一三年、三三頁。
(19)　前掲芦田『祭りと宗教の現代社会学』四八頁。
(20)　石井研士『銀座の神々―都市に溶け込む宗教―』新曜社、平成六年、五四〜五七頁。
(21)　森田三郎『祭りの文化人類学』世界思想社、平成二年、一一九〜一二二頁。
(22)　森田三郎「祭りの創造―よさこいネットワークを考える―」日本生活学会編『生活学第二十四冊　祝祭の一〇〇年』ドメス出版、平成一二年、二五六頁。
(23)　矢島妙子「「よさこい祭り」の地域的展開―その予備的考察―」『常民文化』第二三号、成城大学常民文化研究会、平成一二年、三七〜三八頁。
(24)　前掲松平『都市祝祭の社会学』、二四二〜三二〇頁。
(25)　前掲中野『小倉祇園太鼓の都市人類学―記憶・場所・身体―』、三二七頁。
(26)　柳川啓一「祭りと現代」『國學院大學日本文化研究所紀要』第三四輯、國學院大學日本文化研究所、昭和四五年。
(27)　青木保の指摘(青木保『儀礼の象徴性』岩波書店、平成一〇年、二八六〜二八八頁)を参考にしている。

(28) 前掲柳川「祭りと現代」。

(29) 前掲松平『都市祝祭の社会学』二三四頁。

初出一覧

序　章

第一節　博士論文『都市祭りの宗教学―戦後の地域社会の変容と神田祭―』（平成二八年九月）執筆時の書き下ろし

第二節　博士論文『都市祭りの宗教学―戦後の地域社会の変容と神田祭―』（平成二八年九月）執筆時の書き下ろし

第一章

第一節　「都市祭りの経年的変化―戦後の地域社会の変容と神田祭五〇年の盛衰―」『國學院雜誌』第一一六巻一一号、國學院大學、平成二七年

第二節　「神田祭調査報告―平成27年神田神社・御遷座４００年奉祝大祭の分析―」『神道研究集録』第三〇輯、國學院大學文学研究科神道学・宗教学院生会、平成二七年

第三節　書き下ろし

第二章

第一節　石井ゼミ神田祭・蔭祭調査班（秋野・執筆分）「神田祭・蔭祭　調査報告―平成26年度―」『神道研究集録』第二九輯、國學院大學文学研究科神道学・宗教学院生会、平成二七年

「観客のみえない都市の祭り―神田祭・蔭祭、将門塚保存会大神輿の巡幸―」『都市民俗研究』第一九号、都市民俗学研究会、平成二六年

第二節　博士論文『都市祭りの宗教学―戦後の地域社会の変容と神田祭―』（平成二八年九月）執筆時の書き下ろし

第三節　「「元祖女みこし」の変遷にみる地域社会の変容と神田祭」『國學院大學大学院紀要―文学研究科―』第四五輯、國學院

大學大学院、平成二六年

「「元祖女みこし」の街の稲荷―神田・須田町中部町会の変容と豊潤稲荷―」『朱』第五七号、伏見稲荷大社、平成二六年

第三章

第一節　「神田神社の神職と現代の神田祭」『國學院大學研究開発推進センター研究紀要』第一一号、國學院大學研究開発推進センター、平成二九年

第二節　「町会の個人の活躍と神田祭」『都市民俗研究』第二二号、都市民俗学研究会、平成二九年

第三節　「「元祖女みこし」にみる参加者の実態と神田祭―「伝統型」都市祝祭の中の「合衆型」―」『國學院大學研究開発推進センター研究紀要』第一〇号、國學院大學研究開発推進センター、平成二八年

終　章　博士論文『都市祭りの宗教学―戦後の地域社会の変容と神田祭―』（平成二八年九月）執筆時の書き下ろし

資料1　「都市祭りの経年的変化―戦後の地域社会の変容と神田祭五〇年の盛衰―」『國學院雑誌』第一一六巻一一号、國學院大學、平成二七年、資料篇

資料2　石井ゼミ神田祭調査班編（執筆：秋野）「神田祭調査報告・データ篇―平成27年神田神社・御遷座400年奉祝大祭の記録―」『神道研究集録』第三〇輯、國學院大學文学研究科神道学・宗教学院生会、平成二七年

あとがき

本書は、平成二八(二〇一六)年九月に國學院大學大学院文学研究科に提出した博士論文『都市祭りの宗教学—戦後の地域社会の変容と神田祭—』をもとに、付論を削り、大幅に加筆修正したものである。また、博士論文の審査結果を踏まえ、「社会変動と祭り(神社)」に関する分析をより充実させるべく、論考を一本新たに追加し、終章の結論の骨子を変えずに見直したものである。

その結果、地域社会が変容しているにもかかわらず現代の神田祭が盛んに行なわれ、都市祝祭の場を形成する要因として博士論文では四つの要素(特徴)を挙げていたが、本書の執筆時に「企業の参加」を大きな要素の一つとして挙げるべきと再考し、本書のタイトルも『神田祭の都市祝祭論—戦後地域社会の変容と都市祭り—』と改めた。

本書の分析結果をモデル(「神田祭モデル」)として、地域社会の変容と都市祭りとの関わりから、今後は、東京を中心とした都市祝祭の比較研究へつなげ、さらなる深化を目指すというメッセージを本書のタイトルにも込めたかったからである。

「都市祝祭」と「都市祭り」の二つの言葉を併用しているのは、本書の冒頭で述べたように現代の神田祭には、多数の参加者と観客で賑わう宮入や連合渡御といった都市祝祭の場と、都市祝祭というには、ほとんど観客はいないが町内にとって重要な役割を持つ町内の祭りの両者を踏まえて、「都市祭り」という語を採用した。都市祭礼や都市祝祭という語では、観客はほとんどおらず、必ずしも実態を反映していない用語であると考えたからである。

しかしながら、本書の目的はなぜ神田祭の宮入や連合渡御の場面は賑わい盛んに行なわれているか、を地域社会の変容との関わりから明らかにすることにあったため、主題は都市祝祭、副題には都市祭りの語を使ったのである。

現代の神田祭を調査研究の対象と定めたのは、國學院大學大学院の博士課程に進んでからである。修士課程の段階では、柳川啓一先生や薗田稔先生といった祭りの宗教学に関わる論文を読みながら、千葉県館山市の神社祭礼などの伝統的な地域社会と祭りの関係を調査研究していた。どちらかといえば、祭りの本質論や景観論を志向していた。

そのような中で、石井研士先生の宗教学のゼミナールで東京渋谷の宗教調査に参与することとなった。現代を象徴するような渋谷の街のビル屋上には複数の小祠が祀られ、ハチ公像は毎年慰霊され、渋谷の氏神の一つの金王八幡宮祭礼にはSHIBUYA109前に神輿が集合するなど、渋谷の宗教の実態に驚かされた。こうして、現代の都市と宗教の関係に関心を持つようになり、都市の祭りを主たる調査研究の対象と定めた。また、國學院大學研究開発推進センター渋谷学研究会（渋谷学）の調査研究に関わるようになった。

ちょうど同じ頃、神田神社が千代田区外神田の現在地に遷座して四〇〇年を記念する奉祝大祭が近づき、神田祭調査の話が神田神社から指導教員の石井研士先生のもとへ舞い込んでいた。

そして、博士課程に在籍した三年間（平成二四～二六年度）、國學院大學大学院特定課題研究「地域社会の変容と都市祭り―神田祭を事例として―」（研究代表：石井研士教授）のリサーチ・アシスタント（ＲＡ）として、現代の神田祭の宗教社会学的な調査研究に従事することとなった。

平成二四年五月の日曜日、神田祭は蔭祭の年であったが、史蹟将門塚保存会大神輿の巡幸が行なわれ、それをまずみることとなった。大手町の将門塚を起点として観客がほとんどいない中、会社員が一〇〇〇人規模で神輿を担いでいた。そして、参加する会社員同士で盛り上がっている光景を目にして不思議に感じた。蔭祭の役割に注目するようになるのはこのときからである。

平成二五年五月は神田祭が行なわれ、松平誠先生が重点的に調査を行なっていた「元祖女みこし」がある須田町中部町会を中心に神田祭の参与調査を行なった。

神輿の蔵出しから蔵入れ、町会の直会まで参加させていただいた。同時期に、岩本町二丁目岩井会の「桃太郎」の山車の展示（神田神社境内）にも参与させていただいた。「元祖女みこし」や「桃太郎」山車のように、祭礼の象徴の重要性に気が付いたのである。

平成二六年五月は、蔭祭の年であったが神輿の町内渡御を行なった神田和泉町町会の蔭祭を調査した。蔭祭の役割についてさらに思考を深めることとなった。

平成二六年一一月から平成二七年五月にかけて五四町会と二連合の町会関係者からのインタビュー調査を、薗田稔先生の調査項目に沿って、関連事項の聞き取りも含めて実施した。三回ほど、石井ゼミの後輩二人（大久保衣純・田口萌）に同行してもらったものの、全て一人で町会関係者のもとへ赴き、インタビューを行なった。中には三時間近くインタビューをさせていただいた町会もあった。ここでの調査結果は直接的には、第一章第一節と資料1に反映しているが、本書全般の基調となる調査データとなった。

そして、平成二七年の御遷座四〇〇年奉祝大祭・神田祭では、神保町から浜町・中洲までかなりの距離を歩いて回った。本番の際のみならず、事前に下見して神酒所の場所をマッピングして、事前に把握できる範囲で町会ごとの行事予定を石井ゼミの受講生（大道晴香、古山美佳、田口萌、永田昌志、守屋和彦、千葉統彦、大久保衣純、大和友大朗）に共有し、本番の際に分担して、写真記録を中心に神酒所を巡ってもらった。その際のデータを集め、筆者がまとめ執筆したのが資料2であり、それを踏まえて第一章第二節の考察を行なった。

また、平成二七年の神田祭では、附祭に参加し、慶應幼稚舎の子どもたちと浦島太郎の曳き物を曳いて宮入した。こうした調査によって得られたデータをもとに、神田祭全体の分析は石井研士先生が行ない、私自身は、祭りとイベントをつなぐ特徴的な参加者の構造を持つ「元祖女みこし」の街、須田町中部町会の神田祭を個別具体的に取り上げて分析を行ない、博士論文にまとめようと考えていた。ところが、國學院大學の副学長として多忙な業務を抱え、おそらく私の将来のことも心配なさってくださった先生は、私に神田祭全体の分析によって博士論文をまとめるようにとおっしゃられた。そして、今日に至るのである。

神田祭の調査に当って、多くの人たちからご協力とご支援を賜ることができた。

まず、神田神社の氏子各町会の関係者の皆様にお礼を申し上げたい。参与観察も含めると、とりわけ須田町中部町会、神田和泉町町会、岩本町二丁目岩井会の皆様には、ご迷惑をおかけした。伺った貴重な数々のお話は、今後の調査研究にも反映させていきたい。

また、神田神社の神職の皆様には、様々なご支援をいただき、スムーズに調査を進めることができた。とりわけ、大鳥居信史宮司、清水祥彦権宮司、木村雄一禰宜、長沢隆光禰宜、岸川雅範権禰宜には、感謝申し上げたい。

博士論文の主査である石井研士先生、副査の西岡和彦先生、黒﨑浩行先生にもご指導とご支援を賜った。重ねて感謝申し上げたい。

國學院大學研究開発推進センターの構成員として渋谷学研究会に参与する機会を与えてくださった阪本是丸先生、森悟朗先生、宮本誉士先生にも併せて感謝申し上げたい。渋谷学研究会での経験があればこそ、本書の刊行にもつながったといっても過言ではない。

そして、生活面で支えてくれた母・登紀子と、パートナーの齊藤やよいにお礼をいいたい。

本書の刊行に当っては、國學院大學から出版助成を賜り、岩田書院に出版を引き受けていただいた。岩田書院の岩田博氏には編集等で多大なご面倒をお掛けした。文末ながらお礼申し上げたい。

今後も本書を起点として、東京の都市祭りを中心に、さらなる「社会変動と祭り(神社)」に関する調査研究を重ね、皆様のご恩に少しでも報いていきたいと思う。

秋野　淳一

平成二九年一二月一七日　豊潤稲荷神社百年を記念する日の朝　萬居にて

岩田書院 刊行案内（26）

			本体価	刊行年月
991	鈴木　哲雄	社会科歴史教育論	8900	2017.04
992	丹治　健蔵	近世関東の水運と商品取引 続々	3000	2017.04
993	西海　賢二	旅する民間宗教者	2600	2017.04
994	同編集委員会	近代日本製鉄・電信の起源	7400	2017.04
995	川勝　守生	近世日本石灰史料研究10	7200	2017.05
996	那須　義定	中世の下野那須氏＜地域の中世19＞	3200	2017.05
997	織豊期研究会	織豊期研究の現在	6900	2017.05
000	史料研究会	日本史のまめまめしい知識２＜ぶい＆ぶい新書＞	1000	2017.05
998	千野原靖方	出典明記 中世房総史年表	5900	2017.05
999	植木・樋口	民俗文化の伝播と変容	14800	2017.06
000	小林　清治	戦国大名伊達氏の領国支配＜著作集１＞	8800	2017.06
001	河野　昭昌	南北朝期法隆寺雑記＜史料選書５＞	3200	2017.07
002	野本　寛一	民俗誌・海山の間＜著作集５＞	19800	2017.07
003	植松　明石	沖縄新城島民俗誌	6900	2017.07
004	田中　宣一	柳田国男・伝承の「発見」	2600	2017.09
005	横山　住雄	中世美濃遠山氏とその一族＜地域の中世20＞	2800	2017.09
006	中野　達哉	鎌倉寺社の近世	2800	2017.09
007	飯澤　文夫	地方史文献年鑑2016＜郷土史総覧19＞	25800	2017.09
008	関口　　健	法印様の民俗誌	8900	2017.10
009	由谷　裕哉	郷土の記憶・モニュメント＜ブックレットH22＞	1800	2017.10
010	茨城地域史	近世近代移行期の歴史意識・思想・由緒	5600	2017.10
011	斉藤　　司	煙管亭喜荘と「神奈川砂子」＜近世史46＞	6400	2017.10
012	四国地域史	四国の近世城郭＜ブックレットH23＞	1700	2017.10
014	時代考証学会	時代劇メディアが語る歴史	3200	2017.11
015	川村由紀子	江戸・日光の建築職人集団＜近世史47＞	9900	2017.11
016	岸川　雅範	江戸天下祭の研究	8900	2017.11
017	福江　　充	立山信仰と三禅定	8800	2017.11
018	鳥越　皓之	自然の神と環境民俗学	2200	2017.11
019	遠藤ゆり子	中近世の家と村落	8800	2017.12
020	戦国史研究会	戦国期政治史論集　東国編	7400	2017.12
021	戦国史研究会	戦国期政治史論集　西国編	7400	2017.12
022	同文書研究会	誓願寺文書の研究（全２冊）	揃8400	2017.12
024	上野川　勝	古代中世 山寺の考古学	8600	2018.01
025	曽根原　理	徳川時代の異端的宗教	2600	2018.01
026	北村　行遠	近世の宗教と地域社会	8900	2018.02
027	森屋　雅幸	地域文化財の保存・活用とコミュニティ	7200	2018.02
028	松崎・山田	霊山信仰の地域的展開	7000	2018.02
029	谷戸　佑紀	近世前期神宮御師の基礎的研究＜近世史48＞	7400	2018.02

岩田書院 刊行案内（24）

			本体価	刊行年月
912	大西　泰正	宇喜多秀家と明石掃部	1850	2015.05
913	丹治　健蔵	近世関東の水運と商品取引 続	7400	2015.05
914	村井　良介	安芸毛利氏＜国衆17＞	5500	2015.05
916	馬場　憲一	古文書にみる武州御嶽山の歴史	2400	2015.05
917	矢島　妙子	「よさこい系」祭りの都市民俗学	8400	2015.05
918	小林　健彦	越後上杉氏と京都雑掌＜戦国史13＞	8800	2015.05
919	西海　賢二	山村の生活史と民具	4000	2015.06
920	保坂　達雄	古代学の風景	3000	2015.06
921	本田　　昇	全国城郭縄張図集成	24000	2015.07
922	多久古文書	佐賀藩多久領 寺社家由緒書＜史料選書４＞	1200	2015.07
923	西島　太郎	松江藩の基礎的研究＜近世史41＞	8400	2015.07
924	根本　誠二	天平期の僧と仏	3400	2015.07
925	木本　好信	藤原北家・京家官人の考察＜古代史11＞	6200	2015.08
926	有安　美加	アワシマ信仰	3600	2015.08
928	山内　治朋	伊予河野氏＜国衆18＞	4800	2015.09
929	池田　仁子	近世金沢の医療と医家＜近世史42＞	6400	2015.09
930	野本　寛一	牛馬民俗誌＜著作集４＞	14800	2015.09
931	四国地域史	「船」からみた四国＜ブックレットH21＞	1500	2015.09
932	阪本・長谷川	熊野那智御師史料＜史料叢刊９＞	4800	2015.09
933	山崎　一司	「花祭り」の意味するもの	6800	2015.09
934	長谷川ほか	修験道史入門	2800	2015.09
935	加賀藩ネットワーク	加賀藩武家社会と学問・情報	9800	2015.10
936	橋本　裕之	儀礼と芸能の民俗誌	8400	2015.10
937	飯澤　文夫	地方史文献年鑑2014	25800	2015.10
938	首藤　善樹	修験道聖護院史要覧	11800	2015.10
939	横山　昭男	明治前期の地域経済と社会＜近代史22＞	7800	2015.10
940	柴辻　俊六	真田幸綱・昌幸・信幸・信繁	2800	2015.10
941	斉藤　　司	田中休愚「民間省要」の基礎的研究＜近世史43＞	11800	2015.10
942	黒田　基樹	北条氏房＜国衆19＞	4600	2015.11
943	鈴木　将典	戦国大名武田氏の領国支配＜戦国史14＞	8000	2015.12
944	加増　啓二	東京北東地域の中世的空間＜地域の中世16＞	3000	2015.12
945	板谷　　徹	近世琉球の王府芸能と唐・大和	9900	2016.01
946	長谷川裕子	戦国期の地域権力と惣国一揆＜中世史28＞	7900	2016.01
947	月井　　剛	戦国期地域権力と起請文＜地域の中世17＞	2200	2016.01
948	菅原　壽清	シャーマニズムとはなにか	11800	2016.02
950	荒武賢一朗	東北からみえる近世・近現代	6000	2016.02
951	佐々木美智子	「産む性」と現代社会	9500	2016.02
952	同編集委員会	幕末佐賀藩の科学技術 上	8500	2016.02

著者紹介

秋野 淳一（あきの・じゅんいち）

昭和51（1976）年神奈川県横浜市生まれ
國學院大學研究開発推進機構客員研究員、國學院大學大学院特別研究員
國學院大學大学院文学研究科神道学・宗教学専攻博士課程後期修了
博士（宗教学・國學院大學）

専攻　宗教学、宗教社会学、都市祝祭論

主な著作
「祭りからみえてくる「渋谷」―SHIBUYA109前に集う神輿　金王八幡宮の祭り―」「「渋谷」の小さな神々」（石井研士編著『渋谷学叢書3　渋谷の神々』雄山閣、平成25年）、「渋谷・道玄坂の祭礼からみえる「共存」への課題」（古沢広祐責任編集『共存学3　復興・地域の創生　リスク世界のゆくえ』弘文堂、平成27年）、「渋谷の都市祭りと地域社会―神田祭との比較を交えて―」（上山和雄編著『渋谷学叢書5　渋谷　にぎわい空間を科学する』雄山閣、平成29年）

神田祭《かんだまつり》の都市祝祭論《とししゅくさいろん》　―戦後地域社会の変容と都市祭り―

2018年（平成30年）2月　第1刷　300部発行　　定価［本体13800円＋税］

著　者　秋野 淳一

発行所　有限会社岩田書院　代表：岩田　博　http://www.iwata-shoin.co.jp
〒157-0062 東京都世田谷区南烏山4-25-6-103　電話03-3326-3757　FAX03-3326-6788

組版・印刷・製本：ぷりんてぃあ第二

ISBN978-4-86602-022-8　C3021　¥13800E

コピーOK

【資料１】　平成25(2013)年「神田祭」町会別 祭礼行事 実施状況

平成25年に神田神社への宮入を行った52町会(大手・丸の内町会を除く)と２連合(錦連合・小川町連合)の祭礼実施状況の一覧を以下に掲載した。参考として、岩本町二丁目岩井会と蠣殻町東部町会の２町会のデータも掲載した。この２町会を入れると54町会と２連合のデータである。

本調査は、平成26年11月～平成27年５月の期間で、神田神社の各町会の担当神職の協力のもと、各町会の関係者(町会長、副会長、青年部長等)に、以下の調査項目に沿ったインタビュー調査(内神田鎌倉町会と神田大和町会はＦＡＸによる回答)を実施した。

調査項目の詳細は、昭和43 (1968)年の薗田稔の調査項目に沿う形で、①町会の世帯数、②町会で配布した神田祭の祈禱札の数、③神酒所の有無と場所、④祭礼の象徴、神輿：M、山車：D、曳き太鼓：Hなどの数、大きさは判明分のみ、年代は昭和60年代～平成にかけて新調した判明分のみを掲載、⑤町会の主な行事(祭礼行事)、蔵出し・蔵入れ・御霊入れ・御霊返し・展示ほか・宵宮行事・神幸祭「受渡し」・挨拶廻り・町内渡御・隣町巡り・連合渡御・神輿宮入参拝・直会などの有無、⑥役割動員：町会の祭礼の組織。祭典委員、祭典実行委員、祭典委員会、祭典実行委員会、祭典委員長、祭典実行委員長、祭礼実行委員長、祭礼委員会、祭礼委員長、青年部、婦人部など、⑦一般動員(参加者)：参加者数とその内訳、神輿同好会は「同好会」と表記、⑧行事経済：町会の祭礼費用、⑨行事変化：(平成25年から)ここ10～15年の変化、⑩祭りの評価：町会にとって神田祭はどのようなもの(場)か、⑪神社イメージ：神田神社は何の神様を祀る、どのような神社か、を質問した。⑫は備考。

調査項目が多いため、地区連合ごとに3つ(①～⑤、⑥～⑨、⑩～⑫)に分けて掲載した。

2 【資料１】平成25年「神田祭」①～⑤

地区連合	町会名	①世帯数	②神田祭・祈禱札の配布数	③神酒所の有無・場所	④祭礼の象徴
神田中央連合	神保町一丁目町会	町会員383世帯・743人	150～200枚程度	有り、神保町三井ビルディング１Ｆ	Ｍ：大１（二尺三寸・Ｈ15）・大１（二尺）・小１、Ｈ１
	神田猿楽町町会	町会員80世帯	不明	有り、明治大学内	Ｍ：大１(二尺)・中１(一尺八寸)・小１、Ｈ１
	錦町二丁目町会(錦連合)	町会員60世帯、居住者12～13世帯	50～60枚	有り(錦連合で１つの神酒所)、ちよだプラットホームスクエア	Ｍ：大１・小１、Ｈ１
	小川町北部一丁目町会(小川町連合)	60世帯。居住者：約38世帯	約50枚	有り(小川町連合)	Ｍ：(小川町連合) 大１（Ｓ62)。小川町北部一丁目町会：ＭとＨなし。
中神田十三ヶ町連合	内神田美土代町会	135世帯(住民登録)・人口200人	220～230枚	有り、和泉国際産業ビル１Ｆ	Ｍ：大１(二尺)・小１（一尺三寸)、Ｈ１
	司一町会	151世帯(住民登録)、町会員64世帯	210枚	有り、三立社ビル１Ｆ・駐車場	Ｍ：大１（二尺一寸)・小１(一尺五寸)、Ｈ１
	司町二丁目町会	204世帯・376人(町会員140～150世帯)	200枚	有り、神田児童公園	Ｍ：大１・小１、Ｈ１
	内神田鎌倉町会	215世帯(区公表)、町会員178世帯	不明	有り、内神田尾嶋公園	Ｍ：大１（二尺五寸）・小１、Ｈ１
	内神田旭町町会	99世帯(町会員は200弱世帯)	200枚弱	有り、佐竹稲荷神社	Ｍ：大１・小１、Ｈ１
	多町一丁目町会	54世帯(住民登録)、居住者：30世帯、町会員150世帯	150枚	有り、三島彩色補正店１Ｆ	Ｍ：大１・小１、Ｈ１
	多町二丁目町会	町会員220～230世帯	寄付を貰った方に配布	有り(神城ビル１Ｆ)、御仮屋：有り(多町二丁目交差点)	Ｍ：大１・小１、Ｈ１
	神田鍛冶三会町会	77世帯(住民登録)・町会員220人	220枚	有り、ＫＤＸ鍛冶ビル１Ｆ	Ｍ：大１（二尺三寸)・小１(一尺八寸)、Ｈ１

⑤主な行事(祭礼行事)												
蔵出し	蔵入れ	御霊入れ	御霊返し	展示ほか	宵宮行事	神幸祭「受渡し」	挨拶廻り	町内渡御	隣町巡り	連合渡御	神輿宮入参拝	直会
		○	○	○ 展示	○	○	○	○		○	○	○
○	○	○	○		○	○	○	○		○	○	○
○	○	○		○ 縁日	○ (神輿巡幸)	○	○	○		○	○	○
○	○	○				○	○	○		○	○	○
○	○	○				○	○	○		○	○	○
○	○	○				○	○	○	○	○	○	○
○	○	○			○	○	○	○		○	○	○
○	○	○	○		○	○	○	○	○	○	○	○
○	○	○	○			○	○	○	○	○	○	○
○	○	○		○ 展示	○	○	○	○		○	○	○
○	○	○		○ 展示		○	○	○		○	○	○
○	○	○			○	○	○	○		○	○	

4 【資料１】平成25年「神田祭」①～⑤

地区連合	町会名	①世帯数	②神田祭・祈禱札の配布数	③神酒所の有無・場所	④祭礼の象徴
中神田十三ヶ町連合	淡路町一丁目町会	町会員50世帯・約150人		有り、西形氏染物屋１Ｆ	Ｍ：大１［一尺八寸］・小１、Ｈ１
	神田淡路町二丁目町会	町会員140世帯(事業所、新住民を含む)	140枚	有り、ワテラス１Ｆ	Ｍ：大１・小１、Ｈ１
	須田町一丁目南部町会	町会員163世帯	約200枚	有り、中川金属ビル１Ｆ	Ｍ：大１・小１、Ｈ１［幅１m20cm、長さ１m80cm］
	須田町中部町会	160世帯(町会員100世帯、企業約70)	150枚	有り、駐車場	Ｍ：大１(H15)・中１、Ｈ１、獅子頭一対、四神剣
	須田町北部町会	町会員140世帯(大半が企業)、住民50世帯	150枚	有り、須田町北部会館１Ｆ	Ｍ：大１・小１、Ｈ１
外神田連合	外神田一丁目万世橋町会	13世帯	—	有り、ＪＲ秋葉原駅電気街口	Ｍ：大１・小１
	神田旅籠町会	15～20世帯	未回答	有り、住友不動産秋葉原ビル１Ｆ	Ｍ：大１・小１、Ｈ１
	宮本町会	町会員170世帯	未配布	有り、アヤベビル１Ｆ	Ｍ：小１
	神臺會	80世帯(登録世帯)。町会員50世帯(居住者20人)	80～90枚	有り、中村鍍金工業１Ｆ	Ｍ：大１（一尺八寸）・小１、Ｈ１
	神田同朋町会	150世帯(町会員100世帯)	150枚	有り、永井紙器印刷１Ｆ	Ｍ：大１（二尺三寸・Ｈ８）・中１（新調前の大人神輿)、Ｈ１
	外神田三丁目金澤町会	町会員90世帯・100人	100枚	有り、長竹ビル１Ｆ	Ｍ：大１（二尺三寸）・小１(一尺)、Ｈ１

⑤主な行事(祭礼行事)												
蔵出し	蔵入れ	御霊入れ	御霊返し	展示ほか	宵宮行事	神幸祭「受渡し」	挨拶廻り	町内渡御	隣町巡り	連合渡御	神輿宮入参拝	直会
○	○	○				○	○	○		○	○	○
○	○	○		○ 展示		○	○	○		○	○	○
○	○	○			○	○	○	○		○	○	○
○	○	○				○	○	○		○	○	○
○	○	○			○	○	○	○ 門付		○	○	○
○		○				○	○	○		○	○	
○	○	○				○	○	○		○	○	
○	○	○				○	○	○		○	○	○
○	○	○		○ 展示		○	○	○		○	○	
○	○	○				○	○	○	○	○	○	○
○	○	○		○ 親睦会		○	○	○	○	○	○	○

6 【資料１】平成25年「神田祭」①～⑤

地区連合	町会名	①世帯数	②神田祭・祈禱札の配布数	③神酒所の有無・場所	④祭礼の象徴
外神田連合	神田末廣町会	町会員244世帯	250枚	有り、木村末廣苑１Ｆ	Ｍ：大１・小１、Ｈ１
	外神田四丁目田代会	町会員20世帯（町内に通っている世帯：３世帯）	70枚	有り、ドンキホーテ前の路上	Ｍ：大１・中１・小１、Ｈ１
	外神田四丁目松富会	80世帯	80枚	有り、㈱マコトの隣の１Ｆ	Ｍ：大１・小１、Ｈ１
	栄町会	居住者30世帯・法人40。約100人	80枚弱	有り、ユーテックＢＡＮ東邦１Ｆ	Ｍ：大１・小１、Ｈ１
	元佐久町会	町会員51世帯	不明	有り、沼田ビル１Ｆ	Ｍ：大１・小１、Ｈ１
	神田五軒町町会	330世帯、622人	440枚	有り、錬成公園町会防犯・防災倉庫	Ｍ：大１（二尺七寸）・中１（現在の子ども神輿）・小１、Ｈ１
神田駅東地区連合	鍛冶町一丁目町会	59世帯・110人。居住26世帯、町会員300世帯	なし	有り、山梨中央銀行事務所ビル１Ｆ	Ｍ：大１（二尺三寸）・小１、Ｈ１
	鍛冶町二丁目町会	町会員300世帯（居住者60世帯）	300～350枚	有り、秋山ビル１Ｆ	Ｍ：大１・小1、Ｄ：Ｈ１・囃子屋台１（鼓鍛冶）
	北乗物町町会	居住者23世帯、70人	なし	有り、旧今川中学校、（紺屋町南町会と合同）	Ｄ：１（獅子頭太鼓山車）
	紺屋町南町会	30世帯（区登録）、居住者10世帯・町会員60世帯	80枚	有り、旧今川中学校（北乗物町会と合同）	Ｍ：大１（二尺三寸、H11、飯田昭次郎氏作）
	富山町町会	70世帯（区登録）、町会員13世帯	50枚	有り、神田通信工業１Ｆ	Ｍ：中１（S30）・小１、Ｈ１
	神田須田町二丁目町会	414世帯・576人（区登録）、町会員150世帯	未回答	有り、柳森神社前	Ｍ：大１（H25）・小１、Ｄ：Ｈ１、囃子屋台１（柳囃子：町会文化部）

⑤主な行事(祭礼行事)												
蔵出し	蔵入れ	御霊入れ	御霊返し	展示ほか	宵宮行事	神幸祭「受渡し」	挨拶廻り	町内渡御	隣町巡り	連合渡御	神輿宮入参拝	直会
○	○	○		○展示		○	○	○	○	○	○	○
○	○	○				○	○	○	○	○	○	○
○	○	○				○	○	○	○	○	○	○
○	○	○		○ふれあい広場		○	○	○	○	○	○	○
○	○	○				○	○	○		○	○	○
○	○	○		○展示		○	○	○	○	○	○	○
○	○	○			○	○	○	○		○	○	○
○	○	○		○展示		○	○	○		○	○	○
○	○					○		○		○	○	
○	○	○				○	○	○		○	○	○
○	○	○		○展示		○	○	○		○	○	○
		○	○		○	○	○	○		○	○	○

8　【資料１】平成25年「神田祭」①～⑤

地区連合	町会名	①世帯数	②神田祭・祈禱札の配布数	③神酒所の有無・場所	④祭礼の象徴
岩本町・東神田地区連合	岩本町三丁目町会	町会員180世帯(町会役員50世帯)	500枚	有り、山崎製パン本社ビル１Ｆ	Ｍ：大１（二尺五寸）・中１・小１、Ｈ１
	神田松枝町会	220世帯(昔からの住人70世帯、マンション住民150世帯)、町会員150世帯	120枚	有り、ハーブ神田ビル１Ｆ・駐車場。御仮屋(山車小屋)：神酒所隣に設置	Ｍ：大１（二尺一寸～二寸）・小１、Ｄ：「羽衣」山車１
	岩本町二丁目岩井会	180世帯、町会員20～30世帯(町会活動に参加10世帯)	不明	有り、岩本町二丁目児童遊園	Ｍ：中１、Ｄ：「桃太郎」山車1
	神田大和町会	昔からの住民60世帯・約150人	約300枚	有り、ほほえみプラザ１Ｆ	Ｍ：大１（二尺一寸）・小１、H1（山車人形「天鈿女命」)
	神田東紺町会	町会員20世帯・40～50人(昔からの住民)	100枚前後	有り、金山神社	Ｍ：大１(二尺)・小１（一尺二寸)、Ｈ１
	岩本町一丁目町会	町会員約120世帯(マンションを含むと500世帯)	250枚	有り、山崎金属工業ビル１Ｆ	Ｍ：大１（二尺三寸)・小１(一尺八寸)、Ｈ１
	東神田町会	350～360世帯(H27：554世帯)	330枚(H27：554枚＋α)	有り、都立一橋高校	Ｍ：大１（二尺七寸)・中１(一尺三寸)、Ｈ１、獅子頭一対
	東神田豊島町会	居住者120～130世帯(マンションを含むと400～450世帯)、町会員124世帯	200～250枚	有り、龍角散ビル１Ｆ前	Ｍ：大１・小１、Ｈ１、獅子頭一対
	神田佐久二平河町会	町会員130世帯	200枚	有り、森羅紗店１Ｆ	Ｍ：大１（二尺三寸)・小１(一尺三寸)、Ｈ１(胴二尺三寸、台四尺～五尺五寸)

⑤主な行事(祭礼行事)												
蔵出し	蔵入れ	御霊入れ	御霊返し	展示ほか	宵宮行事	神幸祭「受渡し」	挨拶廻り	町内渡御	隣町巡り	連合渡御	神輿宮入参拝	直会
○	○	○	○	○ 展示		○	○	○		○	○	○
○	○	○				○	○	○		○	○	○
○	○	○		○ 展示		○	○				▽ 宮入迎え	○
○	○	○	○		○	○	○	○		○	○	○
○	○	○		○ 展示		○	○	○		○	○	○
○	○	○	○	○ 展示	○	○	○	○ 門付		○	○	○
○	○	○	○	○ お子様イベント	▽ 前夜祭	○	○	○		○	○	○
○	○	○	○	○ 展示	▽ 前夜祭	○	○	○		○	○	○
○	○	○	○		○	○	○	○		○	○	○

10 【資料１】平成25年「神田祭」①～⑤

地区連合	町会名	①世帯数	②神田祭・祈禱札の配布数	③神酒所の有無・場所	④祭礼の象徴
秋葉原東部地区連合	神田佐久間町三丁目町会	431世帯、人口699人（町会員330世帯）	330枚	有り、クリダイマンション前	M：大１・小１、H１
	神田佐久間町四丁目町会	人口200人（登録人口）	不明	有り、佐久間公園	M：大１・小１、H１
	東神田三丁目町会	419世帯、706人（このうち町会員は半分強。マンション７棟中３棟が町会に加入）	300枚	有り、萩原ビル１Ｆ（10年以上この場所）	M：大１（H16）・小１、H１
	神田和泉町町会	200世帯、300人	なし	有り、小林ビル。御仮屋：関口記念和泉会館１Ｆ	M：大１・中１・小１、H１
日本橋一地区連合	室町一丁目会	町会員170世帯（居住者105世帯）	約170枚	有り、三越１Ｆ	M：大１・小１、D：加茂能人形山車１
日本橋三地区連合	蛎一共和会	700世帯（住民登録）、町会員約20戸（マンション以外）	130枚	有り、庵原ビル隣の駐車場	M：大１・小１、H１
	蛎殻町東部町会	746世帯・人口1313人（区登録）。町会員約323世帯	300枚	有り、川本氏ビル１Ｆ	M：大１（H12）・小１、H１
	人形町二丁目三之部町会	418世帯（住民登録）	420枚	有り、米澤芳彦氏ビル１Ｆ	M：大１・小１、H１、獅子頭一対
日本橋四地区連合	東日本橋三丁目橘町会	町会員940世帯（マンション10棟で550戸）	170枚	有り、戸田商店１Ｆ、御仮屋：橘モーター商会１Ｆ	M：大１・小１、H１
	東日本橋二丁目町会	1100世帯、2300人	500枚	有り、薬研堀不動院	M：大１・小１、H１

⑤主な行事(祭礼行事)												
蔵出し	蔵入れ	御霊入れ	御霊返し	展示ほか	宵宮行事	神幸祭「受渡し」	挨拶廻り	町内渡御	隣町巡り	連合渡御	神輿宮入参拝	直会
○	○	○	○		○	○	○	○		○	○	○
○	○	○	○			○	○	○		○	○	○
○	○	○	○	○ 展示 縁日	○	○	○	○		○	○	○
○	○	○	○	○ 展示	○	○	○	○		○	○	○
神輿搬出	神輿搬入	○	○	○ 展示		○		○		○	○	○
神輿搬出	神輿搬入	○				○	○	○		○	○	○
神輿搬出	神輿搬入	○	○	○ 展示		○	○	○	○	○	○	○
神輿搬出	神輿搬入	○				○	○	○		○	○	○
○	○	○	○		○	○	○	○	○ H25 のみ	○	○	○
○	○	○	○	○ 縁日		○	○	○		○	○	○

12　【資料１】平成25年「神田祭」①〜⑤

地区連合	町会名	①世帯数	②神田祭・祈禱札の配布数	③神酒所の有無・場所	④祭礼の象徴
日本橋五地区連合	浜町一丁目町会	976世帯（町会に大半加入）	250〜300枚	有り、浜町コミュニティルーム	M：大１・小１、H１
	浜町三丁目東部町会	910世帯（区登録H27.1月）。町会員約819世帯	250枚	有り、大山高志氏宅・車庫	M：大１・小１、H１

⑤主な行事（祭礼行事）												
蔵出し	蔵入れ	御霊入れ	御霊返し	展示ほか	宵宮行事	神幸祭「受渡し」	挨拶廻り	町内渡御	隣町巡り	連合渡御	神輿宮入参拝	直会
神輿搬出	神輿搬入	○		○ 展示		○	○	○		○	○	○
神輿搬出	神輿搬入	○				○	○	○		○	○	○

【資料１】平成25年「神田祭」⑥～⑨

地区連合	町会名	⑥役割動員	⑦一般動員
神田中央連合	神保町一丁目町会	祭典委員、祭典委員会、祭典委員長、総務統括、青年部、婦人部	町会員400人、町会員外150人。同好会12～13団体。女性：多い。
	神田猿楽町町会	祭典委員、祭典委員会、青少年部、婦人部	大人神輿：日曜350人、子ども神輿：10人、曳き太鼓：30～40人。同好会16～17団体。
	錦町二丁目町会(錦連合)	祭典委員、祭典委員長(錦連合で１人)	600人(錦町二丁目町会と錦町三丁目町会の合計)。同好会５団体
	小川町北部一丁目町会(小川町連合)	祭典委員、祭典委員会(小川町連合)、祭典委員長(当番町会の町会長)	小川町連合四町会：500人。揃いの半纏で担ぐ。友人・親戚が多い。会社員も参加。女性：多い
中神田十三ヶ町連合	内神田美土代町会	祭典委員、祭礼委員長(町会長)、副祭礼委員長(副会長)、青年部、婦人部	土曜173人(地元95人、同好会78人)。日曜256人(地元60人、同好会196人)。青年部：10人前後。会社員参加者数：40～50人
	司一町会	祭典委員、祭典委員会、祭典委員長	土曜238人、日曜329人。町会50人、城南信用金庫10人、神田睦会約20人、子ども神輿：40～50人
	司町二丁目町会	祭典委員、祭典委員会	土曜350人、日曜650人。青年部14～15人。同好会20～30団体
	内神田鎌倉町会	祭典委員、祭典委員会、青年部、婦人部	町会員200人、町会員縁者200人、同好会200人
	内神田旭町町会	祭典委員、祭典委員会、青年部、婦人部	金曜夕方100人。土曜250～300人。日曜400人。同好会30～40人。子ども神輿30人
	多町一丁目町会	祭典委員、祭典委員会、神輿部(青年部)、給食部(婦人部)	金曜50～60人、土曜約200人、日曜約250人(約150人が友人・知人)。城南信用金庫神田支店：約20人。女性80～100人
	多町二丁目町会	祭典委員、祭典委員会、祭典委員長(町会長)、祭礼実行委員長(青年部長)	土曜：大人350人(町内：元町内・親戚を含み100人、町外：250人)、日曜：大人800人。同好会10団体。会社員約50人。子ども150人～200人、女性１割
	神田鍛冶三会町会	祭典委員、祭礼委員会、祭礼委員長(町会長)、青年部、婦人部	役員30、町会員120人、同好会300人(10団体以上)。三菱銀行30人(土曜)

⑧行事経済	⑨行事変化
寄付（奉納金）	企業の参加が増えた
寄付（奉納金380万円）	平成25年、宵宮を初めて実施。宵宮は金曜夜、会社員が半纏を着て１時間～１時間半神輿を担ぐ。20年前頃から神輿同好会の比率が高くなった。寄付は減少傾向
寄付（奉納金600万円弱）、町会費100万円（３町会合計）	住民が昔の10分の１。20年前には既に連合を組んでいた。神酒所は町会ごとに作っていたが、平成25年に錦連合で１つに統合。ここ20年で担ぎ手が増加
小川町連合：寄付（奉納金380万～400万円）、町会費（祭礼費）	バブル期の少し前から連合の神輿を作ろうという話が出た。幸徳稲荷神社が小川町北部四町の核にあるから連合するようになった
寄付（奉納金400万円）。不足分は大祭準備金で補充	やり方自体は変わっていない。同好会の比率が増加。町内の子どもが少ないため、子ども神輿は飾るのみ
寄付（奉納金460万円）、繰越金約51万円	半纏の新調。寄付・参加者を維持。平成19年に子ども神輿・山車を修復。寄付集めをオープン化
寄付（奉納金483万円＋神酒所奉納金27万６千円）、繰越金約207万円、お祓い奉納金（門付）225万円	お祭りそのものは変化なし。お金と人の問題が大変で以前に比べ厳しくなっている
寄付（奉納金847万円）、町会費85万円	町会員の高齢化、転出により男女ともに実行部隊の戦力低下を感じる
寄付（奉納金500万～600万円）、町会費（積立金）	以前に比べ、居住者の参加が３分の１
寄付（奉納金402万円）、繰越金135万円、門付のご祝儀など	昭和40年頃から担ぎ手が一時減少したが、盛り返して現在に至っている。奉納金は20年前は700万円
寄付（奉納金630万円）、繰越金	変化なし。住んでいる人は増加。土曜日の八町会合わせは15年くらい前から開始
寄付（奉納金450万円）	担ぎ手が年を取った。若い人が出てこない。平成19年頃から金曜日の女神輿を開始

　【資料１】平成25年「神田祭」⑥～⑨

地区連合	町会名	⑥役割動員	⑦一般動員
中神田十三ヶ町連合	淡路町一丁目町会	祭典委員、祭典委員長(町会長)、副祭典委員長(副会長)、祭典実行委員長(青年部長)、中神田13ヶ町世話人、青年部、婦人部	日曜：150人(町会員20人、同好会130人)、女性少ない。ワテラスの学生10人
	神田淡路町二丁目町会	祭典委員、祭典委員会、祭典委員長	400人。同好会200人弱。ワテラス在住の学生10人
	須田町一丁目南部町会	祭典委員、祭典委員会、祭典実行委員長(町会長)	土曜120人、日曜300人(町内50人、同好会250人・17～18団体)
	須田町中部町会	祭典委員、祭典委員会、祭典委員長(町会長)、武人部、女みこし担ぎ手募集係	一般募集(女性のみ)。参加者169人
	須田町北部町会	祭典委員、祭典委員会	400人(住民の関係者200人、町内の企業社員200人)。企業：りそな銀行30人、新日鉄興和不動産20人、ＪＲ東日本ビルディング、ＪＲステーションリテーリング、みずほ銀行20～30人。女性：多い
外神田連合	外神田一丁目万世橋町会	祭典委員、祭典委員会	大人神輿：400人(町会100人、同好会300人)
	神田旅籠町会	祭典委員	町内に担ぐ人がいない。町会員の友達の友達が参加
	宮本町会	祭典委員、青年部、婦人部	子ども神輿：子ども100人(町内20～30人と昌平小学校)。大人神輿：250人(亀有三丁目東町会100人、町内企業・印刷屋40人、町会員の親戚50人)
	神臺會	祭典委員、祭礼委員会、祭礼委員長(町会長)	250人。友人・親戚が参加。企業20～30人
	神田同朋町会	祭典委員、祭典委員会、祭典委員長(町会長)、青年部、婦人部	400人(町内150人、町外250人)。町外：町会員の親戚、氏子外の他町会、同好会など。女性約150人。子ども30人
	外神田三丁目金澤町会	祭典委員、祭典委員会、祭典委員長(町会長)	大人神輿：250人(町内20人、町外230人)。同好会2団体。女性３分の１

⑧行事経済	⑨行事変化
寄付(奉納金298万円)	ほとんど変化なし。以前は金曜、土曜も町内渡御を行なったが現在は日曜のみ
寄付(奉納金350万円前後)	16～17年前から淡路町の再開発が始まる
寄付(奉納金550万～600万円)。不足分は町会費150万円	寄付は年々減少
寄付(奉納金353万円)	もともと住んでいた人が減少し、マンションが多くできたこと
寄付(奉納金400万円)	12年前、神酒所の場所が新しい町会会館の一階へ変化。最大で500人いた神輿の担ぎ手が減少。町内の銀行が減少
—	—
寄付(奉納金200万～300万円)	昭和40年頃から、だんだんと町会員の友達を連れてくるように変化。深川や浅草の神輿の睦会が3～4団体参加。奉納金の芳名板は板張りに紙を貼るのが大変な作業のため10年ぐらい前から廃止
寄付(奉納金110万～120万円)、町会費200万～250万円、繰越金。合計400万～450万円	町内の高齢化。ただし、子どもの参加は増。平成21年より大人神輿を亀有の町会から借りて宮入を開始
寄付(奉納金300万円)、町会費100万円、繰越金400万円	平成6年から中央通りの「おまつり広場」を開始。平成11年に四尺の神社神輿を用意して天皇御即位10周年を記念して皇居前へ渡御。ここ15年くらいで盛んになった
寄付(奉納金300万円)	20年ぐらい前と担ぎ方が変化。コカコーラのCMに神田同朋町会の神田祭が出たのは25年前
寄付(奉納金250万円)	お祭りをやる人が少なくなった。若い人も年寄りもいなくなった。ここ10年くらいで、金曜日の神輿巡幸と、年に1回の企業との懇親会を開始。

　【資料１】平成25年「神田祭」⑥～⑨

地区連合	町会名	⑥役割動員	⑦一般動員
外神田連合	神田末廣町会	祭典委員、祭典委員会	日曜：大人神輿100人。同好会参加。女性多い
	外神田四丁目田代会	祭典委員、祭典委員会、青年部、婦人部	大人神輿260人。町会員の親戚・友人が多い。同好会は４団体・50名が参加
	外神田四丁目松富会	祭典委員、祭典委員会、祭典委員長(町会長)、青年部、婦人部	日曜：大人神輿250人(町内30～40人、町外210～220人)。町外：友達の友達が多い。女性多い
	栄町会	祭典委員、祭礼委員長、副祭礼委員長、婦人部、青少年部	230人。町内：約30人(男10人、女10人弱、企業20人)。同好会200人(７～８団体)。女性：町外30～40人
	元佐久町会	祭典委員、祭典委員会	約70人(町内20人未満、町外50人)。同好会参加。女性約10人。子ども10人未満
	神田五軒町町会	祭典委員、祭典委員会、祭典委員長(町会長)、青年部、婦人部、子ども会	大人神輿500人(青年部50人、親戚250人、同好会200人)。子ども50人。女性多い
神田駅東地区連合	鍛冶町一丁目町会	祭典委員、祭典運営委員会	大人神輿：町会員100、同好会120、その他130。金曜100人程度。土・日曜250～300人。山梨中央銀行30人。子ども神輿：約30人
	鍛冶町二丁目町会	祭典委員、祭典実行委員長(町会長)	500人(町会役員の知人が多い)。青年部20～30人(交通整理)。同好会40～50人。徳力本店10人、神田通信機20～30人。子ども20～30人
	北乗物町町会	祭典委員	山車約50人(子ども・大人)
	紺屋町南町会	祭典委員	50人(町内少数、明治大学学生、知人、担ぎたい人)
	富山町町会	祭典委員、祭典委員会、青壮年部、婦人部	土曜150人(町内企業50人、同好会90人、紺屋町北部町会約10人)
	神田須田町二丁目町会	祭典委員	金曜100人、土曜200人、日曜600～700人。神輿同好会150人。向井建設40～50人

⑧行事経済	⑨行事変化
寄付(奉納金610万4500円)、神輿奉納金18800円	ほとんど変化なし。昭和52年の神田祭では食券と入浴券を配布
寄付(奉納金240万円)	奉納金はここ20年くらい集まりにくい
寄付(奉納金230万円)	寄付が集まらなくなった。神田市場がなくなってから住んでいる人が少なくなった
寄付(奉納金約280万円)	居住する30世帯からの寄付金が多い。祭りの運営に際して、無駄の排除を行い、分業化を進め、地元企業の取り込みを図っている
寄付(奉納金175万円？)	純粋にここで生活している人、町会員でお祭りのお手伝いをしてくれる方が減少し、運営が大変
寄付(奉納金約500万円)	隆盛した。町としての勢いがついた
寄付(奉納金450万円)	特に変化なし。平成21年から金曜の神輿渡御を実施
寄付(奉納金約762万円)	ここ10年～15年で盛り上がってきた。食べ物と飲み物を充実
寄付(奉納金)、町会費。支出200万円	紺屋町南町会と合同で行うようになった。合同で行うようになって非常に活性化した。宮入は10年前頃から開始
町会費70万円、寄付(奉納金15万円)	平成11年5月に神輿(ダンボール製)を自主制作。神輿制作後、神酒所を設置。平成15年に最初の宮入を実施。平成19年から北乗物町と合同の神田祭を実施し、祭りが賑やかになった。合同の神酒所は旧今川中学校に設置。平成25年に10年振りに宮入
寄付(奉納金150万円)	お祭りに対する意識が変化
寄付(奉納金504万円)、町会費(大祭費) 240万円	一番大きく変わったのが、20数年前から金曜日のお祭りをやるようになったこと

地区連合	町会名	⑥役割動員	⑦一般動員
岩本町・東神田地区連合	岩本町三丁目町会	祭典委員、祭典委員長、祭典実行委員長、青年部、婦人部	元町内20～30人、山崎製パン300人（土・日）、本間組20人、田島ルーフィング20人、貝印10人、インターネット応募30～40人、和泉小学校教員。同好会としての参加なし。女性多い
	神田松枝町会	祭典委員、祭典委員長、青年部、婦人部	大人神輿120人。同好会約15人。山車：子ども70人（お母さんも一緒に参加）。神輿・山車の参加者合計220～230人
	岩本町二丁目岩井会	祭典委員、祭典委員長（町会長）、祭典実行委員長（町会副会長）、青年部（２人）	25人（土曜15～16人、日曜15～16人）。町会長の会社員５～６人。セブン‐イレブン：店長以下12～13人
	神田大和町会	祭典委員、祭礼委員長（町会長）、祭礼実行委員長（青年部長）	町会員約150人、親戚・友達100人、同好会130人
	神田東紺町会	祭典委員、祭典委員長、祭礼実行委員長、青年部、婦人部	土曜150～200人。日曜300人（町内20人、神輿同好会50人。大半が町内会員の同級生、職場の仲間）。同好会２～３団体
	岩本町一丁目町会	祭典委員、祭典実行委員会、青年部、婦人部	金曜：町内約50人、町会外約10人、同好会約５人。土曜：町内約40人、町会外約20人、同好会約20人。日曜：町内約50人、町会外約80人、同好会約70人
	東神田町会	祭典委員、祭典実行委員会	土曜50人、日曜396人。６団体96人（水海道、栄町仲睦青年会43人、外神田松住町会８人、一橋高校神輿OB会12人、新宿、諏訪睦７人、足立区前保木間青年部６人、神和睦20人）
	東神田豊島町会	祭典委員、祭典委員長、祭実行委員長（青年部長）、青年部、婦人部	土曜：大人神輿100人（担ぎ手50～60人、町内の支える人40～50人）、子ども神輿20～30人。日曜：大人神輿300人（同好会250人。町会関連三団体：中目黒の月光町、小山台など30～40人）
	神田佐久二平河町会	祭典委員、祭典委員長、祭礼委員長、副祭礼委員長、青年部、婦人部	大人神輿：土日約500人（H19年：土・219人、日・307人）。アルバイト３人。同好会５団体。ＵＦＪ銀行８人、三協化成13人、パセラ１人。子ども52人。女性多い（宮入の際、大人神輿の前棒は全部女性）

⑧行事経済	⑨行事変化
寄付(奉納金700万円を超える)	大きな変化なし。約20年前、金曜に宵宮を実施。宵宮は町内の平成通りに、東神田町会、東神田豊島町会、東紺町会、大和町会などの神輿と連合渡御。しかし、担ぎ手が少なくなり廃止
寄付(奉納金430万円)	祭りの内容は変化なし。お祭りに参加する人は減らない。子どもの参加者(マンションの知人)増加。山車の車輪を直してから、昭和55年頃、宮入を開始。
町会費(約100万円)。従来は寄付(奉納金)	平成25年に20年振りに神酒所を作り、神輿を組んだ
寄付(奉納金350万～400万円)	昔からの町会員が減り、祭礼を一町会で運営するのが困難
寄付(奉納金300万円)、繰越金150万円	昔からの住人が減り、町内の門付は年々減少。30年前に宮入を開始。宮入の実施後、参加者は増加
寄付(奉納金約300万円)	神輿・曳き太鼓を祭礼前に町内に展示。金曜午後に町内へ神輿行列、金曜夕刻に法人対象の神輿渡御。土曜の近隣町会との連合渡御の開始。日曜終了後の「打ち上げ会」の簡素化。平成15年に神輿を載せる台車を作る
寄付(390万円)	ここ５～６年で町内構成が変化し、マンションの住民が増加
寄付(奉納金337万４千円)、町会費60万円	祭りのやり方は一緒で変化はない。町内に銀行が多かった時代、奉納金は420万～430万円になったこともあった。統廃合で移転後、その分が減少
奉納金298万３千円＋町会積立予備金(祭礼準備金)	大きな変化なし。土曜の佐久間学校通りに近隣町会の神輿が集合する「宵宮」は30年前から開始。宵宮は青年部長主体で青年部費で用意

22 【資料１】平成25年「神田祭」⑥～⑨

地区連合	町会名	⑥役割動員	⑦一般動員
秋葉原東部地区連合	神田佐久間町三丁目町会	祭典委員、祭典委員会、祭礼実行委員長（副会長）、青年部、婦人部	日曜：大人神輿300人（町内150人、同好会10団体・150人）
	神田佐久間町四丁目町会	祭典委員、祭典委員会	大人神輿300～320人（地元の関係100人、木場グループ100～120人、北千住三丁目100人）。子ども神輿：20～30人（町内会の友達、和泉小学校の子ども）
	東神田三丁目町会	祭典委員、祭典委員会、祭典委員長（町会長）、祭典実行委員長（副会長）青年部、婦人部	土曜：大人神輿100人、子ども神輿・曳き太鼓50人。日曜：大人神輿300人。町内60～65人（担ぎ手20～25人、役員20人、婦人部20人）。氏子外の町会関係者が多い。同好会40人
	神田和泉町町会	祭典委員、祭典委員長（町会長）、祭典実行委員	土曜：大神輿180人（町内40～50人、町外130～140人）。町外は同好会、ＹＫＫ・キリンビバレッジ・凸版印刷の社員。中・小神輿：子ども40人（里帰りの子ども、和泉小学校が参加）。女性約20人
日本橋一地区連合	室町一丁目会	祭典委員、祭礼委員会、祭礼委員長（町会長）、祭礼実行委員長（青年部長）、青年部、婦人部	土曜：同好会105人、六青会33人、近隣町会75人、企業226人、町会員174人、藤岡市298人。日曜：同好会（宮入92人、町内渡御162人）、六青会（宮入17人、町内渡御48人）、近隣町会（宮入40人、町内渡御70人）、企業（宮入22人、町内渡御121人）、町会員198人
日本橋三地区連合	蛎一共和会	祭典委員、祭典委員会、青年部、女子部	大人神輿150～170人（宮入の時は少なく、日曜が多い）。町内マンション住民の参加多い。カルチャースクール受講生・関係者30人、近隣町会20人弱。女性多い。
	蛎殻町東部町会	祭典委員、祭典委員会、祭典委員長（町会長）	土曜200人、日曜200人（町内50人弱、町外150人）。同好会10団体。子ども：土曜100人（鯰の曳き物を曳く）・日曜150人（町内は少ない）
	人形町二丁目三之部町会	祭典委員、祭典委員会、青年部、婦人部	大人神輿200人（町内50人、町外150人）。町外：同好会
日本橋四地区連合	東日本橋三丁目橘町会	祭典委員、祭典委員会、祭典委員長（町会長）	土曜：町内50人、担ぎ手150人。マンションの人や会社員が参加。日曜：町内50人、担ぎ手200人。同好会は団体の参加なし。友人・知人が多い。女性約20％。子ども100人前後
	東日本橋二丁目町会	祭典委員、祭典委員会、祭典委員長（町会長）	大人神輿60人（町内40人、町外20人）。町外：東京理科大学学生

⑧行事経済	⑨行事変化
寄付(奉納金530万～540万円)	変化なし。住んでいる人が減少。会社の従業員が神輿を担がなくなっている。金銭的には増加
寄付200万円弱、繰越金300万円	お祭りに対して、今まではどちらかというと否定的。ヨソ(外部)の力で神輿を出すのは町内の祭りではないと考え、神輿の巡幸は行なわず、神酒所に飾るのみの時期があった。その後、平成25年に神輿巡幸を復活し、宮入を実施
寄付(奉納金264万１千円)、町会費(祭礼準備金50万円)。350万円の支出	平成に入ってからマンション化。大人神輿はレンタルで借り、５回(10年くらい)、巡幸。平成21年から平成25年の間に大人神輿を新調。８～９年前から、町会長のマンション１Ｆに神輿展示
寄付(奉納金約700万円)、町会費50万～60万円	ここ20～30年で盛り上がってきた。担ぎ手の内容が変化し、和泉町に縁のある人が多い
寄付(奉納金)、町会費、青年会費、弓張提灯の収益金、献灯料	町会の人が祭りに積極的になってきた。お祭りをやるようになってから和も広がり、「橋渡し」の場
寄付(奉納金260万円)	平成21年に宮入を開始、平成25年も実施
寄付(奉納金450万円)、繰り越し金、門付祝儀	小さい神輿のときは町内の関心が低かった。平成12年に大神輿を新調してから参加者が増加。担ぎ手を外から頼むようになったが、地域のお祭りではなくなってきた。平成12年に宮入を始め、平成17年、平成21年に宮入
寄付(奉納金358万円)、町会費(祭礼準備金)ほか。支出総額388万円	大きな変化なし。宮入は平成25年に開始
寄付(奉納金250万～260万円)、祭礼積立金(町会費)。計470万～480万円	ここ10年くらいでマンションの街に変化。お祭りのときに、お店のシャッターが閉まっているところが多く、ギャラリーも少ないなど、お祭りの雰囲気が変化。宮入は５～６回実施
寄付(奉納金400万円)、町会費100万円	12年前に舟渡御を実施

24　【資料１】平成25年「神田祭」⑥〜⑨

地区連合	町会名	⑥役割動員	⑦一般動員
日本橋五地区連合	浜町一丁目町会	祭典委員、祭典委員会、祭典委員長(町会長)、祭担当責任者(副会長)、浜一会(青年部・婦人部合同)	大人神輿250人(町内80人、町外170人)。宮入85人。同好会七団体。子ども50人。女性２割
	浜町三丁目東部町会	祭典委員、祭典委員会、祭典委員長(町会長)	大人神輿：70〜80人(町内40〜50人、町外30人)。同好会３〜４団体。築地町会、菊一町会(亀戸天神)から参加。子ども80〜100人。女性約20人

⑧行事経済	⑨行事変化
寄付(奉納金200万円)、町会負担金100万円	地元の人が減少し、マンションの住民が増加。平成25年から宮入を開始
寄付(奉納金250万円)	参加者は変わらない。寄付金は減少(最盛期400万～500万円)。マンションの住民が増加。宮入は平成25年から開始

26　【資料１】平成25年「神田祭」⑩～⑫

地区連合	町会名	⑩祭りの評価
神田中央連合	神保町一丁目町会	町会員の親睦の場
	神田猿楽町町会	地域の絆の再確認の場。町に活気が出る
	錦町二丁目町会（錦連合）	町会で一番大きなイベント（行事）
	小川町北部一丁目町会（小川町連合）	どこの町会でも存在感があるような場
中神田十三ヶ町連合	内神田美土代町会	大変だと言いながら、それを楽しむもの。祭りがないと寂しい
	司一町会	町内の最大のイベント
	司町二丁目町会	神田で生活している中での一番の華
	内神田鎌倉町会	江戸最古町としての伝統を伝える場、町会員の心が一つになる場
	内神田旭町町会	町会員が一体化する場
	多町一丁目町会	大変だが町会が一つにまとまれるもの。神田祭はブランド
	多町二丁目町会	人と人のつながりを深くする場。一番大事な行事。お祭りがあるから青年部、町会も固まれる。自慢できるお祭り
	神田鍛冶三会町会	祭りによって町が密接になる。他町会との張り合いの場

⑪神社イメージ	⑫備考
氏神様、平将門	
平将門、氏神様	
大国主命、平将門、三神。氏神様	
神様は３人	各町会の神酒所…小川町北部一丁目町会：なし、小川町北部二丁目町会：有り（幸徳稲荷神社）、小川町北三町会：有り（三立商事１Ｆ）、小川町三丁目西町会：有り（三井住友銀行神保町ビル前）
地元の氏神	連合渡御は、連合宮入と８町会合わせがある
平将門様。神田の人間は成田山には行かない	連合渡御は、連合宮入と８町会合わせがある
子どもが生まれるとお祓いを受けに行ったり、商売繁盛の祈願にも行く、身近な神社	連合渡御は、連合宮入と８町会合わせがある
大黒様、恵比寿様、将門様	連合渡御は、連合宮入と８町会合わせがある
子どもの頃からの氏神。心休まる氏神様	連合渡御は、連合宮入と８町会合わせがある
大黒様、少彦名命、平将門	連合渡御は、連合宮入と８町会合わせがある
将門公	連合渡御は、連合宮入と８町会合わせがある
平将門	連合渡御は、連合宮入と８町会合わせがある

28 【資料１】平成25年「神田祭」⑩～⑫

地区連合	町会名	⑩祭りの評価
中神田十三ヶ町連合	淡路町一丁目町会	２年に１回の最大の行事
	神田淡路町二丁目町会	町会にとっても、街にとっても義務である。大イベント
	須田町一丁目南部町会	みんなで参加できるもの
	須田町中部町会	昔からいる人の一つの結束の象徴
	須田町北部町会	神田祭は特別なもの。世代を超えてみんなで一緒に汗をかくことで一体感が増す。それは街の機能にとっても有益
外神田連合	外神田一丁目万世橋町会	—
	神田旅籠町会	神田祭は伝統、お神輿はレクリエーション
	宮本町会	町会を守っている氏神様のお祭り。氏神の近くに住んでいるという誇りがある。何があってもきちんとやろうと思っている
	神臺會	生き甲斐。商売とは別なもの
	神田同朋町会	神田祭はお祭りの象徴。三社祭や鳥越神社の祭りにも負けない権威がある
	外神田三丁目金澤町会	お祭りだから地域社会のためにはなる。人がいないから、終わるまで大変

⑪神社イメージ	⑫備考
氏神様。平将門。ちゃんとお祀りしないと将門さんは怖い	
大黒様、恵比寿様、平将門。親しみのある神社	
未回答	
平将門、大黒様	
神田神社はステータス	
—	連合渡御は、連合宮入と「おまつり広場」がある
未回答	連合渡御は、連合宮入と「おまつり広場」がある
大国主命、恵比寿様、将門。商売の神様	連合渡御は、連合宮入と「おまつり広場」がある
氏神。ずいぶん隆盛してきた	連合渡御は、連合宮入と「おまつり広場」がある
氏子の象徴。今は商売繁盛の神様	連合渡御は、連合宮入と「おまつり広場」がある
商売、結婚の神様。地域を守ってくれる神様	連合渡御は、連合宮入と「おまつり広場」がある

30　【資料１】平成25年「神田祭」⑩～⑫

地区連合	町会名	⑩祭りの評価
外神田連合	神田末廣町会	戦後すぐの頃は他に楽しみがなく、団結力があって町会で盛り上がった。現在は町会役員の負担が大きく辛い面もある
	外神田四丁目田代会	神田の祭りで神輿を担ぐからやっている。この辺りの同窓会がお祭り。地域文化、地域の交流の場
	外神田四丁目松富会	役員をやっている人は「また祭り」といった感覚。寄付を集めるのも大変
	栄町会	お祭りは故郷帰りのような場所
	元佐久町会	町会最大のイベント
	神田五軒町町会	神田っ子の心意気をぶつける場
神田駅東地区連合	鍛冶町一丁目町会	町内で生まれ育った人たちにとっての絆
	鍛冶町二丁目町会	町内の親睦として最たるもの。代々受け継がれていく伝統文化
	北乗物町町会	地域の活性化になる
	紺屋町南町会	地域の「団結の象徴」。神輿は町会を一つにするシンボル
	富山町町会	地域の守り神として地域を活性化するためにはお祭りが必要
	神田須田町二丁目町会	地域活性化にはつながる。それぞれ半纏が違うので自分の町会への愛着が湧く

⑪神社イメージ	⑫備考
大己貴命、少彦名命、平将門	連合渡御は、連合宮入と「おまつり広場」がある
将門がいるとはいってはいけない。氏神	連合渡御は、連合宮入と「おまつり広場」がある
商売繁盛の神様	連合渡御は、連合宮入と「おまつり広場」がある
氏神。氏子と氏神の距離間は変っていない	連合渡御は、連合宮入と「おまつり広場」がある
商売の神様	連合渡御は、連合宮入と「おまつり広場」がある
神田神社は氏神	連合渡御は、連合宮入と「おまつり広場」がある
大国主命(大黒様)、少彦名命(恵比寿様)、平将門命の三神。子どもの頃からの氏神	連合宮入と日本橋、神田駅周辺での連合渡御がある
将門さん。江戸の総鎮守	連合宮入と日本橋、神田駅周辺での連合渡御がある
商売繁盛の神様	連合宮入と日本橋での連合渡御がある
大黒様、恵比寿様、将門様	連合宮入と日本橋での連合渡御がある
大黒様。氏神様	
江戸の氏神様	神田祭と同じ時期に柳森神社の祭礼を行うため、柳森神社例大祭参列、柳森神社への神輿宮入を実施する

地区連合	町会名	⑩祭りの評価
岩本町・東神田地区連合	岩本町三丁目町会	町会の付き合いも神田神社、神田祭があるから成立
岩本町・東神田地区連合	神田松枝町会	山車は松枝町会の誇り。この祭りを継承したい。お祭りをすると防災や地域の絆につながる
岩本町・東神田地区連合	岩本町二丁目岩井会	地域の人たちとつながりを深める場
岩本町・東神田地区連合	神田大和町会	町会員、知り合いが一堂に集まりコミュニケーションが取れる
岩本町・東神田地区連合	神田東紺町会	町会にとって最大のイベント。お祭りがあるから町会がまとまっている
岩本町・東神田地区連合	岩本町一丁目町会	コミュニティの再確認の場。お祭りは町会の最後の拠り所
岩本町・東神田地区連合	東神田町会	お祭りを行うことによって町内の活性化、伝統の継承がなされる。一大イベント
岩本町・東神田地区連合	東神田豊島町会	伝統であり、慣習。祭りによって町内がまとまる
	神田佐久二平河町会	町会の皆さんに感謝の気持ちが残るのが祭り。町内巡幸が祭り

⑪神社イメージ	⑫備考
平将門、大黒様、恵比寿様。神田神社そのものが持っているエネルギーが大きい	柳森神社への神輿宮入を実施する。また、連合渡御は、連合宮入と「おまつり広場」に参加する
地域の氏神様	連合渡御は、連合宮入と岩一・東紺・松枝・大和の連合渡御がある
平将門	
一の宮に大己貴命、二の宮に少彦名命、三の宮に平将門命。住民の全ての心の支え	連合渡御には、連合宮入と岩一・東紺・松枝・大和の連合渡御がある
平将門。商売繁盛	連合渡御には、連合宮入と岩一・東紺・松枝・大和の連合渡御がある
大己貴命、少彦名命、平将門命。氏神様	連合渡御には、連合宮入と岩一・東紺・松枝・大和の連合渡御、「おまつり広場」がある
平将門公、明神様は心の拠り所。善意の象徴	
平将門ほか三神。神田神社は下町につながる神社	
平将門	連合渡御には連合宮入と土曜日の宵宮がある

34 【資料１】平成25年「神田祭」⑩～⑫

地区連合	町会名	⑩祭りの評価
秋葉原東部地区連合	神田佐久間町三丁目町会	町会にとってはなくてはならない行事
	神田佐久間町四丁目町会	何ともいえない。かつての町会最大のイベントは旅行
	東神田三丁目町会	若手の交流の場
	神田和泉町町会	祭りをやるために町会がある。祭りがあるお蔭で町のまとまりができる。大きな祭りをやることが一つの絆
日本橋一地区連合	室町一丁目会	町会の一番大きな行事で、みんなが仲良くなる一番の場
日本橋三地区連合	蛎一共和会	単なるイベントではなく、宮入で神社につながっている
	蛎殻町東部町会	１年おきでは多すぎる。３年おきにした方がいい
	人形町二丁目三之部町会	江戸っ子の楽しみ。子どもたちも楽しめる
日本橋四地区連合	東日本橋三丁目橘町会	町会としてはなくてはならない催し。老若男女が集まって協力する場所、親睦の場は他にない。マンションの人たちが参加するきっかけにもなる
	東日本橋二丁目町会	地域の連携がお祭り

⑪神社イメージ	⑫備考
平将門、商売の神様	連合渡御には連合宮入と土曜日の宵宮がある
みんな氏子だと思っている。いい意味でプライドを持っている	
平将門、氏神様	連合渡御には連合宮入と土曜日の宵宮がある
三体のご神体。氏神様	連合渡御には連合宮入と土曜日の宵宮がある
将門様、大黒様。神田神社は庶民に開かれた神社	
明神様はやっぱり平将門	
将門のイメージが強い	連合渡御には連合宮入と８町会の連合渡御がある
神田祭の神社	
楽しめる神社。資料館もあり、面白い行事もあり親しめる	
平将門	

36　【資料１】平成25年「神田祭」⑩～⑫

地区連合	町会名	⑩祭りの評価
日本橋五地区連合	浜町一丁目町会	町会が一つにまとまる２年に一度の機会。お祭りは他の行事と別もの
	浜町三丁目東部町会	氏子の中で一番端の町会のわりには神田祭をがんばって実施

⑪神社イメージ	⑫備考
将門のイメージが強い。氏神様	連合渡御には連合宮入と明治座前への連合渡御がある
今は将門のイメージは強くない	

【資料２】　平成27(2015)年「神田祭(御遷座400年奉祝大祭)」町会別 祭礼行事 実施状況

本調査は、國學院大學大学院・石井研士教授のゼミナール「宗教学研究Ⅱ・宗教学特殊研究Ⅱ」(以下、石井ゼミ)の博士課程OBの筆者(國學院大學研究開発推進機構PD研究員・当時)が実施した事前調査(平成27年４月26日～５月９日)をもとに、平成27年度に石井ゼミを受講する大学院生のうち、大道晴香、古山美佳、田口萌、永田昌志、守屋和彦、千葉統彦、修士課程OBの大久保衣純と大和友大朗、筆者の計九人が「石井ゼミ神田祭調査班」として、５月９日・10日の２日間、地区連合ごとに分担して調査を実施した。

調査方法は、観察記録が中心で、筆者の事前調査で判明しマッピングした各町会の神酒所へ赴き、町会関係者の許可を得て、神酒所や芳名板、行事予定などの写真記録、今まで実施されなかった曳き太鼓(山車)の製作年代の把握、参加者数については可能な範囲でインタビュー調査を実施した。調査後、各調査者の記録写真と調査メモを集め、各町会の実態を示すデータとして筆者が整理し、執筆したものである。

調査の分担は、大道・古山・田口が神田中央連合と中神田十三ヶ町連合、永田・守屋・千葉が外神田連合と秋葉原東部地区連合、大久保・大和が神田駅東地区連合と岩本町・東神田地区連合、筆者が神田の全エリアと日本橋一地区連合～五地区連合を担当した。ただし、筆者は９日は附祭に参加したため、10日の調査が中心となった。

資料は、地区連合ごとに分類し、神田祭に参加する神田神社の全氏子町会を挙げている。そのため、神田神社への神輿宮入参拝を実施した町会にしぼった資料１に未掲載の町会は、町会名の後ろに「＊」を付している。調査項目は、「神田祭・祈禱札の配布数」「行事変化」「祭りの評価」「神社イメージ」を除き、資料１に準じた。なお「—」は、なしか未確認を示す。

　【資料２】平成27年「神田祭（御遷座400年奉祝大祭）」

地区連合	町会名	祭典委員（役割動員）	神酒所	祭礼の象徴	一般動員
神田中央連合	神保町一丁目町会	安野浩史（町会長）、岡本吉司、萩原憲一、土島豊裕［4人］	神保町三井ビルディング1F（神田神保町1-105）、御仮屋：神保町三井ビルディング前	M：大1・中1・小1、H1（神保町一丁目南部、昭和27年5月）	大人神輿約400人、子ども：9日山車約100人・10日約200人［奉納金より、九段二丁目青年会、むさし神輿會など、奉納品より、亀市天神睦会、亀戸勇祭會、亀神睦、錦糸若睦會など］
	神田猿楽町町会	鎌倉勤（町会長、地区代表）、渡辺圭一、小林博高［3人］	明治大学10号館前（猿楽町1-6）	M：大1（平成27年）・小1、H1（皇太子殿下御降誕記念、昭和9年5月）	参加者約400人（弁当の数300以上）［奉納金より、桑都勇会、三一会、雄健会、成宗睦、粋紫輦、酔祭会、西神田町会青年部、一秀会、七福神睦、高砂神輿会など。奉納品より、羽田鳳珠会など］
	錦町二丁目町会（錦連合）	南部明夫（町会長）、紅林公克、丸山幹雄［3人］	ちよだプラットフォームスクエア前（神田錦町3-21）	M：大1	錦連合の参加者：日曜750人（町会150、参加者500〜600）［奉納金より、駒込神明睦、荒木町青年会、芝濱睦会、櫻水會、扇寿會など］
	錦町三丁目町会＊（錦連合）	前田智彦（町会長）、倉田茂樹［2人］	同上	—	同上
	錦町三丁目第一町会＊（錦連合）	堀井市朗（町会長）、田中宏、伊藤一郎［3人］	同上	—	同上
	小川町一丁目＊南部町会	神谷誠一（町会長）、布河谷文孝、岡田実［3人］	—	—	—

行事経済（奉納金）	祭礼行事（主な行事）	備　考
662万5千円＋α（5/10・17：22掲示分より）	5月3日（日）御仮屋工事　9時集合、奉納板　設置　祭典実行委員全員／8日（金）　15時　神輿御霊入れ式、18時半～　青年神輿町内渡御／9日（土）8時　神酒所集合、8時半　鳳輦巡行　駿河台下、14時～　子供神輿・山車、16時～19時終了　青年神輿／10日（日）神田神社　宮入　9時　青年神輿　御神酒所　出発、子供神輿　連合にて一基出す、15時半頃　子供神輿・山車、青年神輿16時半～19時終了（17時頃より女神輿、すずらん通りと周辺を女性だけで大神輿を担ぐ）、19時　神輿御霊返式／11日（月）御神酒所片付け　祭典委員全員　9時集合（「神田明神大祭行事表」「平成二七年神田祭　お神輿を担ぎませんか　神保町一丁目町会」より）	
346万5千円＋α（5/10・11：35掲示分より）	5月8日（金）神酒所開き　役員は16時神酒所集合、「神輿」御霊入れ　16時半頃の予定、宵宮　9日10日に参加できない勤め人の方が対象で18時から神輿を担ぐ／9日（土）神幸祭　役員は7時神酒所集合　神田神社鳳輦町内渡御は9時10分頃、「大神輿」町内巡行13時半集合　14時出発、「子供神輿」「山車」町内巡行　14時神酒所前集合、接待「大人神輿」豊島屋・浅野屋・石毛食糧品店、三笠産業㈱、接待「子供神輿」豊島屋・冨多葉・片口土木　役員は正午に神酒所集合／10日（日）「大神輿」宮入　神田神社参拝（神田中央連合）10時半　錦華堂前出発（集合時間8時半、9時35分出発［時間厳守］、集合場所　神酒所　役員は7時集合［朝食の用意あり］）、「子供神輿」9時集合　お茶の水小学校→宮入り、「子供神輿」「山車」町内巡行　15時　神酒所前集合、「大神輿」宮入り後　町内巡行、接待「大人神輿」町会婦人部有志（三井住友前）水のトラブル・クレオール／一歩、接待「子供神輿」「山車」虎臣、伊藤クリーニング店、「御霊返し」18時半頃の予定／11日（付き）庫入れ　役員は6時　神酒所集合（「日程表」より）	町会神輿、子供山車の接待：11件
（錦連合で）742万3千円（5/10・17：04掲示分より）	5月8日（金）17時～　前夜祭（11時45分～20時　神田錦町連合会夕べの会）／9日（土）宵宮　12時半～14時　子供山車、16時半～19時半／10日（日）宮入　8時半集合［9時50分　子供神輿　御茶ノ水小学校前集合］8時45分出発～17時20分神酒所帰着（「錦連合　神田祭」ポスター、巡幸図より）	錦連合で1つの神酒所
同上	同上	錦連合で1つの神酒所
同上	同上	錦連合で1つの神酒所
—	—	

【資料２】平成27年「神田祭(御遷座400年奉祝大祭)」

地区連合	町会名	祭典委員(役割動員)	神酒所	祭礼の象徴	一般動員
神田中央連合	小川町二丁目南部五番地会＊	横山秀樹(代表)	—	—	—
	小川町三丁目南部町会＊(錦連合に参加)	仲谷芳久(町会長)	ちよだプラットフォームスクエア前(神田錦町3-21)	—	錦連合の参加者：日曜750人(町会150、参加者500〜600)［奉納金より、駒込神明睦、荒木町青年会、芝濱睦会、櫻水會、扇寿會など］
	小川町三丁目西町会＊(小川町連合)	岩崎與士(町会長)、松島健、田近恭一［3人］	富士見坂入口　三井住友銀行神保町ビル前(神田小川町3-12)・テント	M：大1	—
	小川町北部一丁目町会(小川町連合)	三谷健太郎(町会長)、大井明［2人］	宝ビル前(神田小川町1-6)・テント	—	—
	小川町北部二丁目町会＊(小川町連合)	横田達之(町会長)、小端協一、佐宗秀行［3人］	幸徳稲荷神社(神田小川町2-14)	M：小1	—
	小川町北三町会＊(小川町連合)	小林泰治(町会長)、石津勝男、高橋保夫［3人］	東京特殊紙業㈱・三立商事㈱ビル1Ｆ(神田小川町3-28)	M：小1	—

行事経済（奉納金）	祭礼行事（主な行事）	備　考
―	―	
（錦連合で）742万3千円（5/10・17：04掲示分より）	ちよだプラットフォーム　5月8日（金）前夜祭17時～小雨決行、9日（土）宵宮　16時半出発、10日（日）宮入　8時45分　出発／五十稲荷　5月7日（木）半纏貸出12時～15時、8日（金）半纏貸出12時～15時、10日（日）半纏返却　18時～19時／たちばな-Ya　～5月1日（金）半纏申し込み17時まで／『奉納板』はちよだプラットフォーム（五十稲荷の千代田区掲示板〔神田小川町3-9〕に掲示された貼紙より）	錦連合で1つの神酒所
504口＋4万5千円（5/10・11：40掲示分より）	5月8日（金）7時　御仮屋設営　幸徳稲荷集合、9時　神酒所設営　駐禁ビラ貼り　その他　神前設営　赤飯・神札・神輿渡御案内配布、16時半　神輿御霊入れ　3西→御仮屋→北3→幸徳、一八時　直会　神酒所　青年部神輿移動あり／9日（土）8時　青年部　御仮屋集合、8時20分　神幸祭参加者神酒所集合→淡路町交差点、8時50分　神幸祭・鳳輦引き受け（淡路町交差点・三井住友銀行前）、11時　山車町内巡行　3西神酒所　10時45分集合　3西→北3→北2→小川広場　お菓子配布、13時半　神輿渡御参加者　神酒所集合　町会長挨拶　その後、揃って御仮屋へ、13時45分　宵宮　御仮屋集合、16時半　神輿接待、17時　神田中央連合・神輿四基　駿河台下交差点、19時　直会　アミ／10日（日）八時　神輿渡御参加者　神酒所集合　町会長挨拶　その後、揃って御仮屋へ、8時20分　御仮屋　おにぎり・味噌汁振る舞い、9時15分　中央連合集合場所へ出発、9時35分　中央連合集合　お茶の水小学校前、10時半　宮入道中出発、12時半　神輿宮入、13時15分　昼食　小川広場、14時　神田中央連合神輿四基　駿河台下交差点、15時15分　3西神酒所神輿休憩・接待　その後、神酒所解体・富士見坂提灯片付け　その他、17時10分　神輿納め　幸徳稲荷、19時　反省会・有志　憶万（「平成二十七年度神田祭・小川町三丁目西町会日程表」より）	
56口（5/10・16：19掲示分より）	―	
90本（5/10・16：00頃掲示分より）	―	神酒所には「神田神社」と「幸徳稲荷大明神」の掛け軸を祀り、小川町の駒札を付けた神輿一基を飾っていた
―	―	子ども神輿があるが神酒所に飾るのみ。この子ども神輿は、小川小学校があったときは婦人部が担いでいた

地区連合	町会名	祭典委員(役割動員)	神酒所	祭礼の象徴	一般動員
神田中央連合	小川町連合＊	—	御仮屋：お茶の水仲通り［石津ビル(神田小川町3-2)前、平和堂ビル(神田小川町2-4)前］・テント	(小川町連合)M：大1(神輿をつくる会、昭和62年5月)	参加者600～700人
中神田十三ヶ町連合	内神田美土代町会	安川博(町会長)、熊谷晃一、針谷忠男［3人］	泉国際産業ビル1F(神田美土代町3-3)	M：大1・小1、H1(昭和9年5月)	神輿の担ぎ手は全部で300～400人。企業で募集を掛けたりするほか、神輿会から参加する。子ども神輿には10人ほどしか参加しない。この地域は住人が少ないため。
	司一町会	坂井重正(町会長)、栃木一夫、青木繁幸［3人］	三立社ビル1F(内神田1-16-8)	M：大1・小1、H1(昭和9年5月)	大人神輿約350人、子ども神輿約30人。
	司町二丁目町会	大井孝一(町会長)、堀井進、向井靖夫［3人］	神田児童公園	M：大1(宮本重義、昭和27年5月)・小1、H1(昭和27年5月)	［奉納金より、紅都連、祭好会・関係者など］

行事経済（奉納金）	祭礼行事（主な行事）	備　考
—	5月8日（金）7時　幸徳集合　御仮屋設営　神輿飾り、淡1神酒所挨拶（担当は当番町会会長・青年部長、酒一対、酒の手配は北2）、16時半　御霊入れ　3西→御仮屋→北3→幸徳（車なし　車代　幸徳から他町会への車は手配）、18時　御仮屋集合、神輿をF・クレストビルに移動／9日（土）8時　御仮屋集合　神輿を移動、8時50分　御鳳輦引受け（淡路町交差点）高張り持参、神幸祭後　隣接町会神酒所廻り（中央連合3ヶ所、賭け紙付き手拭2本、錦連合、神保町、猿楽町　担当　各町会青年部長　車なし）、11時～12時：子供山車　10時45分　3西神酒所集合　3西→北3→北2→小川広場、13時45分　宵宮　御仮屋集合　お神酒、14時20分　出発　祭典委員長挨拶、17時　駿河台下交差点、17時45分　宵宮　納め　御仮屋　神輿移動　〈神輿お守り〉13時～　北1町会、15時～　北2町会／10日（日）8時20分　集合　御仮屋（味噌汁・おにぎり）、9時　出発式　祭典委員長亜視察、9時15分　中央連合集合場所へ移動、9時35分　中央連合集合　お茶の水小前　出発式（お神酒）、10時半　出発、12時半　神田明神宮入、13時15分　昼食　小川広場、14時　駿河台下交差点、17時10分　幸徳稲荷神輿納め　片付　〈神輿お守り〉八時～　北1町会、11時～　3西町会、14時～17時　北3町会（「平成二十七年神田神社・幸徳稲荷神社大祭日程」より）	
350万3千円（5/9・10：07掲示分より）	—	
451万円＋α（5/9・11：20頃掲示分より）	5月8日（金）7時　神輿出し（吉沢ビル前）　神田明神、15時半　神酒所集合、16時　御魂入れ／9日（土）大人神輿：9時　神酒所集合、9時50分鳳輦巡行引き渡し（美土代町交差点）、13時　神酒所集合、13時半　町内廻り出発、17時　八町会神輿（多町交差点）子供神輿・山車：第1回　13時半、第2回15時半／10日（日）大人神輿：8時半　神酒所集合、9時　神酒所出発、9時半　不動通り集合（宮入三番）、10時　出発（連合渡御）　子供神輿・山車：子供神輿参加者　10時半　神酒所集合（大人神輿と一緒に連合渡御に参加）、山車　子供神輿が連合から帰ってきて一緒に回る　14時半頃／11日（月）7時　神酒所集合（かたづけ）（「司町一丁目町会神田祭日程表」より）／5月9日（土）町内渡御　13時半出発　神酒所→美土代町神酒所→14時半　鎌倉町神酒所→16時20分　旭町神酒所→17時　多一神酒所→17時半　司二神酒所→18時　神酒所（「司一町会御神輿（町内回り）コース」より）	
479万7千円（5/9・15：45頃掲示分より）	—	

地区連合	町会名	祭典委員（役割動員）	神酒所	祭礼の象徴	一般動員
中神田十三ヶ町連合	内神田鎌倉町会	斎藤光治（町会長）、柴田明雄、田熊清徳［3人］	尾嶋公園（内神田1-5-5）	M：大1・小1、H1（太鼓の上に天狗の人形を付ける、昭和27年5月）、獅子頭一対	［奉納金より、富貴会、神輿愛好会矢車、向ヶ丘弥生町青年部、川神輿会、両輿連、新川崎幸睦など］
	内神田旭町町会	山本宏昭（町会長）、丸木俊雄、広瀬征由［3人］	佐竹稲荷神社（内神田3-10）	M：大1・小1、H1	［奉納品より、神田睦会など］
	多町一丁目町会	藤田光春（町会長）、上田東雄、中曽根利光［3人］	三島染色補正店1F（内神田3-18-4）	M：大1・小1、H1（昭和23年5月）	［奉納品より、神田睦会など］
	多町二丁目町会	大藤雅也（町会長代行）、黒井由男、田畑秀二［3人］	神城ビル1F（神田多町2-9-2）、御仮屋：多町二丁目交差点角（神田多町2丁目9）	M：大1・小1、H1（昭和54年5月）	［御神酒奉納より、神田睦会など］
	神田鍛冶三会町会	櫻井忠太郎（町会長）、植村宣三、高遠和則［3人］	ＫＤＸ鍛冶町ビル1F（神田鍛冶町3-5-2）	M：大1・小1、H1（昭和27年5月）	［奉納金より、日本橋茅場町二・三丁目町会など、奉納品：清酒二本（三田台町、神田睦会、茅場町二・三丁目町会青年部など）］
	淡路町一丁目町会	稲垣彰（町会長）、太田恭市、田所秀樹［3人］	西形氏染物屋1F（神田淡路町1-15）	M：大1	―
	神田淡路町二丁目町会	呉豊良（町会長）、黒崎真、八尾正光［3人］	WATERRAS TOWER 1F（神田淡路町二丁目101）	M：大1（二尺四寸）・小1、H1（昭和52年5月）	神輿担ぎ手400人（1回に担ぐのが50人）、子ども神輿は、女神輿として担いでいる。土曜日（9日）の16時にワテラスの周りをぐるっと回る。参加者は20～30人

行事経済（奉納金）	祭礼行事（主な行事）	備　考
666万5千円（5/10・17：00頃掲示分より）	5月8日（金）18時～20時半　大神輿町内廻り／9日（土）子供神輿渡御：11時半　神酒所集合、12時神酒所出発、13時半　神酒所帰還［太鼓車の一緒に巡行］、隣町神酒所廻り：14時半～18時半　神酒所→司一神酒所→美土代町神酒所→旭町神酒所→多一神酒所→17時　八町会神輿合わせ→神酒所／10日（日）　大神輿一基・小神輿一基　9時、10時　出世不動通り集発、15時頃　宮入（八番）、18時　帰還、太鼓車一台　神酒所発15時半～16時（町会行事予定より）	天狗の人形を載せた曳き太鼓は15人程度の子どもたちが神酒所前で曳いていた
467万5千円（5/9・15：00掲示分より）	—	
439万6千円（5/9・15：20掲示分より）	—	
661万2千円＋α（5/9・21：47掲示分より）	5月7日（木）御仮屋・神酒所の設営終了、神社の御札・御供物等配布／8日（金）大神輿・小神輿・太鼓の移動、テント張り等、18時みたま入れ／9日（土）　大神輿、小神輿、太鼓、町内渡御、12時10分集合　山車（ふれ太鼓）で町内巡行、13時半頃～15時頃（鳳輦前に終了）小神輿　町内渡御／10日（日）中神田地区連合渡御　8時集合、8時半　町内出発、10時集合、10時半頃　鍛冶三の子供と一八通りで合流、宮入：小神輿、大神輿の順、宮入後の大休憩の後、小神輿解散、15時頃　山車巡幸／16日（土）大神輿、小神輿、太鼓など神輿庫へ、直会　於ゑびす（「役員日程表」ほか貼り紙より）	
415万円＋α（5/9・14：00掲示分より）	5月8日（金）宵宮　9時　役員集合、神田神社みたま入れ　19時、おんな神輿町内巡行　19時10分出発／9日（土）　8時　役員集合　十二ヶ町への挨拶まわり、13時出発　山車　町内巡行、14時半出発　大・小神輿　町内巡行、神社神輿鳳輦巡行　当町会通過　17時頃予定／10日（日）連合渡御　役員重合　6時、連合渡御参加者集合七時半（朝食）、8時半　神酒所出発、9時半　出世不動通り集合、10時　　出世不動通り出発　※中神田十三ヶ町会連合渡御行程　→出世不動通り東進→神田駅西口前左折→旧神田電話局前通り左折→神田駅北口通り左折→当町会・神酒所から一八通り左折→外堀通り右折→淡路町→昌平橋手前にて小休止→神田神社宮入→小川町交差点手前にて大休止→近隣町会との合わせ→町内着→小休止後当町内巡行　19時　神輿納め（「神田祭・町会挙行のお知らせ　平成27年5月改訂版」より）	
265万5千円（5/9・16：30頃掲示分より）	—	
394万5千円＋α（5/9・8：54掲示分より）安田不動産㈱30万円1本など。	—	半纏合わせがあり、普通は同じ半纏（町会の半纏）を着ていないと神輿は担がせない

地区連合	町会名	祭典委員(役割動員)	神酒所	祭礼の象徴	一般動員
中神田十三ヶ町連合	須田町一丁目南部町会	松浦喜之助(町会長)、米元修二、持田民雄［3人］	神田須田町1-34	M：大1・小1、H1	［奉納品より、永代二丁目町会、永代二丁目南町会総代一同,祭興睦、深川祭神会、神田睦会、二本榎神輿會、祭命会、鯱睦連合(石粋會、石美睦、勇健會、宮本睦會、弁慶睦、源太連、宮臺會、志乃粋)など］
	須田町中部町会	大塚實(町会長)、大熊基一［2人］	パートナー須田町一丁目パーキング(神田須田町1-6)	M：大1・中1、H1、獅子頭一対、四神剣	「元祖女みこし」の参加者は女性約180人
	須田町北部町会	堀田康彦(町会長)、小高登志、田端幸一［3人］	須田町北部会館1F(神田須田町1-4)	M：大1・小1、H1	日曜：大人神輿約150人・子ども神輿約80人。

行事経済(奉納金)	祭礼行事(主な行事)	備　考
492万9千円+α(5/9・14：12頃掲示分より)	5月9日(土)大人神輿・子供神輿　13時集合、山車　13時半集合／10日(日)　大人神輿　8時集合、子供神輿　9時集合、山車　13時集合(行事予定貼り紙より)	
324万円+α(5/10・8：00頃掲示分より)	5月6日(水)10時　蔵出し、8日(金)18時　御霊入れ、9日(土)神幸祭「受渡し」、町内渡御、10日(日)連合渡御、宮入、町内渡御、11日(月)後片付、12日(火)6時　蔵入れ、31日(土)町会総会・神田祭直会(於：ホテルジュラク)	
505万5100円+α(5/10・13：30掲示分より) ※出世稲荷神社から1万円が奉納。	4月30日(木)14時半　祭具蔵出し／5月8日(金)18時頃　神輿神霊入れ／9日(土)鳳輦巡行：往路8時半頃(昌平橋南詰より淡路町交差点みずほ銀行前まで巡行し、献饌を淡路町2−4外堀通りで行います)、復路17時10分頃(多町通り地区境より万世橋北詰まで巡行します)　往路・復路ともに供奉員・獅子頭山車奉仕者は20分前に神酒所集合、山車町内巡行：13時半　スタッフ集合、14時　山車参加者は神酒所前に集合、14時15分　町内巡行(有志の接待所にて適宜休憩)　鈴たすきを付けます、16時　山車「納め」解散(弁当・お菓子支給・鈴たすきと交換)、最終点検：18時　祭典委員は各自の分担の点検確認／10日(日)氏子神輿連合渡御(大人神輿)7時　スタッフ集合、7時半　大人神輿参加者は神酒所前に集合→出発式(朝食サービス)　町内会で肩慣らし後、出世不動通り「連合集合場所」へ出発、9時半　連合集合［町会長、世話人、木頭(大人神輿責任者)は最前方に集合］、9時45分　木遣り、手締めの出発式、10時　連合先頭出発、10時半頃　一八通り「小休止」(飲物サービス)、11時半頃　外堀通り「大休止」(昼食サービス)、13時　連合宮入出発(町会の宮入は11番につき14時40分頃の見込み)、15時頃　連合から離れ、お茶の水聖橋附近にて昼食休憩(昼食サービス)、15時半頃　淡路坂を経て、町内帰着→町内巡行(有志の接待所にて適宜休憩)、18時　大人神輿「納め」解散(夕食弁当支給・たすきと交換)、18時半　祭典委員は片付け後、解散　(子供神輿)10時半　スタッフ集合(※中学生［大人神輿に参加しない］のお手伝いを募集)、11時　子供神輿参加者は神酒所前に集合→出発式、11時半頃　町内会で肩慣らし後、外堀通りで大人神輿と合流(昼食サービス)、13時　連合宮入出発(※以降は大人神輿と同様のスケジュールとなります)、16時　子供神輿「納め」解散(夕食弁当支給・たすきと交換)／11日(月)　祭具蔵入れ・袢纏回収：14時　蔵入れ→町会会館に集合、神社神輿に山車や祭礼用品を納めます、14〜16時　袢纏回収→町会会館に集合、袢纏の回収を行います／16日(土)直会(反省会兼)18時　場所：ホテルマイステイズ御茶ノ水コンファレンスセンター(「須田町北部町会祭典委員　御祭礼のご案内」より)	

地区連合	町会名	祭典委員(役割動員)	神酒所	祭礼の象徴	一般動員
外神田地区連合	外神田一丁目万世橋町会	塚田一郎(町会長)、田中誠一、市川英男［3人］	ＪＲ秋葉原駅電気街口・アトレ秋葉原(外神田1-17-6)前・テント	M：大1・小1、H1（昭和35年5月）	日曜は大人550人、子ども30人(半纏の数から算出)。［奉納金より、相祭会、開神会、櫻睦会、賽祭会、浅勇会、剛神会、狛江講中、泉昇会、氷川睦、闘将皇、翠郭、雄祇会、綿引睦、秩父神輿粋好会、豪壱会、芝中鳳輦、御嶽神社、幻龍会、ほか全19団体］
	神田旅籠町会	松永耕一(町会長)、渡辺修、増田宗一［3人］	ベルサール秋葉原1Ｆ	M：大1・小1（南部屋五郎右ヱ門・作)、H1（南部屋五郎右ヱ門・作、昭和33年5月)、囃子屋台1	土日合計約850人
	宮本町会	五島一雄(町会長)、手塚康二、手塚久雄［3人］	アヤベビル1Ｆ(外神田2-17-3)	M：小1（大1はレンタル）	土曜：子ども100人(神輿巡幸大人なし)、日曜：大人360人(貸半纏約330枚、名前入り約30枚)・子ども約100人(昌平小学校)
	神臺會	中村建夫(町会長、地区代表)、神田茂、神山栄太郎［3人］	中村鍍金工業㈱1Ｆ(外神田2-9-2)	M：大1・小1、H1（昭和23年5月）	日曜：大人200人・子ども20人
	神田同朋町会	永井裕(町会長)、宇野一郎、前川正、石田周三［4人］	永井紙器印刷㈱1Ｆ(外神田2-15-8)	M：大1・中1・小1、H1（昭和25年5月)、囃子屋台1	土曜：大人200人・子ども30人、日曜：大人400人・子ども30人(神輿はなし)［奉納金より、神田五丁目亀住町会、茅場町二・三丁目町会、妻恋会、神田囃子諫鼓、新中野祭事会、春日部宮本町神輿会など］
	外神田三丁目金澤町会	石塚勝洪(町会長)、大瀧隆樹、高関好和［3人］	長竹ビル1Ｆ(外神田3-4-15)	M：大1・小1、H1（昭和23年5月、復興記念)	土曜：大人200人、日曜：大人300人、子ども：神輿50人、山車(曳き太鼓）30人。シニア世代が多い

行事経済（奉納金）	祭礼行事（主な行事）	備　考
372万円＋α（5/10・16：00掲示分より）	—	5月9日（土）の16時頃、外神田三丁目金澤町会が挨拶に訪れる
掲示なし（インタビューによれば200～300万円）	5月9日（土）8時　神幸祭（於：神田明神）、13時45分　子供神輿・山車（万世橋町会神酒所集合）、15時　旅籠町大神輿／10日（日）8時　旅籠町大神輿　連合宮入り、10時・14時（二回）　子供神輿・山車（旅籠町会神酒所集合）、12時半　中央通り神輿連合（「平成27年神田祭　神田旅籠町会」ポスターより）	芳名板はない（金額の誇示につながるという理由から）。店舗の奉納金は、大きい店舗：約30万円、小さい店舗：約1万円
239万5千円（5/10・10：00掲示分より）	5月9日（土）11時　子供神輿担ぎ手集合、11時半～子供神輿町内巡行／10日（日）7時40分　宮本町会神酒所集合、8時20分　神輿出発、10時頃　宮入（子供神輿は宮入後　町内渡御　解散）（大人神輿は宮入後、芳林公園まで渡御）、11時半　芳林公園にて昼食　休憩、12時半　芳林公園出発、12時40分　連合中央通り神輿渡御、16時　宮本町会内渡御後解散（「遷座四〇〇年　神田祭〈宮本町会神輿渡御スケジュール〉ポスターより」）	
259万6千円（5/10・14：00頃掲示分より）	5月8日（金）17時頃　神輿御霊入れ／9日（土）13時頃　太鼓町内渡御、13時半頃　子供神輿町内渡御、14時頃　大人神輿町内渡御、16時50分頃　神社神輿渡御　ベルサール秋葉原前、18時　明神拝殿着輿祭／10日（日）8時　神輿渡御（大）出発（宮入）、11時頃　太鼓町内渡御、正午　中央通り神輿渡御、15時半頃　子供神輿町内渡御、16時頃　大人神輿町内渡御（「平成二十七年神臺會祭禮日程」より）	
456万1千円＋α（5/10・14：45掲示分より）	5月8日（金）　18時　御霊入れ・神酒所開き／9日（土）　14時　神輿・山車　町内渡御／10日（日）　7時半　神輿　出発式、9時　神輿　外神田連合　神田神社宮入、12時半　神輿　外神田連合　中央通り渡御／町会神輿展示［4/20～新潟原動機ビル1F］（「神田祭遷座400年奉祝　神田同朋町会」ポスターより）	妻恋神社の氏子地域。神酒所に「妻戀神社」の掛け軸を祀る。5月9日11時前に神田山本町会が挨拶に訪れた
249万3千円（5/10・14：15頃掲示分より）	5月8日（金）18時～町内懇親会／9日（土）15時15分集合　宵宮神輿町内渡御／10日（日）19時半集合　神輿連合宮入渡御、正午集合　中央通り神輿渡御（「平成二十七年神田祭　外神田三丁目金澤会」ポスターより）	神酒所の受付には、「金澤町会・てぬぐい／600・神田祭冊子　共￥1000」の貼紙があった

地区連合	町会名	祭典委員(役割動員)	神酒所	祭礼の象徴	一般動員
外神田地区連合	神田末廣町会	前川知正(町会長)、小川久雄、佐竹信敬［3人］	木村末廣苑1F(外神田3-16-2)	M：大1・小1、H1（大正15年）、囃子屋台1	参加者数は、土曜：大人約240人・子ども約80人、日曜：大人約350人・子ども約120人(実際には子どもは150人に到達)［奉納品より、亀住町会・親和囃子会・金町中央会・蒲田葵会・益荒会など］
	外神田四丁目田代会	松本博昭(町会長)、亀田延幸、松井一郎［3人］	ミナミビルドンキホーテ秋葉原店(外神田4-3-3)前路上・テント	M：大1・中1・小1、H1	大人240～260人。山車(曳き太鼓) 30人
	外神田四丁目松富会	田中喜一(町会長)、坂東正章、川田大河［3人］	㈱マコトに隣接する建物1階(外神田4-8-9)	M：大1・小1、H1	土曜：大人200人、子どもは山車のみ、日曜：大人300～400人、子ども20～30人
	栄町会	作道泰明(町会長)、澤井輝男、松田一夫、山下亨［4人］	ユーテックジャパン㈱1F(外神田5-6-2)	M：大1・小1、H1、獅子頭一対	土曜：大人270人、日曜：380人、子ども20人。［奉納金より、新松戸椎ノ會、高濱睦、江戸里神楽若山胤雄社中、亀住町会、神田囃子諫鼓、千石青年部、石一睦会、亀住町会青年部、若宮睦会など。奉納品より、浜田山睦・親和会など］

行事経済（奉納金）	祭礼行事（主な行事）	備　考
614万3千5百円（5/9・19：15頃掲示分より）	5月8日（金）17時　御霊入れ（神酒所集合）／9日（土）14時半　担ぎ手集合（神酒所集合）、15時　町内神輿巡幸出発／10日（日）7時半　担ぎ手集合（神酒所集合）、8時　神酒所出発（外神田連合宮入9時～10時半）、12時半　中央通りお祭り広場参加（「江戸総鎮守神田明神　神田祭　神田末廣町会」ポスターより）	5月9日 の10時 過ぎ、子どもたちがお囃子の練習をしていた
240万円（インタビューによる。芳名板は見当たらないため未確認）	子供山車　5月9日（土）11時30分・15時30分、10日（日）10時30分・13時30分　集合は各15分前　／大人神輿　集合7時10分、出発7時40分、納め15時30分（神酒所掲示「神田祭　田代会日程」より）	
254万円（5/10・15：50頃掲示分より）	5月9日（土）近隣町会への神輿巡幸　14時半　神酒所出発→栄町神酒所→五軒町神酒所→16時半神酒所到着（「5月9日（土）近隣町会　外神田四丁目松富会神輿巡行図」より）／10日（日）7時半　神酒所出発→8時20分明神下集合・8時半出発→宮本町会神酒所→9時15分宮入→神臺會神酒所→神田末廣町会神酒所→11時半神酒所到着・12時10分神酒所出発→中央通り連合渡御→一七時半神酒所到着（「5月10日（日）　宮入　宮入帰路　外神田4丁目松富会神輿巡行図」「5月10日（日）　中央通り連合渡御　町会　外神田4丁目松富会神輿巡行図」より）	5月9日10時頃、○昌マークの半纏を着た人たちが挨拶に神酒所を訪問
314万5千円（5/10・16：00掲示分より）	5月6日（水）9時　神輿、袢纏等引き取り、13時　神酒所設営・神輿飾り付け／7日（木）13時　神酒所設営・神輿飾り付け等、16時　神霊入れ［集合15時45分半纏着用］、18時　ふれあい広場（宵宮）［集合：神霊入れ終了後］／9日（土）8時　神幸祭御発輦祭［着付け：7時半、参列者：祭典委員2人］、午前　外神田一二町会挨拶廻り［祭典委員3人を含む5人］、大人神輿渡御時間割　13時45分　担ぎ手、町会神酒所前に集合、14時半　元佐久神酒所挨拶、町内回り［約1時間］　16時　神酒所閉鎖　16時半　神社大神輿　担ぎ手集合［旧　日通前］、夕食［神酒所前］／10日（日）大人神輿渡御時間割　7時　担ぎ手、町会神酒所前に集合　7時25分　祭礼委員長・町会長挨拶　7時半　連合渡御集合場所に出発　8時20分　松富、田代、旅籠の神酒所によって集合場所へ（明神通り）　10時頃　宮入（栄町会は10番目）　宮入後　万世町会　11時半　芳林公園にて昼食　12時10分　中央通り神輿渡御に出発　12時半　ドンキホーテ前に集合　14時半　解散後、末広、金澤、神台、同朋、五軒町　16時　町内帰着　16時15分　町内巡行　16時45分　終了後直会　17時半　解散、子供神輿、山車時間割　11時半～12時半　神輿町内巡行出発　14時半～15時半　山車町内巡行出発　16時～17時　大人神輿と共に町内巡行／11日（月）8時　神酒所、神輿等の後片付　10時　神輿搬入／15日（金）18時　栄町会直会（久保田）／22日（金）18時　外神田連合直会［明神会館　町会から10人以内で出席］（「平成二十七年度　神田祭　栄町会日程」より）	5月10日15時 頃、神臺會、元佐久町会の神輿が栄町会の神酒所へ挨拶に来る

地区連合	町会名	祭典委員(役割動員)	神酒所	祭礼の象徴	一般動員
外神田地区連合	元佐久町会	田村貞吉(町会長)、中村節子(町会長代行)、岡田貢男、浜田修吾［4人］	沼田ビル1F(外神田5-5-5)	M：大1・小1、H1	日曜：大人約250人、子ども20人
	神田五軒町町会	石田勝彦(町会長)、小林俊司、伊澤正昭、渡辺博、亀村轟［5人］	区立錬成公園(アーツ千代田3331)・神田五軒町町会防犯・防災センター(外神田6-11)	M：大1・小1、H1（昭和9年5月）	—
	神田山本町会＊	染谷英雄(町会長)、扇谷克、山本俊行［3人］	秋葉原ＵＤＸビル(外神田4-14-1)前・テント	—	日曜：大人70人(弁当の数)、子ども30人。土曜は参加せず、日曜はテントのみ。神輿を担ぎたい人は他町へ
神田駅東地区連合	鍛冶町一丁目町会	城塚良一(町会長)、橘五郎(地区代表)、渡辺宏［3人］	山梨中央銀行東京事務所1Ｆ(鍛冶町1-6-10)	M：大1・小1、H1（昭和29年5月）	大人神輿350人。［奉納金より、昭島仁龍睦、長後町会、八丁堀三丁目西町会・町会長、西町睦会など］
	鍛冶町二丁目町会	保志場宏(町会長)、平野恵一、三村榮一［3人］	旧今川中学校	M：大1・小1、H1	［奉納金より、大正会、大正会担ぎ手一同、鴨川市諏訪講など。奉納品より、神田睦会、江戸川西睦、若駒会など］
	昭和町会＊	瀧口晶雄(町会長)、溝本智之、鵜飼友義［3人］	—	—	—

行事経済（奉納金）	祭礼行事（主な行事）	備　考
159万8千円（5/10・14：30頃掲示分より）	—	
573万1千円（5/10・15：00掲示分より）	5月9日（土）午後・大神輿　神酒所出発13時～町内渡御～帰着15時45分［休憩場所4ヶ所］／10日（日）午前・大神輿　神酒所出発7時20分～明神下交差点集合～連合宮入［8番、10時10分頃］～清水坂～帰着11時、午後・大神輿　神酒所出発12時～連合渡御・町内渡御～帰着17時半［休憩場所4ヶ所］／子供神輿・山車　9日（土）12時　錬成公園前　子供袢纏貸出し、12時半　神酒所出発　13時50分　解散／10日（日）　錬成公園前　宮入り子供袢纏貸出し　7時半　宮入り出発　10時半　子供袢纏貸出し　11時　宮入り解散　11時半　神酒所種発　12時40分　解散（「平成27年　神田神社例大祭　神田五軒町々会　大神輿渡御町内巡行路図」「子供神輿・山車巡行図」より）	
30万円（5/10・15：30神酒所内掲示分より）	—	
478万2千円（5/10・8：55頃掲示分より）	5月8日（金）15時半　御霊入れ、18時半　担ぎ手神酒所集合　19時　大神輿出発　町内渡御［町内企業、青年部員参加］、神輿合わせ［神田駅南口のガードを越したところ：鍛冶町二丁目・鎌倉町・多町一丁目］／9日（土）13時　大神輿・子供神輿　町内渡御、15時頃　神田駅南口へ鍛冶町二丁目と乗り入れ、16時　担ぎ手日本橋三越新館横集合、16時50分　大神輿出発　町内渡御／10日（日）9時　担ぎ手神酒所集合、9時半　大神輿出発、10時　神田駅東連合式典会場（旧今川中学校）着、11時　連合渡御開始、15時40分　宮入、19時頃　肉の万世にて連合解散式、20時　神酒所へ還御（「日本三大祭　神田祭　鍛冶町一丁目町会祭礼について　平成二十七年五月吉日」の案内、「奉祝遷座四百年　日本三大祭　神田祭　鍛冶一」ポスターより）	
796万3千円（5/10・9：50頃掲示分より）	神酒所集合時間　5月8日（金）大人神輿　16時45分　神田駅周辺を町内巡行（17時～19時のうち、18時半～19時　女性優先　レディースタイムを開催）／9日（土）曳き太鼓山車　10時45分、子供神輿　11時45分、大人神輿　11時45分　町内巡幸と日本橋渡御／10日（日）大人神輿・子供神輿　10時　神田駅東連合　神田明神宮入（「神田祭　鍛冶町二丁目町会」ポスター、「神田祭　女性50人限定　お神輿体験してみませんか？」の貼り紙より）	
—	—	

地区連合	町会名	祭典委員（役割動員）	神酒所	祭礼の象徴	一般動員
神田駅東地区連合	北乗物町町会	池田和夫（町会長）、若月順一、小川福正［3人］	旧今川中学校［紺屋町南町会と合同］	山車1、獅子頭一対	—
	紺屋町南町会	飯田昭次郎（町会長）、中村哲、高井盛和［3人］	旧今川中学校［北乗物町町会と合同］	M：大1（飯田昭次郎・作、平成11年）	—
	紺屋町北部町会＊	中里彰秀（町会長）、和合征夫、神崎孝之［3人］	峰岸氏宅（紺屋町43）	M：大1（一尺三寸、昭和40年　）・小1［宮本重義作］	土曜：大人神輿70人（このうち、興産信用金庫20人、橋本産業20人）。
	富山町町会	北清昭男（町会長）、高阪泰正、宮坂守［3人］	神田通信機㈱・浅野商事㈱1Ｆ（神田富山町24）	M：大1・小1、H1	—
	神田須田町二丁目町会	坂下賢三（町会長）、伊関仁、三野修［3人］	柳森神社前	M：大1・小1、H1、囃子屋台1	［奉納金より、向井建設㈱向祭会、横濱連合、横濱金沢睦、荒六新地青年部など。奉納品より、神明睦会、鮎睦会、虎宮睦、神田囃子保存会など］
岩本町・東神田地区連合	岩本町三丁目町会	栗下治康（町会長）、福山正孝、小澤正治［3人］	ヤマザキ岩本町ビル（山崎製パン㈱本社）1Ｆ（岩本町三丁目10-1）	M：大1・小1、H1（昭和11年5月）、獅子頭一対	—
	神田松枝町会	川原清重（町会長）、五十嵐恒夫、岡田昭三［3人］	ハーブ神田ビル1F（岩本町二丁目11-1）、御仮屋：ハーブ神田ビル脇	M：大1・小1、D：「羽衣」山車1、獅子頭一対	［奉納金より、神田朔日会・関係者など。奉納品より、本所一丁目青年会、リバシティ21水泳部一同など］

行事経済（奉納金）	祭礼行事（主な行事）	備　考
113万円＋α（5/10・8：50頃掲示分より）	—	
106万円＋α（5/10・8：50頃掲示分より）	—	
90万8千円（5/10・8：50頃掲示分より）	5月8日（金）17時　神輿御霊入れ／9日（土）　神田明神鳳輦行列巡行　紺屋町11時頃予定、13時半頃　紺屋町神輿渡御、15時頃　紺屋町神輿渡御／10日（日）　11時頃　紺屋町神輿渡御（「神田祭り祭礼・紺屋町北部町会予定」より）	5月8日（金）の御霊入れには約28人が参列（このうち、興産信用金庫から4人が参列）。興産信用金庫は平成26年から夏祭りも実施
168万円（5/9・11：54頃掲示分より）	5月8日（金）16時　みたま入れ、19時～20時　神酒所開き／9日（土）11時　当町会へ鳳輦渡御、13時半～14時半　子ども神輿巡行、15時　大人神輿巡行、17時～21時半　大人神輿巡行、宮入り／10日（日）10時半～　子ども神輿巡行（「神田神社祭礼・富山町行事予定」より）	
498万円（5/10・17：00頃掲示分より）	5月8日（金）11時半　神輿出発→町内巡行、17時半～　宵宮（神輿巡行）／9日（土）9時集合、9時半　神輿出発→町内巡行、11時20分　鳳輦出迎え　和泉橋詰め予定、一二時半　神輿出発→連合渡御→柳森神社宮入　大神輿に合わせ子供神輿または山車を巡行予定／10日（日）8時半　集合、9時　神輿出発→連合渡御、15時40分　神田明神　宮入予定　子供神輿は連合の神輿を宮入まで担ぐ。10時までに鍛冶町二丁目町会神酒所前へ集合（「江戸の華　神田祭　須田町二丁目町会」ポスターより）	
857万2千円（5/9・14：10頃掲示分より）	5月8日（金）16時　御霊入れ／9日（土）11時　神幸祭行列お迎え（神酒所に全員時集合）、12時　大神輿・巡行準備・出発　小神輿・山車町内巡行準備・出発、17時15分　神輿還座後、弁当支給／10日（日）7時半　神酒所集合・連合渡御準備　朝の給食・給食車準備、9時　岩本町・東神田連合渡御出発、15時半　神輿還座後、弁当支給、16時　御霊抜き、17時　直会　我が家（「平成二十七年神田祭　岩本町三丁目町会」ポスター、「予定表　岩本町三丁目町会」より）	主な企業の奉納金：山崎製パングループ164万円、本間組20万円、田島グループ15万円、三井住友建設10万円、千葉銀行秋葉原支店7万円、貝印5万円
296万5千円＋α（5/9・15：17掲示分より）	5月8日（金）15時半～　御霊入れ、宵宮、宵宮神輿渡御／9日（土）終日　神幸祭（鳳輦巡行）正午頃　永谷マンション前にてお迎え、町内渡御（神輿・山車）13時頃　神酒所前集合　＊遠州　横須賀の祢里が合流します／10日（日）終日　宮入渡御　7時半　神酒所前集合、8時40分　連合町会出発式（「神田祭　羽衣山車のある町会　神田松枝町会」ポスターより）	繁栄お玉稲荷より金一封が奉納

地区連合	町会名	祭典委員（役割動員）	神酒所	祭礼の象徴	一般動員
岩本町・東神田地区連合	岩本町二丁目岩井会	斉藤守正（町会長）、萩原康彦［2人］	区立岩本町二丁目児童遊園	M：大1・小1、D：「桃太郎」山車1	大人神輿の担ぎ手30～40人。弁当60個用意してなくなった。大人神輿の町内渡御を30何年振りに実施。町内のマンションに住んでいる人の仲間が参加。飲み屋で会って声をかけた人も参加した。何かをやり続けることが大事。
	神田大和町会	山口弘一（町会長）、菊間敏雄、堀田昌彦［3人］	ほほえみプラザ広場前（岩本町2-15-3）	M：大1・小1、H1	［奉納金より、岩井会、若林睦会、世田谷粕谷睦、浦守稲荷青年会など。奉納品より、宿河原四丁目神輿会、南親会、七神會、京橋二丁目など］
	神田東紺町会	竹内省三（町会長、地区代表）、黒田孝之、田辺一宇［3人］	金山神社（岩本町2-1-5）	M：大1・小1、H1（昭和25年5月）、獅子頭一対	［奉納金より、目黒不動前町会、志も町鳳輦など］
	岩本町一丁目町会	中山卓（町会長）、東恒雄、安原直樹［3人］	山崎ビル一F（岩本町1丁目11-14）	M：大1・小1、H1	［御神酒所奉納金より、神田大剛会、銀杏岡八幡神社宮元睦など。奉納品より、春日部八友會、双龍会など］
	東神田町会	鈴木正道（町会長）、縣裕久、水野清［3人］	都立一橋高校（東神田1丁目12-13）	M：大1・小1、H1（昭和29年5月）、獅子頭一対	［奉納金より、松住町会青年部、馬喰町一丁目町会、諏訪睦、神和睦など］

行事経済（奉納金）	祭礼行事（主な行事）	備　考
100万8千円（5/10・16：30掲示分より）	5月4日　9時　児童公園集合　神社より搬出、御神酒所設営／5日　9時半　御神酒集合　神田明神にて桃太郎山車組み立て／8日（金）14時半　神社より禰宜がまいる、お祭りの始まり。／9日（土）11時半　御神酒所集合　御鳳輦行列お出迎え準備　昼食、12時半　神幸祭（セブンイレブン角）御神輿とときにお祓い、手締めを行なう、13時　町内神輿渡御、14時半　遠州掛川の山車と共に連合渡御（金物道り）6町会連合渡御に参加する方は大和町神輿へ、15時半　町内神輿渡御、17時　御神酒所にて夕食／10日（日）7時10分　大和町神輿に参加する方は、ほほえみプラザへ　大和にて朝食配布あり、8時　御神酒所集合　朝食配布、8時20分　山崎パン前　連合宮入出発式、8時40分　岩本町東神田連合宮入出発式、10時　神田明神桃太郎山車前へ、10時40分　宮入開始、12時　昼食（神輿宮入の方は、明神下で大和町と）山車の方、御神酒所の方は岩井会御神酒所にて、14時　町内神輿渡御、15時半　直会／11日（月）12時　御神酒所集合　御神酒所解体　明神へ搬入（「岩井会　神田祭」貼り紙より）	
486万6千円（5/10・15：30頃掲示分より）	5月8日（金）17時　御霊入れ・宵宮　前夜祭、企業町会員の方々との交流会／9日（土）鳳輦お迎え　神輿・山車町内渡御　子供神輿・山車　10時15分　ほほえみプラザ神酒所集合／10日（日）神田明神　宮入　神輿・山車町内渡御　子供神輿・山車　13時15分　ほほえみプラザ神酒所集合（「神田祭　大和町」ポスター、「神田祭　子供神輿・山車　渡御のおしらせ　神田大和町」、「神田祭　ご案内　神田大和町」より）	
366万3千円（5/10・8：55頃掲示分より）	—	
334万4千円（5/10・16：20頃掲示分より）	5月8日（金）　15時　遷座祭　神酒所前、16時10分　大神輿　門付け行列　出発、18時半　大神輿　町内渡御　出発、19時45分　渡御終了／9日（土）　12時半　神幸祭行列のお迎え　神酒所前　遠州横須賀祢里曳き回し参加、13時20分　子供神輿・曳き太鼓　町内渡御　出発（約30分）、14時　大神輿と祢里　連合渡御（六町会・祢里二基集合）出発（祢里にはご家族・子供も参加可）その後町内渡御、17時5分　渡御終了／10日（日）　7時20分　宮入り担ぎ手　集合　神酒所前、7時45分　大神輿　宮入り出発式、10時40分　連合宮入り　開始　神田明神、12時　中央通りお祭り広場　参加、15時　子供神輿・曳き太鼓　町内渡御　出発（約1時間）、15時10分　大神輿　町内渡御　出発、17時半　渡御終了、18時　遷座祭神酒所前（「平成27年度　神田祭　渡御予定表　岩本町一丁目町会」より）	
413万3千円（5/10・15：45頃掲示分より）	5月7日（木）夕刻　御霊入れ（遷座祭）／8日（金）午後　町内渡御、夕刻　町会前夜祭／9日（土）午前　小神輿・山車町内渡御、午後夕刻　大神輿町内渡御／10日（日）早朝　大神輿　宮入連合渡御、午後　大神輿・小神輿・山車　町内渡御・直会、夕刻　御霊返し（遷座祭）（「東神田町会　神田明神御祭禮」ポスターより）	

地区連合	町会名	祭典委員（役割動員）	神酒所	祭礼の象徴	一般動員
岩本町・東神田地区連合	東神田豊島町会	寺田善次郎（町会長）、小泉俊通、大原正道［3人］	龍角散ビル前（東神田2丁目5-12）	M：大1・小1、H1（昭和27年5月）	月光町会、神輿同好会：「川崎天満睦」、「鳳睦」が参加
秋葉原東部地区連合	神田佐久間町一丁目町会＊	小串金太郎（町会長、地区代表）、松本正、中島道明［3人］	—	—	—
	神田佐久二平河町会	佐々木一（町会長）、田中善雄、小林洋一［3人］	森芳三氏宅（神田佐久間町2-6）	M：大1（昭和27年）・小1（昭和27年）、H1（昭和27年5月）	日曜：大人400人＋お手伝い100人［奉納金より、仙和會、中目黒鳳凰会など。奉納品より、仙和會、江戸砂塵睦、奥田会など］
	神田佐久間町三丁目町会	上野昭悦（町会長）、鈴木精一、小林一治、岸塚正夫［4人］	クリダイマンション（神田佐久間町3-37-61）前・テント［御仮屋と神酒所を設営］	M：大1・小1、H1（昭和25年5月）、囃子屋台1	土曜：大人250人・子ども150人、日曜：大人400人・子ども200人［奉納金より、岩門町町会、神田歩会、須賀睦会、蒲田西口睦、中野独楽睦など。奉納品より、深川祭明会、紅扇会など］
	神田佐久間町四丁目町会	中川恒雄（町会長）、斉田精一、岡田貞夫［3人］	区立佐久間公園	M：大1・小1、H1（昭和26年）、獅子頭一対	—
	東神田三丁目町会	佐原藤雄（町会長）、伯耆原正章、高木潤［3人］	萩原ビル1F（東神田3-1-8）	M：大1・小1、H1（講和記念　昭和27年5月）	土曜：大人280人・子ども30人。マンション住人の参加は少ない。

行事経済（奉納金）	祭礼行事（主な行事）	備　考
384万2千円（5/9・15：50頃掲示分より）	5月8日（金）18時前夜祭／9日（土）／10日（日）（「日本三大祭　神田祭　東神田豊島町会」ポスターより）	龍角散より60万円が奉納
—	—	
302万8千円（5/10・12：00掲示分より）	5月7日（木）神酒所設営9時より・森様宅／8日（金）神酒所飾り付け設置9時より、奉納金受付10時より・神酒所受付にて、神輿御霊入れ19時より・神酒所にて／9日（土）神幸祭11時20分・委員集合、鳳輦渡御　11時40分・和泉橋　11時50分・和泉公園着　12時10分・和泉公園発　12時20分・美倉橋、神輿町内巡行　子供神輿山車15時～17時　大人神輿15時～17時半、宵宮は19時～20時半（集合は18時）／10日（日）宮入参拝　正午集合予定　昼食後神酒所出発、子供神輿・大人神輿（山車は町内廻りのみ）14時学校通り集合、14時半学校通り出発、16時半宮入、18時連合宮入解散、19時神輿渡御終了、神輿御霊抜き19時・委員集合／11日（月）神酒所片付け9時・委員集合、神輿庫納め（「平成二十七年度神田佐久二平河町会祭礼日程表」より）	
569万3千円（5/10・12：50頃掲示分より）	5月8日（金）8時半　御神酒所前集合　御神酒所設営、神輿・山車準備など、17時半　神霊入れ（有志による神輿渡御を15分ほど行う予定）／9日（土）宵宮　神幸祭鳳輦渡御　11時40分　和泉橋受渡し、12時20分　美倉橋受渡し、子供神輿・山車　13時集合、13時15分出発、15時解散、大人神輿　15時45分集合、16時15分出発、19時15分宵宮（子供宵宮有り）、20時半解散／10日（日）宮入　10時半　大・小神輿　山車集合、11時出発、16時半神田明神宮入、20時半解散、20時半神霊抜き　（「2015年度　神田明神祭禮　佐久三町会日程表」より）	
160万6千円（5/9・12：30掲示分より）	神田神社より神輿搬出　5月8日（金）7時半（佐久間公園集合）、神田神社へ神輿搬入　11日（月）7時半（佐久間公園集合）、神輿みたま入　8日（金）18時（御神酒所）、子供神輿　9日（土）14時、10日（日）10時、山車　町内巡り、大人神輿　集合：10日（日）正午（12時）（佐久間公園集合）、出発13時（「お祭り行事予定協力お願い　平成二十七年五月　神田佐久間町四丁目町会祭礼員会」より）	
292万3千円（5/10・18：15掲示分より）	5月8日（金）神霊入れ（神酒処前）／9日（土）12時頃　神田明神鳳輦巡幸（清洲橋通り沿い）、14時～　子ども山車・神輿　町内渡御（お菓子・飲み物配布有り）、17時～　大人神輿　宵宮町内・連合渡御、18時半～　秋葉原東部連合渡御　子ども神輿集合（和泉小学校前：小学生対象）、18時45分～秋葉原東部連合渡御　子ども神輿出発／10日（日）　10時～　子ども山車・神輿　町内渡御（お菓子・飲み物等有り）、12時頃　大人神輿　神田明神へ出発、16時半頃　大人神輿　神田明神宮入、18時半頃　大人神輿　帰町、一九時頃　大人神輿　町内渡御、20時頃　神霊抜き（神酒処前）（「東神田三丁目町会　神田祭　平成二十七年五月八日（金）～十日（日）」ポスターより）	東神田三丁目町会は、江戸時代の職人の町「八名川町」と「元久右衛門一丁目・二丁目」が合併してできた町会。曳き太鼓と神酒所前に掲げられた高張提灯には旧三町の名前が入る

地区連合	町会名	祭典委員（役割動員）	神酒所	祭礼の象徴	一般動員
秋葉原東部地区連合	神田和泉町町会	宮沢敬則（町会長）、早尾貢一、金田守正、井出武甫［4人］	小林ビル1F（神田和泉町1-1-8）、御仮屋：関口記念神田和泉町会館1F	M：大1・中1・小1、H1（昭和25年5月）、囃子屋台2（泉笑会・子供連）	土曜：大人約500人・子供約50人。［奉納金より、横根睦など。奉納品より、松四東栄青年会、祭遊連、柳北睦、本四若睦会など］
	神田松永町会＊	山崎誠（町会長）、西井伸樹、安部金次郎［3人］	—	—	—
	神田練塀町会＊	齋藤進（町会長）、平井晴男、中島光治［3人］	竹内ビル前（神田練塀町3）・テント	神輿なし。町内の会社が神輿を寄贈するという話もあったが景気が悪くなって立ち消えになったという。	—
	秋葉原町会＊	関谷弘美（町会長）、亀田春雄、久保田進［3人］	東京商会秋葉原ビル1F（台東区秋葉原3-10）	神輿はあるが、人と場所がなくて今年は組むことができなかった。以前は神輿や山車を出していた。	—
大手町・丸の内地区	大手・丸の内町会＊（史蹟将門塚保存会）	澤武（町会長、地区代表）、及川浩志、三田村尚志、堀内義経［4人］	—	M：大1（史蹟将門塚保存会大神輿）	史蹟将門塚保存会の参与会員企業10社
日本橋一地区連合	本石町町会＊	岡田親幸（町会長）、小泉太郎、安部隆彦［3人］	—	—	—
	室町一丁目会	清水勇（町会長）、橋本敬、川田孝夫［3人］	三越本店室町口	M：大1・小1、H1、山車1	［奉納金より、諏訪神社御神輿保存会、本町一丁目町会、小舟町町会、吹毛会、茅場町二・三丁目会、日本橋三丁目西町会、人形町三丁目西町会、日本橋一丁目東町会、本町二丁目自治協会、八重洲一東町会青年部、日本橋二丁目通町会、亀沢一丁目町会、翔麗会、江戸橋会、主水会など］

行事経済（奉納金）	祭礼行事（主な行事）	備　考
639万 円（5/9・19：30掲示分より）	5月8日（金）17時　御霊入れ／9日（土）7時　明け囃子、14時　小中神輿・山車・お囃子町内渡御、17時　大神輿・お囃子町内渡御、19時　神輿連合渡御（宵宮、佐久間学校通り）／10日（日）7時　明け囃子、10時　小中大神輿・山車・お囃子町内渡御、13時45分　小中大神輿・お囃子宮入渡御、14時半　宮入連合渡御（「神田祭　和泉」ポスターより）	ＹＫＫ、凸版印刷よりそれぞれ10万円、三井記念病院より5万円、金光教東京教会より3万円の奉納あり
—	—	
160万5千円（5/10・16：15掲示分より）	—	町会の世帯数は30軒。居住者は4軒。神酒所付近から駅の向こうの消防署前の道までが町会の範囲であるが、会社しかないという。この地区では一番新しい町会
33万円（5/9・9：50掲示分より）	—	台東区で神田祭に参加する唯一の町会。住人は学生寮アパートの学生のみ。人が住んでいないから、人もお金も集まないという
—	—	
—	—	
610万5千円＋金一封（5/10・9：06掲示分より）	4月4日（土）16時～　半纏合わせ会／5月8日（金）山車行列・御霊入　18時半／9日（土）町内巡行　小神輿・山車　10時、大神輿　13時半※特別参加　群馬県藤岡市諏訪神社　大神輿／10日（日）神田明神宮入　10時半、町内巡行　小神輿・山車　12時、大神輿　13時半、17時半　御霊抜き／23日（土）　町会直会／30日（土）　青年部直会（「神田明神御祭禮　室町一丁目祭」ポスター、町会資料より）。 （町内渡御の）お休処：三越、山本海苔店、文明堂東京、東京シティ信用金庫、弁松総本店、三井不動産、にんべん、本町一丁目町会、三菱東京ＵＦＪ銀行、野村不動産	三越より金一封、三井不動産より50万円、山本海苔店より30万円、清水建設より10万円、鹿島建設より10万円の奉納あり

地区連合	町会名	祭典委員（役割動員）	神酒所	祭礼の象徴	一般動員
日本橋一地区連合	室町二丁目町会＊	高津克幸（町会長）、大島博、新原昇平［3人］	—	—	—
	室町三丁目町会＊	田中寛（町会長）、井上賢（町会長代行）、村田乾、三宅正洋［4人］	—	—	—
	室町四丁目町会＊	田中正夫（町会長）、酒井良治、下田豊、村松毅［4人］	—	—	—
	本町一丁目町会＊	佐久間司郎（町会長）、小川一信、松沢和男［3人］	—	—	—
	本町二丁目自治協会＊	小西茂之（町会長）、石井和義、阿重田行雄［3人］	—	—	—
	本町三丁目東町会＊	羽田良郎（町会長）、筒塩文男、山尾智祥［3人］	—	—	—
	本町三丁目西町会＊	橋本泰三（町会長）、境宜信［2人］	—	—	—
	本町四丁目東町会＊	小林丈夫（町会長）、小雀直、牧田恵次［3人］	—	—	—
	本町四丁目西町会＊	本田宣男（町会長）、湧井恭行（名誉会長、地区代表）、海老原裕［3人］	—	—	—
日本橋二地区連合	大伝馬町一之部町会＊	濵田捷利（町会長）、鈴木康信、鈴木章久［3人］	—	—	—
	大伝馬町二之部町会＊	瀧常二（町会長、地区代表）、服部慶雄、伊藤哲雄［3人］	—	—	—

行事経済（奉納金）	祭礼行事（主な行事）	備　考
—	—	
—	—	
—	—	
—	—	
—	—	
—	—	
—	—	
—	—	
—	—	
—	—	
—	—	

地区連合	町会名	祭典委員（役割動員）	神酒所	祭礼の象徴	一般動員
日本橋二地区連合	大伝馬町三之部町会＊	星和男（町会長）、吉田和雄、齋藤弘［3人］	—	—	—
	小伝馬町一之部町会＊	宮城真一（町会長）、志賀征一、秋山保司［3人］	—	—	—
	小伝馬町二之部町会＊	新井一雄（町会長）、小川浩一、山口みのる［3人］	—	—	—
	小伝馬町三之部町会＊	石井重喜（町会長）、高取繁男、上野幸重［3人］	石井ビル1F（日本橋小伝馬町19-3、竹森神社隣）	M：大1・小1	—
	日本橋小舟町々町会＊	平野熙幸（町会長）、吉田誠男、鷲尾泰彦［3人］	—	—	—
	富沢町町会＊	宮本晃男（町会長）、青山貞夫、野崎愛子［3人］	富沢稲荷神社（日本橋富沢町7-18）	—	—
	人形町三丁目東町会＊	三田芳裕（町会長）、矢崎豊、加王文良［3人］	—	—	—
日本橋三地区連合	人形町一丁目町会＊	高柳豊（町会長）、鈴木健一、浅田光彦［3人］	吉田氏宅前（日本橋人形町1-11-10）・テント	M：大1・小1、H1	日曜：大人神輿は75人ぐらい（町会関係者35人、神輿会35人）

行事経済（奉納金）	祭礼行事（主な行事）	備　考
—	—	
—	—	
—	—	
124万9千円（5/7・16：40頃掲示分より）	5月8日（金）宵宮縁日　18時～、御霊移し19時頃／9日（土）担ぎ手集合　13時（竹森神社前）、宮出し　14時　※神田明神鳳輦町内巡幸　正午頃（「竹森神社例大祭　小伝馬町三之部町会　竹森神社保存会」ポスターより）	竹森神社例大祭と合わせて実施
—	—	
—	5月9日（土）子ども山車巡行　12時半　富沢稲荷神社前集合、13時～14時　巡行、15時25分～神田神社鳳輦巡行（富沢町町会案内より）	
—	—	
445万3千円（5/10・10：20頃掲示分より）	5月3日（日）10時　万国旗飾付、17時　祭典委員会／7日（木）10時　神酒所準備、神輿、山車整備、テント張り、高張り、〆縄／8日（金）10時　祭礼準備、神酒所飾付、各戸軒灯準備、半纏・御供物配布、10時半　各戸へ神社御供物配布（各組長はテントに集合）、13時　神輿蔵入れ、17時半　祭典委員神酒所集合（お祭りゆかた着用）、各戸提灯点灯、18時半　委員参列、町会神輿御霊入れ／9日（土）9時半　祭礼開始　委員集合、神輿用半纏、昼食・休憩、13時　町内大人神輿出発、13時半　町内子供神輿出発（山車同行）、15時　有馬小学校引継、15時20分　神幸祭渡御　人形町大通り→水天宮交差点、17時　神輿終了、17時半　お祭り広場開始（町内親睦の夕べ）町会員全員参加　子供祭り　ゲーム・焼きそば他、19時半　ビンゴゲーム・抽選会（景品多数）、21時　お祭り広場終了／10日（日）八時半　祭典委員集合、9時　町会出発、9時40分　神輿連合勢揃、9時50分　神輿出御式、10時　神輿連合渡御出発、12時　神輿連合解散、12時20分　昼食・休憩、13時半　神輿山車出動・町内子供神輿出発、14時　町内大人神輿出発、18時　祭典終了／11日（月）10時　祭典委員集合、万国旗・掲示板等後片付け／17日（日）17時　祭礼直会（「平成二十七年神田神社大祭町内祭礼予定表　人形町一丁目町会祭典委員会」より）	茶之木神社世話人会から20万円の奉納あり

地区連合	町会名	祭典委員(役割動員)	神酒所	祭礼の象徴	一般動員
日本橋三地区連合	人形町二丁目三之部町会	高梨節三(町会長)、伊藤泰夫、浜田二三雄［3人］	米澤氏宅(日本橋人形町2-35-6)	M：大1・小1、H1（昭和27年5月）	土曜：大人神輿200人
	蛎一共和会	松永冨治(町会長・地区代表)、金指幸男、岩崎昇一［3人］	パラカ日本橋蛎殻町第五駐車場(日本橋蛎殻町1-32-7)・テント(御仮屋1、神酒所1)	M：大1・小1、H1（昭和13年5月）	日曜：大人神輿200人、子ども50人
	蛎殻町一丁目町会自衛会＊	安藤信明(町会長)、酒井国男、相羽政孝［3人］	酒井国男氏宅(日本橋蛎殻町1-30-7)	M：大1・中1・小1、H1(昭和11年5月)	日曜：大人神輿200人(弁当180)・子ども50人［奉納品より、千成會、一十三會、吾嬬會、玉清睦、隅田睦、飛龍會など］

行事経済（奉納金）	祭礼行事（主な行事）	備　考
347万6千円（5/10・10：23頃掲示分より）	5月8日（金）正午 御供物引換開始、17時半 役員全員集合（ゆかたまたは担ぐ格好で・青年部17時集合）、18時頃 霊入れ その後乾杯・神輿渡御へ（19時前後）／9日（土） 9時半 役員及び拡大実行委員全員集合、10時 大人神輿町内渡御、10時半 子供神輿・山車渡御、12時45分 大人神輿渡御終了後、弁当配布、13時 子供集合 集合後 子供神輿・山車渡御、14時半 鳳輦供奉・諫鼓山車・獅子頭山車参加者4人有馬小へ集合（町内半天着用）、15時頃　鳳輦 有馬小出発、18時半 宮入神輿担ぎ手集合（明神下・福井ビル前）、19時15分 宮入（予定）、20時半解散（予定）担ぎ手流れ解散 終了後、青年部全員片づけ作業、神酒所集合／10日（日） 8時15分 全員集合（青年部8時集合）、9時 大人神輿連合渡御へ出発、10時 セレモニー後 蛎一共和会出発、9時半 子供集合 集合後 子供神輿・山車町内渡御、正午 連合神輿 水天宮前解散 渡御終了後、弁当配布、13時 全員集合、13時10分 大人神輿 八町会・五の部町会の有志との連合へ出発、13時45分 全町会甘酒横丁通り集合、14時 巡行開始 各基そのまま巡行 近隣町会及び町内渡御、17時 子供神輿・山車納め、18時 大人神輿納め後、弁当配布、18時半 かたづけ後乾杯／16日（土） 9時 神輿・太鼓・その他用具日本橋小に運搬、18時 直会（「平成27年神田神社例大祭予定表 人形町二丁目三之部町会」より）	
255万5千円（5/10・9：25頃掲示分より）	5月8日（金）ご寄付御札配布　8時増田屋さん前集合、御霊入れ　御神酒所19時集合／9日（土） 10時　挨拶廻り、他町会挨拶受け（神酒所係ほか）、神田神社神幸祭　15時　行列お迎え、15時半　神輿町内渡御、15時半～16時　山車町内巡行（菓子配布）、16時半　夕食休憩、神田神社宮入り　18時出発、18時40分　明神下集合、20時　宮入終了予定／10日（日）八町会連合祭　9時　神酒所前集合、9時20分　七町会出迎え、9時40分　連合祭セレモニー開始、10時　連合渡御出発、11時～11時半　山車町内巡行、12時　連合祭解散、12時半　昼食休憩、13時40分　町内渡御、14時～14時半　山車町内巡行、14時40分　三町会（蛎東、自衛会、共和会）渡御、15時20分　共和会着（10分休憩）、15時半～16時　山車町内巡行、15時40分　解散（連合）、16時20分　町内巡行、17時　終了予定　直に直会準備　※山車の巡行は9日に1回、10日に2回の計3回、集合場所はいずれも町会神酒所（蛎一共和会の貼り紙より）	平成27年から連合祭の式台の前で各神輿が「サシ」をして挨拶を行なうようにした。それ以前は、蛎一共和会の神輿だけが「サシ」を式台の前で行なっていた
161万7千円（5/10・9：40頃掲示分より）	5月8日（金） 18時50分頃　神輿の御魂入れ（神田神社神主による）／9日（土）　15時頃　鳳輦渡御　水天宮前を通過予定／10日（日）八時半　連合神輿渡御の方集合（朝食を用意）、9時20分　連合神輿の方出発、14時～15時　大人神輿、子供神輿、山車出発。一緒に町内巡幸、14時40分　共和会、蛎東町会、自衛会、三町会連合神輿出発　（共和会の神酒所挨拶）（ロイヤルパークホテル前解散）大人の方にはお弁当、子供にはお菓子を町会より配布（蛎一自衛会の貼り紙より）	子ども神輿は町会の方が50万円で作った。大・中・小神輿の製作年代は同じ。自衛会の神輿が日本橋三地区で一番古いのではないか

地区連合	町会名	祭典委員(役割動員)	神酒所	祭礼の象徴	一般動員
日本橋三地区連合	蛎殻町東部町会	森田兆蔵(町会長)、齊藤誠治、田口泰弘［3人］	日本橋蛎殻町2-7-11	M：大1・小1、H1	大人神輿200人(うち町会50人)［奉納金より、箱崎睦会、櫟橋睦、昭和会など。奉納本より、両国若睦、三鷹巴会、古石場一丁目西睦会など］
日本橋四地区連合	馬喰町一丁目一の部町会＊	山本宗一郎(町会長)、長谷川本継、土田饒［3人］	三洋(日本橋馬喰町1-13-3) ※馬喰町一丁目(馬喰町一丁目一の部町会・二の部町会・三の部町会の合同)の神酒所	［馬喰町一丁目］M：大1・小1、H1、囃子屋台1(トラック荷台)	—
	馬喰町一丁目二の部町会＊	飯田永介(町会長)、水野博光、高木為嗣［3人］	同上	同上	—
	馬喰町一丁目三の部町会＊	山内武雄(町会長)、平塚治、海渡清［3人］	同上	同上	—
	馬喰町二丁目町会＊	高島敏泰(町会長)、川瀬和夫、萩原祥謹［3人］	高田パッケージ(日本橋馬喰町2-6-11)	M：大1・小1、H1(昭和25年5月)	—
	横山町町会＊	岩田博(町会長、地区代表)、山田孝雄、齋藤高章［3人］	ＹＹパーク立体臨時駐車場(日本橋横山町六6-15)	—	—

行事経済(奉納金)	祭礼行事(主な行事)	備　考
420万9千円(5/10・10：30頃掲示分より)	5月8日(金) 10時　御神札、御共物、手ぬぐい氏子に配布、17時半　神輿　御霊入れの儀、18時　大神輿　町内渡御、18時半　振る舞い／9日(土) 12時　町内渡御神酒所前集合、12時半　町内渡御神酒所前出発、14時半　町内渡御蛎殻町公園前到着、14時半　振る舞い、14時半　関係者神酒所集合、15時　鳳輦お出迎え、15時半　子供山車町内巡行出発、16時半　子供山車神酒所前帰着、16時　大神輿　神田神社宮入大鳥居前集合、16時半　大神輿　神田神社宮入、17時半　大神輿　町内渡御、18時　大神輿　町内渡御帰着／10日(日) 8時半　蛎東神酒所前集合、9時　蛎東神酒所出発、9時20分　蛎一共和会神酒所着、10時　八町会連合渡御出発、12時半　蛎東神酒所帰着、13時20分　子供神輿・山車巡行出発、14時40分　子供神輿・山車帰着(宮入)、13時半 大神輿 町内及び他町会渡御出発 浜三西部・蛎一自衛会・蛎一共和会渡御、16時 魚竹商店前到着、16時20分 魚竹商店前出発、16時半 蛎東神酒所帰着、16時半 祭典委員長挨拶 乾杯 接待、17時 御霊抜きの儀、17時半 神酒所納め(「神田祭日程表 蛎殻町東部町会」より)	
80万1300円(5/7・16：50頃掲示分より)	—	奉納金、奉納品の芳名板に掲示された奉納者は全て企業・法人
48万5000円(5/7・16：50頃掲示分より)	—	同上
金額未記載：59本、3万円：2本(5/7・16：50頃掲示分より)	—	同上
254万7660円(5/10・16：00頃掲示分より)	5月8日(金)ふれ神輿(引き宮) 17時～17時40分／9日(土)太鼓山車　町内渡御　12時半～14時、大神輿　町内渡御　15時～18時10分(町会巡幸図より) 大神輿渡御ご接待：4件、太鼓山車巡行ご接待：4件	子ども神輿：東横イン神田秋葉原1Fに展示／5月10日16時頃、神酒所を解体し、神輿、山車を運搬する作業など片付けを行っていた
—	5月9日(土)子供山車　10時～11時10分	

地区連合	町会名	祭典委員(役割動員)	神酒所	祭礼の象徴	一般動員
日本橋四地区連合	東日本橋一丁目矢ノ倉町会＊	堀越雅夫(町会長)、出口洋弌、小林一雄［3人］	ソアブール日本橋1Ｆ(東日本橋1-2-12)	—	参加者250人。このうち町内が70人(子どもを含む)。地元の関係が半分強。
	東日本橋三丁目橘町会	戸田昌男(町会長)、川名信一、吉田實、福田錦二［4人］	戸田商店(東日本橋3-8-5)	M：大1・小1、H1（昭和27年）	—
	東日本橋二丁目町会	吉澤功勝(町会長)、森峻介、植野光弘［3人］	薬研堀不動院前(東日本橋2-6-8)	M：大1・小1、H1	［奉納金より、富二会、富岡二丁目町会総代一同、深川富岡町有志、深川郷有志、東門前睦など］
日本橋五地区連合	東日本橋一丁目村松町会＊	太田雅久(町会長)、栗原健、井上純司［3人］	ソアブール日本橋1Ｆ(東日本橋1-2-12)	M：大1、H1	参加者250人。このうち町内が70人(子どもを含む)。地元の関係が半分強。［奉納金より、川口増幸連、天三會など。奉納品より、松神睦、祭寵會、川口増子連、梢會、新富町睦友会、浅草天三會、両壱睦、両壱若睦など］

行事経済（奉納金）	祭礼行事（主な行事）	備　考
107万2千円（5/10・13：10頃掲示分より）	5月8日（金）11時　神輿引取、13時　神酒所飾付、17時　霊入れ、17時半　宵宮／9日（土）9時集合　町会役員・婦人部・青年部　9時半　担ぎ手集合、10時　出発式、10時半〜11時20分　神輿　町内廻り、11時半　昼食　12時半　神輿出発　四の部渡御（谷口前13時10分集合）、14時20分　鳳輦　東日本橋二丁目　神酒所出発、14時半　鳳輦　矢の倉町会　協和自動車前（予定）、14時40分　鳳輦　村松町会　鈴木歯科前（予定）、15時　四の部渡御　帰着、15時半〜17時半　神輿　町内回り、15時半　山車出発、18時　食事、19時半　閉会／10日（日）9時集合　町会役員・婦人部・青年部、9時半　担ぎ手集合、10時〜10時40分　神輿　町内回り、10時50分　昼食、11時半〜15時　五の部連合、15時半〜17時半　神輿　町内回り、15時半　山車出発、17時40分　大締　村松町会　会長挨拶　白襷手締め、18時　打ち上げ、19時半　閉会（「平成二十七年　神田明神　神田祭行事予定表」より）	東日本橋一丁目村松町会（日本橋五地区）と「東日本橋一丁目」として、合同の神酒所・祭礼の実施
232万6千円（5/10・13：20頃掲示分より）	5月8日（金）18時15分　神酒所前にて　神輿御霊入れ／5月9日（土）〈四の部　連合渡御　参加〉9時半　開会式、10時　大人・子供神輿　担ぎ出し、12時　子供神輿　町内渡御　終了、14時20分　鳳輦　神酒所前通過、18時　大人神輿　町内渡御　終了／5月10日（日）〈神田明神宮入り参加〉9時半　開会式、10時　大人・子供神輿　担ぎ出し、12時　子供神輿　町内渡御　終了、16時　大人神輿　神田明神宮入の為　橘町出発、19時　大人神輿　終了　※大人神輿に参加された方には、お昼、夕方に弁当が配布。子供にはお菓子が配布。両日ともに、9時20分までには神酒所前へ集合（「平成27年東日本橋三丁目橘町会　神田祭　神輿出発予定表」より）	神輿接待：26件
350万4千円（5/10・16：00頃掲示分より）	5月9日（土）四之部連合渡御 12時〜14時半、大人神輿町内渡御 14時半〜19時、子供神輿・山車町内渡御 15時半〜16時半、チビッコ縁日 15時〜19時／10日（日）大人神輿町内渡御 9時半〜14時半、子供神輿・山車町内渡御 11時〜12時 船渡御 15時〜、宮入 17時〜19時、チビッコ縁日 10時〜14時 ※平成27年、浜町から万世橋まで舟渡御を実施。万世橋で神輿をクレーンで吊上げ、その後、人力で担いで神田神社へ宮入を果した。	薬研堀不動院から20万円、矢ノ倉稲荷神社、川上稲荷神社からそれぞれ1万円の奉納あり
126万3千円（5/10・13：10頃掲示分より）	5月8日（金）11時　神輿引取、13時　神酒所飾付、17時　霊入れ、17時半　宵宮／9日（土）9時集合　町会役員・婦人部・青年部　9時半　担ぎ手集合、10時　出発式、10時半〜11時20分　神輿　町内廻り、11時半　昼食　12時半　神輿出発　四の部渡御（谷口前13時10分集合）、14時20分　鳳輦　東日本橋二丁目　神酒所出発、14時半　鳳輦　矢の倉町会　協和自動車前（予定）、14時40分　鳳輦　村松町会　鈴木歯科前（予定）、15時　四の部渡御　帰着、15時半〜17時半　神輿　町内回り、15時半　山車出発、18時　食事、19時半　閉会／10日（日）9時集合　町会役員・婦人部・青年部、9時半　担ぎ手集合、10時〜10時40分　神輿　町内回り、10時50分　昼食、11時半〜15時　五の部連合、15時半〜17時半　神輿　町内回り、15時半　山車出発、17時40分　大締　村松町会　会長挨拶　白襷手締め、18時　打ち上げ、19時半　閉会（「平成二十七年　神田明神　神田祭行事予定表」より）	東日本橋一丁目矢ノ倉町会（日本橋四地区）と「東日本橋一丁目」として、合同の神酒所・祭礼の実施／水天宮より2万円の奉納あり

地区連合	町会名	祭典委員(役割動員)	神酒所	祭礼の象徴	一般動員
日本橋五地区連合	久松町町会＊	佐藤寛(町会長)、外川隆康、堀井定雄［3人］	久松町会館(日本橋久松町6-6)	M：大1・小1、H1(昭和26年5月、久松協力會)	大人250人、子ども30人。［奉納品より、越会、勇志會、豪鳳、越一太鼓など］
	浜町一丁目町会	鈴木征矢男(町会長)、東内弘司、佐野英志［3人］	浜町コミュニティルーム(日本橋浜町1丁目2-3)	M：大1・小1、H1(昭和31年5月)	［奉納金より、浜一会、上州沼田虹悠會、鳳心會など。奉納品より、通新町睦、本所墨紅會、通新町若睦、晴海睦、葉月會など］
	浜二金座町会＊	高橋伸治(町会長、地区代表)、松本浩一、市橋義史［3人］	浜二防災センター広場(日本橋浜町2-40-5)	M：大1・小1、H1(昭和29年5月)	2町会で大人400人以上(弁当400)が参加
	浜町二丁目親合町会＊	吉崎興一(町会長)、笹原智之、鈴木健治［3人］	浜二防災センター広場(日本橋浜町2-40-5)	M：大1・小1、H1	2町会で大人400人以上(弁当400)が参加
	浜町二丁目西部町会＊	澤浦廣(町会長)、疋田廣司、篠崎栄造［3人］	元徳稲荷神社・網敷天満神社(日本橋浜町2-3-5)	M：大1・小1、H1(昭和27年)	日曜：大人230人。［奉納品より、川友会、用賀しんゆう会、両三若睦など］

行事経済（奉納金）	祭礼行事（主な行事）	備　考
178万9千円（5/10・13：00頃掲示分より）	5月9日（土）子供山車渡御　10時集合、10時10分～11時半、神輿渡御　15時半集合、15時45分～16時50分／10日（日）神輿連合渡御　8時集合、8時半～17時半（「平成27年神田祭　ご鎮座400年奉祝大祭　久松町会」ポスターより）	久松町会館1Ｆには久松稲荷大明神が祀られている／水天宮より2万円の奉納あり
214万4千円（5/10・13：00頃掲示分より）	5月9日（土）町内渡御・神幸祭行列・宮入　10時半～21時頃（「5月9（土）・10（日）神田祭　濱町壱丁目町会」ポスターより）／5月10日（日）9時半～10時半（子供11時）大人神輿・子供神輿・山車、10時半～11時半　昼食、11時45分～17時半五之部連合渡御・人形町・浜一町内、15時～17時　子供神輿・山車（「神輿・山車巡行予定表」）	水天宮より2万円の奉納あり
100万4千円（5/10・12：15頃掲示分より）	5月9日（土）子供神輿・山車　15時発輿、大人神輿　17時発輿／10日（日）子供神輿・山車　10時発輿、大人神輿　11時45分発輿（「平成乙未年神田祭　金座町会　親合町会　合同　御祭禮」ポスターより）	浜二金座町会と浜町二丁目親合町会で合同の祭礼を実施／明治座より10万円、水天宮より2万円の奉納あり
152万6千円（5/10・12：10頃掲示分より）	5月9日（土）10時～12時　貸半纏の受渡し、14時半　神幸祭巡行通過・子供受付開始、15時　子供神輿・山車出発、16時半　子供神輿・山車着、17時　大人神輿出発、20時半　大人神輿着　直会／10日（日）9時半　子供受付開始、10時　子供神輿・山車出発、11時　大人カレー配布、11時半　子供神輿・山車着　子供カレー配布、11時40分　大人神輿出発、15時半　大人神輿着　直会、18時　御霊抜き、18時半　後片付け後解散　半纏返却　神酒所まで（「神輿・山車　巡行予定表」	浜二金座町会と浜町二丁目親合町会で合同の祭礼を実施／明治座より10万円、水天宮より2万円の奉納あり
195万2千円（5/10・11：40頃掲示分より）	5月8日（金）16時45分　神輿準備［元徳神社前に大人神輿、子ども神輿を設置］、17時半　御霊入れ、18時半　打ち合わせ／9日（土）9時　男性集合～ＭＴＧ［本部・神酒所設営、袢纏貸出対応、大人神輿、子ども神輿、山車の準備など］、10時　女性集合　他町会への挨拶廻り3人・他町会からの訪問対応［寄付を頂いた方へ「赤飯」、「神田祭のパンフレット」、「お札」の配布］、11時半　食事、13時　山車・子ども神輿出発、14時半　鳳輦出迎え、獅子頭山車の対応、14時35分　神幸祭出迎え、15時　神輿の準備［大神輿］、15時半　町内渡御［町会メンバー全員参加＋（助っ人もＯＫ）］、17時半　宵宮［社務所前］／10日（日）8時　全員集合、9時　山車出発（15～20分間）、9時40分　担ぎ手集合［町会メンバーで記念撮影］、9時50分　セレモニー［祝詞・お祓い、町会長挨拶、白襷挨拶（ルールの説明、友好団体・担ぎ手ご紹介）、乾杯］、10時10分　宮出し・町内渡御、11時　休憩（軽食）［元徳神社前］、11時45分　大人神輿　発輿［五の部連合渡御、明治座へ］、12時15分　弁当屋付近（浜三西部の後方に下ろす）、12時半　明治座前着［セレモニー］、12時50分　明治座前出発［発輿順①浜三東②浜二③浜二西部④浜三西⑤中洲、五町会連合渡御（浜二西部・浜二、浜三東、浜三西、中洲町会）］、13時35分　浜三東部町会着［神酒所、セレモニー］、14時5分　浜三東部町会出発、14時35分　元徳神社着（休憩、昼食）、15時半　発輿［子ども神輿～大人神輿の順で町内渡御］、16時半　宮入、納め式［町会メンバー紹介、副会長挨拶］、18時　鉢洗い［外部の担ぎでお礼接待］（「浜二西部町会　平成27年度神田祭タイムスケジュール（最終稿）」より）	町会の世帯数は、昭和40年頃は102世帯であったが現在は約480世帯。マンションの住民が増加した。神田祭以外にも、春に餅つき大会、夏に納涼会を行なっているという／水天宮より2万円、元徳会より1万円の奉納あり

地区連合	町会名	祭典委員(役割動員)	神酒所	祭礼の象徴	一般動員
日本橋五地区連合	浜二町会＊	加藤徳行(町会長)、福田昭三、望月孝泰［3人］	区立浜町公園	M：大1・小1、H1（昭和52年5月)、囃子屋台1	大人200～250人(持ち半纏100、貸半纏130～150、弁当200)、子ども：9日夜138人、10日約150人。子どもの参加者は多い。［奉納金より、上州沼田虹悠会、纏睦など。奉納品より、元黒門町町会、早稲田宮元講など］
	浜町三丁目東部町会＊	桜井進司(町会長)、高橋勝治、松野芳久［3人］	大山高志氏宅（日本橋浜町3-34-9)	M：大1・小1、H1（昭和27年8月吉日)	土曜：大人160人・子ども100人、日曜：大人130人・子ども100人。［奉納金より、深川一垚會など。奉納品より、金森睦、新宿一志睦、築七睦、菊川一丁目町会、早稲田宮元講など］
	浜町三丁目西部町会＊	宮崎紀久司(町会長)、古井丸弘、赤川進［3人］	浜町神社(日本橋浜町3-3)	M：大1・小1、H1（昭和27年5月)	土曜：山車(曳き太鼓)子ども120人(大人100人)、日曜：山車(曳き太鼓)子ども120人(大人100人)。山車の子どもの参加者が多い。お菓子を赤ちゃんにも配布。新しい住民にも参加してもらっている。半纏400枚を用意。［奉納品より、あたけ睦会、鉄砲洲湊三青年部など］

行事経済（奉納金）	祭礼行事（主な行事）	備　考
211万5千円（5/10・11：50頃掲示分より）	5月9日（土）神輿巡行：16時50分　神酒所出発［4ヶ所で休憩］、19時　神酒所到着　山車巡行：15時　神酒所出発［5ヶ所で休憩］、17時半　神酒所前到着／10日（日）神輿巡行：9時45分　神酒所出発［2ヶ所で休憩］、10時45分　神酒所着、11時45分　神酒所出発、12時　清洲橋通り待機、12時半　連合神輿明治座前集合　13時出発、14時半頃より町内巡行開始［3ヶ所で休憩］、16時半　神酒所到着　山車巡行：10時20分　神酒所出発［2ヶ所で休憩］、11時半　神酒所到着、14時15分　神酒所発［2ヶ所で休憩］、15時半　神酒所到着（「平成27年度神輿町会巡行表」「平成27年度山車町会巡行表」より）	清正公寺、水天宮よりぞれぞれ2万円の奉納あり
267万4千円（5/10・11：05頃掲示分より）	5月8日（金）14時～17時 お赤飯の引換・半天の貸出、18時半 神輿「御霊入れ」／9日（土）9時～11時半天の貸出、11時 子ども神輿・山車出発、11時20分 子ども接待、11時50分 神酒所帰着、12時 大人は昼食、13時 子ども神輿・山車出発、13時20分 子ども接待、13時50分 神酒所帰着、14時45分「鳳輦・神輿行列」迎え、15時半 大人神輿 町内渡御 出発、15時50分 大人接待、16時30分 大人接待、17時5分 神酒所帰着、17時5分　担ぎ手は早めの夕食、17時半 トラックに神輿を載せ出発、18時 担ぎ手は電車の切符をもらう、18時15分 担ぎ手は電車で神田神社へ、19時 神田神社 宮入参拝へ、20時45分 神田神社 現地解散、21時半 青年部は後片付け後に夜食／10日（日）10時 子ども神輿・山車出発、10時15分 子ども接待、10時40分 子ども接待、11時 神酒所接待、10時 大人神輿 町内巡行 出発、10時20分 大人接待、10時55分 神酒所帰着、11時 大人は早めの昼食、11時50分 大人神輿連合渡御発、12時半 明治座前　9基集合、13時35分 南5ヵ町を接待、14時35分 接待終了 神酒所帰着、14時35分 大人は遅い2回目の昼食、15時20分 大人神輿町内巡行 出発、15時35分 大人接待、16時5分 大人接待、16時35分 大人接待、17時5分 神酒所帰着 終了、17時5分 担ぎ手はお土産弁当 役員・青年部は後片付（「平成27年神田祭 浜三東部予定」より）	安田不動産より5万円、水天宮より2万円の奉納あり
389万3千円＋金一封2本（5/10・10：55頃掲示分より）	5月8日に御霊遷し（入れ）／5月9日（土）13時半　子供神輿　町内巡行出発（子供神輿が先発）、太鼓山車　町内巡行出発、14時40分～50分　神田神社鳳輦町内渡御　お供物用意（鳳輦係）、15時　子供神輿　帰着　お菓子配布（婦人部）、15時20分　太鼓山車　帰着　お菓子配布（婦人部）、15時半　大人神輿　町内巡行出発、19時15分　大人神輿　帰着　夕食（給食係）／10日（日）8時　祭典委員及び実行委員集合、9時35分　太鼓山車　町内巡行出発、10時　子供神輿　町内巡行出発、大人神輿　町内巡行出発、11時　大人神輿　帰着　昼食（給食係）、太鼓山車　帰着　昼食（給食係）、太鼓山車　帰着　お菓子配布（婦人部）、11時半　子供神輿・太鼓山車　帰着　お菓子配布（婦人部）、11時50分　大人神輿　巡行出発（明治座前へ）、12時半　大人神輿　明治座前集合、13時　大人神輿　明治座前出発（五町連合渡御）、13時10分　太鼓山車　町内巡行出発、13時20分　子供神輿　町内巡行出発、13時35分　大人神輿　5町連合　浜三東部到着、14時　5町連合渡御の後、蛎東との2町連合に出発、14時10分　大人神輿　浜町神社で蛎東と合流、14時20分　大人神輿　蛎東と手打ち後町内巡行出発、14時35分　太鼓山車　帰着　お菓子配布（婦人部）、15時　子供神輿　帰着　お菓子配布（婦人部）、17時　大人神輿　帰着　夕食（給食係）、18時　中村神官に依り御霊移し大祭終了、19時半　祭礼完了（「平成27年浜三西部町会大祭スケジュール表」より）	濱町神社崇敬会、濱三西部町会からそれぞれ金一封、陶栄神社から30万円、安田不動産より25万円、水天宮より2万円の奉納あり

78　【資料２】平成27年「神田祭（御遷座400年奉祝大祭）」

地区連合	町会名	祭典委員（役割動員）	神酒所	祭礼の象徴	一般動員
日本橋五地区連合	中洲町会＊	増田智之（町会長）、宮下一雄、中井利信［3人］	中洲町会事務所前	M：大1・小1、H1（昭和31年5月）	土曜：大人170人、日曜：大人100人。［奉納品より、新川越二町会など］

行事経済（奉納金）	祭礼行事（主な行事）	備　考
233万7千円（5/10・11：15頃掲示分より）	5月9日（土）子供神輿・山車　14時　町内渡御出発、大人神輿　14時55分　集合、15時　町内渡御出発（鳳輦巡行後の渡御）／10日（日）子供神輿・山車　10時　町内渡御　1回目出発、15時　町内渡御　2回目出発、大人神輿　11時集合、11時45分　日本橋五之部連合渡御　出発　明治座へ、15時　大人神輿　町内渡御　出発（「平成27年　神田神社例大祭　中洲町会祭典委員　みこし・だし出発時間」より）	水天宮より2万円の奉納あり